La Paroisse de Layrac

DE 1789 A 1911

MÉMOIRES RECUEILLIS

PAR

M. L'ABBÉ P. DUBOURG

CHANOINE HONORAIRE

CURÉ DE LAYRAC

> Le dernier plaisir n'est-il pas de tisonner le passé pour en faire jaillir quelque étincelle ?
> COSTA DE BEAUREGARD.

VILLENEUVE-SUR-LOT
IMPRIMERIE RENAUD LEYGUES
MCMXIII

La Paroisse de Layrac

DE 1789 A 1911

MÉMOIRES RECUEILLIS

PAR

M. L'ABBÉ P. DUBOURG,

CHANOINE HONORAIRE

CURÉ DE LAYRAC

> Le dernier plaisir n'est-il pas de tisonner le passé pour en faire jaillir quelque étincelle ?
> COSTA DE BEAUREGARD.

VILLENEUVE-SUR-LOT
IMPRIMERIE RENAUD LEYGUES
MCMXII

Permis d'imprimer :
H. Pourteau
vicaire g^{al}
Agen, le 13 mars 1912.

PRÉFACE

Ayant déjà publié la Monographie de Layrac, *je dois expliquer à mes lecteurs la raison de ces pages supplémentaires.*

En effet cet opuscule n'est qu'un supplément, ou un chapitre additionnel. Ensuite je dois dire que depuis la publication de la Monographie *en 1897, il s'est accompli dans l'ordre religieux et social de graves évènements qui ont changé la physionomie de la paroisse. En outre j'ajouterai que l'histoire de la période révolutionnaire à Layrac n'avait été qu'ébauchée, faute de documents. Or ces documents, très intéressants m'ont été fournis par une heureuse découverte faite par M. R. Bonnat, archiviste du département. Envoyé à Layrac pour rechercher des documents relatifs à la Révolution française, M. Bonnat demanda au secrétaire de la mairie s'il n'y avait pas des Registres municipaux de cette époque. Sur la réponse négative de celui-ci, M. Bonnat jette un coup d'œil sur la salle de délibération du Conseil, et il aperçoit au-dessus de la porte communiquant avec le secrétariat un placard déguisé par une vieille tapisserie. Il demande une échelle, et il ouvre un vaste placard, dans lequel étaient enfouis sous un amas de vieux papiers les Registres des délibérations du Conseil municipal de 1789 à 1832.*

C'est dans ces Registres que j'ai puisé les éléments des Mémoires *relatifs à la Révolution française et aux évènements accomplis à Layrac pendant cette période.*

Ces Registres méritaient d'être connus ; ils formeront un appoint et une contribution qui ne seront pas sans intérêt pour l'histoire de cette époque terrible, mais pleine d'enseignements,

C'est donc un véritable complément de la Monographie de Layrac. *Je ne referai pas ce récit, je le compléterai.*

J'ai ajouté qu'il s'est accompli dans la paroisse depuis 1897, des évènements très considérables, surtout dans l'ordre religieux.

La fermeture des écoles congréganistes, l'expulsion des religieuses, la séparation de l'Eglise et de l'Etat par la rupture du Concordat ; l'inventaire des églises, l'expulsion des curés de leurs presbytères : Ce sont des faits d'une importance capitale, dont le souvenir ne doit pas s'effacer. Ceux qui viendront après nous, voudront savoir tout ce qui s'est passé dans la paroisse de Layrac. Cette connaissance leur sera nécessaire pour continuer la lutte, car l'église catholique est en butte à une guerre d'extermination. Il peut y avoir une période d'accalmie. Autour des institutions catholiques écrasées, on fait le silence comme dans une maison mortuaire, on croit les catholiques morts parce qu'ils sont, les uns exilés, les autres spoliés et foulés aux pieds. Des soldats en armes veillent, comme autour du sépulcre du Christ, pour empêcher le réveil et la résurrection des œuvres catholiques.

> Mais que sera Demain ?
> Demain c'est la grande chose !
> De quoi Demain sera-t-il fait ?
> L'homme aujourd'hui sème la cause,
> Demain, Dieu fait mûrir l'effet (1).

Telle est la foi des catholiques. En vain a-t-on scellé le tombeau de la Religion en France. En vain on a expulsé les Religieux, pillé les Couvents, fermé les Séminaires, expulsé les Evêques de leur Evêchés, les curés de leurs presbytères. En vain on a promulgué des lois contre le Christ, contre l'Eglise, contre les prêtres et les Religieux. Maintenant c'est l'heure de la puissance des ténèbres. Mais Dieu aura son jour et c'est Dieu qui fera ce jour-là.

Ce que nous avons écrit et raconté pour l'instruction de nos successeurs, c'est l'histoire des destructions de la Révolution. Ce qui se fera demain et dans l'avenir ce seront

Les Gesta Dei per Francos !
In spem contra spem !

Layrac, ce 26 mars 1912.

P. D.

---

(1) Victor Hugo.

CHAPITRE PREMIER

Origine du Prieuré de St-Martin de Layrac

Comme il s'est glissé quelques fautes d'impression dans les textes concernant les Chartes de la Fondation du Prieuré de St-Martin de Layrac, nous les reproduisons, avec la Bulle du Pape Urbain II qui confirme cette fondation.

Nous rappelons aussi l'origine du célèbre fondateur du Prieuré de Layrac. Ce fondateur fut Hunald de Gabarret. Il était fils du vicomte Roger de Gabarret, vicomte du Brulhois, qui, en secondes noces épousa Adalaïs de Lomagne, veuve elle aussi de Gaston III Centulle, vicomte de Béarn, et sœur utérine de Bernard Tumapaler, comte de Gascogne. Dudit mariage du vicomte Roger avec Adalaïs de Lomagne, il y eut deux fils :

1° Hugues de Gabarret, vicomte de Brulhois, mort sans laisser de postérité ;

2° Hunald de Gabarret, vicomte de Brulhois, qui se fit moine à l'abbaye de Moissac, et signa en 1062 la Charte de fondation du Prieuré de St-Martin de Layrac, et la dota de son riche patrimoine.

Ire CHARTE DE FONDATION DU PRIEURÉ DE LAYRAC (1)
(1062 avant le mois de septembre)

Charta quà Hunaldus Bruliensium Vice-comes dat monasteriis Cluniacensi et Moissacensi Ecclesiam de Alairaco, et alias in pago Aginnensi.	Charte par laquelle Hunald, vicomte de Brulhois, donne aux monastères de Cluni et de Moissac l'église de Layrac et d'autres églises situées dans le territoire agenais.

---

(1) Nous donnons le texte du *Recueil des Chartes de l'Abbaye de Cluny*, formé par Auguste Bernardt, t. IV, publié récemment par Alexandre Bruel (Paris 1888), de préférence au texte publié par Marca en son *Histoire du Béarn*, qui est le même au fond, mais moins explicite. Il est tiré du cartulaire de Moissac.

A tous les hommes et pour leur vie la Souveraine et Ineffable toute puissante Providence de Dieu a accordé la faculté du libre arbitre. C'est ce que nous trouvons proclamé à chaque page de l'Ancien et du Nouveou Testament. Quoique indigne serviteur des serviteurs de Dieu, d'après le conseil et la volonté de ma mère Adélaïde et de mon frère le vicomte Hugues et de plusieurs autres personnages illustres, pour le salut et le soulagement de l'âme de mon père Roger et de mon oncle Saxeton, autrefois doyen de l'église d'Agen, de toute notre famille, comme aussi pour le bien de tous les fidèles vivants et trépassés, mais principalement pour la sanctification de mon âme, moi Hunald, appelé vicomte du Brulhois, je me consacre moi-même et je donne tous les biens dont je parais être en jouissance au Roi des Rois, au Dieu tout puissant, aux très saints et glorieux apôtres Pierre et Paul, au très célèbre monastère de Cluni, à son abbé le vénérable seigneur Hugues, et en même temps à tous ses successeurs en cette charge et à tous les frères vivant présentement et qui vivront plus tard sous la règle de Cluni, je fais la donation suivante : L'église appelée d'Alayrac, consacrée en l'honneur du grand évêque saint Martin, située dans le territoire agenais sur les rives de la Garonne et du Gers, elle m'appartient, je la donne toute entière, à l'exception de la cinquième partie de la dîme qui est du domaine d'un de nos parents.

Omnibus ab œterno et in œvum commune mortalibus summa et ineffabilis Dei omnipotentis. Providentia, liberi arbitrii copiam fore collatam, utriusque tam veteris quam novi Testamenti multiplex pagina effabiliter intonat. Horum ego, quamvis indignus, Dei servorum servus, Unaldus, Bruliensium vicecomes cognominatus, me ipsum et substatiam universam quam abere videor, cum consilio et voluntate Genitricis meœ Adalcidis et fratris mei Hugonis vicecomitis, aliorumque plurimorum nobilium virorum, pro salute et remedio animœ genitoris mei Rogerii et avunculi mei Saxetonis, Aginnensis ecclesiœ quondam decani, et omnis progeniei nostrœ, et simul cunctorum fidelium vivorum et defuctorum, prœcipue autem pro refrigerio animœ meœ. Cedo Regi Regum, Deo omnipotenti, sanctissimisque et summis apostolis ejus, Petro et Paulo et celeberrimo loco Cluniaco, Abbatique Venerando Domno Hugoni, simulque omnibus sibi in eodem officio succedentibus et fratribus in ipso loco sub regulari tenore degentibus, tam futuris quam prœsentibus, Æcclesiam mei juris in honore Sancti Martini Pontificis consecratam, Alairacum cognominatam, in pago Aginnensi, supra fluvium Garomnœ et Gercis sitam, totamque ab integro, excepta quinta decimœ parte quœ est cujusdam nostri consanguinei.

Dono etiam et alias ecclesias scilicet : Sancti Saturnini in eodem loco constructam, Sancti Petri de Casals, Sancti Vincentis de Avesag, absque tertia parte, Sancti Vincentii de Preissag,(1) Sancte Mariæ de Manzouvilla,(2) Sancti Gervasii de Cirsols, Sanctæ Mariæ et Sancti Saturnini œcclesiam in Siriniaco, Silvam unam et œcclesiam in honore Sanctæ Mariæ in eadem Silva, alodium de Montguasco, has, inquam, œcclesias cum universis appendicii suis, quæ nunc in possessionne earum haberi videntur ; vel Deo auxiliante quidquid in terris, vineis et silvis aquis, molendinis et pascuis, cultis et incultis, cum omnibus jam adeptis, et adhuc adapiscendis, quemadmodum et in hac eadem denotatione subscripta habere videntur.	Je donne aussi d'autres églises, savoir : l'église de Saint-Saturnin, construite dans la même ville, les églises de Saint-Pierre de Cazals, de Saint-Vincent d'Avezag, sauf un tiers ; puis les églises de Saint-Vincent de Preissag, de Sainte-Marie de Mazonville, de Saint-Gervais de Cirsol, et l'église de Sainte-Marie et celle de Saint-Saturnin de Sérignac. Je donne une forêt et l'église bâtie en l'honneur de Sainte-Marie dans cette forêt, alleu de Montguascon. Dans cette donation, je comprends toutes leurs dépendances qu'on voit ressortir en leur possession ou grâce à Dieu tout ce qui apparaît inclus en leur possession soit en terres, vignes et forêts, eaux et moulins et paturages, terres défrichées ou en friche avec tout ce qui s'y trouve acquis ou à acquérir.
Non solum autem hœc sed et cœtera quœcumque à coquumque, cunctis diebus, vitacomite, augere potero vel adjungere Abbati et fratribus Moyssiacensis monasterii, Jussu et imperio Domni Hugonis Cluniensium reverendi	Ma donation ne se borne pas aux biens présents, mais encore elle s'étend, en outre, à tout ce que je pourrai acquérir durant ma vie jusqu'à ma mort, n'importe de qui. Je fais cette donation à l'abbé et aux religieux du monas-

---

(1) C'est aujourd'hui l'église de Plaichac, canton de Laplume.

(2) C'est l'église paroissiale d'Amans, commune de Layrac, appelée autrefois *Mansio*, *Mansiovilla* et qui a pour patronne Notre-Dame. Ce ne peut être Mansonville, près de Flammarens, car en cette paroisse il n'y a pas trace d'une église dédiée à Notre Dame. (Moulenq, t. III, page 424.)

Dans la charte donnée par Marca, il y a : « Dono ecclesian sancti Saturnini in' eadem villa ». Cette église de Saint-Saturnin, érigée en ville, a disparu et sur son emplacement a été bâtie l'église prieurale, qui est aujourd'hui l'église paroissiale.

NOTE. — Marca. *Hist. de Béarn*, p. 305, note 4, a publié une copie différente de cet acte, daté du 12 Janvier 1062 d'après le cartulaine de Moissac. Note des éditeurs.

tère de Moyssac par ordre et commandement du seigneur Hugues, le vénérable abbé de Cluni, par le conseil et la volonté de tous mes frères du chapitre de Cluni, tant que ce monastère avec ceux qui y servent Dieu demeureront et continueront d'être sous l'obédience et les ordres de l'abbaye de Cluni, mais à cette donation je mets la clause et la disposition suivante, c'est que tous les ans, à perpétuité, les religieux de Moyssac payeront la redevance annuelle de deux sols de monnaie bonne et authentique aux Pères de Cluni. Quant aux autres revenus qui en proviendront ils en jouiront à perpétuité et les employeront pour le service de Dieu et pour leurs besoins personnels.

Au surplus, comme c'est une pensée sainte et salutaire de prier pour les morts afin qu'ils soient délivrés de leurs péchés, j'ai jugé bon de rappeler et je supplie humblement qu'on ne l'oublie jamais, soit à l'abbaye de Cluni, soit au monastère de Moyssac, je conjure tous nos frères vivant sous la règle monastique de célébrer le jour anniversaire et tous les ans, à perpétuité, pour l'âme de mon Père, de ma Mère et de mon oncle Saxeton. La charte de cette concession et donation a été rédigée l'an 1062 de l'Incarnation de N.-S. Jésus Christ, sous le pontificat du Pape Alexandre, de sainte mémoire, sous le règne du très vénéré Philippe, roi des Francs. Or, si quelqu'un, ce qu'à Dieu ne plaise, voyant de mauvais œil notre générosité ou celle d'un autre,

Abbatis, consilio et voluntate fratrum omnium Cluniensis capituli, quamdiu locus ipse cum hibidem Deo servientibus in subjectione et ordinatione jam dicti loci Cluniaci perstiterit et permanserit, tenere et regere et possidere, censeo ac dispono, tali tenore et ordine, quatenus per singulos annos jure perpetuo annuatim censum, id est decem solidos probatœ ac legitimœ monetœ senioribus Cluniaco persolvant; reliqua vero quœ inde habere potuerant in Dei Servitio ac propriis usibus perhenniter ipsi habeant ac possideant.

De cetero ergo, quia sancta et salubris est cogitatio pro defunctis exorare ut a peccatis solvantur, memorandum ac memoriœ commendandum dignum duxi in memoriale perpetuum humiliter implorans, supradictis in locis, Cluniaco scilicet et Moyssiaco, sub regulari scemate degentes, omni anno in perpetuum, pro animabus Genitoris ac Genitricis meœ, nec non et avunculi mei jam dicti Saxetonis, anniversarium diem memoriter agere, — Hujus si quidem cessionis atque donationis descriptia facta est anno Incarnationis Domini nostri Jesu - Christi MLXII, sede residente in apostolica divœ memoriœ Alexandro Papa, Francorum regni regente monarchiam serenissimo Rege Philippo per omnia. — Si quis autem, quod absit, vel alterius vel nostræ generositatis maligno spiritu agitatus, hanc nostræ cessionis eleemosynam inquietare ausus fuerit aut aliquo modo infectam reddere præsumpserit, œterno omnipotenti judicio Dei, omniumque sanctorum et nunc et in evum se sentiat et cognoscat dampnandum, insuper et apostolicæ Sedi præsidentis auctoritate et potestate, omniumque catholicæ ecclesiæ episcoporum anathematizandum et excommunicandum et quousque resipiscat ac satisfacere studeat, plusquam ethnicum et publicanum liminibus sanctæ ecclesiæ procul pellendum.

Nomina autem eorum qui hanc cessionis meæ cartam ita tenendam, possidendam habendamque firmaverunt, hæc sunt : in primis venerabilis Hugo, Cluniensium Abbas, in cujus præsentia hæc sunt ordinata atque sub ejus manibus firmata. Post ipsum quoque memorandæ memoriæ Domnus Durannus, Abbas simul et episcopus, cujus consilio hæc agenda disposuimus. — Post hos ego ipse Hunaldus propriis manibus et viva voce fiamavi. Adalais genitrix mea firmavit. Hugo vicecomes, frater meus, firmavit. Willelmus Arnaldi et filius ejus Petrus firmarunt. Garsia Arnal, cognomento Guailard, firmavit, Willemus Siguini et frater ejus firmaverunt. — Rodlanus et filii ejus firmaverunt, Villelmus Garsia et filii ejus, aliique quam plures firmaverunt.

avait l'audace d'entraver l'aumône et donation que nous faisons en ce moment, ou s'il essayait de quelque manière à l'annuler, qu'il sache et comprenne que je le soumets au jugement du Dieu Eternel et Tout Puissant et de tous les saints pour cette vie et pour l'autre. En outre, qu'il apprenne que je le cite au jugement du siège Apostolique et que je le soumets à son autorité et à sa puissance pour subir sa condamnation, ses anathèmes et excommunications ainsi que des évêques de tout l'univers Catholique, jusqu'au jour où il se repentira et réparera sa faute, il sera regardé comme un payen et un publicain, digne d'être banni de toute assemblée chrétienne.

Et voici, maintenant, les noms de tous ceux qui ont confirmé la présente charte de ma donation qu'il faut tenir, garder et posséder. En tête vient le vénérable Hugues, abbé de Cluni ; en sa présence tout a été réglé et il a tout ratifié de ses propres mains. Après lui le seigneur, digne de mémoire, Durand, abbé de Moissac et évêque de Toulouse, dont les conseils nous ont dirigé dans ces dispositions. Après eux, moi, Hunald, j'ai tout confirmé de vive voix et par écrit. A approuvé avec ma mère, Adélaïde, le vicomte Hugues, mon frère, Guilhaume d'Arnaud et son fils Pierre ont confirmé ainsi que Garsia Arnald, susnommé Guailard Guilhem de Séguin et son frère ont confirmé. Rolland et ses enfants ont confirmé, ainsi que Guilhem Garsia, ses fils et grand nombre d'autres.

CONFIRMATION DE LA PREMIÈRE DONATION ET IIe CHARTE

(16 novembre 1064)

Deux ans après cette première donation, fut rédigée, à Moncaut, une seconde charte signée par tous les personnages qui, en qualité de suzerains spirituels et temporels, pouvaient concourir à assurer la première fondation. La *Gallia Chistiana* n'en avait donné que les conclusions, nous sommes heureux d'en donner le texte intégral :

Charte par laquelle le vicomte Hugues et d'autres ont donné au monastère de Cluni quatre églises situées dans les villes d'Alairac, de Cazals, de Preissac et de Veziac.

Notre Sauveur donne dans l'Evangile l'avertissement suivant à ses fidèles : faites-vous des amis avec les richesses injustement acquises, afin que lorsque vous viendrez à manquer, ces amis vous reçoivent dans les tabernacles éternels. Dociles à cet avertissement, moi Hugues, vicomte de Brulhois et ma mère, dame Adélaïde, ainsi que mon cousin Pierre, nous donnons à Dieu, nôtre maître, et à ses saints Pierre et Paul, pour le monastère de Cluni, afin de servir à l'usage de ceux qui vivent là, servant Dieu sous l'autorité et gouvernement de l'abbé Hugues, le très révérend seigneur, quatre églises avec toutes leurs dépendances, situées dans la vicomté de Brulhois, ainsi que deux moulins. L'une de ces églises

Charta qua Hugo vicecomes et alii dant monasterio Cluniacensi quatuor ecclesias in villis Alairaco, Cazales, Pressiaco et Vesiaco.

Salvator noster fideles suos in Evangelio admonet, dicens : Facite vobis amicos de mamona iniquitatis, ut cum defeceritis, recipiant vos in œternà tabernaculà. Hujus ammonitioni obaudientes, ego Hugo vicecomes Pruliensis et mater mea Domna Adalaïdis et meus consanguineus Petrus, donamus Domino Deo et Sanctis ejus Petro et Paulo, ad locum Cluniacum, in usum et servitium Dei servorum ibi degentium sub curà et regimine Domni Hugonis, reverentissimi Abbatis, quatuor œcclesias, cum omnibus ad eas pertinentibus in pago Pruliensi sitas et duo molendina : Una ecclesia est in villa quæ dicitur Alairacus super ripam fluminis quod vocatur Lertius (1) et allia est in villà quæ dicitur Casales ; et tertia est in villà quæ vocatur Pres-

---

(1) Notes des éditeurs. — Lisez : *Jertius* pour *Gertius*, sur lequel est situé Layrac, à environ 3 kilomètres du confluent avec la Garonne.

siacus et quarta in villâ quœ vocatur Veziacus.

Has, ut prœdictum est, donamus protestativa manu absque omnium hominum contradictione, eo tenore ut Cluniacensis congregatio perpetuo jure eas habeat et possideat pro salute animarum nostrarum et parentum nostrorum, excepta quinta parte in ecclesià quœ est Alairaco, et in ecclesià quœ est Veziaco, tercia parte excepta, quas partes non nos sed alli consanguinei habuerunt. — Si quis autem hanc donationem nostram ullo modo infringere temptaverit, hujus affectum ne perveniat ad effectum, validissima manus Dei omnipotentis prohibeat, et ipsius odium et omnium ejus incurrat. Et prœtera condempnamus eum ad fiscum regis vel comitis Vasconiœ ut sit debitor decem librarum auri.

Facta est autem hœc carta in villà quœ dicitur Mons-Calvus, anno Domini Incarnationis millesimo sexagesimo IIII°, regni autem Phylippi regis Francorum IIII°, ordinationis quoque Domni Willelmi Aginnensis œcclesiœ episcopi IIII°, XVI calendas decembris, indictione II°, presentibus Domno Hugone Cluniacensi abbate, cujus et supra meminimus, et Domno Duranno, Tolosanœ sedis episcopo nec non viris nobilibus Arnaldo, Willelmo, Pontione, Petro.

est située dans la ville de Layrac, sur le bord du fleuve appelé Gers ; l'autre au lieu appelé Cazaux ; la troisième au lieu de Preissac et la quatrième au village de Veziac.

Cette donation susdite, nous la faisons de notre pleine puissance sans aucune opposition de personne, à cette condition que ce soit la propriété de l'ordre de Cluni à perpétuité et ce pour le salut de notre âme et le salut de nos parents, et à l'exception de la cinquième partie dans l'église d'Alairac et de la troisième dans l'église de Veziag, parties qui ne sont pas notre propriété, mais celle de nos parents. Et si quelqu'un tente, d'une façon quelconque, d'attaquer cette donation, que la toute puissante main de Dieu empêche ce coupable de réaliser son crime et que sa colère et la haine de tous tombent sur lui. Et, en outre, nous le déclarons passible et redevable de dix livres d'or au fisc du Roi ou du comte de Gascogne.

Cette charte a été faite à Moncaut, l'an de l'Incarnation de Notre Seigneur 1064, la quatrième année du règne de Philippe, roi des Francs, la quatrième année de l'ordination du Seigneur Guilhem, évêque de l'église d'Agen ; le 16 des kalendes de décembre, Indiction II° et en présence du seigneur Hugues, abbé de Cluni, dont nous avons parlé plus haut ; de Durand, évêque de Toulouse et des nobles seigneurs Arnauld, Guilhem, Pontion et Pierre (1).

---

(1) Ce texte est tiré du *Recueil des Chartes de Cluni*, t. IV, page 305.

Les auteurs de la *Gallia Christiana* ne donnent que la fin de la charte de 1064 et le texte emprunté au cartulaire de Moissac donne une version différente. Il est dit : « Donamuns Deo et S. Petro Cluniacensi... unam ecclesiam in villa Alairacus, duas in villa casales ».

(Nous donnons à Dieu et à Saint-Pierre de Cluni une église située dans la villa de Layrac et deux métairies.)

Que faut-il entendre par ces *duas casales* ? Dans le glossaire placé à la fin du volume, les auteurs de *La Gallia Christiana* disent que par *casales* il faut entendre « suburbanum, certus casarum cœtus seu domorum rusticarum numerus -- Glossarium col. 506 ad calcem ». Le mot *casalès* et en patois *casau*, est-il dit en la *Revue de Gascogne*, veut dire jardin ; mais l'abbé Dulac assure que, dans le pays de Bigorre, *casal* est adopté avec l'acceptation de métairie ; *Revue de Gascogne*, 1880 (page 15). C'est ce dernier sens que nous avons adopté, et voilà pourquoi nous avons traduit par le mot de métairie, qui comprend en effet une certaine étendue de terres cultivées, sur lesquelles sont construites des habitations destinées à ceux qui exploitent ces terres.

Cela revient à dire que l'église fut dotée de biens fonds dont le revenu devait servir à l'entretien de l'église.

Plus tard, le patronage avec tous ses droits s'étendit, par suite de donations successives, sur les paroisses de Gudech, Saint-Denis, Saint-Pierre de Gaubert, d'Estillac, de Cuq, de Laplume, de Lamontjoie, de Roquelaure, comme sur la sacristie de Cazaux et celle de Sainte-Geneviève d'Astaffort (1). Les actes de donations ne subsistent plus ; mais le fait est patent aux XVIe XVIIe siècles, et le patronage subsista jusqu'à la Révolution.

---

(1) Pour l'église de St-Genière d'Astaffort il y a une charte de 1067 insérée dans le Castulaire de Cluny, édité en 1888, t. IV, p. 520 et il est fait mention des églises d'Amans, d'Andiran etc... C'est une donation faite au monastère de Cluny.

LETTRE DU PAPE URBAIN II EN 1096 CONFIRMANT LA DONATION D'HUNALDE

A cette époque, où le droit du plus fort décidait souvent des possessions et des territoires, les biens ecclésiastiques devinrent l'occasion et l'objet de compétitions et de luttes sanglantes, comme cela eut lieu après la mort du fondateur du Prieuré de Moyrax.

Pour prévenir de telles éventualités, les Religieux de Layrac recoururent à l'autorité du Souverain Pontife, dont la parole pouvait seule dominer et apaiser les conflits et les rivalités.

Ces considérations furent soumises à la sage discrétion du Pape Urbain II, lors de son passage à Layrac au mois de mai 1096.

Le Souverain Pontife y fit bon accueil, et quelques jours après, de Toulouse même, il donna une bulle pour confirmer à Hugues, abbé de Cluny, sa suzeraineté sur l'église de Saint-Martin de Layrac et sur les dépendances qui sont énumérées dans ce précieux document.

En voici la teneur :

Privilegium Urbani Papæ II quo confirmat Hugoni, Abbati Cluniacensi, Honorem cum Ecclesia Sancti Martini de Lairaco, quem Hunaldus dicto monasterio delegavit.

Privilège par lequel le pape Urbain II confirme à Hugues, abbé de Cluny, la suzeraineté de l'église de Saint-Martin de Lairac dont Hunalde avait fait don à ce monastère.

Urbanus, Episcopus servus servorum Dei, Venerabili Fratri Hugoni Cluniacensi abbati salutem et apostolicam benedictionem.
Religiosis desideriis dignum est facilem prœbere consensum ut fidelis devocio celerem sorciatur effectum. Proinde commun filii nostri Hunaldi religiosum votum (1)

Urbain, évêque serviteur des serviteurs de Dieu, au Vénérable Frère Hugues, abbé de Cluni, salut et bénédiction apostolique.
Il convient d'accorder un accueil empressé à vos pieux désirs afin que votre dévouement et votre fidélité trouvent au plustot leur récompense, c'est pourquoi l'hom-

---

(1) L'original porte notum.

mage religieux de notre commun Fils Hulnalde, soit à raison de sa vertu, soit par égard à votre religion si remarquables, nous le confirmons par la teneur du présent décret. Ce gentilhomme en effet, étant venu au monastère du Cluny, mû par une inspiration divine, afin de se consacrer à Dieu, fit à Saint-Pierre et au Monastère de Cluny la donation de la part de son patrimoine comprenant l'église de Saint-Martin de Lairac, et là à Lairac même, où se trouvait un antique Monastère, conformément aux ordres du Bienheureux Pape Grégoire VII, il employa tout ses soins à restaurer le Prieuré.

En conséquence cette donation de ce monastère avec toutes ses dépendances, par l'autorité du présent décret nous en confirmons à perpétuité la possession aux Religieux du Couvent de Cluny, et nous ordonnons que mention soit faite par leurs propres noms de toutes ses appartenances : L'église Saint-Pierre de Cazaux, l'église de

cum justitiæ ipsius intuitu tum tuæ spectabilis religionis reverentia, per præsentis decreti paginam confirmamus. Is siquidem cum ad Cluniacence cenobium conversionis gratia, largiente Domino, pervenisset, Honorem qui eum de patrimonio contingebat, cum Ecclesia Beati Martini de Lairaco (1), Beato Petro et ejus Cluniacensi Monasterio delegavit, in ipso etiam loco ; quia monasterium antiquitus fuerat, ex præcepto Reverendissimi Pape Gregorii VII cellam sua industria reparavit (2).

Hanc igitur cum universis ad eam pertinentibus in perpetuum Cluniacensis cœnobii fratribus possidendam præsentis decreti auctoritate firmamus, in quibus hæc propriis vocabulis annotanda præcipimus : Ecclesiam Sancti Petri de Cazali (3), Sancti - Vincentii de Avezac (4), Sancti Vincentii de A Plaisac, Santæ Mariæ de

---

(1) Lairac est une forme abrégée pour A. Lairaco. Notes des éditeurs.

(2) D'après ce texte il semble qu'il y avait déjà à Layrac un Monastère avant 1064 et que ce fut sur l'ordre de Grégoire VII, qui avant son élévation à la Papauté avait été moine Bénédictin et légat en France, qu'Hunalde vint relever les ruines de l'antique Cella de Layrac, remontant à une date antérieure, impossible à fixer.

(3) Ce fut primitivement le chef-lieu de la paroisse, dont Laplume était l'annexe et desservi par un Religieux de Layrac, qui était appelé : sacristain de Cazaux.

(4) Ne serait-ce pas l'église de Daubèze, aujourd'hui paroisse de Lamontjoye, qui jusqu'à la Révolution a dépendu du Prieuré de Layrac.

A Le Prieur de Layrac échangea en 1093 les droits de son monastère sur l'église de Plaichac contre une rante annuelle de 20 sols arnaudins.

Au XVIe siècle, la famille de Secondat possédait dans la paroisse de Plaichac le droit de justice.

Sereniaco, Sancti Caprasii de Broilo (1) Sancti Johannis de Astalgiaco (2), Sancti Martini de Paniciac, Sancti B Bricii de Triliano, Sanctæ Mariæ de Belloloco (3), Sancti Caprasii de Cucco (4), Sanctæ Mariæ de Calda Costa, Sancti Nicholai de Monte Guascone (5), Sancti Caprasii de Bibitorio (6), Sancti Martini de Cuzano (7) Sancti Martini de Calvillo (8), Sanctæ Marie de Acudetto (9), Sancti Germani de Cusiniaco (10), in Burdigalensi pago, Sancti Clementis de Corna (11); in pago Saint-Vincent d'Avezac, celle de Saint-Vincent de Plaîchac, l'église de Sainte-Marie de Sérignac, celle de Saint-Caprais de Breil, celle de Saint-Jean d'Estillac, celle de Saint-Martin de Panissas, celle de Saint-Brice du Treil ou Trillou, Sainte-Marie de Belloc, Saint-Caprais de Cucq, Sainte Marie de Caudecoste, Saint-Nicolas de Montgascon, Saint-Caprais de Boé Saint-Martin de Guzan, Saint-Martin de Calville, Sainte-Marie d'Agudech, Saint-Germain de Coussigniac, et dans le Bor-

---

(1) Cette église du Breil dont le curé de Laplume percevait les revenus a disparu depuis le XVᵉ siècle. L'emplacement porte le nom de Gleisasse. *Revue de l'Agenais*, juin 1895, page 274.

(2) Le Prieur de Layrac a perçu les dimes de la paroisse d'Estillac jusqu'en 1791.

B Il y avait au XIIIᵉ siècle le seigneur de St-Barthélémy d'Estrillan près Francescas. Tout est aujourd'hui détruit, église et château.

(3) Notre-Dame de Belloc était une chapelle bâtie au quartier appelé encore de Belloc, dans la propriété appartenant aujourd'hui à M. Joseph de Montfort, châtelain de Fongrave. Elle a disparu depuis longtemps, il en reste des ruines. Les revenus de ce bénéfice appartenaient au Camarier du couvent de Layrac.

(4) Un Religieux de Layrac était Prieur de Cucq et il en a perçu les revenus jusqu'en 1791.

(5) Pour Caudecoste et Saint-Nicolas nous expliquons leur situation vis-à-vis le seigneur Prieur de Layrac, dans la Monographie de Caudecoste.

(6) Il s'agit de l'église de Boé comprenant la paroisse de Saint-Pierre de Gaubert. Dans les actes postérieurs ces terres sises sur la rive droite de la Garonne, ne sont plus désignées que sous le vocable du Prieuré de Saint-Pierre de Gaubert. Les revenus étaient perçus par le Camarier du couvent de Layrac.

(7) C'est Saint-Martin d'Aguzan qui fut une annexe de Moncaut jusqu'en 1586, canton de Nérac.

(8) C'est sans nul doute la paroisse de Saint-Martin de Caubiet, en la juridiction de Laplume, et dont les revenus et la dime étaient perçus par un Religieux de Layrac jusqu'en 1791.

(9) C'est la paroisse d'Agudech ou Gudech, sise en la juridiction de Layrac, dont le titre paroissial a été supprimé et transféré à Sauveterre sous Mgr de Vesins. Ce qui a été l'origine et l'occasion d'un schisme.

(10) Inconnu.

(11) Ces deux églises sont dans le diocèse de Bordeaux.

delais l'église de Saint-Paul de Lormon et celle de Saint-Clément de Corne ; dans le diocèse de Lescars, l'église de Jehan de Podenx.

Que désormais tout ce que ce monastère pourra justement acquérir, demeure intégralement ferme sous votre autorité, votre administration et celle de vos successeurs ou de ceux qui par nous y seront préposés. Et parce que, Dieu l'ayant ainsi voulu, l'autel de ce monastère a été consacré de nos propres mains, nous voulons qu'à l'avenir il soit entouré d'une plus grande vénération, et nous défendons à toute personne, sauf le consentement du Pontife de Rome, de prononcer jamais contre cet autel aucune sentence d'interdit ou d'excommunication.

Si donc plus tard quelqu'un osait attaquer, amoindrir ce monastère ou ravager ses dépendances par des attaques insolentes, ou bien par quelque pacte détâcher ce lieu de votre couvent, qu'il soit frappé par la vengeance de la colère divine et par le jugement du Siège apostolique. Qu'il sache bien que son crime, grand au jugement de Dieu, le rend indigne de toute participation au corps et au sang de Notre-Seigneur Jésus-Christ, à moins qu'il n'ait réparé sa faute par une juste pénitence.

A tous ceux au contraire, qui dans ce même monastère

Lescurensi Sancti Johannis de Podenx (1).

Quid quid præterea idem locus in futurum juste adipisci poterit firmum seu integrumque permaneat, tam à te quam à successoribus tuis seu his qui per nos in eodem loco præstituentur, regendum disponendumque perpetup. Et quia, disponente Domino, cellæ ipsius altare nostris manibus consecratum est, (2) ampliori venerationi locum ipsum deinceps haberi præcipimus, statuentes ne cui persone, præter Romanis pontificis scientiam, liceat adversus illud altare interdictionis aut excommunicationis proferre sententiam.

Si quis ergo deinceps locum ipsum et quecumque ad eum pertiuentia infestare, minuere, temerariis vexationibus fatigare, vel à vestro Cenobio alienare præsumpserit, divine indignationis et apostoliæ discretionis ulcione plectatur, ut à sacratissimo corpore et sanguine Domini Nostri Jesu Christi alienatus, nisi satisfactione congrua emendaverit, reum se divino judicio haberi cognoscat.

Cunctis autem eodem loco justa servantibus sit pax

---

(1) Podenx qui était dans le diocèse de Lescars est une paroisse dans le canton d'Hagetmau, département des Landes.

(2) Mention de la consécration qu'il avait faite de l'église de Layrac.

Domini Nostri Jesu Christi, quatenus et hic fructum bone actionis percipiant, et apud Districtum Judicem præmia œterne pacis inveniant. Amen.

Datum Tolose (1) per manum Johannis Sanctæ Romane Ecclesie. Incarnationis Dominice anno M°XCVII° (2) Pontificatus autem Domini Urbani secundi Pape IX° (3).

vivront dans l'observation de la règle, la paix de Notre-Seigneur Jésus-Christ. Qu'ils goûtent ici bas le fruit de leur sainte vie, en attendant que devant le Juste Juge ils reçoivent la récompense de l'éternelle paix. Ainsi soit-il.

Donné à Toulouse par la main de Jehan de la Sainte Eglise Romaine, l'an de l'Incarnation MXCVII et le IX⁰ du Pontificat d'Urbain II.]

---

(1) Le pape Urbain II qui était à Layrac, le 7 mai, pour consacrer l'église du Monastère, consacra le 24 mai, deux semaines après, l'église Saint-Sernin.

(2) La date admise par tous les historiens est 1096. La divergence venait de la manière de supputer les années. *Notice Biographique sur le pape Urbain II*, p. 84.

(3) Cette bulle si importante pour toute notre région est extraite du *Recueil des Chartes de l'abbaye de Cluny,* formé par Auguste Bernard, complété par Alex. Bruel, Paris, 1894, V. page 55, etc.

CHAPITRE II

Les principaux habitants de la commune de Layrac en 1789

Au moment où éclata la Révolution, la Communauté de Layrac était placée sous le régime municipal consulaire, datant du moyen-âge, mais profondément modifié depuis la fin du xviie siècle. Le corps de la Jurade composé des notables, formait le conseil municipal, appelé à décider les questions relatives à la répartition et à la perception des tailles, des impositions royales et municipales. A la tête de la Jurade il y avait quatre Consuls, nommés par la Jurade, mais dont le choix définitif était subordonné à l'approbation du seigneur Prieur. Le 1er Consul, sous le nom de Maire, présidait les séances et s'employait à mettre à exécution les ordonnances du Roi et les décisions de la Jurade, concernant les intérêts de la Communauté et tout ce qui avait trait au bien être des habitants et à la tranquillité publique.

Cette administration municipale était sous la haute surveillance du Prieur du couvent de St-Martin de Layrac de l'ordre de St-Benoit qui en était le seigneur temporel depuis le xie siècle.

En 1789 le seigneur Prieur de Layrac était messire Jean-Marie d'Orlan de Polignac, vicaire général de Metz, nommé à cette dignité par ordonnance royale du 17 mai 1765.

En vertu d'un long usage ou plutôt par suite d'abus séculaires le titulaire du Prieuré de Layrac était un ecclésiastique commendataire, c'est-à-dire qu'il jouissait des prérogatives, émoluments, droits honorifiques et utiles, sans être astreint à

---

(1) L'abbé d'Orlan de Polignac était originaire de Pouy-Petit, petite commune dans les environs de Condom. Un de ses frères fut guillotiné à Agen en 1793.

suivre la règle des Religieux Bénédictins. Vivant d'ordinaire loin de Layrac, le seigneur Prieur déléguait ses pouvoirs spirituels au Prieur claustral du couvent, et pour les pouvoirs de Juridiction temporelle et de patronage ecclésiastique, il en donnait procuration à un ecclésiastique séculier, et quelques fois même à un laïque, qui ratifiait les actes de l'administration temporelle et nommait aux bénéfices simples ou paroissiaux. Le dernier délégué de Mgr d'Orlans de Polignac était sieur Vincent Jean-Baptiste Saint-Marc, avocat. Voici les noms de ceux qui composaient la municipalité aux premiers mois de l'année 1789 : Bonaventure Durand, avocat en Parlement, remplissait les fonctions de Maire ; M. Desburs, lieutenant de maire ; le chevalier de Boussac ; Bernard Durand, ancien capitaine de navire ; Caprais Depau d'Imbertis ; Bergognié, Lanauze ; Larrat, conseiller ; Gimet, Consul ; Bordes, secrétaire.

Durant cette année eut lieu la convocation des Etats Généraux du royaume, composés des députés, du clergé, de la noblesse et du Tiers Etat, et la 1re réunion eut lieu à Versailles le 5 mai 1789. A cette époque il y avait dans la Communauté de Layrac, comme on disait alors, une bourgeoisie très nombreuse et jouissant d'une fortune territoriale considérable. Le bien être et la richesse étaient advenues à ces familles par un travail continu, long, persévérant et des habitudes d'ordre et d'économie. Layrac possédait depuis longtemps de bonnes écoles où l'on enseignait non seulement les éléments de la lecture, de l'écriture et de l'arithmétique. Il y avait même des Régents latinistes qui donnaient aux élèves une instruction plus relevée. Les familles bourgeoises étaient fort nombreuses et il était de tradition que les cadets des familles, les uns entraient dans le clergé régulier ou séculier, les autres embrassaient la carrière militaire, et après avoir donné leurs plus belles années au service du Roi et du pays ils revenaient dans leurs foyers avec le brevet d'anciens officiers d'infanterie ou de marine, avec le titre d'ancien capitaine, quelque fois même honorés du titre de chevalier de Saint-Louis.

En rentrant chez eux, ces anciens militaires rapportaient des habitudes d'ordre, des manières et une instruction qui donnaient à leurs relations un caractère de bonne éducation qui les signalait au respect dans le milieu rural où ils venaient passer leurs dernières années.

Parmi ces bourgeois nous citerons d'abord les De *Guilhem*, divisés en quatre branches. Au xvi⁰ siècle c'étaient d'honnêtes cultivateurs ; mais au commencement du xvii⁰ siècle Marc De Guilhem devint percepteur des tailles. Grâce à sa bonne administration et à son habileté, il développa merveilleusement sa fortune. L'aîné de ses enfants ayant hérité de la terre de St-Marc, située en la paroisse de Goulens, en prit le titre. Comme chef de famille il acheta pour son frère Joseph, un domaine que le baron de St-Géry de Maignas avait vendu à sieur Géraud de Boissonnade d'Agen et il le donna à son frère, chef de la branche des De Guilhem de Maignas, éteinte en 1908. Un autre de ses frères devint propriétaire et partant seigneur de Lallié, situé en paroisse de Goulens et ancien domaine des Carbonneau (1). Enfin un autre De Guilhem ayant acheté la terre de Juncassa, sise sur les bords de la Garonne en prit le nom et constitua une quatrième branche. Il ne subsiste aucun rejeton de ces quatre branches qui fasse revivre le nom de ces familles (2).

Sur les bords de la Garonne au lieu du Passage, ainsi désigné parce qu'en cet endroit était établi un bac, transportant les voyageurs et les marchandises de la rive gauche de la Gascogne sur la rive droite de la Garonne en Agenois, vinrent au xviii⁰ siècle s'installer les *Castex* qui exercèrent un commerce très étendu, surtout après que Mgr d'Etigny, intendant de Gascogne eut fait établir la route des Pyrénées à la Garonne. Pendant plus d'un siècle les Castex qui avaient une battellerie importante acquirent de la fortune par leur travail et leur habileté. Ils s'allièrent aux Gassou et aux Depau. La construction du chemin de fer a fait disparaître cette battellerie et les Castex ont disparu de Layrac. Un de ses descendants figure avec distinction parmi les Docteurs médecins de la Faculté de Paris.

Une famille alliée aux Castex est celle des Depau. Par un acte de 1659 Tognette Depau, veuve de Michel Cappot, bourgeois, acheta à son neveu Pierre Depau le domaine de Barrastin qui passa à ses enfants, qui constituèrent les Cappot de Barrastin dont nous parlerons plus bas.

(1) La fille de M. de Guilhem de Lallié épousa M. de St-Amans.
(2) La fille du dernier de Juncassa épousa M. Delpech, notaire à Layrac en 1784.

Les *Larroque*, dont un membre, le célèbre ministre protestant Mathieu Larroque eut des controverses avec Bossuet, était originaire de Layrac. Et une branche de cette famille est allée s'installer à Bordeaux pour exercer le commerce, mais a conservé dans le pays des propriétés jusque vers la fin du xviiie siècle.

Les Conqueré de Lacave passèrent au protestantisme. Deux d'entre eux devinrent ministres du St-Evangile. Ils sallièrent aux Durand qui professaient la même religion et par suite de leur alliance avec les Monbrison, ils ont quitté le pays pour aller habiter le canton d'Auvillars, dans le Tarn-et-Garonne.

A côté nous pouvons signaler la famille *Chollet* dont le chef très connu exerça pendant de longues années les fonctions de notaire et de tabellion, et plus tard de juge de Layrac. De cette souche vigoureuse sont sortis d'illustres rejetons dont chacun d'eux pour marquer sa personnalité, prit le nom d'une terre ; échue en héritage. Ainsi l'aîné fut l'abbé Chollet de Bellocq, chanoine de Bayonne, prédicateur distingué et enfin curé de Layrac au commencement du xviiie siècle. Ce fut lui qui acheta à Mlle de Merle la maison qu'il donna à la Communauté de Layrac pour servir de presbytère aux curés de la paroisse. Son frère M. Chollet de Lascaban devint subdélégué de Mgr l'Intendant d'Auch et Gascogne. Un autre frère Chollet de Lausseignan exerça des fonctions dans la perception des finances. Les filles contractèrent des alliances avec les principales familles bourgeoises de la ville et des environs de Layrac. Le nom de cette dernière famille est complètement éteint dans le pays depuis longues années (1).

Les Laffon de Cavaignac, ainsi qualifiés, comme possesseurs du domaine de Cavaignac, situé sur les bords du Gers, constituaient une famille très honorable, très ancienne, dans la Juridiction de Layrac. Le dernier représentant de ce nom était général de division et gouverneur de Vincennes. Il est décédé et a été enterré à Layrac en 1845 (2).

---

(1) La fille de noble Etienne Chollet de Lascaban, chevalier de St-Louis, dlle Gabrielle Chollet de Lascaban épousa en 1787 messire Joseph Denis de Metivier, vicomte de St-Pau, fils de Claude de Metivier vicomte de St-Pau et de Marie de Gauffreteau de Chateauneuf.

(2) Sa nièce dlle Zoé de Laffon de Cavaignac, fille de feu Moyre Lafon de Ca-

Les *Boussac* remontent bien avant dans l'histoire de la Communauté de Layrac. Un membre de cette famille figure au nombre des délégués envoyés à Avignon au xiv° siècle pour défendre les libertés communales auprès du Cardinal de St-Eustache, seigneur Prieur de Layrac et parent du pape Jean XXII. Au xvii° siècle ils imitent l'exemple d'autres bourgeois qui passent dans les rangs du Protestantisme. Mais lors de la révocation de l'Edit de Nantes ils abjurent leurs erreurs. Leur nom figure sur les listes des Consuls et des notaires de la Communauté.

Une autre famille bourgeoise qui se laissa entraîner dans le Calvinisme, c'est la famille des Sarramia. Elle ne tarda pas à rentrer dans le giron de l'église catholique. Pey Sarramia était notaire à la fin du xvi° siècle. Plusieurs membres de cette famille entrèrent dans le clergé régulier. Le Docteur J. Sarramia se signala par sa science parmi les médecins du xviii° siècle à l'occasion d'une peste. Les Sarramia contractèrent des alliances avec les familles de Capponnel, Boussac, Mallac. Au xix° siècle leur nom figure dans la magistrature et en 1809 décéda à Randé l'abbé Jean Sarramia, ancien Bénédictin, dont nous parlerons plus loin.

Parmi les Consuls célèbres au xvii° siècle, nous devons citer *Gaston Depau*. Il appartenait à une vieille famille enrichie dans le commerce. Il fut un catholique militant et il défendit avec un courage inlassable sa religion et surtout les écoles catholiques contre les empiètements des protestants. Il rendit de grands services à ses compatriotes lors des guerres de la Fronde et du siège de Caudecoste. Il mourut de la peste, victime de son dévouement et de sa charité en 1652. Ce fut son fils Pierre qui vendit le domaine de Barrastin à sa tante Tognette Depau, Vᵉ de Michel Cappot, bourgeois. Pendant la Révolution Caprais Depau d'Imbertis, ancien officier, fut maire de Layrac à l'époque de la Terreur. Au xx° siècle, le dernier représentant de cette famille, continue les traditions de ses ancêtres du xvii° siècle.

---

vaignac, ancien capitaine de cavalerie, chevalier de St-Louis, épousa à Layrac le 16 septembre 1826 sʳ Louis de Frétard, chevalier d'Ecoyeux, fils de messire Louis Paul de Frétard, marquis d'Ecoyeux et de Marie Louise de St-Mathieu Destouches *Registres paroissiaux*.

Les *Capponnel* d'origine italienne comme les Bazon et les Martinelli, étaient co-seigneurs de Mansonville en 1620, lorsqu'un de ses membres vint s'établir à Layrac, à la suite de son mariage avec une d^lle de Montguignon de Boisrenaud. Ils sont qualifiés nobles, et d'ordinaire ils suivent la carrière militaire, et après avoir payé leur tribut à la patrie ils se retirent dans leurs propriétés de Boisrenaud et de Broque avec le brevet d'officier et souvent avec le brevet de chevalier de St-Louis. Blaise Capponnel remplit les fonctions de procureur de la Commune pendant la période révolutionnaire. Sr Lamouroux de Pleneselve épousa d^lle Catherine Capponnel Gayze, fille de Bernard de Capponnel Gayze et ainsi il devint propriétaire du domaine de Boisrenaud, qui est resté aux Pleneselve jusque vers 1874. La famille de Capponnel très nombreuse au xixe siècle vient de s'éteindre dans son dernier représentant, décédé en décembre 1910.

La bourgeoisie du xvie et du xviie siècles était parfois besogneuse, mais très active pour améliorer sa situation. Les *Durand* sont de ce nombre et se livrent au commerce qui devient une source de bien être. Les protestants ayant une organisation religieuse et sociale assez prépondérante à Layrac, les Durand se rallient à cette secte et lors de la Révocation de l'Edit de Nantes, en 1685, Daniel Durand émigre en Hollande. Il y eut des alliances contractées avec les Conquéré de Lacave dont plusieurs membres ont exercé les fonctions de ministres de la Religion prétendue réformée.

Mais Jean Durand, officier, épousa l'héritière des seigneurs de Lécussan en s'alliant avec la fille de Jean Cappot de Latapie; ses frères et cousins allèrent à St-Domingue et à la Martinique pour raison de commerce. Parmi les enfants de Jean Durand, nous citerons Bonaventure Durand, avocat et son frère Bernard Durand, capitaine de navire qui pendant les 16 années de navigation subit deux années de captivité chez les Anglais. Les deux frères épousèrent deux sœurs, filles de s^r Jean Cappot de Barrastin et de d^lle de Latané. Ils occupèrent l'un et l'autre des fonctions importantes pendant la Révolution, soit à Layrac, soit dans le Directoire du district d'Agen. La descendance de Bonaventure Durand se continue dans les familles honorables des banquiers Aunac, d'Agen, de Garin, de Labat-Martinelli, etc.

Bernard Durand s'établit dans le domaine de Lagravade et de sa fille Marthe, mariée à Daniel Bouet est issue une série de magistrats qui pendant trois quarts de siècle ont occupé un poste éminent à la Cour d'Appel d'Agen, et dans ces derniers temps M. Charles Bouet a préféré sacrifier son siège de juge plutôt que de se courber sous des directions, répugnant à sa conscience de magistrat.

Nous avons déjà parlé des *Cappot*, alliés aux familles bourgeoises de Layrac. Jouissant d'une condition très honorable aux XVIe et XVIIe siècles les Cappot devenus nombreux se subdivisent en plusieurs branches vers le milieu du XVIIe siècle et ils prennent des qualifications différentes à raison de leurs domaines. Les Cappot de Latapie s'allient aux Montguignon. Les Cappot de Feuillide, qui possédaient la terre de Feuillide, sise à gauche sur le chemin de Layrac à Caudecoste, non loin de Montplaisir, appartenant aux de Redon, quittèrent le pays et se transportèrent à Nérac dans l'Albret où ils remplirent d'honorables fonctions (1).

Le domaine de Barrastin échut au fils de Tognette Depau et de Michel Cappot en 1659. Les enfants furent très nombreux dans cette branche et nous les rencontrons dans toutes les carrières. Il y eut de nombreux officiers dans les armées de terre et dans la marine. En 1789, J. B. Cappot de Barrastin était pensionné de l'Etat, à raison des services rendus à la patrie, comme capitaine d'artillerie.

Le dernier officier de marine Léo de Barrastin est décédé en 1871.

Le clergé régulier et séculier comptèrent un grand nombre de prêtres dans cette famille durant le XVIIIe siècle, et le dernier l'abbé Barrastin, après avoir supporté pour sa foi les rudes épreuves de l'exil, est mort curé de Longuetille en 1824.

Lors de l'épuration de la magistrature, M. Frédéric Cappot de Barrastin, Président du Tribunal civil d'Agen fut sacrifié

---

(1) Cette branche des Cappot de Feuillade subsiste encore croyons-nous. En 1847 un Cappot de Feuillade a publié *Histoire des Révolutions de Paris*, 2 vol. in-8.

aux rancunes de la politique. Son fils Etienne Cappot de Barrastin dans un poste important à la Cour d'Alger honore ses fonctions par ses talents et sa loyauté.

Les *De Forcade*, seigneurs de la Raffie et de St-Pardon, en la juridiction de Vianne, viennent s'établir à Layrac à la suite d'un mariage avec une d^{lle} Des Mazes. Après 1789, Michel de Forcade exerce les fonctions de Procureur de la commune et puis de Juge de paix du canton de Layrac. Cette famille disparaît du pays à la suite d'un drame terrible qui entraîna la condamnation à mort en 1806 de Ferdinand de Forcade.

Il y avait encore plusieurs autres familles très honorables formant la société de Layrac. Nous mentionnerons :

Les *Dulyon*, barons de Siorac, venus du Périgord et établis dans la ville depuis longues années. Ils remplirent avec honneur des fonctions de maire et de Consuls à la grande satisfaction de ses administrés. Ils habitaient le château de Monseigne lorsqu'arrivèrent à Layrac les Séjournet, originaires de Nîmes, mais possédant de vastes propriétés à St-Domingues. La révolte des insulaires les obligea de fuir et ils se réfugièrent à Layrac. Les Dulyon s'allièrent aux de Forcade, de Cappot, de Cazette, etc.

Les *Gimet* étaient très nombreux dans la Juridiction de Layrac, vivant comme fermiers, métayers ou brassiers. L'un d'eux réalisa une grosse fortune et ses enfants contractèrent des alliances avec les familles les plus honorables du pays : avec les Gassou, les Bonel de Caudecoste, les de Brizac de Nérac et les Durand. Les Dupont vinrent de Lavardac et ils exercèrent les fonctions de notaires.

Les Delpech aussi formèrent une lignée de notaires et ils s'allièrent avec les Chollet, avec les Barrastin et les Déguilhem de Juncassa.

Les *Bergoignié* étaient établis à Fals, à Caudecoste et dans la Juridiction de Layrac. Messire Izaac de Bergoignié de Garonné, seigneur de Lourtiguet de Tasca et autres lieux, Conseiller du Roy en la Cour des Aydes et finances de Montauban était originaire de Layrac. Joachin Bergoignié fut Juge de paix du canton de Layrac pendant la période Révolutionnaire et il eut de nombreux enfants : Gratien, Jules qui fut maire de Layrac en 1849, l'abbé Bergoignié vicaire de Layrac et plus tard curé d'Amans, et enfin une fille mariée au docteur Gaube de Nérac, dont la fille Léopoldine Gaube et ses petits enfants nés du docteur Léopold Gaube continuent la descendance dans des carrières très honorables.

Le docteur J^h *Larrivière* de Carmentran fut appelé par la Jurade pour remplir les fonctions de médecin pensionné vers 1769. Ils étaient deux frères Marcellin et Joachin J^h Larrivière. Le docteur épousa une d^{lle} Dulyon et il exerça les fonctions de maire pendant de nombreuses années.

Cette famille a quitté Layrac vers 1880 pour aller s'établir dans le Bazadais.

Les *Séjournet*, originaires de Nîmes, qui avaient contracté alliance en 1764 avec la famille Dulyon de Layrac, vinrent se réfugier à Layrac lorsqu'ils furent chassés de leurs possessions de St-Domingue, et là il y eut plusieurs mariages contractés avec les familles Gassou et Capponnel.

Ils ont disparu du pays à la suite d'un drame malheureux après 1830.

Les *Ste-Colombe de Boissonnade* habitaient le château de Boissonnade, situé sur la rive gauche de la Garonne en Juridiction de Layrac depuis le XVIIe siècle. Au XVIIIe siècle le chef de cette famille est noble J. B. de Ste-Colombe de Boissonnade, seigneur d'Astugue, Conseiller du Roi, trézorier de France au bureau des Finances de la généralité d'Auch. De son mariage avec dame Françoise Levenié, fille de noble Josué Levenié, seigneur de Pouylehaut (près Nérac), naquit en 1756 noble Joseph Nicolas de Ste-Colombe, écuyer, trézorier de France comme son père. C'est de lui qu'il sera question plus loin. La famille Ste-Colombe a continué d'habiter le manoir de Boissonnade jusqu'en 1845, époque où cette terre a été vendue à Guillaume Bru, possesseur actuel.

Les *Gassou*, venus de Clermont-Dessus à Layrac vers 1680, étaient des ouvriers charpentiers habiles, qui par leur travail, leurs économies et leur persévérance arrivèrent à acquérir de la fortune, et se firent une place honorable dans la bourgeoisie. Ils contractent des alliances avec les Castex, les Gimet, les Capponnel, les Séjournet. Les représentants de cette famille très nombreux au XIXe siècle ont fini par s'éteindre, et le dernier descendant héritier de la famille Elie Gassou est décédé à

Paris dans les premiers jours du mois de mars 1906. Il a été inhumé à Layrac dans le caveau de famille.

Cette bourgeoisie nombreuse, intelligente, riche, se trouve à la fin du XVIIIe siècle, par un concours de circonstances exceptionnelles, constituer la classe dirigeante à Layrac. Elle aurait pu devenir un puissant élément de prospérité dans le milieu où elle vivait. Mais en ce même temps la société, dont elle faisait partie, rompit brusquement et violemment avec ses croyances, ses traditions, ses mœurs, ses lois séculaires, sous prétexte d'émancipation. La société de 1789 inaugura l'ère de la liberté ; en 1791 et en 1793 elle brisa tous les liens qui la rattachaient à la Religion, à la famille et à la propriété. La bourgeoisie affolée de ses droits nouveaux s'abandonna à ce courant, qui l'entraîna à un abîme où elle a fait un naufrage à peu près complet. A la distance d'un siècle, si nous jetons un regard en arrière, ne peut-on pas répéter avec le poète :

Apparent rari nantes in gurgite vasto ! (1).

En 1789, on proclama que l'ignorance, ou l'oubli, ou le mépris des *Droits de l'Homme* étaient la seule cause des malheurs publics et de la corruption des gouvernements. Ces Droits de l'Homme ceux, qui les prônèrent hautement, et les pratiquèrent en 1791 et en 1793, creusèrent sous leurs pas un gouffre, dans lequel tout s'est effondré, leurs biens, leur fortune, leur nom et leur mémoire. Puisse-t-elle cette leçon être salutaire à ceux qui ont remplacé les anciens bourgeois de Layrac, détiennent leurs domaines, possèdent leur grande influence. S'ils croient que la suppression de la religion, la loi du divorce qui ronge la famille, la proscription des ordres religieux et la confiscation des propriétés ecclésiastiques sont une puissante garantie pour la conservation de leurs biens, de leur fortune et de leur influence, ils sont dans une erreur profonde. L'expérience du dernier siècle devrait les convaincre qu'ils sont sur la pente fatale conduisant à l'abîme, dans lequel ont disparu leurs ancêtres.

Les mêmes causes produiront les mêmes effets.

---

(1) Qu'ils apparaissent peu nombreux ceux qui surnagent au dessus de ce vaste abime.

Nous allons voir à l'œuvre les hommes, dont nous avons rappelé le nom et le souvenir ; et les faits, que nous aurons à raconter, démontreront que la seule cause des malheurs publics et de la corruption des gouvernements, ce n'est pas l'ignorance, l'oubli ou le mépris des *Droits de l'Homme* seulement, mais surtout le mépris des *Droits de Dieu* et l'ignorance et l'oubli du Décalogue catholique.

CHAPITRE III

Années 1789-1790

Les Préludes de la Révolution 1789

La Réunion des Etats Généraux, où se trouvèrent réunis les représentants des trois ordres de la nation : du clergé, de la noblesse et du Tiers-Etat, eut lieu à Versailles, le 5 mai 1789.

Dans la France entière on salua ce grand jour comme l'aurore d'une ère nouvelle de liberté et de prospérité.

Les illusions ne tardèrent pas à s'évanouir.

La prise de la Bastille, le 14 juillet de cette année accompagnée de violences et de massacres ; des incendies et des pillages de châteaux sur plusieurs points de la France, causèrent une surprise mêlée de terreur.

Survint la fameuse séance tenue dans la nuit du 4 août. Là furent inaugurées les nouvelles réformes tant prônées. Les nobles donnèrent l'exemple avec le clergé. Aux applaudissements frénétiques de toute l'assemblée furent déclarés abolis tous les droits et privilèges féodaux. De même furent décrétées d'enthousiasme l'abolition du titre de serf des Juridictions seigneuriales, et l'égalité des impôts avec l'admission de tous les Français aux emplois civils et militaires, enfin de tout ce qui pouvait rappeler directement ou indirectement l'ancien régime.

Louis XVI ayant sanctionné tous ces actes fut acclamé comme le Restaurateur de la Liberté Française. Et comme la Religion était toujours mêlée aux grands évènements de la Nation, il fut décidé qu'il serait chanté dans toutes les églises un *Te Deum* d'action de grâces.

Pour bien rassurer tous les esprits, l'assemblée, qui se croyait appelée à régénérer la société, voulut proclamer les principes qui devaient la guider dans sa grande œuvre de régénération.

Elle promulgua donc comme un évangile nouveau. Et du 20 au 26 août 1789, elle élabora et formula la charte nouvelle connue dans l'histoire sous le nom de *Déclaration des Droits de l'Homme,* affirmant que l'ignorance, l'oubli et le mépris des Droits de l'Homme étaient la seule cause des malheurs publics et de la corruption des gouvernements (1).

Cette célèbre déclaration contient 17 articles, dont le 1er portait que les hommes naissent et demeurent libres et égaux en droits.

Le 4e statuait que la liberté consiste à pouvoir faire tout ce qui ne nuit pas à autrui.

D'après le 10e, nul ne peut être inquiété pour ses opinions même religieuses, pourvu que leur manifestation ne trouble pas l'ordre public établi par la loi.

Le 17e et dernier article est ainsi conçu :

La propriété étant un droit inviolable et sacré, nul ne peut en être privé, si ce n'est lorsque la nécessité publique légalement constatée l'exige évidemment et sous la condition d'une juste et préalable indemnité.

Or le 26 octobre, l'Assemblée de Versailles suspendit l'émission des vœux religieux et elle expédia à tous les monastères ce décret muni de la sanction Royale.

N'était-ce pas là une violation flagrante de la liberté religieuse et de l'article 10e de la Déclaration des Droits de l'Homme ?

Le 2 novembre, cette même Assemblée décréta que tous les biens ecclésiastiques étaient mis à la disposition de la nation, et elle confisqua les biens des Religieux et des Religieuses.

Dès le 13 novembre suivant, les détenteurs de ces biens mobiliers et immobiliers devront en faire une déclaration complète et sans exception aucune.

Le 5 février 1790 sera décrétée la suppression d'une maison des Religieux du même ordre sur deux ; de deux sur trois ; de trois sur quatre lorsqu'elles sont dans une même ville, et attendant des mesures plus radicales encore.

Quelques jours plus tard les vœux monastiques seront prohibés pour l'un et l'autre sexe, avec défense de les rétablir jamais à l'avenir.

---

(1) Il y eut deux proclamations des Droits de l'Homme. La 1re eut lieu en 1789; et la 2e, plus développée contenant 35 articles, en 1793.

Enfin poursuivant son œuvre de réformes, pour ne pas dire de destructions, l'Assemblée Nationale statuera le 20 mars suivant que par les soins des municipalités il sera fait un inventaire de l'Etat des Biens des monastères, et que chaque religieux sera interrogé sur son intention de rester dans son couvent ou d'en sortir.

Mais avant de raconter comment ces décrets spoliateurs furent exécutés à Layrac, il nous faut faire connaître la nouvelle organisation de la Municipalité qui sera chargée d'en opérer l'exécution.

Organisation de la Municipalité de Layrac

Un acte des plus importants de l'Assemblée Constituante en décembre 1789 fut la division de la France en départements. Cette division a formé une grande époque dans l'histoire de notre nouvelle législation. On la considéra bientôt comme une idée génératrice et féconde en résultats.

L'assemblée, qui l'accueillit et l'adopta avec enthousiasme sentit qu'en effaçant les anciennes démarcations, la division départementale serait plus favorable au développement d'un nouveau système politique et administratif fondé sur l'unité de territoire, d'action et de patrie (1).

Cette administration départementale comprenait trois degrés : le *District*, le *Canton* et la *Commune* ou la Municipalité.

La Commune, troisième subdivision territoriale fut organisée la première : c'était le 1er échelon. Le décret, qui constitua la Municipalité dans chaque Commune, fut voté le 4 décembre 1789, et aussitôt sanctionné par le Roi. Quelques jours après dans la séance du 21 décembre, Sa Majesté déclarait que des instructions, dans le but de procéder à son exécution, avaient été expédiées dans toutes les Provinces (2).

Les élections municipales eurent lieu à Agen au mois de février 1790. Les instructions pour procéder à de pareilles élections furent communiquées à la Commune de Layrac par les

---

(1) *Essai historique et critique sur la Révolution Française*, par M. Paganel, Paris 1815. I. p. 208.

(2) Journal patriotique n° X.

représentants de la Généralité d'Auch. C'était encore la seule administration qui subsistât ; le temps n'était pas venu d'y substituer une administration nouvelle.

En vertu de ces instructions, les électeurs de Layrac furent convoqués au mois de février pour élire les membres de la nouvelle municipalité. C'était la première fois que les électeurs allaient procéder directement et sans appel à la nomination de leurs propres magistrats. Et ce fut le sieur Bernard Durand, ancien capitaine de navire, appelé aussi Bernard de Lagravade pour le distinguer de son frère aîné Bonaventure Durand, avocat, et des autres Durand, qui fut élu le 1er de la liste et nommé Maire.

Le 18 février 1790, M. Vignes écrit au maire de Layrac :

« Je voudrais bien vous demander si après avoir établi votre
« municipalité, vous en avez fait passer le verbal, ou à l'As-
« semblée nationale, ou au bureau intermédiaire d'Auch. Il me
« semble que cette formalité ne m'ait pas tombée sous les yeux,
« en parcourant le décret de l'Assemblée nationale portant
« formation des Municipalités. Cependant leur création doit
« être constatée dans quelque bureau. Je vous serai obligé de
« me dire ce que vous avez fait à cet égard. (1) »

Il est probable que Bernard Durand occupé des graves questions intéressant sa commune aura négligé de répondre à cette lettre ; ou même vaut-il mieux croire, car B. Durand était un administrateur très exact, que sa réponse envoyée à Auch aura été égarée et que les membres du Directoire du District d'Agen, étant sans renseignements, et ayant à prendre une décision, firent réclamer ce procès-verbal.

Voilà pourquoi à la date du 22 juillet 1790, le Procureur général-syndic envoie la lettre suivante aux officiers municipaux de Layrac :

« Messieurs, il importe au bien de l'administration, que je
« sois mis à même de connaître dans la plus grande précision
« la nomenclature exacte des municipalités composant le Dis-
« trict, leurs noms, ceux des paroisses qui en dépendent, le

---

(1) Lettre écrite de Ritou, en la commune de St-Sixte, par M Vignes qui fut élu Juge de paix du canton de Caudecoste en 1790.

« nombre et le nom de messieurs les officiers municipaux. Et
« comme vous êtes les seuls qui puissiez me donner sûrement
« ce positif, je vous prie de m'adresser le plus tôt qu'il vous
« sera possible ces différents éclaircissements. Pour les recevoir
« dans le même ordre, je les ai fait classer dans le tableau à
« colonnes que vous trouverez ci-joint. Il suffira de le remplir,
« en plaçant chaque objet dans la colonne qui lui correspond.
« Quant aux paroisses, commes elles peuvent être mi-parties
« entre plusieurs municipalités, vous voudrez bien les indiquer
« d'après la note qui est au bas dud. état.

« J'ai l'honneur d'être avec respect, messieurs, votre très
« humble et très obéissant serviteur.

« CAZABONNE DE LAJONQUIÈRE,
« Proc.-Sindic. » (1)

Municipalité de Layrac

Layrac Goulens Gudech St-Denis	9 officiers municipaux. 1 procureur de la com^{ne}.	Durand, maire Bergogné, Gassou, Ponsin, Bordes aîné, Bernède-Garos, Desburs cadet, Durand cadet, Bensse.

Tels étaient les noms que Bernard Durand transmit au procureur général sindic du District d'Agen.

A peine investi de ses nouvelles fonctions de maire, Bernard Durand se mit sans retard en campagne pour faire valoir les réclamations justes et légitimes que son patriotisme lui inspira pour obtenir à son pays natal une situation honorable.

D'après la loi du 9 janvier 1790, le département de Lot-et-Garonne, composé de l'ancien Agenois et de fractions du Condomois et du Bazadois, fut divisé en neuf districts, et en 72 cantons, embrassant toutes les communes. La répartition faite

---

(1) Document original en nos archives.

froissa le fier patriotisme des habitants de Layrac. Ils avaient depuis longues années demandé d'être rattachés à Agen, mais ils avaient rêvé pour Layrac une répartition en rapport avec son passé. Voici les dispositions du décret du 9 janvier 1790. Dans le District d'Agen, Layrac était érigé en canton, avec trois paroisses : *Layrac, Goulens* et *Amans*. Le 8º canton était Caudecoste comprenant les paroisses de Gudech, St-Denis, St-Nicolas, St-Sixte, Fals et Cuq. Sitôt que le Comité de constitution eût fait connaître sa décision, Bernard Durand s'employa avec beaucoup de zèle pour faire modifier cette répartition, dans l'intérêt de ses compatriotes, afin de donner à la vieille cité une importance que justifiait un passé glorieux. Depuis de longs siècles les Seigneurs-Prieurs, tant au point de vue spirituel, que temporel avaient joui d'une prépondérance qui s'étendait sur de nombreuses Communautés. Des Cardinaux, des Evêques, des Archevêques faisaient figurer à côté de leurs titres et prérogatives la qualité de Seigneur-Prieur de Layrac. Ces souvenirs glorieux méritaient de ne pas être méconnus. B. Durand qui précédemment avait été fier de remplir les fonctions de magistrat et de Conseiller du Roi, dans la Communauté de Layrac, trouvait la décision du Comité de Constitution peu en rapport avec le glorieux passé de sa ville natale. Il ne pouvait se résigner à une déchéance.

Après diverses démarches faites à Agen, c'est de cette ville qu'il mande à ses compatriotes le résultat de ses négociations.

« D'après un bruit qui courait que les paroisses de Gudech et de St-Denis (1) étaient réunies au District de Valence et au canton de Caudecoste, je fus vendredi chez M. le Commissaire du Roi à Agen, où je ne trouvai que M. de St-Amans, les deux autres, partis le matin pour Villeneuve. M. de St-Amans me donna en communication le cayer d'instruction de l'Assemblée Nationale et la carte générale du Royaume, sur laquelle est compris Layrac pour chef-lieu de canton ; mais vraiment c'est le plus petit du royaume, où je vis clairement ainsi que sur le cayer d'instruction, que non seulement on avait soustrait de

---

(1) La paroisse de Gudech est devenue la paroisse de Sauveterre depuis près d'un demi-siècle et la paroisse de St-Denis a été fondue dans les paroisses de Caudecoste et de Sauveterre. Il ne reste rien du presbytère et de l'église de St-Denis.

nôtre Juridiction les deux paroisses de St-Denis et de Gudech, mais encore toute la partie de la plaine dépendante de la paroisse de Layrac, et le tout annexé au canton de Caudecoste, et de là, au District de Valence.

« En conséquence je fus chargé d'aller à Gudech et à St-Denis pour recueillir leurs vœux. Ce que je fis le lendemain. Vous allez croire que tous les obstacles sont levés ! mais non. Je ne fus pas peu surpris, rendu chez M. de Carbonneau (1), d'entendre de sa bouche que le parti de ces deux paroisses était pris et qu'elles demandaient la séparation de Layrac. Je l'engageai à venir à Gudech pour se joindre à nous afin de donner plus d'authenticité à l'assemblée. Ce qu'il fit, mais là, ayant lu les ordres des Commissions et surtout la lettre du Commissaire, il me fut répondu que leur dessein était d'être séparés de Layrac, et de former une municipalité particulière. Je leur dis qu'il fallait une décision, qu'ils me promirent pour le lundi, jour de demain. Je ne fus pas la dupe de ce délai, et M. de Carbonneau les a sans doute décidés, puis qu'en ma présence il lui fut dit qu'on le regardait comme leur Père, et qu'ils feraient ce qu'il leur conseillerait. Alors je leur représentai tous les inconvénients, résultant de la formation d'une municipalité, les dépenses, les longueurs. Tout fut inutile (2) ».

De leur côté les habitants de Gudech et de St-Denis, inspirés et dirigés par M. de Carbonneau travaillèrent à faire prévaloir leur projet de séparation d'avec Layrac. Le Directoire d'Agen sanctionna leurs votes, qui amenèrent la création d'une commune distincte et indépendante de Layrac. Cette opération rencontrera des entraves comme nous aurons occasion de le rappeler plus loin, surtout pour la délimitation des deux communes, mais la séparation sera définitive et complète, au for civil et au for religieux.

Donc, la municipalité de Layrac se voyant diminuée par la soustraction des paroisses de St-Denis et de Gudest, chercha d'autres compensations. Son 1er magistrat désireux lui aussi d'obtenir une division territoriale, qui maintiendrait sa patrie

---

(1) M. de Carbonneau résidait au château du Saumon, paroisse de St-Denis. Là eut lieu en 1787 le mariage de sa fille avec le marquis de Dampierre. Voir *Monographie de Caudecoste*.

(2) Notes manuscrites de M. B. Durand.

dans une situation honorable, ne négligea rien dans ce but. C'est sous l'inspiration de cette légitime ambition qu'il écrivit et envoya la requête suivante :

« Monsieur (1). Permettez que notre municipalité vous
« exprime sa satisfaction sur l'heureux choix que vient de faire
« Sa Majesté, des commissaires concernant le département de
« Lot-et-Garonne et ses districts. Nous nous félicitons d'avance
« de savoir que vous avez été du nombre. Les liaisons que
« vous avez avec notre ville nous sont un sûr garant de votre
« protection.

« Sitôt notre municipalité organisée, nous nous empres-
« sâmes de témoigner au Comité alors permanent d'Agen, no-
« tre satisfaction sur notre réunion à son département (2),
« offrant en attendant nos secours, supposé qu'il fut dans le
« cas d'en avoir besoin. Nous le priâmes en même temps de
« nous prévenir de l'arrivée des Commissaires du Roy, afin de
« réclamer auprès d'eux un *District*, ce qu'il nous promit par
« une lettre de son Président, M. Philip, offrant se joindre à
« nous pour nous obtenir ce que nous demandions à si juste
« titre. Permettez-nous, Monsieur, de vous porter nos récla-
« mations et surtout nos craintes. Vous connaissez parfaite-
« ment Layrac ; sa situation, les belles routes qui y aboutis-
« sent de toutes parts, un superbe local, monastère des Béné-
« dictins, et toutes les autres considérations ne lui mériteront-
« elles pas la préférence pour un *District* sur tant d'endroits
« qui l'ont obtenu. Layrac, d'ailleurs, est reconnu depuis long-
« temps par les Assemblées administratives comme le chef-lieu
« d'arrondissement du Brulhois. Voilà, Monsieur, nos récla-
« mations. Mais dans tout les cas possibles, déférant à vos
« décisions, nous demandons d'être inséparables de la ville
« d'Agen (3) ».

---

(1) Le Destinataire, sans être nommé, est M. Cazabonne-Lajonquière qui était devenu propriétaire dans la commune de Layrac. Il possédait les metteries de Perrusouat et de Lapeyre.

(2) Notamment, en 1787, la Communauté de Layrac, trouvant Condom trop éloigné, émit le vœu formel que la Jurade sanctionna, pour être rattaché à la ville d'Agen.

(3) Notes manuscrites de M. B. Durand-Lagravade.

Pour assurer le succès de ses démarches. B. Durand fit adopter et signer par ses collègues la requête dont nous donnons le texte :

« Monseigneur. C'est avec la plus grande surprise que la
« Communauté de Layrac a appris que la ville de Nérac, en
« Albret, demandait que le Brulhois fût une dépendance de
« son District, tandis que la ville de Layrac, chef-lieu d'arron-
« dissement du Brulhois a toujours espéré être le chef-lieu de
« ce District, non seulement par sa position centrale et agréa-
« ble, mais encore par les établisssements nécessaires et les
« grandes et belles routes qui y aboutissent de toutes parts,
« au lieu que les chemins pour se rendre à Nérac sont impra-
« ticables pendant dix mois de l'année, et qu'il faudrait même
« faire sept à huit lieues pour s'y rendre.
« Enfin, l'Assemblée Nationale ayant compris notre Juri-
« diction dans le disctrict d'Agen, elle y souscrit avec respect
« et satisfaction, ainsi qu'à tous ses décrets, comme elle l'a
« déjà annoncé dans son adresse à M. le Président, il y a près
« d'un mois. Mais, dans le cas contraire, nous demandons
« d'être unis à la ville d'Agen, seul lien qui nous convienne,
« tant pour la proximité que pour l'accord qui a toujours
« régné entre les deux villes.
« Elle ne désespère pas pourtant que le Département ne
« prenne en considération notre pays. Veuillez donc, Monsei-
« gneur, prendre en considération les observations qu'à l'hon-
« neur de vous faire la commune de Layrac. Elle espère que
« vous regardant comme un de ses représentants, puisque
« nous sommes de votre Département, vous voudrez bien lui
« accorder votre protection, comme elle met toute sa confiance
« en vous.
« Nous sommes avec respect... (1) ».

Finalement, rien ne put faire revenir le Directoire d'Agen

---

(1) La lettre ne porte pas d'autre qualification, ainsi a-t-elle dû être adressée à Mgr de Bonnac, évêque d'Agen, élu député, qui, avec le comte de Fumel, proposa la division en départements et en IX Districts. (*Aide Mémoire* par M. Tholin, p. 201.) Et par suite de cette division et de l'annexion de Layrac à la ville d'Agen, les habitants de Layrac reconnaissaient pour leur Député, non pas l'Evêque de Condom, mais Mgr. l'Evêque d'Agen, député de l'Agenois.

sur la décision qui assignait au canton de Layrac les trois paroisses de *Layrac* d'*Amans* et de *Goulens*. Plus tard, il y a bien eu quelques modifications. Ainsi en 1795 les Districts furent supprimés, et un arrêté des Consuls du 7 Brumaire an X (29 oct. 1801) réduisit à 38 le nombre des cantons ou Justices de Paix de Lot-et-Garonne. Mais, depuis lors, la constitution du Département est devenue définitive. Astaffort est resté chef-lieu de canton et Layrac y a été enclavé ; cette circonscription subsiste encore.

Célébration de la Fête Dieu dans l'église paroissiale et par le curé de la paroisse. — La Cocarde Nationale Mai 1790

L'Assemblée Constituante, par un décret du 13 février 1790 supprima les vœux monastiques, parce que disaient les nouveaux législateurs ils sont contraires à la raison, à la politique et à la religion. Un siècle plus tard on répètera le même refrain.

La nouvelle municipalité s'inspira de ce décret, si conforme à cet esprit d'indépendance qui s'était déjà manifesté en plusieurs circonstances, pour secouer le joug de la suzeraineté du Seigneur Prieur du monastère de St-Martin. La célébration prochaine de la Fête Dieu lui offrit une occasion favorable. La procession qui avait lieu le jour de cette solennité et à laquelle assistaient les Consuls, d'après de vieilles coutumes, était présidée par le Seigneur Prieur ou son représentant. C'était celui-ci qui faisait les convocations et c'est de l'église prieurale que partait le cortège. Or dans l'assemblée du 25 mai 1790, sieur Michel de Forcade, procureur de la Commune prit la parole : Messieurs le Maire, Officiers Municipaux de la ville de Layrac, Juges des causes civiles et criminelles, le Procureur de la commune vous remontre que la célébration des actions publiques de religion appartient à l'ordre des Pasteurs. C'est à eux de s'en acquitter à la tête du peuple, que leur voix rassemble autour d'eux. C'est en cette qualité que les curés de cette ville faisaient solennellement la procession générale de la Fête Dieu. Mais par une exception que l'autorité souveraine d'un tribunal avait consacrée, les Religieux Bénédictins de cette ville furent déclarés curés primitifs d'icelle, et déjà déchargés des pénibles fonctions de Pasteur, se resserrèrent celles qui à l'extérieur en relevaient le plus leur dignité. Pendant environ quarante ans, ces religieux, avec le clergé et le peuple de cette paroisse, ont fait cette procession, et avec une solennité bien propre à inspirer le respect à la majesté des saints-mystères. Que par la disposition des décrets de l'Assemblée nationale lesdits Religieux Bénédictins sont devenus comme chacun de nous, citoyens actifs, capables en certains cas de succession, délivrés des embarras de leur Seigneurerie et de dixmes y attachées, leur congrégation étant dissoute, il est conséquent qu'ils soient déchargés de toute fonction de curé primitif, et qu'elles soient toutes réunies en la personne du cy-devant vicaire-perpétuel. C'est donc à celui-ci qu'il appartient et c'est de son devoir de reprendre et de continuer la célébration de la fête publique la plus solennelle, ainsi que la plus glorieuse de notre religion. C'est pourquoi, en qualité de Procureur je vous requiers, messieurs, de délibérer que M. Capdeville curé de cette ville sera prié et requis au nom de la commune de faire désormais, et à commencer cette année, la procession de la Fête Dieu, et suivant le cours usité, d'instruire les paroissiens, dimanche prochain au prône, de la réquisition qui leur aura faite, et de la disposition, où nous le prescrivons d'y déférer.

Que le dit sieur curé, outre cet avis général à ses paroissiens, sera prié d'en donner un particulier aux Religieux Bénédictins en les invitant de se rendre à l'église de la paroisse le dit jour de la Fête Dieu, pour y célébrer dans toute la ville cette grande solennité, et afin que bien informés de ce changement d'ordre, ils le soient aussi de ses motifs. Il leur sera donné connaissance du présent réquisitoire et de la délibération qui sera prise sur icelui, et ce, avec la bienséance à observer envers des personnes revêtues du caractère sacré du Sacerdoce.

M. De Forcade procureur, déposa sur la table du conseil le texte écrit de son réquisitoire, afin que l'assemblée délibérât à ce sujet et exprimât une décision. Immédiatement M. le Maire prit la parole et dit :

« M. le Procureur a fait aujourd'hui sur le présent registre un réquisitoire dont la lecture me dispensera d'entrer dans la recherche des faits et de l'exposition des motifs, qui l'ont porté à cette démarche. Et je pense que non seulement la délibération doit y être conforme, mais encore qu'en étudiant les conséquences de cet acte, en raison de l'étendue de ces principes, le sieur curé de cette ville doit être requis, que puisqu'il est rentré dans la plénitude des fonctions attachées à la qualité de Pasteur, il est à s'en acquitter, et tout particulièrement de l'action publique du 15 août, touchant le vœu du Roi Louis XIII, d'heureuse mémoire, et d'y inviter les Religieux Bénédictins aussi et de la même manière qu'il est requis pour la Fête Dieu. Les membres présents adhérèrent unanimement à cette décision, dont M. le Maire fut prié de la mettre à exécution en invitant les Religieux Bénédictins à assister à la procession de la Fête-Dieu (1).»

La guerre aux ordres religieux ira s'accentuant de plus en plus chaque jour. Aujourd'hui ils sont dépouillés de leurs prérogatives séculaires. Demain ils seront déclarés inutiles, puis spoliés de leurs biens, chassés de leurs monastères avec défense de ne jamais plus reparaître. C'est l'ère de la liberté, déjà proclamée, mais entendue et pratiquée dans des conditions nouvelles.

L'écho des évènements accomplis à Paris à la suite de la prise de la Bastille et du serment prononcé dans la salle du jeu de Paume produisait une grande effervescence dans le pays. On parlait partout de la suppression des servitudes anciennes et de l'affranchissement du peuple. Dans les plus petites villes les esprits les plus ardents voulaient témoigner d'une manière sensible leur adhésion à l'ordre de choses nouveaux. Aussi on prit l'habitude d'arborer la cocarde nationale pour exprimer ses sentiments patriotiques. Quelques habitants, moins enthousiastes dédaignèrent de suivre cet entraînement. De là, des discussions violentes, qui dégénérèrent facilement en troubles publics. Une plainte fut portée dans ce sens dans l'assemblée municipale et une motion fut immédiatement suivie de l'arrêté suivant :

Nous officiers municipaux de la ville de Layrac, voulant prévenir tous les troubles et désagréments, que pourraient éprouver les habitants de cette municipalité qui ne porteraient pas la cocarde nationale, ordonnons à tous les habitants, sans distinc-

---

(1) *Registres municipaux* de Layrac.

tion, de la présente ville et Juridiction, de ne point paraître en public sans être décoré de la dite cocarde (1).

Les Religieux Bénédictins de Layrac en 1790

Les Bénédictins étaient établis à Layrac depuis le milieu du XIe siècle. Les chartes de 1062 et de 1064 rédigées et signées par les Fondateurs et les Bienfaiteurs du Prieuré de St-Martin, établissent dans quelles conditions fut fondé ce célèbre Monastère. Pendant sept siècles, les Seigneurs-Prieurs de Layrac exercèrent une heureuse influence sur la population. Ils présidèrent au développement matériel, religieux et social de ceux qui étaient placés sous leur obédience. On était heureux sous la crosse, disait-on, au moyen-âge. La suzeraineté des Seigneurs-Prieurs n'eut jamais rien de brutal ni de violent, comme le fut ailleurs l'administration féodale des marquis et des barons et de ces chefs militaires, qui, pour satisfaire ou leur ambition ou remplir leurs devoirs patriotiques, pressuraient leurs fondataires et leurs vassaux.

Autour du Monastère St-Martin-de-Layrac et dans les paroisses nombreuses dépendantes de ce Prieuré les libertés communales se développèrent régulièrement. Des établissements pour le soulagement des malheureux, tels que des hôpitaux et des bureaux de charité ; des confréries qui contribuaient au bien-être religieux, moral et même matériel de leurs membres ; des écoles pour l'instruction des enfants où l'on apprenait non seulement la lecture, l'écriture et l'arithémitque, mais où l'on enseignait encore le latin, avaient été fondés pour le plus grand avantage du peuple.

A la fin du XVIIIe siècle, les Bénédictins venaient de reconstruire à leurs frais un monastère splendide qui est un monument remarquable et qui a été pendant les cent dernières années un foyer d'instruction pour la jeunesse, et de prospérité matérielle et morale pour tout le pays.

Et à côté de ce monastère qui, en 1907, est devenu l'arche de salut pour le clergé diocésain expulsé de chez lui et spolié de tous ses biens, il reste une vaste et splendide église, déclarée

---

(1) *Registres municipaux* de Layrac.

et classée même comme monument historique à l'heure présente. Elle attestera dans les âges à venir et démontrera les grands services rendus à la société contemporaine par les moines d'autrefois.

On connait l'histoire de l'enfant prodigue. Il y a eu et il y aura toujours de ces êtres oublieux et dénaturés. Mais la fin du XVIIIe siècle nous fit connaître des êtres plus pervers et des fils plus ingrats. Ce fut une race d'enfants qui peu contents de s'émanciper de l'autorité paternelle, poussèrent l'ingratitude jusqu'à détruire la maison où ils étaient nés et à faire disparaître jusqu'au nom de ceux qui les avaient nourris, élevés et sauvés. L'Eglise, c'est-à-dire les évêques et les moines, avaient fait la France comme les abeilles construisent leur ruche. Et on ne voulut plus de l'Eglise, plus d'évêques, plus de moines, plus de prêtres. Comment les choses se sont-elles passées à Layrac ? C'est ce que nous allons rappeler.

Quant à la loi du 2 nov. 1789, la 1re année de l'ère de la liberté, les biens de l'Eglise furent confisqués et mis à la disposition de la nation. C'était un bien mauvais présage et un sinistre début.

L'année 1790, qui fut la 2e année de l'ère de la liberté, comme elle fut qualifiée, vit le commencement des destructions et des ruines dans la paroisse de Layrac. Il sembla tout d'abord que rien n'était changé dans l'ordre religieux. Le prêtre qui dirigeait la paroisse depuis quelques années, l'abbé Pierre Bertrand Capdeville, docteur en théologie et Archiprêtre du Brulhois, se recommandait à l'estime et à l'affection de ses paroissiens, autant par ses talents que par ses vertus (1). Il était secondé dans son ministère par un jeune ecclésiastique qui, jusqu'alors avait mené une vie très régulière. (2) Quant aux Religieux Bénédictins, ils continuaient dans leur cloître leur vie de prière et de charité. Ils venaient de mettre la dernière main à de grands travaux de restauration et d'embellissement et dans leur église et dans leur monastère, lorsque l'Assemblée Nationale, par son décret du 13 février 1790, porta

---

(1) L'abbé Capdeville, né à Dunes en 1743, était curé de Layrac depuis 1786.
(2) L'abbé Joseph Berni, né à Condom en 1762, était vicaire de Layrac depuis 1786.

un coup fatal aux instituts religieux en déclarant leur suppression. C'était le glas funèbre.

L'exécution de l'arrêt de mort ne pouvait tarder. Les chênes qui mettent des siècles pour croître, tombent ainsi en un jour sous le tranchant du fer du bûcheron. De même les institutions monastiques, sept fois séculaires furent abattues et ruinées en quelques jours. En effet, le décret du 13 février 1790 porte que la loi constitutionnelle du Royaume ne reconnaissait plus les vœux monastiques solennels des personnes de l'un et de l'autre sexe. En conséquence, les Ordres religieux et les Congrégations régulières dans lesquelles se faisaient de pareils vœux étaient et demeuraient supprimés en France, sans qu'il fut permis d'en établir de semblables à l'avenir.

C'en était fini en France pour tous les Ordres monarchiques, du moins pour quelques années, car la hache Révolutionnaire, comme la cognée du bucheron, atteignit bien les branches et mutila le tronc jusque raz de terre ; mais les racines restèrent hors d'atteinte, et après quelques années, de l'antique souche et des racines profondes, jaillirent de nouveaux rejetons dont la sève rajeunie poussera des rameaux plus vigoureux et plus nombreux. Cela n'empêchera pas de nouveaux orages de se former plus tard, mais qu'importe ! Les moines dans l'église, a dit un grand orateur, sont immortels comme les chênes de nos forêts. C'est dire que les ordres religieux n'ont jamais péri par la pauvreté et la persécution.

Donc nos Bénédictins de Layrac étaient condamnés et ils vont être soumis aux épreuves ordinaires préludes de leur destruction : L'inventaire d'abord de leurs biens, la spoliation, l'expulsion des Religieux, et puis l'exil ou la mort violente.

Nous avons retracé dans un autre ouvrage ce drame douloureux (1), nous ajouterons ici quelques particularités qui compléteront ce récit. En remémorant le passé, nous verrons que les persécuteurs du xxe siècle ne sont que les plagiaires de leurs ancêtres de la fin du xviiie siècle. Mais cette première tempête si sanglante n'a pu empêcher les catholiques de France de revoir des jours de résurrection et de prospérité. Comme l'a justement fait remarquer un orateur. Les spoliateurs des couvents.

---

(1) *Monographie du Prieuré et de la ville de Layrac*, publiée en 1897.

les persécuteurs des Ordres religieux poursuivirent à outrance la pauvreté volontaire ; mais voici que la pauvreté involontaire va venir leur demander la bourse ou la vie (1). Attendons.

Donc les Religieux Bénédictins de Layrac étaient condamnés. Nous allons assister à l'exécution de ce drame douloureux.

M. de Boucheporn, Intendant d'Auch et de Pau écrivit à la Municipalité de Layrac la lettre suivante :

Auch, le 20 mars 1790.

« Messieurs,

« D'après les intentions de l'Assemblée Nationale, M. le
« comte de Saint-Priest m'a prescrit de vous transmettre des
« exemplaires 1° des lettres patentes sur un décret de l'Assem-
« blée Nationale du 13 février, qui prohibent en France les
« vœux monastiques de l'un et de l'autre sexe.

« 2° D'autres lettres patentes de l'Assemblée Nationale du
« 11 février, relatives aux délibérations des Assemblées repré-
« sentatives municipales et administratives. Vous voudrez bien
« remplir les vues de Sa Majesté et celles de l'Assemblée Na-
« tionale en faisant procéder sans délai à la transcription de
« ces lois sur vos Registres, ainsi qu'à la publication et à l'affi-
« che, et me certifier que cette transcription a été faite, en n'en
« accusant réception, en la personne de mon subdélégué.

« J'ai l'honneur d'être

« DE BOUCHEPORN (2) ».

L'Assemblée Nationale avait fait des décrets pour hater la vente des biens ecclesiastiques, afin d'avoir au plustôt les ressources nécessaires au fonctionnement des services publics. Des retards, faciles à prévoir lorsqu'il s'agissait d'une transformation pareille, obligèrent à donner des ordres nouveaux. C'est ainsi que M. l'Intendant d'Auch et de Pau avait écrit le 7 février 1790 à Messieurs de la Municipalité de Layrac. « Je vous envoie des exemplaires de lettres patentes sur un décret

---

(1) Montalembert.
(2) Suivant la lettre du comte de St-Priest et au bas ces mots écrits à la main: à MM. de la municipalité de Layrac.

de l'Assemblée Nationale qui proroge jusqu'au 1er mars prochain le délai pour la déclaration des biens ecclésiastiques. Je vous prie de les faire réimprimer et de les adresser sur le champ à toutes les Municipalités de votre département pour qu'elles les fassent transcrire sur leurs registres, et qu'elles les fassent publier et afficher (1) ».

L'article 2 du décret du 13 février 1790, portait : Tous les individus de l'un et de l'autre sexe existant dans les Monastères et Maisons religieuses, pourront en sortir, et il sera pourvu incessamment à leur sort par une pension convenable.

Ce fut le 17 mai 1790 que les officiers municipaux de Layrac se présentèrent au Monastère pour procéder à l'inventaire des biens mobiliers et immobiliers. Ils se firent escorter des valets de ville et de quelques hommes de la garde nationale. Il n'y avait pas cependant de danger à courir pour une opération de ce genre. Il s'agissait de s'enquérir de tout ce qui pouvait être renfermé dans le monastère en fait de titres de propriété, de livres dans la bibliothèque, de meubles et de linges et des objets du culte divin dans l'église et la sacristie. Ce travail fut long et les officiers municipaux mirent plusieurs jours dans l'exécution de leur mandat. Nous allons résumer les procès-verbaux qui en furent dressés et dont la lecture nous fera connaître le personnel du Couvent et l'état des lieux et des possessions du Monastère.

Les Vénérables Religieux furent appelés à comparaître et à dire leur âge et leur nom. Le premier appelé fut Dom Henri de Bourbon, doyen, président du Monastère, né le 7 octobre 1708, âgé de 82 ans, natif de St-Jengoux, au diocèse de Chalons-sur-Saône, et profès depuis le 10 août 1738 ; Pierre Dom Alexandre Moustafa, natif d'Agen, âgé de 75 ans, né le 30 septembre 1716 et profès du 24 juillet 1736 ; Dom François Henri de la Braconnière, âgé de 70 ans, originaire de Sommière en Languedoc, né le 6 mai 1721, et profès du 10 août 1738 ; Dom Barthélemy Delaine, ancien prieur de St-Jean de Mézin, né le 17 octobre 1731, profès du 14 novembre 1751, et natif de Roquemaure en Languedoc ; Dom Jean Sarramia, originaire de Layrac, né le

---

(1) Ecrit à la main : à Messieurs de la Municipalité de Layrac. Vous payerez six sols à l'expres.

24 novembre 1746, et profès du 5 janvier 1771 ; Dom Guillaume Azéma, procureur syndic de la Communauté, né à Rayan en Languedoc, le 25 juillet 1748, et profès depuis le 14 novembre 1774 ; Dom Jean Baptiste Dulot, né à Pleurs en Champagne, le 11 septembre 1757, et profès depuis le 12 octobre 1778 ; Dom Nicolas Mangin (1).

Il n'est point fait mention d'autres Religieux dans le procès-verbal. Il y est bien dit qu'il y avait dix-huit religieux, voulant sans doute comprendre les novices et les officiers claustraux, employés dans la maison, mais nullement astreints aux règles de la vie monastique.

En ce moment, aucun de ces Religieux dont la profession est déjà ancienne n'exprime aux Commissaires la satisfaction de voir les portes du Couvent ouvertes, et d'être rendus à la liberté de la vie commune. Ils n'estiment pas un avantage d'être déchargés de leurs obligations religieuses. Ce sont de nobles victimes, qui supportent avec dignité leur dure épreuve et qui font comprendre par leur résignation silencieuse, la grandeur du sacrifice qu'on leur impose. Saluons en passant leurs noms et leur mémoire. Hélas ces mêmes cloîtres verront plus tard d'autres victimes, obligées de se courber sous le glaive des lois impies et spoliatrices.

Les Bénédictins sont expulsés d'un monastère bâti par eux ; on va leur enlever leurs biens, leurs richesses, tout ce que leurs ancêtres leur avaient légué, mais il emporteront l'honneur d'une fidélité inviolable. Il n'y eut pas de défection.

Les officiers municipaux requièrent ensuite le Doyen Président du Monastère et le Procureur Syndic de leur représenter et de leur remettre tous les registres, tous leurs titres et les diverses pièces de leur comptabilité.

Devant ce déploiement de force et en vertu des ordres formels, les Religieux durent ouvrir leurs archives et ils remirent les divers documents, concernant la propriété et l'administration du Prieuré. Il y avait là des trésors de renseignements historiques très curieux, recueillis par les enfants de St-Benoît

---

(1) Dom Mangin se présenta le 3 septembre 1790 devant les officiers municipaux pour déclarer vouloir sortir de la maison et vivre en séculier à Paris, où il a le projet de se retirer dans quelques jours, et sa déclaration fut signée par les susdits officiers municipaux. *Registres municipaux.*

et intéressant la ville, la paroisse et les dépendances du Monastère.

Après cette première opération les Commissaires se transportèrent dans la sacristie qu'ils trouvèrent bien pourvue. Ils énumérèrent trois calices, un ostensoir, un ciboire, un encensoir, des burettes, et le baton du chantre, le tout en argent massif.

De là on se transporta dans la Bibliothèque. La Bibliothèque du Couvent de Layrac était belle et riche. Depuis longtemps on y accumulait les livres précieux, qui pouvaient servir à alimenter et à développer le goût de la science sacrée dont les Bénédictins ont donné tant de preuves. Il y avait là en fait de patrologie, d'exégèse, de droit canon et d'histoire une collection très précieuse, qui plus tard sera transportée à Agen pour composer la Bibliothèque municipale. On y mentionna en particulier 663 volumes in-folio ; 271 volumes in-4° ; 1107 volumes in-8° et in-12° environ 2041 volumes.

Après ce travail, les officiers municipaux trouvèrent que leur journée était bien remplie, comme s'ils avaient vaqué à une bonne œuvre sociale. Le sens moral était bien oblitéré, ils ne se doutaient pas que la coopération à la violation du droit douteux ne pouvait être légitimé et que l'injustice produit toujours des fruits amers.

Le procès-verbal de la journée fut arrêté par le s^r Bordes, secrétaire-greffier. Il fut signé par les officiers municipaux, qui renvoyèrent au lendemain la suite de leurs opérations (1). Dans une autre séance, les Commissaires se firent remettre un état des biens et revenus divers du Monastère St-Martin, ainsi que l'ordonnaient les décrets des 13 et 14 novembre 1789.

Nous donnons ici le tableau des biens appartenant, soit aux Religieux de Layrac, soit aux Religieux de Moyrax et Religieuses de Boulaur et d'Agen, situés dans la Juridiction de Layrac (2).

---

(1) Archives de la Préfecture. *Monographie de Layrac*, p. 655 etc.
(2) Dans cette Monographie sont tous les détails de cette opération.

Département
de
Lot-et-Garonne
—
DISTRICT
D'AGEN
—
Municipalité
DE LAYRAC
—

Liste officielle
des Biens ecclésiastiques
situés dans la commune de Layrac

ETAT des Biens et Domaines laïques et ecclésiastiques, situés dans le territoire de la municipalité de Layrac, SAVOIR :

	Carterées	Quartonnats	Picotins
Monastère de St-Martin de Layrac			
consistant en jardin, verger, tap et pré sur l'Evangile et au port de la Gouassette, contenant quatre carterées cinq quartonnats trois picotins, cy.........	4	5	3 (1)
Pré au Port-Monjau............	1	5	
Maison, patus et jardin, au Papet.........			3
Sainfoin, dessous la plateforme, contenant...			1 /12
Friche, dessous les fossés de la ville		1	6
Vigne à Brumas..................		4	7 1/4
Vigne au dit lieu.................	3		1 1/2
Terre à Gresse ou à Badie		2	
Vigne à Mazerés	1	3	5 1/2
Vigne à Bajoles.................		5	5
Terre au Port-Monjau.............	4	5	5 1/2
Terre au Camaré.................	4	5	5 1/2
Terre aux Grands Prats	4	4	7
Prieuré de Layrac			
consistant en maisons et jardin de la conten.			4
Moulin, chaussée, patus et terre, contenant..		6	
Terre et pré, à Castres	4	5	5

---

(1) C. Carterée, 87 ares 88 — Quartonnat, 10 ares 93 — Picotin, 1 are 82 centiares.

	Carterées	Quartonnats	Picotins
Chapelle de Lacaze de patronage laïque			
consistant en jardin et courtine............			1 2/3
Terre à Lavarché		2	4
Terre à Rajeloup........................		5	
Terre au Croc...........................	1		
Chapelle de Barbe			
dont terre à Bouillebas, contenant	3	1	7
Chapelle de Marguerite Carbonneau d'Aymon			
consistant en terre à Mazerés de la contenance	0	4	2
Terre à Poudepé.......................		6	6
Terre à las Berienques		1	
Moitié de Moulin et patus à Goulens appartenant aux Religieuses de Boulaur			
d'une contenance	5	3	1/2
Les Religieux Bénédictins de Moyrax possédant la propriété du Marquisat			
contenant : terre, pré, taillis à Sensalère.....	3	7	3 1/2
Terre aux Baillarguets	1	3	3 1/2
Maison, pigeonnier, métairie, étable, sols, patus, pré, vignes, terres et friches	50	3	
Chapellenie de Comère, de patronage laïque			
consistant en terre, prés à Vigeris..........	0	6	6
Terre à Belloc, d'une contenance	5	1	1/2
Terre à Termes, d'une contenance..........		6	6
Le Camérier du Couvent de Layrac			
possède terres et friche à Belloc d'une cont..	1	2	7 1/2
Chapellenie de Dumas			
consistant en friche à Belbèze et à Bouhebent.	5	6	

	Carterées	Quartonnats	Picotins
Chapellenie de Rivière, de patronage laïque			
consistant en terre aux Crabès	1	6	2 1/2
Terre à Castres, contenant.................	0	1	7 1/2
Vignes sur Bajolles	0	4	
Cure de Gudech (1)			
consistant en jardin, terre, contenant.......	2	6	4
Métairie de Bords appartenant aux Religieuses d'Agen			
consistant en métairie, granges, patus, terre, pré	40	3	
Terre à Las Tapies........................		3	
Terre à Las Cassaignes.	2	7	2 3/4
Terre à Las Palanques de Hites.............	1		
Illot à Borde		6	2 1/2
Illot à Goudille	0	1	1/2
Illot au Platan		7	6
Pré aux Deguilhems.......................		4	1/4
1ʳᵉ *Chapelle de Vital Marti, appartenant aux Religieuses du chapelet d'Agen*			
consistant en terre, pré à la Berienque	1	3	7
Terre audit lieu...........................	8	3	7
Autre terre audit lieu		6	
Terre à Laussignan	4	3	
Terre à Tardieu	9		7
Terre à la Caussade......................	8	6	
2ᵉ *Chapelle de Vital Marti, appartenant aux Religieuses du chapelet d'Agen*			
consistant en terre à la Berienque...........	2	3	7 1/4

---

(1) En la Juridiction de Layrac

	Carterées	Quartonnats	Picotins
Terre et pré à la Bigourdane...............	9	6	2 1/2
Terre à Lauzignan.......................	4	1	7
Terre à Bouillebas......................	3		3
Terre à la Caussade	6	7	3

Copie signée par M. Bordes, secrétaire-greffier
de la Municipalité de Layrac.

Suite de l'Inventaire du mois de mai 1790

Cet inventaire des biens mobiliers et immobiliers du Monastère du Couvent de Layrac n'était que le prélude d'une spoliation sacrilège. Pouvait-il en être autrement ? Quand on veut respecter la propriété d'autrui, on s'arrête à la porte de la maison, sans en franchir le seuil ? Passer outre, même au nom de la loi, c'est une scélératesse doublée d'une hypocrisie.

Ces diverses opérations prescrites aux officiers municipaux ne furent pas subies sans protestation comme nous le verrons plus loin. Et tout d'abord les bourgeois de cette époque avaient accueilli avec complaisance la doctrine des encyclopédistes. Ils supportaient avec une impatience jalouse la prépondérance sociale de l'Eglise. Les évènements accomplis à Versailles et à Paris leur apparurent comme l'aurore d'une époque de Réforme qui leur donnerait les moyens de satisfaire leur ambition. Les lois promulguées avec toute la solennité requise décrétaient la disparition d'un ordre de choses qui les gênait ; ils s'empressèrent d'y acquiescer, espérant y voir la réalisation de leurs rêves ambitieux et de leur cupidité.

Ainsi lorsque les décrets concernant la vente des biens ecclésiastiques furent sur le point d'être exécutés, les Conseillers municipaux se préoccupèrent des moyens d'en profiter. Cette légalité violait bien le droit, mais ils avaient oublié la vraie notion de la loi, qui n'est respectable qu'autant qu'elle respecte les droits de la conscience et la liberté.

On avait alors d'autres doctrines. Voilà comment à la séance du 20 juin 1790, le Président de l'assemblée municipale s'exprime dans les termes suivants : Nous avons reçu par la main des officiers municipaux d'Agen deux brochures : l'une contenant le rapport décrété des biens domaniaux et ecclésiastiques ; l'autre, l'instruction pour l'exécution du dit décret. J'estime qu'il est nécessaire et indispensable de s'adresser au dit Comité pour l'aliénation de ces biens afin d'acquérir les biens ecclésiastiques, en quoi qu'ils puissent consister, situés dans le territoire de la municipalité de Layrac. D'autant que divers particuliers n'attendent pour faire offre que le moment où la Municipalité sera en possession de pouvoir les revendre. Mais comme la Municipalité n'a d'autres fonds à disposer pour l'acquittement du 1er comptant fixé par le décret de l'Assemblée Nationale que des capitaux ou aliénés au clergé ou à divers particuliers sous des rentes perpétuelles, je crois que ces offres ne seront pas rejetées, persuadé que faute d'autres moyens, l'Assemblée Nationale ne voudra point frustrer les habitants de cette contrée du bénéfice, qu'ils doivent naturellement attendre de la vente et division des biens situés dans cette Municipalité. En conséquence l'assemblée est priée de délibérer tant sur l'acquisition à faire des biens ecclésiastiques que sur les moyens à prendre pour l'acquittement du 1er comptant arrêté par l'Assemblée Nationale. Il fut décidé d'une voix unanime que messieurs les officiers municipaux étaient priés d'aller devers le Comité pour l'aliénation des biens ecclésiastiques, afin d'en demander la vente en faveur de la Municipalité de Layrac et de prendre tous les arrangements que le Comité demanderait pour l'achat des biens ecclésiastiques (1).

Cette délibération eut une suite, et dans la réunion du 16 décembre 1790, à laquelle assistaient les membres du Conseil Général, il fut rendu compte des démarches faites. Le Président exposa que les officiers municipaux, chargés de s'entendre avec le Comité établi par l'Assemblée Nationale pour l'aliénation des biens ecclésiastiques avaient fait leur soumission le 16 juillet précédent. Mais il leur manquait une formalité prescrite, et par suite de cette omission, la Municipalité se trouvait déchue

---

(1) *Registres municipaux.*

de l'avantage quelle attendait de cette vente. Toutefois par suite d'un décret postérieur du 29 novembre dernier de l'Assemblée Nationale, la Municipalité pourra reprendre les négociations. En conséquence le Conseil Général donnant suite à ses précédentes délibérations charge les officiers municipaux de demander l'achat des biens nationaux compris dans le territoire de cette Municipalité, dont la teneur suit : les terres avec les batiments de la métairie appartenant aux Religieux de cette ville avec ses dépendances. De plus les vignes situées dans les vignobles de la Municipalité ainsi que les champs, prés compris dans le cadastre sous le nom du Seigneur Prieur (1).

Plus les jardin, cour et fonds de terre de la Chapellenie de Lacaze. Tous les fonds de terre de la Chapellenie de Marguerite Carbonneau. Les fonds de terre et objets compris au cadastre sous le nom de M. le curé de Layrac, savoir : vigne, pré et vivier sous les fossés de la ville.

Les fonds de terre, champs, prés, vigne, taillis, friche et tous autres dépendants de la maison et métairie du Marquizat avec les batiments de la maison et métairie et accessoires, cy devant possédés par les Bénédictins de Moyrax.

Les fonds de terre dépendants de la Chapellenie de Comères. De plus ceux qui au cadastre sont compris sous les noms de MM. le Camérier du Couvent de cette ville, possédés par les héritiers de feu M. Gracieux. De plus les fonds dépendants de la Chapellenie de Dumas ; ceux dépendants de la Chapellenie de Rivière ; ceux compris dans le cadastre sous le nom de M. Mathieu Goux, curé de Gudech. Les fonds de terre dépendant de la métairie de Bord, cy devant possédés par les Religieuses du Chapelet d'Agen avec les batiments et les accessoires.

Les fonds de terre de la Chapellenie 1re de Vital Marti ; ceux dépendants de la 2e Chapellenie de Vital Marti ; enfin ceux dépendants de la Chapellenie de Barbe.

MM. les officiers municipaux sont invités a suppléer par une plus ample désignation et par l'observation des formalités prescrites à tout ce qui pourrait manquer (2).

Par cet exposé nous constatons que la Municipalité de Layrac

---

(1) *Registres municipaux.*
(2) *Registres municipaux.*

ne voyait dans l'exécution de ces lois spoliatrices que l'occasion d'un vaste marché ouvert à toutes les cupidités. Elle avait la prétention d'acquérir ces biens ecclésiastiques pour agrandir ses domaines et afin de les revendre à des concitoyens et en tirer profit. L'avenir dira que bien mal acquis ne profita point à ces iniques acquéreurs.

Etait-ce le sentiment intime de tous les habitants ? nous ne le croyons pas. Et les évènements que nous allons raconter nous révèlerons que dans bien des consciences il y avait des révoltes et des répugnances contre ces odieuses spoliations. Les hommes eurent peur ; et les femmes furent plus courageuses pour protester contre ces attentats sacrilèges. Nous dirons plus loin à quelle occasion.

Fête du XIV Juillet 1790

Dans les premiers temps qui suivirent la réunion des Etats Généraux toutes les fêtes publiques groupaient à la fois le clergé et le peuple. Il n'y avait pas d'évènement heureux qui ne fut célébré par des solennités, où la Religion et ses représentants s'associaient à la joie populaire. La bénédiction des drapeaux du régiment patriotique d'Agen eut lieu, raconte Proché, le 8 septembre 1789 sur le Gravier, où un autel avait été dressé, et où M. Passelaigue, vicaire général, célébra la messe et bénit les drapeaux (1).

On peut lire dans le journal patriotique de l'époque le récit de nombreuses cérémonies tout à la fois religieuses et patriotiques qui eurent lieu à cette époque. L'anniversaire du XIV Juillet ou de la prise de la Bastille fut une occasion où, à l'exemple de la Municipalité d'Agen et des principales villes du royaume, la Municipalité de Layrac déploya beaucoup de zèle, en associant la religion à la célébration de cet évènement qui avait tant frappé les esprits.

Dans la séance du X juillet 1790, le Procureur de la Commune, M. de Forcade, s'adressant aux officiers municipaux assemblés à l'hôtel de ville, dit que pour se conformer aux

---

(1) *Annales de la ville d'Agen,* par Proche.

décrets de l'Assemblée Nationale, sanctionnés par le Roi, pour la Confédération générale du XIV juillet, et pour donner à cette fête tout l'éclat, dont elle était susceptible, il était indispensable, en rassemblant au Champ de Mars et la Commune et la troupe nationale, de rendre une ordonnance, aux fins que tous les habitants de la ville et Juridiction, eussent à s'abstenir pendant la journée du mercredi, 14 juillet, de toute œuvre servile quelconque. Après cette motion faite, il fut décidé :

« Nous, Maire et officiers municipaux, considérant cette fête comme une de celles qui doivent être célébrées avec le plus d'éclat et de solennité dans l'empire français, faisons inhibition et défenses à tous particuliers de quelque état et condition qu'ils soient, de vaquer à pas une espèce de travail, ainsi qu'à tout ouvrier et marchand d'avoir boutique ouverte le jour de mercredi prochain, XIV de ce mois. Enjoignons en outre, à tous et chacun de se trouver à dix heures précises aux allées de Monseigne, où sera célébrée une messe solennelle, après laquelle sera prêté le serment civique, décrété par l'Assemblée Nationale, et chanté un *Te Deum*, en action de grâces de la Régénération française. Le tout sous peine de punition exemplaire. Laquelle ordonnance sera lue au prône de toutes les messes de paroisse de la présente Juridiction, publiée et affichée par tout où besoin sera. Les curés des paroisses sont priés d'assister à cette cérémonie (1) ».

Pour compléter ces instructions la Municipalité ajouta que les allées de Monseigne avaient été choisies pour servir de Champ de Mars, du consentement du sieur Dulion, propriétaire, et qu'arrivés là, après avoir assisté au sacrifice de la messe offert sur un autel dressé à cet effet, Nous officiers municipaux renouvellerons à la face du ciel et de la terre, le serment d'être fidèles à la loi, à la nation et au Roi, et de maintenir la constitution du Royaume de tout notre pouvoir. Lequel serment prêté par le Ministre de la Religion, par nous et par les chefs de la troupe nationale, le sera tout de suite par tous les citoyens, par l'acclamation : *Je le jure* (2).

---

(1) *Registres municipaux.*
(2) Notes manuscrites de M. B. Durand.

Cet arrêté municipal fut lu aux prônes des églises de Layrac, de Goulens et d'Amans et même de Gudech.

Le Recteur de Gudech convoqué à cette cérémonie fit la réponse suivante :

Gudech, 10 juillet 1790.

« Monsieur,

« Dimanche passé, tout malade que j'étais, je fis la lecture des décrets de l'Assemblée Nationale, concernant la fédération du 14 juillet, à la messe paroissiale. J'exhortés tous mes paroissiens sur ce grand objet, de ne point oublier ce grand jour, de se réunir avec les régiments patriotiques de Layrac pour prêter le serment civique, à l'exemple de nos braves parisiens.

« Mille remercimens de toutes vos honnêtetés de cœur et d'esprit. Je me joindrés à tous vous autres, pour participer à cette auguste cérémonie. Fasse le ciel que la fièvre me manque ce jour là. J'ai encore mon service très malade. Pour que tout le monde puisse profiter de cette grande fête je me propose de dire la messe de grand matin ce jour-là ; supposé qu'il y ait quelque contre temps, je vous prie de m'en faire part ; ayant l'honneur d'être avec respect, Monsieur, votre très humble et très obéissant :

« Boué,
« pro-recteur de Gudech (1) ».

L'abbé Capdeville, curé de Layrac, entouré de son vicaire et des prêtres qui se trouvaient en ville, célébra la sainte messe et participa à la joie universelle.

Des esprits malveillants firent et exprimèrent tout haut des appréciations peu favorables sur le patriotisme de M. Dubernard de Lécussan. Celui-ci, qui avait les meilleures relations avec M. B. Durand, ayant appris les mauvais propos tenus sur son compte, écrit le 13 juillet 1790, pour dissiper ces injustes soupçons.

---

(1) Lettre adressée à M. Durand, maire de la ville de Layrac. La paroisse avait été de tous temps dans la Juridiction de Layrac et les décrets qui devaient la rattacher au canton de Caudecoste n'avaient pas encore reçu leur application.

« Monsieur,

« On vient de m'assurer en ce moment que M. le Capitaine et la Municipalité de Layrac, en déclamant publiquement hier contre les aristocrates me désignèrent. Je vous avoue que je ne puis me persuader que des personnes faites pour donner le bon exemple et maintenir le bon ordre, soient tombées dans une pareille incongruité, surtout vis-à-vis de quelqu'un qui défie qui que ce soit d'être meilleur patriote que je le suis. Comme j'ai toujours fait dépendre mon existance morale de l'opinion publique, j'espère que vous voudrez bien me tranquilliser en m'aprenant que cela est faux, ainsi que je le crois. Veuillez dire à vos concitoyens que jusqu'à présent j'ai toujours obtenu l'estime des miens, mais que je ne suis pas moins jaloux de la leur, qu'en conséquence je suis tout prêt à leur faire ma profession de foi, alors ils pourront véritablement avec connaissance de cause me juger, alors ils verront que je suis autant ennemi qu'eux des anciens abus, et que je sens jusqu'à quel point devait s'élever une Constitution que méritait la dignité de l'Homme, et comme celle dont nous alons tout à l'heure complètement jouir. Je la chéris en mon particulier et la défendrai en ma qualité de maire. J'espère qu'en qualité de confrère, vous voudrez bien, s'il en est nécessaire, prendre ma défense. Vous ne pourrez rien dire en bien dont je ne sois caution. Telle a été toujours ma fasson de penser, d'aller même contre mon opinion, si j'avais promis le contraire.

« J'ai l'honneur d'être.

LÉCUSSAN (1) ».

Il est difficile, pour ne pas dire impossible au milieu de l'effervescence et de la surexcitation des esprits que certains hommes supérieurs échappent à des appréciations passionnées. Cette lettre nous révèle en même temps de quelle estime jouis-

---

(1) Ce François Du Bernard, seigneur de Lécussan avait deux frères : Paulin dit le chevalier de Lécussan, qui fut plus tard maire de Laplume, et qui eut une nombreuse famille qui a perpétué le nom, et l'abbé Jean Du Bernard de Lécussan, curé de Roquefort qui refusa le serment, émigra et fut nommé après le Concordat, chanoine titulaire d'Agen, où il est décédé en 1837. François Du Bernard fut maire de Moyrax pendant la Révolution. Plus tard il fut déclaré suspect, parce qu'il était frère d'un prêtre émigré.

sait le maire de Layrac, puisqu'on faisait appel à sa droiture et à sa fermeté. Les meilleurs rapports existaient entre Lagravade et Lécussan (1).

La fête du XIV Juillet fut très joyeuse et pleine d'enthousiasme. On était à l'aurore d'une période qu'on voyait très belle et qu'on croyait pleine d'espérances. Après la cérémonie religieuse de la matinée, il y eut dans l'après-midi un banquet patriotique, qui acheva joyeusement une journée si bien commencée. A la sonnerie des cloches se mêlèrent le bruit du canon et le son du tambour. Et celui qui maniait les baguettes étant peut être trop échauffé par le bon vin, frappa trop fort ou trop longtemps sa caisse, au point de la mettre hors de service.

Dans les comptes de fin d'année nous voyons figurer plusieurs articles relatifs à cette journée.

Réparation pour le tambour	3 livres	
Dépense pour le drapeau	49 l.	
Frais de poudre pour la Fête-Dieu	5 l.	15 sols
Poudre employée pour la fédération	15 l.	5 sols
Une barrique de vin pour le repas patriotique.	40 l.	
Viande pour le repas patriotique	16 l.	3 sols
Marchandises fournies pour ornement de l'autel	17 l.	6 sols

Ajoutons quelques explications au sujet de la lettre du vénérable curé de Gudech. Ce titulaire ne tarda pas à décéder. Et comme la nomination du curé de cette paroisse appartenait de droit ecclésiastique au Seigneur-Prieur de Layrac et l'investiture à l'Evêque de Condom, et d'un autre côté comme la loi pour la création de 83 départements avait annexé au département de Lot-et-Garonne une partie du diocèse de Condom, y compris Layrac et Gudech, le maire de Layrac s'empressa de notifier le décès du curé de Gudech au Directoire d'Agen. Et voici quelle fut à la date du 26 octobre 1790, la réponse du Procureur Général syndic :

---

(1) Lettre adressée à M. Durand de Lagravade, maire de Layrac en nos archives.

« Monsieur le Maire,

« J'ai reçu la lettre que vous m'avez fait l'honneur de m'écrire, le 23 septembre. J'ai fait part à M. l'abbé Caulet de l'article, où vous m'annoncez la mort de M. le Prorecteur de la paroisse de Gudech. Il y enverra un vicaire sous peu de jours. Les électeurs du District ne se rassembleront pas encore sans doute pour nommer à cette cure (1).

Signé : Lacuée Jeune,
« Procureur Général du district du département de Lot-et-Garonne ».

De fait quelques jours après l'abbé Goux était envoyé pour desservir la cure de Gudech; (2) mais cette nomination n'était ni régulière ni canonique. Aussi à la date du 28 novembre 1790, M. le maire de Layrac reçoit la lettre suivante :

« Monsieur,

« J'ignorais absolument, ou je n'avais qu'un souvenir bien ancien de l'existence de l'abbé Goux, curé de Gudech. Je dois vous observer que la situation physique (sic) de ce titulaire ne l'a pas privé de son titre. Il repose toujours sur sa tête, si le bénéfice est vaquant de fait, il ne l'est pas de droit, et cette circonstance ne donne lieu qu'à l'établissement d'un desservant. Il est sans aucun doute, d'après les décrets de l'Assemblée Nationale pour la Constitution civile du Clergé, que le desservant ne peut être établi que par l'Evêque d'Agen, seul Evêque du département : peut-être existe-t-il des prétentions contraires ? mais comme nous ne devons nous déterminer que par la loi que nous chérissons, il est du devoir de la Municipalité, qu'attendu la mort du vicaire desservant de Gudech, l'Evêque du département de Lot-et-Garonne ou ses vicaires généraux seront priés, et en tant que de besoin, requis, d'établir là un vicaire desservant, sous le plus court délai. Dans le cas où messieurs les vicaires généraux de l'ancien diocèse de Condom enverraient un desservant muni de leurs pouvoirs, ce à quoi vous devez

---

(1) M. l'abbé Caulet était vicaire général d'Agen.
(2) L'abbé Mathieu Goux, originaire de Layrac, était curé de Fals avant cette nomination et appartenait au diocèse de Condom.

veiller, vous m'en informerez de suite. Je n'ai pas besoin de vous dire que tout ceci doit se faire sans éclat pour éviter le scandale d'une opposition aux décrets, et les suites peut-être de l'exaltation des imaginations.

« Signé : Cazabonne-Lajonguière,
Procureur-Syndic (1) ».

On voit par cette lettre que le pouvoir civil appliquait déjà la constitution schismatique du clergé ; votée il est vrai le 12 juillet 1790, mais non encore approuvée par le Roi, et avant que ne fut adoptée la loi du 27 décembre qui obligeait les ecclésiastiques à prêter le serment sous peine d'être déclarés déchus de leurs fonctions.

Contribution Patriotique

Sur la proposition de Mirabeau, l'Assemblée Nationale vota une contribution patriotique. D'après un décret du 2 mars 1790, toute personne jouissant de ses biens et de ses droits et qui possèdera un revenu supérieur à 400 livres, devra payer la contribution patriotique établie par le décret du 6 octobre précédent. Ceux dont les revenus ou partie de revenus consistent en grains ou autres fruits, devront évaluer ce revenu sur le pied du terme moyen du prix d'une année sur les dix dernières. Et les Municipalités étaient chargées d'envoyer à l'assemblée primaire le tableau des déclarations faites pour cette contribution patriotique.

Cette déclaration n'ayant pas été faite dans les conditions prescrites, et la raison d'excuse pour les religieux, soumis aux inventaires est facile à expliquer, la Municipalité de Layrac fut invitée par des lettres patentes du Roi données le 2 mars 1790 à faire elle-même et à prescrire les impositions suivantes :

Messieurs les Religieux Bénédictins furent taxés pour le

---

(1) Lettre adressée à M. le Maire de Layrac. L'abbé Goux après un moment d'oubli rentra dans le gyron de l'orthodoxie, et en 1803 Mgr Jacoupy le nomma curé de Fals.

quart de leurs revenus à la somme de .... 5.700 livres
   Le s^r Jean-Baptiste Saint-Marc, à .... 750 —
   Le s^r Paillaube, curé de Goulens, à .... 500 —
   Le s^r Boissonnade, de Sainte-Colombe, à .... 120 — (1)

Le 21 novembre de cette même année le Conseil Général revint sur cette question. Le Directoire du district se plaignit des retards apportés au versement de cette contribution, la municipalité décida de faire une nouvelle liste de ceux qui avaient été taxés et de l'envoyer à Agen en y joignant les réclamations faites par les contribuables (2).

Nouvelles Elections Municipales. — Décembre 1790

Les conseils municipaux devaient être renouvelés au mois de novembre, mais le Directoire du département les prorogea jusqu'au mois de décembre. L'assemblée électorale pour ces élections fut annoncée par des affiches et par des avis donnés au prône des messes paroissiales. La réunion eut lieu à 9 heures du matin et la convocation fut faite par la sonnerie de la cloche selon la coutume ancienne.

Le 25 décembre, dans l'église des religieux, M. Noguère, administrateur et membre du Directoire du district s'y rendit, porteur d'une commission, dont il donna communication. Il annonça qu'en vertu d'une délibération du Diréctoire du département, le Président était continué dans l'exercice de ses fonctions, ainsi que le Secrétaire et les trois Scrutateurs précédemment élus. Il s'agissait donc d'élire les membres du nouveau Conseil. Et puis la parole fut donnée à M. Bernard Durand. L'organisation municipale était toute nouvelle et ne ressemblait en rien aux institutions consulaires précédentes ; voilà pourquoi il fut jugé très utile d'expliquer aux électeurs les principes et les conditions de l'élection qui allait avoir lieu (3).

---

(1) *Registres municipaux.*
(2) Ibid.
(3) Quelques indications sur les élections. Pour être citoyen actif il fallait être Français, âgé de 25 ans accomplis, résidant dans la ville ou le canton ; payer une contribution égale à trois journées de travail, n'être pas domestique à gages; être inscrit sur les registres de la commune et au role des gardes nationaux.

Messieurs, dit B. Durand, chargé par la Municipalité de vous expliquer les motifs de cette assemblée, je croirais manquer à la confiance dont elle m'a honoré, si, avant toute œuvre, je ne vous retraçais les principes qui doivent vous guider pour les choix que vous allez faire, Vous allez donc choisir un Maire, un Procureur de la Commune, qui doivent être remplacés, à la pluralité absolue des suffrages. Vous devez aussi nommer cinq officiers municipaux en remplacement de MM. Ponsin, Gassou, Bensse, Bordes et Crébessac, qui dans le temps refusa. Ils seront nommés à la pluralité des suffrages et au scrutin de liste. Il faudra aussi nommer huit notables en remplacement de MM. Despaus, Busquet, Marrassé, Boussac cadet, Vidal, Duplan, Delpech, St-Marc. Le tout en conformité du décret de l'Assemblée Nationale, portant que le dimanche d'après la St-Martin ce renouvellement sera fait tous les ans.

Il serait superflu de vous répéter ce qui vous a été déjà dit, au sujet de la maturité de vos réflexions pour ce scrutin. Oui vous ne sauriez prendre trop de renseignements, ni trop réfléchir. Prenez toutes les informations sur le compte d'un chacun, il n'y aura que les méchants qui puissent trouver à redire. Attachez-vous à ceux là seulement qui auront donné des marques certaines de civisme ; vous les reconnaîtrez aisément dans leurs propos consolants. Lisez le role des déclarations patriotiques, vous y verrez ceux qui se sont dévoués à la chose publique en secourant la patrie de leur argent, en attendant l'occasion de le faire de leur vie.

Après ces quelques conseils, le Président appela les trois citoyens actifs les plus anciens pour remplir les fonctions de scrutateurs Puis les électeurs firent serment de ne nommer que ceux qu'ils jugeraient en âme et conscience, comme les plus dignes de la confiance publique, sans avoir été entraîné par dons, promesses, sollicitations ou menaces. Sur 220 votants, M. Castex père obtint 152 suffrages ; M. Sarramia Lameill, 150 ;

Les assemblées primaires nommaient un électeur à raison de cent citoyens actifs présents et pour être élu électeur tout citoyen actif devait être propriétaire ou usufruitier d'un bien donnant un revenu égal à la valeur de 200 journées de travail et dans les campagnes, d'un revenu égal à 150 journées de travail. Il y eut quatre électeurs élus par les citoyens actifs des paroisses de Layrac, Amans et Goulens.

M. Depau d'Imbertis, 141 ; M. Antoine Crébessac fils, 129. Ils furent proclamés élus.

Le lendemain eut lieu l'élection des notables ; furent élus : Goux, Prézelin huissier, Nézat Petitet, de Maignas, Ducomet, Limousin, Lorman, R^d Lachapelle, Delsine, J. Raton et Duprat père. Après quoi le Procureur de la Commune invita les nouveaux élus et notables à prêter le serment prescrit par l'Assemblée Nationale : Je jure de maintenir de tout mon pouvoir la constitution du royaume, d'être fidèle à la nation, à la loi et au Roy et de bien remplir les fonctions qui me sont confiées (1).

Le lendemain 26 eut lieu dans l'église des Religieux Bénédictins l'élection du Juge de Paix du canton de Layrac.

Cette élection des notables s'accomplit au milieu d'un tumulte effroyable. Il y eut des violences exercées et des outrages envers quelques citoyens, aussi le Procureur de la Commune, M. de Forcade porta plainte au Directoire du District. Et après enquête, fut rendu l'arrêté suivant : Le Directoire, vu le verbal de l'élection de Layrac du 9 décembre 1790, par lequel il comte que les sieurs Goux, Prézelin, Ducomet et Nézat Petitet ont obtenu un nombre suffisant de suffrages ; vu les bruits et tapages dans les élections dénoncés, le Directoire arrête que les sieurs Goux, Prézelin, Ducomet et Nézat Petitet nommés *notables* ne pourront être regardés comme tels, puisqu'ils n'ont pu être nommés. Ces quatre places seront remplies par ceux ayant le plus de suffrages après les notables.

Enregistré à Layrac, le 5 février 1791 (2).

Election du Juge de Paix du canton de Layrac.
— Son installation. —
26 décembre 1790 et 1er janvier 1791

Le 26 décembre 1790, à 9 heures du matin, dans l'église des Religieux Bénédictins les citoyens actifs de la Municipalité et de la paroisse d'Amans formant le canton de Layrac, District d'Agen, après avoir été dûment convoqués par affiches et publi-

---

(1) *Registres municipaux.*
(2) Ibid.

cation au prône, se réunirent en assemblée primaire, conformément au décret de l'Assemblée Nationale du 16 août 1790.

M. Bernard Durand chargé par la Municipalité d'expliquer à l'assemblée l'objet de la convocation, prit la parole et annonça que les citoyens actifs devaient procéder à l'élection d'un Juge de Paix et de quatre Prudhommes assesseurs. Le sieur Castex père, en sa qualité de doyen d'âge, fut appelé à présider provisoirement l'assemblée, et il fut assisté par Jean Despaus, Antoine Ponsin et Pierre Vidal, qui, à raison de leur âge, furent admis comme scrutateurs. Et ne furent admis comme électeurs que les citoyens ayant rempli les conditions prescrites par la loi : être inscrit sur les Registres de la garde nationale, et avoir un revenu net de 400 livres, présenté l'extrait de leurs impositions et de leur contribution patriotique. Cela fait on procéda à l'élection du Président et sur 162 votants Bernard Durand ayant réuni 97 suffrages ou la majorité, fut proclamé Président. Dans l'après-midi le sieur Jacques Bordes fut élu secrétaire par 133 suffrages sur 140 votants. Aussitôt M. Durand prête le serment requis du Président et il jure à haute voix de maintenir de tout son pouvoir la Constitution du royaume, d'être fidèle à la nation, à la loi, au Roi et de remplir avec zèle et courage les fonctions civiles et politiques, qui lui sont confiées. Le secrétaire prête le même serment. Puis chaque électeur écrit ou fait écrire son bulletin sur le bureau et le dépose ostensiblement dans l'urne pour la nomination de trois scrutateurs qui sont Fr. Ducomet, Castex et Biran de Molinis. Après qu'ils ont prêté serment, il est procédé à l'élection du Juge de Paix. Auparavant le Président prononce à haute voix la formule du serment suivant, écrit en caractères bien visibles à côté de l'urne : vous jurez et promettez de ne nommer que ceux que vous croirez en âme et conscience, les plus dignes de la confiance publique, sans avoir été induits par aucun dons, sollicitations, promesses ou menaces et chaque électeur en remettant son bulletin devra répéter à haute voix : *Je le jure !*

Il y eut 130 votants.

M. Bonaventure Durand ayant recueilli 103 suffrages fut proclamé Juge de Paix du canton de Layrac. Ce ne fut que le lendemain, 27 décembre, que furent élus les quatre assesseurs.

Les élus furent messieurs Bordes père, Bonnot d'Amans, Fr. Castex et Bensse.

L'installation du Juge de Paix eut lieu le 1er de l'an 1791. A neuf heures du matin, le Conseil Général se réunit à l'Hôtel-de-Ville. Le portrait de Louis XVI fut placé à la porte d'entrée de la Maison Commune et décoré d'une couronne civique. La cérémonie fut des plus solennelles. En voici le programme : Les messieurs de l'état major de la garde nationale seront invités à appeler un nombre d'hommes suffisant pour former la haie et fournir une escorte à M. le Juge de Paix et des sentinelles aux portes, et les drapeaux seront déployés. A 9 heures précises les gardes nationales seront disposés en deux hayes, le long de la route, que suivra le cortège, en se rendant de la Maison Commune chez les Bénédictins. Le commandant de la garde nationale sera prié d'envoyer un officier accompagné de six volontaires chercher M. le Juge de Paix et lui annoncer qu'on attend sa venue à la Commune, et puis lui faire cortège. Tout cela fut exécuté à la lettre. Au moment où M. Bonaventure Durand quitta(1) son domicile pour se rendre à l'Hôtel-de-Ville, les cloches furent mises à la volée et le timbre de l'horloge frappé à coups redoublés A son arrivée au haut de l'escalier, M. le Juge de Paix fut reçu par deux Commissaires de la Municipalité, qui l'introduisirent dans la salle du Conseil, où se trouvaient déjà assemblés tous les membres du Conseil Général. De là on se mit en marche à 9 heures 1/2, pour se rendre dans l'église des Bénédictins. Le cortège était formé par M. le Maire, entouré des officiers municipaux, de M. Deforcade procureur, du secrétaire greffier et des notables. Les valets de ville les précédaient. M. le Juge de Paix marchait entre deux lignes d'officiers municipaux. La sortie de l'Hotel-de-Ville fut signalée par un coup de canon, tiré sur l'esplanade. Arrivés dans l'église, les assistants furent placés sur des sièges disposés dans le chœur, entre l'autel et la balustrade, à droite et à gauche ; l'état major de la garde nationale occupa le milieu, entre les sièges des dignitaires. A dix heures précises M. l'abbé Capdeville monte à l'autel pour célébrer la sainte messe et en même temps, l'organiste

---

(1) La maison habitée par Bonaventure Durand, Juge de Paix était située rue de l'église, maison Saumaigne.

s'applique à faire entendre des morceaux de musique en harmonie avec la fête du jour et au moment le plus solennel de la messe, à la consécration, un second coup de canon fut tiré.

L'office terminé, tout le cortège rentra dans le même ordre dans la Maison Commune, qui, ce jour là servit de Palais de Justice. M. le Maire et les officiers municipaux, et les notables se placèrent sur deux lignes, et le siège réservé à M. le Juge de Paix occupait le milieu. Et lorsque le silence fut établi, M. le Maire ouvrit la séance et donna la parole à M. le Procureur pour faire son réquisitoire. Après lui, M. le Juge de Paix étant debout, M. le Maire l'interpella pour lui demander de prêter le serment prescrit par la loi. M. Bonaventure Durand jura de maintenir de tout son pouvoir la constitution du royaume, décrétée par l'Assemblée Nationale, et acceptée par le Roi, d'être fidèle à la nation, à la loi et au Roy, de remplir avec exactitude et impartialité les fonctions de son office. Et au moment où M. le Juge de Paix prononça ces mots : *Je le jure* eut lieu un troisième coup de canon.

Cela fait, et pendant que M. le Juge de Paix était encore sur le haut siège à gauche de celui de M. le Maire, le 1er magistrat quittant sa place, descendit au milieu du parquet, dit au Juge nouvellement installé : M. le Juge, nous prenons au nom du peuple l'engagement de porter à votre tribunal et à ses jugements le respect et l'obéissance que tout citoyen doit à la loi et à ses organes. Je déclare l'installation accomplie.

M. le Juge de Paix remercia l'assemblée et en particulier messieurs le Maire et les Conseillers municipaux de leur concours et des honneurs qu'ils lui avaient rendus. M. le Maire invita toute l'assemblée à se rendre à l'église selon l'ordre précédemment observé, pour assister au *Te Deum* d'action de grâces. A la fin de ce cantique, on chanta les trois versets : *Domine salvum fac gentem, Domine salvum fac legem, Domine salvum fac Regem.* Puis on retourna à l'Hôte-de-Ville. Là, le Conseil Général de la Commune salua M. le Juge de Paix, en présence de la garde nationale sous les armes. Et lorsque M. le Juge de Paix voulut rentrer chez lui, un détachement d'hommes armés lui fit cortège jusqu'à son domicile. Durant toute la cérémonie, les cloches avaient été sonnées à toute volée (1). C'était l'alliance de la Religion et de la Patrie. On croyait en effet alors que si Dieu ne garde la cité, c'est en vain que la sentinelle armée montera la garde. Telle était la devise des Agenais d'autrefois comme aussi la pratique de nos ancêtres.

Que les temps et les mœurs sont changés ! Voilà comment fut inaugurée l'ère nouvelle de la Liberté. La Religion était mêlée à tous les grands actes de la vie nationale. Aujourd'hui la loi et les juges ont banni de leur prétoire jusqu'à l'Image du Juge qui jugera les justices elles mêmes. Le pauvre, l'accusé comparaissant devant les tribunaux puisaient dans la vue de Dieu crucifié une résignation qui les consolait dans leur malheur, et les Juges se rappelaient qu'au dessus d'eux il y a une autorité infaillible qui révisera leurs arrêts (2).

---

(1) *Registres municipaux*.

(2) M. de Bonnot résidant au château de Larroq, paroisse d'Amans, mais commune de Layrac, écrivit à la date du 26 décembre à M. Bernard Durand. M. le Mère, comme j'ay toujours été jaloux de me rendre dans tous les lyeux où mon devoir m'a appellé, j'ay l'honneur de vous informer qu'ayant été tourmanté cette nuyt d'un violant mal de tête, ma santé ne me permet pas de me trouver ce matin à votre assemblée dans l'église de Mrs les Bénédictins de votre ville, et me prive du plaisir d'aller voter pour l'élection d'un Juge de Paix et de pouvoir vous assurer des sentiments distingués, avec lesquels j'ay l'honneur d'être, Monsieur, votre très humble   BONNOT, à M. Durand, maire de Layrac.

Cette famille de Bonnot très honorablement connue par sa piété et sa charité est éteinte. La dernière fille a épousé en 1868 M. Lamy de Lachapelle de Limoges. Et le château de Larroq longtemps inhabité a été vendu il y a peu d'années à un étranger, qui même ne l'habite plus.

CHAPITRE IV

Année 1791

La Constitution Civile du Clergé. — Election du Clergé
constitutionnel. — Expulsion de l'abbé Capdeville
de son Presbytère. — Installation de l'abbé Champmas

Le premier jour de l'an 1791, fut employé à l'installation de M. Bonaventure Durand avocat, comme Juge de Paix du canton de Layrac. Nous avons raconté le cérémonial suivi en cette circonstance. Ce même jour, M. Depau d'Imbertis, cy-devant élu officier municipal se rendit à l'Hôtel-de-Ville pour prêter le serment, et en présence du 1er magistrat, il promit et jura d'être fidèle à la nation, à la loi et au Roy, et de remplir fidèlement ses fonctions (1).

Le 10 janvier se présentèrent devant les officiers municipaux les Religieux Bénédictins, cy-dessus nommés, afin de se conformer à un ordre du Roi, donné à St-Cloud le 14 octobre 1790, et en conformité de l'article 3 de la dite loi. Après avoir remis et déposé les pièces concernant leur profession religieuse, ils déclarèrent ne plus vouloir continuer la vie commune et se retirer, chacun dans leur pays natal. On leur donna acte de cette déclaration.

Cette année le service religieux fut continué dans la paroisse par le ministère de M. Bertrand Capdeville, secondé de l'abbé Berni, son vicaire. Mais ce calme ne dura pas, et les évènements les plus graves au point de vue religieux ne tardèrent pas à semer la division dans tous les esprits. La constitution civile du clergé votée par l'Assemblée Nationale, le 12 juillet 1790, et

---

(1) *Registres municipaux.*

finalement approuvée par le Roi, le 27 novembre de la même année, ne tarda pas à être mise à exécution. Ce fut le schisme introduit légalement en France. Une loi fut décrétée le 26 décembre, obligeant tous les ecclésiastiques fonctionnaires à prêter serment de fidélité à ces divers articles, sous peine d'être privés de leurs fonctions.

Le Directoire du département de Lot-et-Garonne envoya à toutes les Municipalités des ordres précis afin que tous les ecclésiastiques soumis à cette loi prêtassent le susdit serment.

Voici ce qui fut décidé dans la séance du 11 janvier 1791 :

Dans toutes les villes de ce département, quel que soit le nombre des paroisses, et dans toutes les Municipalités qui n'auront qu'une paroisse, le serment des ecclésiastiques, fonctionnaires publics sera prêté un jour de dimanche dans l'église de la paroisse en présence du Conseil Général de la Commune et des fidèles. Les délégués du Conseil Général feront lire à haute voix en présence des fidèles l'extrait de la délibération qui les a commis à cet effet ils dresseront leur procès-verbal (1).

Et afin d'éviter toute surprise, et pour donner aux intéressés le temps de bien connaître la loi, et de se renseigner sur ce point délicat, le Directoire accorda un délai de quinze jours, et il déclara que dans les paroisses, où la loi du 26 décembre 1790 aura été publiée un dimanche, les ecclésiastiques fonctionnaires publics seraient admis à prêter le serment pendant les deux dimanches qui suivraient la publication de la dite loi. C'est ce qui nous explique comment les ecclésiastiques furent appelés à prêter le serment, les uns, le dimanche 30 janvier, les autres, le dimanche 6 février suivant.

Les Municipalités restèrent donc chargées de l'exécution de cette loi schismatique et fondée sur des principes hérétiques.

Des prêtres respectables par leurs vertus et même éclairés et instruits purent un instant se faire illusion et se tromper de bonne foi par suite du défaut de direction supérieure et hiérarchique. Sans doute Mgr de Bonnac, évêque d'Agen, refusa le serment, dans la séance du 4 janvier. Et on sait avec quel courage, et avec quelle éloquence. Et cependant ce prélat crut lui-même un instant que le Clergé pourrait s'en accommoder. En

---

(1) *Journal patriotique de Lot-et-Garonne*, n° 8, p. 94.

effet quelques mois auparavant il avait pris des mesures pour former le Conseil habituel et permanent de l'Evêque, d'après les prescriptions de la loi du 26 décembre 1790. Ce fut une concession inspirée par d'excellentes intentions, mais il ne tarda pas à renoncer à son projet et il regretta même, cet empressement à se soumettre aux dispositions de cette loi qui fit tant de victimes. Ce fut vraiment une faute que le vénérable prélat répara d'une manière héroïque, et M. André Constant, Evêque, élu à sa place ne manqua de la lui reprocher plus tard (1). C'est ce qui doit nous rendre plus indulgent dans l'appréciation de la conduite des ecclésiastiques, moins bien renseignés, et des laïques. Dans les temps troublés, ce qu'il y a de plus difficile, ce n'est pas de faire son devoir, mais de le connaître.

Les Municipalités qui eurent mission de recevoir le serment des ecclésiastiques ne virent dans cet acte que l'accomplissement d'un devoir civil. Leur bonne foi put paraître complète au premier moment. Mais le premier pas franchi eut bientôt des conséquences graves, car le refus du serment entraînait à des pénalités terribles. De plus si la Constitution Civile du Clergé paraît aux yeux des laïques une loi obligatoire même en conscience il n'est pas étonnant que partant de ce faux principe ils aient fait bon accueil au Clergé Constitutionnel et qu'ils aient prêté leur concours à l'élection et à l'installation des prêtres qui vinrent remplacer ceux qu'ils appelaient des réfractaires et des rebelles. Sans doute les évènements et les instructions de Rome et des Evêques presque unanimement fidèles, ne tardèrent pas à éclairer tous les esprits. Néanmoins on ne peut qu'être indulgent pour bien des prêtres insuffisamment renseignés, et surtout pour l'erreur et l'entraînement des laïques fonctionnant dans les premiers temps.

C'est ce qui se passa à Layrac. Les membres de la Municipalité étaient d'honnêtes gens ; leur honorabilité personnelle était au dessus de tout soupçon ; mais insuffisamment instruits sur la question religieuse, ils se trompèrent, ils glissèrent dans le schisme, sans se douter de l'importance de l'acte qu'ils accom-

(1) Instruction pastorale de M. l'Evêque du département de Lot-et-Garonne avec sa réponse à l'ordonnance de M. Bonnac. C'est dans cette réponse p. 120 que l'Evêque Constitutionnel reproche à Mgr Bonnac d'avoir commencé l'organisation de son Conseil selon la nouvelle forme établie.

plissaient. Tant il est vrai que tout émane des doctrines : les mœurs publiques et privées, la littérature, les constitutions, les lois, la félicité des Etats et leurs désastres. Les fausses doctrines amènent la licence des mœurs et les désastres sociaux (1).

La Constitution Civile du Clergé étant issue d'un principe faux et hérétique, devait produire des désordres sociaux. C'est à ce point de vue que nous nous placerons pour apprécier les faits et les hommes. Les instructions une fois envoyées par le Directoire du département à la Municipalité de Layrac, celle-ci en donna communication au Clergé de la paroisse. Et voici la réponse qui y fut faite.

C'est d'abord le curé de Layrac qui répond :

« Je déclare m'être présenté au Greffe de la Municipalité de
« Lairac pour y déclarer que dimanche prochain, trente du
« courant je me soumets à prêter le serment exigé par un dé-
« cret de l'Assemblée Nationale du 27 novembre 1790.
« A Lairac ce 25ᵉ janvier 1791.

« Capdeville, curé de Lairac. »

Puis viennent d'autres réponses :

« Je soubsigné, prêtre vicaire de la paroisse Notre-Dame de
« la ville de Layrac, au département de Lot-et-Garonne, District
« d'Agen, pour manifester à la Municipalité de la présente ville
« que mon intention est de prêter le serment décrété par l'As-
« semblée Nationale le 27 novembre 1790, le jour fixé, ai donné
« la présente déclaration au secrétaire-greffier de la commune
« de Layrac, le 27 janvier 1791.

« Berni, vicaire ».

« Ce jourd'hui vingt-septième janvier 1791, par devant nous
« secrétaire-greffier de la Municipalité de Layrac, se sont pré-
« sentés : MM. Jean Sarramia et Guillaume Azéma, prêtres et
« résidans dans la présente ville, lesquels nous ont manifesté
« leur intention de prêter le serment prescrit par la loi, donnée

---

(1) La Mennais. *Essai sur l'Indifférence*, I, p. 2.

« à Paris le 26 décembre 1790, sur le décret du 27 novembre
« précédent et ont signé avec nous.

J. Sarramia, prêtre ; Azéma, prêtre ;
Bordes, s^{re}-greffier ».

« Aujourd'hui 27e janvier 1791, par devant nous, secrétaire-
« greffier de la Municipalité de Layrac et dans notre greffe, s'est
« présenté M. Jean Baptiste Dulot, prêtre résidant dans cette
« ville, lequel nous a déclaré être dans l'intention de prêter le
« serment prescrit par la loi, donnée à Paris, le 26 décembre
« 1790, sur le décret de l'Assemblée Nationale du 27 novembre
« précédent.
« Et a signé avec nous.

« D. Dulot, prêtre ; Bordes, s^{re}-greffier ».

« Je fairai serment comme quoi je veillerai avec soin sur les
« fidelles, dont la conduite m'a été ou me sera confiée par
« l'Eglise, d'être fidelle à la nation, à la loy et au Roy, et de
« maintenir de tout mon pouvoir, en tout ce qui est de l'ordre
« politique, la Constitution décrétée par l'Assemblée Nationale
« et acceptée par le Roy, exceptant formellement les objets qui
« dépendent essentiellement de l'autorité spirituelle.
« Lairac, le 28 janvier 1791.

« Paillaube, curé de Goulens et Amans (1) ».

A la suite de ces réponses favorables, la Municipalité fixa la cérémonie de la prestation du Serment à la Constitution Civile du Clergé au dimanche suivant 30 janvier 1791, dans l'église Notre-Dame, à l'issue de la messe paroissiale en présence des fidèles.
Dans l'acte d'engagement et promesse de prêter le serment, tel qu'il est signé par l'abbé Capdeville, l'abbé Berni et les deux anciens Religieux, il n'y a aucune réserve ni restriction exprimée. Seul le curé d'Amans pressentant un piège, ou entrevoyant des tendances schismatiques dans la prestation du serment,

---

(1) Le manuscrit de ces engagements a été trouvé dans les papiers de famille de B. Durand de Lagravade, maire de Layrac à cette époque.

ajouta à la promesse signée de sa main, une restriction formelle, relativement aux droits de l'autorité spirituelle. Dans l'intervalle qui sépare la promesse de la cérémonie, M. l'abbé Capdeville, soit de son propre chef, soit après en avoir conféré avec l'abbé Paillaube, se promit de formuler une réserve, en prêtant son serment.

Les choses se passèrent ainsi. De son côté le 27 janvier 1791, le conseil général et les officiers municipaux étant assemblés à l'Hôtel-de-Ville, arrêtèrent les mesures suivantes. Après la lecture des instructions du Directoire du département, vu qu'il y avait plusieurs paroisses dans la commune de Layrac, furent choisis et députés en qualité de commissaires ce concernant, pour se transporter sur les lieux avec leurs greffiers dimanche prochain 30 janvier du mois courant, savoir : à Saint-Denis, MM. Castex officier municipal, Limousin de Combret, Prézelin, notables et Fr. Castex avec Delsine fils, greffier, et pour la présente ville, MM. les officiers municipaux avec le s^{re} greffier.

Le tout à l'effet d'être présents à la prestation du serment, et icelui recevoir de MM. les curés de cette ville et des autres paroisses de la campagne, ainsi que des autres fonctionnaires publics, aux heures qui auront été convenues, à l'issue de la messe, en présence du peuple, dont ils retiendront acte par leurs greffiers respectifs, dans lequel mention expresse sera faite de la lecture de la présente délibération, qui aura précédé le serment. Et pour ce qui est de la paroisse de Gudech, attendu l'état de délaissement de la dite église, où il ne se fait point de service, il est reconnu oiseux et inutile de nommer de députation la concernant (1).

Voici un premier procès-verbal.— Le 30 janvier, en vertu du décret de l'Assemblée Nationale, nous étant transportés dans l'église paroissiale de Layrac, où après la messe célébrée par le vicaire est monté en chaire M. Capdeville curé de Layrac ; et après un discours digne de tout l'éloge possible, et rempli du plus grand civisme, a prêté le serment décrété par l'Assemblée Nationale touchant la Constitution civile du clergé acceptée par le Roi. Ensuite s'est présenté dans la même chaire, M. Berni vicaire, qui, après un discours clair et lumineux, a prêté, ainsi

---

(1) *Registres municipaux.* Le curé était décédé.

que son curé, le même serment, et nous en ont demandé l'un et l'autre acte, que nous leur avons donné, et octroyons par le présent procès-verbal (1).

Ce procès-verbal n'est pas exact parce qu'il n'est pas complet. Voici la formule du serment prêté par M. l'abbé Capdeville le jour sus-dit : Fidèle toute ma vie aux principes de foy, je jure 1° de veiller avec soin sur les fidèles qui me sont confiés, de les instruire, de les édifier par mes paroles et par mes exemples ; 2° je jure d'obéir comme citoyen, à la nation, à la loy et au Roy, et comme pasteur de porter les autres à cette obéissance ; 3° je jure de maintenir de tout mon pouvoir la Constitution civile du clergé, décrétée par l'Assemblée Nationale et sanctionnée par le Roy, déclarant en même temps que *je veux me garantir* de tout schisme, vivre et mourir dans le sein de l'église catholique, apostolique et romaine.

En insérant cette dernière protestation dans la formule de son serment, l'abbé Capdeville réclama hautement qu'il en fut fait mention dans le procès-verbal qui allait en être dressé par les commissaires de la Municipalité, et qu'elle y fût même insérée intégralement. Malheureusement il ne fut tenu aucun compte de cette demande, comme il ne tarda pas à s'en apercevoir.

Les autres ecclésiastiques, sauf l'abbé Paillaube, curé d'Amans, prêtèrent leur serment sans modifier en rien la formule légale. Ils ne tardèrent pas à apprécier les justes motifs de la conduite de l'abbé Capdeville, mais ce qui leur manqua, ce fut le courage de remplir un devoir en face d'un danger. Le vénérable curé de Layrac se recommandait à l'estime de ses paroissiens, autant par la fermeté de son caractère que par les brillantes qualités de son intelligence. En faisant l'addition susdite il crut tout concilier : ses devoirs de citoyen et sa conscience de pasteur catholique. Il entrevit le péril imminent de schisme, même avant que son évêque légitime, Mgr. d'Anterroche évêque de Condom eût parlé, et de longs mois avant que fussent publié les Brefs de Pie VI condamnant la Constitution civile du clergé (2).

---

(1) *Registres municipaux.*
(2) Les Brefs de Pie VI sont datés du 10 mars et du 13 avril 1791.

Des évènements postérieurs vinrent éclairer d'une manière définitive la conscience du curé de Layrac, et lui démontrer que le Pouvoir nouveau en établissant un clergé civil, ne se proposait pas de réformer, mais de détruire l'église catholique. D'ailleurs le mot fut dit par Mirabeau : *Il faut décatholiser la France.*

Aussi le 13 février 1791, quinze jours après la prestation du serment de l'abbé Capdeville, M. le Maire, chef de la Municipalité, reçut la lettre suivante :

« Monsieur,

« Monsieur le Procureur Général, syndic du département,
« vient de me donner avis de la vacance du siège épiscopal
« d'Agen, faute par M. Bonnac, actuellement député à l'Assem-
« blée Nationale, qui l'occupait, d'avoir envoyé, dans les délais
« déterminés, à la Municipalité d'Agen, un extrait de la pres-
« tation de son serment, ainsi que l'article 4 de la loi du
« 26 décembre 1790 l'y obligeait. Comme par l'article 5 de cette
« même loi, en pareille occurrence il doit être pourvu au rem-
« placement, comme en cas de vacance par démission, à la
« forme du titre 11 du décret du 12 juillet dernier, concernant
« la Constitution civile du clergé, j'ai l'honneur de vous con-
« voquer, monsieur, pour procéder à l'élection d'un évêque et
« de vous prévenir que les opérations y relatives commence-
« ront le dimanche 13 mars, à 9 heures du matin, dans l'église
« des Jacobins de la ville d'Agen, selon les indications de M. le
« Procureur Général-Syndic.

« J'ai l'honneur d'être avec respect, Monsieur, votre très
« humble et très obéissant serviteur.

« CAZABONNE LAJONQUIÈRE (1) ».

Cette lettre administrative fut bientôt connue dans toute la ville de Layrac, et le vénérable Pasteur vit ainsi officiellement ouverte l'ère du schisme dans le nouveau diocèse et dans sa paroisse.

---

(1) A M. Durand-Lagravade, électeur du canton de Layrac. La lettre est imprimée, sauf la signature et l'adresse, écrites à la main.

En conséquence, raconte le *Journal Patriotique*, le 13 mars les électeurs se réunirent dans l'église des Jacobins, après la messe du St-Esprit dite par le curé de la cathédrale St-Etienne, M. Lacuée le jeune, Procureur Général-Syndic du département exposa à l'assemblée l'importance de l'élection qui allait avoir lieu. Le 1er et le 2e tour de scrutin ne donnèrent point de résultat ; et au 3e, M. Labarthe, lazariste, Directeur du Séminaire d'Agen, fut élu, et puis proclamé Evêque du département de Lot-et-Garonne, c'était le 17 mars 1791. Mais le nouvel élu, effrayé des responsabilités à assumer, refusa le bénéfice de cette élection. Le 18 mars ce fut Gobel, Evêque de Lydda qui l'emporta sur son concurrent l'abbé Nauton, curé de Penne. Encore cette fois il y eut des déceptions, Mgr Gobel, élu déjà au siège métropolitain de Paris, opta pour ce dernier siège et les électeurs d'Agen durent recommencer leurs opérations.

Au scrutin du 2 mai suivant, M. André Constant, cy-devant dominicain, et vicaire épiscopal de l'Evêque de la Gironde, fut élu par 232 suffrages sur 398 votants.

Le schisme était définitivement établi dans le diocèse de Lot-et-Garonne, dont la paroisse de Layrac faisait partie d'après la loi du 12 juillet. Définitivement éclairé sur ses devoirs, l'abbé Capdeville prit une résolution énergique, de manière à éclairer ses paroissiens et à dissiper toute illusion sur les conséquences du serment prêté le 30 janvier précédent. Le 2 mai 1791, il pria deux de ses amis M. Jean Boussac, homme de loi, et M. Joachin Bergognié de l'accompagner en l'étude de Me Dupont, notaire royal et apostolique. Là il requiert Me Dupont de dresser acte de la rétractation de son serment du 30 janvier précédent et des motifs qui l'obligeaient à répudier toute participation au schisme qui résultait de l'élection de l'Evêque intrus.

Voici la teneur de cet acte :

Pardevant le notaire royal soussigné de la ville de Layrac, district d'Agen, ont été présents les témoins bas nommés et a comparu Me Pierre Bertrand Capdeville, prêtre et curé de Layrac, y demeurant, qui a dit à nous susdits notaire et témoin que le serment qu'il a prêté le 30 janvier dernier, en exécution du décret de l'Assemblée Nationale du 27 novembre précédent, sanctionné par le Roy, n'ayant pas été inséré littéralement, il ne sait pour quels motifs, dans le procès-verbal de la Municipalité de Layrac, malgré la réclamation que le dit comparant en fit, il importe à son honneur et à sa loyauté, dans le temps, où les électeurs du département de Lot-et-Garonne sont assemblés à Agen, dans l'effet de nommer un Evêque Constitutionnel, de consigner dans un acte public son serment tel qu'il a été prononcé, afin de lui donner telle notoriété que de droit, lequel serment est ainsi conçu :

« Fidelle toute ma vie aux principes de la foy, je jure 1º de veiller avec soin sur les fidelles qui me sont confiés, de les instruire et de les édifier par mes paroles et par mes exemples ; 2º Je jure d'obéir comme citoyen à la nation, à la loy et au Roy, et comme pasteur de porter les autres à l'obéissance ; 3º Je jure de maintenir de tout mon pouvoir la Constitution Civile du Clergé, décrétée par l'Assemblée Nationale et sanctionnée par le Roy, déclarant en même temps que je veux me garantir de tout schisme, vivre et mourir dans le sein de l'Eglise catholique, apostolique et romaine. En conséquence le dit sieur comparant déclare que toujours constant dans les mêmes principes qu'il a développés dans son serment, se soumet de nouveau par le présent, promet d'exécuter dans tous ses points, pour ce qui le concerne la susdite Constitution Civile du Clergé, tant qu'elle ne sera pas condamnée par un jugement canonique de l'Eglise ; mais il proteste en même temps que s'en tenant invariablement à la déclaration ou réserve qu'il a faite, à la suite de son serment, de ne s'engager jamais dans aucun schisme il a résolu de n'avoir en aucun temps communication *in divinis*, avec l'Evêque, à l'élection duquel on procède à Agen, déclarant le dit comparant qu'il le regarde d'avance et le regardera toujours comme illégitime, à moins que l'Eglise, pour éviter le malheur d'un schisme, ne se décidât à légitimer son élection. Déclare au surplus que c'est avec le plus grand regret qu'il s'est vu forcé de restreindre son obéissance au décret du 27 novembre, promettant d'ailleurs de se soumettre à toutes les lois faites et à faire par l'Assemblée Nationale, en tant qu'elles n'exigeront rien de contraire aux principes de sa conscience et à ses lois saintes et immuables, qu'il jure d'observer jusqu'à la mort. De cette déclaration et inscription du serment du dit comparant, icelluy nous a requis de lui en retenir acte, que nous lui avons concédé pour lui servir à telles fins que de raison.

Fait et passé à Layrac le 2ᵉ mai, après-midi l'an 1791, en présence de Mʳ Mᵉ Jean Boussac, homme de loi et de sieur Joachin Bergognié, bourgeois, témoins habitants de Layrac, qui ont signé avec ledit Capdeville, de ce requis, et nous (1) ».

Cette protestation si noble et si énergique faisait pressentir le futur confesseur de la foi, qui démontrera par douze années de privations, de sacrifices et d'exil que son honneur sacerdotal lui était plus cher que la fortune et que la vie.

Protestation des femmes de Layrac contre la spoliation du Monastère

Après avoir raconté la noble conduite du vénérable curé de Layrac au moment de l'exécution de la loi schismatique du 27 décembre 1790, nous devons rappeler quelle fut l'attitude de la population chrétienne vis à vis les spoliateurs des biens du Monastère et au moment de la prestation du serment des prêtres de la ville.

La population Layracaise préoccupée de toutes ces mesures vexatoires pour le clergé, voulait rester fidèle à sa religion. Elle se préoccupa spécialement des moyens de continuer les exercices du culte catholique. Or à ce moment l'église paroissiale Notre-Dame appuyée contre le vieux clocher que l'on voit encore, était dans un état de délabrement déplorable. La toiture et les murs qui la supportaient, menaçaient ruine. Ce malheur arrivant, les fidèles seraient privés des exercices publics de la Religion. Dans cette préoccupation, ils firent réclamer au Directoire du District la concession et l'usage de l'Eglise Prieurale, devenue vide et inoccupée, depuis le décret de la suppression des Ordres Religieux. Cette requête adressée au Directoire au début de l'année 1791 demeura sans réponse.

Les commissaires envoyés à Layrac pour procéder à l'exécution des décrets qui amenèrent l'expulsion des Religieux et la spoliation de leurs biens, ne voulurent tenir aucun compte des vœux formulés par la population Layracaise. Une fois qu'ils eurent rédigé et signé les procès-verbaux relatifs à leur commis-

---

(1) Etude de Mᵉ Bergues, minutes de Mᵉ Dupont.

sion, ils apposèrent les scellés sur les portes de l'Eglise Prieurale et de la procure, où ils avaient renfermé les vases sacrés et ornements d'église et ils repartirent pour Agen.

Ces procédés violents et ce dédain qui exposaient les habitants à n'avoir plus de lieu de culte, indignèrent et soulevèrent les esprits. La Municipalité présidée par Bernard Durand, maire, avait appuyé les très justes revendications de ses administrés, fondées sur l'état ruineux de l'Eglise Paroissiale et sur l'insuffisance de cette Eglise pour contenir les fidèles alors même qu'elle serait réparée.

« Layrac, disait la Municipalité, a une population de 2.500 âmes, et la ville n'a que deux églises, la Paroisse et l'Eglise des cy-devant Bénédictins. La 1re, la plus petite ne saurait contenir les habitants aux jours des dimanches et des fêtes, vu qu'il n'y a qu'un curé et un vicaire. Cette raison devrait suffire pour qu'on cédât la plus grande Eglise. Et il s'agit au surplus de la conservation de la vie. La charpente de l'Eglise Paroissiale est à même de crouler, et à la moindre avalanche on ne peut y tenir tant il pleut dans l'intérieur (1) ».

En dépit de ces bonnes raisons, les scellés furent maintenus sur les portes de l'Eglise Prieurale et de la sacristie.

Un tel déni de justice exaspéra la population qui vit dans un tel procédé un parti pris de rendre le culte impossible. Après avoir repassé toutes les mesures vexatoires et iniques qui s'étaient succédées, les habitants prirent une résolution extrême et définitive. Les femmes chrétiennes surtout, qui s'intéressaient particulièrement à ces affaires religieuses, voyant que toutes les voies légales étaient impuissantes et épuisées résolurent de trouver une solution.

Il faut dire à la louange de la population que les Dames, qui par leur éducation, leur fortune et leur situation sociale tenaient le premier rang, se mirent à la tête du complot, c'étaient Mme de Biran de Molinis, née Julie Gassou ; Mme Dulyon de Siorac ; les Dames Desburs ; Mme de Cappot de Villarnau, fille de noble Cappot de Villarnau, Conseiller du Roi au Parlement souverain de Roussillon etc.

L'abbé Capdeville, tenu au courant des secrets desseins de

---

(1) **Requête** des habitants adressée au Directoire du District.

ses paroissiennes, fort préoccupé des suites de la prestation de son serment à la Constitution Civile du Clergé, voulut se tenir en dehors de ce mouvement, et il refusa d'y prendre part, il eut de ce chef à subir de vifs reproches et des humiliations. D'un autre côté, la Municipalité estimant légitime en principe cette protestation, laissa faire et attendit en silence.

Les femmes aux bras faibles, mais à la foi vaillante prirent des résolutions viriles. Etant bien conseillées, elles attendirent l'occasion favorable pour mettre leur projet à exécution.

Le jour même, où Bernard Durand, maire, recevait la lettre convocation pour participer à l'élection de l'Evêque schismatique d'Agen, le 13 février 1791, le Directoire du District d'Agen envoyait un de ses membres le sieur Thomas Noguères pour se rendre à Layrac et y procéder au recouvrement de l'inventaire et à l'évaluation des biens, meubles et immeubles ayant appartenu aux ci-devant Bénédictins.

Le délégué arriva à Layrac dans la soirée de ce même jour. Il descendit chez le sieur Bordes, officier municipal qui lui donna l'hospitalité et l'hébergea pendant son séjour à Layrac.

Dans la journée du lendemain, 14 février, le s^r Noguères, fier de son mandat put circuler en ville et agir sans qu'on eut l'air de s'apercevoir de sa présence et de remarquer ce qu'il était venu faire. Le 15 février Noguères sortit vers 6 heures du matin afin d'aller terminer au plustôt sa mission, Il ne faisait point jour encore lorsque le délégué quittant son logis traversa les rues sinueuses de la ville pour se rendre au couvent. Il entrevit cependant sur le pas des portes et aux fenêtres des maisons des hommes calmes et silencieux qui sans lui adresser la parole le regardaient d'un œil curieux et malin. Même en traversant la rue de Verdun il aperçut sous le portail de sa maison, M. de Lascaban, chevalier de St-Louis, qui ne put s'empêcher en voyant le délégué si matinal, de lui dire d'un air moqueur et protecteur : Vous ne savez donc pas quels sont les projets ? Vous allez être assailli par une nuée de femmes ! Votre opération échouera !

Le commissaire, tout gonflé de son rôle lui répliqua d'un ton triomphant et saccadé : Nous ignorons tout cela ! Et il continua son chemin, escorté de son greffier.

De fait les rues étaient désertes et très calmes. Jusque sur la place de l'Eglise conventuelle pas une tête de fillette, pas une seule femme ne parut pour voir passer le commissaire et lancer à ses oreilles quelque épithète piquante.

En vérité, est-ce que tout le monde dort encore à Layrac ? Certainement, se dit le commissaire, M. de Lascaban s'est moqué de nous et il a voulu nous faire peur.

Ce jour-là, à 6 h. du matin, les femmes de Layrac ne dormaient plus depuis longtemps. Elles s'étaient levées bien avant le commissaire. Avec une réserve parfaite, et profondément silencieuse, elles avaient pénétré dans l'intérieur du Monastère. Traversant le corridor qui débouche sur les cloîtres encore sombres, elles s'étaient placées le long du mur intérieur sous les voûtes du rez-de-chaussée. Debout et silencieuses comme des soldats sous les armes, elles attendaient. A peine le commissaire a-t-il paru qu'un immense clameur se fait entendre. Plus de trois cents femmes de tout âge, de toute condition s'approchent, entourent le commissaire, en criant toutes à la fois : la clef ! la clef ! L'une d'elle Mme de Molinis se détache du groupe et d'un air décidé et d'un ton fier et élevé, vient exposer les réclamations de cette foule : « Nous voulons l'Eglise des Bénédictins, dit-elle, car l'Eglise paroissiale est dans un tel état de délabrement qu'il est dangereux d'y pénétrer. » Et pendant qu'elle parlait Mmes Dulion de Siorac, Desburs, Cappot de Villarnau avec leurs demoiselles (1) se joignent à Mme de Molinis pour appuyer ses réclamations, et de tous les côtés les autres femmes du peuple se groupent et forment un cercle qui va sans cesse se rétrécissant, au point que le pauvre commissaire se trouvant enveloppé ne peut plus ni avancer ni reculer. Il essaye de payer d'audace et il croit pouvoir en imposer à cette foule : L'Eglise du Couvent, s'écrie-t-il est scellée, il ne nous est aucunement permis de donner atteinte à ces scellés. Il faut qu'une autorité majeure en décide. Nous ne pourrions d'ailleurs, ajouta-t-il avec une pointe d'ironie, vous en donner les clefs. Elles ne sont pas en notre pouvoir.

C'est ce qu'on saura, et ce que nous allons voir, crient les femmes mutinées. Fouillons-le. Et aussitôt des bras s'étendent, des mains s'allongent pour secouer le commissaire avec vio-

---

(1) Mme de Villarnau était une d^{lle} de La Rue, veuve de M. de Saint-Gresse.

lence. Devant ces voies de fait, celui-ci essaye de se dégager et voulant donner satisfaction à ces dames qui ne se contentent ni de ses paroles, ni de ses promesses, il dit à son greffier : Allez, allez chez M. Bordes, chercher les quatre clefs que j'y ai oubliées, et nous aurons celle qu'on nous réclame. Le greffier court en toute hâte chez M. Bordes. Mais en attendant les femmes se jettent avec furie contre le commissaire et le bousculent contre la chambre, où se trouvaient entassés les vases sacrés et les objets précieux d'argenterie. Acculé contre la porte, le commissaire se débat pour ne pas être étouffé, ni écrasé. Et de tous les points du cloître, des femmes exaspérées se poussant contre lui crient à tue-tête : La clef ! la clef ! et toutes répètent en cadence : la clef ! nous voulons la clef ! la clef ! Les dames de Molinis et Dulion elles aussi de crier : la clef ! la clef ! la clef !

Enfin après avoir couru à toutes jambes pour quérir les dites clefs, arrive le greffier tout essoufflé. Et comme il avait tardé à revenir, les clameurs : la clef, la clef redoublaient de plus fort en plus fort. Le commissaire muni de la clef, ouvre la chambre de la Procure, mais en un clin d'œil, le flot de cette multitude a envahi la salle, et la poussée fut si violente que le commissaire en frémit, se voyant débordé, il s'écrie : qu'on se retire ! Je donnerai les clefs ! sur cette promesse, Mme de Molinis et Mme Dulion font évacuer la chambre. Le commissaire réclame un délai de 3/4 d'heure pour rédiger le procès-verbal de son acte. Trois quarts d'heure ! C'est trop ! c'est beaucoup ! soit, réplique-t-on, mais pas une minute de plus.

Anxieux de la tournure des évènements, le commissaire se met à rédiger son acte, lui-même. Et il envoye son greffier avertir le Maire du danger où il se trouve. Puis d'une main tremblante il continue son procès-verbal. Les dames Dulion et de Molinis restées seules auprès de lui, épiaient tous ses mouvements. Elles trouvaient que la plume ne marchait pas assez vite. Vous savez qu'on ne vous a donné que 3/4 d'heure seulement, lui disaient-elles. En même temps sous les cloîtres des voix menaçantes criaient et redoublant d'intensité, à mesure que les minutes s'écoulaient, il n'y a plus qu'un quart d'heure ! Bientôt les portes frémissent sous une forte bousculade et au milieu de clameurs formidables. Pour rassurer l'infortuné prisonnier les dames de Molinis et Dulion lui dirent : Ne craignez rien, M. le commissaire, nous vous promettons une sécurité complète, mais à condition que vous nous remettiez les clefs. Vous ne sortirez pas de cette salle à moins que vous ne les livriez en nos mains propres, si vous avez dépêché votre greffier chez M. le Maire pour le requérir de vous prêter main forte, vous vous bercez d'une fausse illusion, car nous sommes les femmes, les sœurs et les filles de ceux que vous appelez contre nous.

En même temps survient le greffier, qui ne pouvant percer les rangs de cette foule, prend une voie détournée et élevant la voix du haut d'une fenêtre annonce que M. le Maire ignorait la présence à Layrac d'un commissaire quelconque. Celui-ci écrit vite un billet qu'il fait parvenir à son greffier pour qu'il se hâte de prévenir le 1er magistrat de ce qui se passe. Sur cette communication écrite M. Durand arrive et interpellant le commissaire. Quel est, lui dit-il, le sujet de vos plaintes ? Celui-ci de répondre d'une voix émue : il n'est pas difficile d'apercevoir le motif de mes plaintes. On entrave notre liberté ! Violence nous est faite ! Nous requérons défense et protection ! Calmez-vous répliqua le Maire, je n'aurai qu'à me montrer et je ferai disparaître cette multitude. Et c'est ce que je demande instamment, crie le commissaire, et voilà pourquoi je vous ai prié de venir. Immédiatement M. Durand se montre sous les cloîtres, il fait un signe à la foule et toutes ces femmes se repliant sur elles mêmes, mais ne quittant pas le Monastère, continuent leurs clameurs et leurs menaces.

Revenant vers le commissaire, M. Durand lui dit : de quoi est-il donc question ? Le peuple n'a-t-il pas raison ? Il réclame l'usage de l'Eglise des Bénédictins, qu'on ne peut lui refuser. Il n'y a pas une seule loi qui vous empêche d'accéder à cette légitime réclamation.

Les Dames de Molinis et Dulion présentes à cet entretien appuyent fortement les réflexions et observations si légitimes et si sensées du Maire, et elles ajoutent qu'il y a en effet danger à pénétrer dans l'Eglise paroissiale.

Le commissaire ne sachant que répliquer se prit à faire l'apologie du Directoire d'Agen. L'administration, dit-il, est trop humaine pour ne pas avoir égard à des considérations bien fondées. Si l'Eglise paroissiale menace ruine il eût été prudent que la Municipalité fît un verbal circonstancié, démontrant la nécessité d'une reconstruction, et justice, vous eût été rendue.

M. le Maire reprend : Nous avons exposé l'état de ruine de l'Eglise paroissiale. Pourquoi n'a-t-on pas ajouté foi à notre parole ? Ne suffit-il pas qu'une Municipalité atteste un fait pour qu'on ne doute pas de la vérité de son affirmation ? Notre réclamation a été envoyée. Pourquoi ne pas répondre promptement ? C'est une moquerie ! Aussi dans ces conditions aucun honnête homme ne voudra plus accepter les fonctions municipales.

Le commissaire embarrassé ne pouvait contester le déni de justice et il changea de question. Il essaya de faire ressortir les torts du Maire. Comme homme public, vous devez connaître l'importance des scellés, et votre devoir est de vous opposer de toutes vos forces à ce qu'ils ne soient pas violés, ou qu'on ne m'oblige pas à les briser moi-même. Pendant cet entretien quelques membres du Conseil municipal étaient survenus et ils avaient entendu les dernières réflexions. Les officiers municipaux qui sont là, réplique le Maire, peuvent attester comme moi qu'il est impossible de célébrer le service divin dans l'Eglise paroissiale. Il faut donc accorder au peuple ce qu'il demande avec justice, c'est-à-dire la levée des scellés, la clef de l'Eglise et de la sacristie. Et interpellant le greffier qui venait de rentrer : Vous, dit-il, vous êtes un mauvais citoyen, car c'est par vous que j'ai été informé de ce qui se passe ici. Pour moi réplique le greffier, j'ai fait ce que mon chef m'a commandé et j'ai obéi. Le dialogue s'envenimait, des paroles aigres s'échangeaient de part et d'autres ; et voilà que le commissaire trouve des approbateurs jusque dans les rangs des officiers municipaux. L'un d'eux Caprais Depau d'Imbertis intervient. La Municipalité, dit-il, doit assistance au commissaire ; pour mon compte, je suis prêt à la fournir. Ce qui m'étonne, c'est que M. le Maire ignore la déférence due à un délégué du Directoire. Ces dernières paroles provoquèrent de la part du Maire et des Dames présentes une prompte et vive protestation qui couvrit la voix du citoyen Depeau. D'autre part les femmes reléguées sous les cloîtres redoublaient leurs clameurs. Impatientes de mettre fin à cet entretien elles menacent de se laisser aller a des voies de fait.

Acculé dans ses derniers retranchements, et sentant le péril d'une plus longue résistance, l'infortuné commissaire va aussitôt lever les scellés de l'Eglise et de la sacristie. Les Dames réclament les clefs. Le commissaire se tournant vers M. Durand: c'est à vous seul, M. le Maire, et à personne plus que je dois remettre les clefs.

La victoire restait aux femmes chrétiennes de Layrac. Elles obtenaient ce qu'elles avaient demandé. Fières de ce succès, elles se retirent. Le commissaire rédigea, séance tenante, son procès-verbal de la remise des clefs et le présenta à la signature du Maire, des officiers municipaux et des Dames présentes. Personne ne se refusa à remplir cette formalité.

Le calme étant rétabli et les cloîtres évacués, Noguères acheva de remplir la mission qui lui avait été assignée. Puis il sortit accompagné de Dom Azema et de Dom Sarramia, religieux, qui avaient été attirés par la rumeur publique. En traversant la place il rencontre un grand nombre de femmes qui lui dirent en le narguant : Nous avons eu la clef ! nous aurons aussi l'argent. Pour l'argent répliqua le commissaire, vous ne l'aurez pas. En demandant les clefs vous réclamiez une chose juste ; on y a fait droit. Aller au delà, ce serait un brigandage, qui vous porterait tort, et dont je ne vous crois pas capables. Au surplus je vais mettre en sureté les objets précieux que je dois emporter dans ma voiture.

Tous ces incidents avaient pris une grande partie de la journée. Le commissaire aurait eu le temps d'envoyer à Agen requérir aide et protection ; mais dans ce cas l'émeute aurait pu dégénérer en lutte sanglante et entraîner des malheurs. Il se contenta de faire face à l'orage de son mieux et finalement, n'espérant pas obtenir de la Municipalité secours et protection pour emporter les objets précieux et l'argenterie, il prit sur lui de faire bonne contenance. Il brava le danger à ses risques et périls plutôt que de provoquer des scènes de violence et de sang qui auraient entraîné de terribles représailles. Après avoir donc chargé sa voiture des objets les plus précieux, il fouette son cheval et rentre en toute hate à Agen.

Revenu chez lui il refit le procès-verbal des évènements de la journée et il alla en faire le dépôt entre les mains des Directeurs du District pour qu'on avisât à ce qu'il y avait à faire dans cette circonstance critique. Lorsque les femmes de Layrac furent nanties des clefs, elles pénétrèrent dans l'Eglise prieurale. Les vases sacrés et les pièces d'argenterie avaient été emportées par le commissaire, mais il restait la belle statue de Ste-Scholastique faite en marbre de Carrare et qui était un chef-d'œuvre d'art. Cette statue qui surmontait le tabernacle de l'autel majeur fut enlevée et déposée en lieu sûr pour être restituée et remise en place plus tard (1). Il y avait à la tribune de belles orgues. Pour lors elles restèrent en place mais elles seront quelque temps après transportées dans l'église de St-Caprais, devenue cathédrale et elles serviront au culte jusque vers 1856, époque où les orgues actuelles ont été installées. Le rapport déféré par Noguères au Directoire eut une suite et nous allons dire ce qui fut décidé.

L'affaire de Layrac devant le Tribunal du District et devant le Directoire du Département

Le citoyen Noguères déposa son rapport et voici la décision du Tribunal du District d'Agen.

Le Tribunal du District en sa séance du 2 mars 1791 ayant reçu communication de toutes les pièces concernant les évènements survenus à Layrac, porta le jugement qui suit :

Vu les deux procès-verbaux en date du 15 février, dont le 1er dressé en la ville de Layrac ; l'autre fait sur le Bureau du Directoire, expositif des troubles qui a été fait au commissaire;

Vu une pétition de M. Capdeville curé.

Ouï M. le Procureur-sindic.

Le Directoire du District, considérant que l'évènement survenu à Layrac dans le cy-devant couvent des Religieux Bénédictins, constaté par deux procès-verbaux de son commissaire est un acte d'insurrection ;

Considérant que cette insurrection a été pratiquée par une multitude de femmes sans aucun mélange d'hommes ;

---

(1) Dans le déplacement de cette statue de marbre, la croix que tenait à la main Ste-Scholastique fut brisée ainsi que quelques doigts de la main, comme on le voit encore.

Considérant que sous le prétexte de l'impunité ce sexe qui s'en croit plus susceptible, a commis un délit grave ;

Considérant que cette distinction de sexe et une réunion de plus de trois cents femmes à 6 heures du matin démontrent un complot prémédité ;

Considérant qu'au moyen de ce complot, les habitants de Layrac sont parvenus à priver la nation d'un objet qui, cydevant ecclésiastique, est devenu national et déclaré inaliénable par ses décrets ;

Considérant qu'ils ont pris un prétexte du mauvais état de leur Eglise paroissiale, sans avoir fait constater la nécessité d'une réparation ;

Considérant que les mouvements que cette multitude de femmes a pratiqués vis à vis du curé de la paroisse portent le même caractère d'insurrection contre les décrets de l'Assemblée Nationale et la propriété qui lui est acquise ;

Considérant qu'il est important de s'opposer au danger qui pourrait résulter d'un exemple contagieux ;

Considérant que les officiers municipaux de Layrac garantissant le verbal du 15 février, autres que sieur Depau d'Imbertis, ont montré des dispositions qui ne sont pas celles de la loi ;

Mais considérant qu'offensé particulièrement en la personne de son commissaire, il doit écouter les scrupules que sa religion lui dicte ;

Arrête qu'un de ses membres portera au Directoire du département sa présente délibération et les pièces y jointes, lequel voudra bien la prendre en toute la considération dont elle est susceptible (1).

Deux jours après, le Directoire du département prononça son arrêt que nous résumons.

Après avoir rappelé que le corps administratif de Layrac aurait dû faire respecter l'autorité du délégué du Directoire, surtout pour la conservation des biens nationaux, le Directoire considérant qu'un peuple qui viole ouvertement la loi, commet un attentat qui ne doit point rester impuni ;

A arrêté et arrête que sans rien préjuger sur le fond de l'af-

---

(1) Signés : Sevin, Président, Rouzier, Albaret, Noguères et Duchamin, adjoint de M. le Procureur-sindic.

faire il est enjoint à la Municipalité de Layrac de se rendre en corps municipal et revêtue de l'écharpe dans l'Eglise des Bénédictins et ce le lendemain de la réception du présent arrêté, afin de faire rapporter dans l'Eglise paroissiale d'une manière décente et convenable tous les objets du culte qu'on en avait sorti ; de veiller à ce que tous les effets appartenant à la nation, ainsi qu'ils sont spécifiés dans le verbal du commissaire, soient fidèlement conservés, les officiers municipaux en demeurent solidairement responsables ;

Enjoint encore à la Municipalité de fermer et sceller du cachet de la ville toutes les portes de l'Eglise et de la sacristie, que de tous les autres lieux qui devront l'être, d'en envoyer les clefs au Directoire du District d'Agen, avec le procès-verbal qui sera dressé en conséquence ;

Rappelle au Maire et aux officiers municipaux, non compris le sieur Depau d'Imbertis, expressément excepté dans le verbal du commissaire, que témoins des obstacles et du trouble apportés à l'exécution de la loi, ils auraient dû déployer toute la dignité du caractère dont ils sont revêtus et se servir du pouvoir qui leur a été confié pour dissiper cet attroupement, leur déclare que le Directoire a vu avec un sentiment douloureux et pénible, à quel point ils avaient porté l'oubli de leur devoir ;

Rappelle nommément au s^r Maire que sans attendre l'invitation de M. le commissaire, il aurait dû se transporter sur les lieux où se faisait l'attroupement, ou du moins déférer au premier avis qui lui en a été donné, lui rappelle que loin d'appuyer les prétentions injustes des femmes il aurait dû au contraire les dissuader, leur parler le langage de la loi, leur faire connaître que l'enfreindre c'est se rendre coupable d'un délit grave ;

Lui rappelle que la levée forcée des scellés qu'il a autorisée lui-même, rendrait seule sa conduite très coupable ;

Lui rappelle enfin que les propos qu'il a tenus en présence du commissaire sont inconstitutionnels et répréhensibles ;

Arrête au surplus qu'au nom de M. le Procureur Général syndic du District d'Agen, les troubles arrivés à Layrac le 15 février, seront dénoncés à l'accusateur public du tribunal du District pour qu'il soit informé contre les auteurs, fauteurs et instigateurs desdits troubles et des voies de fait mentionnés dans les procès-verbaux du commissaire, en date du 15 février et notamment contre les personnes qui y sont désignées. Invite enfin le Directoire du District à lui faire passer avec son avis, le plus tôt possible, la pétition des habitans de Layrac sur l'état de l'Eglise paroissiale (1).

Bernard Durand n'était pas de caractère à se laisser condamner sans défendre la conduite, qui lui avait été dictée par la conscience de servir une bonne cause. Il se transporta à Agen pour suivre les délibérations du Directoire et faire valoir ses raisons.

Bien plus le Conseil municipal de Layrac se solidarisant avec lui, le pria de solliciter la confrontation des officiers municipaux avec le sieur Nouguères en présence du Directoire.

Malgré ses vives instances, Bernard Durand, ne put éviter l'arrêté violent que nous venons de citer. Après en avoir reçu communication, il ne se tint pas pour battu, il convoqua l'assemblée municipale pour le 10 mars et avec un accent de fière indignation, il fit la déclaration suivante : Messieurs, je déclare que mes infirmités journalières ne me permettent pas de continuer les fonctions trop pénibles, pour ma santé, de Maire de la ville de Layrac, place à laquelle la Communauté avait bien voulu me nommer. Je me démets entre vos mains de la dite place, vous priant de l'avoir pour agréable, offrant d'ailleurs, autant qu'il sera en mon pouvoir, tous mes services à la Commune. Je prie en conséquence M. le secrétaire-greffier de convoquer une assemblée du Conseil Général de la Commune pour samedi, douze du présent mois, à 8 heures du matin, afin de lui communiquer ma démission, que j'ai écrite sur le registre et signée de ma main, avec le secrétaire-greffier (2).

Cet acte de vigueur et cette protestation énergique, à l'heure où toutes les têtes se courbaient devant les décisions arbitraires des divers tribunaux, étonna et émut les Juges d'Agen.

A la séance du 12 mars, le Président de l'assemblée munici-

---

(1) Signés : MM. Depère, vice-président, Auricoste, Bayle, Cassaigneau, Coutansse, Lavigne, Lafont et Lacuée le jeune, Procureur Général syndic.

(2) A M. le Maire de Layrac. Ces documents originaux ont été conservés dans la famille et chez les descendants de Bernard Durand de Lagravade, représentée aujourd'hui par M. Charles Bouet, magistrat démissionnaire.

pale annonça que M. le Maire de Layrac était retenu chez lui par des douleurs rhumatismales. Les assistants comprirent ce langage. Puis tous les membres présents revêtus de leurs écharpes ne pouvant se soustraire aux décisions du Directoire, se transportèrent dans l'Eglise des Bénédictins pour procéder à l'exécution de l'arrêté du Directoire, qui refusait d'accorder l'usage de l'Eglise Prieurale pour la célébration du culte divin. A cet effet, M. l'abbé Capdeville, vint retirer le St-Sacrement et il alla le déposer dans l'Eglise paroissiale toute délabrée, comme nous l'avons déjà dit. Les officiers municipaux se firent un devoir et un honneur d'accompagner le transfert de la Ste-Eucharistie, en portant des flambeaux allumés et deux d'entre eux portèrent le dais. Après cela ils reviennent dans l'Eglise des Bénédictins et ils font retirer de la sacristie les vases sacrés et les effets du culte qui furent réintégrés dans la sacristie de l'Eglise paroissiale, d'où ils avaient été tirés précédemment. Et sur la porte communiquant avec le cloître, ils apposent sur chacun de ses bouts une bande de papier en travers des deux battants, qu'ils scellent avec le cachet de la ville. Ils sortent enfin de l'Eglise, en ferment la porte sur laquelle ils y mettent encore les scellés. Quant à la chaire, aux bancs et aux confessionnaux, ils jugent inutile de les réintégrer dans l'Eglise paroissiale, attendu que les offices divins n'y seront plus célébrés, à raison du danger qui menace les assistants d'être écrasés sous les ruines du plafond et de la charpente, danger cy-devant constaté et signalé par des gens de l'art, qui en ont fait leur rapport à l'administration du District.

Voilà pour quels motifs le curé de Layrac dut se résigner à aller célébrer les offices dans la petite chapelle des Pénitents. Sur ce, les officiers municipaux fermèrent à clef l'Eglise paroissiale, la sacristie et le tambour et envoyèrent cette clef au Directoire du District d'Agen (1).

A la suite de ces mesures, qui froissaient la population, il y eut de violents murmures. On prit fait et cause pour le Maire, qui avait protesté en donnant sa démission. Les officiers municipaux ne purent se dispenser de s'assembler pour aviser et

---

(1) *Registres municipaux.* On envoya aussi le procès-verbal des experts sur l'état de l'Eglise.

décider la conduite à tenir. Réunis en séance le lendemain 13 mars, ils déclarent qu'il y a lieu d'envoyer au Directoire d'Agen une requête pour être autorisés à faire célébrer le culte religieux dans l'Eglise des Bénédictins. Quoique la demande en eut déjà été faite le 5 janvier précédent, ils motivèrent leur nouvelle demande sur l'impossibilité où ils étaient d'exercer aucun acte du culte dans l'Eglise paroissiale, à cause de son état de ruine menaçante. Quant à la chapelle des Pénitents, elle ne peut contenir au dela de 250 personnes, alors que la paroisse compte 2500 habitants.

D'un autre côté l'abbé Capdeville ayant adressé une pétition pour célébrer les offices religieux dans l'Eglise paroissiale, le Conseil municipal refusa d'appuyer cette pétition pour les motifs que nous venons de mentionner. Et s'adressant aux membres du Directoire d'Agen, ils leurs disaient : Que l'un de vous vienne visiter la toiture de l'Eglise et sur son rapport, il sera statué ce qu'il appartiendra. Et vu l'insuffisance de la chapelle des Pénitents qu'il soit permis au curé de Layrac de célébrer provisoirement les offices religieux dans l'Eglise des Bénédictins jusqu'à ce qu'il en soit autrement ordonné.

Après cet exposé, l'assemblée pria M. Deforcade, procureur de se rendre à Agen pour appuyer leur requête et supplier le Directoire d'ordonner la délivrance des clefs de l'Eglise et de la sacristie des Bénédictins, et sur son récépissé la Municipalité s'engagera à veiller sur l'exécution des ordres reçus.

En présence de l'effervescence de la population et préoccupé des suites de la démission du Maire de Layrac, le Directoire se décida à une transaction, espérant que cette mesure bienveillante ferait revenir Bernard Durand sur sa démission, et qu'on obtiendrait ainsi la paix dans les esprits et dans la ville (1).

C'est ce qui eut lieu en effet.

En conséquence le 27 mars 1791, M. Lacuée, Procureur Général syndic écrit à Bernard Durand.

« Monsieur,
« L'affaire qui concerne la remise des clefs du Monastère des
« Bénédictins est terminée. Le Directoire a été bien aise de

---

(1) *Registres municipaux.*

« trouver cette occasion de prouver aux habitants de Layrac
« combien il voudrait non seulement faire ce qui peut-être
« utile, mais même ce qui peut être agréable aux administrés.
« Vous devez être persuadé, Monsieur, que nous nous occupe-
« rons de votre pétition en réclamation contre M. Noguères, et
« que nous nous ferons toujours un devoir de rendre à chacun
« la justice qui lui est due et nous ne négligerons rien pour la
« connaître.

« Signé : Lacuée jeune (1) ».

C'était rendre la tranquillité à une population froissée et surexcitée. M. Durand reprit les fonctions de Maire, et dans les premiers jours d'avril nous le voyons présider l'assemblée municipale (2).

**La Municipalité en 1791. — La question de l'organiste. —
La fuite du Roi. — La fête de la Fédération. —
Misère générale**

La propagande faite pour répandre les idées nouvelles d'indépendance et d'émancipation n'altéra pas complètement les traditions de respect pour la Religion et pour le Roi, représentant de l'autorité civile. Après les vives démonstrations de la population, après la protestation et la conduite courageuse du Maire de Layrac, le Directoire d'Agen ne put s'opposer à la célébration des offices divins dans l'église des Bénédictins. Aussi le culte religieux se continua encore quelques mois sans entraves ni difficultés. Il sembla pendant quelque temps que rien n'était changé : les baptêmes, les mariages, les obsèques religieuses se célébrèrent comme auparavant.

Le 24 avril 1791, dans l'assemblée municipale, tenue à l'Hôtel-de-Ville, M. le Maire fit part des nouvelles qu'il avait reçues au sujet de la maladie récente de Louis XVI. La maladie de notre Roi chéri, dit-il, du restaurateur de notre liberté a été pendant bien des jours l'objet de notre sollicitude et de nos

---

(1) *Registres municipaux.* La lettre était adressée à M. B. Durand, maire de Layrac.
(2) Ibid.

craintes. Mais comme toutes ces craintes sont dissipées, sa convalescence et son retour à la santé ne vous semblent-ils pas être le sujet de notre joie ? Et ne seriez-vous pas d'avis d'avoir là une occasion de manifester de notre allégresse ? Après avoir entendu le Procureur sur cette proposition, elle fut adoptée, et il fut décidé qu'il serait chanté le jeudi suivant 14 avril, un *Te Deum* en action de grâces, dans l'église, et qu'après avoir invité M. le curé de prêter son concours, la garde nationale serait convoquée pour assister à ces prières publiques (1).

Le départ des Religieux Bénédictins, qui disposaient de grandes ressources priva la ville de Layrac de précieux éléments qui contribuaient à la solennité du Culte Religieux. Ce contraste était rendu très sensible depuis que les offices se célébraient dans la vaste église monastique. Les Bénédictins, qui avaient fait d'énormes dépenses pour décorer leur église par la construction d'un splendide autel en marbre d'Italie avec ses colonnes monumentales, la balustrade en marbre blanc qui dessinaient les lignes du sanctuaire ; les peintures murales qui relevaient la belle architecture de l'édifice, avaient aussi placé un bel orgue à la tribune.

Un organiste gagé par les Religieux accompagnait les chants et les offices célébrés par un clergé nombreux, qui ajoutait à la pompe des cérémonies religieuses. Lorsque le Clergé paroissial fit le service divin dans cette grande église, le peuple trouva à dire l'absence des chants et de la musique religieuse. Aussi dans la séance du Conseil Général tenue le 24 avril 1791, M. le Maire se fit l'interprète de ces regrets. Le vœu d'un grand nombre de citoyens, dit-il, serait que l'orgue qui est dans l'église de cette ville et dans laquelle il nous est accordé provisoirement de faire l'office divin, ne restât pas inutile et que le sieur Dargein, qui cy-devant le touchait, aux gages des ci-devant Bénédictins, continuât de le toucher aux gages de la Communauté. Serait-il utile, messieurs, à la Communauté d'avoir un musicien, un organiste ? et puis dequels fonds conviendrait-il de faire ses gages. Tel est l'objet que je soumets à vos délibérations ? Et il ajouta pour convaincre ses collègues : Le grand et le 1ᵉʳ objet de la musique a été d'émouvoir les sentiments de

---

(1) *Registres municipaux.*

l'homme envers la divinité. L'harmonie des sons, jointe au sens des paroles a toujours produit cet effet. La musique en élevant les sentiments, adoucit les mœurs et rend les hommes plus sociables. Cet art merveilleux appartient à la politique et à la religion. Les dépenses qui ont pour objet l'utilité publique, prochaine ou éloignée, sont communément à la charge des propriétaires fonciers. Les évènements heureux, objet de la joie publique ont toujours été célébrés avec quelque dépense, et jamais les moyens ordinaires d'y fournir n'ont été réprouvés, et si en les célébrant dans le temple de Dieu il eût été commode de joindre au concert des voix celui des instruments, nul doute que cette dépense accessoire n'eût été réglée comme le principal. Les occasions de célébrer notre joie aux pieds des autels ne seront pas rares désormais. Plusieurs fois elle se sont présentées depuis le rétablissement de la liberté, dont la mémoire sera renouvelée tous les ans, et comme il est un bienfait du ciel, ce sera par des actes religieux que nous en commencerons la fête. L'orgue par la plénitude de son harmonie semble fait pour en exprimer l'importance. Mais la dépense sera-t-elle un impôt foncier ou un impôt personnel ? Nous ne préviendrons pas, Messieurs, votre décision et demeurerons à cette observation.

A l'époque de nos anciennes lois sur les impôts, celui qui est maintenant connu sous le nom de capitation, n'était pas créé. Il ne pouvait donc pas se faire autrefois d'impositions que sur les fonds. Or celle dont il s'agit, d'une espèce toute nouvelle, semble n'intéresser absolument que les habitants de cette municipalité et conséquemment elle doit être à leur charge comme telle et non comme *propriétaire-fermier*.

Nous vous observerons encore, Messieurs, que le sieur Dargein recevait des Bénédictins la somme de 500 livres ; que ces gages sont supprimés, mais qu'il lui reste l'espoir d'un traitement fondé même sur les décrets de l'Assemblée Nationale.

Après l'exposé si habile et si bien raisonné, le Procureur de la Commune donna son avis et il fut délibéré qu'il serait imposé tous les ans en addition aux charges locales demandées par la délibération du 14 avril courant (1), la somme de 300 livres, à

---

(1) Voici l'énumération des diverses dépenses adoptées dans cette séance du

titre de gages au profit du sieur Dargein, organiste, qui courront du jour de son acceptation. Et l'organiste sera chargé de toucher l'orgue de l'église pendant les offices divins, selon l'usage, mais encore dans toutes les occasions extraordinaires, et sur l'avis qui lui en sera donné par la Municipalité. De plus il se procurera à ses frais un souffleur, il soignera cet orgue et il aura attention qu'il n'y survienne aucun dérangement. Il sera tenu, autant que son temps et sa santé le lui permettront, de montrer et enseigner la musique vocale et instrumentale à ceux des habitants qui voudront se rendre à son logis ; et cela en donnant une leçon par jour, moyennant le prix de 3 livres par mois, sans pouvoir exiger d'avantage, et sans autre relachement que le temps des vacances et les dimanches, jeudis et fêtes de la semaine. Copie de la susdite délibération fut envoyée à l'administration pour en autoriser l'exécution. En outre les clefs des passages conduisant à l'orgue furent remises au sieur Dargein (1).

Le sieur Dargein prit donc possession de ses nouvelles fonctions.

Et voilà que le 12 juin suivant, une motion nouvelle fut portée au Conseil municipal. Dix membres, députés par la Société des Amis de la Constitution, demandèrent que l'air de la fédération générale, chanté au XIV juillet, et qu'on était dans l'usage de toucher sur l'orgue, les dimanches et fêtes, ne fut point prohibé à l'organiste, selon la demande de quelques particuliers. Cette prohibition, disent les délégués produirait un mauvais effet parmi le peuple, tandis que cet air ne peut que l'égayer sans nuire à personne.

La Municipalité ayant égard à la demande faite par ces délégués, la jugea juste et nécessaire. Et il fut décidé d'une voix

---

14 avril 1791 : 1º D'une voix unanime il fut voté une pension de 200 livres en faveur du sʳ Pomez qui avait été régent latiniste à Layrac pendant 35 ans, et se trouvait sans ressources ; 2º Vote de la somme de 69 livres pour l'habillement de deux valets de ville ; 3º Vote de 19 livres pour payer les ouvriers qui avaient dressé le 14 juillet précédent l'autel de la Fédération et les tentes servant d'abri pour la célébration de lad. fête etc. *Registres municipaux*.

(1) *Registres municipaux*. Cet orgue de Layrac avait une grande valeur puisque transporté dans la cathédrale d'Agen, il a servi aux offices divins jusque vers 1850, époque ou fut placé l'orgue actuel.

unanime que le procès-verbal de la séance mentionnerait la requête de la députation et que l'organiste serait prié de continuer à jouer cet air gai et joyeux qu'on appelle : *Ça ira ! ça ira !* (1).

L'Assemblée Nationale avait fait adopter les cadres d'un clergé civil. Et peu à peu on introduira dans les églises des nouveautés qui prépareront à d'autres transformations pour ne pas dire à des destructions plus radicales.

Quelques jours après arriva l'évènement qui émut et passionna toute la France. Le départ du Roi pour la frontière et son arrestation à Varennes avec la Reine, le Dauphin, madame Royale et madame Elizabeth 21 juin 1791. On vit là un complot tramé contre la sécurité de l'Etat. Immédiatement le Ministre de l'Intérieur adresse, à la date du 23 juin au Directoire du département de Lot-et-Garonne, une lettre annonçant que l'Assemblée Nationale avait pris les mesures les plus puissantes et les plus actives pour protéger le Roi et sa famille. Il engageait à faire tous efforts pour que la tranquillité publique ne fût pas troublée, et que l'ordre établi par les lois fût maintenue dans toute sa plénitude. Mais l'arrestation du Roi fut le signal d'une recrudescence de mesures de rigueur contre le clergé, soit à Paris, soit dans les provinces.

Le Directoire du département écrit à son tour à toutes les Municipalités :

« Nous nous hâtons de vous apprendre que le Roi et la fa-
« mille royale, après avoir été heureusement retenus à Va-
« rennes, sont ramenés dans la capitale, comme on doit présu-
« mer que les auteurs de l'attentat auraient des complices,
« vous voudrez bien faire continuer vos patrouilles et surveil-
« ler avec la plus grande vigilance les voyageurs et les étran-
« gers qui pourraient passer sans s'arrêter sur votre territoire.
« Le crime n'a pas été consommé, mais il est des coupables ;
« soyez calmes, mais veillez au maintien de l'ordre : protégez
« les personnes et les propriétés ; ne négligez aucune des pré-

---

(1) *Registres municipaux.*

« cautions que nous vous avons déjà prescrites, et celles que
« votre prudence vous suggèrera.

« Signés : M<small>ALEPRADE</small>, Président ; D<small>EPÈRE</small>,
« Vice-Président ; L<small>ACUÉE</small>, Pro-
« cureur-syndic ».

La relation de ces évènements, la lettre du Ministre et l'arrêté du Directoire furent imprimés en placard et adressées à toutes les Municipalités (1).

La réunion du Conseil municipal eut lieu à Layrac le 25 juin, et il fut donné lecture de tous ces documents. Et par mesure de précaution et d'ordre, il fut décidé que tout citoyen sera tenu dans la journée du lendemain de venir déclarer les armes à feu et d'en faire le dépôt à la Commune ; que les trois caisses publiques du collecteur de 1788-89 et 1790 seraient réunies dans la maison du sieur Ponsin, et gardées par une sentinelle, postée devant la porte de sa maison.

En outre le commandant de la garde nationale fut prié d'établir deux autres sentinelles : l'une, devant la Maison Commune, l'autre, au faubourg, avec un corps de garde de quatre hommes. Des patrouilles parcouront la ville et le jour et la nuit.

Enfin l'assemblée municipale invite tous les citoyens à bien se pénétrer des sentiments de l'union la plus franche. Puis dans un élan d'entraînement tous les membres se lèvent et promettent avec serment de s'entraîmer et de demeurer inviolablement unis pour le maintien de la Constitution et pour le salut de la patrie. Cette réunion était fort nombreuse, la gravité des évènements annoncés avait ému la population, aussi tous les notables étaient présents avec les officiers municipaux (2).

L'émotion de la première heure alla s'augmentant les jours suivants. Les magistrats municipaux crurent n'avoir pas assez fait pour se mettre à l'abri d'un danger vague, lointain. C'est pourquoi ils sollicitèrent du Directoire du département, l'autorisation de convoquer dans une réunion extraordinaire, les membres qui composaient la Municipalité, afin qu'ils pussent

---

(1) Nous transcrivons ces détails sur un de ces placards envoyé à Layrac.

(2) Sur les *Registres municipaux* on voit signés : Durand, maire ; Deux Lascaban ; Barrastin ; Maignas, etc.

se concerter ensemble et prendre des mesures plus précises et plus énergiques.

Cette autorisation leur ayant été accordée, le Conseil Général fut assemblé trois jours après, le 28 juin. Le Président prit la parole et rappelant qu'ayant reçu du Directoire du Département l'avis de l'arrestation du Roi et de la famille royale, il était du devoir de la Municipalité de faire la lecture de cette nouvelle, mais encore de procéder à l'application des mesures prescrites par les dépêches ministérielles. C'est pourquoi après s'être concertés avec le Conseil municipal, ensemble les corps civils et militaires il a été arrêté :

1° Que les gardes nationales seront requises de se tenir prêtes et au premier signal se porter partout où leur présence sera nécessaire ;

2° Que pour les courriers, il sera dépêché seulement le commandant du poste de la garde nationale établi au faubourg pour reconnaître le passe-port des dits courriers, ce dont il sera rendu compte à la Municipalité ;

3° Que les citoyens âgés de 50 ans et au dessus seront portés sur la première colonne de l'état demandé par l'article 8 du dit arrêté, et que néanmoins ils seront admis à être placés à la seconde colonne, s'ils sont volontaires ;

4° Que ceux, âgés depuis 50 ans jusqu'à 18 seront portés à la seconde colonne du dit état, s'ils ont la taille de 4 pieds 10 pouces. Seront cependant exceptés ceux au dessous de cette taille, les boiteux, les bossus et autres ayant des infirmités notables, les laboureurs, les maîtres-charrons, les maîtres-forgerons, les médecins, les maîtres-chirurgiens, les maîtres-apotiquaires, les maîtres-boulangers, les maîtres-bouchers et les meuniers ;

5° Que la Municipalité se transportera chez les marchands pour arrêter les pierres à fusils ;

6° Le plomb enlevé sera porté à la maison commune ;

7° Qu'il sera défendu à tous loueurs de chevaux d'en fournir sans permission écrite de la Municipalité ;

8° Que nul citoyen ne pourra quitter le lieu de son domicile sans permission écrite de deux officiers municipaux, contresignée par le secrétaire-greffier ;

10° Que le tocsin ne pourra être sonné sans permission écrite ;

11° Qu'en cas d'alarme signalée par la générale et le tocsin, indiqué par le tintement précipité des deux cloches, les compagnies se formeront sur la porte de leur capitaine, et se rassembleront sur la place publique, et que dans la nuit chaque citoyen tiendra au moins une chandelle allumée sur ses fenêtres ;

12° Que personne ne pourra se mettre aux fenêtres pendant tout le temps de l'alarme et qu'il sera défendu à toutes les femmes de sortir de leur maison (1).

Fête du XIV Juillet 1791

Sous le coup de ces troubles et de ces émotions on se prépara à célébrer la fête de l'anniversaire du XIV Juillet. Il fut parlé dans la séance du X juillet de renouveler le serment fédératif ; mais pour bien inculquer dans l'esprit de la population les sentiments d'union, on s'applique à donner à cette fête tout l'éclat possible (2). Comme le remarque Taine, il est admis que les hommes en devenant égaux sont redevenus frères. Une subite et merveilleuse concorde de toutes les volontés, de toutes les intelligences va ramener l'âge d'or sur la terre. Il convenait donc que le contrat social fût une fête, une touchante et sublime idylle, où d'un bout de la France à l'autre, tous, la main dans la main, viennent jurer le nouveau pacte au milieu des chants, des danses, des larmes, d'attendrissement et des cris d'allégresse (3).

Le Conseil municipal de Layrac décida que la garde nationale se rendrait en corps à cette fête en même temps que tous les citoyens. Le lieu de la réunion est dans les allées de Monseigne, où sera dressé un autel pour la circonstance. Après la rédaction de ce programme arriva une députation de la Société des Amis de la Constitution. C'est dans ce club qu'avait été arrêté un programme secret, et les esprits ardents qui trouvaient l'administration trop modérée avaient décidé de ne participer à cette fête qu'à une condition : c'est que le prêtre qui avait refusé le serment à la Constitution Civile serait éliminé.

---

(1) *Registres municipaux*.
(2) *Registres municipaux*. Au procès-verbal sont signés : Durand, maire ; Lascaban ; Barrastin ; Maignas, etc.
(3) Taine. *Origines de la France Contemporaine*, IV, p. 50.

La passion antireligieuse commençait à se faire jour et comme dans une assemblée municipale ou départementale, les violents finissent toujours par s'imposer et à dominer, les délégués clubistes prièrent la Municipalité de faire célébrer la messe du XIV Juillet par un prêtre Constitutionnel. A cette condition : la Société se joindrait à eux pour cette cérémonie.

La Municipalité s'inclinant devant cette sommation décida d'une voix unanime que la messe serait célébrée au Champ de Mars appelé *Allées de Monseigne*, et que le célébrant serait l'abbé Berni, vicaire, qui sera prié à cet effet. Ce prêtre ayant prêté le serment à la Constitution Civile du Clergé, ne pouvait que plaire à ces amis de la Constitution. L'abbé Champmas n'est pas encore élu ni nommé ; en attendant les grands proneurs de liberté repoussent les prêtres fidèles à leurs devoirs. Il est dit aussi qu'on dressera des tentes sur toute la longueur des allées, et une fois la messe dite on placera des tables pour un grand festin civique, où un chacun portera, selon sa générosité, les provisions nécessaires pour bien célébrer la fête de la Fédération. On ajoute que les femmes qui assisteront à cette solennité, seront admises à prêter le serment civique. Et à la fin de la messe, le même serment sera prêté par la Municipalité, en présence du Juge de Paix ; et à la suite, les membres de la garde nationale. Le *Te Deum* sera chanté pour clôturer la cérémonie.

Comme cette fête de la Fédération était la fête de la France entière et qu'un même sentiment d'union et d'amitié fraternelle devait rallier tous les Français, le Conseil municipal de Layrac élut deux membres pour aller le représenter dans le District d'Agen, et deux autres, pour s'associer en son nom à la fête que le Directoire du département faisait célébrer. Messieurs Gassou et Depau d'Imbertis furent priés de se rendre, le 14 juillet à Agen, pour assister, au nom de la Commune, à la Fédération du Département (1).

A ne considérer que les dehors, à n'écouter que les chants et les hymnes, il semble que tous les cœurs sont unis et vibrent à l'unisson. Les barrières paraissent détruites et tombées sans effort. Du chef-lieu du département à la plus petite commune, il y a promesse et serment d'union et de fidélité à la nation, à

---

(1) *Registres municipaux.*

la loi et au Roi (1). Toutefois on peut s'apercevoir ailleurs, comme à Layrac que tout en se groupant autour du même autel, il y a des préférences marquées pour certains ministres patriotes ; et si l'on chante encore le *Te Deum* on entend raisonner le *Ça ira !* Sous les voûtes d'une église et dans une fête religieuse cette note discordante est d'un mauvais augure. Aussi attendons quelques jours pour apprécier les évènements : ceci tuera cela.

Misère de la population. — Ateliers de charité
Septembre 1791

L'ère de la liberté ne coïncida point avec l'ère de la prospérité. Le peuple eût beaucoup à souffrir par suite de l'intempérie des saisons et des mauvaises récoltes. Et sous l'influence de la misère, les esprits sont plus accessibles aux soupçons ; les cœurs s'aigrissent et se laissent entraîner aux mesures de violences, dans l'espérance de trouver un soulagement à ses souffrances en faisant peser sur des privilégiés des mesures de rigueur.

Dans la séance du 8 septembre 1791, les membres du Conseil municipal et du Conseil général étant assemblés, il fut dit que la misère de la population était à son comble. La Communauté n'avait plus aucune ressource pour nourrir une infinité de pauvres de tout âge et de tout sexe. Il fut décidé de recourir aux administrateurs du Département afin d'obtenir des fonds pour établir des ateliers de charité selon les décrets de l'assemblée nationale. Après avoir entendu le Procureur de la Commune, le Conseil décida qu'on irait à Agen prier le Département d'accorder à la Communauté des fonds, qui seraient employés à des travaux de réparations sur les chemins, hélas ! bien détériorés, qui aboutissaient à la ville, et sur les chemins vicinaux de la Commune. Une somme de 2000 livres accordée serait un secours important pour subvenir aux besoins les plus pressants des pauvres (2).

Le soulagement apporté par les subventions du Département

---

(1) *Registres municipaux.*
(2) Ibid.

ne fut que momentané, et de plus les privations, la misère occasionnèrent des maladies générales, qui amenèrent une grande mortalité. Le 17 septembre de la même année, les officiers municipaux émus des fléaux qui frappaient leurs concitoyens firent une nouvelle demande au Département. Dans la délibération prise ce jour même, ils allèguent que les ressources du Bureau de Charité sont totalement épuisées, qu'il ne leur reste rien pour subvenir aux besoins urgents des pauvres ; que le fléau, loin de diminuer ne fait qu'augmenter, moissonnant indistinctement jeunes et vieux à la fois, et en si grand nombre qu'il y a eu cinq morts à la fois ce jour même.

Dès lors le Directoire du Département est prié instamment d'envoyer pour les pauvres les plus prompts secours, faute desquels ils sont exposés à périr (1).

Au milieu de ces fléaux de cette misère et de la mortalité qui affligeaient la population, on s'occupa d'affermer les biens enlevés aux Religieux et qu'on appelait *biens nationaux* par un euphémisme qui ne trompait personne. Pendant trois dimanches consécutifs des affiches furent apposées pour annoncer le jour des enchères et convier les spéculateurs. Le jour fixé tombait le 18 juillet 1791. La population malgré l'exaltation des esprits ne pouvait manquer de s'apercevoir que le départ des Religieux, qui répandaient autour d'eux de larges aumônes, n'avait pas été un bienfait, ni une mesure opportune, loin de là. Sous l'impression de ces diverses considérations, les habitants de Layrac s'abstinrent complètement de se présenter pour affermer les biens enlevés aux Religieux. L'administration Municipale dut ajourner les enchères (2).

Mais le Directoire du District d'Agen envoya des instructions pressantes, et dans une réunion du Conseil municipal se fit la vente de l'herbe des prés nationaux. Dans une 1re enchère, M. Canal fit sa soumission pour la prairie de l'Evangile, moyennant le prix de 95 livres.

Dans une 2e enchère, la prairie cy devant dépendante du Presbytère fut adjugée pour la somme de 90 livres aux sieurs Alexis Durand, maître de poste. Le même enchérisseur obtint

---

(1) *Registres municipaux.*
(2) Ibid.

la prairie du moulin pour 20 livres. Les Castex enchérirent pour les prairies de Bouilhebas et de Piney. La cour et le pont du Monastère échurent à M. Canal. Jean Debic fut adjudicataire du foin du jardin des Bénédictins pour le prix de cinq sous par quintal. Les pacages des prés de l'évangile et du presbytère furent affermés par Henri Coumet et Géraud Lagavrone (1).

Elections pour l'Assemblée Législative

L'élection pour les députés avait lieu a deux degrés. L'assemblée primaire élisait les électeurs qui devaient contribuer à la nomination des députés.

En vertu d'un mandement envoyé à la Municipalité de Layrac le 24 mai 1791 lequel fut publié à la messe du prône, les citoyens actifs du canton de Layrac, comprenant Amans et Goulens et au nombre de 475, furent convoqués à se réunir le 5 juin suivant pour nommer de nouveaux électeurs. Ces citoyens s'assembleront dans l'église des cy-devant Bénédictins. Il y aura deux assemblées. La première composée des citoyens actifs de la ville de Layrac nommera trois électeurs ; et celle de la campagne composée des paroisses de Goulens et d'Amans tenue dans l'église des Pénitents blancs nommera un seul électeur (2).

Il n'y avait donc dans le canton de Layrac que quatre électeurs qui fussent convoqués pour l'élection des députés et des membres des assemblées départementales ou nationales.

Ce que devinrent les Biens des Religieux et le Couvent 1791

Nous avons dit qu'avant de se disperser les Religieux Bénédictins du monastère de Layrac furent invités à se représenter devant la Municipalité, le 10 janvier 1791. Ils déclarèrent que leur intention était de se retirer chacun dans leur pays. Et à

---

(1) *Registres municipaux.*
(2) Ibid. Mandement signé : Cazabonne Lajonquière, enregistré et affiché à Layrac le 27 mai 1791.

partir de ce jour il n'est plus question d'eux, sauf un ou deux qui restèrent encore quelques temps dans la ville, vivant de la pension qui leur avait été allouée.

Vente aux Enchères du mobilier des Religieux

Le 29 août 1791, les Religieux étant partis, le Procureur-syndic du Directoire du District d'Agen requit un huissier pour aller à Layrac et procéder à la vente des meubles et effets qui avaient été inventoriés précédemment et placés sous scellés. La vente aux enchères publiques eut lieu, et il est navrant de lire les procès-verbaux de cette vente qui se poursuivit pendant plusieurs jours les 29, 30 et 31 août et ne fut terminée que le 6 juin 1792, par la vente d'un lustre qui fut adjugé au prix de 310 livres. Ces enchères produisirent la somme de 4.624 livres 3 sols (1).

Les livres de la Bibliothèque eurent un sort bien étrange.

Le Directoire du District d'Agen décida le 18 août 1791 que l'inventaire des objets d'art serait confié à Saint-Amans et celui des livres à Paulin Hébrard. Ce travail commença le 17 mars 1792 et le matériel fut transporté à Agen dans la chapelle du cy devant Evêché. C'est là que l'on entassa les livres qu'on avait pris dans les divers Couvents de la ville et du Département. Le transport des livres de la Bibliothèque des Religieux de Layrac se fit dans des conditions déplorables. L'abbé Labrunie chargé de recueillir et de mettre en ordre ces tristes épaves, ne put que constater le pillage qui en fut fait. Il signale en particulier ce qui se passa à Layrac. « Ceux qui liront ce catalogue, dit-il, y trouveront beaucoup d'ouvrages incomplets. En prenait, dit-on, qui voulait. C'était du bien de la nation, et chacun, à ce moment, s'en disait membre, croyant avoir un droit acquis à la dépouille des Religieux, qui avaient formé à grands frais ces Bibliothèques » (2).

Un témoin de ces spoliations raconte : « Lorsque les moines Bénédictins furent expulsés du monastère de Layrac, le Couvent fut livré non pas au pillage mais à une situation qui en

---

(1) Archives de la Préfecture.
(2) *Abrégé des Antiquités d'Agen*, par l'abbé Labrunie. Préface, page X, Agen 1892.

avait bien l'air. L'inventaire fut mal fait par des agents inhabiles ou infidelles. Les livres de la Bibliothèque furent pris et déposés, sans précaution, sur des véhicules qui devaient les déposer à Agen. En passant dans les rues, les volumes tombaient, on les ramassait ou on les laissait derrière. Les enfants et les femmes s'en emparaient. Ma mère a gardé pendant plus de trente ans un gros et superbe volume venu ainsi en sa possession. Elle y renfermait ses coiffes et fichus pour les mettre à la presse. C'était une Bible de Genève d'un prix élevé » (1).

Les Archives ne furent pas mieux traitées, et comme on les appréciait moins que les livres, il s'en perdit une quantité prodigieuse. Les papiers et parchemins qui tombaient au pouvoir des habitants ont été détruits ou égarés, servant à couvrir des livres de prière, à plier des papiers de famille, du tabac... Combien en ai-je sauvé ? C'est ainsi que J. B. Vincent de Saint Marc hérita d'une partie des Archives de la Bibliothèque du Couvent et que j'ai trouvé chez son fils, l'abbé Guilhem de Saint-Marc, doyen de Montpezat, la plupart des titres et des documents que je possède (2).

Ventes des immeubles dépendants du Prieuré de Layrac

Le Monastère St-Martin de Layrac possédait de nombreux immeubles situés dans le territoire de la commune. Ils furent tous saisis et déclarés biens nationaux. Nous avons traité cette question dans la *Monographie du Prieuré de Layrac*, page 647 etc. Nous ne reproduirons pas les détails de cette vente. Nous nous bornerons à faire cette réflexion suggérée par un auteur payen :

De male acquisitis non gaudebit tertius hæres.

Des biens mal acquis ne jouira pas le 3ᵉ héritier.

Nous sommes éloignés de l'époque de la vente et de l'achat de ces biens spoliés aux Religieux et à la Fabrique. A la distance où nous sommes il nous est facile de vérifier la vérité de cet oracle. Que sont devenus les familles et les descendants des acheteurs des biens spoliés ? Quand un vieux chêne tombe à terre et que vous n'apercevez pas la hache qui l'a frapper, cherchez, vous trouverez à ses racines le ver rongeur.

---

(1) Mémoires laissés par M. Bénézit Saint-Marc, ancien magistrat.
(2) Ibid.

Le Clergé Constitutionnel. — Elections des curés et de l'abbé Champmas à Layrac. — Expulsion de l'abbé Capdeville de son Presbytère

Nous avons vu précédemment dans quelles conditions l'abbé Capdeville rétracta son serment à la Constitution Civile du Clergé. Après cet acte, il continua d'exercer son ministère en toute humilité, mais s'il n'y eut pas encore de persécution violente déclarée contre lui, il ne put échapper à la malveillance de quelques fanatiques, puisque à la célébration de la messe le jour du 14 juillet, on récusa sa présence. Il arriva ainsi jusqu'au 20 septembre, époque où le schisme fut introduit dans la paroisse.

Durant le mois de mai, l'Evêque Constitutionnel prit possession de son siège et puis se mit à organiser le ministère paroissial. La Constitution Civile du Clergé déclarait que les prêtres fonctionnaires publics, ayant refusé ou rétracté leur serment seraient réputés démissionnaires, et leur poste, vacant. Ce fut le cas de plusieurs curés d'Agen et des environs d'Agen, et en particulier à Layrac. Les nouveaux titulaires destinés à remplacer les prêtres déchus devaient être élus par le collège électoral. C'est dans ce but que le Procureur-syndic du Département ordonna la convocation des assemblées électorales du District d'Agen. La convocation fut fixée pour le 18 septembre, et la réunion eut lieu dans l'église des Religieuses de la Visitation (local du Petit Séminaire).

Les électeurs au nombre d'une soixantaine seulement assistèrent à la messe avant de procéder à l'élection ; mais quelles étaient les places vacantes, et quelles étaient les cures à pourvoir ? Pour fixer les électeurs à ce sujet, le Procureur général-syndic du District d'Agen avait écrit aux Maires des Communes pour en obtenir les renseignements nécessaires. Une fois ces renseignements recueillis et expédiés aux électeurs, le Procureur remit à ces électeurs un état des curés du District d'Agen, qui n'avaient pas prêté le serment prescrit par la loi du 26 décembre 1790 et au remplacement desquels, il devait être pourvu

---

(1) Minutes de M⁰ Dupont. Ont signé : Capdeville, curé; Boussac; Bergognié et M⁰ Dupont, notaire royal.

par l'assemblée électorale, le dimanche 18 septembre. En conséquence de la convocation qui avait été faite.

Cet état fut certifié par le Procureur-syndic du District d'Agen le 6 septembre 1791 et signé :

CAZABONNE LAJONQUIÈRE (1).

Voici la copie de l'état expédié au Maire de Layrac, électeur :

MUNICIPALITÉS	NOMS DES CURÉS	NOMS DE LEURS BÉNÉFICES
Agen	M. Dupin	Curé de St-Caprais d'Agen
	M. Argenton	Curé de St-Hilaire d'Agen
	M. Delpech	Curé de Ste-Raffine
	M. Martin	Curé de Monbusq
	M. Boussac	Curé de Dolmayrac
	M. Laroque	Curé de la Cappelette
	M. Cuzaty	Curé de St-Pierre de Gaubert
	M. Vernède	Curé de Foulayronne
	M. Barrié	Curé de St-Cirq
Port Ste-Marie	M. Guilloutet	Curé de N.-D. de Port-Ste-Marie
	M. Soulais	Curé de St-V. de Port-Ste-Marie
	M. Beaufort de Malateste	Curé de Retombat
Frégimont	M. Argenton	Curé de Cugurmont
Clermont-Dessous	M. Lagrange	Curé de Clermont-Dessous
	M. Babie	Curé de Puymasson
Madaillan	M. Charrière	Curé de Marsac
Laplume	M. d'Obsan	Curé de Laplume
Ste-Colombe	M. Villeneuve	Curé de Goulard
Sérignac	M. Mirieu	Curé de Sérignac
Roquefort	M. Dubernard de Lécussan	Curé de Roquefort
Layrac	M. Capdeville	Curé de Layrac
	M. Paillaube	Curé de Goulens et Amans
Puymirol	M. Boudon de Lacombe	Curé de Puymirol.

---

(1) Pièce manuscrite dans les papiers de Me Bernard Lagravade.

Etat des curés dont on ignore la conduite relativement à la prestation du serment, les Maires des Municipalités n'ayant fait aucune dénonciation les concernant, et les Procureurs des Communes n'ayant fait envoi d'aucun procès-verbal, soit de prestation de serment, soit de refus, quoi qu'ils aient été plusieurs fois invités à s'expliquer à cet égard et que les paroisses ci-après fussent dans le District d'Agen.

MUNICIPALITÉS	NOMS DES CURÉS	NOMS DE LEURS BÉNÉFICES
Frespech	M. Massabeau	Curé de Bourdiels
	M. Delbès	Curé de Cassignas
Dolmayrac	M. Pasquet	Curé de Rides
Penne	M. Argenton	Curé de St-Antoine desservant la par. de Fontirou
Monpezat	M. Leygues	Curé de Floyrac
Galapian	M. le Curé de Galapian	Desservant la paroisse de Pompéjac

Certifié conforme, le 6 septembre 1791.

Le Procureur-syndic,
CAZABONNE LAJONQUIÈRE.

Pour copie conforme,
    BORDES,
S^{re}-*Greffier de Layrac* (1).

D'après ces renseignements, qui durent être communiqués à tous les électeurs, il fut procédé à l'élection des titulaires des paroisses déclarées vacantes. Les électeurs du District d'Agen, raconte le *Journal Patriotique*, procédèrent, le dimanche 18 septembre, et jours suivants, sous la présidence de M. Uchard, au remplacement des curés non conformistes, et à la nomination aux cures vacantes. Nous citerons parmi les élus Champmas l'aîné, élu à la cure de Layrac ; et à la cure de Goulens, l'abbé Rouliès, vicaire à Layrac (2).

---

(1) Pièce adressée à M. Bernard Durand de Lagravade.
(2) *Journal Patriotique* n° 149.

Le 1er de ces élus, l'abbé Laurent Champmas, qualifié l'aîné, pour le distinguer de son frère, l'abbé Champmas le jeune, vicaire de l'abbé Paganel, curé de Noaillac, s'était déjà signalé dans la ville d'Agen par son talent et son ardent patriotisme. Lorsque le 14 avril précédent les *Amis de la Constitution* firent célébrer un service solennel pour l'âme d'Honoré Riquetti Mirabeau, le fameux orateur de la constituante, l'abbé Champmas alors simple vicaire de la paroisse Cayssac-Monbran, se proposa et fut accepté pour prononcer l'éloge funèbre du célèbre tribun. Il était déjà membre de cette société et il fréquentait ce club. Grâce à tant de zèle il se ménagea de chaudes amitiés parmi ces sociétaires, heureux de rallier à leur cause des membres du clergé.

L'élection de l'abbé Champmas à l'importante cure de Layrac fut une occasion favorable que saisirent les membres du club d'Agen pour témoigner à leur collègue leur amitié et leur reconnaissance.

Après son élection, dont il accepta avec empressement le bénéfice, l'abbé Champmas alla demander à Mgr A. Constant, Evêque schismatique du département de Lot-et-Garonne, son institution canonique et puis d'accord avec ses amis politiques, qui étaient nombreux, il prépara une grande manifestation pour la cérémonie de son installation, qui fut fixée au dimanche suivant 25 septembre (1).

Expulsion de l'abbé Capdeville de son Presbytère

La nouvelle de l'élection de l'abbé Champmas à la cure de Layrac ne tarda pas à être connue. La notification en fut faite à la Municipalité, et le jeudi 22, elle délibéra sur les mesures à prendre relativement au départ de l'abbé Capdeville et à l'arrivée du curé constitutionnel. Le sr Michel Deforcade, Procureur de la Commune, prit la parole pour annoncer officiellement au Conseil municipal assemblé l'élection qui venait d'être faite à Agen, en faveur de l'abbé Champmas, et il lui annonça que le nouvel élu se proposait d'arriver le surlendemain samedi, pour

---

(1) *Journal Patriotique.*

le lendemain prêter le serment prescrit par la Constitution et prendre possession de la paroisse. Deux membres de la Municipalité furent désignés pour se rendre au port de Layrac, limite de la Municipalité afin d'aller le recevoir avec un détachement de la garde nationale. Le lendemain dimanche tout le Corps Municipal se rendra au logement du nouveau titulaire à 10 heures du matin, et la garde nationale formera le cortège pour accompagner le dit curé à l'église paroissiale de St-Martin. Arrivé à l'église, l'abbé Champmas conformément aux décrets, et en présence de tous les fidèles prêtera le serment prescrit. Cet ordre de la cérémonie sera communiqué aux paroissiens, à la messe qui sera célébrée à 6 heures et le secrétaire-greffier retiendra acte sur son registre particulier du dit serment (1).

L'assemblée municipale adopta ces propositions. Mais il restait une question délicate à résoudre. M. l'abbé Capdeville, curé légitime de Layrac, occupait le presbytère, qu'un de ses prédécesseurs avait en 1734 donné à la Communauté et que celle-ci avait accepté, promettant que cette maison servirait de logement à perpétuité pour les curés de Layrac.

Voici quel fut le programme arrêté sur la motion du Procureur de la Commune. Il proposa au Corps Municipal de se transporter au presbytère pour en reconnaître l'état et le visiter, ce dont il serait dressé procès-verbal ; puis le sieur Capdeville ci-devant curé serait informé qu'étant déchu de son état par la retractation de son serment, le sieur Champmas ayant été constitutionnellement élu à sa place, il était de son devoir d'évacuer le presbytère sans délai. Ouvrons ici une parenthèse avant de poursuivre ce récit, pour faire remarquer avec quelle rigidité passive ces bourgeois municipaux exécutent des ordres pareils. On voit bien qu'ils ont été nourris des livres et des doctrines de J.-J. Rousseau, enseignant que le peuple n'a pas besoin de raison pour justifier ses actes. Le peuple est souverain, il a supprimé toutes les circonscriptions ecclésiastiques, déposé les Évêques et les curés, supprimé les ordres religieux et la propriété ecclésiastique. Il fait élire par n'importe qui, aux fonctions épiscopales, curiales, ceux qui plairont aux électeurs. Un organisme religieux et une Constitution ecclésiasti-

---

(1) *Registres municipaux.*

que qui comptent 18 siècles d'existence sont supprimés par des décrets, par des hommes sans aucune compétence et ces pauvres municipaux infatués du rôle qu'on leur assigne exécutent ces ordres avec une inconscience que les catastrophes sanglantes qui suivront auront beaucoup de peine à corriger. Incorrigibles ils furent, leurs fautes n'éclaireront pas leurs successeurs ni leurs arrière-petits fils. Cela dit, revenons aux derniers articles du programme rédigé par le Procureur, qui heureux et fier de ses fonctions ajoute que ce jour de dimanche, il sera chanté un *Te Deum* à l'issue des vêpres, en action de grâces de l'acceptation que le Roi a faite de la Constitution. Et à la suite il sera allumé un feu de joie, dressé au vacant du Port-Monjau. La garde nationale sera requise, et se rendra à l'entrée de la nuit pour ce dernier acte et les habitants seront invités à faire une illumination générale dans toute la ville avec des lampes, des lampions, chandelles et autres lumières que l'on posera sur les fenêtres et ouvertures des maisons, faisant face sur la rue publique.

Ces propositions furent acceptées, et on s'ajourna au lendemain.

La journée du vendredi 23 septembre 1791

Inventaire du Presbytère et de l'Eglise

Comme il a été décidé la veille dans une délibération, la Municipalité se transporta au presbytère de Layrac pour accomplir son œuvre néfaste : L'inventaire du presbytère et l'expulsion du curé légitime.

Le Procureur de la Commune était là avec son secrétaire greffier pour rédiger le procès-verbal des opérations qui allaient avoir lieu. M. l'abbé Capdeville se présenta, et les commissaires firent la visite du presbytère, du terrain et jardin, des cours et granges qui furent trouvés en bon état. Puis sur la réquisition qui lui fut faite, M. l'abbé Capdeville exhiba tous les documents qu'il avait en sa garde, dont le détail fut enregistré.

1° Un registre de mariages, baptêmes et morts depuis 1613 à 1620.
2° — depuis 1628 jusqu'en 1675 avec 7 années de lacunes.

3° Un registre depuis 1675 jusqu'en 1699.
4°   —   depuis 1700   —   1710.
5°   —   depuis 1711   —   1730.
6°   —   depuis 1731   —   1750.
7°   —   depuis 1751   —   1769.
8°   —   depuis 1770   —   1777.
9° Vingt-six cahiers depuis 1777 jusqu'en 1790.
10° Deux cahiers en double pour 1791.

De là nous sommes transportés à la sacristie et avons procédé à la visite des effets en dépendants et qui consistent, savoir :

Une chasuple complète pour dire la messe, en damas fleuri, de toutes couleurs avec un galon en or.
Une chasuple blanche en soie avec dentelles, hors de service.
Une   —   blanche en laine.
Deux   —   rouges en soie hors de service.
Une   —   en laine.
Trois —   noires hors de service.
Une   —   de droguet en soie, gris cendre, galon en argent.
Deux   —   satin fleuri, de toutes couleurs, point finies sans galons.
Une chasuple noire de satin fleuri, point finie, et sans galons.
Cinq chapes de soie assez mauvaises et deux noires de laine.
Un tour de poêle satin, vert fleuri, galon et frange en or.
Trois devants d'autel et deux dalmatiques blanc et manipules pas assortis.
Six mauvaises aubes, dont deux garnies en point de perruque.
Dix nappes d'autel, onze mauvais amicts, deux calices, un encensoir, navette, une custode, petite boîte pour le viatique.
Le tout en argent avec une croix de cuivre blanchi.

Un grand tapis de pied en laine pour couvrir le devant de l'autel.

Le présent procès-verbal a été clos et arrêté et signé par messieurs les officiers municipaux, le Procureur et le secrétaire les jours, mois et an que dessus.

Puis vient le document suivant :

*Inventaire des titres et contrats, concernant les objets
et autres pièces de l'Eglise paroissiale de Layrac,
remis par M. Capdeville ci-devant curé de la dite Eglise,
par les mains du Procureur
pour être transmis à M. Champmas, curé actuel
(ce 22 mars 1792. Date ajoutée après)*

I. Trois cahiers de contrats obligations et reconnaissances des obits des prêtres obituaires du Bassin du Purgatoire de Layrac.

Le 1er à 49 feuilles ; le 2e 38 ; le 3e 37 feuilles.

II. Reconnaissance de d^{lle} Catherine de Malescot de 4 liv. 11 s. 8 deniers de rente obituaire.

III. Transaction de l'obit de M. Dumas pour M. Brescon, 7 février 1729.

IV. Reconnaissance de noble Anne de Carbonneau de 24 liv. du 15 mars 1607.

V. Extrait de fondation ou clauses testamentaires de Me Guillaume Dumas, 22 janvier 1557.

VI. Reconnaissance pour M. Brossard, curé, de 48 liv. du 24 mars 1635.

VII. Deux reconnaissances de rente de 6 liv. pour Mad. de Fals, 4 octobre 1690.

VIII. Sentence condamnant Goux à payer par an au curé de Layrac 18 liv., 19 août 1697.

IX. Sentence pour M. Dusol, curé, rente de 5 liv. 7 sols contre Coustos, 7 janvier 1667.

X. Transport de rente obituaire de la métairie du Cluzet sur Marie Carbonneau, du 7 janvier 1754, même rente que le n° 9.

XI. Accord d'obit et rente pour P. Reynaud, recteur, contre Martin Pierre et Barthélemy Deguilhem frères, 18 février 1658.

XII. Rente obituaire pour M. Dusol, curé, contre Jean Mouran, janvier 1609.

XIII. Contrat pour M. Dusol, curé, contre Lebéfaude, 30 octobre 1606.

XIV. Accord pour Reynaud, curé, contre de Gajoat du Pesqué, 1er mars 1640, d'après lequel il reconnaît devoir 465 liv.

XV. Transaction du curé de Layrac contre Laroque, reste de 5 liv. 7 s. 6 den., mai 1668.

XVI. Échange de sʳ de Monguignon et Gary, rente de 5 liv. au curé de Layrac, 1636.

XVII. Testament de Jean Cappot, curé de Lafage, pour M. Brescon, curé, juillet 1706.

XVIII. Reconnaissance d'obit fondé par Bᵈ Lafont, de 60 liv. en pᵃˡ, octobre 1607.

XIX. Réduction du service pour M. Dumas faite par l'Evêque d'Agen, 15 septembre 1727.

XX. Obit de 2 liv. 10 sols contre les Marrassé d'Amans, 10 septembre 1714.

XXI. Rente de 2 liv. 4 s. 6 den. pour M. Belloc, recteur, 25 août 1754.

XXII. Quittance de 100 liv. pour J. Brugnon contre M. Carbonneau, 19 février 1628.

XXIII. Accord d'échange d'obit pour Deguilhem frères, février 1638.

XXIV. Bail de terre pour rente obituaire pour M. Reynaud, recteur, 4 novembre 1739.

XXV. Transaction entre Andral, curé, contre sʳ Cappot, rente de 3 liv.

XXVI. Jugement pour fondation d'obit pour prêtres obituaires, 1689.

XXVII. Fondation pour entretien d'une lampe, 25 liv., 12 mars 1683.

XXVIII. Rente obituaire de 50 liv. pour M. le curé contre Isaac St-Sardos, 1633.

XXIX. Rente obituaire sur l'enclos de Merle, 23 février 1737.

XXX. Rente libérée pour plusieurs sur l'enclos de Merle, 16 juin 1750.

XXXI. Achat de l'enclos de Merle par M. Bellocq, curé, 3 juin 1734 (1).

XXXII. Treize pièces concernant l'obit de Mᵐᵉ de Cazette, contre M. Dulion.

---

(1) Si plus tard la Municipalité de Layrac et les juges qui sanctionnèrent leurs prétentions, ne voulurent pas reconnaître le fait de l'acte d'achat de l'enclos du presbytère, parce que la minute n'existait pas chez le notaire, on voit à qui il faut attribuer la disparition de cet acte d'achat. M. l'abbé Capdeville le remit à la Municipalité, et celle-ci l'a laissé disparaître par sa faute.

XXXIII. Cahier renfermant délibération de la Confrérie du St-Sacrement et de la fondation faite par M. l'abbé Corne, à la plus vertueuse fille.

Signé : Bordes, secrétaire de la Municipalité.

Et au dessous est écrit de la main de M. Champmas, curé.

Je reconnais avoir reçu des mains de M. Bordes, secrétaire de la Municipalité les pièces mentionnées en la feuille cy-dessus et d'autre part.

A Layrac, le 17 avril 1792.

Champmas, curé (1).

En passant nous ferons observer avec quel soin les curés de Layrac conservaient les documents relatifs à la paroisse et à l'église. Ils étaient détenteurs des registres, que bientôt on leur enlèvera, mais les curés de Layrac étaient à l'abri de tout reproche.

Nous remarquerons encore sous le n° XXXI le titre de l'achat de l'enclos et de la maison de Mlle de Merle, fait par l'abbé de Bellocq, curé de Layrac, pour en faire le presbytère à l'usage de ses successeurs. Les Municipaux de 1908 ont prétendu qu'il n'existait pas parce que les minutes des notaires de Layrac ne subsistent plus pour l'année 1734. Mais la Mairie en avait reçu la copie authentique en 1791, des mains de M. l'abbé Capdeville, comme le porte le document cy-dessus. L'argumentation des Municipaux de 1908 sur la non existence de cet acte porte donc à faux, ainsi que les arguments exposés devant le Tribunal en décembre 1907 et en avril 1908 devant la Cour d'Agen. L'abbé de Belloc acheta le 3 juin 1734 de Mlle de Merle l'enclos et la maison pour en faire le presbytère des curés de Layrac. La Jurade accepta cette donation-échange. Il y eut un concordat. Il a été déchiré. C'est un coup de force, mais la violence ne supprime pas le droit ni ne le crée. L'avenir est à Dieu et les droits survivent aux hommes.

---

(1) *Registres municipaux.*

Prise de possession du Curé Constitutionnel

Sommé d'avoir à livrer les registres et documents concernant l'église et le service paroissial, l'abbé Capdeville s'inclina et subit la loi du plus fort. Et il dut aussi évacuer le Presbytère. La Commune l'obligea d'en sortir, non pour se soustraire à l'obligation qu'elle avait assumée d'en faire le logement du curé, mais parce que l'abbé Capdeville était de par la loi déclaré déchu de ses fonctions. L'abbé Champmas ayant été élu curé de Layrac, c'est à lui que revenait la jouissance du presbytère. La loi étant mauvaise, l'application ne pouvait qu'être mauvaise quoique légale. Comme le curé schismatique devait arriver le samedi 24 septembre, l'abbé Capdeville dut s'empresser de quitter son logement. Le temps était court ; mais grâce à l'hospitalité obligeante d'une fervente catholique Mlle Jacquette de Lascaban, dont la maison était toute voisine, il fit transporter en toute hâte son mobilier dans cette maison. Et plus tard on fera un crime à cette pieuse chrétienne d'avoir été hospitalière à l'égard d'un prêtre persécuté (1).

Nous allons maintenant laisser parler un témoin qui a assisté à l'entrée et à l'installation du curé schismatique. Le *Journal Patriotique* nous a conservé ce récit. Lettre à une dame patriote :

« Vous m'avez chargé, Madame, de vous rendre un compte fidèle de notre voyage à Layrac et de l'installation du curé Constitutionnel de cette ville dans son manoir curial, et dans les fonctions de son ministère. Je m'empresse de répondre à votre désir. M. l'abbé Champmas était votre vicaire lorsque le choix électoral l'a enlevé aux soins de son premier troupeau et je n'ignore pas combien dans cet emploi il a acquis des droits à l'intérêt que vous prenez à lui : mais il était à la même époque

---

(1) Mlle Jacquette de Lascaban habitait la maison qui est devenue le logement du curé de Layrac, expulsé de son presbytère par le Conseil municipal présidé en 1908 par le sr J. Castelnau. Cette maison possédée jusque vers 1812 par Ve Bonaventure de Banartin, fut achetée par M. Beaujardin, dont le petit fils M. Henri Sarramia, ancien Conseiller à la Cour la vendit à M. A. Centrain, maitre de pension. Après la mort de M. Centrain, M. l'abbé Dubourg l'acheta pour continuer l'école libre et chrétienne. Et en 1908, le curé de Layrac expulsé du presbytère y a établi son logement, à côté de l'école libre.

le Président de la Société des Amis de la Constitution d'Agen ; et sous ce rapport le récit que je vous adresse intéressera, je l'espère, les citoyens patriotes, aux yeux desquels il avait su se rendre également cher et estimable. Ne soyez donc pas surprise Madame, de retrouver ma lettre tout entière dans le Journal de Lot-et-Garonne : vous ne sauriez envier à vos compatriotes une satisfaction qu'ils partageront avec vous, en apprenant l'accueil honorable et flatteur que notre ami commun a reçu de ses paroissiens.

« Vous savez, Madame, que tandis que vous vous contentiez d'accompagner de vos vœux, le jeune pasteur, dans sa nouvelle demeure, la Société des Amis de la Constitution d'Agen voulut lui déférer une marque particulière d'attachement et d'estime. Elle nomma pour assister à son installation une députation de dix de ses membres parmi lesquels je me comptais avec joie ; à ces députés se joignit volontairement une troupe nombreuse de citoyens de tous âges et les musiciens de notre garde nationale couronnèrent tous ces témoignages de la bienveillance publique envers notre ami, en venant se placer à la tête du cortège. Ce fut hier vers les sept heures du matin que nous partîmes d'Agen, une poussière étouffante couvrait le grand chemin ; nous cherchâmes à nous y dérober, les uns en se renfermant dans des voitures, les autres en cotoyant à pied les bords de la Garonne. A peine fûmes-nous aperçus que le bruit du tambour se fit entendre et qu'il appela sur l'autre rive un grand nombre d'habitants, impatients de recevoir leur nouveau pasteur. Deux officiers municipaux revêtus de leur écharpe s'avançaient au milieu d'un détachement de gardes nationales, rangés en haie, et qui avaient substitué des lauriers et des fleurs aux baïonnettes de leurs fusils. Cependant de notre côté nous avions ombragé nos chapeaux de feuilles de chêne et nous nous placions avec ordre dans le bac qui devait nous transporter à l'autre bord : l'écho riverain répétait au loin le son de nos instruments qui ne cessèrent de se faire entendre pendant toute la traversée. Nous abordons enfin ; le Maire de Layrac s'avance au devant du pasteur et le harangue avec une noble et délicate franchise. Celui-ci répond avec le ton de sentiment que vous lui connaissez ; et les deux orateurs après s'être embrassés, se placent à la tête du cortège ; les musiciens marchaient en avant ; la garde nationale suivait sur deux files, et notre députation au centre. Ce fut dans cet ordre que nous nous présentâmes devant Layrac. Le spectacle qui s'offrit à nos yeux n'était pas nouveau pour moi, et cependant, soit que l'amitié vint agiter mon cœur par des émotions plus vives, je ne pus voir sans attendrissement un peuple nombreux se précipiter au devant de son jeune pasteur rechercher dans ses traits et dans son maintien l'empreinte de son caractère et de ses vertus. Je vis dans ce moment se former dans l'esprit du peuple une opinion favorable au succès de notre ami ; je la vis surtout se déployer sur les lèvres et dans les yeux de ce sexe aimable que sa faiblesse livre si facilement à l'erreur et qui ne peut en triompher lorsqu'il est prêt d'en devenir la victime.

« Pendant mes observations, la musique faisait retentir les rues de Layrac de refrains patriotiques et nous arrivions à la maison de M. le Maire, environné de sa respectable épouse et de la famille la plus intéressante. Que je vous plaindrais, Madame, si vous alliez juger par la gothique structure de nos églises d'Agen, de celle où l'on célèbre à Layrac le service de la paroisse. En vain chercheriez vous un objet de comparaison dans l'enceinte de nos murs, même dans l'oratoire qu'ont embelli nos pieuses Carmélites, votre imagination resterait toujours au dessous de l'idée qu'il faut se former des beautés du temple auguste, où notre ami va désormais remplir les fonctions de son saint ministère. Sur les voûtes hardies de l'édifice et dans sa brillante coupole, le peintre Franceschini (1), digne émule de Berinzago, a retracé d'une main habile, les époques frappantes dans l'histoire de la Religion et l'apothéose des saints personnages qui ont illustré le ci-devant ordre de St-Benoît. Sur un autel de marbre construit à la Romaine et sur des socles dorés, s'élèvent huit colonnes de marbre blanc et d'une proportion admirable, couronnées par de riches chapi-

---

(1) Marc-Antoine Franceschini, né à Bologne en 1648, fut un peintre de grande réputation. Les Bénédictins de Layrac lui donnèrent l'occasion de déployer son talent. Son œuvre a été détruite par les révolutionnaires. Il avait représenté dans la coupole la glorification de St-Benoît, et dans l'abside il avait peint l'assomption de la Ste-Vierge. En 1874, lors des dernières restaurations il ne restait que des lambeaux qui ont disparu pour réparer les lézardes des voûtes. Franceschini est mort en 1729.

teaux ; elles supportent un dôme resplendissant où l'agneau sans tâche paraît reposer au milieu d'un torrent de lumières. Partout où vous jetez les yeux sur les statues colossales, sur la sculpture des stalles et les bas reliefs du chœur, sur ces ornements, sur ces vases de marbre et de bronze ; partout la richesse, l'élégance ou le fini du travail viennent se disputer votre admiration ou votre surprise ; au milieu de ces monuments de luxe ou de piété, l'imagination s'enveloppe d'un voile céleste ; elle s'envole dans les cieux avec le chant des cantiques et comme le parfum qui brûle autour des autels.

« Je descends cependant de cette haute sphère et vous ramène, Madame, auprès de notre intéressant pasteur ; placé sur les marches du Sanctuaire il adresse à son troupeau les premières expressions de sa joie et de sa gratitude ; il profère d'une voix ferme et sonore le serment qui l'attache pour la vie à des fonctions aussi respectables qu'utiles ; le peuple l'écoute avec intérêt, car vous savez que son organe seconde parfaitement les mouvements de son élocution noble et facile.

« Il lui a été réservé de publier, dans ce même jour, la loi Constitutionnelle de l'Etat, acceptée par Louis XVI. Son langage et ses yeux se sont animés en présentant aux citoyens ce gage de leur bonheur et de leur gloire : c'est au milieu de l'enthousiasme général qu'il a excité en faveur de la Constitution et du Roi des Français qu'il a entonné le *Te Deum* ; et ce cantique a été véritablement un concert de louanges, où le triomphe de la religion s'est montré inséparable de celui de la patrie.

Un peuple nombreux a assisté à l'office divin, pendant lequel la musique militaire a rempli les intermèdes du chant. Avant de quitter le sanctuaire, le pasteur a marqué du sceau des chrétiens deux nouveau-nés qui lui ont été offerts ; leurs parents attendaient depuis deux jours que le ministre citoyen vint leur imposer ce sacré caractère. Ces heureuses circonstances ont augmenté le pronostic de paix et de bonheur que j'ai formé en faveur de notre ami. Nous nous sommes enfin rendus à la maison curiale, et c'est là surtout que l'on serait tenté d'envier le partage constitutionnel que l'on a fait à M. le curé. Le presbytère construit en chartreuse domine sur cette vaste et riche plaine qui s'étend depuis Clermont-Dessus jusqu'à Agen. L'appartement du pasteur donne à plein pied sur une terrasse bordée de balustrades, d'où l'on descend dans le parterre, et successivement dans les jardins qui sont disposés en amphithéâtre jusque sur les bords du Gers. Tout cela est en fort bon état : le curé prédécesseur n'a point laissé de friches dans sa succession temporelle ; il n'en est pas de même de la spirituelle, dit-on, mais j'ai confiance entière dans le zèle et l'aptitude de son successeur à ramener tous les esprits sous le joug de la même loi et de la même croyance.

« Après avoir rendu hommage au patriotisme et aux sentiments de M. Berny, vicaire de Layrac (1), qui sera pour M. le curé un ami zélé et un conseiller vertueux, je vais vous conduire rapidement, Madame, à notre dîner, où la députation du Club d'Agen fut spécialement fêtée. Aux vêpres de la paroisse où nous assistâmes le plus dévotement qu'il nous fût possible, nonobstant les pot-pourris qu'exécuta M. Mignot sur l'orgue désorganisé (2), au feu de joie, dont la poussière et la chaleur nous tinrent éloignés ; et enfin à la Société des Amis de la Constitution que présidait M. le vicaire et où s'étaient réunis la plupart des citoyens purs de la ville et des environs. C'est là que notre ami reçut les marques les plus vraies de l'estime et de l'amitié de ses compatriotes ; c'est là aussi que donnant carrière à la sensibilité de son cœur, à l'abondance de ses sentiments, il justifia, par l'expression vive et modeste de sa reconnaissance, les éloges qu'il avait reçus et les regrets de ses amis, dont il allait se séparer. C'est là enfin qu'organe de la députation des Amis de la Constitution d'Agen, je confiai le précieux dépôt qu'elle nous avait remis, à la bienveillance des bons citoyens qui m'écoutaient, à leur affection et à celle des citoyennes qui étaient venues embellir cette assemblée. Il fallut cependant quitter un séjour où la qualité d'*Ami de la Constitution* nous avait concilié un accueil si favorable. La société de Layrac vint nous accompagner en corps bien au-delà de la ville, et lorsque nous nous séparâmes, nos voix attendries ne purent proférer que ces mots : Vive Agen ! Vive Layrac ! Quant à moi,

---

(1) L'abbé Berny imita l'apostasie de son nouveau curé. Après la terreur il desservit Layrac comme prêtre Constitutionnel. Au Concordat il fit sa soumission à Mgr Jacoupy.

(2) Cet orgue alors désorganisé, fut plus tard démonté et transporté à la cathédrale d'Agen.

toutes les fois que pendant un beau jour je pourrai distinguer dans l'horizon le dôme élevé qui couronne son église paroissiale et qui réfléchit au loin les rayons du soleil, alors agité par de doux souvenirs, je sentirai descendre de 'mon cœur le sentiment de l'amitié et celui de la reconnaissance (1) ».

Quelques jours après l'installation du curé constitutionnel de Layrac, l'Assemblée Nationale étant parvenue au terme de son mandat et ayant terminé son œuvre, arrivèrent dans toutes les municipalités des ordres pour faire la promulgation de la Constitution élaborée et votée par l'assemblée.

La notification officielle de l'acceptation de *l'acte constitutionnel*, faite par le Roi le 14 septembre, parvint à l'administration du département de Lot-et-Garonne dans la matinée du 18 septembre par la voie d'un courrier extraordinaire. A cette nouvelle, la joie publique se manifesta par les témoignages les plus éclatants. L'amour des Français pour leur Roi, dit un chroniqueur contemporain (2), contraint pendant quelque temps se déploya avec plus de force et de sensibilité ; partout on eût vu les préparatifs ou le désordre heureux d'une fête. La proclamation solennelle de la Constitution Française fut faite dans la municipalité d'Agen le dimanche 2 octobre, et dans le département, le dimanche 23 du même mois.

Dans la séance tenue à l'Hôtel de Ville de Layrac le 22 octobre, le Maire annonça qu'il venait de recevoir l'arrêté du Directoire du département, portant ordre de proclamer la Constitution le lendemain dimanche. Et il ajouta qu'il fallait y pourvoir par tous les moyens en réglant le cérémonial et en invitant le corps judiciaire et la garde nationale.

Après cette communication, le conseil municipal :

Considérant qu'on ne saurait donner trop d'éclat à la proclamation de la Constitution, digne de notre reconnaissance et de l'admiration du monde entier ;

Considérant qu'elle doit être gravée dans le cœur de tous les Français, puisqu'elle nous procure la liberté, et assure notre tranquillité ;

---

(1) Signé A. R. F N. *Journal Patriotique*, 28 septembre 1791.
(2) Petite brochure imprimée chez Vᵉ Noubel, p. 119, contenant une courte notice historique.

Ouï, et ce requérant M. le Procureur, la Municipalité délibérant au nombre de cinq membres ;

Arrête que M. le curé de la présente ville sera prié de lire au prône, dimanche 23 octobre, le susdit arrêté du Directoire du département ;

De commencer les vêpres à 2 heures précises, à l'issue desquelles la Municipalité se rendra sur la grande place, où M. le Maire monté sur une estrade, pour être plus aisément vu et entendu par le peuple, lira à haute et intelligible voix la *Constitution Française*. Ensuite elle se rendra à l'église paroissiale pour assister au *Te Deum* que M. le curé sera prié de chanter en action de grâces. Le *Te Deum* fini, la Municipalité ira allumer un feu de joie, qui sera dressé sur le grand chemin à la croix de la mission ; et la garde nationale sera requise d'assister en armes à toutes les actions civiles et religieuses. Enfin, à l'entrée de la nuit il sera allumé des feux sur toutes les fenêtres des maisons donnant sur la rue publique (1).

La Persécution des prêtres fidèles 1791-1792

Au lendemain de l'installation du curé Constitutionnel dans la paroisse de Layrac, la situation de l'abbé Capdeville devint très difficile et même périlleuse. Expulsé d'un presbytère qu'un de ses vénérables prédécesseurs l'abbé Chollet de Bellocq avait donné à la Communauté pour être le logement de ses successeurs et dont la Municipalité de 1734 avait promis de respecter la destruction, l'abbé Capdeville accepta l'hospitalité que lui offrit Mlle de Lascabans. Mais sa présence à Layrac était une protestation vivante contre une légalité schismatique et un embarras pour les adhérents au nouvel ordre de choses. De même qu'il y avait deux Evêques dans le diocèse d'Agen ; il y avait dans la paroisse de Layrac deux curés.

Outre les préoccupations pour la vie matérielle qui jetaient dans les esprits bien des inquiétudes, il y eut aussi de vives anxiétés au sujet de l'accomplissement des devoirs religieux Les fêtes si gracieuses de la Noël, les solennités du Carême et

---

(1) *Registres municipaux.*

des fêtes pascales rappelaient aux fidèles l'obligation de recourir au ministère sacerdotal.

Le Clergé Constitutionnel pouvait bien jouir d'une certaine popularité auprès des prétendus patriotes et des membres de l'administration municipale, mais les catholiques pieux et sincères appartenant à toutes les classes de la société, se détournaient du Clergé Constitutionnel et schismatique et réservaient toute leur confiance au prêtre fidèle à sa foi et à son sacerdoce. De là des divisions et des conflits inévitables. Les fonctions paroissiales étaient du ressort exclusif de l'abbé Champmas et de l'abbé Berni, son vicaire. L'abbé Capdeville allait célébrer la messe en dehors des offices paroissiaux et là où il pouvait, tantôt dans l'église prieurale, tantôt dans la chapelle des Pénitents, et quand les vrais catholiques connaissaient l'heure et le lieu, où il célébrait, ils s'y transportaient avec un empressement qui froissait bien des amours propres. De là des dissensions, des murmures et des scandales inévitables.

L'abbé Champmas ne put qu'être irrité de ces procédés et ne pouvant arrêter cet élan des bons catholiques qui se détournaient de lui, il s'employa avec une habileté hypocrite à entraver ce mouvement de protestation. Il avait pour lui le monde officiel ; c'est auprès des membres de l'administration municipale qu'il agit. Homme fort intelligent, très poli et très avenant, il travaillait à arriver à ses fins, sans se mettre en évidence mais il était l'âme dirigeante et l'inspirateur caché, tenace dans toutes les entreprises qui pourraient satisfaire son ambition et sa cupidité.

Dans la séance du 3 avril 1792, les officiers municipaux exposèrent à l'assemblée que des réclamations leur avaient été faites par des personnes dignes de foi, au sujet des obstacles que les prêtres réfractaires portaient à l'exercice du culte, en disant la messe pendant que le curé et ses vicaires remplissaient les fonctions curiales. Ils se plaignirent des irrévérences que les sectaires non conformistes commettaient pendant la messe des prêtres constitutionnels.

L'assemblée municipale quoique peu nombreuse ce jour-là, mais bien au courant de cet état de chose, crût de son devoir de mettre un terme à ces troubles. Il fallait bien soutenir et protéger le clergé civil qui avait été installé avec tant de pompe.

Elle céda donc à ce besoin qu'éprouvent si vivement les laïques, de s'immiscer dans la règlementation des cérémonies religieuses. Il fut arrêté qu'à compter de ce jour nul prêtre non assermenté ne pourrait dire la messe qu'après onze heures. Et pour qu'il ne fut pas opposé cause d'ignorance, le susdit arrêté devra être signifié en bonne et due forme (1).

Les désordres qui se produisaient à Layrac se renouvelaient presque partout, dans les paroisses où le schisme Constitutionnel avait été introduit. C'est ce qui amena l'administration départementale à publier le 16 juillet 1791 l'arrêté suivant :

Considérant qu'à l'instant, où l'union doit faire notre principale force, l'intolérance et le fanatisme seraient également dangereux ; le Directoire conjure tous les citoyens d'oublier pour jamais la différence de leurs opinions politiques et religieuses. Il est défendu à tous les citoyens, au nom de la loi, déloigner tous ecclésiastiques de leurs paroisses parce qu'ils n'auraient pas prêté le serment ordinaire par la loi du 26 décembre 1790, de leur faire insulte, soit en leurs propriétés, soit en leurs personnes. Toutes personnes ecclésiastiques ou laïques, qui par leurs discours, leurs conseils ou leurs exemples troubleraient l'ordre public établi par les lois, seront dénoncées aux tribunaux (2).

La Municipalité d'Astaffort fut plus intolérante : voici pour mieux apprécier le zèle des Constitutionnels de cette ville la proposition faite par le Procureur de la Commune. Considérant que les ornements des églises de cette ville ne doivent être destinés qu'à l'usage des ecclésiastiques fonctionnaires publics ; que les cloches ne doivent non plus servir qu'aux offices célébrés par les mêmes fonctionnaires ; considérant encore que les offices qui seraient célébrés par des prêtres non assermentés pendant les offices des fonctionnaires publics et autres fonctions pascales, troubleraient les fidèles dans leur devoir pascal et porteraient le plus grand obstacle à la religion, en conséquence requiert les officiers municipaux de défendre expressément qu'il soit livré aucun ornement à pas un prêtre non assermenté, qu'il soit défendu de sonner les cloches, s'ils disent la messe

---

(1) *Registres municipaux.*
(2) Archives de la Préfecture.

dans les églises de cette ville, que l'heure en soit fixé à midi. « Cette proposition fut adoptée » (1).

L'antipathie des patriotes ne fera que s'aggraver contre les prêtres insermentés, qu'ils qualifient de *réfractaires*. Ils les accuseront de gêner les pratiques du culte, de provoquer des troubles et ils finiront par les traiter de perturbateurs du repos public et la conséquence inévitable sera leur éloignement volontaire ou forcé. C'est ce qui ressort de la délibération du Conseil du département à la date du 20 août 1792. Le Conseil délibérant sur la recherche des causes qui contribuent le plus à troubler la tranquillité publique reconnaît que la diversité des opinions religieuses est une occasion très fréquente de troubles et que les fauteurs de ces troubles sont les prêtres non sermentés. C'est sous l'inspiration de ces sentiments et des plaintes transmises et répétées que l'Assemblée législative lança le 26 août 1792 le décret suivant : Tous les ecclésiastiques assujettis au serment prescrit par le décret du 27 novembre 1790, qui ne l'auraient pas prêté, ou l'avaient rétracté, seront tenus de sortir sous huit jours hors des limites du District et du département de leur résidence, et dans quinzaine, hors du royaume.

Pour faire suite à ces instructions et paralyser de plus en plus l'action et l'influence des prêtres fidèles qui recevant l'hospitalité chez des amis, en changeant souvent de résidence allaient porter les secours de la religion à ceux qui les réclamaient, le Conseil municipal de Layrac fit fermer la chapelle des Pénitents, (2) où l'abbé Capdeville se rendait quelquefois pour y célébrer la Ste messe et entendre les confessions.

Cette chapelle fut en effet fermée en vertu d'un arrêté du Directoire du District d'Agen dans les premiers jours d'octobre 1792. Cette mesure avait été prise pour favoriser le ministère des prêtres assermentés. Mais les Amis de la Liberté et de l'Egalité voulurent profiter de cette concession faite au culte officiel et le 18 octobre suivant ils envoient une délégation devant la Municipalité qui siégeait en permanence afin de demander qu'on leur livrât les clefs de la chapelle des Pénitents pour

---

(1) Archives municipales d'Astaffort.
(2) *Registres municipaux*.

y continuer leurs réunions. Le Procureur de la Commune donnant son avis estima que puisque ce club avait déjà été autorisé, on devait octroyer les clefs de la chapelle des Pénitents à ceux qui venaient les réclamer (1).

Ces mesures restrictives rendront peu à peu la situation de l'abbé Capdeville intolérable pour ne pas dire périlleuse, vu que la désobéissance faisait encourir des pénalités très graves. Néanmoins le vénérable Pasteur persistera à ne pas s'éloigner de son troupeau jusqu'au péril de mort, afin de procurer aux amis fidèles les secours de son ministère pastoral.

Nous trouvons qu'à la date du 15 février 1793 il n'avait point quitté sa paroisse, puisqu'il figure encore sur les rôles du percepteur et qu'il est porté comme ayant acquitter la somme de ses impôts (2). Mais après cette date il dût partir pour l'Espagne.

L'année 1791 qui avait débuté par l'exécution d'une loi schismatique qui mit le désordre dans toutes les consciences, se continua et se clôtura au milieu de nombreux fléaux qui écrasèrent la population. Le 2 décembre la Municipalité attristée de la misère de la population s'adressa aux administrateurs du département pour les conjurer de venir à leur aide. M. Carmentran l'un de ces administrateurs écrivit à la Municipalité qu'une somme de 41.499 livres douze sols 4 deniers venait d'être accordée pour le soulagement des indigents et que sur cette somme 261 livres 2 sols seraient réservés pour Layrac.

C'était peu de chose, vu les grands besoins de la Commune. L'hiver avec ses rigueurs ne pouvait manquer d'aggraver toutes les souffrances. Le Conseil municipal se décida a employer cette somme pour faire réparer le chemin conduisant au Gers (3).

Mais comme la récolte avait été mauvaise, la Municipalité

---

(1) *Registres municipaux.*

(2) Rôle du percepteur de Layrac. Cependant nous ajouterons que dans un document déjà cité, les ennemis de l'abbé Capdeville lui reprocheront d'être parti avant la promulgation du décret de déportation de septembre 1792. Pour expliquer cette contradiction apparente nous pouvons dire que l'abbé Capdeville se tint caché chez des amis jusqu'en 1793 et qu'il partit de Layrac sans qu'on en ait été informé.

(3) *Registres municipaux.*

prévoyant une grande pénurie de vivres, vu qu'il n'avait été récolté que les deux tiers des grains, indispensables pour nourrir les habitants durant l'année, émit l'avis qu'il y avait urgence d'adresser une nouvelle requête au Directoire d'Agen pour le conjurer de leur procurer ce qui serait nécessaire pour la subsistance des habitants. Et en cette requête il fut mentionné que les mauvaises récoltes s'étaient multipliées et qu'elles rendaient les conditions d'existence de la population si dures que la tranquillité publique en était menacée (1).

Les dernières séances de la Municipalité eurent lieu les 21 et 24 décembre. Dans une de ces séances M. Deforcade, Procureur de la Commune, déposa sur le Bureau une lettre du Procureur syndic du Directoire d'Agen, datée du 16 décembre précédent, annonçant qu'il avait été fait une distribution de fusils, et que la Municipalité de Layrac, à raison de sa population avait été gratifiée de onze fusils, lesquels seraient à la disposition des intéressés. M. Depau fut délégué pour aller prendre possession de ces armes, avec recommandation d'en réclamer un plus grand nombre. Lorsque Depau eût rapporté les onze fusils accordés à la Municipalité, il fallut faire un choix parmi les citoyens pour désigner ceux à qui ils seraient confiés. Après délibération ils furent distribués à Marc Coulom, Louis Tissan, P. Bourgade, Ant. Lorman, Jean Bordes, J. Ratier, P. Castanet, J. Pechambert, B. Bensse et F. Ducomet. Les dits fusils étaient en bon état et ceux qui les recevaient s'engagèrent à bien les entretenir et d'en avoir grand soin (2).

Pour comble de malheur une inondation survint le 26 et le 27 décembre et vint aggraver les désastres de cette année. Les pailles et les fourrages furent emportés, les terres profondément ravinées, et même une partie des bestiaux périt dans cette terrible catastrophe. Affolés par tant de calamités qui jetèrent le désespoir dans le cœur des habitants, les officiers municipaux ne trouvèrent d'autre ressource que d'adresser une très pressante requête au département, afin de conjurer les administrateurs de venir constater l'état de détresse à laquelle se trouvaient réduits ces infortunés cultivateurs (3).

(1) *Registres municipaux.*
(2) Ibid.
(3) Ibid.

En vérité c'était bien le cas de rechercher les causes de tant de fléaux, mais les esprits étaient trop égarés pour se demander s'il n'y avait pas une cause et un remède à de si grandes calamités, qui affligeaient le peuple. Hélas ! ces rudes leçons de la Providence n'étaient plus comprises.

CHAPITRE V
Année 1792

**Misère des habitants. — Les Billets de Confiance.
— Visites domiciliaires.
— Nouvelles Elections Municipales.**

Cette année s'ouvrit sous de mauvais auspices. La population écrasée sous le poids d'innombrables fléaux d'inondation, de pénurie de grains, de maladies, ne savait point reconnaître qu'elle était engagée dans une voie mauvaise. L'église restait bien ouverte et le culte religieux se maintenait encore, mais dans quelle condition ? Le Pasteur légitime chassé de son église et de son presbytère s'effaçait autant que possible pour ne pas provoquer des troubles, qui auraient aggravé sa situation, sans pouvoir éclairer les fanatiques, ni ramener les égarés. Le schisme était officiellement installé dans la paroisse, et l'abbé Champmas curé, et son vicaire l'abbé Berni abritaient leur apostasie sous les dehors affectés d'un patriotisme trop intéressé.

De son côté, la Municipalité assiégée par les demandes incessantes des indigents, de plus en plus nombreux, et de gens qui ne demandaient que du travail pour gagner le pain quotidien, recourait à tous les puissants du jour pour obtenir des secours urgents pour la subsistance des habitants.

Le 1ᵉʳ jour de l'an, le Conseil municipal sollicita, avons nous déjà dit, les membres du Directoire d'Agen d'envoyer des Commissaires pour constater l'extrême détresse de la population. Le 11 janvier il délègue M. de Forcade pour aller à Agen obtenir la somme de 261 livres 2 sols 3 deniers qui lui est nécessaire pour payer ceux qui travaillent dans les ateliers de secours (1).

Bientôt après, les habitants de Layrac sont gratifiés de quelques fonds, qui procurent des subsistances aux indigents, mais le Directoire du District d'Agen exige que les officiers municipaux de Layrac soient caution des sommes accordées pour subsistances. Et deux délégués sont envoyés à Agen pour demander une subvention de 2000 livres en faveur des habitants (2).

Une grande difficulté de cette époque fut la pénurie d'argent. Sans doute le gouvernement décréta la fabrication d'assignats, mais ce papier-monnaie ne pouvait répondre aux besoins de la localité. La Municipalité de Layrac crut nécessaire de créer un papier-monnoye, dont les unités représenteraient une somme minime, et dont l'usage faciliterait les transactions et les achats journaliers entre les habitants. Ainsi quand M. Deforcade alla à Agen retirer les 261 livres accordées à Layrac, il crut ne pouvoir prendre d'assignats au dessus de 5 livres.

De là une difficulté pour faire le payement du salaire des ouvriers. Ce fut alors qu'au mois de mars 1792, la Municipalité résolut la création de ce papier-monnaie, appelé *Billets de confiance*, parce que leur valeur dépendait uniquement et exclusivement de la confiance, qu'inspiraient les créateurs et les signataires de ces Billets. Le motif qui détermina cette création de billets de valeur très modique, ce fut pour faciliter l'emploi des assignats, que l'on estimait de circulation difficile et peu accommodés aux besoins journaliers des habitants, à raison de leur valeur trop élevée.

Dans la séance du 18 mars 1792, l'Assemblée Municipale décida :

1° Que pour faciliter aux citoyens l'emploi en détail des assignats de 5 livres, décrétés par l'Assemblée Nationale, il serait créé incessamment et mis en circulation 5 mille billets, équivalant à 2 mille livres, portant cette légende *Billets de confiance* pour servir à l'échange des assignats de 5 livres.

2° Ces billets seront divisés en trois séries, dont la 1re com-

---

(1) *Registres municipaux.*
(2) Ibid.

prendra 1200 billets de cinq sous ; la 2ᵉ série, 1200 billets de dix sous ; la 3ᵉ, 600 billets de 20 sous.

3º L'objet principal est de faciliter aux cultivateurs le payement des travaux de la terre et de fournir au petit commerce un appoint de payement.

Tout porteur de billets sera reçu à les échanger contre les assignats de 5 livres.

4º Ces billets seront délivrés au dit Bureau, deux fois la semaine, les dimanche et jeudi matin.

5º Ces billets seront imprimés dans le format d'Agen. La 2ᵉ série sera signée par Messieurs Depau et Marcadet. La 3ᵉ, signée par Bordes et Ducomet.

Messieurs Marcadet et Dupont s'entendront avec Noubel d'Agen pour l'impression. On s'en remet à M. Deforcade pour la dite émission (1).

Dans la séance du 26 mars, il fut observé que dans la première impression, la légende des Billets de Confiance n'avait pas été observée. Dès lors, après avoir entendu M. le Procureur de la Commune, il fut arrêté que telle serait la légende : *Billet de Confiance*, remboursable au porteur en assignats de cent sous.

La mise en circulation de ces billets étant instante, Messieurs Prézelin et Bordes les signeront et les numéroteront (2).

Au mois d'avril, M. Rivière, trésorier du District d'Agen, versa entre les mains de Messieurs Depau et Bordes, la somme de 895 livres, qui était accordée à la Commune de Layrac pour subvenir à la misère de ses habitants.

Des ateliers de charité avaient été établis dans le but de procurer du travail aux indigents valides, mais la difficulté était de payer le salaire de ces manœuvres. On voit donc la grande opportunité de la création de ces *Billets de Confiance*. La première émission ayant heureusement réussi et comblé bien des lacunes, il fallut de nouveau recourir à ce moyen très ingénieux. Dans la séance du 25 mai 1792 il est dit : Nous Maire et officiers municipaux, ayant égard à la réquisition de M. le Procureur de la Commune, et considérant la rareté du numéraire, arrêtons

---

(1) *Registres municipaux.*
(2) Ibid.

qu'il sera émis pour 3000 livres en six mille billets qui seront imprimés par M. Noubel, imprimeur, dans le même format que ceux émis précédemment d'après la délibération des 18 et 26 mars derniers, savoir mille billets de 20 sous, trois mille de 10 sous; et deux mille de cinq sous, qui seront numérotés et signés par Messieurs Desburs, officier municipal, et Larrivière, médecin. Ceux de 20 sous et de 10 sous, par M. Champmas, curé de cette ville et Capponnel fils. Les autres seront signés par Messieurs Bordes, officier municipal et Delpech, notaire (1). Cette émission avait été décidée à la suite de l'heureuse expérience qui en avait été faite, à la fin du mois d'avril. Dès le 3 mai, le Procureur de la Commune tout joyeux de cette création, disait avec un air de fierté : la confiance du public dans les billets de ville mis en circulation, d'après votre délibération du 18 mars dernier ; l'avantage qu'il en retire pour le commerce de menus détails, ne peuvent mieux vous être démontrés que par l'état de la caisse de votre Distributeur. Il y a déjà 15 jours que cette caisse est vide de ces billets et il en aurait fallu encore une grande quantité pour satisfaire à plusieurs demandes faites. Il a été vérifié que de ces billets que la prévoyance de l'imprimeur a fait tirer au dessus du nombre demandé et sans augmentation de prix, il en existait encore 1045, équivalant 525 livres, c'est-à-dire : 104 assignats de cent sous, et 65 de 20 sous. Le vœu public en sollicite l'émission ; votre zèle pour ses intérêts vous engage à le remplir tout de suite. Cette proposition fut adoptée à l'instant même, et d'une voix unanime. Puis ces billets ayant été signés et numérotés furent distribués en échange d'assignats de cinq livres (2).

Au mois de septembre de la même année, la question des Billets de Confiance fut de nouveau soulevée. Le Distributeur de ces Billets fit observer que sur le nombre de ceux émis à la fin du mois de mai précédent, il en restait à signer et à numéroter 280 de ceux imprimés par Noubel, sans augmentation de prix, savoir : 60 de 20 sous, 120 de dix sous et cent de cinq sous. Pour les mettre à profit, le Procureur de la Commune requiert qu'ils soient incessamment signés et numérotés par

---

(1) *Registres municipaux.*
(2) Ibid.

Messieurs Castex et Sarramia officiers municipaux. La proposition fut adoptée, et il fut dit encore que pour faciliter le payement des contributions, les dits billets numérotés et signés, seront remis au sieur Deforcade, Distributeur, qui les versera dans la Caisse du Receveur des Contributions de cette Municipalité pour être échangés contre des assignats de 5 livres chacun (1).

Au mois de janvier 1793 le Conseil municipal s'occupera de retirer tous les billets au porteur, Billets de Confiance patriotiques et de secours, dont les émissionnaires résidaient hors du département.

Dans ce but, on adressa une demande au Directoire Départemental, qui à la date du 19 janvier, fit répondre que dans le répartiment opéré le 11 janvier par le Directoire du District des diverses coupures d'assignats, distribuées aux Municipalités de son territoire, il y aurait pour la Municipalité de Layrac une cotte part de 2025 livres 10 sous.

Pour profiter de cette distribution, Jean Busquet, officier municipal reçut mandat d'aller à Agen retirer des mains du citoyen Rivière, trézorier municipal du District, les 2025 livres 10 sous (2). Le 30 janvier de l'année suivante, M. Biran, maire, nouvellement élu déposera sur le Bureau du Conseil municipal un arrêté, obtenu du Directoire du District, qui autorise les officiers municipaux à prendre dans leur caisse de confiance la quantité de billets de 5 livres nécessaires pour retirer les billets de 30 sous et au dessous, circulant dans ce territoire, et dont les émissionnaires résidaient hors du département. Les citoyens Champmas et Bergognié furent chargés d'opérer cet échange (3).

Dans la séance du 10 décembre 1792, tenue par le Conseil du Département et dont Bernard Durand avait été élu membre, un des Conseillers faisant partie du Comité de comptabilité fit un rapport sur l'usage de ces billets de confiance, circulant dans la commune de Layrac. Bernard Durand défendit les intérêts de sa Commune et exposa les grands services rendus à la population par ces émissions. Par suite il fut écrit à la Convention Nationale pour obtenir la permission d'émettre des assignats

---

(1) *Registres municipaux.*
(2) Ibid.
(3) Ibid.

inférieurs à dix sous, et l'autorisation de mettre provisoirement en circulation de pareils billets, en dehors de la Commune, en attendant la concession d'un décret à ce sujet. Le Comité de comptabilité reçut mission de rédiger cette requête et de proposer au Conseil le moyen d'effectuer la rentrée des Billets de Confiance, qui étaient alors en circulation (1).

Par où l'on voit avec quelle sollicitude Bernard Durand s'employa pour soutenir les intérêts de ses compatriotes dans le Conseil du département.

Agitation. — Troubles et Scandales. — Fête du XIV Juillet. — La Patrie en danger. — Massacres de Septembre. — Visites domiciliaires. — Impositions excessives.

L'ère de la liberté fut interprêtée différemment par les diverses catégories de citoyens. La bourgeoisie fière d'être débarrassée de la suzeraineté des Seigneurs Prieurs, était heureuse d'administrer avec plus de liberté qu'auparavant, du moins elle le croyait, parce qu'elle avait vu disparaître une suzeraineté qui lui portait ombrage. Ce changement, elle l'estimait progrès.

Mais la guerre déclarée aux institutions religieuses était loin d'avoir amélioré la situation, et l'état moral de la population. Aussi les troubles et les scandales se multiplièrent de tous côtés.

A la date du 12 décembre 1790, des plaintes avaient été portées à la Municipalité pour qu'elle procurât aux habitants la sécurité qu'ils réclamaient. Il était survenu de grands troubles par suite de chansons offensantes colportées avec passion et acharnement dans tous les quartiers de la ville. C'était un devoir urgent pour les officiers municipaux de prendre tous les moyens possibles afin de maintenir la paix entre les citoyens. Leur premier devoir était de défendre à toute personne de quelque qualité ou condition que ce fût, de chanter, de publier et de produire aucune espèce de chanson, contenant insulte, injure contre les personnes. Des malandrins s'improvisant

---

(1) Procès-verbal de la session du Conseil du département de Lot-et-Garonne, an I, p. 60.

poètes composaient des chants injurieux pour les familles et ils allaient jusqu'à mettre en scène des personnages qui leur déplaisaient. La guerre était dans tous les quartiers, et les esprits s'aigrissaient de plus en plus. Pour mettre fin à ces désordres, les officiers municipaux prirent un arrêté très sévère contre ces auteurs anonymes, qui excitaient ainsi les inimitiés locales. La copie du dit arrêté fut affichée aux portes des églises et autres lieux, et la publication en fut faite à son de trompe afin que personne ne prétendît l'ignorer (1).

Les malheureux évènements, qui troublaient les consciences et les intérêts à Layrac et ailleurs, n'étaient pas de nature à ramener la paix dans les esprits ni la sécurité dans les familles. L'expulsion des Religieux, la vente de leurs propriétés, les spoliations de tous genres accomplies au nom de la loi sans que le petit peuple éprouvât le moindre soulagement à ses misères, ne pouvaient qu'exciter des passions mauvaises. Des magistrats fort préoccupés de la situation firent appel au Directoire du District.

Celui-ci prit un arrêté en date du 18 mars 1792, portant que 50 hommes du 7ᵉ régiment partiraient d'Agen le 21 mars pour se rendre à Layrac, où ils séjourneront jusqu'à nouvel ordre (2). Quelques semaines plus tard, le 13 mai, il fut donné en séance du Conseil municipal, lecture d'un rapport très précis, et très circonstancié, digne de foi, démontrant que la liberté et la sécurité de plusieurs habitants étaient compromises, surtout pendant la nuit. En conséquence, voulant obvier à ces scandales, la Municipalité arrêta qu'il serait fait pendant toute la nuit une patrouille, composée de dix fusiliers, commandés par un caporal et un sergent. La patrouille sera prise, par moitié dans la garde nationale, et par moitié, dans le détachement du 7ᵉ régiment cantonné dans cette ville (3).

La fête du XIV Juillet se célébra cette année au milieu des préoccupations de toutes sortes, c'est-à-dire des désordres matériels et sociaux, provenant de la misère des habitants, des exactions et des bouleversements, qui avaient presque supprimé

---

(1) *Registres municipaux*.
(2) Ibid.
(3) Ibid.

le culte religieux, et entraîné pour le clergé régulier et séculier l'expulsion ou l'apostasie.

A la réunion tenue le 13 juillet, le Conseil Général prescrivit la célébration de la fête de la Fédération pour le lendemain, et il procéda selon l'arrêté du Directoire du Dristrict, à la nomination de six députés pour se rendre le lendemain matin à Agen, à la fête de la Fédération, et y représenter la Commune de Layrac. Les six délégués furent : A. Bensse, P. Castanet, Jean Busquet, Vidal, J. Olivier fils et Alexis Durand (1).

Peu de jours après, on reçut communication de graves documents et d'instructions concernant les évènements qui s'accomplissaient hors de France et à Paris. D'après la loi du 8 juillet toute Municipalité était sommée de déclarer la Patrie en danger et de prendre des mesures conformes à la gravité de circonstances.

Voici le résumé de l'Adresse que le *Conseil de l'administration du District d'Agen, en surveillance permanente,* envoya aux Conseils Généraux de la Commune et aux citoyens de son territoire et à Layrac :

« La Patrie en danger a réclamé le secours de ses enfants, et le cri de détresse a été pour eux le signal du départ. Déjà de toutes les parties de la France des cohortes de citoyens se sont mises en marche pour aller défendre la liberté. Leur zèle et leur ardeur nous garantissent des victoires, et nous pouvons sans témérité nous flatter de voir nos ennemis extérieurs se repentir de leurs démarches. Mais ce ne sont pas ces ennemis seuls que nous avons à combattre ; il en est d'autres contre lesquels nous devons nous tenir en garde ; ils sont dans l'intérieur du royaume, et pendant que nos soldats citoyens vont mesurer leurs forces contre celles des Rois coalisés contre nous, déjouons par une conduite sage, ferme et rigoureuse les projets de cette foule d'intrigants et d'ambitieux, qui emploient à renverser la Constitution, tous les moyens que leur suggéra la passion, dont ils sont les esclaves.

« C'est à vous surtout, Magistrats du peuple, qu'il appartient de remporter cette victoire. Dites au peuple que, l'œil toujours ouvert, les membres des autorités constituées rechercheront

---

(1) *Registres municipaux.*

avec scrupule les causes du désordre et se feront un devoir d'en punir les auteurs. Mais les mesures que vous avez prises doivent être assurées par une force publique imposante. Hâtez donc l'organisation de la garde nationale. Réchauffez leur zèle. Citoyens, vos administrateurs s'occupaient de vous inviter à concourir avec eux au salut de l'Etat, lorsqu'un courrier extraordinaire a porté la nouvelle de la suspension du Roi. Ah! quelque fâcheuse que soit l'extrémité, à la quelle nous sommes réduits, ne nous laissons pas abattre par la crainte des dangers.... (1) ».

Le Conseil municipal de Layrac entra dans ces mêmes vues. Déjà dans la séance du 19 juillet il avait déclaré la *Patrie en danger* et il avait pris l'arrêté suivant :

1° Les citoyens, à qui les armes ont été remises, les porteront à la Municipalité pour y être visitées ;

2° Les marchands de poudre et plomb feront déclaration de toutes leurs provisions ;

3° Tout citoyen viendra à la Commune déclarer les armes qu'il détient et munition qu'il possède ;

4° L'arrêté et la loi seront publiés et affichés (2).

A la date du 4 août le Conseil municipal, après avoir reçu des dépêches graves, requit le Commandant de la garde nationale, de rassembler les membres du canton pour le lendemain à 7 heures, et il porta à la connaissance du peuple l'arrêté suivant :

1° La garde nationale sera requise se tenir prête de se porter au premier signal partout où besoin sera ;

2° Elle fournira une garde de nuit ;

3° Un membre du Corps municipal sera constamment en séance ;

4° Un registre sera ouvert pour recevoir inscription de ceux voulant servir dans la ligne et compagnies franches ;

---

(1) Adresse du Conseil 14 août 1792 l'an IV de la liberté, signés : Sevin, Président et Cazabonne de la Jonquière, Procureur-syndic. Placard signé : Rouby le jeune.

(2) *Registres municipaux.*

5° Demain le Corps municipal se rendra à 7 heures du matin au Champ de Mars, attendant les ordres ;

6° Par affiches et publications au prône, tous citoyens actifs se rendront à l'Hôtel commun pour entendre lecture de l'arrêté du Directoire du Département, concernant la police, sûreté, justice criminelle et établissement des jurés. Les officiers municipaux seront revêtus de leurs écharpes ;

7° Les aubergistes tiendront registres de ceux qu'ils logeront ;

8° Ils établiront correspondance, chaque semaine, avec le District ;

9° Le nombre et l'état des fusils concédés seront reconnus (1).

En suite de ces prescriptions, le Conseil municipal siégea en permanence, attendant toutes les communications qui pourraient lui être adressées.

Dans la séance du 28 août, il vit se présenter deux ecclésiastiques l'abbé Paillaube, curé d'Amans et Dom Jean Sarramia résidant en la Commune de Layrac. Ils dirent que voulant se conformer à l'arrêté porté par le Conseil du Département, en date du 20 août courant, ils venaient prêter individuellement le serment de *Maintenir la Liberté et l'Egalité et d'observer les lois de l'Etat.* Et ils apposèrent leur signature sur le registre, en même temps que les Conseillers municipaux (2).

Le Conseil Général demeura toujours en permanence durant le mois de septembre. En la séance du 4 septembre, il fut donné lecture des lois des 26 et 28 août précédents, et après avoir entendu le Procureur de la Commune, l'arrêt suivant fut porté et publié :

1° Désormais jusqu'à nouvelle disposition, le service de la patrouille se fera, au nombre de huit hommes. Le signal du rassemblement sera donné chaque jour, au son de la cloche, à 8 heures du soir. L'absent sera puni ;

2° Conformément à la dite loi il sera fait visite chez tous les citoyens pour constater la quantité de leurs armes, munitions, chevaux, charrettes et charriots, et à cet effet sont nommés : Capponnel père, Bordes, B. Bensse, Lormand jeune, Raton,

---

(1) *Registres municipaux.*
(2) Ibid.

Desburs aîné, Goux et Dupont, pour vaquer à cette opération, ou par deux, ou séparément. Il sera fourni un détachement de dix hommes pour chaque opération.

3° Tout citoyen, chez qui on trouvera des armes non déclarées, sera regardé comme *suspect*, et ses armes confisquées.

4° Les fusils distribués pour la défense de la patrie, sommation est faite de les remettre à l'Hôtel commun, où ils seront tenus à la disposition du Pouvoir exécutif. Et au cas, où un citoyen voudra retenir son fusil, il sera tenu de faire sa soumission et partir. Les susdites lois proclamées seront affichées.

Quelques jours après, le 12 septembre an IV de la liberté, le Conseil Général permanent assemblé, pour faire suite et donner application à la loi du 28 août, arrête qu'il sera fait visite exacte et régulière des armes et munitions, qu'il pourrait y avoir chez les sieurs Boussac, Vilarnau, Canal, François Castex, R. Deguilhem, métayer à la Tuilerie, Lasserre à Goulens, Cazabone à la Peyre, Imbertis fils, Saint-Marc et d^{lle} Gimet, Maignas, Corne, Dupré, d^{lle} Larrat, A. Armaignac, Sarramia aîné à Randé et Boussac presseur d'huile. Les armes trouvées chez les dénommés seront saisies et portées en la Maison Commune. Les Commissaires seront munis des déclarations antérieures des dites armes.

Les Commissaires sont toutefois priés d'user de toute la douceur que doit imposer une pareille mission. Et attendu que Desburs, Capponnel, Dupont et Lormand avaient donné des raisons légitimes, ils furent remplacés par Prézelin et Nézat. Le commandant de la garde nationale fournira un détachement pour protéger cette opération.

Dans la séance tenue cinq jours après, le 16 septembre 1792, les Commissaires vinrent rendre compte des visites faites par eux. Le premier qui prend la parole c'est Prézelin, déclarant au nom des autres Commissaires que les visites avaient eu lieu chez très peu de gens. En effet les Commissaires connaissaient la loyauté de ceux désignés pour subir les visites et ils jugèrent qu'elles n'avaient pas d'utilité. Mais des Conseillers municipaux, plus zélés pour exécuter les ordres reçus de leurs chefs hiérarchiques, persistèrent dans l'exécution stricte des règlements et jugèrent nécessaire la continuation de ces visites. C'est pourquoi ils désignèrent pour cela Marcadet et J. Busquet, et ils déclarèrent que, ayant juré de maintenir la tranquillité publique et l'égalité, ils se croyaient tenus, ainsi que le dit le Procureur de la Commune, de n'exempter personne de ces visites domiciliaires. Et dès lors une injonction nouvelle fut adressée au commandant de la garde nationale de fournir un détachement pour protéger les Commissaires (1).

Que se passait-il en même temps dans la capitale dans ces jours de troubles, de terreur et de persécution ? Dans la salle appelée Nationale, le Roi et sa famille captifs dans une loge étaient réduits à attendre leur sort de la volonté de leurs accusateurs conjurés.

Autour de l'Assemblée des légions de brigands furieux insultaient par leurs clameurs au Roi captif. Dans les rues et sur les places de Paris, une populace effrénée, abattait et brisait tout ce qui pouvait rappeler la royauté ; dans les couvents dépeuplés, des violences et des sacrilèges. Dans les faubourgs de Paris, des brigands Marseillais et des prétendus patriotes donnaient la chasse aux prêtres et les entassaient dans les prisons des Carmes, de St-Sulpice ou de St-Firmin à Paris etc.

Les chefs du Comité de surveillance, Manuel, Panis, le Gendre, marquaient sur leurs listes homicides les victimes destinées à la mort.

Au couvent des Carmes on massacra des centaines de prêtres et d'Evêques, ils furent fusillés pêle mêle comme un troupeau de bêtes malfaisantes. Mille captifs étaient entassés au séminaire St-Sulpice. Ils furent égorgés. Soixante-treize, au cloître des Bernardins subirent le même sort. A la Salpétrière des femmes amoncelées furent outragées et massacrées. Au grand Chatelet il y eut trois à quatre cents hommes tués. A la Conciergerie 1584. A Bicêtre le carnage dura trois jours et il y eut des scènes effroyables de barbarie.

Toutes ces horreurs colportées au loin jetèrent l'épouvante dans tous les esprits. Les clubs dans les provinces recevaient le mot d'ordre de la capitale et redoublaient la persécution contre les catholiques, contre les prêtres et contre tous ceux suspectés de sympathie pour ces victimes.

Comment dans une telle effervescence, au milieu de privation

---

(1) *Registres municipaux.*

et des sacrifices de tous genres, ne pas être entraîné dans ce courant de violences, de machinations et de délations ourdies et propagées avec une obstination satanique ? Bien plus une circulaire de la commune de Paris fut adressée aux départements pour provoquer partout la même irritation (1) et que de villes eurent leurs massacres.

Le 22 septembre 1792, l'an IVe de la liberté, le 1er de l'égalité, l'assemblée municipale de Layrac est convoquée en séance extraordinaire.

C'est sous l'impression des dangers de la patrie et des appels faits à leur patriotisme que les Conseillers municipaux font la déclaration suivante :

Considérant que l'audace de nos ennemis à nous proposer des lois de servitude, bien loin d'abattre le courage des Français, ne fait que l'irriter ; que tous les bons citoyens sont déterminés à secourir efficacement la patrie, que le courage, la générosité, la compassion sont toujours réunis dans les grands cœurs ;

Que des citoyens, dont le travail fait le patrimoine de leur famille, hésiteraient de prendre les armes pour secourir leur patrie si leur absence laissait leur famille dans la misère ;

Arrêtons, sur les conclusions du Procureur, que les familles des citoyens volant au secours de la patrie, seront l'objet de la sollicitude de la Commune. La présente assemblée jure de remplir à l'égard de ces citoyens et de leurs familles les devoirs de reconnaissance et de fraternité. Une expédition de cette délibération sera publiée au prône de cette paroisse et de Goulens; et communiquée à la garde nationale et au Directoire du District d'Agen (2).

Relativement à la garde nationale, le Conseil de l'administration du District, dans sa séance du 11 août 1792, s'était plaint que dans plusieurs cantons, notamment dans ceux de Laplume, Agen, Layrac etc., on ne s'était pas conformé aux prescriptions de la loi du 14 octobre précédent, relative à l'organisation des gardes nationales. Il fut résolu, d'accord avec le Procureur-syndic qu'il serait écrit aux maires des chefs-lieux des cantons

---

(1) Voir *Mémoires* de Mme Roland et *Histoire de la Révolution* de Beaulieu.
(2) *Registres municipaux*. Signatures des Conseillers et des notables.

respectifs et de ceux cités plus haut, pour qu'ils fissent toutes convocations et réquisitions nécessaires afin que la loi fut strictement exécutée (1).

Le Conseil Général de Layrac, toujours en permanence, harcelé par toutes ces instructions multiples, montrait un grand zèle pour suffire à tout ce qu'on demandait de lui, mais il était difficile de satisfaire à la fois aux requêtes émanant du District, et aux injonctions des Comités et des Clubs qui trouvaient qu'on n'en faisait jamais assez.

Après avoir pris des dispositions au sujet des visites domiciliaires, le Conseil Général permanent, assemblé le 30 septembre, revint encore sur la question du nouveau serment civique. D'après les instructions de la loi donnée à Paris, le 15 août, le public fut convoqué à assister à cette cérémonie. Tout Français pensionné de l'Etat devait jurer d'être fidèle à la nation et de maintenir la *Liberté et l'Egalité*, ou de mourir en la défendant.

Et tout d'abord le Maire prêta lui-même le susdit serment et puis il reçut celui de tous les membres du Conseil Général. A la suite viennent Messieurs Biran de Molinis et Capponnel commandants de la garde nationale ; M. l'abbé Champmas, curé Constitutionnel et l'abbé Berni, son vicaire, fonctionnaires publics. M. Etienne Lascaban, M. Bonaventure Jacques Cappot Barrastin, ancien capitaine d'artillerie ; M. Caprais Depau ; M. Jean Sarramia, prêtre, cy-devant Bénédictin ; M. Bonaventure Durand, ayant un traitement comme Juge de Paix ; M. l'abbé Roulliès, ayant un traitement, mais retenu par les occupations de son ministère dans la paroisse d'Amans-Goulens, envoya par écrit le témoignage de sa soumission (2). S'est présenté

---

(1) Placard, signé : Rouby le jeune, expédié et affiché aux susdits lieux.

(2) Messieurs, les occupations de mon ministère ne me permettent pas de me trouver aujourd'hui à la Maison Commune, lors de la prestation du nouveau serment prescrit par l'Assemblée Nationale. J'espère que vous voudrez recevoir le mien par écrit. C'est pourquoi je jure d'être fidèle à la nation, de maintenir de tous mon pouvoir la liberté et l'égalité, ou de mourir en la défendant.

Je vous assure, Messieurs, que je serai fidèle à mon serment et qu'aucune puissance sur la terre ne sera capable de me le faire violer.

J'ai l'honneur d'être, Messieurs, votre très humble et très obéissant serviteur.

ROULLIÈS, curé d'Amans et de Goulens.

Layrac, le 30 septembre 1792. L'an IV de la Liberté le 1er de l'Egalité.

A Messieurs les Maire et officiers municipaux
de la ville de Layrac.   *Registres municipaux.*

encore M. Augustin Cappot, diacre, depuis plusieurs années, ayant un traitement pour sa chapellenie de Rivière. La Municipalité crut devoir refuser son serment, croyant qu'il serait faux, vu les marques journalières d'incivisme qu'il avait données depuis la Révolution. La question ayant été soumise au vote, la majorité des suffrages repoussa la prestation du serment du dit Cappot.

Dans la séance du 3 octobre suivant, le Conseil Général, toujours en permanence, reçut communication et il lui fut donné lecture d'une lettre, sans date, mais reçue fin août, écrite par le Directoire du District d'Agen, dans laquelle il était commandé d'envoyer un Etat de cette ville et des faubourgs et des impositions directes de 1790.

Après cette lecture, le Président fit observer que le travail demandé était difficile et même impossible. Et l'impôt dont nous sommes menacés, ajouta-t-il, est accablant et intolérable. Cet impôt à l'origine était de 600 livres, tandis qu'il est à présent de 3.739 livres.

Le Procureur de la Commune fut entendu sur cette proposition et il fut délibéré que s'il n'était pas possible d'éviter de nouvelles contributions, néanmoins l'administration du District était priée de considérer que la Communauté de Layrac avait déjà été excédée par toute sorte d'imposition, et qu'il serait juste même de réduire son contingent au dessous de 600 livres. L'assemblée est prête à venir en aide à l'administration, mais il n'est pas possible de donner au travail demandé une entière perfection. En outre elle fait observer que pour armer ses citoyens, il serait besoin de l'envoi de 300 piques. Mais si l'administration du District ne peut faire cet envoi, qu'elle veuille du moins autoriser la Municipalité de Layrac à fabriquer ces armes (1).

Cette réponse ne put satisfaire l'administration du District, qui s'empressa de réclamer des impôts. Les spoliations des biens du clergé, les ventes aux enchères des dépouilles des Eglises et des Religieux n'avaient pas produit les résultats désirés. Dès lors une sommation nouvelle fut envoyée. Et à la date du 7 octobre, le Conseil Général de Layrac toujours en

---

(1) *Registres municipaux.*

permanence entendit M. le Procureur de la Commune, donnant lecture de deux nouveaux mandements : l'un relatif à la contribution foncière de 1792, montant à la somme de 6.172 livres 6 sous 9 deniers ; et l'autre, concernant la contribution mobilière de 2.559 livres 4 sous. M. le Procureur conclut en disant que ces deux mandements seraient enregistrés. Le Conseil Général fit ses réserves et déclara qu'il fallait se pourvoir devant le Ministre afin d'obtenir bonne justice.

C'était faire preuve d'une confiance, que les évènements ne permettaient plus. Les Ministres de cette époque, aux prises avec toutes les difficultés extérieures et intérieures, avaient d'autres soucis que de tenir compte des doléances d'une modeste commune, se plaignant des charges excessives qu'on lui imposait.

Publicité des séances du Conseil municipal. — Nouvelles visites domiciliaires.

Désormais la loi prescrit que les séances du Conseil municipal seraient publiques et que tout citoyen pourrait y assister, à partir du mois d'octobre 1792.

Dans sa réunion du 7 octobre, les Conseillers municipaux déclarèrent qu'en conformité de ces prescriptions les séances seraient tenues, portes ouvertes et que le peuple y serait introduit pour assister aux délibérations (1).

Ce même jour, le Président, au lieu de donner une réponse aux réclamations faites précédemment, donna lecture d'une instruction, qu'il venait de recevoir. Il lui était enjoint de procéder au recensement des grains de toute espèce, existant dans la Commune. Les Commissaires élus Prézelin et Bordes, Sarramia Laméille et Marrassé, Desburs et Busquet, furent délégués pour procéder à ce recensement dans la ville et la campagne. Ils sommèrent les habitants, au nom de la loi, de leur ouvrir leurs maisons, greniers et magasins, pour qu'ils pussent librement remplir leur mandat ; et à la fin de la séance il fut donné lecture de l'arrêté du Directoire du District d'Agen, établissant

---

(1) *Registres municipaux.*

que la contribution foncière de la Commune de Layrac était de 36.172 livres 6 sous 9 deniers (1).

C'était la réponse aux réclamations précédemment faites par l'Assemblée Municipale de Layrac. Toute discussion devenait inutile. Il n'y avait qu'à se soumettre.

Pendant ce temps, les administrateurs municipaux dépensaient leur zèle dans l'application des lois vexatoires pour certaine catégorie de citoyens. Ils parlaient souvent de liberté, faisaient des serments de pratiquer l'égalité, et avec ces grands mots sur les lèvres, ils se targuaient de patriotisme, tout en se faisant de la loi une arme contre ceux qu'ils soupçonnaient ne point partager leur fanatisme.

Ainsi lorsque les délégués, chargés de procéder aux visites domiciliaires, rendirent compte de leurs opérations, les officiers municipaux, dans la réunion du 16 septembre 1792, trouvèrent qu'elles n'avaient été faites que chez un trop petit nombre de *suspects*. Dans la séance suivante, il est rendu compte de la visite faite au lieu de Boissonnade. Dans la maison de M. de Ste-Colombe on a trouvé chez lui un fusil à deux coups, un fusil de chasse et une vieille épée. Le tout a été saisi. Dans la métairie de la Tuillerie appartenant à M. Boussac aîné, on a trouvé un fusil de chasse. Chez M. Castex, un fusil à gros calibre, un sabre avec poignée en fer. Chez M. Gassou, qui était absent, sa mère déclara avoir remis le fusil de son fils, lors du 1er désarmement. Les Commissaires réclamèrent la canne à sabre, qui ne fut pas retrouvée. Chez Mme de Maignas, on réclama la canne à sabre de son fils. Mme de Maignas répondit que son fils l'avait vendue depuis longtemps, mais qu'elle l'aurait remise lors du 1er désarmement, si elle était restée en sa maison.

Deux autres commissaires, Marcadet et Busquet dirent s'être rendus chez M. Vilarnau (2), où ils avaient trouvé deux fusils et quatre balles de calibre. Dans la maison de Lapeyre, appar-

---

(1) *Registres municipaux*.

(2) Cappot de Vilarnau dont il est question ici et en maintes circonstances était originaire du Roussillon. Il était venu à Layrac, à raison des liens de parenté avec les Cappot, il épousa la veuve de M. de Saint-Gresse, d^{lle} Larrat et il n'a pas laissé de postérité.

tenant à M. Cazabonne, on ne trouva qu'un fusil de chasse chargé. Les Commissaires réclamèrent une paire de pistollets d'arçon, que le propriétaire avait emportés à Agen. Au château de Goulens, chez M. Varbier (Barbier de Laserre) on ne trouva qu'un fusil de chasse, dont se servait le jardinier pour la garde du château. L'abbé Paillaube ex curé de Goulens avait dû quitter sa maison ; les visiteurs n'y trouvèrent aucune arme. Au château de Saint-Marq, appartenant aux de Guilhem, on trouva cinq fusils. Au Pépil, résidence du s^r Gimet, on ne rencontra qu'une vieille hallebarde. Tel fut le récit fait par Prézelin et Bensse, Commissaires. Dans une visite précédente, M. Cazabonne de la Jonquière, propriétaire du château de Lapeyre (1) avait déclaré être détenteur d'un mauvais fusil et d'une paire de pistollets d'arçon. Et de même Alexis Durand, marchand, dit avoir dans sa boutique deux livres de poudre et 3 livres de plomb.

Par ces faits, nous constatons déjà une division profonde existant dans la population. Les habitués des Clubs ont désigné les citoyens suspects, soupçonnés de ne point partager les sentiments des fanatiques patriotes, et nous verrons bientôt avec quel acharnement ils épieront leurs paroles et leurs actes pour assouvir leurs rancunes et leur haine. La liberté des sectaires consiste à gêner ou à supprimer celle de leurs adversaires.

En suivant la marche des évènements, tels qu'ils sont marqués par les délibérations de l'Assemblée municipale, nous voyons qu'au mois d'octobre le Directoire du District d'Agen voulant faire une levée de trois bataillons de volontaires nationaux, envoie des ordres à la Municipalité de Layrac. Le contingent du canton fut fixé à sept hommes. Pour cette opération délicate, les citoyens Durand et Deforcade furent désignés en qualité de Commissaires. On espérait que leur autorité et leur influence personnelles assureraient le succès de cette mission (2).

---

(1) M. Cazabonne de la Jonquiére était devenu propriétaire du manoir de Lapeyre.
(2) *Registres municipaux.*

Le Couvent des Bénédictins pendant la période Révolutionnaire

Par suite des lois spoliatrices promulguées par l'Assemblée Nationale, le Couvent des Religieux Bénédictins fut déclaré propriété de la nation, et la Municipalité chargée de veiller sur cet immeuble pour prévenir touté détérioration. Au mois d'octobre le maire de Layrac est avisé que des propositions ont été faites au District pour l'achat de ce Couvent. Quant à l'église monastique elle avait été réclamée par la population pour l'affecter à la célébration du service divin. Nous avons raconté les discussions qui eurent lieu à cette occasion. Et lorsqu'il fut question de l'aliénation du Couvent, la Municipalité de Layrac, voyant que la sacristie de l'église formait une dépendance intérieure de cette église et qu'elle ne pouvait en être détachée, demanda qu'un autre sacristie fut construite dans un vacant municipal pour servir au culte divin. Cette construction ne sera exécutée que beaucoup plus tard. Mais l'église monastique, du consentement du Directoire, sera mise au service du curé Constitutionnel au mois de septembre 1791 et elle deviendra définitivement église paroissiale. Un mur de clôture fut établi pour supprimer toute communication entre cette église et la sacristie du monastère qu'on voulait vendre. Mais en attendant la réalisation de cette vente, cet établissement servit de maison de détention pour y incarcérer tous les habitants suspects d'incivisme.

Plus tard lorsque la Municipalité, à la suite des réquisitions faites dans la Commune pour recueillir les subsistances nécessaires à la population, fut requise de désigner un local où seraient renfermés les grains et autres denrées recueillies chez les habitants, le Couvent lui parut tout désigné à cette affectation. En effet, par arrêté du Directoire du District d'Agen, la maison des cy-devant Bénédictins fut indiquée, au mois de mars 1793, comme magasin destiné à recevoir les fruits provenant de la Régie des Domaines nationaux des émigrés de la Commune.

La Municipalité en exécution de cet arrêté nomma un délégué pour recevoir et garder les céréales et fruits de cette provenance (1).

Dans la séance du 16 mars 1793 fut prise la décision suivante : Le Conseil municipal, vu l'arrêté du Directoire du District ; vu que les Régisseurs des biens nationaux des émigrés de cette Municipalité ont déjà vendu tout le produit des dits biens et que la maison des ci-devant Bénédictins demeure indiquée pour servir de magasin pour recevoir les fruits des dits biens, et que la dite maison pourrait servir par la suite pour le dépôt d'autres grains que l'administration pourra envoyer, la présente Assemblée désigne et propose à la garde de ces grains Jean Raton, homme connu pour sa probité, ses bonnes mœurs, son civisme et d'une aisance honnête (2).

Des Clubs ou Sociétés populaires. — Leur influence. — Dénonciations

Après la prise de la Bastille, au milieu du désarroi général, des sociétés populaires se formèrent partout en France jusque dans les plus petites communes durant les années 1789 et 1790, et elles se décorèrent de titres sonores et prétentieux. Ces petits groupes prirent à Layrac divers noms et nous les voyons figurer sous le nom des *Amis de la Constitution*, de club des *Sans-Culottes* ou de *Comité de Surveillance*. Dans leurs réunions, les membres se transmettaient les nouvelles reçues, émettaient leurs opinions sur les évènements accomplis et comme on était avide de changement et d'émancipation, il se faisait un échange de propositions discutées avec passion. On les soumettait à l'appréciation de l'assemblée, et lorsque celle-ci s'était prononcée à la majorité, sur une mesure à prendre, un des membres était chargé d'aller la transmettre à l'assemblée municipale pour qu'elle fût adoptée et mise à exécution. Ces législateurs improvisés étaient peu préparés et peu aptes à délibérer avec sagesse sur les réformes sociales ; mais ce qui le passionnait surtout c'était la question des personnes ou des

---

(1) *Registres municipaux.*
(2) Ibid.

fonctionnaires. Là chacun suivait ses rancunes et ses jalousies, son ambition ou ses cupidités, et pour le moindre prétexte, et à l'occasion du plus petit incident, on dénonçait tel ou tel individu dont le nom ou les qualités portaient ombrage, ou qu'on soupçonnait d'attachement à un régime ancien, ou de peu de sympathie pour les nouvelles réformes.

La Société des *Amis de la Constitution* fut fondée à Agen au mois d'août 1790, et à la même époque nous constatons l'existence d'une société analogue à Layrac. Il y avait entre ces diverses sociétés des rapports de communication et même de subordination, qui contribuèrent à leur donner une grande influence sur la marche des évènements. Les renseignements, les rumeurs propagées et transmises de village en village étaient portés au club pour qu'on en tirât profit, au bénéfice du bien social afin de combattre un ennemi caché, ou conjurer un péril présumé. A l'approche de la grande fête du XIV juillet 1790, qu'on allait célébrer comme l'anniversaire de l'émancipation du peuple et de la chûte de la féodalité, il y eut des réunions à Layrac, une autre le 22 juillet dans laquelle un ardent et fougueux patriote dénonça le seigneur de Lécussan comme un voisin dangereux. Nous avons signalé la lettre que M. Dubernard de Lécussan écrivit au Maire de Layrac pour le prier de le justifier auprès de ses compatriotes.

M. Bernard Durand s'employa pour défendre un homme injustement calomnié. Toutefois dans ces temps troublés et traversés par des passions si basses et parfois homicides, M. Bernard Durand malgré l'influence considérable dont il jouissait, ne pût arrêter les effets désastreux de ces dénonciations. Et surtout lorsque la Municipalité sera influencée par des hommes passionnés et jaloux, il n'y aura personne qui puisse échapper à ces dénonciations perfides qui entraîneront pour ceux qui en seront l'objet, des pénalités graves pour leur liberté, leur honneur ou leur fonction. Nous aurons l'occasion d'en citer des exemples (1).

---

(1) Cette Société des *Amis de la Constitution* avait une organisation bien arrêtée avec son Bureau de Direction et son sceau particulier. En voici un échantillon :

Ainsi en 1792 pendant qu'il remplissait encore les fonctions de Maire. M. B. Durand reçut une lettre de M. de Ste-Colombe ancien trésorier de France, qui avait sa résidence dans sa propriété de Boissonnade, sise sur la rive gauche de la Garonne, en la commune de Layrac. Attaqué dans son honorabilité, M. de Ste-Colombe avait prié M. B. Durand de prendre sa défense, ce que celui-ci fit avec empressement. M. de Ste-Colombe le remercie et lui écrit de Pouillchaut près Nérac, où il se trouvait le 6 octobre 1792 :

« Monsieur, j'ay lu avec la plus grande attention la réponce dont vous m'avés honoré et après en avoir extrait la quintenance, j'ay fait sur moy l'examen le plus rigoureux pour voir si ma conduite était analogue à celle que me reproche le Conseil Général de la Commune de Layrac. Cet examen quoique fait sans ménagement pour moy, mais avec cette sévérité qu'exige une consicence timorée et juste, ne m'a reporté aucune faute, sy ce nest celle d'avoir eu en visite pendant trois semaines environ un amy, prêtre à la vérité et insermenté (sy on peut, ou sy on doit caractériser de faute, de recevoir un amy chez soy) surtout lorsqu'il n'y a, et qu'il n'est pas venu à ma connaissance aucun décret qui me prescrit de pareilles sociétés.

SOCIÉTÉ DES AMIS DE LA CONSTITUTION

Liberté	Vivre libre	République Française
et	ou	une et indivisible
Egalité	Mourir	

Municipalité de Layrac, Département de Lot-et-Garonne
District d'Agen.

Société des Amis de la Constitution de 1793 (vieux style)
séante à Layrac, affiliée à celle des Jacobins de Paris.

Nous Président et secrétaire de la Société des Amis de la Constitution, séante à Layrac, soussignés, attestons que le Sans-Culottes Blaise Castex, maître de bateaux est membre de notre Société.

En foy de quoi, nous lui avons délivré ce présent diplôme.

Fait à Layrac le 29 Pluviose, l'an 2ᵉ de la République une et indivisible.

Signés : Delpech jeune.   Vilarnau, Président

Donc je n'aurois de longtemps pensé que ce fut un crime, à moins que mon ineptie naturelle ne m'ait pas permis d'en mieux juger ; s'y pour une faute de cette nature on devient perturbateur du repos public, même traître à la patrie, c'est être malheureux, mais c'est l'être heureusement à un bien mince degré, à moins je le répète encore que mes faibles lumières ne me ser' vent mal. Car d'ailleurs je scay que jusqu'icy j'ay suivy et me suis conformé en tous points, très exactement et très ponctuellement aux décrets, au moindre avis que j'ay eu de celui quy prescrivoit la déclaration des armes. Je m'y suis conformé, quand on les a réclamées. Je les ay rendues sans violence. Si je n'ay pas assisté aux assemblées primaires, ce sont mes infirmités que vous connaissez, qui en sont la cause, parce qu'elles me banissent de ces Sociétés. Sy je n'ay pas assisté aux offices publics, c'est la liberté des opinions religieuses, que le décret authorize quy a fait que j'en ay usé ; mais je n'ay pas accrédité mon opinion au détriment de celle des autres, ny n'ay formé pour cela des assemblées ny générales, ny particulières. Je n'ay d'ailleurs nullement manifesté ma manière de penser sur les circonstances présentes à personne ; je ne me suis occupé avant et après la nouvelle Constitution, qu'à aimer mon prochain, qu'à voler à son secours pour le soulager dans ces besoins, ce quy, je crois, est de toutes les Constitutions, et quy est aussi je crois le comble du patriotisme. Quant à mon opininion religieuse, je tache de la conformer à mon évangile et à ses règles et à sa morale. Enfin je tache de la régler sur la créance qu'il m'a donné. Ce parfait législateur ne nous a jamais violenté pour ce point de foy. Qui a voulu croire en luy, y a cru ; quy n'a pas voulu, en a été le maître. Il n'a cherché qu'à persuader et nos décrets nouveaux semblent s'être modelés, en fait de morale et d'opinion, sur sa conduite. D'ailleurs ce point de foy ne nuit à personne, et il est décrété libre. Ainsi, mon cher Monsieur, je ne puis être coupable de ce côté, là non plus. Dieu, un jour justifiera ma conduite, si les hommes me refusent leur justice. Sy cette conduite, cher Monsieur, est une preuve d'infidélité à ma patrie. Je suis bien à plaindre, d'autant qu'à coup seur, mes intentions ne sont pas de luy etre traitre, et d'après les œuvres que je viens de vous retracer icy, j'estime que je me suis conformé aux décrets actuels, quy ne respirent et ne commandent que justice, aménité et charité fraternelle.

« On ne peut sans injustice me frapper d'anatème, quand j'aurois le malheur d'avoir quelqu'un de mes enfans émigrés. Personne n'ignore que je les avois placés dans la garde du Roy, corps créé par l'Assemblée Nationale et approuvé par le peuple. Quelle preuve encore plus complette de patriotisme. S'il en étoit quelqu'un quy par mécontentement, après la suppression de ce corps, eût déserté, je n'en suis nullement coupable, ny ne peux en être responsable, d'autant qu'il n'est pas possible à un père d'enchainer ses enfants, à l'âge où ils sont. Je scay que mes ordres et mes volontés ont été toujours bien contrariés, puisque je les avois placés dans un corps national. Mes défenses multipliées sur ce point par mes écrits et par parole, me justifieroient devant Dieu et devant les hommes. Mon ayné est avec moy, parce qu'il m'a été docile et soumis. Je crois l'autre du renfort de Chalons, et sy je ne me trompe, je ne puis être avec justice coupable de son évasion. Je scay que votre fidélité à la patrie, et votre justice vous commandent impérieusement d'être sévère pour faire exécuter les lois, mais je scay aussi que cette même justice, qui fait votre principal objet par l'amour que vous luy avez voué, vous commande aussi, en punissant les coupables sans ménagement, de bien reconnoître les innocents et de les épargner ; et lorsque je vous ay rappelé l'époque de l'âge tendre qui nous a unis d'amitié, je n'ay pas prétendu, s'y j'étois coupable, obtenir grâce, n'y vous faire manquer aux intérêts de la justice, mais seulement obtenir de vous la justice que mon innocence a droit de réclamer et me la faire obtenir de mes chers concitoyens. J'attends donc de vous, mon cher Monsieur, avec confiance, cette justice ; et elle ne peut m'être faite qu'en me rendant votre confiance et celle de mes patriotes s'il faut les y engager par un placet, je n'hésiterai pas. Il me sera toujours doux et agréable de leur manifester mes sentiments d'affection et de respect. Faites leur part, je vous prie, de ces vrais sentiments. J'ay tout lieu d'espérer que vous me rendrez ce service et que vous me laisserez pas ignorer s'ils m'ont rendu justice. Quant au retard de mes impositions, on me trouvera bien innocent s'y on jette les yeux sur trois débordements que j'ay éprouvés, qui m'ont beaucoup nuy.

Ces raisons à opposer sont bien légitimes et devront bien me servir d'excuse légitime. Je termine mon épitre, mon cher Monsieur, en vous assurant de tout mon dévouement à la patrie et de tous mes sentiments d'affection pour vous.

« Veuillez faire agréer mes respects à vos dames.

« A Pouillehaut, ce 6 octobre 1792.

« Ste-COLOMBE (1) ».

Huit jours après dans une lettre du 14 octobre datée de Pouillehaut il avertit M. Durand qu'il lui envoye 250 livres en deux assignats pour trois motifs : le 1er pour ne pas l'indisposer davantage ; le 2e pour éviter d'altérer la charité fraternelle ; le 3e pour remplir les devoirs de la justice.

La lettre de M. de Ste-Colombe pleine d'esprit, de cœur et de raison était un plaidoyer irréfutable et ne pouvait manquer d'obtenir la justification de son auteur. Mais on était arrivé à cette époque où la vertu, la religion, l'amitié et la sympathie pour les persécutés étaient réputés crimes impardonnables. C'était un présage funeste que d'être dénoncé par les clubs, et en défendant les innocents on s'exposait à être soupçonné de complicité avec les ennemis de la patrie. M. Durand défendit son ami absent ; mais un grief irrémissible était le retard dans le payement des impositions. Voilà pourquoi la lettre du 14 octobre rendit facile le rôle de M. B. Durand.

Le club était le rendez-vous de tous les jaloux et des ambitieux qui dans leurs délibérations ne s'inspiraient que de leur haine et de leurs rancunes et les décisions prises étaient communiquées aux officiers municipaux dont ils prétendaient faire les serviteurs responsables de leur fanatisme.

Ainsi le XI février 1791, pendant que le Conseil Général délibérait à l'Hôtel de Ville, se présenta une députation du club des Amis de la Constitution requérant M. le Maire de faire une convocation pour avoir occasion de redresser des griefs et des torts à eux imputés. Le Procureur prenant la parole déclara

---

(1) La famille Ste-Colombe était établie sur la terre de Boissonnade depuis le milieu du XVII siècle et cette terre a été vendue par elle vers 1840 ; M. de Ste-Colombe avait rempli de hautes fonctions dans les finances, avec une honorabilité parfaite.

ne reconnaître d'autre corporation que celle avouée par la loi. Or la requête qui venait d'être soumise au Conseil ne concernait que des intérêts privés sur lesquels le Conseil Général n'avait pas à délibérer. On vota sur cette motion et la majorité, sans égard aux conclusions du Procureur de la Commune, décida qu'il y avait lieu de convoquer une assemblée qui aurait lieu le dimanche suivant 13 février, à 1 heure après-midi. Par suite les curés seront invités et priés de faire cette proclamation et convocation à la 1re messe, au prône du dit jour. Mais après la proclamation de ce vote, les srs Boussac et Ponsin protestèrent et quittèrent la salle sans vouloir signer le procès-verbal. Les sieurs Delpech et Bensse suivirent cet exemple et l'assemblée n'étant plus en nombre, fut dissoute au milieu des violentes protestations contre les membres sortis (1).

Au mois d'octobre 1792, les Amis de la Liberté et de l'Egalité, bien pénétrés de l'importance de leur rôle et jaloux d'exercer, à côté et en dehors du Conseil municipal, une influence plus grande sur la marche des évènements, envoyèrent quelques-uns de leurs membres devant le Conseil Général, alors en permanence. Nous avons appris, dirent ces délégués, que l'église des Pénitents vient d'être fermée en vertu d'un arrêt du Directoire du District ; nous venons demander la remise des clefs pour y continuer nos séances, ainsi que nous y avons été cy devant autorisés par la Municipalité. Nous vous assurons qu'il n'y sera fait aucune dégradation. Le Procureur de la Commune ayant été entendu, le Conseil Général jugeant la demande utile et nécessaire, arrêta que les clefs de l'église des Pénitents seraient remises aux délégués, mais l'avis de cette décision serait transmise au Directoire du District d'Agen (2).

Avec les évènements malheureux qui troublèrent le pays, l'influence des clubs devint prépondérante. Qui conque jouissait d'une supériorité de fortune, de talent, de nom, de réputation et ne montrait pas son enthousiasme pour les institutions nouvelles était désigné comme suspect et partant ennemi du peuple. Pour éviter des soupçons ou des poursuites, les citoyens ainsi désignés étaient tenus de se faire délivrer un certificat de

---

(1) *Registres municipaux.*
(2) Ibid.

civisme attestant qu'ils n'étaient pas les ennemis de la nation, et qu'ils ne s'étaient mêlés a aucun mouvement insurrectionnel par des correspondances avec les émigrés et qu'ils n'avaient pas quitté la ville dans le but de conspiration. Il est curieux de voir avec quel empressement les personnes soupçonnées viennent à l'Hôtel-de-Ville chercher ce certificat de civisme et de résidence pour échapper à toute mesure de détention ou de déportation.

Nous en parlerons plus loin en l'année de la terreur 1793. Mais nous devons constater que peu à peu ces Comités secrets prennent une influence si considérable que les officiers municipaux subordonneront leurs décisions aux ordres de ces Clubs et Comités.

Voilà pourquoi la Municipalité dédaignant tout ce qui était de l'ancien régime, répudia l'ancien sceau municipal et fit graver un cachet particulier plus en harmonie avec les idées nouvelles.

Nous donnons le spécimen de ce nouveau cachet qu'on apposait à côté de la signature des officiers municipaux.

Eglise paroissiale de St-Martin
et en dernier lieu de Notre-Dame de Layrac

A côté de la splendide Basilique élevée par les Religieux Bénédictins au XIe siècle, se trouvait l'église paroissiale dédiée à St-Martin, et antérieure à la construction de l'église prieurale. Cette dernière église de proportions modestes subit durant le cours des siècles, bien des transformations. Comme son entretien et ses réparations étaient à la charge du Seigneur Prieur, qui était patron de la paroisse avec droit d'en nommer le curé, elle eut à souffrir de la négligence et de l'incurie des Seigneurs-

Prieurs commendataires. Il en résulta que les principales dépenses étaient faites à l'avantage de l'église prieurale, tandis que l'église paroissiale finit par être rompue et ruinée, au point que tout service religieux devient impossible. Cet état de choses dura plus d'un demi siècle de 1680 à 1730. Des réparations furent faites et elle fut de nouveau rendue au culte vers l'année 1730 ; mais à l'époque de la Révolution, l'église paroissiale menaçait ruine, de telle sorte que sitôt après l'expulsion des moines Bénédictins, les habitants demandèrent au Directoire d'Agen l'autorisation de faire les exercices religieux dans l'église prieurale, devenue inutile, et ils alléguaient l'état ruineux de l'église paroissiale. Nous avons déjà parlé ailleurs de cette requête des paroissiens de Layrac.

Lorsque le curé Constitutionnel, l'abbé Champmas, fut installé au mois de septembre 1791, l'église prieurale fut mise à sa disposition. L'église paroissiale subsista encore, et le curé fidèle à son devoir et à ses serments l'abbé Capdeville allait y célébrer la messe, que venaient entendre de pieux fidèles. Il y avait donc deux églises et deux curés dans la paroisse. Cette situation n'était pas sans causer des troubles et des dissensions.

Aussi au Conseil municipal, quelques membres firent des propositions pour faire disparaître cette vieille église.

La question agitée plusieurs fois revint à la séance du 31 août 1792. Les biens des Religieux et les dépendances du Prieuré avaient été confisqués au profit de la nation, et mis en vente, pourquoi laisser subsister l'antique église ruinée ? Mais à qui appartenait-elle, et qui pourrait en bénéficier ? Le Procureur de la Commune, le citoyen Michel Deforcade, qui avait précédemment expulsé du vieux presbytère l'abbé Capdeville pour y installer le curé schismatique, émit l'avis que l'église paroissiale était une propriété de la nation tandis que l'église prieurale Bénédictine appartenait à la Commune. Et considérant que l'église paroissiale menace ruine, et vu que la Commune a besoin du sol où elle est bâtie et qu'elle peut retirer grand avantage de ce terrain, il déclare qu'il faut en faire l'acquisition. Et pour y parvenir, l'administration sera priée de nommer un expert, afin que les enchères étant ouvertes, la Commune puisse faire cette acquisition.

Sur ce, trois expéditions de la susdite délibération furent

envoyées à l'Assemblée Nationale, au Département et au District (1).

Au surplus voici comment le Maire de Layrac exposa la question :

L'église St-Martin, raconta-t-il à l'assemblée, fut fondée, à ce que nous croyons, dans le Xe siècle par la maison d'Armagnac. Elle fut donnée avec d'autres objets par Huno (Hunalde) un des descendants de cette maison, au monastère de Cluni par acte de la veille des ides de janvier 1062. C'est à cette époque qu'il faut fixer l'établissement dans cette ville, des Bénédictins, qui y furent envoyés par le monastère de Moissac, dans lequel le dit Huno fit sa profession religieuse. Ces Religieux établis dans cette ville, interrompus trop fréquemment dans leur solitude par les offices paroissiaux firent bâtir tout près, l'église que nous appelons *Notre-Dame*, laquelle a servi de paroisse à nos pères jusqu'au commencement du dernier siècle, que par l'effet des guerres dont le royaume fut déchiré, elle fut réduite dans un état de délabrement à ne pouvoir y continuer l'office divin. Il fut reporté dans l'église St-Martin et y a été continué jusqu'en 1730, que l'église Notre-Dame ayant été réparée, les offices de la paroisse y furent rétablis. Ainsi voyons-nous partie de la génération présente avoir reçu le sacrement de baptême et de mariage à St-Martin, et partie à Notre-Dame. A l'époque de l'heureuse Révolution qui a régénéré l'empire français, cette église s'est trouvée dans un état à donner des craintes aux assemblées paroissiales. Aussi la Municipalité fit fermer cette église en dénonçant à l'administration les motifs de cette mesure, lui demandant que les clefs de St-Martin lui fussent délivrées. De la visite de cette église faite l'année dernière il résulte que les craintes de ruine sont fondées.

Il est donc constant qu'il existait en cette ville une église St-Martin avant l'établissement des Bénédictins, et que le service paroissial s'y célébrait ; que ce bâtiment devenu une propriété des paroissiens n'a pu être donné aux Bénédictins si ce n'est pour le service divin. Car autrefois la propriété demeurait toujours à la Communauté pour laquelle ces bâtiments avaient été établis. L'église St-Martin est donc notre église paroissiale

---

(1) *Registres municipaux.*

et celle de Notre-Dame peut être regardée comme un bien national.

Or cette semaine, il est tombé une portion de l'entablement du chevet et ce n'est que le commencement. Il nous a paru que la Commune a intérêt à faire l'acquisition de cet édifice, et pour l'avantage de la nation que cette vente ne soit pas différée. Sur ce, l'assemblée délibérante reconnaît et prétend que l'église St-Martin est une propriété communale et son église paroissiale propriété nationale, et considérant qu'elle menace ruine, et vu le besoin qu'elle a de cette église et du sol où elle est assise, l'utilité et les avantages très grands qu'elle en peut retirer, déclare vouloir en faire l'acquisition ; et à cet effet prie l'administration de nommer un estimateur expert et donner au plus tôt les enchères et procéder à l'adjudication (1).

Après l'installation du curé schismatique, le 25 septembre 1791, dans l'église prieurale, l'abbé Capdeville continua de célébrer la Ste Messe dans la vieille église paroissiale jusqu'au moment où elle fut fermée par ordre de la Municipalité. A ce moment l'abbé Capdeville dut aller à l'église prieurale dire la messe, et immédiatement se produisit la division entre les partisans du curé Constitutionnel et les fidèles, qui ne voulaient reconnaître d'autre pasteur légitime que M. Capdeville.

Aussi à la séance du 3 avril 1792, des officiers municipaux se faisant les échos des réclamations de plusieurs citoyens, se plaignirent des prêtres réfractaires. Ils déclarèrent qu'ils portaient obstacle à l'exercice des fonctionnaires publics, en disant leur messe pendant que le curé et ses vicaires faisaient les fonctions curiales. C'était là une grande gêne ; les autels se trouvant pris pour administrer les sacrements notamment aux gens de la campagne, qui par là éprouvaient un retard. En outre ils signalèrent les irrévérences que les sectaires non-conformistes commettaient pendant la messe des prêtres Constitutionnels.

L'assemblée municipale saisie de cette plainte et voulant mettre fin à ce désordre, prit la décision suivante :

A compter de ce jour, nul prêtre non assermenté ne pourra

---

(1) Ont signé : Durand et les officiers municipaux Castex, Depau, Sarramia Prézelin, Bordes, Goux, Desburs, Delpech, Sarramiac et Deforcade.

dire sa messe qu'après onze heures, et pour que ces derniers ne prétextent ignorance, le présent arrêté leur sera personnellement notifié (1).

L'abbé Capdeville, voyait les obstacles et les entraves se multiplier. Tant qu'il put, il alla célébrer la Ste Messe dans l'église des Pénitents, afin de se soustraire à la persécution et d'épargner des tracasseries à ses amis. Mais là encore ses ennemis le poursuivirent, en demandant la fermeture de la chapelle des Pénitents.

Au mois d'août le Conseil Général notifia aux ecclésiastiques résidant en ville d'avoir à prêter le serment de justice et égalité, selon les injonctions transmises par le Conseil du Département de Lot-et-Garonne, et le 28 août 1792 se présentèrent à l'Hôtel-de-Ville. L'abbé Paillaube, curé de Goulens et l'abbé J. Sarramia, ex Bénédictins. Ils jurèrent de maintenir la liberté et l'égalité et d'observer les lois de l'Etat. Et ils signèrent le procès-verbal de la séance (2). Il ne se présenta aucun autre ecclésiastique.

Dans la séance du 31 août 1792, le Conseil s'occupa encore de l'affaire de l'église paroissiale. Le Maire rappela les diverses phases de l'histoire de cette église. Comment à l'époque des guerres de Religion elle fut réduite à un tel délabrement qu'il fut impossible d'y continuer le service religieux. Les curés de Layrac durent célébrer les offices dans l'église prieurale des Bénédictins jusqu'à l'année 1730. Une fois que l'église paroissiale eût été réparée, le service divin y a été rétabli jusqu'en ces dernières années. Mais en ce moment cette église menace ruine, voilà pourquoi sur la motion du Procureur, elle a été fermée ; et après avoir notifié cet acte à l'administration, le Conseil a demandé les clefs de l'église prieurale pour y transférer les exercices religieux. Ce qui a été accepté. Or la semaine dernière il est tombé encore une partie de l'entablement du chevet, il y a urgence à procéder à la vente de cet immeuble. Avis de la présente délibération sera transmis au District du Département et à l'Assemblée Nationale (3). Ces mesures ten-

---

(1) Ont signé : Durand et les officiers municipaux Castex, Depau, Sarramia Prezelin, Bordes, Goux, Desburs, Delpech, Sarramiac et Deforcade.

(2) *Registres municipaux.*

(3) Ibid.

daient en même temps à gêner et à entraver l'abbé Capdeville dans la célébration de la Ste Messe. Le vénérable ecclésiastique étant allé célébrer la Ste Messe dans l'église des Pénitents, des fanatiques agirent immédiatement auprès du Directoire d'Agen qui prit un arrêté en vertu duquel la Municipalité de Layrac était déléguée pour procéder à l'inventaire des meubles de la chapelle des Pénitents (1). Et nous avons vu ailleurs que les membres du Club des Amis de la Constitution, réclamèrent l'usage de cette chapelle pour y tenir leurs séances. Ce qui leur fut accordé.

Vente de l'ancienne Eglise Paroissiale

Malgré les vives instances des fanatiques, cette vente dût encore subir des lenteurs et des atermoiements. La dernière délibération sur cette affaire, remontait à la fin du mois d'août 1792.

Enfin Géraud Lagarosse ayant fait sa soumission pour s'en rendre acquéreur, le 3 floréal an IV (24 avril 1796), le Directoire du District d'Agen ayant nommé pour son expert le citoyen Marcadet, arpenteur ; G. Lagarosse désigna de son côté Pierre Delpech, notaire. Les deux experts se transportèrent chez le citoyen Champmas, Commissaire du Directoire exécutif de Layrac et tous trois se rendirent sur les lieux pour estimer et évaluer cet immeuble. L'église avait 14 toises 5 pieds de longueur, et 14 toises de largeur sur 6 toises de hauteur. Le corps principal, composé de la nef, du sanctuaire et de la sacristie, était entouré de cinq chapelles, dont trois au nord, et deux au midi. Chacune de ces chapelles était dédiée à un saint particulier et entretenue par les principales familles, qui y avaient droit de sépulture. Les prêtres et curés de la paroisse étaient inhumés d'ordinaire dans le sanctuaire, près du maître autel. Ce bâtiment était simplement lambrissé et en ces dernières années, par défaut d'entretien, la partie supérieure des combles tombait en ruines ; c'est pourquoi au lendemain de l'expulsion des Religieux, les habitants demandèrent à être autorisés à faire célébrer les offices divins dans l'église prieurale.

---

(1) L'arrêt est du 18 août 1792 et il fut affiché le 13 octobre suivant.

Dans les derniers jours, l'intérieur avait été décarrelé pour qu'on pût y loger les chevaux de la nation.

Après examen des lieux et de l'avis des experts et de l'ingénieur en chef du département, il fut décidé que l'emplacement de tout le corps de la nef, du sanctuaire et des trois chapelles du nord serait annexé à l'esplanade des promenades publiques de la ville. Les experts conclurent, que vu la nature, qualité et valeur des matériaux, les frais de démolition et d'enlèvement des décombres, tout ce qui proviendrait des démolitions des murs, lambris, combles, valait en 1790, un revenu annuel, frais déduits, de 105 livres 16 sols qui multipliés par 18 selon la loi, donnait un capital de 1899 livres.

Ce lieu sacré, cette terre qui renfermait la cendre des aïeux, des vénérables ecclésiastiques qui avaient administré la paroisse, ainsi que la dépouille des principales familles de la ville, ce sanctuaire où la population pendant des siècles et des siècles avait prié, versé bien des larmes de joie et de tristesse, suivant les cérémonies douloureuses ou joyeuses, tout cet emplacement est estimé et vendu comme un simple vacant. Les experts terminent leur procès-verbal par ces paroles. Dans le cours de nos opérations, il ne nous a été fait aucune observation par le Commissaire du Directoire exécutif. Et ce Commissaire était, avons-nous dit, l'ex curé Constitutionnel, Laurent Champmas. C'était bien lui qui aurait dû plaidé le respect des morts et demander au moins que la cendre des anciens curés fut exhumée et transférée dans le cimetière voisin qui n'était qu'à quelques pas.

Rien ne fut respecté, tout fut foulé et abandonné aux pieds des passants et des promeneurs. Nous verrons plus tard que la peine du talion sera appliquée à la tombe qui contiendra la dépouille funèbre du taciturne Commissaire. Le soumissionnaire Géraud Lagarosse ne se présenta pas. Etait-il honteux de faire ce trafic. Il avait de petites prétentions : c'était d'établir là une boutique et un pressoir d'huile. Pressoir et boutique ont disparu avec le nom de l'acquéreur.

La fin du compte-rendu mérite d'être lu attentivement :

« De tout ce dessus nous avons fait et rédigé notre procès-verbal que nous affirmons sincère et véritable, en notre âme et conscience, après avoir opéré pendant trois jours, le Commissaire du Directoire exécutif signé avec nous, après lecture faite.

« Le 2 thermidor de l'an IV (20 juillet 1796) de la République une et indivisible.

« Signés : DELPECH, expert ; MARCADET, expert ; CHAMPMAS, Commissaire du Directoire.

« Enregistré à Agen le 2 thermidor an IV. Reçu 10 fr. (1) ».

La Convention Nationale
25 septembre 1792-1795 novembre

L'Assemblée Nationale étant arrivée au terme de son mandat le 21 septembre 1792, fut remplacée par la Convention Nationale. Le règne de cette dernière Assemblée a laissé dans l'histoire des souvenirs lugubres et sanglants. Nous laisserons de côté les évènements tragiques accomplis en dehors de la sphère de notre région pour nous borner a retracer ce qui s'est passé dans la ville et juridiction de Layrac.

Un des premiers actes de cette célèbre Convention fut d'ordonner de dater les actes publics de l'an 1er de la République, à partir du 1er septembre 1792. Ce fut en effet une ère nouvelle qui commençait telle qu'elle ne ressemblait à aucune précédente.

C'est sous le gouvernement Révolutionnaire que fut proclamée la loi des *suspects* et inauguré le règne de la *Terreur*.

Le 26 août 1792 avait été votée la loi condamnant à la déportation tous les prêtres fonctionnaires non assermentés et les obligeant à sortir du royaume dans le délai de 15 jours. Huit jours après avaient eu lieu les massacres de septembre. Succédant à un tel gouvernement, la Convention envoya dans les départements sous le nom de Représentant du Peuple en mission, des Commissaires accouplés deux à deux, avec ordre de

---

(1) Archives de la Préfecture. Sur le mur de la maison bâtie par Lagarosse, sur l'emplacement des chapelles, le compagnon maçon traça avec la pointe de sa truelle ces mots : *Jalousie, an X de la République !* C'est bien l'épitaphe juste qui rappelait un épisode de cette époque de sacrilèges et de destructions et expliquait cette transformation.

créer des Comités Révolutionnaires, destinés à mettre en pratique le régime nouveau sans appel et sans recours.

Nous allons voir à l'œuvre ces Commissaires qui arrivent dans le département au mois de mars 1793.

Et tout d'abord la Convention Nationale pour débarrasser les citoyens des usages qu'une Religion quatorze fois séculaires avait introduits dans les mœurs, et voulant leur inoculer un esprit nouveau, vota une loi pour imposer au peuple un calendrier particulier, monument d'une sorte de délire de cette époque. L'Ere républicain fut datée du 22 septembre 1792. L'année était divisée en douze mois égaux de trente jours, et les mois en décades. Les mois d'automne portèrent les noms de *Vendémiaire, Brumaire, Frimaire.* Les mois d'hiver, ceux de *Nivôse, Pluviôse, Ventôse.* Les mois du printemps furent nommés : *Germinal, Floréal, Prairial.* Les mois d'été : *Messidor, Thermidor, Fructidor.* Pour compléter l'année, on devait ajouter à ces XII mois, cinq jours, appelés d'abord : sans-culottides, et plus tard : jours complémentaires. Pour effacer toute trace de christianisme les jours étaient ainsi qualifiés : Primidi-duodi.... et le 10e, Décadi ; et à la place des noms des saints on y mit les noms grotesques de : *fromage, carrotte, âne, cochon, patiron, aubergine, chiendent* etc.... Un senatus-consulte du 15 fructidor an XIV rétablira le calendrier Grégorien, qui reprit vigueur à partir du 1er janvier 1806. Voilà comment la séance du Conseil municipal de Layrac tenue le 26 octobre 1792 est datée de l'an I de la République Française. Et voici ce qui fut décidé au sujet d'une fête civique.

Le Conseil permanent de la Commune :

Vu le décret de la Convention Nationale du 28 septembre dernier ; ensemble l'arrêté du Directoire du Département, relatif à la célébration d'une fête *civique*, a, d'une voix unanime délibéré que conformément audit arrêté, et pour lui donner toute la solennité dont elle est susceptible, la garde nationale de toute la Commune sera requise de se trouver sous les armes, à une heure précise, dimanche prochain, 28 du courant, pour assister en corps à un *Te Deum* qui sera chanté dans l'église paroissiale, à l'issue des vêpres, et de là se rendra au Champ de Mars, à 3 heures précises, autour de l'arbre de *la Liberté*, où sera chantée l'hymne des Marseillais, auquel effet le citoyen Dargein, organiste de la présente ville sera prié de se concerter avec les musiciens pour donner au chant de la dite hymne toute l'harmonie dont elle est susceptible. Il sera tiré plusieurs coups de canon, ainsi qu'il sera réglé par la Municipalité ; et à l'entrée de la nuit il y aura illumination générale, dont nul citoyen ne pourra se dispenser. La Maison Commune sera pareillement illuminée.

En 2ᵉ lieu, le Conseil Général, informé par le citoyen Maire qu'il a été fait au District la soumission d'acquérir la maison des ci-devant Bénédictins en mettant pour condition que la sacristie de l'église attenante sera comprise dans l'adjudication, et prévenant les difficultés à naître, a indiqué pour le lieu d'une autre sacristie à construire, un vacant opposé à côté de celle qui a existé ; déclare que ce prétendu vacant est le cimetière de la paroisse, sur lequel il n'entend pas qu'il soit anticipé ; que ce vacant prétendu est l'abord de la porte latérale de cette église faisant une partie intégrale de son plan ; que cette porte a servi jusqu'en 1751, époque de sa clôture pour les ci-devant Bénédictins, laquelle la Commune se propose de faire ouvrir pour servir de ce côté à l'entrée des trois quarts au moins des paroissiens de la ville et de la campagne, et bien plus encore pour l'évacuation de l'église, après les offices, où peuvent se trouver réunis jusqu'à 2400 personnes (1).

Que l'Assemblée déclarant s'opposer à la condition mise par le soumissionnaire à sa demande, informe l'administration qu'il est convenable, qu'il est nécessaire qu'il soit laissé à cette église le pourtour extérieur du chœur, comprenant ce terrain appelé *Parterre*, et ce jusqu'au mur de la terrasse en ligne droite et angle droit ; lequel terrain est de très petite contenance, faisant un hors-d'œuvre, laissant au bâtiment et à la terrasse de la dite maison sa régularité, ne diminuera pas le prix de l'adjudication et ne portera aucun préjudice à la vente (2).

---

(1) Cette sacristie bâtie plus tard au lieu indiqué, a été démolie lors de la dernière restauration en 1875.
(2) *Registres municipaux.*

Un autre changement eut lieu relativement à la tenue des Registres de l'état religieux de la population.

Jusqu'alors ces Registres, où étaient consignés les principaux actes de la vie, les naissances, les mariages et les décès étaient rédigés et tenus par les curés des paroisses, sur des feuilles, paraphées par le Bailli du Brulhois, siégeant à La Plume ; et nous pouvons constater encore aujourd'hui dans ces documents que les vénérables pasteurs de la paroisse de Layrac y mettaient tout le soin voulu pour conserver ces renseignements si importants, concernant les familles et la Communauté tout entière.

Désormais tout est sécularisé, car l'influence du prêtre portait ombrage aux citoyens de l'ère nouvelle. D'ailleurs il n'existe plus ni vicomte, ni Bailli du Brulhois, et les Registres seront remis et confiés aux officiers de l'Etat civil, nommés par lui et relevant de l'autorité centrale et judiciaire du District d'Agen. En outre dans la rédaction de ces actes la question religieuse ne sera plus mentionnée et il ne sera tenu compte que du fait matériel et brutal de la naissance, de l'union et de la mort de tel ou tel citoyen, avec l'indication du jour, du mois et de l'année. Il en sera comme à l'octroi de la ville, où l'on tient registre des entrées ou de la sortie d'un ballot de marchandises ou de denrées ou d'une tête de bétail.

Un premier changement fut inauguré en partie le 2ᵉ janvier 1791.

Nous Bonaventure Durand, Juge de Paix du canton de Layrac, District d'Agen, au département de Lot-et-Garonne, avons paraphé par premier et dernier feuillet, sept feuillets de papier timbré pour servir de minute aux Registres des baptêmes et des mariages de la paroisse de Layrac.

Signé : DURAND, Juge (1).

Un peu plus tard la signature est déférée au Juge du Tribunal.

Par nous Jean Chrisostome Lacuée, un des Juges du Tribunal du District d'Agen, le présent registre a été cotté et para-

---

(1) Registres paroissiaux et municipaux de Layrac.

phé de nouveau pour servir à l'enregistrement des baptêmes, mariages et sépultures de la paroisse de Layrac, pendant la présente année.

A Agen, le 1er février 1791.

Signée : Lacuée.

Jusqu'aux derniers mois de l'année 1792, le curé Constitutionnel et son vicaire, continuèrent à garder et à rédiger ces Registres. La translation à l'autorité civile eut lieu au mois de novembre. Dès ce jour les curés furent désaisis de la tenue des Registres paroissiaux dont les actes feront foi dans la vie civile.

Le 1er de ce mois, le Conseil Général permanent fut assemblé d'office. Sur le Bureau fut déposé le texte de la loi du 20 septembre dernier déterminant le mode nouveau de constater l'état civil des citoyens. Un placard envoyé d'Agen avait été affiché pour en faire connaître la teneur au public. L'assemblée, considérant l'importance des fonctions des officiers élus pour accomplir ces fonctions ; vu l'assiduité exigée et les dépenses nécessaires pour remplir cet emploi ;

Considérant qu'à défaut de l'officier public, le Maire ou un officier municipal doit remplir ces fonctions ; Ouï M. le Procureur, délibère d'une voix unanime, que pas un individu ne voulant se charger de cet office ; vu les dépenses considérables qu'il entraînait par les fréquents et longs voyages nécessités, les officiers municipaux seront chargés, chacun une semaine, et à tour de rôle, d'enregistrer et de recevoir conformément à la loi, les déclarations des naissances, mariages et décès. Le citoyen Maire devant retirer les Registres, ainsi qu'il est porté, offre de faire la 1re semaine.

Il sera représenté au Directeur du District l'impossibilité morale de faire les visites domiciliaires sur les lieux, où seront décédées les personnes. Prière de donner des éclaircissements. A cet effet il lui sera envoyé copie de la présente délibération, à la diligence du Procureur.

Deux jours après, le 3 novembre 1792, le Maire Bernard Durand et les officiers municipaux, sur la réquisition du Procureur, accompagnés de Bordes, secrétaire, se transportèrent à l'église paroissiale, où avait été installé, le curé Constitutionnel, l'abbé Champmas, pour procéder conformément à l'article 1ᵉʳ du titre IV de la loi du 20 septembre précédent afin de déterminer le mode d'enregistrer l'état civil des citoyens. Ils firent l'inventaire des Registres détenus entre les mains du curé, qui se trouvait absent, mais son vicaire l'abbé Berni s'étant présenté, il fut requis de représenter les Registres des naissances, mariages à l'usage de la paroisse. Et l'inventaire fait, séance tenante, on retrouva la série des Registres que nous avons mentionnés plus haut et que l'abbé Capdeville avait remis au Maire de Layrac, au mois de septembre 1791. Les dits Registres furent clos et arrêtés, portés et déposés à la Mairie, de même que les anciens pour y être conservés conformément à l'article 5 du titre IV de la loi (1).

Le 8 novembre suivant, sur la réquisition du Procureur de la Commune, les mêmes officiers municipaux accompagnés de Bordes, secrétaire, se transportèrent à l'église paroissiale de St-Pierre de Goulens, pour y procéder comme cy-devant à l'inventaire des Registres existant entre les mains du citoyen Roulliès, curé. Celui-ci fut requis de représenter les Registres des naissances, mariages et décès à l'usage de la paroisse. Et à quoi obtempérant il exhiba les Registres dont suit (2) l'inventaire :

1º Registres des naissances, mariages et décès depuis 1620 à 1627
2º —   —   —   —   1660 à 1674
3º —   —   —   —   1668 à 1672
4º Liasses de diverses feuilles de Registres —   1674 à 1693
5º Registre   —   —   —   1678 à 1765
6º —   —   —   —   1766 à 1790
7º Un Registre   —   pour l'année 1791
8º Deux Registres —   pour l'année 1792

que nous avons clos et arrêtés portés et déposés à la Maison Commune, de même que les anciens pour y être conservés. De tout quoi procès-verbal signé avec ledit Roulliès, curé de Goulens (3).

---

(1) *Registres municipaux.*

(2) L'abbé Roulliès était le curé Constitutionnel élu à la place de l'abbé Paillaube qui avait retracté son serment de fidélité à la Constitution Civile du Clergé et avait dû émigrer.)

(3) *Registres municipaux.*

Nouvelle Emission des Billets de Confiance

Vers la seconde moitié du mois de novembre, l'administration municipale reçut des plaintes des habitants, car la menue monnaie manquait complètement. L'émission des Billets de Confiance, mis en circulation, ne suffisait plus ; ils avaient été complètement épuisés, de sorte que les boulangers, les marchands détaillistes et même le percepteur de la Commune se trouvaient dans l'impossibilité d'échanger aucun assignat de cinq livres. Il était donc urgent de faire une nouvelle émission de billets d'une valeur totale de trois mille livres. Le citoyen Michel Deforcade ne voulut pas être maintenu dans la charge de Distributeur, et il pria le Conseil de désigner un autre que lui pour détenir les assignats de 5 livres et les billets qui seraient émis.

Après avoir ouï le Procureur de la Commune, le Conseil municipal, d'une voix unanime délibéra : 1. Qu'il serait émis des Billets de Confiance pour 3.000 livres, dont 2.000 livres en billets de deux sous ; 2.000 de trois sous ; 2.000 de cinq sous ; 2.000 de dix sous et 1.000 de vingt sous, que les citoyens Biran, Bergognié aîné, Marcadet jeune, Depau, Nézat, Goux, Durand juge, Capponnel fils, Champmas curé, Prézelin, Bensse, Bernard Dupont, Desburs aîné, Larivière, Raton, Delsine fils, Gassou aîné et Busquet, seraient chargés de signer, chacun d'eux, 500 billets, faisant un total de 9.000 billets.

2. Il fut décidé que le citoyen Bordes serait chargé de la caisse des assignats pour les billets émis et à émettre (1).

S'il y avait gêne et misère dans les transactions de la ville, il en résultait aussi du retard dans la perception des contributions imposées par l'administration générale. Aussi le 23 novembre 1792, le Conseil Général, toujours en permanence, reçut communication d'une lettre du citoyen Coutausse, Procureur Général syndic du Département, dans laquelle ce magistrat se faisait l'interprète des plaintes du Ministre des contributions publiques, concernant les contributions, dont le rôle n'était pas encore dressé. L'assemblée reconnut être en retard par suite de la délibération du mois d'octobre dernier et elle

---

(1) *Registres municipaux.*

décida de s'employer au plutôt pour le rôle des contributions foncières et mobilières, en protestant de son dévoûment à la chose publique (1).

Modifications dans les noms des rues et places

Bien des changements avaient été opérés dans le but de faire oublier le passé : On avait crée l'ère républicain. Les anciennes divisions de la France en provinces, comtés, baillages avaient disparu. On s'en prendra aux édifices, monuments pour détruire tout ce qui pouvait rappeler l'ancien régime. Les hommes même qui le représentaient n'échapperont point au couperet fatal, à moins qu'ils ne prennent le chemin de l'exil. Dans les clubs de Layrac s'agitaient les esprits exaltés, imaginant quelque mesure nouvelle, destinée à supprimer ou à faire disparaître les souvenirs d'un passé odieux.

Le 23 novembre 1792, le Conseil Général étant assemblé, se présenta une députation de la Société des Amis de la Liberté et de l'Egalité de la ville, demandant la disparition des noms anciens des rues. Ces délégués sollicitèrent l'inscription des rues avec des titres analogues à notre glorieuse Révolution. Pouvait-on, sans être soupçonné d'incivisme, réprouver cette proposition ?

Le Conseil Général, après avoir ouï le Procureur de la Commune délibéra que de suite il serait posé à chacune des rues, sous les numéros de 1 à 25, les titres suivants :

1. Rue de la République.
2. — du Champ de Mars.
3. — de l'Egalité.
4. — de la Marseillaise.
5. — du Club.
6. — de la Gironde.
7. — de la Maison Commune.
8. — du Jardin Public.
9. — du Touron.
10. — Marchande.
11. Rue de la Fédération.
12. — de la Boucherie.
13. — de l'Union.
14. — des Piques.
15. — Patriotique.
16. — Nationale.
17. — des Fours.
18. — de la Convention.
19. — des Bons enfants.
20. — Civique.

---

(1) *Registres municipaux.*

21. Cul de sac catholique.
22. Rue Ça ira.
23. — Ça ira.

24. Rue de la Loi.
25. — Tranquille.

Les noms des places depuis le n° 1 jusqu'au n° 4 seront inscrits :

N° 1 Place d'Armes.
N° 2 Place Thionville.

N° 3 Place Primaire.
N° 4 Place de Lille.

Les Portes depuis le n° 1 jusqu'au n° 3 seront désignées :

1° Porte de la Gironde.
2° Porte du Champ de Mars.

3° Porte de Marseille.

Il est dit que de suite il serait procédé à la diligence des officiers municipaux à l'inscription des dites Rues, Places et Portes et les frais seraient payés sur les fonds imprévus (1).

Elections nouvelles du Juge de Paix, du Maire, Conseillers, Procureur

La fin de l'année 1792, qui avait fait subir bien des changements, aux institutions et aux monuments, amena aussi des modifications dans la Municipalité de Layrac.

Dans le procès-verbal de l'assemblée du 29 novembre 1792, il est dit que Bernard Durand, Maire, ayant été nommé dans la réunion électorale tenue à Casteljaloux, membre du Directoire du Département, le 25 novembre précédent, il y avait nécessiter de procéder à l'élection d'un nouveau Maire de Layrac. Et cette élection aura lieu dans les premiers jours du mois prochain.

Le décret de la Convention Nationale relatif au renouvellement des Corps administratifs municipaux et judiciaires fut porté le 29 octobre 1792.

En outre sieur Bonaventure Durand, qui par ses connaissances et ses aptitudes avait obtenu d'être promu aux fonctions de Juge de Paix du canton de Layrac, le 26 décembre 1790, venait d'être appelé comme son frère Bernard Durand, à exer-

---

(1) *Registres municipaux.*

cer une charge plus importante. Il avait été élu Juge du Tribunal du District d'Agen, et il dût se hater d'aller prendre possession de ses nouvelles fonctions. La place de Juge de Paix du canton de Layrac était donc vacante et il y avait urgence de pourvoir à la nomination d'un nouveau titulaire. Le citoyen Jean Michel Deforcade, qui avait exercé l'emploi de Procureur de la Commune, fut choisi par les électeurs. Le procès-verbal de cette élection ayant été lu, le citoyen Ratier faisant fonction de Procureur de la Commune, invita le nouveau Juge à prêter le serment prescrit par la loi. Aussitôt le citoyen Deforcade se présente et debout, la main droite levée, il prononce le dit serment : Je jure d'être fidèle à la nation et à la loi et de remplir les fonctions de mon office avec exactitude et impartialité. Caprais Depau, qui avait reçu le serment, en qualité d'officier municipal, descend de son siège, s'avance vers le citoyen Deforcade, le prend par la main et l'installe dans sa nouvelle dignité. Puis se tenant debout et la main droite levée, il prononce à haute voix, au nom de l'assemblée, les paroles suivantes : Nous jurons, au nom du peuple, de porter à votre Tribunal et à vos jugements le respect et l'obéissance que tout citoyen doit à la loi et à ses organes. Et il termine en disant : Votre installation est faite. Et le procès-verbal de cette cérémonie fut rédigé et signé par tous les membres présents du Conseil municipal (1).

A la suite de l'élection de Bernard Durand à la fonction de membre du Conseil du Département de Lot-et-Garonne, assemblée qui forme aujourd'hui le Conseil Général du Département composé d'un membre élu en chaque canton, l'administration municipale de Layrac, fut renouvelée dans son chef et dans ses membres. L'assemblée primaire fut convoquée à cet effet le 2 décembre 1792, pour procéder à ces élections dans l'église paroissiale. Et le lendemain 3 décembre, les nouveaux élus se réunirent dans l'Hôtel de Ville pour prêter le serment ordonné par la loi. Le successeur de Bernard Durand, Maire, fut le citoyen Augustin Biran de Molinis. Les officiers municipaux étaient les citoyens Jean Nézat dit Petitet, Joseph Desburs, Jean

---

(1) *Registres municipaux.*

Busquet, Jean Marrassé, Joachin Bergoignié, Jean Jacques Bordes, Jean Duplan et Joseph Dupont.

Le nouveau Procureur de la Commune remplaçant le citoyen Deforcade fut Blaise Capponnel. Et tous, les uns après les autres prêtèrent le serment d'être fidèles à la nation, de maintenir la liberté et l'égalité et de remplir avec zèle et courage les fonctions qui leur étaient confiées et de mourir à leur poste s'il le fallait. Le secrétaire greffier, nommé lui aussi au dernier scrutin, Jacques Bordes rédigea le procès-verbal que signèrent le nouveau Maire et tous les membres présents de la Municipalité (1).

Avec des hommes nouveaux à la tête de l'administration, les clubs vont redoubler de zèle pour exercer des vengeances particulières contre certains personnages, qu'ils accusaient de montrer peu d'enthousiasme pour les transformations sociales et pour les destructions religieuses.

C'est ce que fait pressentir la fin de la séance de ce même jour. A peine la nouvelle Municipalité est-elle installée, que les mesures vexatoires et les perquisitions redoublent. En effet les citoyens Joseph Dupont, Jean Bordes, Bernard Bensse et Jean Goux semblaient n'attendre que ce moment et ils se présentent à l'Hôtel de Ville pour rendre compte des visites domiciliaires qu'ils ont exécutées en vertu d'un mandat qui leur fut donné le 28 août dernier. Ils se sont transportés chez des citoyens déclarés suspects, et voici ce qu'ils ont saisi :

1° Chez le citoyen Antoine Canal, un fusil de chasse, deux pistolets et deux épées étiquetées ;

2° Chez la V° Léglise, parente d'un émigré deux fusils de chasse et une épée ;

3° Chez le citoyen Maignas, un fusil à deux coups, un à un coup, une épée en cuivre avec gland en or ; le tout étiqueté ;

4° Chez Antoine Armaignac, un sabre et une hallebarde ;

5° Chez Jean Baptiste Sarramia, un fusil à deux coups, et un fusil à un coup, un couteau de chasse, un pistolet de poche etc.

Les dits Commissaires déposent ces objets et s'en déchargent (2).

---

(1) *Registres municipaux.*
(2) Ibid.

Les nouveaux fonctionnaires ne tarderont pas à prendre d'autres mesures qui dénoteront chez eux une volonté bien déterminée d'imposer un régime sévère et rigoureux.

Voici ce qu'ils décident dans la réunion du 7 décembre suivant :

Considérant qu'ils sont expressément chargés de tenir la main dans cette Commune aux règlements de police et à ce qui intéresse la santé, la tranquillité et le bon ordre dans les rues ;

Considérant qu'ils sont autorisés à faire et à publier des arrêtés pour l'observation des règlements de police, ils croient nécessaire en ce moment de rappeler les dispositions des lois sur ces objets.

Pour ôter aux contrevenants tout prétexte d'ignorance et de plaintes au sujet des amendes, le Corps municipal en permanence a arrêté de publier les dispositions suivantes :

1° Il est défendu de former aucun dépôt de paille, chanvre, fumier dans les rues. Il est enjoint de les nettoyer le samedi de chaque semaine, sous peine d'amende ;

2° Il est défendu de laisser vaguer des cochons, canards, oisons dans la ville après 8 heures du matin, sous peine d'amende ;

3° Il est enjoint d'entretenir une lumière devant sa maison, lorsqu'il s'y arrêtera des charrettes la nuit ;

4° Il est défendu d'exciter aucun tumulte, de tirer sans sujet fusées, pétards, coups de fusils et pistolets, de chanter des chansons indécentes de jour et de nuit, et rien troublant la tranquillité ou bonne mœurs, sous peine d'amende ;

5° Il est défendu à tous cabaretiers, hôteliers de donner à boire dans leurs maisons pendant les heures des offices divins, les jours de dimanches et fêtes, ni de retenir personne chez soi après 10 heures ; comme aussi de tenir jeux de hasard et de brelan etc... ;

6° Ordonne de se comporter avec décence dans les églises ;

7° Défense d'aller dans les bois, et obligation aux marchands de se pourvoir de patentes (1).

---

(1) *Registres municipaux.*

La fonction suppose la capacité, mais ne la donne pas. Le régime nouveau imposait des règlements si minutieux, que ceux qui étaient chargés de les appliquer n'en avaient pas toujours les moyens. Ainsi en fut-il au sujet des prescriptions relatives à la tenue des Registres de l'état civil. Le Clergé avait été dépouillé de cette charge, qu'il remplissait avec zèle et intelligence. Mais les officiers municipaux, investis de ces mêmes fonctions furent tout d'abord en beaucoup de villes, incapables de s'en bien acquitter. C'est ce que dût constater l'administration municipale de Layrac. Or comme cet emploi avait une grande importance pour les intérêts des familles, il fallut trouver des hommes capables de tenir exactement ces Registres. Après en avoir délibéré, le Conseil municipal arrêta de procéder par voie de scrutin secret à la nomination d'un substitut, chargé de cette fonction. Sur 15 votants, l'abbé L. Champmas obtint 15 suffrages ; l'abbé Berni, vicaire, 13 voix ; Prézelin et Bergognié, une voix chacun. M. Biran, Maire, proclama L. Champmas et J^h Berni, officiers publics de la Commune pour recevoir et enregistrer à l'avenir les actes de naissances, les mariages et les décès. On recourait forcément aux membres du clergé, qu'on avait exclus, sous le prétexte qu'ils représentaient l'ancien régime, mais sans avoir les éléments aptes à les remplacer.

Changer et détruire ne sont pas un progrès, ni toujours un avantage. Sous l'ancien régime l'administration municipale était dirigée par quatre Consuls qui se prêtaient secours et s'aidaient de leurs conseils. La législation nouvelle avait remis l'administration à un seul, au Maire. C'était une grave lacune que l'on ne tarda pas à combler. Ainsi le 23 décembre 1792, le Conseil Général déclara qu'il était nécessaire de donner au Maire deux adjoints, qui composeraient le Bureau de la Municipalité et dirigeraient les affaires de concert avec les autres officiers municipaux.

Les citoyens Joseph Desburs et Joachin Bergognié furent élus en qualité d'adjoints au Maire de Layrac.

CHAPITRE VI
Année 1793

Misère de la population. — Dénonciations contre J. Boussac, Vilarnau, Mme de Maignas, Gimet et Saint-Marc etc.

Pendant que la Convention poursuivait l'exécution de son programme de destruction, et qu'elle se préparait à consommer le grand attentat contre les institutions séculaires de la France en condamnant à mort le Roi Louis XVI, la Commune de Layrac se débattait sous les étreintes de la misère. Tout lui manquait à la fois : des fléaux nombreux avaient amené une pénurie de vivres, qui durait depuis plusieurs années, et en outre la rareté du numéraire rendait les transactions journalières presque impossibles. Il y avait bien les assignats, mais il fallait autre chose que de grosses coupures. Le salaire des ouvriers, les transactions quotidiennes pour l'achat et la vente des objets de première nécessité exigeaient une monnaie courante et de mince valeur. La Municipalité s'était efforcée de suppléer à ce défaut en créant des *Billets de Confiance* de 2 sous, 3 sous, 5 sous, 10 sous et 20 sous. Nous avons dit ailleurs les diverses opérations pratiquées à ce sujet. Dans les premiers mois de l'année 1793, la Municipalité s'occupa de développer ces transactions.

L'administration départementale fut encore sollicitée d'accorder des secours aux habitants, dépourvus de ressources, et privés de récoltes. Au mois de janvier, une somme de 300 livres fut ordonnancée par le Directoire du Département au profit de Layrac (1).

Cette question des subsistances ne fut pas spéciale à la Com-

---

(1) *Registres municipaux.*

mune de Layrac. La misère étant générale, le Conseil du Département s'en préoccupa dans ses séances de fin d'année 1792. « Des ennemis intérieurs disait le rapporteur, allarment le peuple sur les subsistances et cherchent dans ce moyen toujours puissant, toujours redoutable la réussite de leurs criminels projets. C'est une vérité développée dans le sein même de la Convention Nationale, et sur laquelle on n'a pas besoin d'insister. Le peuple nourri d'un mauvais pain, qu'il paye fort cher, est doublement atteint dans sa misère. Induit en erreur sur la cause dont il ressent cruellement les effets, il croit encore être juste lorsqu'il s'indigne, lorsqu'il se livre à des excès, lorsqu'il paralyse même totalement la circulation des subsistances et qu'il porte à son comble cette pénurie, cette cherté de grains, dont il accuse ses magistrats » (1).

Pendant que la guerre civile ensanglantait les principales villes de l'intérieur de la France et augmentait sa détresse et sa misère ; au dehors la guerre avec les nations étrangères exigeait des sacrifices d'hommes et d'argent sans cesse grandissants. Pour subvenir aux besoins de l'armée des appels nombreux furent adressés aux Municipalités afin de provoquer l'enrolement des volontaires et procurer des secours de vivres et d'habillements pour les soldats.

Le 8 février 1793 le Maire Biran donna communication d'une lettre écrite au nom des administrateurs du Directoire du Département, invitant la Municipalité à offrir et à fournir au moins dix paires de souliers pour les défenseurs de la Patrie. Appel fut fait aux cordonniers de la Commune qui s'engagèrent à fournir 60 paires de souliers pour le 25 février prochain. Ces souliers seront payés de suite, et la Municipalité les enverra au Directoire du Département comme une offrande Patriotique des citoyens de Layrac, qui n'ont rien tant à cœur que la prospérité de la République. Les cordonniers s'engagent en outre à offrir 60 paires de souliers dans le courant des mois de mars, d'avril et de mai. La Municipalité paiera la somme de 7 livres par paire (2).

---

(1) Procès-verbal de la session du Conseil du Département en décembre 1792, p. 48.

(2) *Registres municipaux.*

La Société des Amis de la Liberté et de l'Egalité, séante à Agen, offrit 500 paires de souliers qu'elle adressa directement à l'armée du général de Custine (1).

En dépit des cris de guerre qui se faisaient entendre au-delà des frontières et dans l'intérieur de la France, les membres de la Convention travaillaient à rallier tous les citoyens autour d'une même idée, la *Liberté*, pour empêcher les divisions et le morcellement de la Patrie. A défaut de justice et de loyauté à l'égard des citoyens, les membres de la Convention prescrivaient des serments dans le but de lier et d'obliger les citoyens à s'abstenir de participer à tout acte, à tout mouvement, à toute association qui pourraient nuire au salut de la France.

En vertu d'ordres supérieurs, le Conseil Général de Layrac, convoqua par affiches tous les citoyens à assister, le 10 février, à 2 heures après-midi, à la prestation d'un nouveau serment. Cette cérémonie eut lieu dans l'église paroissiale, à l'issue du chant des vêpres. Un détachement de la garde nationale rendit les honneurs à la porte de l'église. Et là en présence du Juge de Paix, assisté de son greffier, du curé et du vicaire, le citoyen Maire, au nom de ses collègues prononça le serment suivant :
« Nous jurons de défendre jusqu'au dernier soupir, la Liberté et l'Egalité, la souveraineté du peuple, dans toute son intégrité, l'unité et l'indivisibilité de la République, la sureté des personnes et des propriétés, de dénoncer comme ennemis publics tous ceux qui tiendront une conduite opposée à ces principes, que nous avons déjà juré de maintenir. »

Après cela, les membres du Conseil Général et tous les citoyens présents prononcèrent à haute voix ces mots : Je le jure !

La cérémonie terminée, la garde nationale escorta le Juge de Paix et ses assesseurs jusque dans la Maison Commune, où fut rédigé et signé le procès-verbal de la cérémonie qui venait de s'accomplir (2).

D'après le texte de ce serment nous voyons que la dénonciation était devenue un devoir civique, que tout bon patriote devait remplir. Ce fut en effet un fléau pour la ville de Layrac, et comme l'a observé le fameux Paganel, un des élus du départe-

---

(1) Bulletin du département du 14 mars 1793, signé, Diché, secrétaire général,
(2) *Registres municipaux.*

ment du Lot-et-Garonne. « Tandis que cette hydre de tyrannie pesa sur la France, on vit les savants dénoncés par les ignorants ; les hommes d'esprit par les sots, les grands talents par les talents médiocres, les riches par les pauvres, des maîtres par des valets, de vieux officiers par des soldats mutins. On jugeait les opinions présentes par les fonctions passées, et ne pouvant dénoncer le silence, on l'interprétait » (1).

Nous citerons quelques faits à l'appui de ces réflexions.

Déjà dans le courant de l'année 1792 des dénonciations avaient été faites contre quelques citoyens *suspects*. Mais l'année suivante, l'action des clubs devint prépondérante et les membres de ces associations, stimulés par les communications occultes des clubs des villes voisines, et exaltés eux mêmes par des doctrines anti-sociales ou des jalousies personnelles, ne reculèrent devant aucune calomnie, sous prétexte de patriotisme et de dévoûment à la République.

Le 20 mars l'Assemblée municipale reçut communication d'un arrêté du Directoire du Département, relatif à la levée d'une force départementale et à des mesures de sureté publique, portant entre autres choses :

1° Qu'il sera levé de suite pour le recrutement de l'armée une force publique de 2.456 hommes, dont le nombre sera réparti dans le District ;

2° Que les Commissaires feront conduire de suite à Agen tous les chevaux non employés à l'agriculture et au commerce, et propres à l'expédition militaire.

La délibération eut lieu sur ces propositions, et après avoir entendu le Procureur de la Commune, il fut décidé : 1° que les citoyens ayant des chevaux propres à une expédition militaire seraient tenus de les présenter ;

2° Il sera ouvert un Registre pour inscrire les citoyens voulant partir pour venger la patrie ;

3° Les lettres adressées aux citoyens reconnus *suspects* dans cette Municipalité seront décachetées et livrées, à l'arrivée du courrier, pour s'assurer si dans ces correspondances il n'y a rien pour trahir la patrie ;

---

(1) *Essai historique et critique sur la Révolution Française* par M... ex-législateur, membre de la Société Sciences et Arts d'Agen, II, p. 132.

4° Il est défendu à tous les citoyens de tenir une assemblée suspecte ;

5° Il sera fait des visites domiciliaires chez les citoyens désarmés, en vertu de la loi du 10 août, pour s'assurer s'ils ne se sont pas procuré de nouvelles armes ; et tous les autres citoyens reconnus suspects seront désarmés et consignés dans leurs maisons ;

6° Les différents marchands de poudre seront tenus de remettre en Maison Commune la poudre, plomb et pierres à feu, lesquelles munitions seront mises en dépôt chez le citoyen Biran, Maire ;

7° Et attendu qu'il a été ouvert plusieurs lettres par deux Commissaires nommés, il a été décidé qu'une de ces lettres timbrée et datée de Perpignan du 13 du courant, adressée au citoyen Vilarnau de cette ville, et anonyme, était fortement suspecte. Il a été délibéré que le citoyen Vilarnau serait mandé et que le scellé serait mis sur le champ sur ses meubles et effets.

Le dit Vilarnau ayant comparu, il lui a été exhibé la dite lettre, qu'il a déclaré reconnaître être de Joseph Cappot, son neveu, de la ville de Perpignan (1). Lue au dit Vilarnau, celui-ci a répondu qu'il y a environ trois mois, Deguilhem Saint-Marc lui demanda s'il ne serait pas possible, par son neveu de faire passer dix louis d'or au fils du dit Saint-Marc, prêtre, déporté à Mataro, en Espagne (2). A quoi il répondit qu'il n'était rien de plus aisé. La réponse, dont il est question en tête de la lettre interceptée, doit être relative à l'annonce de l'argent qui devait être compté à l'abbé St-Marc, prêtre. Le parent désigné dans cette lettre doit être le dit St-Marc, prêtre ; et l'article inséré dans la lettre : tâchez de faire passer à Mataro ce dont nous sommes convenus, ne peut être que les dix louis d'or, dont il est question.

---

(1) Un membre de la famille des Cappot, parent des Cappot de Barrastin et des Cappot de Feuillide alla s'établir à Perpignan vers la fin du XVIIe siècle, y fit souche. De là l'alliance avec les Vilarnau et la branche Cappot Vilarnau, dont un des membres fut capitaine.

(2) L'abbé de Guilhem de St-Marc, originaire de Layrac était fils de sr J. Baptiste Deguilhem de St-Marc et de Marguerite Cappot ; il était doyen de Montpezat dans le Quercy en 1791. Il refusa le serment à la Constitution Civile du Clergé et passa en Espagne pour éviter la réclusion.

Le dit Vilarnau a déclaré de plus n'avoir jamais eu une correspondance avec Maignas, émigré (1), ni avec ledit St-Marc, prêtre, excepté qu'il écrivit, il y a environ trois ans au dit Maignas, pendant qu'il était à Arles en Roussillon.

Le dit Vilarnau ajouta avoir précédemment reçu de son neveu une lettre relative au même objet, qu'il a indiqué être déposée sur le chambrale de la cheminée, dans une chambre de sa maison.

Après cette déposition simple et sans réticence, le Conseil Général a de suite députe un de ses membres pour aller chercher la sus dite lettre, qui était signée, ainsi que la 1re, par les officiers municipaux : *ne varietur*. L'assemblée, éprise d'un zèle étrange comme s'il s'agissait de sauver la patrie, arrêta que copie du présent procès-verbal serait envoyée à l'administration avec les deux lettres, et en attendant le dit Vilarnau fut mis en état d'arrestation dans la maison du citoyen Blaise Capponnel, qui se rendit caution pour lui.

L'instruction fut poursuivie, et pour contrôler la déposition faite, Deguilhem de St-Marc, père de l'abbé Emigré vint comparaître et déclara en effet qu'il y avait, environ deux mois, il avait prié le dit Vilarnau de lui laisser mettre une apostille dans la 1re lettre écrite audit Cappot, son neveu, résidant à Perpignan, et que sur sa lettre il avait écrit au dit Cappot pour le prier de compter, au cours du change, la somme de 240 livres à l'abbé de St-Marc, son fils, réfugié à Mataro en Catalogne, comme prêtre réfractaire à la loi du serment. Et s'il lui fait cet envoi d'argent ce n'est que pour lui fournir des aliments et le sauver de l'extrême misère, à laquelle son fils se trouvait réduit. Il ajouta que c'était la 1re et seule fois qu'il a fait envoi d'argent. Et il déclare enfin que si son fils eût été émigré et qu'il eût été assez pervers pour porter les armes contre sa patrie, il l'aurait méconnu pour son fils et lui aurait refusé toute espèce de secours ; car à son avis, l'émigration est une lâcheté criminelle, et il s'y est toujours opposé par ses conseils. A peine M. de Guilhem de St-Marc achevait-il sa déposition que les commissaires envoyés pour apposer les scellés dans sa maison

---

(1) M. Paul de Guilhem de Maignas était marié à d^{lle} Angélique de Léglise, lorsqu'il émigra en Espagne.

arrivèrent. L'heure étant avancée, le Conseil municipal se vit obligé de renvoyer la suite de cette affaire au lendemain 21 mars, et on fixa l'heure de 7 heures du matin, pour faire une visite scrupuleuse de tous les papiers du dit Vilarnau.

Voici le procès-verbal de l'enquête indiquée :

« Nous J^h Desburs, Blaise Capponnel, J^h Larivière et Jean Raton, commissaires nommés par le Conseil Général pour procéder à la visite des meubles et effets du dit Vilarnau, et à la levée des scellés, nous avons vérifié le scellé apposé la veille et l'avons trouvé intact, nous sommes ensuite entrés dans la chambre du dit Vilarnau, nous avons ouvert le secrétaire, où nous n'avons rien trouvé qui puisse compromettre la sûreté publique, et dans lequel nous avons trouvé une lettre relative aux dix louis mentionnés dans la déclaration des dits Vilarnau et St-Marc, et nous l'avons signée : *ne varietur*, ainsi qu'une autre lettre, trouvée dans le dit bureau, et datée de Montpellier. Ensuite nous avons ouvert la commode, où nous n'avons trouvé que du linge, et point du tout de papiers. Ensuite nous sommes entrés dans la chambre à gauche, en avons ouvert l'armoire, où nous n'avons trouvé que du linge à l'usage du dit Vilarnau et point de papiers. De là sommes montés sur le haut et entrés dans la chambre au haut de l'escalier servant pour la servante de la maison ; en aurions ouvert l'armoire, où nous n'avons trouvé que du linge à l'usage de la servante. De là sommes montés au grenier, et avons ouvert les malles, dans l'une desquelles n'avons trouvé que de vieux papiers ne pouvant servir que pour le feu. Les autres malles étaient vides, ensuite sommes descendus dans une chambre, où étaient une commode et une malle, que nous avons ouvertes sans rien trouver que des vestes et des culottes d'été et des bas à l'usage du dit Vilarnau. De là sommes entrés dans une autre chambre au couchant, où nous avons trouvé un lit, que nous avons fouillé et visité, à la cote du quel sur une tablette se trouvaient plusieurs cahiers du *Mercure François*. Puis sommes entrés dans un cabinet attenant, où nous n'avons trouvé rien que des liasses de vieux actes et un grand nombre de livres de littérature. De là en une autre chambre, et après avoir ouvert un grand placard, nous n'avons trouvé que des effets de la femme du dit Vilarnau. Descendus au chai, aurions trouvé un vieux coffre renfermant quelques pots de graisse. De là dans un bouge, où est le lit de la servante que nous aurions visité et fouillé sans y rien trouver. Repassant dans la chambre du dit Vilarnau, où sont deux lits que nous aurions fouillés et visités, sans rien trouvé que le linge journalier de la cuisine. De là dans la cuisine où est une petite armoire, que nous avons ouverte et visitée. Il n'y avait que des pots de graisserie. Avons visité la cage de l'escalier que nous avons visitée et fouillée ; il n'y avait que des bouteilles. Descendus dans une grange soigneusement visitée et fouillée, n'avons trouvé que du bois à brûler. De tout quoi avons dressé le procès-verbal que nous avons signé ».

Après la lecture de ce procès-verbal, le Conseil municipal, pénétré de la gravité de ses hautes fonctions policières, délibéra qu'une copie en serait expédiée à l'administration avec les susdites lettres saisies (1).

Les détails minutieux de cette enquête, commandée par les membres de la Municipalité à l'égard de concitoyens, jusque là jouissant de l'honorabilité la plus parfaite, dénote que la terreur avait bouleversé toutes les têtes, On voyait des ennemis partout, et sur le moindre incident des dénonciations avaient lieu; et sans autre preuve que la parole d'un jaloux, les hommes les plus honorables furent arrêtés et consignés d'une manière très rigoureuse. C'est ainsi que furent consignés les citoyens Richard (2), Cappot, Antoine Armaignac, Jean Lafore, Jean Marcadet jeune, Jean Baptiste Sarramia et son frère Bruny Sarramia, Valentin Delpech, François Castex. Des femmes à qui on ne pouvait reprocher que leurs alliances avec des hommes honorables ou d'appartenir à des familles justement estimées, furent victimes de ces délations. Les citoyennes Mathieu aînée, d^{lle} Jacquette Chollet de Lascaban et Mme de Guilhem de Maignas et sa fille furent soumises à une consigne rigoureuse.

De vives rumeurs éclatèrent contre la Municipalité après la fameuse séance du 21 mars. Des pétitions furent rédigées pour protester contre ces mesures de rigueur que rien ne justifiait.

D^{lle} de Redon, épouse de s^r Bonaventure Barrastin, ancien officier d'artillerie, et pensionné même par la République, ne

---

(1) *Registres municipaux.*

(2) Le sieur Joseph Richard avait épousé Marie Gassou ; de ce mariage il y eut une fille qui en 1813 se maria avec Henri Latour d'Auvillars.

put que manifester son indignation. Un jour, traversant la rue et sortant de sa maison située sous la Cornière, elle fut rencontrée par un de ces farouches patriotes. En ce même moment passe un quadrupède habillé de soie. Adieu, citoyen, dit-elle à haute voix, de manière à être entendue du Municipal, qui se rendait au club. Celui-ci dénonça la citoyenne Barrastin comme coupable *d'incivisme* (1).

Les séances du Conseil Municipal étaient publiques, plusieurs pétitions furent déposées et lues le 24 mars. Le citoyen Deguilhem de St-Marc père, consigné lui aussi, comme nous l'avons dit, sans autre motif que sa qualité de père d'émigré, demandait comme les autres pétitionnaires, la liberté de sortir de chez lui. Le Procureur fut entendu pour donner son avis sur ces pétitions. L'assemblée ne put se refuser de faire droit à ces demandes, et revenant sur ses décisions antérieures, elle décida que tous les citoyens des deux sexes, dont nous avons cité les noms seraient déconsignés et libres de leurs personnes. Le citoyen Desburs, mû par un sentiment d'amitié et de profond respect pour le vieux Deguilhem de St-Marc, offrit d'être caution pour lui et demanda sa liberté, ce qui lui fut accordé (2).

Mais dès le lendemain la guerre, ou pour mieux dire la délation reprit son œuvre de haine. Pendant que le Conseil Municipal tenait sa séance publique, il fut donné lecture de deux lettres anonymes arrivées la veille par le courrier, la première était adressée à François Gimet, demeurant au Pépil; et l'autre, renfermée dans la 1re était adressée à la citoyenne Maignas, dont le mari était émigré. Elles furent jugées grandement suspectes, et comme elles ne pouvaient venir que des émigrés, l'assemblée décida que les scellés seraient immédiatement apposés sur les effets et les meubles de F. Gimet et de Jean Boussac aîné, ainsi que chez la citoyenne Maignas, tous trois désignés dans les susdites lettres.

Sont nommés commissaires pour se transporter chez F. Gimet, les citoyens J. Bordes et Prézelin ; pour aller chez Boussac, Nézat, Goux et Bordes ; et pour aller au domicile de la citoyenne Maignas, Marrassé, Marcadet et Bordes, secrétaire.

---

(1) Anecdote racontée par sa belle-fille, Mme Clémence Barrastin, décédée il y a environ 15 ans.

(2) *Registres municipaux*.

Et attendu que la maison de la citoyenne Maignas paraissait la plus suspecte, puisque son mari était émigré, il fut donné aux Commissaires chargés d'apposer les scellés sur les meubles et les effets, l'autorisation de fouiller tous les meubles de la maison, et d'y faire une exacte perquisition. De même lorsque les Commissaires, qui devaient se transporter chez F. Gimet et chez Boussac furent rendus, on leur recommanda de faire une exacte visite dans leurs maisons, et le citoyen F. Gimet fut requis de se présenter devant la Municipalité.

Les Commissaires mirent un grand empressement à s'acquitter de leur mandat, et le lendemain on voit se présenter à la séance publique du Conseil municipal les citoyens Nézat, Bordes et Prézelin qui étaient allés apposer les scellés sur les meubles et les effets des citoyens Boussac et Gimet. Ils avaient rédigé le procès-verbal de leurs opérations, duquel il résultait que rien de suspect n'avait été trouvé chez Boussac, ni chez Gimet. Les Commissaires, qui avaient visité et fouillé la maison de la citoyenne Maignas, firent la même déclaration, qu'ils consignèrent dans le procès-verbal, rédigé par eux. Une seule observation fut faite au sujet des perquisitions faites chez F. Gimet. Les Commissaires déclarèrent avoir trouvé dans sa maison un livre intitulé : *Parallèle des Révolutions* ; ils ont saisi ce livre et ils le déposèrent avec une gravité solennelle sur le Bureau du Conseil. F. Gimet ayant été mandé, se présenta devant la Municipalité. La lettre écrite à son adresse lui fut exhibée et il déclara ne pas reconnaître l'écriture. Il lui en fut donné lecture. On lui demanda s'il n'avait pas reçu d'autre lettre du ci-devant curé de Barbonvielle, (1) Gimet répondit que non. Interrogé s'il avait écrit au ci-devant curé de Barbonvielle, alors en Espagne ; il dit lui avoir écrit pour lui demander le certificat constatant que le dit curé n'était parti de Bagnères de Luchon qu'après la publication de la loi, relative à la déportation, et sa lettre fut adressée à Sadaba en Espagne, car le citoyen Beaumont, habitant de Barbonvielle lui avait appris que l'abbé Labole se trouvait dans ce village, province

---

(1) Il s'agissait de l'abbé Labole, curé de Barbonvielle, qui avait refusé le serment et émigré en Espagne et sa sœur avait épousé le sieur Fr. Gimet. Après son retour en France Mgr Jacoupy le nomma en 1803, curé de Barbonvielle.

de Saragosse ; et le curé de Barbonvielle lui même, en lui écrivant de Bagnères de Luchon lui avait annoncé son projet de se rendre à Saragosse. Mais comment s'était-il procuré le susdit certificat qu'il déposa sur le Bureau ? Gimet leur apprit que l'abbé Labole son beau-frère avant de quitter Bagnères de Luchon l'avait averti que s'il avait besoin de ce certificat pour éviter le sequestre de ses biens, il n'aurait qu'à s'adresser au citoyen Lafon, homme de loi à Bagnères, qui le lui transmettrait.

Mais avez-vous envoyé au dit curé le testament du Roi Louis XVI ? Je n'ai rien envoyé, répondit Gimet. La lettre est-elle de votre beau-frère ? Gimet a répondu que ce devait être la réponse à celle qu'il lui avait écrite à Sadaba, en Espagne, comme il paraît, d'après les objets qui y sont cités. Comment vous est parvenu le livre intitulé : *Parallèle des Révolutions* ? Je l'ai reçu par l'entremise du citoyen Duffourc jeune d'Estaffort, auquel son beau-frère l'avait envoyé. N'avez-vous pas été chargé de remettre d'autres lettres à la citoyenne Maignas ? Je n'ai jamais eu de communication avec la dite Maignas, et je n'ai jamais reçu de l'étranger aucune lettre pour elle. Le procès-verbal de cet interrogatoire fut lu au citoyen Gimet qui y apposa sa signature et dit qu'il contenait vérité.

La Municipalité embarrassée de son rôle inquisitorial et de la précision que l'accusé mettait dans ses réponses, eut recours à des chicanes. Elle trouva que Gimet avait un air peu assuré, que sa parole manquait de précision, qu'elle était vague et même contradictoire lorsqu'il avait été question de la lettre incluse et adressée à Mme Maignas, femme d'émigré, et dont le style révèle qu'elle est bien du citoyen Maignas. Dès lors le Conseil visant la loi de répression qui défend toute correspondance avec les émigrés, décida que le dit Gimet serait mis en état d'arrestation. Aussitôt J. Bordes aîné se porta caution pour l'innocence de F. Gimet, et le Conseil fit droit à cette demande (1).

Le lendemain 27 mars, le Conseil municipal s'érigeant en Tribunal d'accusation, se réunit pour entendre la citoyenne Maignas, relativement à la lettre, dont nous venons de parler.

---

(1) *Registres municipaux*.

On vint dire que la citoyenne Maignas était retenue dans son lit pour raison de maladie et ne pouvait comparaître. Quatre Commissaires sont désignés pour se rendre auprès de la malade, afin de procéder sans retard à son interrogatoire. Le Conseil était encore en séance lorsque les quatre Commissaires viennent rendre compte de leur mission. Nous nous sommes transportés chez la citoyenne Maignas, accompagnés du greffier, dirent-ils, entrés au salon nous avons exhibé à la dite Maignas la lettre à elle adressée. Elle a répondu qu'elle reconnaissait fort bien l'écriture de son mari. Interrogée depuis quand elle a reçu de ses nouvelles ; elle a répondu : depuis environ six mois.

Interrogée si ces jours derniers elle avait reçu une lettre par l'entremise de Boussac. Elle a dit n'avoir rien reçu ces derniers jours, ni jamais. Elle a répondu aussi n'avoir rien reçu de son mari par l'intermédiaire de F. Gimet, à qui elle n'a pas adressé la parole depuis dix ans. Elle n'avait écrit ni fait écrire à son mari depuis deux mois environ, mais elle ignorait le décret qui défend toute communication par lettres avec les émigrés, et même dans sa dernière lettre elle avait recommandé de ne plus lui écrire, ne voulant pas recevoir de ses lettres. Interrogée par quelle voie elle avait fait parvenir sa lettre, elle a répondu qu'elle l'avait adressée à M. de Maignas, à Bagnères de Luchon. Interrogée si elle a informé son mari de la vente du mobilier de sa maison, elle a répondu affirmativement. Où est votre mari actuellement ? Je n'ai pas le droit de croire qu'il soit ailleurs qu'à Bagnères puisque c'est dans cette ville que je lui ai adressé ma lettre. Il lui a été demandé si, après avoir lu la lettre de son mari, elle comprenait qu'elle était la personne désignée par les premières lignes ? Mme de Maignas a répondu que son mari avait dû la désigner, puisque cette personne avait désiré la glace et le bureau, et indiqué la somme d'argent pour les acheter. Que signifie ce passage de la lettre : Votre fils a bien fait de chercher un moyen de suppléer à sa mémoire. Est-ce vous qui avez informé votre mari que son fils a retenu l'état des objets mobiliers vendus ? Mme de Maignas a répondu affirmativement et que signifie cet autre passage : votre bon ami vous a écrit, et sa lettre vous parviendra par le s^r B. Capdeville ; et avez-vous reçu quelque lettre ? Je n'ai reçu, répondit Mme de Maignas, aucune lettre de mon mari, et j'ignore ce que signifient ces initiales B C. Enfin que veulent dire ces dernières paroles : Si vous y répondez comme je l'espère je vous prie... ? Je n'ai, répliqua l'inculpée, aucune intention d'écrire à mon mari, et s'il reste absent dix ans, je ne lui écrirai jamais et je jurerai sur les S. Evangiles, si cela est nécessaire, de persister dans cette résolution. Le greffier donna lecture de cet interrogatoire à Mme de Maignas qui déclara qu'il contenait vérité, et apposa sa signature à côté de celles des Commissaires (1).

Boussac aîné fut cité à comparaître à son tour devant le Conseil municipal. Interrogé s'il avait en ce moment quelque relation avec quelqu'un en Espagne, il répondit négativement, ajoutant que quatre mois auparavant il était en relation avec l'abbé de St-Marc, son beau-frère. Mais ayant observé qu'aux yeux de la Convention Nationale toute correspondance avec l'étranger le rendait suspect, il avait mandé à son beau-frère de ne plus lui écrire, pour éviter d'être compromis.

Comme on lui demanda encore s'il avait reçu des lettres du curé de Barbonvielle, il dit n'en avoir jamais reçu, vu qu'il n'avait aucune relation avec lui, et qu'il ne le connaissait que depuis très peu de temps. Mais avez-vous reçu quelque lettre du citoyen Maignas ? lui demanda-t-on, et dans cette lettre, n'y en avait-il pas quelque autre incluse ? Boussac répondit n'avoir reçu aucune lettre, ni pour lui, ni pour personne. Il lui fut donné lecture de la lettre adressée à Fr. Gimet, et Boussac fit observer que l'auteur de cette lettre avait pu le désigner par le mot : Bon... mais quant au passage de l'autre lettre : *sa lettre vous parviendra par B C*, il prétend n'avoir pu être désigné puisqu'il n'a jamais reçu aucune lettre de Maignas, ni pour lui, ni pour personne.

Après cet interrogatoire, le procès-verbal en fut rédigé et signé, et on écrivit au bas : Vu la lettre adressée à Gimet et son incluse ; vu les procès-verbaux des Commissaires d'apposition et de levée des scellés, ainsi que la déposition des susdits citoyens ; ouï le Procureur, il a été délibéré que les deux lettres signées par les citoyens Maire et Procureur : *ne varietur*, ainsi que la copie du présent procès-verbal seraient envoyés à l'admi-

---

(1) *Registres municipaux.*

nistration du District, de même le livre : *Parallèle des Révolutions* (1).

Le Conseil Général tint une réunion publique trois jours après, pour tirer des conclusions des enquêtes et interrogatoires précédents. Le début de la séance fut consacré à répondre à une lettre datée du 29 mars, par laquelle le Directoire du District du Département demandait compte de l'emploi des sommes accordées à la Municipalité pour les ateliers de secours. Puis le citoyen Moyse Lafon vint déposer sur le Bureau 4 paires de souliers, qu'il offrait pour être envoyés aux volontaires de l'armée de Custine. Les Conseillers municipaux déclarèrent leur intention de rendre un compte détaillé des fonds précédemment accordés : on fit observer seulement qu'une somme de 300 livres destinée au dessèchement de marais autour de la ville, n'avait pu être employée, parce que les pluies continuelles avaient empêcher d'exécuter ce travail. Des félicitations furent adressées au citoyen Moyse Lafon pour l'offrande des quatre paires de souliers. Finalement on en vint à l'affaire qui avait occupé la séance précédente. A cette époque, être suspect était un grave danger. Etre accusé c'était un malheur et un crime très souvent.

Le Conseil Général, vu les lettres adressées à Gimet et à la citoyenne Maignas, leur interrogatoire et des personnes y désignées, le louche des réponses évasives de Gimet, la conduite précédente de J. Boussac jointe à l'inculpation qui paraît dirigée contre lui, puisque par la 1re syllabe de son nom, rapportée dans une lettre, et les lettres B C dans l'incluse, il serait clair qu'il a entretenu des relations et correspondances criminelles avec les émigrés ;

Vu le salut de la patrie qui exige des autorités constituées la plus scrupuleuse et la plus sévère surveillance ;

Vu la loi du 11 août 1792, qui charge les Municipalités de protéger la sureté générale ; ouï le Procureur de la Commune ;

Délibère qu'un mandat d'arrêt sera lancé contre le citoyen Gimet, du Pépil, J. Boussac et la citoyenne Maignas ; qu'il sera renvoyé copie des pièces, procès-verbaux, interrogatoires au

---

(1) *Registres municipaux* signés par Biran Maire, Desburs, Larivière, Bergugnié, Bordes.

Directoire du District, avec prière d'envoyer demain la gendarmerie nationale pour conduire les prévenus dans la maison d'arrêt du District, la Municipalité n'ayant pas d'endroit propre pour pouvoir les garder longtemps (1).

Les évènements se précipitaient. La Convention avait envoyé dans toutes les parties de la France des émissaires ou proconsuls, revêtus de pleins pouvoirs, afin de poursuivre les ennemis de la patrie qui se trouvaient dans l'intérieur. Les commissions dont les représentants du peuple furent chargés, raconte l'un d'eux, dont nous allons citer les actes dans le Département de Lot-et-Garonne, n'eurent d'abord pour objet que le recrutement « et l'approvisionnement des armées. Bien-
« tôt l'exercice de la haute police leur fut conféré. Enfin inves-
« tis d'un pouvoir illimité, ils représentèrent la Convention
« Nationale, soit qu'ils marchassent à la tête des légions répu-
« blicaines, soit qu'ils résidassent dans les départements » (2).

Et il ajoute par forme de justification et de glorification : « Tout changea dans les départements et aux armées, quand
« Robespierre eut substitué les inquisitions et la terreur à l'é-
« mulation du patriotisme, quand son gouvernement révolu-
« tionnaire eut glacé d'effroi tous les cœurs » (3).

C'est sous cette influence qu'agirent les Conseils municipaux.

Le Conseil Général de Layrac assemblé en séance publique, le 1er avril 1793, le Maire déposa sur le Bureau une lettre du Procureur syndic adressée au Directoire du District et aux Corps municipaux, portant que les citoyens Garrau (4) et Paganel (5) Commissaires de la Convention Nationale ont requis

---

(1) *Registres municipaux.*

(2) *Essai historique et critique sur la Révolution Française*, par M. Paganel, ex-législateur, II, p. 178.

(3) Ibid., page 181.

(4) Paganel dont il est ici question avait été professeur au collège d'Agen, de 1772 à 1788, plus tard il devint curé de Noaillac, arrondissement de Villeneuve-sur-Lot et il avait pour vicaire, l'abbé Champmas jeune, qui prêta serment à la Constitution Civile du Clergé. L'abbé Champmas plus tard devint maître de pension au collège de Layrac. L'abbé Paganel fut élu Procureur syndic de Villeneuve, plus tard membre de l'Assemblée Législative, membre de la Convention où il vota la mort de Louis XVI et il mourut en 1820 à Bruxelles.

(5) Pierre Anselme Garrau qui accompagnait Paganel était né à Ste-Foy en

qu'il fût formé à Agen un *Comité provisoire de sûreté générale* et le dit Procureur syndic est autorisé à requérir l'établissement d'un Comité provisoire de sûreté générale dans toutes les communes du Département.

L'assemblée est priée de délibérer sur la nomination de trois membres destinés à former ce Comité.

Après avoir entendu le citoyen Procureur de la Commune, furent nommés comme membres du Comité de sûreté générale dans la commune de Layrac, les citoyens Biran de Molinis, Maire ; Bordes jeune et Nézat Petitet, officiers municipaux, tous trois citoyens recommandables pour leur patriotisme.

Cela fait, il fut donné communication de l'arrêté du Directoire du Département en date du 30 mars dernier, relatif à la détention des citoyens qui n'ont pas prêté le serment prescrit par les lois des 14 et 15 août. Le Conseil, après s'être fait représenter la délibération du 30 septembre précédent, a jugé qu'il n'y avait dans cette commune aucun citoyen obligé à prêter le dit serment, qui ne l'eût déjà prêté ce sus dit jour (1).

Comme nous venons de le constater, l'agitation était grande dans la commune de Layrac, et les questions politiques avaient troublé toutes les relations sociales. Et ces bourgeois aux mœurs douces et faciles, vivant dans des rapports très agréables, dont les familles étaient presque toutes reliées les unes aux autres par des alliances, s'acharnèrent à se poursuivre les uns les autres sous le simple soupçons de divergences d'opinion politique sur des évènements et des hommes étrangers à la localité.

La vie municipale était très intense, car tous les bouleversements accomplis en France ou au delà des frontières avaient leur répercussion jusque dans les plus petites communes. Chaque volontaire qui s'enrolait pour aller au secours de la patrie pouvait espérer arriver aux grades supérieurs, devenir général, maréchal de France. Cela arrive maintefois, et de même dans les assemblées municipales ou départementales, les élus, avec une ambition ardente pouvaient prétendre, grâce aux caprices

---

1762. Il fut élu député à l'Assemblée Législative et à la Convention Nationale où il vota la mort de Louis XVI. Il mourut en 1819.

(1) *Registres municipaux.*

de l'élection populaire, exercer les fonctions les plus élevées. Le mérite ou la capacité n'étaient pas toujours requises, rien n'était impossible à un véritable Jacobin.

Le 3 avril, dans la réunion tenue par le Conseil Général de Layrac, il fut annoncé que le citoyen Capponnel qui exerçait les fonctions de Procureur de la Commune venait d'être nommé agent militaire pour le District de Valence. Blaise Capponnel avait dans sa jeunesse pris du service dans les armées du Roi, son zèle pour le régime nouveau lui valut cette nomination et il était tenu d'aller prendre possession de ses nouvelles fonctions, ce jour même (1). Il fallut lui donner un remplaçant à Layrac et Joseph Dupon, déjà officier municipal, fut désigné par l'assemblée pour remplir la charge de Procureur de la Commune, charge qui devenait de plus en plus sérieuse et absorbante.

Dans une précédente réunion, le Conseil avait décrété l'arrestation de plusieurs citoyens soupçonnés d'entretenir des relations avec des émigrés. Le local pour recevoir les condamnés étant insuffisants on s'était bien adressé au Directoire du Département pour sequestrer ces prisonniers. Comme la réponse ne vint pas ou ne parut pas satisfaisante, il fallut prendre une décision et ce fut le local du Couvent des Bénédictins, qui fut affecté à renfermer les prisonniers. Il en sera toujours ainsi fermer un monastère où le Dieu de paix et de miséricorde est loué et adoré, c'est ouvrir une caserne pour des soldats ou des gendarmes, ou biens des prisons où la justice implacable des hommes logera les défenseurs de l'ordre social ou ceux qui ont travaillé à la renverser. Seulement ces transformations ne sont pas des améliorations et elles coûtent cher. Pour garder les prisonniers enfermés dans le Couvent de Layrac, il fallut créer des gardes et les payer, et les ressources étaient épuisées. Alors le Conseil municipal, considérant que les dépenses nécessaires pour garder les citoyens détenus dans la maison d'arrêt étaient exorbitants, décida que la garde affectée à cela serait renvoyée et que le citoyen Raton ferait des visites fréquentes dans ces maisons d'arrêt pour s'assurer si les détenus ne faisaient pas des tentatives pour s'évader.

---

(1) Il ne tarda pas à revenir à Layrac où il vint remplir les fonctions de Procureur de la Commune et plus tard il fut Président de l'administration municipale sous le Directoire.

Les haines politiques rendent cruel ; témoin la requête présentée à la Municipalité au sujet d'une prisonnière. Le Conseil, vu l'état de maladie de la citoyenne Maignas, le Directoire du Département sera consulté pour savoir si elle pourra être transférée de la maison d'arrêt dans ses propriétés pour y être détenue en arrestation, sous la surveillance du Comité de sûreté générale. D'après une réponse favorable du Directoire, l'assemblée délibéra qu'il serait permis à la dite Maignas de se retirer dans sa maison, où elle sera continuée en état d'arrestation (1).

Son crime était d'être soupçonnée d'avoir reçu une lettre de son mari émigré. Il y avait d'autres citoyens détenus en prison, que le Conseil municipal plaça sous l'active surveillance de J. Jacques Bordes, Jean Marrassé, J. Marcadet et J^h Dupont, Procureur de la Commune en vertu de sa délibération du 30 mars. Huit jours après ces Commissaires viennent rendre compte de leur mandat. Nous nous sommes transportés, racontent-ils dans la maison des ci-devant Religieux Bénédictins, dans laquelle est détenu le citoyen F. Gimet en état d'arrestation en vertu de l'arrêté du Conseil Général du 31 mars précédent.

Nous l'avons interrogé comment lui était parvenu le livre intitulé : *Parallèle des Révolutions*. Gimet a répondu avoir appris que le dit livre avait été remis au domestique du citoyen Mallac de Gimbrède par P. Labole, son beau-frère, lequel le donna à ce domestique, à Bagnères-de-Luchon. Mais, qui vous a remis ce livre à vous ? demandèrent les commissaires. Je l'ai reçu par l'entremise du citoyen Duffour jeune d'Estaffort, mais je ne me rappelle pas le nom de celui qui me le remit et le porta chez moi. Mais à quelle époque ? En septembre reprit Gimet il fut déposé chez moi par une personne venant du marché d'Estaffort.

Cette déposition fut consignée par écrit et déclarée contenir vérité ; aussi fut-elle signée par le dit Gimet et par les quatre Commissaires.

---

(2) *Registres municipaux.*

Recrutement des Volontaires. — Dénonciation du citoyen Secondat Roquefort. — Question des vivres. — Requisition des cloches. — Emprisonnements.
Avril 1793.

Il avait été fait appel aux jeunes gens pour les inviter à venir s'enroler pour la défense de la patrie. Cet appel intimé par le Directoire d'Agen avait été communiqué à tous ceux compris dans cette levée. Dans l'assemblée du 12 avril, le Conseil Général exposa que c'était ce jour là même que les volontaires devaient se rendre à Agen. Il s'agissait de nommer les Commissaires chargés de les conduire à leur destination.

Le Procureur ayant donné son avis, il fut décidé que Joachim Bergognié, J^h Desburs et Prézelin seraient priés de conduire à Agen les volontaires fournis par la Commune pour le recrutement de l'armée (1).

Trois jours après deux de ces volontaires désignés pour le recrutement Grégoire Verdié et Etienne Cappot vinrent demander qu'on agréat leurs remplaçants, à savoir : Arnaud Adié et Barthélemy Lhérisson, qui s'engagèrent à faire le service à leur place. Ce qui fut agréé (2).

A Agen comme à Layrac les patriotes avaient l'œil ouvert sur les allées et venues des aristocrates. Aussi en l'assemblée du 20 avril, les officiers municipaux donnèrent lecture de deux lettres, l'une venant des officiers municipaux d'Agen, l'autre écrite par la Société des Amis de la Liberté et de l'Egalité de la même ville annonçant que le citoyen Secondat Roquefort avait été arrêté à Lavaur, pour cause de suspicion et que les scellés avaient été mis sur ses malles et ses effets. Après avoir entendu l'avis du Procureur, l'assemblée décida que deux Commissaires accompagnant Marcadet jeune Procureur fondé du citoyen Roquefort, se transporteraient à la maison de campagne du dit Roquefort au lieu de Gayraud, pour prendre toutes les mesures qu'exigeaient les circonstances (3).

---

(1) *Registres municipaux.*
(2) Ibid.
(3) Ibid.

Ce fut vers ce même temps au mois d'avril que les officiers municipaux assemblés au nombre de huit y compris le Procureur Capponnel, délibérèrent sur les moyens de pourvoir à la subsistance des habitants, qui manquaient de grains. Le citoyen Bergognié proposa de faire une cotisation pour acheter du blé et il indiqua le citoyen Richard, qui s'acquitterait gratuitement de cette commission, ajoutant qu'il ferait même les avances de cette fourniture, pourvu qu'il fut remboursé au fur et mesure de la rentrée des fonds.

En conséquence dans l'assemblée du 28 avril fut donnée à J. Richard la commission d'acheter 3 à 400 sacs de blé. Le 9 juin suivant, Richard présenta son compte, montant à la somme de 10.038 livres 10 sous. Il lui fut donné un acompte de 3.900 livres et la Municipalité s'engagea à lui payer le restant. Seulement par suite de la loi du Maximum, il y eut un déficit considérable. De là des procès intentés par Richard aux citoyens Capponnel et Nézat Petitet pour remboursement de ses avances. Cette affaire litigieuse traîna fort longtemps et occasionna des sequestres, des saisies et des poursuites très coûteuses. Et après trois ou quatre ans l'affaire sera déférée par Capponnel et Nézat au Tribunal de première instance pour concilier les parties et mettre fin à ces discussions (1).

Pendant ce temps la Convention Nationale poursuivait contre les Nations voisines armées une lutte terrible, qui exigeait d'immenses sacrifices d'hommes et d'argent. Delà des réquisitions sur toutes les communes. C'est pour répondre à ces réquisitions que le Directoire du Département expédia à la Municipalité de Layrac dans les premiers jours du mois de mai 1793 deux arrêtés à la suite des demandes adressées par le général Servant: 1° D'après le 1ᵉʳ de ces arrêtés, les Directoires des Districts étaient tenus de faire connaître, sans délai, au Directoire du Département le nombre des citoyens de 18 ans non mariés, ou veufs sans enfants, inscrits pour fournir la compagnie des volontaires nationaux à cheval, et ayant gardé leur cheval ; d'après le 2ᵉ arrêté, les Municipalités étaient tenues de nommer sans délai deux Commissaires pour aller aux clochers et autres lieux, où seraient des cloches appartenant aux églises, aux

---

(1) *Registres municipaux.*

communes ou aux particuliers. Les cloches devront être descendues et dégarnies, et conduites au chef-lieu de la Commune. Il n'en sera laissé qu'une seule par clocher.

Le Conseil Général eût à délibérer sur l'exécution de ces deux arrêtés.

Le Procureur ayant donné son avis, il fut délibéré :

1° Que les citoyens en état de faire la guerre et ayant des chevaux propres au service, seraient invités à venir s'inscrire dans les compagnies des volontaires à cheval ;

2° Quant aux cloches, celle servant à l'horloge de la maison des cy-devant Bénédictins, et une de celles de la paroisse de Goulens, seront descendues et dégarnies, et après avoir été pesées, elles seront conduites au port de la présente ville ;

3° Les gardes nationaux seront rassemblés demain 5 mai, et ce jour là et les jours suivants, il sera ouvert trois registres, sur lesquels les officiers municipaux inscriront les citoyens en trois classes ;

4° Les citoyens Duplan et Nézat, officiers municipaux, iront avec Raton dans la paroisse de Goulens, pour descendre et dégarnir les deux cloches superflues, et ils les feront porter de suite à Layrac, où elles seront pesées ;

5° Le citoyen Nézat est autorisé à se transporter dans la Maison Commune pour y renfermer les bois de charronnage et choisir les bois qui pourront servir à fabriquer des affûts de canon et les objets nécessaires. Et de toutes ces opérations il en sera fait rapport à l'assemblée municipale (1).

Dans la réunion suivante J. Bergognié, J. Nézat et F. Ducomet, Commissaires délégués, pour procéder à la pesée des cloches, vinrent raconter que les quatre cloches descendues pesaient, la 1re, 323 livres ; la 2e, 191 livres ; la 3e, 160 livres ; la 4e, 67 livres. Une 5e cloche trouvée à la maison de Tapie dans la maison d'émigrés pesait 7 livres, soit un total de 748 livres. Le procès-verbal en sera envoyé au District, et les cloches seront immédiatement conduites au port de la ville, selon l'arrêté du Directoire du District (2).

Le recrutement des volontaires ne se fit pas sans quelques

---

(1) *Registres municipaux.*
(2) Ibid.

difficultés. Le Conseil municipal avait la grande responsabilité de cette opération. Raymond Castex, appartenant à une famille de commerçants habitant le Passage, avait été désigné le 13 mars précédent par les citoyens assemblés pour participer au recrutement des volontaires. Le 6 mai, François Castex, frère aîné, offrit pour remplacer son frère le citoyen François Donnadieu de St-Hilaire de Colayrac, âgé de 19 ans, et de la taille de 5 pieds 2 pouces. Cette proposition fut acceptée (1).

Il y eut plus de difficultés pour le remplacement du citoyen Izaac Gassou. Il y avait plusieurs jeunes hommes de cette famille à Layrac. Le 11 juillet 1790, Claude Athanase et Michel Gassou âgés l'un de 18, l'autre de 16 ans qui étaient étudiants à Toulouse, se hâtèrent de quitter leurs études et ils vinrent se présenter devant la Municipalité de Layrac pour se conformer au décret de l'Assemblée Nationale, sanctionné par le Roi, et pour mériter plus tard le titre de citoyens actifs. Ils exprimèrent leur désir d'être inscrits sur l'état de la troupe nationale de Layrac. Sur cette demande, ils furent admis à prêter le serment prescrit et ils jurèrent de maintenir de tout leur pouvoir la Constitution du Royaume, d'être fidèles à la nation et à la loi (2).

Or au mois de mars 1793, le citoyen Isaac Gassou fut désigné pour faire partie du recrutement des volontaires. Il allégua sa mauvaise santé et il travailla à faire valoir ses raisons auprès du Directoire du District. Le citoyen Sembausel, Procureur syndic d'Agen écrivit à la Municipalité de Layrac pour qu'elle eût à nommer des Commissaires qui seraient présents à la visite contradictoire, que devait faire un chirurgien d'Agen. Le citoyen Ducomet reçut mandat à cet effet, avec ordre de rendre compte de sa mission (3). Cette dernière opération devait compléter le contingent, assigné à la Commune de Layrac pour le recrutement des volontaires.

Toujours docile à suivre les instructions venant des administrateurs du Département, le Maire de Layrac convoqua par affiches et par des avis donnés au prône, les citoyens des pa-

---

(1) *Registres municipaux.*
(2) Ibid.
(3) Ibid.

roisses de Layrac et de Goulens à une grande assemblée, qui eut lieu le 12 mai. Le citoyen Blaise Capponnel chargé par le Conseil Général d'expliquer l'objet de cette réunion, annonça qu'il y avait lieu de procéder dans cette Commune à l'établissement d'un Comité chargé de recevoir la déclaration des étrangers, y résidant ou y survenant. Ce Comité devait comprendre 12 membres, élus et choisis en dehors des ecclésiastiques, des ci-devant nobles, des ci-devant seigneurs de l'endroit et agents des ci-devant seigneurs, conformément à l'article 2 du décret. On procéda immédiatement à cette élection sous la présidence du citoyen Despau, doyen d'âge. Sur 153 votants le citoyen Pierre Louis Capponnel fut élu à l'unanimité Président, et J. Bordes, secrétaire de l'assemblée, qui devait élire les 12 membres du Comité. Les nouveaux élus prêtèrent serment de maintenir de tout leur pouvoir la liberté, l'égalité, l'unité et l'indivibilité de la République ou de mourir à leur poste, en les défendants, et de remplir avec zèle et courage les fonctions civiles et politiques qui leur étaient confiées (1).

Affaires Boussac et Gimet. — Réquisitions nouvelles. Poursuites contre les Prêtres insermentés.

Dans les premiers mois de l'année 1793, les citoyens Paganel et Garrau, représentants du peuple, envoyés en qualité de Commissaires dans les départements de la Gironde et de Lot-et-Garonne se rendirent à Tonneins et à Agen pour remplir la mission que la Convention Nationale leur avait confiée. Jean Boussac, que nous avons vu poursuivi par les soupçons de ses concitoyens, fut décrété d'arrestation et enfermé dans le Couvent des ci-devant Bénédictins.

Il ne pouvait compter sur la justice de ses compatriotes trop prévenus, ou n'osant pas suivre les nobles inspirations de leur cœur. Il prit la résolution de s'adresser au citoyen Paganel en-

---

(1) *Registres municipaux*. Noble Pierre Louis Capponnel, ancien capitaine au régiment de Guyenne, chevalier de St-Louis, avait épousé d^{lle} Marie de Martres. Il mourut en 1819. Il était père de Blaise Capponnel, ancien officier, qui fut Procureur de la Commune et signe : Capponnel fils. Il y avait aussi s^r Jean Baptiste Capponnel-Mouguignon Boisrenaud, frère de Louis et ancien militaire.

voyé dans le département de Lot-et-Garonne en qualité de Commissaire de la Convention. Il lui soumit les faits qu'on lui reprochait et il fit ressortir combien peu était fondée l'accusation dont il était victime.

Sur cette requête qui lui parut bien motivée, Paganel et Garrau, son collègue, donnèrent un avis favorable à la date du 12 mai, ils notifièrent leur manière de penser dans une lettre écrite à M. Biran, Maire de Layrac et aux autres officiers municipaux. La Municipalité ne put éviter de s'occuper de ce message. Il y eût pour eux obligation de convoquer le Conseil Général, et ils durent rendre compte des observations que les représentants du peuple leur avaient transmises. La demande faite par le citoyen Boussac, disaient les Commissaires, d'être dégagé de l'état d'arrestation, où il est dans la maison des ci-devant Bénédictins de cette ville, ayant été mise à la discussion du Comité de sûreté générale, ils ont à le rétablir dans sa maison et au sein de sa famille, pour y demeurer consigné et y recevoir les secours nécessaires. Ils laissent à la sagesse des officiers municipaux de lui accorder plus de liberté, s'ils jugent que les circonstances locales ou la situation des affaires du dit Boussac le sollicitent, ou par le dit Boussac fournir un cautionnement proportionné à sa fortune (1). Après la lecture de cette lettre et après avoir ouï le Procureur de la Commune, le Conseil délibéra que le citoyen Boussac serait rétabli dans sa maison et au sein de sa famille, où il demeurera consigné, et il devra fournir une caution solvable. Joseph Boussac se présenta pour caution de son frère et sa proposition fut acceptée.

Le lendemain 18 mai, le Conseil Général revint sur l'affaire traitée la veille. On avait reçu, et il fut lu une nouvelle lettre de Sembauzel, Procureur syndic du District d'Agen. Il y était dit que l'affaire Boussac et Gimet détenus dans la maison des ci-devant Bénédictins de Layrac ayant été traitée par le Comité de sûreté générale, en présence du citoyen Paganel, représentant du peuple, délégué par la Convention Nationale, le sus dit Commissaire avait été d'avis que ces deux citoyens avaient expié par un mois de réclusion les fautes dont on avait pu les croire coupables. Que cependant il ne voulait pas qu'on leur

---

(1) *Registres municipaux.*

rendit leur liberté entière etc., etc. Qu'aujourd'hui cette affaire ayant été traitée de nouveau en présence de Garrau, délégué par la Convention, l'avis de ce dernier avait été le même. En conséquence les officiers municipaux sont chargés de faire sortir au plus tôt le dit Gimet. Le dit Boussac étant sorti hier d'après les ordres de Paganel. Le Conseil Général, vu la sus dite lettre, et ouï le Procureur, délibère que attendu que Gimet a deux maisons, l'une à la ville, l'autre à la campagne, quoi qu'il habite cette dernière, il sera écrit à l'administration pour qu'elle décide dans laquelle de ces deux maisons Gimet doit être consigné, tout en fournissant une caution solvable (1).

Le citoyen Sembauzel, Procureur syndic du District s'empressa de répondre à la question posée par la Municipalité de Layrac, et voici la décision prise dès le lendemain. Vu la sus dite lettre et après avoir ouï le Procureur de la Commune de Layrac, il est délibéré que Gimet sera rétabli dans sa maison de Pépil, où il demeurera consigné à condition par lui de fournir une caution. Il lui sera permis de sortir et de se promener autour de son jardin et de sa maison, à cause de sa mauvaise santé, et à cent pas de distance. Alors se présente le citoyen Joseph Bergognié, s'offrant de lui servir de caution, ce qui fut accepté (2).

Le même jour, l'assemblée municipale eut à communiquer un arrêté du Conseil du département, porté à la date du 8 mai, et décrétant 1° qu'il serait ouvert dans chaque Municipalité un Registre pour recevoir les souscriptions volontaires, auxquelles tous les citoyens aisés seront invités à concourir pour les sommes que leurs facultés leur permettront, à titre de prêt très court, afin d'assurer les subsistances des citoyens du département ;

2° Les sommes souscrites seront versées entre les mains d'un trésorier, nommé à cet effet, par la Municipalité, et elles seront remboursées aux citoyens à tour de rôle, suivant l'ordre d'inscription et à mesure que les grains et farines seront vendus ;

3° Ces Registres seront ouverts ce jourd'hui et clos le 22, au soir ;

---

(1) *Registres municipaux.*
(2) Ibid.

Après avoir entendu le Procureur, le Conseil délibéra qu'il serait, dès l'instant, ouvert le dit Registre de souscription et clos le soir du 22 mai. Il se fera représenter le dit Registre, et il y fera les observations sur les citoyens qui n'auront pas fait de souscription, et sur ceux qui en auraient fait d'insuffisantes pour leur fortune.

4° Enfin le double du dit Registre sera envoyé au District (1).

Sur cet arrêté nous ne relèverons que le titre si bien justifié par les conditions stipulées : c'étaient des souscriptions *volontaires*. A cette époque les administrateurs fiers de leur pouvoirs et affolés par leur toute puissance, qui courbait toutes les résistances, décoraient leurs actes d'un beau nom, d'une belle étiquette, et le peuple applaudissait à ces mesures odieuses et vexatoires décrétées au nom de *la liberté*.

Et au milieu de toutes ces exactions et perquisitions, l'église restait encore ouverte, et le culte divin célébré par les prêtres assermentés se prolongeait, en dépit des spoliations faites dans le temple. Ainsi le 20 mai 1793, le citoyen Jean Sarramia, cidevant Religieux Bénédictin, après son expulsion du Couvent avait établi sa résidence dans sa ville natale. Les évènements tragiques et sanglants ne lui avaient pas encore enlevé toute illusion, il fait à l'assemblée municipale la demande de dire la messe les dimanches et jours de fêtes. L'assemblée, considérant le bien qui peut en résulter, et vu que le dit Sarramia a prêté le serment prescrit par la loi, lui permet de dire la messe, les jours de dimanches et fêtes dans la paroisse, aux heures qui ne seront pas employées au service du culte par le curé et le vicaire, et même aux dites heures, s'il en est prié par le curé et le vicaire (2).

A la même époque, les prêtres insermentés étaient en butte à toutes sortes de persécutions. Des décrets des 14 et 15 février 1793 accordaient une prime de 100 francs à quiconque capturerait un émigré ou un prêtre sujet à la déportation. Une adresse est envoyée à la Convention Nationale, demandant la déportation de tout prêtre qui n'aurait pas prêté le serment prescrit par la loi du 10 août, et de fait la Convention, à la date du 21

---

(1) *Registres municipaux*.
(2) Ibid.

avril, ordonnait la déportation à la Guyanne, de tout prêtre, n'ayant point prêté le dit serment. Seront également déportés tous prêtres dénoncés par six citoyens pour cause d'incivisme.

Ce parallèle nous fait ressortir en traits sinistres ce qu'était devenu le culte divin célébré à Layrac par les prêtres Constitutionnel. Nous assisterons bientôt à des scènes plus lamentables encore.

Après la libération, du moins partielle des citoyens Boussac et Gimet, les Amis de la Liberté et de l'Egalité de Layrac, voulurent faire bénéficier de la même faveur le citoyen Vilarnau, détenu comme nous l'avons dit plus haut, dans la maison du citoyen Blaise Capponnel. Une députation du club fit cette demande dans l'assemblée du Conseil Général du 24 mai. Le décret d'arrestation de Joseph Vilarnau n'était pas mieux fondé. Le Conseil adhéra à cette proposition, pourvu que le détenu fournit une bonne caution. Le vénérable Etienne Dulyon, qui avait été plusieurs fois Maire de Layrac, s'offrit comme caution pour son ami, et sa proposition fut acceptée (1).

Le citoyen Biran, Maire de Layrac s'était occupé dans l'intervalle de recueillir les souscriptions volontaires prescrites par le Directoire du District. Il rendit compte de son voyage à Agen, dans la séance du 26 mai et il dit avoir versé la somme de 5.202 livres (2).

Le lendemain 27 juin, le Directoire du District porta un arrêté obligeant les Municipalités à faire transporter au District tous les fusils de chasse provenant du désarmement des personnes suspectes.

Le 1er juin sur le Bureau du Conseil Général fut déposé le certificat suivant : Je soussigné déclare avoir reçu de Layrac par le citoyen Bernard Mazères, soldat, 25 fusils de chasse, dont trois à deux coups.

Fait à Agen, le 1er juin 1793 l'an II de la République Française.

Signé : BORIES l'aîné (3).

---

(1) *Registres municipaux*.
(2) Ibid.
(3) Ibid.

Ce certificat était accompagné de deux arrêtés. D'après le 1er arrêté, les Municipalités du Département étaient requises de faire conduire dans les 24 heures, au chef-lieu de leur District respectif, tous les ecclésiastiques séculiers et réguliers, frères convers et laïcs, domiciliés dans leur arrondissement, jouissant d'un traitement ou d'une pension de la République, à l'époque de la publication de la loi du 3 août 1792, et n'ayant point prêté le serment de maintenir la Liberté et l'Egalité, conformément à la dite loi ; et dans les 24 heures suivantes, les Directoires des Districts feront conduire au chef-lieu du Département tous les ecclésiastiques, lesquels seront déportés à la Guyanne, conformément à l'article 1er du décret, ou ils seront renfermés dans une maison particulière à Agen, conformément à l'article 4 de la même loi etc. L'autre arrêté portait que chaque Municipalité dans son territoire, arrêtera par des réquisitions individuelles, tous les chevaux chez leurs propriétaires. Après en avoir délibéré, le Conseil déclara unanimement qu'il n'existait dans cette Municipalité aucun ecclésiastique séculier, régulier, frère convers ou laïque dans le cas prévu par l'arrêté du District. On fit observer que le citoyen Augustin Cappot diacre s'était présenté le 30 septembre précédent pour prêter son serment, mais on l'avait refusé. Il était donc le seul qui ne l'eût point prêté, il est vrai, mais comme il avait fait des démarches pour s'y soumettre, il ne pourra être compris pour cette raison parmi les ecclésiastiques sujets à la déportation (1).

Mesures rigoureuses pour atténuer la pénurie du grain.

Au milieu de ces dissensions civiles et politiques, que pouvaient être les affaires et le commerce dans la Municipalité de Layrac ? Les récoltes avaient été mauvaises pendant une longue période, et la population avait même manqué de subsistances nécessaires. On espérait une amélioration, et pour y contribuer le Conseil du Département porta le 18 mai un arrêté afin d'ouvrir dans la ville de Layrac un marché qui se tiendrait le mardi et le vendredi de chaque semaine. La Municipalité prise au dépourvu, voulut se mettre à même de faciliter la vente des

---

(1) *Registres municipaux.*

produits qui seraient apportés. Les officiers municipaux observèrent qu'antérieurement ces marchés n'existaient point à Layrac, aussi les mesures pour les grains sont-elles déposées depuis longtemps, dans une des prisons, et il se peut qu'elles manquent de précision ; aussi y a-t-il urgence de les faire réparer et de les remettre en place, et pour tenir les Registres, la nomination d'un Commissaire spécial s'imposait. Le Conseil Général, après la lecture de cet arrêté, et le Procureur ayant été entendu, délibéra que sans délai, il fallait réparer les mesures et les mettre en place, aux frais de la Municipalité, sous les cornières des citoyens Lascaban ou Larrat. Moyse Armaignas fut désigné pour la tenue des Registres (1).

Le Conseil du Département ne tarda pas à transmettre à la Municipalité de Layrac l'arrêté qu'il avait porté au sujet du prix des grains, tel qu'il avait été fixé pour les marchés d'Agen, d'Estaffort et autres lieux circonvoisins. D'après cet arrêté, le *maximum* de chaque espèce de grains était celui-ci : le blé froment, à 29 livres 5 sous 9 deniers ; le seigle, 22 livres 16 sous 2 deniers ; le blé d'Espagne, 16 livres 8 sous 7 deniers. Le citoyen Joachin Bergognié reçut commission d'officier de police pour surveiller les marchés.

Nous avons déjà raconté comment le citoyen Izaac Gassou, nommé volontaire pour le service de la patrie fut renvoyé à Agen où il devait subir la visite d'un chirurgien. A la suite de cette visite, le citoyen Izaac Gassou ayant été reconnu apte au service, négocia pour se procurer un remplaçant. Le 9 juin 1793, il présenta au Conseil municipal le citoyen Jean Mouchés, habitant à Agen, rue St-Jean et le Conseil accepta ce remplaçant (2).

La région de Layrac et les pays circonvoisins avaient souffert pendant plusieurs années de la disette et de la pénurie des grains. Le Directoire du Département avait été mis plusieurs fois à contribution pour subvenir aux besoins de la population. Aussi en cette année 1793, surveillait-il avec une vigilance jalouse le déplacement des grains. Aux premiers jours de juin, le

---
(1) *Registres municipaux.*
(2) Izaac Gassou était fils de Pierre Gassou, marchand, et d'Anne Gimet, ses sœurs Marie avait épousé Joseph Richard, Anne épousa François Castex et la 3ᵉ Marie épousa Louis Bezodis.

Procureur syndict du District d'Agen ayant appris que des marchands de Bordeaux étaient venus à Layrac acheter cent sacs de blé, pour les transporter sur un marché étranger, écrivit aussitôt aux officiers municipaux de Layrac pour les inviter à surveiller de près le départ de ces grains et de rechercher l'acquéreur. D'un vote unanime Jean Marrassé et Fr. Prézelin sont envoyés au port de Layrac pour visiter les magasins des citoyens Fr. Castex et Lebéfaude, et s'il y a lieu, ils suspendront le départ des grains.

Les dits Commissaires sont autorisés a faire des visites domiciliaires chez ceux des habitants qui seraient soupçonnés d'avoir en leur maison des dépôts de blés. Dès le lendemain, les deux délégués viennent rendre compte de leur mission au Conseil Général. Ils déposent avoir trouvé chez Castex et Lebéfaude 400 sacs de grains, appartenant à des marchands étrangers. Le Conseil est d'avis d'écrire au Procureur syndic d'Agen s'il ne serait pas possible de faire approvisionner le marché de Layrac avec ce blé, trouvé au Passage. En attendant la réponse qui ne peut tarder, les citoyens Castex et Lebéfaude seront tenus d'apporter de ces grains sur le prochain marché de Layrac (1).

En réponse à cette consultation, la Municipalité d'Agen avisée de ce dépôt de grains, envoya à Layrac un commissaire spécial, le citoyen Eymond, pour acheter tout le grain qu'il pourra, afin d'approvisionner le marché d'Agen, et l'y faire transporter sans retard. La Municipalité de Layrac se prêta de la meilleure grâce à cette proposition et facilita au citoyen Eymond l'accomplissement de son mandat en partageant avec la ville d'Agen le peu de ressources qui lui restaient encore (2).

Plus tard, au mois d'octobre 1793, le Conseil Général ayant reçu communication du décret de la Convention Nationale du 11 septembre précédent qui fixait un *maximum* du prix des grains, arrêtera lui aussi le prix auquel ils devaient être vendus dans la Municipalité.

Le blé froment, 21 livres le sac ; le blé métail, moitié blé moitié seigle, 18 livres ; le seigle, 15 livres ; l'orge ou baillarge,

---

(1) *Registres municipaux.*
(2) Ibid.

12 livres 5 sous ; le blé d'Espagne ou millet, 12 livres le sac ;
l'avoine, 14 livres le quintal ; le son, 7 livres ; foin et sainfoin,
6 livres le quintal ; la paille de froment, 3 livres (1).

Séance extraordinaire du Conseil Général de Layrac.
— Décisions violentes 14 juin 1793.
— Commission de salut public.

Le Conseil Général avait déjà tenu deux réunions dans cette journée pour régler quelques affaires locales, lorsqu'une nouvelle invitation convoqua les membres de la Municipalité pour une séance extraordinaire qui eût lieu à sept heures du soir. Le public fut nombreux, l'anxiété était dans tous les esprits, les nouvelles reçues agitaient tous les assistants. Pour expliquer cette vive émotion, nous n'avons qu'à résumer quelques pages de Taine du 2º volume de la *Conquête Jacobine* :

« Regardons la Convention à ce moment décisif, dit ce grave historien. Je ne crois pas qu'en aucun pays, ni en aucun siècle on ait vu un tel contraste entre une nation et ses gouvernants. Par une série d'épurations pratiquées à contre sens, la faction s'est réduite à sa lie : du vaste flot soulevé en 1789 il ne lui est demeuré que l'écume et la bourbe, tout le reste a été rejeté ou écarté : d'abord la haute classe, clergé, noblesse, puis la classe moyenne industriels et bourgeois ; enfin l'élite de la classe inférieure, petits propriétaires et fermiers. Pour composer le parti, il n'y a plus guère en juin 1793 que les ouvriers instables, les vagabonds, les souillons de mauvais lieux, les déclassés, les pervertis, les détraqués de toute espèce. Ce qu'elle a fait des pouvoirs publics des témoignages contemporains vont le dire. A la Convention depuis le 2 juin la moitié des députés à peu près s'abstiennent de prendre part aux séances ; plus de cent cinquante ont même fui. Marat a obtenu enfin le pouvoir discrétionnaire, que depuis quatre ans il demandait à l'Hôtel de Ville le 5 juin, Pétion et Guadet arrêtés voient de leurs yeux ce Comité central qui vient de lancer l'insurrection. Dans la rue, le personnel actif se divise en deux bandes, l'une militaire,

(1) *Registres municipaux.*

l'autre civile ; la 1ʳᵉ composée des tape-dur, qui fourniront tout à l'heure l'armée révolutionnaire, quand au personnel civil, il comprend les habitués de section, que l'on va payer 40 sous par séance, et la troupe des figurants qui doivent représenter le peuple. Ce gouvernement tel qu'il est, la France le subit. A la vérité Lyon, Marseille, Toulon, Nimes, Bordeaux, Caen et d'autres villes se soulèvent. Même sous ce gouvernement d'inquisiteurs et de bourreaux, nul groupe sauf Lyon et la Vendée ne fait un effort persévérant (1).

« De graves évènements s'accomplirent à Paris au 31 mai et dans les deux premiers jours du mois de juin 1793.

« Un mouvement révolutionnaire qui eût lieu le 31 mai assura le triomphe de la Montagne. Danton et Robespierre, à force d'audace parvinrent à obtenir la condamnation des Girondins après une lutte acharnée ».

C'est au milieu de ce désarroi et de cette effervescence qui gagnait tous les points de la France que se tint cette fameuse séance du XIV juin 1793 à Layrac. Le Maire donna lecture d'une adresse rédigée par la Société populaire et républicaine séante à Agen, portant invitation à toutes les Communes du Département et aux Sociétés populaires d'envoyer sur le champ un de ses membres au chef-lieu du District afin de nommer un Commissaire chargé de se rendre à Agen, le 16 juin, pour assister à la séance des autorités constituées et y exprimer les vœux des citoyens de leur District à l'effet de présenter à la Convention Nationale une adresse ayant pour objet le salut du peuple et pour bases, celles qui ont été proposées par le Département de la Côte-d'Or.

Telle fut la matière soumise aux délibérations de l'assemblée. Après la lecture de l'adresse du département de la Côte-d'Or, inspirée par la crainte des déchirements intérieurs et de divisions intestines, le Procureur de la Commune exprima son avis, et il fut unanimement décidé que le citoyen Larrivière serait prié et chargé de se rendre le lendemain 15 juin à Agen, de se présenter à la séance de la Société Républicaine et des autorités constituées, et d'y exprimer les vœux des citoyens de la

---

(1) Taine, *la Conquête Jacobine*, tome II, p. 256 etc.

Commune de Layrac, constatant leur adhésion aux bases proposées par le Département de la Côte-d'Or.

Cette adresse a pour but : 1° l'unité et l'indivisibilité de la Convention Nationale ; 2° l'entière liberté de toutes les opinions ; 3° l'inviolabilité des Représentants du peuple ; 4° une prompte Constitution fondée sur les principes de la liberté et de l'égalité ; 5° informer la Convention Nationale que tous les citoyens sont prêts à marcher pour assurer l'exécution de ses décrets ; qu'ils sont prêts à tirer vengeance des atteintes qui pourraient être portées à l'inviolabilité des Représentants et à la liberté de leurs opinions ; qu'ils s'insurgent contre toute autorité despotique, dictatoriale et contre toute suprématie des Communes ; que tous les corps constitués s'opposeront à toutes les autorités despotiques par tous les moyens qui sont en leur pouvoir. Auquel effet il sera délivré au citoyen Larivière une copie de la présente délibération, en signe des pouvoirs à lui donnés par la présente assemblée (1).

La rédaction de cette adresse révèle à quel point la surexcitation des esprits était montée. La réunion était fort nombreuse, comme aux plus grands jours. Les décisions prises étaient de la plus haute gravité. Le patriotisme farouche dont les membres de l'assemblée étaient animés s'affirma en termes violents. La délibération fut signée, non seulement par les membres du Conseil mais par tous les principaux citoyens assistants. Sur le Registre on compte plus de trente signatures. Nous verrons un peu plus tard que l'on reprochera aux officiers municipaux cet accès fiévreux de patriotisme et qu'ils s'empresseront d'en corriger et même d'en effacer le texte.

En attendant le Conseil se tenait toujours en permanence, préoccupé de tout ce qui pourrait survenir de grave, et des ordres qu'ils recevraient. Dans la séance du 20 juin, furent communiqués : 1° Un arrêté du Conseil du Département daté du 28 mai précédent, et relatif à l'exécution du décret du 16 avril 1793, prescrivant la levée de 30 mille hommes de troupes à cheval ; 2° Ensuite une délibération du Conseil du Département, des Députés des Communes ou Conseils Généraux, tenue à Agen le 18 juin, portant que les Assemblées des Communes

---

(1) *Registres municipaux.*

du Département seraient convoquées pour dimanche et lundi prochains 23 et 24 du mois courant. Après avoir délibéré sur ces propositions, et après avoir entendu le Procureur de la Commune en ces mêmes questions, il fut décidé que l'assemblée des citoyens de la Commune de Layrac serait convoquée pour le dimanche suivant, 23 juin, à 8 heures du matin dans le cloître des ci-devant Bénédictins. La réunion du lundi 24 se tiendrait à une heure de l'après-midi, dans l'église paroissiale. Les membres de l'assemblée seraient convoqués par des affiches, par avis donnés au prône de la messe et même au son du tambour.

Notons en passant qu'à cette date du 24 juin les offices divins se célébraient encore et que le clergé Constitutionnel continuait à fonctionner ; mais sans être usufruitiers exclusifs de l'église, puisque en dehors du service du culte, les sociétés diverses tenaient leurs réunions dans l'église (1).

Le Conseil Général étant continuellement en permanence dans l'Hôtel de Ville, on était sûr de trouver à qui parler à toutes heures.

Le 23 juin se présenta le citoyen Joseph Cappot Vilarnau de cette ville, ancien capitaine au 61e régiment Vermandois. Le motif qui l'amenait, était le désir de se conformer à la loi du 14 août précédent et de prêter le serment prescrit. Sans doute il n'était point assujetti à cette obligation puisqu'il ne recevait ni traitement, ni aucune pension de l'Etat, mais il crut faire acte de civisme et il s'exprima de la sorte : Je jure et promet d'être fidèle à la nation, de maintenir la liberté et l'égalité, et de mourir en la défendant.

Le bon accueil fait au citoyen Vilarnau encouragea F. Gimet consigné chez lui, à faire une pétition pour améliorer sa situation et pouvoir s'occuper de ses affaires, comme cultivateur et colon partiaire. La pétition de F. Gimet ayant été lue, le Procureur de la Commune donna son avis et formula ses conclusions. Il fut décidé que puisqu'on avait été clément pour Boussac et la citoyenne Maignas, il serait permis à Gimet de sortir de sa maison, de s'occuper de la culture de ses biens et de toutes ses autres affaires dans l'étendue de cette Municipalité, à la

---

(1) *Registres municipaux.*

charge de rentrer tous les soirs dans son logis. Mais il lui serait défendu de recevoir ni de visiter aucune des personnes suspectes, désignées par le Conseil Général. La délibération fut très passionnée ; en outre sous l'action d'une température caniculaire, plusieurs membres furent obligés de sortir et lorsque fut émise la proposition d'accorder plus de liberté à Gimet, le trouble fut tel que le Procureur voulant tout concilier émit l'avis d'attendre 24 heures pour ramener certains intransigeants (1).

Après avoir tenu le matin dans l'Hôtel de Ville, la réunion où l'élargissement de F. Gimet avait été traité, le Conseil Général se transporta dans l'après-midi dans l'église paroissiale. Des convocations par affiches et par des avis donnés au prône de la messe avaient fait connaître aux habitants le but de cette assemblée, où des communications très graves allaient être faites. La séance fut ouverte par la lecture des extraits des délibérations de l'assemblée, qu'avaient tenue les membres du Conseil du Département, les députés des corps administratifs civils et judiciaires et les députés de toutes les Communes. Cette réunion avait eu lieu à Agen le 18 juin précédent, dans le but de constituer en Commission populaire de Salut public le Conseil Général du Département. Cette Commission comprendrait en outre un membre désigné par chaque District, le Président du Tribunal criminel, l'accusateur public et un député des Communes de chaque District. Elle subsistera jusqu'à ce que la Représentation Nationale soit libre et respectée. Elle aura pour fonction de prendre toutes les mesures nécessaires pour maintenir la liberté et l'égalité, la République une et indivisible, et d'assurer à la Représentation Nationale le respect et la liberté qui lui sont dus, et proposer son vœu à l'adoption de tous les citoyens (2).

Ce mouvement de colère et ce soulèvement ne furent pas particuliers à Layrac et au Département de Lot-et-Garonne. A la nouvelle des évènements accomplis à Paris le 31 mai et le 2 juin, « raconte Taine, parmi les républicains de la classe cultivée, dans cette génération qui, élevée parmi les philosophes,

---

(1) *Registres municipaux.*
(2) Ibid.

croyait sincèrement aux droits de l'homme, un grand cri d'indignation éclata : 69 administrations de département firent des protestations, et dans presque toutes les villes de l'Ouest, du Midi, de l'Est et du Centre, à Caen, Alençon, Brest, Nantes, Limoges, Bordeaux, Toulouse, Marseille, Dijon, etc., les citoyens réunis dans leurs sections provoquèrent ou soutinrent par leurs acclamations les arrêtés énergiques de leurs administrateurs. Administrateurs et citoyens, tous déclaraient que la Convention n'étant plus libre, ses décrets depuis le 31 mai n'avaient plus de force de loi, que des troupes départementales allaient marcher sur Paris pour la délivrer de ses oppresseurs et que ses suppléants étaient invités à se réunir à Bourges. En plusieurs endroits on passa des paroles aux actes. Après le 2 juin la Normandie, la Bretagne, Toulouse et Bordeaux levèrent aussi des troupes. A Marseille, à Bordeaux et à Caen les représentants du Peuple en mission furent arrêtés ou gardés à vue et retenus comme otages » (1).

Le District d'Agen et Layrac placés entre Bordeaux et Montpellier furent entraînés dans ce mouvement de protestation. Nous comprenons dès lors de quels sentiments étaient agités les citoyens de Layrac lorsque la Municipalité fit part à l'assemblée du projet de résolution, dont nous avons donné la teneur. Voici quelle fut la réponse : Vu la proposition faite par le Président du Conseil, lecture faite de la dite délibération, et vu la crise actuelle, où se trouve la République, les citoyens de la Commune de Layrac ont unanimement délibéré que le Conseil Général sera constitué en *Commission populaire de Salut Public,* qui sera organisée ainsi qu'il est porté par l'article 1er de son arrêté du 18 courant, et laquelle subsistera et sera autorisée conformément aux articles 2 et 3 du dit arrêté, et le citoyen Laurent Champmas, curé de la présente paroisse, est prié et chargé de porter demain 25 juin le vœu des citoyens de la Commune de Layrac et leur adhésion aux mesures proposées par le dit arrêté, au chef-lieu du District, aux fins de la formation de la dite Commission populaire de *Salut Public.*

La présente assemblée en donnant son entière confiance à la dite Commission populaire et son adhésion à toutes les mesures

---

(1) Taine. *Le Gouvernement Révolutionnaire,* I, 34.

qu'elle jugera devoir prendre dans sa sagesse pour sauver l'action publique, désirerait néanmoins qu'elle prît pour bases, celles proposées par la Commission populaire de *Salut Public* du département de la Gironde. Donnant de plus au dit Commissaire le pouvoir d'adhérer provisoirement, au nom de la Commune de Layrac à toutes les mesures que les circonstances nécessiteront, sauf à lui en référer ensuite à ses commettants dans le plus court délai. Auquel effet il sera délivré audit Champmas copie de la dite délibération en signe des pouvoirs à lui donnés par la dite assemblée (1).

L'assemblée, avons-nous dit, fut très nombreuse et l'unanimité de tous les assistants s'affirma par les signatures apposées au bas de cette délibération. Ont signés : Biran, Maire, Bergognié, Capponnel fils, Procureur de la Commune et Capponnel, notable, Lascaban, Goux, Sarramia, Barrastin, Garric, Depau, Vilarnau, Boussac, Delpech. Elles sont au nombre de 42 (2).

La défense des libertés publiques menacées préoccupait les esprits. Il y avait aussi une question importante c'est la liberté individuelle des citoyens qui avait été violée souvent et arbitrairement en bien des endroits. Des réclamations très nombreuses parvinrent à l'administration d'Agen. Et voici la résolution que prit le Conseil Départemental dans sa séance du 25 juin 1793.

Le Conseil, considérant que déjà des réclamations particulières adressées à l'administration sur cet objet, l'avaient déterminé à prendre le 7 mai, un arrêté par lequel les Conseils Généraux des Communes, furent invités à réviser les consignations qu'ils avaient décernées, et à lever ces consignations, si après un mûr examen ils reconnaissaient que les personnes consignées n'étaient pas suspectes, et que cet arrêté n'ayant pas été imprimé n'a pas été connu des Conseils Généraux des Communes ;

Considérant que si le salut de la patrie exige, dans les moments où elle est en danger, qu'il soit pris des mesures extraordinaires contre les personnes suspectes, le magistrat ne saurait

---

(1) *Registres municipaux.*

(2) Après coup toutes ces signatures ont été barrées et quelques-unes complètement effacées.

s'environner de trop de lumières, de prudence et de précaution, afin d'éviter, dans ces circonstances malheureuses, de servir d'instrument à l'intrigue et aux haines particulières.

Sur le rapport, ouï et ce requérant le Procureur Général syndic, le Conseil du Département, délibérant au nombre de dix membres, invite les Conseils Généraux des Communes à réviser les consignes par eux décernées contre quelques-uns de leurs concitoyens et à lever ces consignations, si après un mûr examen, ils reconnaissent que les personnes consignées ne sont pas suspectes (1).

La publication de cet arrêté ne fut pas sans influence pour incliner le Conseil Général de Layrac à une décision juste et bienveillante. La citoyenne Maignas détenue en état d'arrestation chez elle avec son fils adressa à la Municipalité de Layrac une pétition pour obtenir son élargissement, car la santé de son fils était gravement compromise par cet emprisonnement. Le Conseil Général, dans sa séance du 29 juin étant saisi de cette demande, déclara qu'ayant égard à cette pétition il permettait à la dite citoyenne Maignas et à son fils de sortir de l'état d'arrestation, dans lequel ils étaient, et de se promener dans toute l'étendue de cette Municipalité, à la charge par eux de ne point enfreindre la loi qui les consignait en cette Commune et de se comporter en bons citoyens (2).

Après la grave déclaration du 14 juin, le Conseil Général se tint continuellement en permanence en attendant les évènements graves qui ne pouvaient manquer de se produire. « La Convention forgea à la hâte, dit Taine, la Constitution depuis longtemps attendue et tant de fois promise : Déclaration des droits en 35 articles ; acte Constitutionnel en 124 articles, principes politiques et institutions de toute espèce, électorales, législatives, exécutives, administratives, judiciaires, financières et militaires. En trois semaines, tout est décidé au pas de course. Après cela la Convention achevant la parade envoie des ordres pour la convocation des assemblées primaires et soumettre à la ratification l'acte Constitutionnel » (3).

---

(1) Placard envoyé à Layrac, signé, Lagravère, vice-président.
(2) *Registres municipaux.*
(3) Taine. *Le Gouvernement Révolutionnaire*, I, p. 12 etc.

Cet acte Constitutionnel, ensemble le décret de la Convention pour la convocation des assemblées primaires, le rapport de Barrère au nom du Comité de Salut Public, l'adresse pour le rétablissement de l'ordre et de la tranquillité publique, furent expédiés à Layrac par un exprès envoyé par l'administration le 11 juillet 1793. Tous ces documents furent déposés sur le Bureau du Conseil le même jour. Il y avait, joint un arrêté du Directoire du District, enjoignant aux Municipalités, chacune en leur particulier, de faire de suite annoncer solennellement et proclamer les divers décrets et actes de la Convention Nationale. Les Municipalités devront accuser réception de ces documents et attester l'application des mesures prescrites, le lendemain de leur exécution. Après cet exposé, le Maire demanda au Conseil Général son avis sur ce qu'il voulait faire. L'assemblée, après avoir ouï le Procureur, délibéra que les divers décrets et actes de la Convention seront de suite annoncés solennellement, proclamés et affichés, et que l'assemblée primaire de cette Commune sera convoquée pour le dimanche 21 juillet, et que cette convocation aurait lieu par affiches et publication au prône de toutes les paroisses de cette Municipalité, le dimanche suivant, jour du 14 juillet.

Deux jours après, des ordres différents sont transmis. Dans l'assemblée, réunie le 13 juillet, il fut donné lecture d'un arrêté du Conseil du District d'Agen daté du 10 courant qui fixait au dimanche 14, la convocation des assemblées primaires pour toute l'étendue de ce District, et à 8 heures du matin. Le Conseil Général de Layrac décide que attendu qu'il avait été délibéré le 11 juillet que la convocation n'aurait lieu que pour le dimanche 21 du mois courant, le Procureur ayant été entendu, arrêta qu'il rapportait sa délibération du 11 juillet, et que les assemblées primaires du canton seront convoquées dimanche prochain 14 juillet, à 8 heures du matin. Et dans ce but il sera envoyé aux paroisses formant le canton de Layrac un exemplaire du dit arrêté du Conseil du dit District avec un placard de la dite affiche, à la diligence du Procureur ; et les curés des dites paroisses seront priés d'en faire la lecture au prône, afin que les citoyens soient prévenus à temps de la nécessité de se rendre à l'assemblée (1).

(1) *Registres municipaux.*

« La ratification était donnée d'avance, ajouta Taine, on avait tout fait pour l'avoir. Les électeurs ne se rendirent pas et dans la campagne il ne se rendit à peine le quart des électeurs » (1).

Enfin tout fut mené au résultat désiré. Ce n'était pas un vote sincère qu'on demandait, ni un plébiscite loyal, mais une manifestation Jacobine, qu'on imposa et qui fut obtenue.

Dans cette circonstance à Layrac, les prêtres Constitutionnels Laurent Champmas, curé, et Berni, son vicaire, déployèrent un grand zèle et assistèrent à toutes les séances. Ils avaient à se faire pardonner leur apostasie. Ils prenaient leur mot d'ordre à la Commune et au Club.

La fin du mois de juillet fut employée à traiter des affaires locales et à régler des questions déjà engagées. Il avait été créé un papier monnaie pour faciliter les achats et transactions de menus détails. L'émission avait été faite avec soin ; il s'agissait de mettre de l'ordre dans le remboursement. Au mois de juin, Joachin Bergognié, chargé de recevoir en échange les Billets de Confiance, envoyés par des Municipalités ou des particuliers, rendit compte au Conseil Général qu'après vérification faite des Billets, qu'il déposa sur le Bureau, le total était de 310 livres 10 sous. Il fut décidé que ces Billets seraient brûlés sur la place publique et en présence de deux Commissaires. Vers les premiers jours de juillet, le Directoire du Département fit un arrêté qui fût affiché à Layrac le 21 juillet, d'après lequel les Billets de Confiance de la valeur de dix sous et au dessus, ne seraient plus mis en circulation après le dix août prochain. Quant aux Billets d'une valeur inférieure à dix sous, le Conseil Général, considérant que le délai accordé était trop court pour que les citoyens fussent avertis, des dispositions prises, décida, après avoir ouï le Procureur de la Commune, que le délai pour retirer ces Billets serait prorogé jusqu'au 31 août, et que l'administration du Département serait priée d'autoriser cette prorogation (2).

Il y avait encore à régler l'affaire des blés arrêtés au passage de la Garonne. Nous avons vu plus haut qu'une quantité de 400 sacs de blé avait été saisie par ordre du Conseil Général de

---

(1) Taine déjà cité, il y eut 1.784.377 oui et 11.531 non, I. p. 14.
(2) *Registres municipaux.*

Layrac. Les citoyens Marrassé et Prézelin avaient trouvé ce blé chez les citoyens Castex et Lebéfaude. Des commerçants étrangers les avaient déposés chez eux pour les transporter à Bordeaux. Or comme ce blé n'avait pas été déclaré, le Procureur syndic du District donna ordre de le porter sur le marché de Layrac. Lebéfaude s'y refusa en prétextant qu'il n'avait point de poches pour le loger. Immédiatement, le citoyen Dupont est envoyé avec quantité de poches pour mesurer ce blé, le conduire sur le marché, et le mettre en vente. On transporta 93 sacs de blé, qui furent vendus sur la place du marché, à raison de 29 livres 5 sous 9 deniers le sac, conformément au *maximum* fixé par l'arrêté du Département des 18 et 19 mai précédent. Lebéfaude réclama une déclaration des grains pris chez lui, et dont il avait besoin pour en rendre compte au propriétaire du blé. Le Conseil Général, en sa séance du 19 juillet estime bien fondée la demande de Lebéfaude et il fut ajourné pour qu'il se rendit le dimanche suivant, à 8 heures du matin à l'Hôtel de Ville, où il recevait la somme provenant de la vente du blé (1).

Délimitation des paroisses de Gudech et de St-Denys

Une question plus grave et plus délicate, et depuis longtemps engagée c'était la délimitation des paroisses de Gudech et de St-Denys d'avec la paroisse de Layrac.

Des discussions très vives avaient déjà eu lieu. La paroisse de Gudech, avant la création des Districts et des cantons, était comprise dans la Juridiction de Layrac. Celle de St-Denys était composée d'un territoire à cheval sur la Juridiction de Caudecoste et sur la Juridiction de Layrac. Tout d'abord les habitants de ces deux paroisses avaient exprimé le désir d'être unis à Layrac, mais sous l'influence et l'inspiration de M. de Carbonneau, propriétaire au château du Saumont, ces mêmes habitants travaillèrent à constituer un territoire autonome et indépendant de Layrac. Les négociations furent passionnées et longues. Après plusieurs années la question de délimitation n'était pas arrêtée.

---

(1) *Registres municipaux.*

Le 18 juin 1793 le citoyen André ayant été nommé Commissaire par le District d'Agen à l'effet d'aller fixer les limites des deux paroisses de St-Denys et de Gudech et celle de la paroisse de Layrac, se présenta devant l'assemblée du Conseil Général de Layrac. Mais pour cette opération il fallait la présence d'un autre Commissaire, délégué par le District de Valence et celle d'un 3e Commissaire représentant le Directoire du Département. Ces deux derniers n'ayant point comparu le citoyen André fit constater sur le procès-verbal du Registre que ses collègues ne s'étaient point rendus et qu'il reviendrait lui même à la 1re réquisition (1).

Le 17 juillet suivant étant assemblé, le Conseil Général de Layrac, se présentèrent Crébessac, Commissaire, nommé par le Département et Ducasse, choisi par le District de Valence : ils se dirent délégués pour fixer les limites des paroisses de Gudech et de St-Denys d'avec la paroisse de Layrac. Après avoir requis acte de leur comparution, les délégués prièrent la Municipalité de Layrac de leur remettre le livre du cadastre et les autres pièces concernant ces deux communes. C'est ce qui eût lieu (2).

Un des derniers actes, auquel coopéra le Maire Biran de Molinis, dont la signature figure sur les Registres municipaux de Layrac, fut accompli le 29 juillet 1793. Nous avons dit précédemment qu'Izaac Gassou avait présenté au Conseil Général de Layrac pour son remplacement militaire un volontaire, agréé d'abord, mais dont l'admission définitive fut repoussée. Le 29 juillet, il présenta pour son remplaçant le citoyen Pierre de Lisle, relieur, habitant de Toulouse, âgé de 28 ans et travaillant à Agen. Les conventions entre les parties étant arrêtées, le Conseil approuva le choix du remplaçant (3).

---

(1) *Registres municipaux.*

(2) *Registres municipaux.* Par l'ordonnance de réorganisation de son diocèse du 15 Vendemiaire an XII (8 octobre 1803), Mgr Jacoupy nomma curé de St-Denis l'abbé Gassou. Il n'est point parlé du curé de Gudech-Sauveterre.

(3) *Registres municipaux.*

Fête de la Fédération le X août et Banquet.
— Nouvelles Réquisitions.

Le Conseil Général de Layrac toujours en permanence se tenait prêt à recevoir toutes les communications. A la date du 8 août nous constatons que la Convention Nationale par son décret du 27 juin précédent avait décidé que la réunion civique fixée primitivement au 14 juillet, serait ajournée au 10 août. Et le Conseil Général de Layrac, considérant que c'est en ce jour solennel que tous les citoyens doivent se réunir et consacrer par des jeux civiques le souvenir heureux de la conquête de la liberté et la destruction de la tyrannie ;

Vu encore que la Constitution républicaine doit être proclamée en ce beau jour, délibère que la garde nationale sera requise de se rendre samedi prochain, dix du courant, à 9 heures du matin au Champ de Mars (Allées de Monseigne) où sera célébrée, à 10 heures précises, une messe pour demander à l'Etre Suprême l'affermissement de cette Constitution, qui fera le bonheur de la République. Et la Municipalité désirant la réunion de tous ses concitoyens, les invita à se joindre à elle. Elle se proposait de célébrer la dite fête par un repas civique, sous les cloîtres des ci-devant Bénédictins, où chacun sera invité à porter son plat. Et pour que la présente délibération soit connue de tous, elle sera annoncée par des affiches et publication au bruit du tambour (1).

Si la fête célébrée dans un modeste canton avait cette importance, on comprend qu'au chef-lieu du département elle devait avoir et plus de relief et plus de solennité. Voilà pourquoi le 9 août veille de cette grande fête, le Conseil Général reçut ordre du District d'Agen :

1° De nommer deux députés, un par centaine de citoyens ;

2° D'envoyer deux députés pour assister le 10 août à la fête célébrée à Agen, afin d'assister au nom de cette Commune au serment fédératif, dont le cérémonial se déroulera sur le Champ de Mars d'Agen.

Le Conseil Général, après la lecture de cet arrêté, et ce requérant le Procureur de la Commune décida d'une voix una-

---

(1) *Registres municipaux.*

nime que six députés (un par centaine d'électeurs) les citoyens Bordes jeune, Prézelin Jean, Gontier, Jean Péchembert, Jean Busquet et Jean Mathieu seraient priés et chargés de se rendre le lendemain samedi, 10 août, pour assister à la fête de la fédération du District, et représenter la Commune de Layrac en qualité de fédérés. Ces députés seront aussi priés de solliciter l'autorisation et la prompte exécution de la délibération du 4 août courant, relative à la question des subsistances (1), comme très utile, attendu que la perte que la Commune éprouverait sur les grains achetés, devrait être supportée par tous les individus, composant la République, ainsi que l'ont obtenu bien d'autres Communes que comme celle-ci, ont pourvu leurs concitoyens (2).

Un bon mouvement vint aux officiers municipaux en cette séance. Le Conseil Général, considérant que la réunion civique du lendemain, 10 août, devait être célébrée en mémoire de la conquête de la liberté, et voulant la réunion de tous les citoyens, et comme le citoyen Jean Boussac était le seul qui fût encore détenu en cette Commune, estimèrent qu'il avait expié par une longue détention les fautes, dont il avait pu être accusé, et qu'il serait juste de lui accorder la liberté de sortir de chez lui pour vaquer à ses affaires.

Cette proposition étant faite, et le Procureur de la Commune ayant donné son avis, il fut décidé d'une voix unanime qu'il serait permis au citoyen Boussac de sortir de chez lui pour vaquer à ses affaires, à la charge qu'il ne sortit pas du territoire de la Municipalité et de ne pas découcher sous aucun prétexte (3).

Après la célébration de la fête de la Fédération, il fallut songer au recrutement des défenseurs de la patrie. Le Conseil du District envoya à la Municipalité de Layrac un arrêté, dont il fut donné lecture dans la séance du 12 août. Il portait obligation pour les Communes de faire publier de nouveau qu'un 1er Registre serait ouvert pour recevoir les inscriptions des citoyens voulant se destiner à servir dans la cavalerie ; un autre, pour

---

(1) Nous n'avons pas trouvé trace de cette délibération.
(2) *Registres municipaux.*
(3) Ibid.

l'inscription des citoyens désirant servir dans les compagnies des canonniers, et un 3e Registre, pour inscrire les volontaires des compagnies des francs-tireurs. D'après un second arrêté du Directoire du Département relatif au recouvrement des contributions publiques, il était prescrit aux Directoires des Districts et aux Corps Municipaux, chacun selon sa responsabilité, de faire exécuter les dispositions de la proclamation du Conseil exécutif provisoire du 18 juillet précédent.

Le Conseil Général délibéra sur ces arrêtés et décida unanimement que les trois Registres susdits seraient ouverts immédiatement (1).

Décès de Biran de Molinis, Maire, et son remplacement le 25 août 1793 par Caprais Depau d'Imbertis. — Pénurie des grains.

Le 13 août mourut le Maire de Layrac. Il était originaire d'Astaffort et avait quitté le service de l'armée avec le titre de maréchal des logis des gardes du corps du Roi. Il était habitant de Layrac depuis son mariage contracté le 3 février 1783 avec d^{lle} Julie Gassou, fille de Pierre Gassou, marchand et de Anne Gimet. Son beau-frère était Izaac Gassou dont il a été fait mention à propos de son remplacement militaire. Les membres du Conseil Général donnèrent avis de ce décès à l'administration du District afin d'être autorisés à faire la nomination d'un nouveau Maire. La réponse étant arrivée, dans la séance du 18 août, il fut décidé que l'assemblée primaire serait convoquée pour le dimanche 25 août suivant. L'avis fut publié par affiche et par avertissement que chaque curé de la Commune transmettrait aux fidèles, au prône de la messe (1).

En effet le dimanche 25 août, dans la matinée, l'assemblée primaire des électeurs se réunit dans l'église paroissiale et à la majorité des suffrages, le citoyen Caprais Depau d'Imbertis fut élu. En toute circonstance le nouvel élu s'était montré partisan fanatique des idées nouvelles, notamment lors de l'inventaire fait au Couvent en 1791, lorsque la presque unanimité des ha-

---

(1) *Registres municipaux.*
(2) Ibid.

bitants protesta contre la spoliation des biens des Religieux Bénédictins ; Caprais Depau blâma ouvertement la modération du Maire Bernard Durand. Les évènements ont marché : l'année 1793 a été signalée par le régicide du 21 janvier. La terreur s'accentue de plus en plus par les excès sanglants et les incendies. Les fonctions de Maire exposent à une responsabilité terrible ; le citoyen Caprais Depau accepte sans frayeur cette charge.

Dans l'après-midi, le Conseil Général étant toujours en permanence, le nouveau Maire se présente à l'Hôtel-de-Ville, demandant à être admis à prêter le serment prescrit par la loi. Le Procureur de la Commune, Blaize Capponnel ayant approuvé cette demande, Caprais Depau d'une voix haute et intelligible prononce le serment : Je jure et promet d'être fidèle à la nation, de maintenir de tout mon pouvoir la liberté, l'égalité, l'unité et l'individualité de la République ou de mourir à mon poste en les défendant, et de remplir avec zèle et courage les fonctions civiles et politiques, qui me seront confiées. (1).

A l'encontre de toutes les espérances, la cueillette des grains fut loin de combler les déficits des années précédentes, et même on ne tarda pas à sentir péniblement les conséquences de la mauvaise récolte de la présente année. Par suite, une grave préoccupation de la Municipalité fut de pourvoir à la subsistance des habitants. La besogne fut très rude pour la Municipalité. Dès le mois d'août, Jean Marcadet, négociant à Bordeaux, arriva à Layrac, muni d'une délégation de la ville de Bordeaux pour faire des achats de grains. Il sollicita de la Municipalité aide et protection pour l'achat et le transport du blé qu'il se proposait d'acheter, soit à Layrac, soit à Astaffort.

Le Conseil Général, déférant à cette requête, déclara qu'un Registre serait ouvert à la Maison Commune pour y recevoir les noms de tous ceux qui auraient des grains à vendre.

Cet acquiescement du Conseil Général mécontenta les habitants qui ne tardèrent pas à s'alarmer ; car eux aussi étaient en grande peine de trouver sur la place du marché de Layrac les grains qui leur étaient indispensables pour leur nourriture. Il fallut donc faire des règlements pour protéger les habitants

---

(1) *Registres municipaux.*

dans les achats qu'ils étaient tenus de faire. Il fut établi qu'il serait loisible aux habitants de faire leurs achats de neuf à onze heures du matin et pendant ce temps il serait défendu aux boulangers de paraître sur le marché. De plus, tout achat sur montre fut prohibé aux dits boulangers, à l'exception des boulangers de la ville et du département, les Commissaires de l'administration y étant autorisés par la loi. De vives instances furent faites auprès de la Municipalité pour qu'elle engageat les citoyens vendant leurs grains en gros, de vouloir en céder à ceux qui leur en demanderaient pour leur provision. Outre la pénurie des grains, les habitants eurent à souffrir du logement de gens de guerre. Or aucune indemnité n'avait été donnée aux citoyens de la ville qui avaient logé l'année dernière des soldats d'infanterie, depuis le 20 mars jusqu'au 5 juillet. Et comme plusieurs Communes voisines avaient déjà reçu le prix du logement des troupes, on se demandait pourquoi les habitants de Layrac ne recevaient-ils pas un salaire qui les indemnisât de leurs dépenses.

Les quémandeurs intéressés à cette réclamation envoyèrent un état des dépenses faites par eux pour loger les gens de guerre. Le Conseil Général, tout en approuvant cette requête, jugea qu'il y avait lieu de faire une nouvelle liste des logeurs pour lesquels on solliciterait l'indemnité (1).

Prières publiques, Août 93

En dépit de la surexcitation des esprits et des mauvaises passions que favorisaient les exemples et les doctrines propagés par les représentants du pouvoir, la population de Layrac ne put se défendre de salutaires et de tristes réflexions que provoquaient les fléaux de tous genres qui l'accablaient depuis plusieurs années. Les récoltes des années précédentes avaient été insuffisantes pour la nourriture des habitants. La disette des grains amena une série de maladies, qui occasionnèrent une grande mortalité. Les chaleurs excessives du mois de juillet et du mois d'août tarirent les sources et les cours d'eau, et vint un moment où l'on fut dans l'impossibilité de se procurer

(1) *Registres municipaux.*

du pain chez les boulangers, ou de la farine chez les meuniers. Vers la fin du mois d'août, l'on craignit que la famine ne vint ajouter ses tortures à tous les fléaux, qui déjà écrasaient les habitants. Les officiers municipaux, à bout de toutes leurs ressources, se demandèrent eux-mêmes si tous ces maux n'étaient pas en vérité un châtiment de la providence, irritée contre les crimes des hommes. La question portée dans la réunion du 24 août fut résolue par l'avis du Procureur de la Commune, qui fit adopter la mesure suivante :

Le Conseil Général de Layrac arrête que pour faire cesser les calamités publiques, dont ils étaient menacés, le curé de la ville ou son vicaire sera prié de faire à concurrence de mieux, des prières publiques et processions pour tâcher de fléchir la colère divine, justement irritée contre le peuple, et obtenir du ciel des pluies bienfaisantes, qui en rafraîchissant la nature, rendraient aux humains la santé et vivifieraient les sources. Or le citoyen curé, l'abbé Champmas étant alors absent, il fut décidé qu'ont irait solliciter le citoyen Berni, vicaire pour qu'il voulut bien annoncer le lendemain à la messe paroissiale qu'il serait fait des prières publiques à l'issue des vêpres, et qu'une procession générale aurait lieu, au retour de laquelle serait donnée la bénédiction du Saint-Sacrement. Les jours suivants la cérémonie des prières aura lieu à six heures du soir. Il est ajouté qu'une copie de la présente délibération sera envoyée au citoyen vicaire (1).

Le poète païen Horace, en des temps aussi calamiteux rappelait aux Romains ses compatriotes que l'impiété et le mépris des Dieux étant la cause des terribles fléaux qui les écrasaient, c'était peu de se lamenter, et de prier. Le seul remède à ces grands malheurs publics, c'était, au dire du poète païen, de rendre aux Temples et aux représentants de la Divinité l'honneur et le respect odieusement violés (2).

---

(1) *Registres municipaux.*

(2) Délicta majórum immeritus lues,
Romane, donec templa refeceris
Œdesque labentes deorum et
Fœda nigro simulacra fumo.
Dü multa neglecti dederunt
Hesperiœ mala luctuosœ.

Horace. Lib. III. Od. VI.

C'est ce que ne comprirent pas ces catholiques dégénérés, qui persécutaient les prêtres et démolissaient les églises ou les profanaient par des orgies sacrilèges. On ne se moque pas impunément de Dieu.

Mesures prises pour prévenir la famine

En outre des prières publiques, les officiers municipaux redoutant les horreurs de la famine, s'il n'était apporté des subsistances pour les habitants, décidèrent d'envoyer des délégués aux propriétaires du moulin de Moissac pour qu'il fut acheté 60 sacs de blé, qu'on ferait moudre immédiatement pour fabriquer du pain qui servirait à la nourriture de la population.

Le citoyen Lormand, maître boulanger de Layrac, fut envoyé par les officiers municipaux pour aller sur les marchés de Lamagistère et de Valence afin de faire ces achats et de faire transporter du pain pour nourrir les habitants.

Dans la séance suivante, qui eut lieu trois jours après, il fut dit qu'il fallait recourir à des mesures exceptionnelles pour se procurer du blé. Et voici la résolution qui fut prise :

Considérant que plusieurs citoyens de la ville et de la campagne ont négligé de faire leur déclaration de grains et de farines, ce qui rendait impossible le recensement exact des grains nécessaires à procurer : « Il est admis, d'après avis conforme du Procureur, qu'il sera fait des visites domiciliaires chez tous les citoyens. Dès le jour même, les visiteurs entreront en fonction et feront leur rapport au Conseil » (1).

De son côté le District d'Agen préoccupé des besoins de la défense nationale prescrivait des réquisitions de toutes sortes. Un arrêté daté du 1er septembre ordonnait aux officiers municipaux de Layrac d'enlever le portail en fer du ci-devant couvent des Bénédictins et d'en faire l'envoi à Agen où il sera utilisé pour la réparation des armes. Un Commissaire fut désigné pour assister à cette opération, afin qu'elle fut faite sans détériorer les murs, et puis faire transporter le portail sur un bateau, allant à Agen. En ce moment le citoyen Pierre Denis, maître de bateaux étant survenu, les deux Commissaires

---

(1) *Registres municipaux.*

nommés Capponnel et Bergognié le requirent de transporter à Agen le fer du dit portail. Il lui fut accordé la somme de 36 livres pour faire le transfert à Agen (1).

Quatre jours après revint la question des subsistances. Le Conseil Général étant toujours en permanence, il lui fut annoncé que ce jour là, le 6 septembre il était arrivé sur la place publique cinq charrettes chargées de grains destinés à être vendus. L'heure de la vente était bien passée et néanmoins on fit décharger le dit blé. Le citoyen Lormand boulanger, en acheta 16 sacs, et le restant qui était du seigle fut acheté par Peyre négociant de Donzac. Le prix de vente avait été fixé à 60 livres le sac de blé, et 42 livres, le seigle. Toutefois le blé fut livré à 57 livres et le seigle à 37 livres.

Une difficulté se présenta. Ces grains avaient été récoltés sur les terres confisquées aux émigrés ; or le fermage devait être payé en nature ; de là crainte que ce grain ne sortît de la Municipalité, où après recensement fait il restera à peine de quoi nourrir les habitants pendant six mois de l'année, et circonstance aggravante, le millet qui est la ressource des pauvres, manquera complètement cette année là. Le Conseil trancha la difficulté en décidant que le fermier de ces grains saisis sur les domaines nationaux ou des émigrés, devant être payé en nature, la vente serait suspendue jusqu'à ce qu'on eût pris l'avis de l'administration qui déciderait le cas (2).

L'anxiété de la population était grande et, avec juste raison, aussi, accueillait-on toutes les dénonciations qui pouvaient aboutir à procurer quelques ressources nouvelles. Le 14 septembre, à 9 heures du soir, on vint annoncer au Conseil Général, toujours en permanence, qu'il se faisait toutes les nuits des transports considérables de grains d'Estaffort au port de cette ville, et qu'on venait d'apercevoir plusieurs charrettes chargées de grains, traversant la grand'route. Le citoyen Maire se hâte de se transporter sur les lieux afin de s'assurer si les propriétaires de ces grains étaient en règle avec la loi. Il trouva que les bouviers n'avaient seulement qu'une simple note énonçant la quantité des grains par eux portés. Il décou-

---

(1) *Registres municipaux.*
(2) Ibid.

vrit même une irrrégularité, car l'un de ces bouviers était porteur d'une note indiquant une quantité inférieure à celle des grains existants. Le Conseil Général avisé fit aussitôt arrêter les grains et les fit déposer au faubourg, chez Jean Denis. Le Maire fut délégué pour aller, avec le secrétaire Bordes, savoir s'il n'y avait point de bateau en chargement, et après cela venir rendre compte de sa visite pour que le Conseil pût aviser.

Le lendemain, C. Depau, Maire et Bordes, secrétaire, exposent qu'ils ont fait arrêter et déposer chez J. Denis plusieurs charrettes chargées de grains destinés au port de cette ville et que les bouviers n'avaient point d'acquit à caution. Il fut constaté et vérifié qu'il y avait une erreur entre le blé vendu et le blé porté sur les charrettes ; et ces grains appartenant à Marcadet fils, étaient destinés à Bordeaux. Survint Philippe d'Estaffort, muni d'un acquit à caution pour l'achat de 260 sacs que Marcadet avait acquis pour les envoyer à Castres. Comme l'opération était régulière, personne ne souleva de difficultés.

Cette mésaventure mit les officiers municipaux en défiance, et, lorsque quelques jours après, deux citoyens d'Estaffort, Cubes et Crébessac présentèrent un acquit à caution signé par Tallien, Représentant du peuple et par Augustin Duffourc, Procureur de la dite Commune, afin qu'il fut donné libre cours à 360 sacs de blé que ces commerçants devaient faire parvenir à La Réole, une surveillance très active fut exercée pour éviter toute fraude (1).

La Municipalité rétracte sa délibération du mois de juin précédent

On n'a pas oublié la crise violente et le patriotisme farouche dont firent acte les principaux citoyens de Layrac au mois de juin précédent, et la délibération prise par le Conseil Général en cette circonstance. Les administrateurs du District d'Agen blamèrent vivement cette exagération et ils donnèrent à comprendre aux intéressés qu'il était de leur devoir de réparer cette incartade.

---

(1) *Registres municipaux.*

En effet, dans la séance du 19 septembre, les officiers municipaux firent observer que les citoyens de Layrac, en adoptant les mesures prescrites par le Département de la Côte-d'Or, et en transmettant à Agen une délibération basée sur les propositions de la Commission de salut public du département de la Gironde, avaient outrepassé leurs droits. Il est de notre devoir dit le Président, de vous éclairer sur vos propres intérêts et de vous ramener dans la bonne voie dont vous vous êtes écartés. C'est pouquoi il est très utile de convoquer une grande assemblée de nos citoyens pour les inviter à rapporter les délibérations des 14 et 24 juin derniers.

Et au sortir de cette séance, on rédigea une convocation pour une assemblée qui aurait lieu le lendemain. Et le valet de ville parcourut toutes les rues pour prévenir tous les habitants.

Donc, le 20 septembre après-midi, devant les citoyens assemblés, le Président fit donner lecture des délibérations prises les 14 et 24 juin, dans lesquelles on adoptait les mesures proposées par le département de la Côte-d'Or, basées sur les déclarations de la Commission populaire du salut public de la Gironde. Puis le Maire propose de rapporter ces deux délibérations. Le Procureur de la Commune, Blaise Capponnel, appuya la proposition du citoyen Depau.

« Il est du devoir des magistrats, dit-il, d'éclairer le peuple sur les pièges qui lui sont tendus par les ennemis du bien public et de dissiper les erreurs dans lesquelles on aurait pu l'entraîner. Sous prétexte de détruire l'anarchie et de combattre les factions, on a cherché à soulever les départements contre la ville de Paris qui a tant fait pour la Révolution, et à qui nous devons la chûte des tyrans et la ruine du despotisme. La commune de Layrac s'est toujours distinguée par son amour de la liberté et de l'égalité, par sa haine pour la royauté et son attachement à la République une et indivisible ; néanmoins, elle s'est laissée entraîner un instant par l'exemple funeste de ses voisins, dans un plan adroitement ourdi et tendant à morceler la France pour la livrer ensuite aux despotes coalisés. Quoiqu'elle ait depuis longtemps reconnu ce piège et manifesté son indignation contre les Fédéralistes, ses registres attestent encore son erreur sans attester qu'elle l'a reconnue et réparée. Je vous requiers en conséquence de rapporter et de biffer des registres de votre Municipalité les délibérations des 14 et 24 juin, comme étant contraires à l'unité et à l'indivisibilité de la République et attentatoires à la souveraineté de la Convention nationale par la formation d'un Comité du Salut public qui avait été investi de pouvoirs illimités, et par la nomination d'un Commissaire désigné par la commune de Layrac, lequel porta l'expression de ce vœu à l'assemblée générale du département. »

Après ce discours, le procureur déposa sur le Bureau la copie des explications qu'il venait de développer et il la signa. C'était bien dire que c'était une sommation.

C'est ce qui fut bien compris. Il fallait se déjuger, l'assemblée se déjugea. Le procès-verbal déclare que, ouï la dite proposition et le réquisitoire ci-dessus, l'assemblée, considérant que dans les délibérations des 14 et 24 juin, en prenant des mesures de salut public, elle avait été induite en erreur, mais pleine de confiance dans ses bonnes intentions justifiées par la Déclaration des Droits de l'Homme, rapporte les délibérations qui seront rayées et bâtonnées et comme non avenues. En effet, en relisant les Registres de la Municipalité, nous voyons les pages contenant ces délibérations rayées et bâtonnées ainsi que les signatures des assistants (1).

Le crime de fédéralisme fut reproché à tous ceux qui ne partageaient pas les idées violentes des Jacobins. Le fédéralisme fut d'abord un mouvement de protestation des Municipalités provinciales et départementales contre la tyrannie de la Convention, et on le représenta comme un système politique tendant à briser le faisceau de l'unité de la République. Aussi, quiconque n'adhérait pas aux doctrines tyranniques du parti dominant, fut classé parmi les fédéralistes pour lesquels il ne devrait y avoir ni pardon ni indulgence.

« Ce parti des prétendus fédéralistes, dit un auteur contemporain, fut celui des hommes de bien et des patriotes sincères. Il est donc facile de comprendre pourquoi tant de citoyens vertueux, tant de savants illustres furent sacrifiés. » (2)

(1) *Registres municipaux*. La présente délibération porte les signatures de Depau, Maire, Dupont, Bergognié, Berni, Champmas, Deforcade, Capponnel, Sarramia, Larivière, etc.

(2) *Essai historique et critique sur la Révolution* par Paganel. II. p. 161 etc.

Nous en verrons des exemples dans la commune de Layrac.

Ban des Vendanges

Les vieilles coutumes concernant les vendanges furent maintenues. Dans sa séance publique du 22 septembre 1793, le Président fit observer que le temps des vendanges étant proche, il fallait, comme par le passé, nommer des Commissaires chargés de constater la maturité des raisins. Etienne Marrassé, Jean Duplan et Jean Sarramia nommés à cet effet firent leur rapport sur la visite des vignobles, ce qui permit au Conseil de fixer l'époque précise où pouvait commencer la cueillette des raisins (1).

Billet de confiance

La propagation des billets de confiance avait rendu de grands services aux habitants. Jean Bordes, qui était dépositaire des assignats, les échangea contre ces billets au fur et à mesure qu'ils rentraient. Le 29 septembre 1793, il en avait retiré 387, représentant la somme de 240 livres 10 sous. Le Conseil décida qu'ils seraient brûlés le jour du dimanche à l'issue de la grand'messe (2).

Dans cette période révolutionnaire, on avait perdu le sens du juste et de l'injuste. On s'emparait des couvent et des monastères ; on vendait à l'encan le mobilier des religieux, des prêtres et des nobles et on trouvait cela naturel. La propriété monastique, ecclésiastique et celle des ci-devant nobles était supprimée. Et voilà que le 8 octobre 1793, le citoyen Jean Corne, arpenteur, vient à l'hôtel-de-ville dénoncé un vol de choux, accompli dans son jardin. Il requiert que des recherches soient faites pour trouver l'auteur du vol. Il est fait droit à sa demande et le Procureur de la Commune opine en ce sens et Nézat est désigné pour aller avec le dénonciateur faire des

---

(1) *Registres municipaux.*
(2) Ibid.

visites domiciliaires chez ceux soupçonnés de ce vol. Et il sera rendu compte au Conseil Général de cette opération (1).

La loi des Suspects. Septembre 1793

Le but du régime révolutionnaire fut atteint, écrit le fameux Paganel, lorsque fut promulguée la *loi des Suspects*. Les circonstances de la vie les plus indépendantes de notre volonté écrit-il, furent les motifs de ce décret. Un ordre de naissance aboli, des rangs effacés, des fonctions supprimées, l'honneur, la science, les services récompensés sous un autre régime étaient des crimes qu'il fallait punir. Et quels furent les arbitres entre les tyrans et les suspect? des fanatiques, des proscripteurs. Qui ? l'envie, la haine, la vengeance, l'ambition (2).

On signale à la vindicte des lois l'homme dont la présence l'importune, dont le nom, la richesse, les talents lui portent ombrage. De là la nécessité de rechercher un témoignage de civisme pour abriter sa tête et éviter la prison ou la persécution. Cette loi des suspects fit des victimes à Layrac.

Le 24 pluviose an II (13 février 94), se présentent devant la Municipalité François Gimet et Anne Gimet, veuve de Pierre Gassou (3) pour réclamer un certificat de civisme et de résidence, et ils ont pour témoins Moïse Armaignac et Jean Darqué, qui ont attesté que les sus dits n'ont cessé de résider en France depuis le 1er janvier 1789. Le certificat de constatation sera affiché pendant trois jours à la porte de la Maison Commune conformément à la loi (4).

Le même jour le citoyen Mirien-Labarre aîné, vient faire enregistrer un certificat à lui délivré par le Conseil Général de la Commune de Villenave, et visé par l'administrateur du Conseil Général du District de Bordeaux (5).

Le 3 ventôse suivant c'est la citoyenne Suzanne Dumas,

---

(1) *Registres municipaux.*
(2) *Essai historique et critique sur la Révolution Française*, par M. Paganel, ex-législateur, II, p. 290.
(3) *Registres municipaux.*
(4) Ibid.
(5) Ibid.

veuve Chaudruc, habitant la ville de Saintes, qui vient exhiber un passeport à elle délivré par la Municipalité de Saintes, le 12 juin 93, avec un certificat de civisme et de non émigration. Acte lui est donné de ce dépôt (1).

Le surlendemain 5 ventôse, les officiers municipaux assistèrent à une scène déplorable. Le citoyen Etienne Chollet Lascaban s'exprima en ces termes : Citoyens, il y a longtemps que je voulais joindre à mon civisme inébranlable une satisfaction qui manque à la sincérité de mes sentiments. C'est par erreur et sans mon assentiment que j'ai été compris dans la classe des *nobles*, et regardé comme *noble*. Mon père en 1759 eut la fantaisie d'être Capitoul. J'étais alors capitaine d'infanterie, fort loin d'ici. Je ne puis pas faire que je ne sois le fils de mon père, dont je ne réglais pas les volontés. Les prétendus privilèges de l'ancien régime m'étaient acquis par une voie bien meilleure et plus honorable que le Capitoulat. C'est pourquoi je fais ma déclaration devant vous, que j'abdique et renie la qualité de ci-devant noble, et que cela n'a jamais été que par erreur qu'on me l'a donnée. Je déclare hautement protester contre cette qualité et vouloir être rangé dans la classe des simples citoyens. Je vous prie de me permettre de le signer sur vos registres. Et a signé : ETIENNE CHOLET LASCABAN (2).

Le 24 ventôse an II (mars 93) le citoyen Jean Ducomet vint se faire délivrer par la Municipalité un certificat de résidence. Il lui fut délivré après avoir été affiché durant trois jours (3).

Le 24 mars le Maire et les officiers municipaux délivrèrent un certificat de non-émigration à Joseph André Liboire Cappot-Vilarnau, né le 23 juillet 1737 (4).

L'ancienne Religieuse Marie Canal dut se soumettre à cette formalité, qu'elle accomplit, le 30 mars de cette année (5).

La citoyenne Suzanne Dumas, veuve Chaudruc, âgée de 30 ans et demeurant à Cavaignac dans la maison du citoyen Lafont

---

(1) *Registres municipaux*.
(2) Ibid. était signé : Depau, Capponnel.
(3) Ibid.
(4) Ibid.
(5) Ibid.

dut se présenter une seconde fois et obtenir un certificat nouveau de sa résidence à Layrac (1).

L'ancien vicaire Joseph Berni, quoique bien connu puisqu'il avait exercé et exerçait encore des fonctions publiques fut obligé de solliciter un certificat analogue le 12 avril 94 (2).

Il en fut de même du citoyen Dargein, l'organiste rétribué et salarié par la Municipalité (3).

Ces sortes de certificats n'étaient valables que pour trois mois et il fallait les faire renouveler.

Le 15 floréal (5 mai 94), vint faire enregistrer son certificat de résidence délivré à Toulouse le citoyen Dominique François Bastard (4).

Puis nous voyons défiler, le citoyen Jean Sarramia, le curé Constitutionnel Laurent Champmas (5).

Le 15 prairial, Bonaventure Jacques Cappot Barrastin, pensionnaire de la République, né le 5 août 1748 vient demander certificat attestant qu'il n'a point émigré, et qu'il n'est point détenu pour cause de suspicion ou de contre révolution (6).

Le respectable Pierre Louis Capponnel Monguignon lui aussi pensionnaire de la République, âgé de 64 ans, sollicita un certificat analogue (7).

Au mois d'octobre la citoyenne Geneviève Malvin dite de Montazet, veuve Deluc, âgée de 66 ans, avec sa fille Marie Charlotte, âgée de 22 ans, durent se soumettre à cette loi (8).

On poussa le rigorisme de ces formalités à l'excès. En voici la preuve. Le Maire de Layrac, Biran de Molinis était décédé le 13 août 93. Néanmoins le 26 octobre 94, le Maire Depeau et les officiers municipaux délivrent un certificat attestant que le dit Augustin Biran Molinis, pensionnaire de la République, n'a jamais émigré, ni été incarcéré pour cause de suspicion ou

---

(1) *Registres municipaux.*
(2) Ibid.
(3) Ibid.
(4) Ibid.
(5) Ibid.
(6) Ibid.
(7) Ibid.
(8) Ibid.

de contre-révolution et qu'il exerçait les fonctions de Maire quand il est mort (1).

Nous citons ces noms et ces détails pour faire ressortir cette vérité exprimée par le fameux Paganel : La loi des Suspects dit-il, fut une mise hors la loi, conséquence nécessaire d'un gouvernement dont l'unique ressort était la terreur (2).

Nous citons encore les noms de Joseph Dupont et de Pierre Delpech. Le vénérable André Etienne Dulion âgé de 67 ans et qui avait exercé des fonctions municipales à la satisfaction de ses administrés, dût se faire octroyer un certificat attestant qu'il n'était ni émigré, ni détenu pour cause de suspicion ou de contre-révolution. Et il dut présenter sa quittance d'imposition mobiliaire et foncière et de contribution patriotique. A ces conditions il obtint son certificat de civisme (3).

Puis comparurent : les citoyennes Jeanne Blois, veuve Bigos, âgée de 40 ans ; Marie Anne Elizabeth Blois veuve Green Saint-Marsault, âgée de 39 ans.

Marie Anne Bruguière, ci-devant Religieuse, 34 ans ; et enfin la citoyenne Anne Descarnault épouse du citoyen André Dulion (4).

Et comme nous l'avons observé plus haut, ces certificats devaient être renouvelés souvent, et les mêmes citoyens dont les noms ont été rappelés, durent se représenter devant la Municipalité pour les mêmes formalités.

Le 1er floréal an II (avril 94) se présentent devant le Conseil Général pour obtenir un certificat de civisme, Raymond Perdigueu et Jean Marcadet. Le Conseil déclare ne pouvoir s'y refuser ajoutant en même temps qu'il n'a pas été tenu un Registre exact pour relater les certificats de civisme accordés précédemment aux citoyens C. Depau, Blaise Capponnel, Michel Deforcade, Bernard Durand, Bonaventure Durand, Dargein, Dulion etc. Malgré cette négligence dans la tenue des Registres, le

---

(1) *Registres municipaux*. *Essai historique et critique sur la Révolution*, II, p. 293.
(2) *Registres municipaux*.
(3) Ibid.
(4) Ibid.

Conseil ratifie et approuve tout ce qui a été fait par l'administration précédente (1).

Nous constatons ainsi que tous les citoyens ayant quelque notoriété, encouraient les uns après les autres le soupçon d'incivisme et qu'ils étaient obligés de recourir aux moyens ordinaires pour éviter d'être frappés comme suspects et décrétés d'arrestation.

Bernard Durand, ancien Maire et précédemment membre du Directoire Départemental qui avait montré une grande fermeté dans les divers emplois qu'il avait remplis, devint suspect à la Municipalité de Layrac qui lui refusa à une époque son certificat de civisme (2). Aussi fut-il inscrit sur la liste des citoyens suspects et décrété d'arrestation. S'il échappa, c'est grâce à l'intervention d'un de ses amis d'Agen, le citoyen Mignot, dont voici la lettre : « Nous avons reçu de la Municipalité la liste
« des cit.... qui n'ont pas obtenu le certificat de civisme. Aux
« termes de la liste nous devons faire arrêter tous les individus.
« Vous êtes sur la liste. Mais comme j'immagine et que j'espère
« que la Commune reviendra sur sa délibération à votre égard,
« je prends sur moi de vous en eximer. Voilà tout ce que puis
« faire dans le moment. Au reste, tranquilisés vous, je suis là
« et rien ne bougera que je n'en sois instruit.

« Salut et fraternité : Mignot (3) ».

De fait la Municipalité revint sur sa précédente décision et à la date du 29 brumaire an II, les officiers municipaux et nota-

---

(1) *Registres municipaux.*

(2) Au mois de septembre 1793, Tallien, Commissaire délégué par la Convention Nationale dans le Lot-et-Garonne, montra sa toute puissance à Agen pour tout réorganiser. Dans ce but il destitua des fonctionnaires dont les opinions et les actes lui déplaisaient. Parmi les membres du Directoire du Département, il révoqua les citoyens Crebessac, Bernard Durand, Lamarque, etc. Parmi les membres du Tribunal du District siégeant à Agen, il destitua Bonaventure Durand, Candellon, Beaubens. Après cette exécution il leur dit : « Retirez-vous en attendant que je me prononce définitivement sur votre sort. » Les fonctionnaires destitués et les deux frères Bernard et Bonaventure Durand rentrèrent à Layrac en proie a de vives inquiérudes, s'attendant à être arrêtés d'un moment à l'autre. On comprend que la Municipalité de Layrac eut refusé l'acte de civisme.

(3) Cette lettre fut confiée à quelque ami : après la signature il y a ce postscriptum : brulles ma lettre. Mignot, musicien de profession concourut à Agen en 1794 à l'organisation du Comité dramatique. Il fut membre du Comité de Salut public avec Gardette, Auguste etc.

bles certifièrent que le citoyen Bernard Durand s'était toujours comporté en bon patriote et qu'il n'avait cessé de donner dans tous les temps des preuves non équivoques de civisme. Et ont signé : Depau, Maire, Desburs, Capponnel fils, Procureur de la Commune, Sarramia ; en tout plus de vingt signataires. Ce certificat est contresigné par les membres du Directoire du District : Notin, Lhuilier, Albaret, Cassaigneau etc.

Visites Domiciliaires

Durant cette *ère de liberté*, rien n'était moins respecté que la liberté, un simple soupçon suffisait pour empiéter sur le domicile d'autrui.

Au mois de septembre, vu la pénuerie de grains, des sommations avaient été faites aux habitants de venir déclarer la quantité de blé que chacun possédait chez soi. Après quelques semaines de délai, les déclarations étant faites par les habitants, on porta devant le Conseil Général la plainte que certains citoyens n'avaient point déclaré les grains qu'ils détenaient ou que leurs déclarations étaient fausses. Cela fut dit à la séance du 10 octobre. On décida que dès le lendemain des visites domiciliaires seraient pratiquées chez les citoyens soupçonnés. Des Commissaires se présenteront dans les maisons, accompagnés d'un mesureur. Et les suspects furent nommément désignés. Après coup ont été bâtonnés et effacés les noms des personnes soupçonnés de fausses déclarations. On a eu honte de cette mauvaise action, inspirée par une basse jalousie.

Toutefois il fut donné suite à ces délations odieuses qui visaient des personnes respectables. Le citoyen Larivière nommé Commissaire refusa ce mandat et il fut remplacé par le citoyen Laurent Champmas qui, à ses fonctions de curé Constitionnel ajouta le rôle d'inquisiteur. Dans la séance du lendemain, il se présenta et rendit compte de la visite domiciliaire qu'il avait faite avec Jean Busquet chez la citoyenne Jacquette Chollet, dont la maison était voisine du presbytère. Cette vénérable personne était coupable d'avoir donné l'hospitalité, au moins pour quelques temps, à l'abbé Capdeville expulsé de son presbytère au mois de septembre 1791, et un peu plus tard ses aumônes l'avaient rendue suspecte, et elle avait été décrétée d'arrestation et enfermée au couvent. C'est chez cette vénérable demoiselle que se présentèrent Champmas et Busquet. Nous nous sommes transportés chez la citoyenne Chollet, dirent-ils et nous avons trouvé dans un grenier un tas de blé-froment, que nous avons fait mesurer, et il s'en est trouvé 25 sacs. Dans un autre grenier, 3 sacs pliés dans des draps de lit, et dans un petit grenier un sac de farine, alors qu'elle nous avait dit qu'il n'y avait là que des raisins. En outre la dite citoyenne nous a dit avoir envoyé 4 sacs de blé au moulin de Goulens pour être convertis en farine. Sur quoi confrontant la déclaration antérieure de la dite Jacquette Chollet, faite en Maison Commune et inscrite sur les Registres, nous avons constaté et nous sommes convaincus qu'elle avait chez elle un excédant de 8 sacs sur ceux déclarés. L'inquisition avait été faite avec une sévérité et une précision qui révélaient un zèle digne d'une meilleure cause.

Après avoir entendu ce rapporteur, le Procureur s'appuyant sur l'article 5 du titre 1er de la loi du 11 septembre et sur l'article 4 du titre 2, faisant ressortir la fausseté de la déclaration, il opina qu'on saisirait le juge de paix du canton pour qu'il prononçât la confiscation des grains non déclarés, et au profit de la Commune. Le procès-verbal est approuvé par les membres présents de la Municipalité avec les actes de Laurent Champmas Commissaire et de Berni, son vicaire (1).

On était sur la voie des vilénies et des lâchetés.

La Municipalité était dominée par des influences occultes et surtout par les violents des clubs. Le 13 octobre, le Président du Conseil Général dit que la Société populaire de cette ville lui a fait une motion d'exécuter le décret de la Convention Nationale du 17 juillet dernier, invitant tous les citoyens à remettre dans la Maison Commune tous les objets, dont ils sont possesseurs et qui peuvent avoir trait à la royauté et à la féodalité, pour être brûlés aujourd'hui même. Or, comme presque tous les citoyens se sont conformés à cette invitation il y avait dans l'Hôtel-de-Ville une grande quantité de ces objets, qui étaient embarassants, et qu'il s'agissait de brûler. Après avoir pris

---

(1) *Registres municipaux.*

l'avis du Procureur de la Commune, le Conseil Général arrête que ce jour là même, à l'issue des vêpres, près de l'arbre de la Liberté, il sera procédé au brûlement des effets de toute espèce, existant actuellement en Maison Commune, et qui peuvent avoir quelque rapport avec l'ancien régime. Les membres du Conseil Général sont priés d'assister à cette opération. Cette résolution, prise à la séance du matin, fut exécutée comme il avait été réglé, après le chant des vêpres. Et quelques heures plus tard, lorsque le procès-verbal de cet autodafé fut rédigé et signé à la Maison Commune, il fut dit que tout s'était passé dans le plus grand ordre et que les dits objets avaient été consommés par les flammes, au milieu des cris répétés : « Vive la Convention ! Vive la République ! Vive la Montagne ! » (1).

Le lendemain 14 octobre, il fut donné lecture au Conseil Général d'une lettre du Procureur-syndic du District, portant que les Municipalités devaient procéder sans délai à recueillir tous les fers des édifices nationaux et ceux inutiles au service des particuliers. Il fut décidé qu'on procéderait sans désemparer à la recherche dans les édifices nationaux des fers qui pourraient s'y trouver encore. Et une proclamation invita les habitants à remettre les fers qui leurs étaient inutiles.

Un registre fut ouvert pour inscrire les noms des donateurs. Georges Garbay, serrurier et Jean Péchambert, charpentier furent requis pour opérer, au nom de la Municipalité. On enleva au couvent des ci-devant Bénédictins : I. Deux rampes d'escaliers ; II. Trois barres de fer du puits ; III. Un balcon ; IV. La mécanique de l'horloge et les girouettes (2).

Nouvelles arrestations décrétées par Paganel
Octobre 1793.

On avait reproché au Conseil Général de Layrac d'avoir fait une déclaration fédéraliste qu'on l'obligea à rétracter.

Il y avait donc à Layrac des citoyens suspectés de fédéralisme, aussi le Commissaire représentant du peuple envoyé dans le Lot-et-Garonne par la Convention ne pouvait que viser à

---

(1) *Registres municipaux.*
(2) Ibid.

combattre ces tendances. C'est ce que fit le fameux Paganel, arrivé à Agen il se mit en relation avec la Municipalité de Layrac pour obtenir les renseignements, qui devaient diriger sa conduite. La Municipalité envoya la liste des citoyens, auxquels elle refusait le certificat de civisme. En conséquence, Paganel fit deux arrêtés, le 3 et le 7 octobre, dont il fut donné lecture dans l'assemblée du Conseil le 17 octobre. Le Conseil Général recevait ordre de mettre en état d'arrestation dans leur domicile et pour un temps limité (1) les personnes suspectes, contre lesquelles on n'aurait pas acquis des preuves suffisantes pour faire ordonner leurs arrestations par le Comité de surveillance. La situation était grave et délicate, mais l'hésitation ne fut pas longue. Le Procureur de la Commune prit la parole dans la séance qui fut tenue après la réception des ordres du proconsul, et l'assemblée aidée de deux adjoints, nommés en vertu de l'arrêté du citoyen Paganel, tenant compte des renseignements fournis, délibéra que les citoyens Jean Boussac aîné, la femme de François Gimet, Antoine Canal, Joseph Richard, Jacquette Chollet, Antoine Armaignac, Cyprien Saint-Marc et Augustin Cappot seraient mis en état d'arrestation dans la maison nationale des ci-devant Bénédictins, et que le citoyen Jean-Baptiste St-Marc et Pauline sa fille, ainsi que la citoyenne Lascaban seraient provisoirement détenus en état d'arrestation chez elles comme mère, femme et enfants d'émigrés. Que les citoyens Etienne Cappot, Moyse Ruel, François Castex, Jean-Baptiste Sarramia et Marie Gassou épouse de Joseph Richard seraient aussi consignés chez eux ainsi que François Gimet, auquel il sera cependant accordé la faculté d'ensemencer ses terres ; après lequel temps il sera tenu de rester chez lui en état d'arrestation, en observant cependant, qu'au cas où Augustin Cappot fut obligé de partir, il sera remis en liberté.

Il sera rendu compte sans délai à l'administration et au Comité de surveillance du District des circonstances qui ont déterminé ces mesures. Et pour plus de sûreté, les citoyens sont prévenus de ne point faire de visites à ceux arrêtés, déte-

---

(1) Si dans cette liste ne figure pas le nom de Bernard Durand de La Gravade, qu'on accusait de fédéralisme, et s'il ne fut pas emprisonné, c'est grace à l'intervention du citoyen Mignot son ami, qui effaça son nom de la liste des suspects. Voir cette lettre plus haut.

nus ou consignés chez eux, à moins qu'ils n'aient obtenu la permission du Conseil Général de la Commune, et ce, sous peine d'être regardés eux-mêmes comme suspects.

Ce procès-verbal est signé et approuvé par le Maire, le Procureur, par le vicaire Berni et autres parents et amis des détenus.

Tout le monde courbait la tête devant ces violences et on se prêtait à livrer ses amis et ses parents, sans oser mot dire.

Le lendemain, le Conseil Général étant réuni selon l'habitude, il fut présenté au Président une requête pour demander la mise en liberté du citoyen Canal, chirurgien, afin qu'il allât donner ses soins à la femme du secrétaire de la Municipalité. Et voici le libellé de la délibération. Le Procureur de la Commune ayant été entendu, le Conseil, mû par un sentiment d'humanité et d'attachement pour la femme de Bordes son secrétaire, accède à cette demande, mais sans tirer à conséquence. Et immédiatement il fut envoyé au citoyen Canal détenu le permis de sortir, qui l'obligeait à rentrer dans le lieu de son arrestation, sitôt son opération faite (1).

Nouvelles arrestations

La journée du 18 octobre 1793 fut une des plus mouvementées. Les arrêtés de Paganel, représentant du peuple, qui avaient provoqué les arrestations nombreuses et si arbitraires, que nous venons de mentionner, eurent une suite. On ne pardonnait pas à la ville de Layrac, comme nous l'avons dit, ses tendances qualifiées *fédéralistes*. Les agissements des clubs de la localité en relation avec les clubs d'Agen poussaient à la persécution.

Le matin du 18 octobre il fut donné lecture et il fut fait inscription sur les Registres de la Municipalité de l'arrêté suivant du citoyen Paganel :

« Au nom de la République Française, une et indivisible, après avoir entendu les membres du Comité de surveillance d'Agen sur des mouvements qui se manifestent dans la ville et Commune de Layrac, lesquels pourraient s'étendre jusque

---

(1) *Registres municipaux.*

dans le sein de la Société populaire du Conseil Général de la Commune de la dite ville de Layrac, nous représentants du peuple en séance à Agen, nommons le citoyen Brescon administrateurs du département, Gardette et Barsalou fils de Louis, membres du Comité de surveillance pour se poster dans la ville de Layrac, y prendre les renseignements nécessaires pour fixer l'opinion du Comité sur la situation de la Municipalité, Conseil Général et Société populaire, ainsi que sur les personnes qui tendraient à détourner l'esprit public de son véritable but. A Agen, en séance du Comité le 3e jour de la 3e décade du 1er mois de l'an II de la République Française une et indivisible. » (1)

Les envoyés de Paganel se rendirent à Layrac, et à leur arrivée le Conseil Général fut convoqué en séance extraordinaire pour entendre les citoyens Brescon, Gardette et Barsalon fils, membres du Comité de surveillance d'Agen. Le citoyen Gardette commença par donner lecture de l'arrêté qui exposait le but de leur mission et leur donnait tout pouvoir à ce sujet. Il se fit présenter les Registres de la Municipalité pour prendre connaisssance des délibérations des 14 et 24 juin précédents, qu'ils trouvèrent rayées et bâtonnées. Il lut aussi la délibération du 20 septembre portant que ces deux déclarations étaient rapportées et non avenues. Ils demandèrent copie de cette dernière délibération que le secrétaire s'empressa de copier et de lire. Puis, élevant le ton, les Commissaires de Paganel, traitant les membres du Conseil Général de Layrac avec un mépris profond, ils dirent aux assistants : « Vos officiers municipaux et les membres du Conseil Général de cette Commune se sont-ils rendus indignes de la confiance publique et n'avez-vous pas à vous plaindre d'eux ? » Aucun assistant n'ayant osé élever la voix ni répondre ou alléguer aucun grief, les Commissaires exprimèrent leur satisfaction de n'entendre aucune plainte portée contre aucun administrateur. « Nous vous reprocherons une seule chose : c'est la rédaction de la délibération du 20 septembre faite par le citoyen Deforcade, juge de paix, et la dénonce faite contre le citoyen Bergonié, officier municipal, au sujet de l'achat des grains fait par Joseph Richard. »

---

(1) *Registres municipaux.*

Lecture fut ensuite faite de la liste des gens suspects mis en état d'arrestation en vertu de la délibération du 16 du courant et du compte à eux rendu des motifs qui avaient déterminé ces arrestations. Tout fut lu, article par article, et des renseignements fournis il résulta que les dits Commissaires décidèrent que le citoyen Jean Laffore, tailleur, mis en état d'arrestation chez lui, serait remis en liberté par la raison que deux de ses enfants étaient au service de la Patrie et qu'un troisième, également soldat, a dût quitter son bataillon pour cause de maladie et n'a pu le rejoindre par suite des infirmités contractées au service. Néanmoins, le dit Laffore dut comparaître devant les Commissaires qui lui adressèrent de vives réprimandes, sans doute parce qu'au lieu d'aller pérorer dans les clubs, il avait élevé ses enfants dans l'amour de la Patrie.

Dans cette séance, le citoyen Izaac Gassou voulut prendre la défense de Joseph Richard, son beau-frère ; il fut immédiatement puni de son audace et décrété d'arrestation, puis enfermé dans le couvent des ci-devant Bénédictins, devenu maison de détention. Quant au citoyen Etienne Cappot, consigné dans sa maison, il restera encore pendant quinze jours soumis à la même pénalité. Le cas de François Gimet, du Pépil, parut plus grave. Il devait rester consigné dans sa maison, mais il lui avait été permis d'ensemencer ses terres ; il fut condamné à la détention dans la maison nationale des ci-devant Bénédictins. Le citoyen Ruel détenu chez lui fut rendu à la liberté. Les citoyens François Castex et J. Baptiste Sarramia consignés dans leurs maisons furent condamnés à la détention dans la maison nationale des ci-devant Bénédictins. Pour les citoyens Izaac Larrat et Pierre Delpech, qu'un arrêté du Comité de surveillance d'Agen avait fait consigner chez eux, ils furent sur le champs rendus à la liberté. Enfin restait le citoyen Etienne Cholet, consigné dans sa maison ; il ne mérita aucune indulgence parce qu'il était le père d'un émigré.

Un rapport tout particulier fut adressé aux Commissaires sur la citoyenne Jaquette de Lascaban, que son âge, ses infirmités et sa charité auraient dû faire respecter. Hélas, c'était une grande criminelle, car on lui reprocha d'avoir recueilli dans sa maison les meubles et les effets d'un prêtre émigré, chassé de son presbytère et obligé de fuir en exil pour échapper à la mort. Et ces meubles d'un prêtre, elle les avait peut-être gardés. Les Commissaires de Paganel décidèrent qu'il y avait à poser tout de suite les scellés sur les appartements de la citoyene Chollet de Lascaban. Ce qui fut exécuté sans retard. Les assistants, encouragés par ces exécutions sommaires, se plaignirent de la Municipalité. Ils reprochèrent au citoyen Depau, Maire et à Blaise Capponnel, Procureur de la Commune d'avoir le 3 du mois courant, en conformité d'un arrêté de Paganel, Représentant du peuple, nommé deux adjoints au Comité de Surveillance. Les Commissaires trouvèrent cette nomination irrégulière et décidèrent qu'elle aurait dû être faite en présence du peuple ou bien par la société populaire.

En conséquence ils invitèrent les citoyens Maire et Procureur à se rendre à la dite Société pour y voir confirmer les nominations par eux faites, ou à les modifier, suivant la décision de la Société. Séance tenante le procès-verbal de tout ce qui venait d'être dit et fait fut rédigé et signé par les membres du Conseil Général.

Loi du maximum 1793

Une affaire qui intéressait vivement la population fut réglée dans le même temps. Les règlements qui furent dressés touchaient à des questions graves. Les ecclésiastiques, les nobles ont été spoliés ; les banquiers, les commerçants furent atteint eux aussi. Le tour des petits est venu, dit Taine, et la Convention Nationale porte sur eux ses mains ineptes : on les foule, on les pressure et on les meurtrit pour les guérir (1).

La loi du 29 septembre 1793 fut appliquée aux travailleurs. Le Conseil Général de Layrac ayant à exécuter cette loi fixa le maximum des salaires des ouvriers journaliers pour cette année et voici le règlement dressé à ce sujet :

	1790	1793
1. Journée des manœuvres à bras, non nourris, payés	1 l. 18 s.	1 l. 7 s.
2. Journées des man. non nourris en hyver	12 s.	18 s.

---

(1) Taine. *Le Gouvernement Révolutionnaire*, VIII, p. 247.

	1790	1793
3. Journées des femmes nourries . . .	3 s.	5 s.
4. Journée des manœuv. nourris en été.	7 s.	10 s.
5. — des charpentiers non nourris.	1 l. 10 s.	2 l. 5 s.
6. — des maçons non nourris . .	12 s.	18 s.
7. des tonneliers nourris	12 s.	18 s.
8. des tailleurs nourris	6 s.	9 s.
9. Les habits complets payés	6 l.	9 l.
10. Labourage d'un quartonat	10 s.	15 s.
11. Journée d'un serrurier	2 l.	3 l.
12. La façon des toiles payée	16 s.	1 l. 4 s. belle qualité
Toiles : La 2° qualité de toile . . .	10 s.	15 s.
La paumette	8 s.	12 s.
Le bot (1)	6 s.	8 s.

La Convention Nationale établit aussi un prix *maximum*, au dessus duquel personne ne pouvait vendre les objets de première nécessité. Il y eut un crime d'accaparement, et la peine capitale pour celui qui gardait au-delà de sa consommation. Amendes énormes, prison et pilori pour quiconque vendait au-delà du prix fixé. Le Conseil Général mis en demeure d'exécuter cette loi du *maximum* dressa en sa séance du 22 octobre 93 les tarifs suivants :

Les gros dindons	5 livres	5 sous.
Les poules d'Inde	4 livres	
Les gros chapons	1 livre	16 sous.
Les plus grosses poules	1 livre	10 sous.
Les poulets les plus gros	1 livre	4 sous.
Les canards mulets	1 livre	10 sous.
La douzaine d'œufs		8 sous.
Le fromage la livre		16 sous.
Le tabac rapé, l'once		2 sous 1/2.
Les pains de lin, la liv.		12 sous.
Les pains de rave, la pièce	1 livre	5 sous.
Les épingles, la carte		16 sous.
Les allumettes, le cent		4 sous.

---

(1) *Registres municipaux*.. Règlement du 18 octobre 1793.

Les cercles de barriq. la meule   2 sous.
Cercles de 1/2 bar. et comportes   25 sous. (1)

Quant aux autres objets non compris dans l'état précédemment établi, ils ne pourront être vendus qu'au taux qu'ils avaient en 1790 et non un tiers en sus, conformément à la loi (2).

Réquisitions nouvelles

Elles étaient incessantes, tous les besoins étaient chaque jour plus considérables par suite de la guerre étrangère et des dissensions intestines.

Le 27 octobre furent déposés sur le Bureau du Conseil Général :

1° Un arrêté du Conseil du Département, daté du 11 octobre relatif aux moyens d'assurer aux défenseurs de la patrie tout ce qui leur était nécessaire en fait d'habillement et d'équipement.

2° Une lettre du citoyen Cassaigneau, Procureur syndic du District d'Agen portant que le chef de l'administration de la marine envoyé par le Ministre en ce département demande des renseignements sur les bois de haute futaie et les taillis appartenant aux émigrés et aux particuliers. La Municipalité requise de constater la qualité des chanvres existants dans la Commune, leur quantité et le lieu où ils se trouvent et l'éloignement des grandes routes ou des rivières etc.

3° Un arrêté des représentants du peuple : J. Pinet J. B. Monestier du Puy de Dôme, en date du 3 octobre présent mois, relatif aux amidons.

Telle fut la matière de la délibération (3).

La décision unanime de l'assemblée fut :

1° Qu'il serait ouvert dans la présente Commune un Registre, sur lequel tous les citoyens seraient tenus de déclarer les fils, cotons et laines propres à faire des bas, ainsi que les chanvres dont ils étaient possesseurs.

---

(1) *Registres municipaux.*
(2) Ibid.
(3) Ibid.

2° Que sur un autre Registre ils seront tenus de déclarer les bois à haute futaie et taillis à eux appartenants et l'âge de ces bois. Car la Municipalité est obligée et doit donner un état des bois appartenant aux émigrés.

3° Que sur un 3ᵉ Registre ils seront tenus de déclarer les amidons qu'ils possèdent, ce dont il sera rendu compte à l'administration, à laquelle il faut communiquer tous les renseignements demandés.

La question des subsistances était toujours la grande préocupation des habitants, aussi le 8ᵉ jour de la 1ʳᵉ décade du 2ᵉ mois de l'an II, en séance publique, fut-il donné lecture d'une lettre du citoyen Cassaigneau, Procureur syndic du District annonçant qu'on avait trouvé dans les magasins de Castex et de Lebéfaude au port de cette ville une grande quantité de laines et de savons. Or il est demandé si ces marchandises ont été déclarées, ou si elles sont là en fraude de la loi.

Le Président du Conseil fait observer que Castex et Lebéfaude ont fait la déclaration des marchandises détenues dans leurs magasins ; mais pour bien s'assurer si la déclaration est exacte et légale, il fut décidé d'envoyer des délégués qui vérifieront le fait, dresseront un procès-verbal, qu'ils enverront à qui de droit (1).

Le lendemain est communiqué un arrêté des citoyens J. B. Monestier du Puy de Dôme et de J. Pinet aîné, Représentants du Peuple près l'armée des Pyrénées occidentales, en date du 7 du courant mois, portant que les corps administratifs des départements du Lot et de Lot-et-Garonne, mettront en réquisition dès la réception du présent arrêté, les pailles, foins et avoines jugés non nécessaires à la nourriture des bêtes de travail, employées à la culture ou à un service public.

Il sera dressé dans le plus bref délai dans chaque Municipalité un état exact des pailles, foins et avoines jugés disponibles. Vu la dite proposition et le Procureur entendu, l'assemblée décide que toutes les pailles, foins et avoines disponibles seront mis en réquisition. Le citoyen J. J. Bordes et Raton exécuteront ce mandat, dont ils rendront compte pour que l'état dressé par eux soit transmis à l'administration du District (2).

---

(1) *Registres municipaux*.
(2) Ibid.

Les réquisitions se continuèrent les jours suivants. L'assemblée du Conseil Général toujours en permanence le 1er jour de la 2e décade de l'an II, décida ce qui suit : Vu 1° le décret de la Convention Nationale du 7e jour de la 2e décade du 1er mois, portant une levée de chevaux dans toute l'étendue de la République ; 2° Vu la loi du 3 septembre 1793, relative à la division par petits lots du bien des émigrés entre les chefs de famille, qui ne sont pas compris sur le rôle des impositions ; 3° Vu l'arrêté de Représentants du peuple rendu à Toulouse le 12e jour du 1er mois, demandant que toutes les matières de plomb et fer seront extraites des maisons nationales à vendre, ainsi que les portes, les grilles et clôtures de fer des maisons de campagne et de la ville des personnes reconnues suspectes, et ce sans indemnité ; 4° Vu l'arrêté du Conseil de ce Département du 27 du 1er mois portant que toutes les voitures de luxe et des émigrés sont mises en réquisition. L'assemblée, après avoir entendu la lecture de ces décrets et arrêtés, et ouï le Procureur, délibéra unanimement : 1° Que tous les chevaux sont mis en réquisition, et les particuliers tenus de les conduire à main, à 9 heures, sur la place publique, où ils seront signalés et arrêtés ; de même tous les citoyens possesseurs de sabres et de pistolets seront requis de les déposer ce même jour en la Maison Commune ; 2° Qu'il serait ouvert sur le champ un Registre pour recevoir la déclaration des pères de famille n'ayant point de propriété ; 3° Qu'il serait nommé pour Commissaires les citoyens Nézat, Prézelin, Busquet et Ollier, qui se transporteront dans les maisons reconnues suspectes, à l'effet d'y vérifier toutes les matières sujettes à la réquisition ; 4° Enfin que l'état des voitures de luxe de cette Commune serait dressé et affiché, dont une copie serait envoyée au Comité de surveillance, et l'autre à la Société populaire (1).

Après quoi se présentèrent le lendemain à la séance publique les citoyens Busquet, officier municipal et Mallac, nommés la veille pour visiter les maisons suspectes et rechercher les fers, plomb, cuivre etc. Ils racontèrent qu'ayant trouvé la maison de Boisrenaud fermée ils avaient envoyé chercher l'homme d'affaires pour la visiter. Le Conseil décida qu'il serait envoyé une

---

(1) *Registres municipaux.*

garde de deux citoyens, en attendant la remise des clefs ; et les Commissaires devront désarmer cette maison qui est une des plus suspectes (1).

Dans la commune de Layrac il y avait un certain nombre d'émigrés : ainsi M. de Maignas, M. de Lascaban, l'Abbé de St-Marc, M. de Montpezat qui avaient des propriétés dans le canton, etc. Leurs biens furent confisqués après leur départ et mis en ferme dans l'intérêt et au bénéfice de l'Etat. Or, le 24e jour du 1er mois de l'an II, le Conseil du Département prit un arrêté rappelant aux Conseils Généraux des communes où il existait des biens des émigrés affermés, qu'ils étaient chargés de faire constater par des Commissaires l'état de ces biens et de leur administration.

Le Conseil Général de Layrac ayant entendu la lecture de cet arrêté et les explications du Procureur, déclara que : considérant qu'il est du devoir des administrateurs de veiller à la conservation des biens de la République, tant pour les dégradations faites que pour la manière dont ils sont cultivés, désigna les citoyens Duplan, Dupontet, Trémouillères pour faire la visite de tous les biens d'émigrés de notre territoire, avec devoir de dresser procès-verbal des dégradations faites, et en faire le rapport dimanche prochain au dit Conseil.

Conformément à cet ordre de choses, survint en séance publique le citoyen Dupouy, administrateur du District d'Agen. Il avait reçu mandat pour venir apposer les scellés sur le mobilier de l'abbé de Guilhem de St-Marc, prêtre émigré, et faire l'inventaire des meubles de l'abbé Capdeville ci-devant curé de Layrac, aussi émigré. Il demanda à être assisté de deux Commissaires de la municipalité. Lorsque le dit Dupouy eut expliqué sa mission et que le Procureur eut été entendu, deux Commissaires furent adjoints pour assister et accompagner le citoyen Dupouy dans les opérations qui lui avaient été confiées (2).

Nous avons déjà dit que le mobilier et les effets de l'abbé

---

(1) *Registres municipaux*, Le procès-verbal est signé par le Maire Caprais Depau et par le Procureur Capponnel, dont la sœur était propriétaire de Boisrenaud, elle était mariée à M. Lamouroux de Pleneselve dont la famille l'a possédée vers 1874.

(2) *Registres municipaux.*

Capdeville, lors de son expulsion de son presbytère en septembre 1791, avaient été recueillis dans la maison voisine de Mlle Jacquette de Lascaban qui avait une porte ouvrant sur la rue de l'église et une autre sur la place. C'est là que vint opérer le Commissaire Dupouy.

La bourgeoisie d'alors approuva toutes les spoliations, prêta la main à toutes ces opérations injustes et parfois sacrilèges. Une justice immanente a amené pour eux et pour leurs familles la disparition de toute propriété. Ils ont été expropriés à leur tour de leurs terres, meubles et maisons, et puis ils ont eux-même disparu ! Et, après un siècle, on est à se demander où ils ont habité et où sont les terres considérables qu'ils détenaient. Après les moines, les bourgeois.

Dans un paragraphe précédent a été mentionné l'arrestation ou détention arbitraire de quelques habitants de Layrac. Leurs parents et amis s'employèrent pour faire cesser cette situation injuste, et des démarches furent faites auprès des membres du Comité de surveillance d'Agen. Celui-ci en écrivit au Conseil Général de Layrac en lui remettant le soin de réviser cette affaire, le laissant libre de faire les changements qu'il jugea convenables au sujet des punitions infligées à plusieurs de leurs concitoyens.

Dans la séance du 3e jour de la 2e décade du 2e mois de l'an II, le Président soumit à ses collègues l'autorisation qu'on lui transmettait, et après avoir ouï le Procureur et revisé les délibérations précédentes qui avaient frappé plusieurs citoyens, il fut décidé que la citoyenne du Pépil, que François Castex, J. B. Sarramia, Isaac Gassou, sa sœur Marie Gassou, épouse de Joseph Richard, seraient mis en liberté avec obligation de se présenter le même soir à la Société populaire. Ce qui explique l'action malfaisante des clubs où des jaloux et des exaltés exerçaient une influence malsaine sur les administrateurs publics.

Quant à Joseph Richard, il pourra quitter la maison d'arrêt mais il sera consigné chez lui, sans gardes. De même le citoyen Canal, chirurgien, fut mis en état de consignation dans son domicile et sans gardes, avec la seule faculté de vaquer au service de ses malades et ce jusqu'à nouvel ordre (1).

---
(1) *Registres municipaux*.

Ainsi décidaient du sort de citoyens connus leurs compatriotes, leurs parents et anciens amis. Quelle influence et quel esprit avaient donc fermé le cœur et oblitéré le sens droit d'hommes intelligents et au fond pas malhonnêtes ? Quand la religion ne dirige plus l'homme, la raison s'éclipse : c'est la nuit avec ses ténèbres profondes et ses horreurs inénarrables !

Nouvelles Réquisitions et misères de la Population

Les derniers mois de l'année 1793 furent signalés par de nouvelles réquisitions qui venaient augmenter la misère du peuple et multiplier ses souffrances.

Le 4e jour de la 2e décade de l'an II, le Procureur Syndic du District déclare renvoyer tous les chevaux formant le contingent de la commune de Layrac, avec injonction de faire de nouvelles réquisitions à tous les propriétaires de chevaux pour le jeudi suivant.

Le lendemain, est communiqué un arrêté du Conseil du département portant d'avoir à faire réquisitions de toutes les toiles rousses, blanches, de 1re qualité, rousses et paumettes de 2e qualité et de bot de 3e qualité.

En outre fut lu le décret de la Convention nationale établissant un emprunt forcé. En 3e lieu on communiqua un arrêté du Conseil du département, portant qu'il sera fait envoi par toutes les Municipalités au chef-lieu du District, de toutes les armes de calibre de guerre et de celles qui provenaient du désarmement.

L'Assemblée déclara qu'il était urgent de procéder sans délai à la nomination de six Commissaires vérificateurs pour recevoir les déclarations des citoyens sujets à la taxe de l'emprunt forcé. Et ces Commissaires doivent être choisis dans le nombre de vrais républicains, intègres et animés de l'amour du bien public. Après la lecture de cet arrêté et après avoir ouï le Procureur, il fut délibéré qu'il serait fait : 1° Réquisition par affiche à tous les citoyens de faire sans délai la déclaration des diverses toiles. 2° Que sera faite à tous les citoyens la réquisition des diverses toiles qu'ils possèdent. 3° Que la même réquisition leur sera faite de remettre dans la Maison Commune les armes de calibre de guerre et de toutes celles provenant du désarmement qui seront après envoyées sans délai au chef-lieu du District. 4° Qu'il sera nommé tout de suite six Commissaires vérificateurs pour procéder à la faction du rôle de l'emprunt forcé en même temps que les déclarations des contribuables. Ensuite il fut donné lecture d'un extrait des Registres du Directoire du District d'Agen portant nomination de deux commissionnaires chargés de la division en lots et de l'estimation des biens des émigrés, auxquels chaque Conseil municipal adjoindra deux membres pour leur servir d'indicateurs.

Entre temps Pierre Deguilhem de Lallié qui avait quitté la commune de Layrac après le mariage de sa fille avec M. de Saint-Amans, vint remettre une lettre au Conseil pour lui déclarer son intention de fixer désormais son domicile auprès de son gendre et de sa fille à Agen et il sollicite à cet effet un extrait du Registre de la Commune. Il lui est répondu que d'après la loi qui fixait la résidence des citoyens, il fallait une résidence de trois mois. En attendant ce délai, il sera compris dans les différentes contributions et emprunts qui pourront se lever dans cette Commune.

Précédemment le Procureur syndic d'Agen avait sollicité l'envoi du fer et du plomb, qu'on trouverait dans la Commune. Cette réquisition n'avait pas été exécutée. En conséquence, il est décidé qu'il sera procédé sans plus tarder, à l'extraction du fer et du plomb des maisons nationales, et l'on enverra à Agen les procès-verbaux constatant l'enlèvement du fer, du plomb et du cuivre trouvés dans les maisons reconnues suspectes. Le Conseil Général de Layrac avoua bien qu'il n'avait pas obéi au vœu de la loi, puisqu'il n'a pas utilisé les matières devant servir à la fabrication des armes nécessaires à la conservation de la République et de sa liberté et il décide que sur le champ il va être procédé à la pesée des fers, plombs déjà extraits, et dans une prochaine séance il s'occupera de la fixation des cuivres, que chaque maison suspecte fournira, en forme de contribution, et le tout sera expédié à la destination prescrite. De plus on requisitionnera les bouviers qui devront porter ce fer et ce plomb à Agen ; et la croix érigée à Salens sera démolie et envoyée à même destination (1).

(1) *Registres municipaux.*

Ces fers et ces cuivres devaient servir à la fabrication des armes. Or la Commune de Layrac avait de son côté obtenu de faire fabriquer des piques pour armer ses habitants. Le Procureur syndic d'Agen se rappelant ce fait, écrivit le 22 brumaire an II (12 novembre 1793), à la Municipalité de Layrac, lui demandant de lui céder momentanément ses piques pour en armer le bataillon qui doit passer le lendemain par Agen pour aller tenir garnison à Saint-Jean de Luz. Cette demande paraissait trop raisonnable pour ne pas être agréée. Aussi s'empressa-t-on de rechercher les piques existantes dans la Commune et propres au service ; et il fut répondu qu'on se faisait un devoir de contribuer par ce moyen au prompt armement des défenseurs de la patrie. Après recherches on trouva 135 piques qui furent expédiées à Agen (1).

Mais pendant que les Municipalités s'occupaient de pourvoir à la défense de la Patrie pour qu'elle ne tombât point sous le joug de l'étranger, des citoyens français étaient privés de leur liberté et enfermés dans le couvent de Layrac, converti en prison. Ces citoyens qu'on n'avait pu convaincre d'aucun crime et qui n'avaient eu que le malheur d'être dénoncés par quelque clubiste fanatique et jaloux, cherchèrent à faire parvenir leurs doléances aux administrations supérieures. Aussi, le 23 brumaire an II (nov. 1793), les citoyens Cassagneau, Procureur syndic du District et Gardette, membre du Comité de surveillance vinrent à Layrac, et, en présence des officiers municipaux, il fut représenté que la pétition du citoyen Canal qu'il avait adressée au Conseil Général pour obtenir son élargissement, avait été renvoyée au Comité de la Société populaire pour connaître le vœu de la dite Société et de tous les citoyens sur cette demande. Or cette Société manifesta un vœu en faveur de l'élargissement. Devant ce vote, le Conseil Général ne put que se prononcer en faveur de l'élargissement du citoyen Canal, mais, après avoir ouï le Procureur de la commune, il fut dit qu'il resterait néanmoins sous la surveillance particulière de tous les bons citoyens, et qu'il lui serait enjoint de se rendre aujourd'hui même à la Société populaire où il recevrait une leçon de civisme de la part du Président.

---

(1) *Registres municipaux.*

L'élargissement du citoyen Armaignac fut prononcé sous les mêmes conditions, sa réclusion n'ayant été prolongée que pour une petite faute qu'il a expiée par sa pénible détention.

Gardette demanda au Conseil Général s'il persistait dans l'exigence du certificat de civisme délivré au citoyen Lascaban. Ici la discussion fut très vive. Les membres du Conseil manifestèrent tous leur opinion vis-à-vis le citoyen Lascaban, et pour l'obligation du certificat de civisme, la conclusion fut qu'on s'en remettrait à ce que déciderait le Comité de surveillance d'Agen, et il sera fait mention que le citoyen Lascaban a donné des preuves de civisme (1).

Nous constatons une fois encore sous quelle dépendance se trouvaient les pouvoirs publics vis-à-vis ces clubs et ces Comités où dominaient les éléments les plus tarés et les plus subversifs. Comme le dit Taine : ce sont des sans-culottes qui remplissent ces Comités de surveillance, non pas des pères de famille, des hommes de quarante ans, des gens domiciliés depuis longtemps dans le quartier, mais des étrangers, des jeunes gens qui cherchent à devenir quelque chose, ambitieux, subalternes, casse-cou, ignorants, intrus, despotiques, inquisiteurs, novices, acharnés et ombrageux.

La séance tenue par le Conseil municipal le 26 brumaire an II, va nous édifier pleinement et nous révéler tout ce qui bouillonnait de cupidité et de haine dans l'âme de ces Jacobins de village. Le Président donne lecture de l'arrêté du Conseil du Département, dont l'article 2ᵉ recommandait aux Municipalités de mettre sous la main de la nation, les biens, meubles et immeubles, appartenant à des individus ci-devant domiciliés dans leur arrondissement et qui ont été transportés à l'étranger, en exécution des lois.

Après cette lecture, le Procureur de la Commune prend la parole pour éclairer la religion et diriger la conscience du Conseil. C'est pourquoi, considérant que le Conseil Général ne doit pas perdre une occasion de faire indemniser la République des dépenses énormes faites dans la guerre ;

---

(1) Le procès-verbal est signé par Depau, Maire, Capponnel, Procureur, Champmas, curé Constitutionnel qui prend une part active à ces divisions, etc. Taine, déjà cité. VI, p. 215.

Considérant que les émigrés et les prêtres réfractaires transportés à l'étranger sont seuls la cause des malheurs éprouvés ; délibère que Bergognié et Duplan se transporteront dans la maison du sr Paillaube, ci-devant curé de Goulens, pour y apposer les scellés et prendre tous renseignements sur les débiteurs du dit curé ; que Desburs et Marcadet iront dans la maison du citoyen Labarre, où se trouvent des meubles appartenant à Mirien, prêtre déporté et y apposeront les scellés (1). Les Jacobins de Layrac ont de la décision et de l'audace : sur un plus grand théatre ils eussent acquis un nom, méritant d'être inscrit en lettres rouges dans le temple de Mémoire.

Ces mesures de proscription contre les ecclésiastiques eurent des suites. Si on ne pût atteindre tous les biens de l'abbé Mirien, c'est qu'il était curé de Sérignac au moment où il dût quitter le sol de la France (2). Les Commissaires désignés, après avoir apposé les scellés sur les meubles de l'abbé Paillaube, curé de Goulens, rapportèrent avoir trouvé une tonne de piquette qui pouvait s'aigrir et quelques barriques de vin. Les patriotes du club firent décider le Conseil à s'emparer de ce vin pour que la République pût en profiter, et ils firent nommer deux autres Commissaires, dont l'un fut Laurent Champmas, curé Constitutionnel encore en fonction ; et ils furent chargés de lever les scellés apposés la veille pour dresser un inventaire exact des linges, couvertures, matelas et lits propres aux hôpitaux. Quant au vin et au marc de vendange ils seront vendus aux enchères.

Ce ne fut que quelques jours plus tard, le 6 frimaire an II que les objets mobiliers trouvés au domicile du curé de Goulens, et les quelques meubles que l'on découvrit chez Labarre père de l'abbé Mirien, curé de Sérignac, furent inventoriés en présence de deux membres de la Municipalité.

---

(1) L'abbé Paillaube avait acheté cette maison presbytérale de ses deniers. L'abbé Mirien né à Layrac avait été vicaire de Layrac et plus tard curé de Sérignac où il fut maintenu après le Concordat.

(2) La famille Mirien venue de Castelsagrat s'établit à Layrac. Il y eut deux prêtres dans cette famille dont l'un fut vicaire de Layrac et plus tard curé de Sérignac. La maison de campagne s'appelait Labarre d'où les Mirien de Labarre.

Nouvelles Réquisitions

En dépit des spoliations et des confiscations de toute sorte, la misère était générale, et les lois sévères du maximum, au lieu de favoriser le commerce, paralysèrent tous les organes de l'offre et de la vente. Les vivres manquent sur les marchés. De Lyon, le 6 novembre 1793, Collot d'Herbois écrit : il n'y a pas ici de vivres pour deux jours. Et le surlendemain il ajoute : la famine va éclater (1).

Pour subvenir à ces nécessités, les administrateurs des Départements recoururent à des réquisitions. Ainsi le 26 brumaire an II (novembre 1793), le Maire de Layrac communiqua un arrêté du Conseil du District porté à Layrac par les citoyens Moliné, Moraire et Bonamy, Commissaires des subsistances de Bordeaux, imposant à la Municipalité de Layrac de fournir un contingent de 1330 sacs de grains. Le Conseil Général, après avoir entendu la lecture de cet arrêté, décida qu'il était du devoir des bons citoyens, de venir au secours de leurs frères les Bordelais, absolument dénués de subsistances, mais sachant le devoir de pourvoir à la subsistance de ses administrés, avec le surplus de leur nécessaire, et voyant que la réquisition imposée à Layrac dépasse le 5ᵉ des grains existants ;

Considérant qu'au 1ᵉʳ octobre, jour du dernier recensement, Layrac n'avait que 8.191 sacs de grains et qu'il lui en fallait 1.726 sacs pour faire les semences ; en y ajoutant les grains apportés sur les marchés par des vendeurs étrangers, cela fait 80 sacs de plus. En outre, si le recensement porte les sacs de grains à 8.191, les semences et la dépense les réduisent. Et vu notre population de 2.010 individus, il résulte net pour nous 4.791 sacs de toute espèce de grains. En donnant le contingent de 1.390 sacs, fixé par le District, il ne nous reste que 3.201 sacs, ce qui suffirait à peine pour cinq mois, après avoir déduit 200 sacs dus en imposition pour 1793 ;

Considérant que l'obéissance doit être notre première loi et notre premier devoir, et que malgré notre peu de ressources il est indispensable de venir au secours de nos frères en détresse ;

Le Conseil Général, sur conclusion du Procureur que pour

---

(1) Taine, VIII, p. 255.

prouver notre obéissance et soumission à la réquisition du District, les 40 ou 50 sacs demandés pour lundi seront accordés le dit jour et un extrait de cette délibération sera envoyé au District.

Trois jours après arrive une lettre du citoyen Goujon, membre de la Commission des subsistances et approvisionnements de la République, portant que les fonctions de la dite Commission exigeaient qu'elle eut au plutôt le recensement de chaque Commune et la quantité de grains qu'elle détient. La réponse devait être envoyée dans les 8 jours.

Le Conseil Général après avoir ouï le Procureur, délibéra que vu la susdite proposition, les officiers municipaux avec un notable iront dans toutes les maisons de toutes les sections pour dresser un état exact des grains détenus chez les particuliers et ses habitants, et qu'ils rendront compte de leur mission le 3 frimaire prochain, au Conseil Général de la Commune, qui dressera les dits états et les expédiera (1).

Il ne reste pas de trace du recensement qui fut fait en cette circonstance. Les Registres municipaux ne contiennent aucun document à ce sujet.

Vers la fin de ce mois de novembre 1793 (frimaire an II), le Conseil Général permanent poursuivant toujours les émigrés porta l'arrêté suivant :

Vu l'acte de Divorce prononcé en Maison Commune par l'officier public entre la citoyenne Angélique Léglise et Marc Paul Deguilhem Maignas émigré, et vu la dissolution de ce mariage faite conformément à la loi, il a été délibéré que la dite Angélique Léglise et Emilie sa fille, consignées dans leur maison seront sur le champ mises en liberté (2).

La liberté était le prix d'une lâcheté.

Culte de la Raison. — Son programme. — Pénurie de subsistances. — Démolitions (Décembre 1793).

Nous entrons dans une nouvelle phase de la Révolution.

« Nous ferons un cimetière de la France, avait dit Carrié, plutôt que de ne pas la régénérer à notre manière. »

---

(1) *Registres municipaux.*
(2) Ibid.

L'Assemblée Constituante n'avait pris que des demi-mesures. Elle avait confisqué les biens du Clergé, supprimé les Ordres religieux, mais elle a essayé d'établir une église nouvelle qui fonctionna dans toutes les Communes de France. La Convention va plus loin, elle détruit tout culte : il n'y aura plus de culte orthodoxe. Les églises seront fermées, les clochers abattus, les cloches fendues, le repos du dimanche sera interdit et le repos du décadi imposé.

Tout cela dans le but de détourner à jamais le peuple de l'ancien culte. D'abord on inaugura le culte de la Raison. Et pour autoriser et sanctionner ce culte nouveau, la Convention Nationale décrète qu'elle assistera à cette fête et qu'elle se rendra en corps à l'église de Notre-Dame-de-Paris. Les députés y vont en procession coiffés du bonnet rouge, riant et chantant, et ils se placent autour d'un autel de planches et de carton, élevé dans le chœur de Notre-Dame. Et là, devant la nouvelle Déesse, on entonna l'hymne de la Liberté (1).

Telle fut l'inauguration du nouveau culte dans l'église Notre-Dame-de-Paris, le 10 nov. 1793.

Que se passa-t-il dans notre Commune à cette époque ?

Le Conseil Général permanent tenait une séance publique le 15 frimaire an II (5 déc. 1793). Le Président donna communication d'un arrêté du Conseil du Département du 18 frimaire portant que la fête de la Raison serait célébrée dans toutes les Communes, chefs-lieux de canton du Département, et réglant les principaux objets de cette fête. Après cette lecture, le citoyen Maire proposa de délibérer sur les dispositions dudit arrêté, et vu la dite proposition, lecture faite du dit arrêté, ouï le Procureur de la Commune, il a été unanimement déclaré :

1º Que la fête de la Raison sera célébrée dans cette Municipalité le 2ᵉ décadi de ce mois, c'est-à-dire, mardi prochain 10 décembre (vieux style) 1793.

2º Qu'il sera élevé un autel à la Raison sur la place publique entre les deux arbres de la Liberté, lequel autel sera de forme quadrangulaire.

---

(1) Voir de plus amples détails dans **Taine, VII, p.** 281 etc.

3° Que toutes les églises seront fermées dans la journée de demain, 6 du courant mois.

4° Qu'il ne sera connu d'autre fête que celle de la décade, qui sera renouvelée tous les dix jours à compter du 2ᵉ décadi de ce mois.

5° Que de jeunes citoyennes vêtues de blanc suspendront des guirlandes aux quatre coins de l'autel ; que les vieillards de l'un et de l'autre sexe seront placés au premier rang, autour des marches de l'autel ; que les mères de famille seront placées au deuxième rang et les enfants au troisième ; et que les aveugles, sourds et muets, s'il s'en trouve, seront placés sur les marches de l'autel et représenteront le malheur honoré.

6° Que tous les vases sacrés des églises de cette Municipalité seront offerts à la nation pour servir aux besoins de la République.

7° Que les médecins, avocats et prêtres seront invités de remettre leurs lettres pour être livrées aux flammes. Ceux qui possèdent encore des titres féodaux seront invités de les remettre pour le même effet.

8° Que le soir du décadi où la fête aura été célébrée il y aura illumination générale dans les rues et places publiques, et qu'il sera distribué six quintaux de pain aux familles les plus indigentes. Et le Conseil Général de la Commune choisit pour représenter la Raison, la citoyenne Lafitte recommandable par sa vertu et par son patriotisme. Cette citoyenne sera vêtue de blanc, une écharpe tricolore ornera sa ceinture, ses cheveux flotteront sur ses épaules ; sa main sera appuyée sur une colonne élevée à cet effet. Elle tiendra un rouleau déployé sur lequel on lira la déclaration des Droits et la Constitution de 1793 (vieux style). De l'autre main elle indiquera, sur un globe placé à sa droite, la France, les Etats-Unis d'Amérique, la Suisse, la République de St-Marin et les autres Etats libres du monde. Les divers états seront seuls éclairés, le reste du globe restera dans l'obscurité. Au moment où la Raison descendra de l'autel, elle repoussera tous ces restes impurs de la superstition féodale et sacerdotale, qui seront tout de suite livrés aux flammes.

Les citoyens, les vieillards et les femmes reconduiront en Maison Commune la citoyenne choisie pour représenter la

Raison. Le doyen des vieillards lui donnera au nom de l'assemblée le baiser fraternel. La cérémonie commencera à midi précis et pour que la présente délibération soit à la connaissance de tous les citoyens, elle sera publiée et affichée dans le jour, avec le susdit arrêté. Et pour donner à la cérémonie toute la pompe dont elle est susceptible, le citoyen Dargein, Barrastin et Bensse fils, seront priés de porté leurs violons pour accompagner la voix des citoyennes qui chanteront des hymnes en l'honneur de la Liberté et de l'Egalité. Et pendant le cours de la cérémonie, le citoyen Laurent Champmas et Joseph Berni, vicaire, membres du Conseil Général de la Commune et présents à l'assemblée ont remis sur le Bureau leurs lettres de prêtrise et ont déclaré que dès ce moment ils cessaient leurs fonctions. Le citoyen Berni a aussi remis sur le Bureau les lettres de prêtrise et de profession des citoyens Jean Sarramia ci-devant Religieux Bénédictins, habitants de cette Municipalité, ayant déclaré avoir été par le dit Sarramia chargé de faire la dite remise.

Ensuite est intervenu le citoyen Deforcade, Juge de paix du canton, lequel aussi a remis sur le Bureau ses lettres d'avocat. Il a été délibéré que copie de la présente délibération serait envoyée à l'administration, à la diligence du Procureur de la Commune.

Dont acte.

   Signés : Depau, Maire, Busquet, Bordes, Desburs, Dupont, Capponnel, Goux, L. Champmas, Berni, Bordes, secrétaire.

Il ne faut pas être étonné de voir figurer et signer à cette séance les citoyens curé Constitutionnel et Berni, vicaire. En se séparant de l'église catholique, ils avaient rompu la chaîne qui les rattachait à une autorité supérieure et à Dieu. Une fois ce lien brisé ils ont été emportés jusqu'au fond de l'abime.

Démolition des Monuments féodaux

Après avoir fermé les églises, démoli les clochers et descendu les cloches il restait encore des monuments qui rappelaient le passé de l'ancien régime, ce qu'ils appelaient la Féodalité.

Pouvait-on le supporter ? Le principe des Jacobins, dit Taine, aboutit à ce précepte qu'il ne faut pas laisser debout un seul tronc de choix et de prix, pas un seul arbre notable depuis le grand chêne jusqu'au plus mince baliveau (1). C'était la règle fondamentale toute supériorité de condition, d'intelligence, de science, d'éducation doit disparaître. Et tout monument même matériel dépassant le niveau ordinaire est condamné à la destruction.

Le 5 frimaire an II (5 décembre 1793), se présentèrent à l'assemblée du Conseil Général de Layrac les citoyens Dupouy et Boé, Commissaires, nommés par le Conseil du Département pour faire la visite des châteaux-forts et pigeonniers, représentant et rappelant la féodalité, et pouvant être nuisibles à la tranquillité publique. Après avoir déposé sur le Bureau les pouvoirs qui autorisaient leur présence, ils sommèrent le Conseil Général de la Commune :

1° De faire démolir de fond en comble le château de Barbier Lasserre à Goulens ;

2° De faire démolir jusqu'au niveau de la bâtisse du corps de logis deux pavillons existant à la maison dite de Saint-Marc ; de faire fermer à chaux et à sable avec moellons quelques trous existant dans deux corps de tour au lieu des Mazes, appartenant à Boussac, cadet ;

3° De faire aussi démolir jusqu'au niveau d'une galerie dominant sur la Garonne le corps de maison de Gayze, (2) ainsi que les deux tours, au niveau du comble du corps de logis. Et finalement de faire démolir en entier tous les pigeonniers à piliers, et enlever la lanterne des autres. En outre de faire démolir aussi les pavillons de Boissonnade, ainsi que celui de Duffaut dans la présente ville, et généralement toutes les tours et tourelles, pavillons et autres marques de féodalité de quelque nature qu'elles puissent être, en se conformant en tout aux dispositions de l'arrêté du département de Lot-et-Garonne du 23 du 1ᵉʳ mois. Et pour que le tout soit effectué dans le plus bref délai les dits Commissaires exigèrent de mettre de suite en ré-

---

(1) Taine, VIII, p. 175.

(2) Il s'agit du manoir de Boisrenaud, ainsi qualifié du surnom de son propriétaire Capponnel de Gueyze. Ce nom venait à la famille Capponnel d'un mariage qui avait doté cette famille du domaine de Gayze.

quisition tous les ouvriers capables de démolir, et autres personnes en état de ce faire. Ils déclarèrent que ces opérations devaient être faites aux dépens des propriétaires et que les matériaux en provenant seraient distribués à la prudence de la Municipalité, aux plus indigents de la Commune.

Signèrent le susdit procès-verbal les Commissaires avec le Maire de Layrac et le Procureur et quelques officiers municipaux (1).

Les privations de tout genre affligèrent la population. Avec la pénurie des subsistances, il y eut aussi la disette des choses les plus utiles, du savon. Or, on vint annoncer à la Municipalité qu'il y avait trois caisses de savon dans les magasins du citoyen Vital Lebéfaude, aux portes de la ville. Ces caisses étaient déposées depuis le 31 octobre précédent et Lebéfaude en avait fait la déclaration en Maison Commune. Il pouvait se faire que ce savon était depuis longtemps dans ce magasin. Le Conseil Général, dans sa séance du 16 frimaire an II, s'appuyant sur la loi qui prohibait les accaparements des denrées de première nécessité, lesquelles ne peuvent rester plus de huit jours enfermées dans les magasins, sans être mises en vente, décida que, attendu que les citoyens de cette Municipalité ne peuvent se procurer du savon, soit à Agen, soit en ville où les marchands en sont totalement dépourvus ; attendu les difficultés qu'éprouveraient les citoyens s'ils étaient obligés d'aller au port chercher le savon qui leur est nécessaire, n'y ayant chez Lebéfaude ni poids, ni balance propres pour vendre le dit savon en détail.

Le dit Conseil, ouï, et ce requérant, le Procureur de la Commune, arrête que le dit savon sera porté en Maison Commune pour être vendu conformément au *maximum*. Et ce savon sera distribué aux marchands qui seront autorisés à le revendre à un sou au dessus du prix maximum pour les indemniser des frais de transport et du déchet du débit. De leur côté, les marchands en payeront le prix au dépositaire qui le fera peser dans son magasin (2).

---

(1) *Registres municipaux.*
(2) Ibid.

Elargissement de Gimet

Il restait toujours quelques citoyens en détention. Des démarches avaient été faites à leur sujet auprès du Comité de surveillance du District, et le 20 frimaire an II (11 décembre), les adjoints de la municipalité virent leurs efforts couronnés de succès. Il fut arrêté ce jour-là que François Gimet, du Pépil, détenu en état d'arrestation dans sa maison de campagne, serait mis sur le champ en liberté. Un billet sera écrit au dit Gimet pour le prévenir que sa consigne était levée, et de leur côté, les deux adjoints rendront compte de cette affaire au Comité de surveillance (1).

La liberté et la vie des citoyens dépendaient des caprices, de la haine ou des rancunes de ces habitués du club dont on gagnait la complaisance ou dont on apaisait la rage par la peur ou par l'intérêt.

Fête de la Raison célébrée à Layrac

Le programme dressé et exposé par le Maire de Layrac, dans la séance du 15 frimaire et relatif à l'exécution des ordres reçus d'Agen pour la célébration de la fête de la Déesse Raison, ne tarda pas à se réaliser.

Ces bons bourgeois qui avaient proscrit tout culte, chassé de leur domicile de vénérables religieux et un prêtre fidèle à sa foi, montrèrent un empressement exceptionnel pour bien célébrer la nouvelle fête. Donc, après les convocations spéciales, ses officiers municipaux se trouvèrent réunis le matin du 11 décembre. Ils s'étaient, pour la circonstance, revêtus de leurs écharpes et coiffés du bonnet rouge. Ils sortirent de l'Hôtel-de-Ville précédés des musiciens, jouant des airs patriotiques, et de temps en temps ils interrompaient leur marche pour chanter des couplets de l'hymne des Marseillais. Ils passèrent par la rue de la Maison Commune, par la rue de l'Egalité et celle de la République. Un peuple nombreux faisait cortège, et on se rendit sur la place publique sise au centre de la

---

(1) *Registres municipaux.*

ville. Un autel était dressé au milieu, entouré de douze citoyennes vêtues de blanc et tenant des guirlandes à la main. Les membres du Conseil Général prirent leur place et en passant devant l'autel les uns après les autres ils jetèrent à ses pieds les lettres d'avocat, de médecin et de prêtrise qui avaient été remis à la Maison Commune quelques jours auparavant. Le citoyen Maire en qualité de Pontife prit la parole et par un discours clair et lumineux, rempli du plus pur civisme il s'efforça d'éclairer ses auditeurs sur leurs devoirs et sur la soumission due aux lois. Son coadjuteur et son vicaire général pourrait-on dire, le citoyen Procureur de la Commune ne pouvait se dispenser de relever la fête par un discours approprié à la circonstance. En effet, dit le chroniqueur, dans son allocution brillaient la candeur et la franchise, qui caractérisent un vrai républicain. Ce fut une vraie rivalité et un assaut d'éloquence. Plusieurs autres membres du Conseil parlèrent eux aussi et avec véhémence sur le même objet, et tous ces discours furent accueillis par de vifs applaudissements. Dans l'intervalle des discours des citoyens et des citoyennes mêlant leurs voix au son des instruments chantèrent des hymnes à la liberté, analogues à la fête de ce jour.

Pour donner toute sa signification à la cérémonie, les objets déposés autour et sur les marches de l'autel, ces lettres diverses, restes impurs de la superstition féodale et sacerdotale, furent foulés aux pieds et livrés aux flammes, et pendant le brulement de ces fétiches et autour de cet autodafé on dansa la carmagnole aux cris mille fois répétés : Vive la République! Vive la Montagne! Vive la Convention Nationale! Et après l'entier brulement de tous ces objets, les vieillards et les femmes retournèrent processionnellement à l'Hôtel de Ville et échangèrent force embrassade en signe de joie et d'amitié. Ce fut un enthousiasme qui fit oublier pour quelques uns les anciennes inimitiés et les haines intestines qui avaient divisé les habitants. Le Maire donna l'exemple de ces témoignages de réconciliation et on jura de ne plus dorénavant ne former qu'une famille de frères. Le même spectacle s'était vu à la fête de la Fédération célébrée à Agen autour de l'autel, le 14 juillet 1790. Là des moines dansèrent une ronde avec les femmes du peuple et les patriotes.

A Layrac de même, les représentants du culte Constitutionnel figurèrent et s'associèrent à cette sarabande patriotique.

Une distribution de pain aux indigents, conformément à la délibération prise, couronna cette grande journée.

Rentrés à l'Hôtel de Ville les membres du Conseil et les principaux assistants firent rédiger le procès-verbal qu'ils signèrent séance tenante (1).

Question des subsistances (Décembre 93)

On arrivait aux jours pénibles et durs pour le peuple. Le froid était très intense et les vivres rares. Il fallait régulariser la fabrication du pain. Les boulangers ou fabricants de pain furent jaloux des simples fourniers, dont l'industrie consistait à cuire les pates, préparées chez les particuliers. Ces petites rivalités s'étaient accusées dans les clubs, et le 23 frimaire (décembre 1793) la Société populaire vint déposer sur le Bureau du Conseil une pétition des fourniers de la Commune, demandant que les boulangers ne cumulassent pas aussi l'état de fourniers, et en outre que le grain livré aux boulangers fut aussi réparti entre les fourniers. Ceux-ci offraient de tirer 160 livres de pain d'une même qualité d'un sac de blé, pesant 150 livres.

Le Conseil, après avoir ouï les explications du Procureur, trouva juste que les grains fussent répartis en égale quantité aux fourniers et aux boulangers. Il fut ajouté que les fourniers ne tireraient leur pain que sur des cartes signées par le représentant de la Municipalité. Les députés de la Société populaire émirent encore le vœu que tous les chiens de chasse et autres de luxe fussent abattus pour augmenter la quantité de subsistances de la population. Après en avoir délibéré, le Conseil soucieux de veiller à ce que les vivres si rares alors fussent distribués avec une sage prévoyance, estima après avoir ouï le Procureur qu'on ne pouvait exiger des propriétaires de chiens de luxe d'abattre leurs chiens, sans en référer aux administrateurs supérieurs. C'est à eux qu'il appartenait de décider cette

---

(1) *Registres municipaux*.

La Fermeture des Eglises
(Décembre 1793 — 24 Frimaire an II)

question et de généraliser cette mesure, qui sans cela serait sans importance et de nul effet (1).

Nous avons vu que dans sa séance du 15 frimaire précédent, le Conseil Général avait ordonné que toutes les églises de cette Municipalité seraient fermées dès le lendemain 16 frimaire. Or cette mesure n'avait été acceptée comme nécessaire que par la crainte de voir enlever les vases sacrés et les autres effets affectés au service du culte. Le Conseil, considérant que partie des dits effets, dont on craignait la soustraction, avaient été transportés de vers l'administration du District d'Agen, en vertu d'un arrêté du Conseil du Département, daté du 13 du courant, et que dès lors il n'y avait plus aucun risque à courir à cet endroit, décida que les églises resteraient ouvertes.

Considérant en outre que d'après la rumeur populaire, les églises sont demeurées ouvertes dans presque tout le département ;

Ouï, et ce requérant le citoyen Procureur, il a été délibéré que les églises de cette Municipalité seront sur le champ rouvertes aux citoyens. Et au même instant survient le citoyen Depau, Maire, qui déposa sur le Bureau deux reçus : l'un du secrétaire du District d'Agen, attestant que cinq croix de St-Louis ont été remises par lui à l'administration (2). L'autre reçu, délivré par l'administrateur lui-même du District d'Agen attestait que plusieurs effets, tels que calices, ciboires, ostensoirs, porte-Dieu, etc., 60 paires de bas et une grande grille en fer ont été remis ce jour même par le citoyen Maire à l'administration du District (3).

---

(1) *Registres municipaux.*
(2) Ibid.
(3) Ibid. Voici le contenu du 1ᵉʳ reçu : Je secrétaire du District d'Agen, soussigné déclare avoir reçu du citoyen Depau, Maire de Layrac, cinq croix dites de St-Louis, appartenant à cinq individus de la Municipalité de Layrac.
Signé : ROUBY le Jeune.
Autre reçu de la Commune de Layrac : trois calices avec leurs patènes, deux ciboires avec leurs couvercles ; deux ostensoirs, dont un sans pied. Deux porte-

Au Registre municipal est attaché une note attestant que l'on avait retiré de la chapelle des Pénitents Blancs de Layrac un calice avec sa patène et un ostensoir, le tout pensant 2 livres 8 onces 1/2.

On spoliait les églises et chapelles ; on vendait tous les calices, effets mobiliers provenant des églises et des sacristies, et les besoins d'argent étaient toujours plus intenses. Les prêtres et les religieux étaient déportés ou emprisonnés ou guillotinés, et néanmoins il restait encore bien des gens *suspects*, on ne pouvait les faire tous disparaître. Alors on songea après avoir confisqué leur bien à les frapper d'un impôt spécial.

Dans la séance du 25 frimaire an II (15 décembre 1793), il fut déposé sur le Bureau une lettre du Procureur-Syndic du département portant que les autorités constituées réunies dans la salle du Conseil du département avaient résolu de soumettre à la taxe les gens *suspects*. Mais comment dresser cette liste et désigner les individus ? Et il était demandé à la Municipalité de dresser la nomenclature des suspects appartenant à la commune de Layrac, et quel était le degré de suspicion de chacun d'eux. Avant d'arrêter la liste définitive, il appartient à la commune de Layrac de nommer des Commissaires dans ce but et des adjoints qui, de concert avec le Comité de surveillance, fourniront tous les renseignements nécessaires. Le Procureur ayant donné son avis sur cette proposition, le Conseil décida que Joachin Bergognié et Joseph Dupont se rendraient à Agen avec les deux adjoints du Comité de surveillance pour donner les indications de nature à éclairer le Conseil Départemental (1).

A la suite de cette dernière délibération, les Registres muni-

---

Dieu et deux franges d'argent. II Un aigle en cuivre avec son pied. III 12 chandeliers, six grands et six petits, de cuivre. IV trois plats, un chaudron, trois encensoirs, deux petites cuvettes ; deux grands chandeliers argent. V Une fontaine en étain, deux plats.

Idem. Reçu de plus 60 paires de bas, ainsi qu'une grande grille de fer. Le tout conformément au procès-verbal du 20 décembre.

Agen, le 23 frimaire l'an II de la République Française, une et indivisible.

Ces deux reçus sont rattachés au registre par un pain à cacheter.

(1) *Registres municipaux*.

cipaux contiennent une foule de pièces relatives à l'état des taxes, contributions, emprunts, saisies, dépôts, confiscations, condamnations, souscriptions volontaires ou forcées, collectes ou offrandes concernant la commune de Layrac. Ce tableau a été dressé en exécution de la loi du 13 frimaire an III.

Confiscations

La Municipalité de Layrac a fait remettre le 28 brumaire an II, à l'administration du District, une chaudière de cuivre, quatorze chaudrons, une tourtière, deux cruches à eau, treize casseroles, 6 sceaux, une bassinoire, le tout en cuivre ; de plus, quatre poëlons en tôle, le tout provenant des maisons suspectes, et ce, d'après une lettre de l'agent national du District, par le citoyen Bergognié, officier municipal, comme appert du reçu du 28 brumaire an II.

Signé : ROUBY le JEUNE.

Fer saisi chez M. de St-Marc : 7 quintaux 70 livres ; 15 fusils de chasse dont 3 à deux coups, remis le 1er juin 1793.

Signé : BORIE.

Dons volontaires

Il fut fait don pour la reprise de Toulon d'une somme de 2.111 livres 2 sous.

A savoir : le citoyen André Dulion, 1.500 livres ; Caprais Depau, 100 livres ; Bernard Durand, 50 livres ; Joachin Bergognié, 50 livres ; citoyenne veuve Gassou, 50 livres ; le citoyen Barrastin, 50 livres.

Dons en numéraire le 24 Frimaire

Dulion, 1.200 livres ; Barrastin, 300 livres ; Depau donna 300 livres provenant de sa pension d'officier invalide, qu'il laissa au Receveur du District le 1er mai 1793.

Dons en nature le 24 Frimaire

Draps de lit pour les armées, 190 ; chemises bonnes pour les armées, 177 ; chemises mauvaises pour les hôpitaux, 177 ; bas pour soldats, 120 paires ; souliers, 66 paires ; chiffons pour papiers, 728 livres; fer, par Dulion, 238 livres 17; plomb, donné par Lajunquière, 40 livres 29.

Il a été fait don pour la réparation du Temple de l'Être suprême et du lieu des séances de la Société populaire, de 333 livres qui ont été employées à cet effet.

Dépouilles des Eglises

Ornements tant en laine qu'en soie, 37 ; nappes d'autel, 30.

Argenterie

Le 22 octobre 1792, reçu de Rouzier, administrateur du District, portant réception d'un encensoir avec sa navette pesant 5 marks 1/2 once.

Le 23 frimaire an II, il a été remis à l'administration du District, savoir : cinq croix dites de St-Louis, plus trois calices avec patènes ; deux ciboires avec couvercles. Deux ostensoirs dont un sans pied ; deux porte-Dieu et deux franges en argent, le tout pesant 15 marks 6 onces comme il appert des reçus signés : Rouby et Cassaigneau.

Le 25 messidor an II, il fut remis par le citoyen Bordes jeune : un calice avec sa patène et un encensoir en argent pesant 3 marks 3 onces, plus un aigle en cuivre avec son pied ; douze chandeliers en cuivre dont six grands, six petits ; trois plats, un chaudron.

Croix, encensoirs, deux petites cuvettes, deux grands chandeliers argentés, une fontaine en étain, deux plats en étain, une grille de fer pesant 1.200 livres avec cinq croix en cuivre. Plus six cloches saisies en vertu de l'arrêté du 1er mai 1793, pesant ensemble 748 livres.

3 nivose an II : il a été remis à l'administrateur du District, 17 quintaux de plomb ou étain, provenant de l'orgue de la ci-devant paroisse de Layrac.

Plus six selles, quatre brides, huit fusils à deux coups, dont sept ont été payés aux propriétaires et le huitième a été donné.

24 frimaire an II : Echange de numéraire contre les assignats, 16 à 18 livres remises au Receveur du District ; sur ce total, 1.500 livres en pur don, savoir : Dulion, 1.200 livres ; Barrastin, 300 livres.

Le 27 nivose an II, il a été remis à l'administrateur du District par le citoyen Marrassé, officier municipal, savoir :

Plomb et étain provenant des orgues des Bénédictins de Layrac	cuivre	113 livres.
	étaing	26 onces.
	linge	54 livres.
	fer	202 livres.

Le 30 frimaire, an II, le Conseil permanent en présence d'une grande affluence de peuple s'occupe d'une affaire de marchandises débarquées au port de Layrac. Le citoyen Jean Lebéfaude était venu la veille dénoncer à la Municipalité l'arrivée de deux boucaux de marchandises marquées L. C. et C. H., accompagnés d'une lettre de voiture, non signée, mais indiquant l'adresse du citoyen Castille, tonnelier aux Chartrons à Bordeaux. Sur cet avis Depau, Maire, et deux officiers municipaux, Bergognié et Desburs s'étaient empressés d'aller constater l'arrivée de ces deux boucaux, contenant des mongettes et de la farine en rame. Il s'agit de décider sur ce cas. Le Conseil ne peut que reconnaître dans ce fait un commerce frauduleux et illicite, et après avoir ouï le Procureur de la Commune arrête que cette marchandise sera confisquée, la moitié au profit de Lebéfaude, et l'autre moitié dans l'intérêt de la Commune (1).

Dans la même séance Joseph Dupont, notaire et trésorier de la Commune, pour l'échange du numéraire contre des assignats, dépose sur le bureau 16.018 livres comptées à Barsalou, qu'il avait recueillies parmi les habitants. Puis voulant faire preuve de patriotisme et de zèle civique, il expose que les notaires de la présente ville désiraient depuis longtemps se conformer à l'arrêté du Conseil du Département en date du 28ᵉ jour du 1ᵉʳ mois, relatif à l'exécution de la loi du 17 juillet dernier, ses

---

(1) *Registres municipaux.*

confrères et lui sollicitent qu'il soit fait dans leurs études des visites sur tous leurs cahiers et registres ayant trait aux droits féodaux. Ils déclarent avoir déjà remis ou fait brûler tous les cahiers de reconnaissances ou lièves, trouvés chez eux. Mais comme il pourrait se faire que dans leurs Registres il se fût glissé quelque acte relatif à la féodalité, le Conseil Général accédant à la requête de Joseph Dupont, après avoir ouï le Procureur, et s'appuyant sur la loi du 17 juillet dernier, délibère que Joseph Dupont et J. Bergognié, officiers municipaux se transporteront sans délai dans l'étude de M° Delpech, fouilleront les Registres des actes, et en feront eximer ceux ayant quelque trait à la féodalité, et ils les rapporteront en Maison Commune pour y être brulés. La même opération aura lieu dans l'étude de Joseph Dupont (1).

Voilà par suite de quel fanatisme outré nous avons été privés de documents intéressant l'histoire civile et religieuse du pays. Les minutes et registres des notaires de Layrac, de Moyrax et de Caudecoste subsistent encore, mais le ciseau de la fatale Parque en a fait disparaître des actes très importants. Et là où le ciseau n'a pu atteindre, le Commissaire a biffé et étendu une ligne noire pour cacher les noms et les détails d'un passé qui leur pesait tant.

Le peuple, dont on prétendait faire le bonheur, était-il moins malheureux ? Détruire ce n'est pas restaurer, et en brulant les vieux documents des anciens temps, on ne procurait pas du pain aux indigents. De fait le problème de tous les jours c'était de faire vivre le peuple.

Le 1er nivose an II (21 décembre 1793), on porta de nouvelles doléances devant l'assemblée des officiers municipaux. Ceux-ci prétendaient exercer une exacte surveillance, et cependant les denrées de première nécessité disparaissaient, emportées par des étrangers, et le pain manquait. Pendant qu'on allait ciseler les actes et les registres chez les notaires, on ne surveillait pas les boulangers et les fourniers, qui journellement livraient le pain à tout venant sans discernement. Or les subsistances et approvisionnements étaient rares. La Société populaire se fit l'interprète de ces préoccupations. Sur cette motion, et après

---

(1) *Registres municipaux.*

avoir entendu les explications du Procureur, le Conseil Général se décida à faire surveiller la distribution du pain chez les boulangers et chez les fourniers. Une Commission composée de citoyens, qui pouvaient inspirer toute confiance tels que Bernard Durand, Etienne Chollet, François Castex, Bonaventure Barrastin, Joseph Larivière, Antoine Canal, Etienne Cappot, Valentin Delpech, Bonaventure Durand, M. Armaignac, fut chargée de délivrer aux habitants, des cartes spéciales. Ces citoyens tiendront registre des noms de ceux auxquels ils les distribueront, en notant la date et le domicile. Chaque membre exercera sa fonction pendant une décade, et il rendra compte de sa gestion. Au nombre de ces distributeurs de bons de pain on voit réapparaître des citoyens tenus à l'écart précédemment et même tenus comme suspects, ou détenus injustement. Dans la tempête et quand le navire est menacé de faire naufrage, ce qu'il faut, ce ne sont pas des orateurs ou des hableurs mais des hommes de bon sens et de dévoument. C'est ce qu'on rechercha dans cette circonstance pour rassurer la population.

En terminant, le Conseil Général, voulut régler une affaire spéciale, relative à la vente du tabac. Il décida, en visant l'arrêté du Conseil du Département du 21 frimaire, que la livre de tabac rapé, pris à la fabrique de Tonneins, se vendrait 22 sous 6 deniers, et le tabac en poudre ne pourrait être vendu dans cette Municipalité plus d'une livre 9 sous, en détail, par livre, demi livre et quart de livre (1).

Les Dénonciations

Déjà nous avons relaté les actes de dénonciations contre des citoyens, qui n'avaient à se reprocher que d'être en divergence d'opinions avec les ambitieux et les fanatiques, qui se disputaient les suffrages du peuple, non pour le servir, mais pour satisfaire des rancunes ou des jalousies. Parmi les citoyens victimes de ces dénonciations qui furent très nombreuses et enfermés dans la maison des ci-devant Bénédictins, nous mentionnerons ici Jean Boussac marié à demoiselle de Guilhem de St-Marc, dont le frère l'abbé de St-Marc émigra en Espagne,

---

(1) *Registres municipaux.*

J. Boussac dénoncé comme suspect par ses compatriotes travailla à se disculper pour défendre son honneur et sa vie. Entre autres moyens il adressa un mémoire aux Représentants du Peuple. Izabeau et Tallien délégués, Commissaires dans le département.

Voici ce mémoire :

Citoyens,

Jean Boussac de Lairac vous expose qu'il a été cy-devant accusé devant le Juge de paix d'avoir prêté son cheval et son manteau à un émigré ; d'avoir eu des compliments d'un prêtre déporté, sous le nom de B. C. d'avoir refusé de contribuer à la quête qu'on faisait pour les volontaires, en disant ne vouloir donner des verges pour se faire fouetter. L'exposant a déjà été jugé sur tous ces chefs d'accusation, soit devant le Juge de paix, soit devant la Municipalité, soit par le citoyen Paganel, qui décide comme le Juge de paix, n'y avoir pas lieu à accusation. L'exposant va rappeler aussi brièvement que possible ses moyens de défense.

1° Il prêta son cheval seulement, et non le manteau à Magnas, qui partait pour Bagnères-de-Luchon, sur une ordonnance du médecin qui lui prescrivait les bains de la Douze. C'est un fait notoire.

2° Un prêtre déporté en Espagne écrit à son beau-frère et le charge de faire des compliments à M. Bou..., et il ajoute dans la même lettre que B. C. remettra un paquet à Mme Maignas. Sur ces faits l'exposant a répondu que les compliments pourraient s'adresser à lui parce qu'il avait eu occasion de voir ce prêtre, mais la désignation B. C. ne pourrait le regarder, parce qu'il ne peut être désigné à la fois par Bou.. et par B. C. Il a affirmé n'avoir jamais eu de lettres de Magnas, émigré.

3° Sur l'objet des verges, il venait de payer la somme de 630 livres sur la contribution patriotique, et s'il refusa de contribuer à un nouveau don volontaire, ce fut par impuissance, ajoutant que s'il était taxé, il subirait la taxe, mais qu'il ne voulait pas se taxer lui-même, crainte d'être surtaxé comme cela lui était arrivé pour la contribution patriotique ; que ce serait en quelque façon *donner des verges pour se faire fouet-*

ter. Ce fait a été attesté par des témoins devant le Juge de paix qui en conséquence a jugé qu'il n'y avait lieu à accusation. Son jugement a été joint à la 1re pétition que l'exposant vous a présentée. D'après cet exposé sincère, je persiste dans mes précédentes conclusions et j'attends de votre justice qu'il vous plaise me rendre ma liberté.

Signé : Boussac.

Les Représentants du Peuple, nantis de cette requête, y firent apposer la note suivante :

Renvoyé au Comité de Surveillance d'Agen avec invitation de s'occuper de cette affaire dans le plus bref délai.

Agen, le 1er nivose an II (21 décembre 1793).

Le délégué des Représentants du Peuple.

Signé : Rey.

Le Comité de Surveillance d'Agen fut donc saisi de la pétition de J. Boussac, reclus dans la maison nationale des ci-devant Bénédictins, en demande d'être élargi parce que le motif de sa réclusion a déjà été connu du Juge de paix et des Représentants du Peuple, qui ont déclaré n'y avoir pas lieu à le retenir. Cela étant, le dit Comité de Surveillance, vu le soit renvoyé par le citoyen Rey, délégué des Représentants, arrêt, invitation de prononcer dans le plus bref délai ; Considérant que si la Municipalité de Layrac a cru devoir ordonner la réclusion de Boussac dans une Maison Commune, il est possible de rendre cette réclusion plus petite à sa famille, en le consignant dans sa maison particulière, que cette consignation doit être absolue jusqu'à ce que la Municipalité de Layrac, ou bien de nouveaux ordres aient déclaré son élargissement.

Arrêté que Boussac, reclus dans la maison des Bénédictins sera retiré de cette maison et consigné chez lui jusqu'à nouvel ordre — et cette consignation sera absolue.

Le dit Comité invite la Municipalité de Layrac à vouloir faire exécuter sans délai la dite translation arrêtée, et à surveiller que Boussac ne viole pas la consignation ordonnée.

Fait au Comité de Surveillance, le 2 nivose an II.

Signés : Lacoste, Lézat aîné, Sembauzel, Mignot Auguste, Mignot, secrétaire.

Le Conseil Général de Layrac, ayant reçu communication de toutes ces pièces, se rassembla pour en délibérer le 3 nivose (24 décembre 1793). Il décida que Boussac, par suite de l'arrêté du Comité de Surveillance rendu la veille, serait retiré de la maison des ci-devant Bénédictins et consigné chez lui, au sein de sa famille. Les officiers municipaux chargés de veiller à ce que Boussac ne viole pas la consignation ordonnée par le dit arrêté sont : Depau, Maire, Bergognié et Busquet.

A cette fin d'année et aux derniers jours du mois de décembre 1793, le Conseil Général de Layrac continua à siéger d'une manière permanente et il s'appliqua à liquider de nombreuses affaires sans désemparer. Trois jours après avoir donné une solution mitigée à la requête du citoyen Boussac, il s'occupa d'une affaire encore plus délicate. La citoyenne Jacquette de Lascaban Chollet avait commis le grand crime de donner asile pendant quelques temps à l'abbé Capdeville, après son expulsion du presbytère, et avant son départ pour l'Espagne, et puis elle avait recueilli dans sa maison, voisine de l'ancien presbytère, les effets mobiliers du curé proscrit. Cette maison était prédestinée à donner asile plus tard au successeur de l'abbé Capdeville lorsque des lois sacrilèges donneront un siècle plus tard aux Municipaux du XXe siècle l'occasion de remporter une victoire facile mais peu honorable, d'expulser le curé de la paroisse du même presbytère.

Oh ! n'exilez personne. Oh ! l'exil est impie, a dit Victor Hugo. Les poètes pas plus que les prophètes ne sont écoutés en temps de Révolution. A l'époque où nous devons nous rapporter, les temps étaient très mauvais et l'hiver très rude. Mlle Jacquette de Lascaban était détenue en état d'arrestation dans le couvent. Elle était très âgée, infirme et malade. On la conduisit de la maison d'arrêt à son domicile pour qu'elle livrat les effets mobiliers de l'abbé Capdeville, qu'on voulait vendre aux enchères. Mais quand cette opération fut terminée, les agents employés à cette triste besogne constatèrent que la noble victime ne pouvait réintégrer sa cellule. Les officiers municipaux se bornèrent à déclarer qu'elle resterait consignée dans sa propre maison, non d'une manière définitive, mais jusqu'à ce qu'elle eût recouvré assez de forces pour retourner dans la maison d'arrêt de cette ville.

Après avoir tranché cette question d'humanité, les officiers municipaux, à qui on avait demandé de fixer le prix du sarment, fixèrent à dix sous le prix du fagot (1).

Tel fut le dernier acte du mois de décembre et de cette fin d'année 1793. La terre était bien refroidie ; les cœurs étaient plus durs que les éléments. L'ère chrétienne avait été supprimée on était replacé sous le régime païen qui faisait revivre l'esclavage avec ses tortures et ses humiliations.

---

(1) *Registres municipaux.*

CHAPITRE VII
Année 1794 — An II et III

**Les familles des militaires réclament des secours.
— Mesures de rigueur contre les Emigrés.
— Mesquines dénonciations. — Réquisitions nouvelles.**

Des ordres de recrutement nombreux et sévères avaient enlevé les jeunes gens et les hommes les plus capables de travailler. Il n'était resté dans bien des foyers que des femmes et des vieillards. Des secours avaient été promis aux familles des défenseurs de la patrie qui souffraient de l'absence de ceux qui auraient pu les secourir. Les intéressés adressèrent maintes demandes au Conseil Général de Layrac. Et aux premiers jours de janvier, les officiers municipaux délibérèrent sur les moyens de satisfaire à ces réclamations qui leur avaient été adressées. Le Conseil, en vertu des rôles dressés par la Municipalité, en exécution des lois du 26 novembre 1792 ;

Considérant que plusieurs familles pauvres souffrent de l'absence des militaires ou marins, employés au service de la République, et que ces familles sont dans un état vraiment pitoyable, arrête qu'en attendant le renvoi des dits rôles, les citoyens Caprais Depau et J. Desburs, iront vers le Receveur du District, afin de prélever sur les sommes versées dans sa caisse par le Ministre de l'Intérieur, une somme de 6.000 livres pour être distribuée à ces familles. Une double expédition de la présente délibération sera quittancée par les susdits citoyens, et remise au Receveur du District (1).

Des réquisitions nombreuses avaient été faites dans la Commune à plusieurs reprises, pour concentrer les ressources de

---

(1) *Registres municipaux.*

grain, de foin et de paille, qui avaient été enfermés dans de grands magasins. Il y eut de vives craintes que ces provisions ne fussent, par malveillance l'objet de quelque attentat ou incendie. Avisé de ce danger, le Conseil Général, en la séance du XI nivose (2 janvier 1794) se conformant d'ailleurs aux instructions du Directoire du District d'Agen, prit des mesures de précautions afin de préserver ces provisions et de les enfermer dans des granges cloturées. Il fallait aussi, pour répondre à la demande de l'agent national du District, remplir un tableau pour indiquer quel était le nombre de bestiaux existant dans la Commune, tels que chevaux, bœufs, vaches, moutons et porcs. On y ajouta par ordre le recensement des grains et le prix des piques, fabriquées qui se trouvaient à Layrac (1).

La fin de l'année 1793 avait été signalée par un succès militaire.

Le 24 décembre, le général Dugommier avait repris Toulon sur les Anglais. C'est dans ce siège que se révéla un jeune lieutenant qui commandait l'artillerie : Napoléon Bonaparte, jusqu'alors toutefois inconnu. La Convention Nationale, fière de ce triomphe de l'armée française, donna des ordres pour qu'on célébrât en toute la France un évènement si avantageux. Le 16 nivose (6 janvier 1794), le Conseil Général permanent siégeant à l'Hôtel de Ville prit la résolution suivante :

Le Conseil, vu le décret de la Convention Nationale du 4 janvier, relatif à la prise de Toulon, portant qu'il sera célébré dans toute l'étendue de la République une fête nationale, le 1er décadi, dans chaque Commune ;

Attendu que ce décret a été publié ce même jour, a délibéré qu'il sera célébré dans cette Commune une fête nationale, le 1er décade prochain, par un feu de joie, à 3 heures du soir, à l'issue de la lecture des lois, et le soir, il y aura une illumination générale. Il sera fourni aux Commissaires distributeurs un état des citoyens n'ayant ni pain, ni grain ; c'est à ceux-là que seront délivrées des cartes (2).

Et comme il ne fallait pas perdre de vue l'habitude de voir des ennemis partout, et surtout chez ceux qu'ils soupçonnaient et

---

(1) *Registres municipaux.*
(2) Ibid.

qu'ils voyaient même se tenir à l'écart de tous les excès, le Conseil décréta des mesures de défiances. D'ailleurs des exaltés ne manquaient pas de tenir en éveil et de stimuler le zèle de la Municipalité. Aussi fut mentionnée la pétition du citoyen Gayze qui fut le promoteur de la nouvelle décision. Le Conseil, vu la dite pétition, délibère que le citoyen Barrastin, ancien officier de marine et Bordes Cadet se rendront sans délai dans la maison de Boirenaud pour faire la visite des objets qui pourraient rendre la maison suspecte par les redoutes et autres fortifications établies sur ce point culminant dominant la ville de Layrac (1).

Parmi les signataires de ce procès-verbal figure celle de L. Champmas, à qui la fermeture de l'église et l'inauguration du Culte de la Raison ont fait des loisirs pour se mêler dans les affaires municipales et parvenir par son esprit souple et habile à acquérir une influence prépondérante.

Dans la séance du 9 janvier (19 nivose an II), il fut question des affaires financières. Le Maire, prenant la parole, expliqua la situation. Nous avons, dit-il, à remettre à la liquidation générale des dettes de l'Etat, nos titres de créances, relatifs à notre Bureau de Charité et à la Commune. Pour satisfaire à la loi du 12 février 1792, concernant le payement des rentes dues aux fabriques, colléges, maison de charité etc..., la Municipalité a produit au District d'Agen un collationné de la transaction du 23 septembre 1606 entre le ci-devant Prieur et la Municipalité. De plus les copies des deux actes constitutifs de rente sur le chapitre de Condom et autres transactions de 1740... Pour satisfaire au décret de l'an II, la Municipalité a besoin de ces titres : elle les a réclamés, mais on n'a pas pu les retrouver.

Par mode de conclusion, le Maire et le Procureur sont chargés de retrouver ces titres et pièces afférentes (2).

L'hiver avec ses frimas augmentait et rendait plus sensibles les privations ; et nous pouvons ajouter qu'à ces souffrances la préoccupation de les voir s'aggraver par la pénurie de vivres, donnait un caractère plus aigu. Le Conseil Général n'était pas

---

(1) *Registres municipaux*. Gayze était le prénom du citoyen Capponnel père de Blaise Capponnel, Procureur de la Commune.

(2) *Registres municipaux*.

sans de vives alarmes. Considérant, est-il dit en la séance du 11 janvier, que les grains existants disparaissent vite et que la famine est à redouter ; voulant ménager nos ressources, en ne les distribuant qu'à ceux qui seront dans le vrai besoin, arrêtons : Chaque décadi, un officier municipal et deux notables surveilleront la distribution des cartes et du pain ; et chaque jour il ne sera distribué de cartes qu'à raison d'une livre et demie de pain par jour, à chaque individu, en observant une proportion rigoureuse pour les enfants qui sont à la mamelle (1).

Quelques citoyens, pour échapper aux mesures violentes, à la prison, ou même à la mort, avaient pris le chemin de l'exil. Leur présence n'offusquait plus les ardents patriotes, mais leur souvenir troublait bien des consciences ; et comme on ne pouvait rien contre des absents, on s'en prit à leurs parents et à leurs biens.

Pour assurer la main-mise nationale sur les propriétés des pères et mères des émigrés, sequestrées par la loi, le Directoire du District d'Agen envoya un arrêté et nomma des Commissaires pour apposer les scellés dans la maison des pères et mères des émigrés résidant dans le territoire, où ils avaient des propriétés.

Fidèle exécuteur de ces mesures oppressives, le Conseil Général s'empressa de mettre à exécution le susdit arrêté.

Vu le susdit arrêté, et ouï l'agent national, remplissant les fonctions de Procureur, le Conseil Général décide que Joseph Dupont et Joseph Berni, notables, iront sur le champ dans la maison que Jean-Baptiste Saint-Marc possède en ville. Les citoyens J. Marrassé et Jean Despans se transporteront dans la maison de plaisance du dit St-Marc située en la paroisse de Goulens. Les citoyens J. Busquet et Alexis Durand, jadis maître de poste, iront dans la maison de ville du citoyen Lascaban. J. Bergognié et J. Raton se rendront dans la maison de Boissonnade et dans les métairies de Baron, de Lascaban et de Poudepé et chez le citoyen de Ste-Colombe. Là ils apposeront les scellés sur les titres et papiers, après en avoir fait l'inventaire, laissant à leur place les meubles meublants, linges et hardes à l'usage des maîtres.

---

(1) *Registres municipaux.*

A côté des actes violents et graves qui atteignaient la liberté, la vie ou les biens des habitants, on constate des excès de zèle mesquins qui portent à rire plutôt qu'à pleurer. Jean-Petit disait :

> Seigneur ordonnez qu'il soit fait rapport à la Cour
> Du foin que peut manger une poule en un jour (1).

Un officier municipal vint le 18 janvier entretenir le Conseil d'un acte qui l'avait affecté, et sur lequel il appelait l'attention des juges et les sévérités de la répression. Des revendeurs d'Agen venaient chez nos regrattiers acheter des volailles au mépris de la loi et probablement au dessus du maximum. Sur ce est introduit Pierre Brunet d'Agen déclarant avoir acheté à Palazot deux paires de chapons à raison de trois livres. Or ce prix dépasse le maximum. La délibération est ouverte sur ce délit. L'agent national développe ses conclusions et finalement il est décrété que les chapons seront confisqués : il y aura une paire pour le dénonciateur qui n'aura pas perdu son temps, et l'autre paire sera vendue au profit des pauvres. Le délinquant payera en amende 6 livres, le double du prix des chapons (2).

Les juges s'étaient montrés incorruptibles et les termes de la sentence ne permettent pas de supposer qu'à l'exemple de Perrin-Dandin ils aient tiré quelque avantage de cette sentence. Il y a toujours eu des juges désintéressés à Layrac.

Misères et Pénurie des vivres

Durant les premiers mois de l'année 1794, la pénurie de vivres se fit cruellement sentir. On avait régularisé la distribution du pain, mais quelque soin que l'on apportât à répartir les vivres, les souffrances étaient grandes et les craintes pour l'avenir s'augmentaient de plus en plus. A partir du 12 janvier, le Conseil Général, pour calmer les inquiétudes fit faire un recensement général de ce qui restait de grains, et du nombre des habitants. Et il fut établi que les propriétaires seraient taxés, et ne recevraient chacun qu'une livre et demie de pain par

---

(1) Racine. *Les Plaideurs.*
(2) *Registres municipaux.*

jour : on tiendrait un compte proportionnel des enfants, et il sera dressé un état alphabétique des citoyens ne possédant ni grains, ni farine (1).

Ici encore nous pouvons relater un petit fait qui nous révèle l'état d'exaltation des habitants durant cette période de misère. Pendant que se faisait le recensement des grains dans les diverses sections de la Commune, le citoyen Larrat, nommé Commissaire, en passant au lieu des Baillarguets, trouva chez Pierre Boué dit Balette, deux miches de pain entières et un chanteau, déguisé, pour qu'il ne fut pas aperçu. Or le dit Boué avait déclaré n'avoir chez lui qu'une seule miche. Le Commissaire alléguant la loi du 29 septembre précédent, s'empare d'une miche de pain et du chanteau et les confisque au profit de la Commune, et il impose au recéleur une amende de 4 livres 10 sous.

Le Conseil Général approuva son Commissaire (2).

Entre temps, des marchands étrangers étaient venus dans la Commune, et ils avaient fait des achats de grains ; le Conseil Général renseigné sur les subsistances existant chez les habitants, fit défense à ceux qui avaient vendu du seigle, de livrer la marchandise (3).

Malgré ces mesures de précautions et de prévisions, le Directoire du District d'Agen écrivit le 16 janvier pour obliger la Commune de Layrac à fournir au Département du Bec d'Ambez (4), 2042 quintaux 49 livres de grains qui, dans le délai de deux décades devaient être transportés dans les magasins de l'administration. Le Conseil Général de Layrac avait été maintefois réquisitionné, et à la date du 12 octobre 1793, la Commune ne possédait que 8175 sacs. Or en comptant les grains réquisitionnés et ceux qui ont été consommés depuis, il ne reste plus que 1974 sacs de blé ou de farine. La seule réponse à faire c'était d'envoyer la copie de la présente délibération du 19 pluviose an II (5). Aussi cette dernière réquisition alarma de plus en plus les habitants.

---

(1) *Registres municipaux*.
(2) Ibid.
(3) Ibid.
(4) Village situé au confluent de la Gironde et de la Dordogne.
(5) *Registres municipaux*.

Le Conseil Général en sa séance du 24 pluviose fit observer qu'il y avait à redoubler de vigilance pour ne pas être réduit à l'extrême misère, Toutefois voulant favoriser et ménager les cultivateurs et alléger à leur égard la rigueur des règlements :

Considérant, déclara-t-il, que les personnes, occupées à un travail moins pénible, peuvent mieux supporter une privation de nourriture, il est arrêté que désormais, à compter de ce jour, les citoyens travaillant la terre, seront taxés à une livre et demie de pain par jour ; les autres n'en recevront qu'une livre.

Ensuite il sera fait des cartes numérotées de 1 jusqu'à 30, sur lesquelles seront le nom et le nombre des personnes de la famille (1).

Dans cette même séance, Prézelin, régisseur des biens des émigrés de cette Municipalité, vint soumettre ses comptes, dont la vérification fut renvoyée à des Commissaires particuliers.

On ne se borna point à ce compte-rendu. Trois jours après, Jean Dupouy, administrateur du District, en vertu d'un arrêté du Conseil du 21 pluviose, requit la nomination de deux membres qui l'assisteraient pour faire un inventaire estimatif des meubles des émigrés et des prêtres reclus et déportés, lequel serait ensuite envoyé au District. Les Commissaires élus, Joachin Bergognié et Jean Marcadet furent autorisés à se transporter dans tous les endroits où se trouvaient les dits meubles, avec recommandation de recourir à tous les renseignements pour découvrir les objets et meubles échappés aux inventaires précédents (2).

Pendant ce temps le Directoire du District avait reçu la réponse négative de la Municipalité de Layrac. Sans tarder, les administrateurs du District adressent une nouvelle lettre pour reprocher au Conseil Général de Layrac de n'avoir point envoyé les 2650 quintaux de grains réquisitionnés pour les fournir au Département du Bec d'Ambez. Le proverbe dit que ventre affamé n'a point d'oreilles. La Municipalité de Layrac répondit qu'après avoir fait tant et tant de sacrifices, il lui était impossible d'obtempérer à cette dernière réquisition (3).

---

(1) *Registres municipaux.*
(2) Ibid.
(3) Ibid.

Nouvelles persécutions religieuses

La question religieuse n'avait pas été résolue par la déportation des prêtres fidèles et par l'inauguration du Culte de la Raison. Elle se représentait sans cesse. Le 8 ventose an II (27 février 1794), furent déposés sur le Bureau du Conseil Général rassemblé en séance publique :

I. Un arrêté du citoyen Monestier (de la Lozère), Représentant du Peuple et Commissaire envoyé par la Convention Nationale. L'arrêté avait été rédigé à Marmande, le 27 pluviose précédent, et il portait que les directoires des Districts, dans les Départements de Lot-et-Garonne et des Landes, devaient lui adresser sans délai l'état des Communes ayant renoncé à leur culte public, et ayant élevé dans leurs églises des temples à la Raison. Il fallait y joindre également l'état des Evêques, curés, vicaires et autres ministres du culte ayant abdiqué leur état. Les décades doivent être scrupuleusement suivies dans les temples pour célébrer la Révolution et la Régénération universelle des Français, et il ne devait exister qu'une cloche dans les temples, élevés à la Raison, et toutes celles, qui se trouveront encore dans les édifices consacrés à ce culte, seront descendues à la diligence des Municipalités, et transportées sous leur responsabilité, au chef-lieu du District.,.

II. Un autre arrêté du Conseil du District du mois de ventose courant, rendu sur la motion du citoyen Monestier, fut remis au Conseil pour réclamer que la Municipalité fournît provisoirement au Département de Bec d'Ambez 90 quintaux de blé, 20 quintaux de seigle, et 20 quintaux de millet.

La délibération roula sur ces deux arrêtés ; et ouï, et ce requérant le Procureur de la Commune, il fut, d'une voix unanime statué :

1° Qu'il serait fait un état des ministres du culte ayant abdiqué leur propre état et résidant dans la Municipalité ;

2° Que la ci-devant église paroissiale serait choisie pour être le temple de la Raison ;

3° Que les décades y seraient scrupuleusement suivies et que tous les bons citoyens seraient invités à y assister conjointement avec les Sociétés populaires et les fonctionnaires publics, lesquels seront aussi également conviés à y prononcer en public des discours, animés de l'amour de la liberté, de l'égalité, de la Patrie, et dignes en tout du Culte de la Raison. Quant à la cloche existant encore à Goulens elle sera descendue et transportée à Agen, à la diligence du citoyen Duplan, officier municipal.

Pour la réquisition des grains, il fut décidé qu'une répartition serait faite entre tous les possesseurs de blé, et qu'il en serait expédié à Agen, vingt quintaux (1).

Cette dernière solution n'eut pas la chance d'être agréée par l'administration, vu que quelques jours après survint un nouvel arrêté du même Représentant du Peuple Monestier, demandant qu'il fût établi dans chaque Commune pour la distribution des grains, un Comité, composé de cinq membres. Ce Comité rendra compte, chaque décade, des opérations faites sous la surveillance des autorités constituées et de la Société populaire. Le Conseil Général, en adoptant ces conclusions, et après avoir ouï l'Agent National, élut huit membres pour composer le Comité des grains.

Dès le lendemain, les citoyens Marrassé et Montau, élus par la Municipalité d'Astaffort et la paroisse d'Amans pour le recensement des grains, vinrent à Layrac afin de remplir leur mission, mais ils sollicitèrent de la Municipalité de leur adjoindre des Commissaires, qui les accompagneraient dans les diverses sections de la Commune. De leur côté, les citoyens Sarrazin et Chauvin, habitants d'Agen, élus eux aussi pour le recensement des grains, demandèrent au Conseil Général de Layrac de leur fournir des Commissaires qui les renseigneraient dans leurs opérations.

Pendant que ces Comités exécutaient leur mandat, de petits incidents vinrent égayer les séances du Conseil. Aussi dans la séance du 20 ventose, il fut donné lecture d'un extrait du Registre de la police municipale de la Commune d'Agen, relatant un fait arrivé deux jours auparavant. Voilà que au mépris de la loi du 29 septembre 1793 concernant le maximum du prix des denrées de 1re nécessité, la citoyenne Pétronille Lautié, épouse du citoyen Gousergues, d'Agen, avait acheté à Coulom, de Layrac, en échange d'autres denrées, 1200 œufs, à raison de

---

(1) *Registres municipaux.*

11 livres le cent, ou 25 sous la douzaine. Ces œufs étaient renfermés dans une caisse destinée à partir pour Bordeaux. La police condamna la citoyenne Pétronille à une amende de 50 livres, parce que ces œufs avaient été achetés au dessus du prix maximum. En outre ces œufs seront confisqués et revendus à six sous la douzaine.

Telle fut la décision de la police d'Agen, qui invitait la Municipalité de Layrac à exercer une grande surveillance. Le citoyen Coulon mandé à la barre du Conseil de Layrac, fut interrogé sur les faits ci-dessus mentionnés, et il répondit qu'en effet il avait porté à Agen et vendu à la citoyenne Madeleine Debuc, épouse de Jean Dupuy, son associé de Layrac, la quantité d'œufs susdite, au prix de 20 sous. Le Conseil tenant compte de l'aveu fait par Coulom, le condamne à l'amende minime de 5 livres, mais lui renouvelle les défenses faites par la loi (1).

Au même instant Louis Barthélemy vient dénoncer le citoyen André Bernès, qui lui a vendu une paire de souliers, au dessus du prix maximum, c'est-à-dire 20 sous de plus que ne porte la loi. Le Tribunal condamne Bernès à payer une amende de 40 sous (2).

On avait interné à Layrac quatre déserteurs Espagnols. Comme ils étaient dépourvus de toutes ressources, Caprais Depau, Maire, alla à Agen pour obtenir les fonds nécessaires afin d'acheter des chemises, souliers et autres effets pour ces étrangers. L'agent national lui répondit qu'on ne pouvait rien faire pour ces déserteurs, et que c'était à eux à se procurer par leur travail tout ce dont ils auraient besoins pour leur nourriture et leur entretien. Le Maire rendit compte de son voyage au Conseil Général et celui-ci décida qu'il n'y avait qu'à mander les 4 espagnols et à les avertir de leur situation. Ils furent en conséquence envoyés à l'atelier, établi sur la grand route, avec recommandation de se suffire par leur travail (3).

A côté des questions locales il y avait les affaires de la défense nationale et des approvisionnements pour l'armée de terre et la marine. Au mois de février 1794, le Conseil du District avisa

---

(1) *Registres municipaux.*
(2) Ibid.
(3) Ibid.

les Municipalités qu'une manufacture de salpêtre avait été établie à Agen, sous la direction du citoyen Gary. Il y avait lieu d'envoyer un Commissaire qui viendrait prendre les instructions nécessaires pour concourir au succès de cet établissement (1).

Quelques semaines plus tard, Gary vint lui-même à Layrac avec Dordé son mandataire, et il demanda au Conseil Général de lui prêter son concours pour rassembler les terres propres à servir au salpêtre, et d'inviter les habitants à leur ouvrir les caves et celliers, où l'on rechercherait les éléments propres à la fabrication du salpêtre (2).

Vers la fin du mois de mars (le 7 germinal an II), le citoyen Petit-Jean, Commissaire de guerre dans le Lot-et-Garonne vint à Layrac s'informer des quatre déserteurs espagnols qui devaient être employés aux travaux publics et particuliers, et qui à l'aide de leur salaire devaient pourvoir à leur subsistance. La Municipalité expliqua audit Commissaire que ces déserteurs avaient refusé de travailler, et que par commisération, elle n'avait pu leur refuser du pain. Le citoyen Commissaire s'emporta, disant que dans une République nul individu ne pouvait y respirer l'air de la liberté et de l'égalité qu'autant qu'il se rendra utile, et alors il peut et il doit jouir des avantages que la République assure à tout le monde. Il fut jugé opportun de mander les déserteurs pour déterminer la manière dont ils seraient traités et nourris. Les espagnols s'étant rendus, le Commissaire leur rappelle leur devoir et l'obligation où ils se trouvent de travailler. Les déserteurs promirent et acceptèrent les conditions proposées. Alors il fut arrêté que la Municipalité s'engageait à leur fournir sur le produit de leurs travaux, une livre et demie de pain, 8 onces de viande, des légumes et une bouteille de vin. Ce qui restera de leur salaire sera employé à leur entretien, à moins que le citoyen Monestier, Représentant du Peuple n'en décide autrement (3).

De temps en temps un incident plus ou moins comique venait rompre la monotonie des séance du Conseil Général, toujours

---

(1) *Registres municipaux.*
(2) Ibid.
(3) Ibid.

en permanence. Quelques semaines auparavant, le citoyen Ponchet de Goulens avait annoncé qu'étant sur la grand route, en qualité de piqueurs, avec ses ouvriers, il avait arrêté une mule portant de la farine et un sac de mongettes. Le procès-verbal de cette aventure avait été remis à la Municipalité qui n'avait rien décidé.

Le 30 mars 1794, le Conseil, vu qu'aucune requête n'avait été faite pour réclamer ces objets, les déclara confisqués au profit du dénonciateur et de la Commune (1).

Les levées et les recrutement, avons-nous déjà dit, avaient occasionné bien des tristesses et beaucoup de souffrances dans les familles. La Convention Nationale, par un décret du 21 pluviose, régla le mode de pension et de secours accordés aux défenseurs de la patrie. La Municipalité convoqua les familles intéressées pour présenter leurs requêtes.

De son côté la Municipalité arrêta la liste des déclarations présentées et fixa à 6.099 livres 5 sous 9 deniers la somme des secours qui revenaient aux citoyens ayant des enfants au service de la République. Dans la séance du XI germinal an II, Depau, Maire et J. Bergognié, furent désignés pour aller au Directoire du District d'Agen réclamer un mandat de cette somme sur la caisse du District (2).

Quelques jours après le 15 germinal, C. Depau et J. Bergognié vinrent rendre compte à la Municipalité de leur voyage à Agen. Le Receveur du District avait remis en effet entre leurs mains les secours sollicités pour être distribués à ceux des habitants qui avaient des enfants au service de la République. Le Conseil Général désigna ceux qui devaient faire cette distribution (3).

Changements dans la Municipalité

Le 16 germinal an II (6 avril 1794), le Conseil Général étant en séance, il fut déposé sur le Bureau un arrêté de Monestier, Représentant du Peuple dans les départements de Lot-et-

---

(1) *Registres municipaux.*
(2) Ibid.
(3) Ibid.

Garonne et des Landes, tendant à l'épuration des autorités constitutives de Layrac. Cet arrêté avait été provoqué dans une séance de la Société populaire de cette Commune tenue le 7 germinal précédent. Les membres de ce club, trouvant que les officiers municipaux manquaient de zèle, émirent le vœu de remplacer quelques membres. Et nous savons ce qu'était le vœu de ces fanatiques des clubs, dont les dénonciations transmises par un de leurs membres, s'imposait aux corps constitués. Le procès-verbal de la Société populaire fut remis au citoyen Monestier qui envoya des ordres formels à la Municipalité de Layrac. Cet arrêté portait que les citoyens Dupont, Desburs et Bergognié seraient remplacés par Berni, notable, Vilarnau et Barrastin, en qualité d'officiers municipaux. Il y eut aussi des changements parmi les notables : Jean Bourdelles, J. Raton, J. Bordès, J. Marcadet et L. Champmas, devenus administrateurs du District d'Agen furent remplacés dans leurs fonctions de notables par Ponsin, Delpech, notaire, J. Péchambert, Guillaume Garric (1), C. Larrat, Dargein et Baptiste Denis. Quant aux autres fonctionnaires publics membres du Conseil Général, on les avait trouvés assez zélés et ils furent maintenus.

Il y avait deux assesseurs du Juge de Paix : Mallet de Vignettes dans la section de Goulens et L. Champmas. On les remplaça par Joachin Bergognié et par Boussac, cadet.

Dans le Comité de Surveillance Valentin Delpech fut remplacé par Moyse Armaignac.

Les nouveaux élus pour faire partie du Conseil Général, à savoir : les citoyens Berni, Vilarnau, Barrastin, Ponsin, Delpech, Péchambert, Garric, Larrat, Dargein et Denis, tous assistant à la séance, furent invités à prêter serment. Et chacun d'eux individuellement, à haute et intelligible voix prêta le serment suivant : Je jure et je promets d'être fidèle à la nation et de maintenir de tout mon pouvoir la liberté, l'égalité, l'unité et l'indivisibilité de la République, ou de mourir à mon poste en les défendant et de remplir avec zèle et courage les fonctions civiles et politiques qui me seront confiées.

---

(1) Les Garric, originaires de la Juridiction de Clermont-Dessus, habitèrent la Juridiction de Caudecoste au XVIIe et au XVIIIe siècles, y remplissant les fonctions de Consul, de chirurgien, d'huissier... et à la fin du XVIIIe siècle ils s'établissent à Layrac. Voir *Monographie de Caudecoste*, p. 202 etc.

Il fallut procéder ensuite à la nomination des membres composant le Bureau municipal. Les citoyens Berni, ex-vicaire et Barrastin ayant obtenus la majorité des suffrages devaient avec le Maire Caprais Depau former le Bureau municipal, de concert, et avec l'aide de l'agent national, remplissant les mêmes fonctions que l'ancien Procureur de la Commune. Un dernier changement compléta cette transformation de l'administration municipale. Le citoyen Champmas, rendu à toute sa liberté par suite de la suppression du Culte Constitutionnel et qui avait attiré sur lui l'attention par son intelligente activité et son savoir faire, venait d'être nommé administrateur au District d'Agen. Il ne pouvait conserver et remplir à Layrac sa fonction d'officier public. Le Conseil jugea que personne ne pouvait mieux le remplacer que celui qui après avoir été son vicaire à l'église, était devenu son adjoint dans l'état civil, le citoyen Joseph Berni (1).

La séance de ce jour fut terminée par une décision concernant la fabrication du salpêtre, question traitée déjà. Pour répondre à des demandes antérieures du District, le Conseil Général décida qu'il serait porté à la connaissance du public que les bois de boulbène, de sanguine rouge et blanc, de coudrier ou noisetier, que la tige de laurier et d'aulne, et en cas d'insuffisance les racines du saule ou autres bois étaient mis en réquisition dans toute l'étendue de la Commune (2) comme pouvant servir à la fabrication du salpêtre.

Elargissement des derniers détenus

Une observation triste à faire c'est de constater l'acharnement que mettent les administrateurs de la Municipalité de Layrac contre leurs voisins, leurs parents et amis, sous prétexte qu'ils ne partageaient pas en tout leur manière de voir. Ils multipliaient leurs serments d'exercer leurs fonctions avec impartialité, et nous avons la douleur de relever leurs injustices manifestes, et de constater combien ils sont injustes à

---

(1) *Registres municipaux.*
(2) Ibid.

l'égard des prêtres fidèles à leur foi et de tous ceux qui respectent la religion catholique.

Jean Boussac, malgré les instances faites auprès des Représentants du peuple n'avait pu obtenir de ses concitoyens une justice complète et il était toujours détenu et consigné chez lui dans sa maison.

Dans la séance du 19 germinal an II (9 avril 1794), il fut donné lecture d'un rapport rédigé sur l'affaire Boussac. De fait les dénonciations des clubs entravaient la marche de la justice. Le Conseil municipal parut enfin secouer ce joug, et voici sa décision :

Le Conseil, considérant que malgré les différentes erreurs que le dit Boussac a commises : 1° d'avoir favorisé l'émigration de Magnas, en lui prêtant son cheval et son manteau ; mais non de l'avoir favorisé par le fait ; 2° sur ce qu'il dit de l'hospitalité qu'il a donnée à Bézi soupçonné de recrutement par lettre anonyme adressée à la Société populaire ; 3° quant au refus imputé de vendre ses denrées pour des assignats, il n'est rien préjugé ; 4° les compliments adressés à B. C. dans une lettre d'émigré, il était possible d'adapter ces lettres aux lettres initiales et finales de Boussac ; 5° quant à l'accusation portée contre lui d'avoir discrédité la vente des biens nationaux, elle n'est pas bien certifiée. Sur ce, et d'après le vœu de la Société populaire, le 13 germinal précédent, le dit Conseil est d'avis que le dit Boussac ayant expié sa tiédeur pour la chose publique par près d'un an de détention, et espérant qu'il sera utile par ses talents, soit mis en liberté.

Le cas de M. Boussac résolu, il fut donné lecture du procès-verbal, relatif à la situation du citoyen Cyprien Saint-Marc détenu lui aussi dans la maison d'arrêt de cette ville. Ce procès-verbal faisait pressentir qu'on avait peur de lui. En effet, le Conseil Général récapitule tous les griefs qu'on lui imputait.

Considérant, est-il dit, que le citoyen C. St-Marc, dans la manifestation de ses opinions et avec ses connaissances eût put faire le plus grand bien à la Révolution, tandis qu'il n'est pas à notre connaissance qu'il ait prêché l'amour des lois ; en certaines circonstances, il est vrai, il a paru se rendre utile à sa patrie, mais avec ses connaissances militaires on n'aurait pas manqué de lui donner l'emploi qu'il avait l'air de solliciter avec ferveur. Quant à l'assemblée de la Fédération, il dit n'avoir pas voulu y assister, malgré qu'il fut menacé d'être déclaré infame et hors la loi de la patrie ; il ne peut être pardonnable de cette erreur.

Attendu qu'il a peu fréquenté les assemblées populaires et primaires, aussi la Société populaire l'accuse-t-elle d'avoir même tenu des propos inconsidérés ; toutefois il n'a pas été donné suite à ces accusations.

Par ces motifs, le Conseil, d'après le vœu de la Société populaire, et d'après le dire de l'Agent National, en la séance du 10 germinal, est d'avis que le dit Saint-Marc a suffisamment expié ses fautes par sa détention, qui date du 14 octobre 1793, et nonobstant qu'il est frère d'un prêtre émigré, est d'avis qu'il soit mis en liberté.

On passa ensuite à un autre détenu consigné dans sa maison en état d'arrestation. Après qu'il eût été donné lecture d'un rapport fait sur Joseph Richard, le Conseil Général décida et dit : Le Conseil Général, considérant les griefs portés contre lui par la Société populaire, et qu'il est détenu depuis le 18 octobre 1793, le juge assez puni par sa longue détention et demande son élargissement. Les griefs qu'on lui reproche c'est que après sa dernière détention il avait bien été désarmé, mais quoiqu'il eût été mis en état d'arrestation, il avait continué ses fréquentations avec des personnes suspectes. Maintenant ayant égard à ses infirmités, et tenant compte des services rendus à la Commune, le Conseil émet l'avis de le mettre en liberté, nonobstant les torts qu'il s'est donné de désobéir aux arrêts du District.

Quant à la citoyenne Jacquette Chollet de Lascaban, détenue en sa maison, en état d'arrestation, le Conseil Général, considérant les inculpations portées contre elle par la Société populaire (club des patriotes fanatiques) est d'avis de la mettre en liberté vu qu'elle a été assez punie par une détention de six mois. Et puis le Conseil Général justifie ou explique de la manière suivante sa résolution.

La citoyenne Jacquette Lascaban fait journellement beaucoup de charité : puis une fille est plus pardonnable, par suite de son ignorance des lois ; de plus elle est sourde, malade et sexagénaire. Mais son grand crime a été d'avoir donné asile dans sa maison à l'abbé Capdeville, ci-devant curé de cette ville qui a émigré avant la promulgation de la loi concernant la déportation (1) ce qui est moins l'effet de ses mauvaises intentions, que de sa charité envers les pauvres. Ici le Conseil plaide les circonstances atténuantes et si d^lle de Lascaban a retiré chez elle les meubles de M. l'abbé Capdeville, sans doute qu'elle les regardait comme devenus sa propriété, à raison des avances d'argent qu'elle avait pu faire à l'abbé Capdeville, durant le temps qu'il a passé dans la ville sans jouir d'aucun traitement. Et ce qui prouve à la Municipalité cette assertion, c'est que la d^lle de Lascaban a remis volontairement au Commissaire qui vint de la part du District, faire l'inventaire, les meubles et les effets qui avaient appartenu à l'abbé Capdeville.

Voilà les grands crimes reprochés par des voisins, des amis et peut-être des gens comblés des bienfaits de l'abbé Capdeville et de sa vénérable paroissienne infirme et d'une charité sans bornes. Mais les habitués du club avaient dénoncé, et le Conseil Général composé cependant de bourgeois non dépourvus d'intelligence, mais sans caractère, obéissaient à l'œil à ces enragés d'impiété et de tyrannie. Et ce ne fut qu'après une motion de la Société populaire et sur un vote émis quelques jours auparavant, que le Conseil Général mit en liberté cette vénérable bienfaitrice des pauvres et des malheureux.

Vint ensuite en la même séance, l'affaire du citoyen Jean Baptiste Saint-Marc, père d'un prêtre émigré. Son fils Cyprien Saint-Marc avait comparu déjà à la barre de ces juges improvisés, qui traitaient leurs anciens amis et parents comme des ennemis coupables d'avoir tramé un complot contre la sécurité de l'Etat.

Ici encore c'est la Société populaire qui, dans une réunion tenue le 10 germinal précédent, avait pris une décision, dont les magistrats municipaux ne seront que les exécuteurs. Le Conseil Général déclare donc que considérant que les motifs ayant déterminé sa détention n'étaient que des soupçons sur le civisme du dit Saint-Marc ; dès lors, vu son grand âge, ses infirmités et une longue détention qui devait avoir effacé les

---

(1) *Registres municipaux.* D'après ces affirmations l'abbé Capdeville aurait émigré au mois de juillet ou au mois d'août 1792. D'après d'autres indices il se serait tenu caché jusqu'au mois de février 1793 et il ne serait parti pour l'Espagne qu'à cette époque.

divers griefs qu'on lui avait imputés, est d'avis, après avoir entendu l'agent national, d'élargir le dit Saint-Marc père.

Ce vieillard n'était pas seul poursuivi, avons-nous dit, puisque l'un de ses fils militaire d'un grand mérite avait été détenu et qu'un autre fils l'abbé G. de St-Marc avais dû prendre le chemin de l'exil. La fille du vénérable St-Marc n'avait pas voulu se séparer de son père et elle avait tenu à honneur de donner à ce respectable vieillard les soins que sa piété filiale pouvait lui suggérer. D^{lle} Pauline St-Marc fut détenue en état d'arrestation dans la maison paternelle. Donc le Conseil Général considérant que la dite citoyenne, sœur d'un prêtre émigré avait expié les fautes de sa conduite passée par une détention qui n'était fondée que sur des propos légers et inconsidérés, qu'elle était accusée d'avoir tenus (d'avoir dit un mot piquant pour la lâcheté de ses dénonciateurs) ; tenant compte du vœu de la Société populaire, émet l'avis d'élargir la dite Pauline St-Marc. En conséquence une copie de la présente délibération et des pièces y relatives seront envoyées à l'administration du District d'Agen et le procès-verbal de cette séance est signé par les membres de la municipalité nommés peu de jours auparavant (1).

Les Ecoles et l'Enseignement pendant la Révolution — Déclarations d'ouvertures d'Ecoles.
(Avril 1794).

Les écoles à Layrac étaient florissantes lorsque éclata la Révolution. La Municipalité dirigée par les Consuls entretenait des régents qui donnaient leur enseignement aux garçons et aux filles. Il y avait même un régent latiniste qui préparait les enfants à un enseignement secondaire qu'ils allaient compléter, soit à Condom et plus souvent au collège d'Agen.

Le désordre descendit de l'ordre politique jusque dans les couches inférieures de la population. A l'instar des bourgeois

---

(1) *Registres municipaux*. Le vénérable M. Deguilhem de St-Marc ne tarda pas à succomber à tant d'épreuves. Il décéda quelques mois après son élargissement, au mois de septembre 1794, à l'âge de 74 ans. Son fils Cyprien de St-Marc en 1797 épousa d^{lle} Cécile Victorine Léonard de Puymirol.

qui s'étaient débarrassés de toute subordination vis-à-vis leurs supérieurs ecclésiastiques et hiérarchiques, les enfants apprirent promptement que l'insurrection est le plus saint des devoirs. D'ailleurs en haut lieu on prétendit supprimer tout ce qui était de l'ancien régime. Le 11 septembre 1791, un orateur déclara à la tribune de l'Assemblée Constituante que tout démontrait l'instante nécessité d'organiser l'instruction. Tout démontre ajoutait-il, que le nouvel état de choses, élevé sur les ruines de tant d'abus, nécessitait une création en ce genre. Condorcet présenta un plan de réforme à l'Assemblée législative, le 21 avril 1792. D'après lui il faut se garder de faire enseigner une religion particulière et de salarier un culte. Toute religion particulière est mauvaise : la proscription doit s'étendre sur ce qu'on appelle la religion naturelle.

« L'instruction publique, raconte le fameux Paganel, témoin et complice de ces ordres, éprouva sous la Convention, les mêmes crises qu'éprouvèrent la Convention elle-même, les lois et la liberté. Pendant quelques mois, le Comité de l'Instruction publique ne fit autre chose que démolir l'édifice de l'enseignement public. Les triumvirs proscrivirent alors la science comme un luxe des monarchies, les arts comme la décoration de la servitude, les talents, comme superflus ou nuisibles, fondant le bonheur sur l'ignorance, et la liberté sur des mœurs grossières et cyniques (1) ». « Le décret du 29 frimaire en stipulant les conditions à remplir pour ouvrir une école, dit que les enfants apprendront à lire dans la Déclaration des Droits de l'Homme et dans la Constitution de l'an III. On fabriqua des manuels ou catéchismes républicains à leur usage... » « On leur fera connaître les traits de vertu qui honorent le plus les hommes libres et particulièrement les traits de la Révolution française les plus propres à élever l'âme et à les rendre dignes de l'égalité et de la liberté. On louera devant eux ou l'on justifiera le 14 juillet, le 10 août, le 2 septembre, le 21 janvier, le 31 mars (2) ».

Il est temps d'appliquer ce décret, dit un orateur, car l'igno-

---

(1) *Essai historique et critique sur la Révolution* par Paganel. II. p. 54.
(2) Taine. *Les Origines de la France contemporaine*, VII, p. 128,

rance fait de tels progrès qu'on n'apprend plus à lire et à écrire.

Et néanmoins c'est dans cette période que se reconstituèrent les écoles dans la Commune de Layrac.

Le 11 germinal an II (31 mars 1794), pendant que le Conseil municipal tenait sa séance, le citoyen Jean-Baptiste Ducomet de Layrac voulant user de la liberté d'enseigner et se vouer à l'instruction publique en profitant des décrets de la Convention Nationale du 29 frimaire dernier, déclara qu'il était dans l'intention d'ouvrir une école, et qu'il se proposait d'y enseigner la Constitution de 1793, les Droits de l'Homme, les mathématiques, les langues française et latine, la géographie et l'histoire des Républiques. Après avoir exposé son programme, il produisit un certificat de civisme à lui délivré par la Municipalité de La Flèche, le 1er juillet 1793, vu, certifié et approuvé par le Directoire du District de La Flèche, le 3 du dit mois, par le Directoire du Département de la Sarthe et par le Comité de Surveillance de la ville de La Flèche le 3e jour de la 1re décade du 2e mois.

Une fois ces formalités remplies, telles que les prescrivait la loi, le citoyen Ducomet signa sa déclaration écrite, sur le Registre ouvert à la mairie (1).

Le nouveau professeur offrait toutes les garanties pour bien remplir l'emploi annoncé. Les fonctions de professeur à La Flèche dans une école renommée, qui formait d'excellents élèves, était une garantie de ses talents. Il était jeune encore, plein de zèle et de généreuse ardeur. Ses débuts furent difficiles à raison des ruines accumulées partout, mais bientôt l'occasion se présentera d'ouvrir son école et d'avoir un local où il pourra réunir de nombreux élèves. Nous dirons plus loin comment eut lieu cette inauguration.

L'école que se proposait d'ouvrir le citoyen Ducomet et le programme de l'enseignement qu'il voulait donner n'étaient pas accommodés aux besoins de la population.

Ce qu'il fallait avant tout, c'est une école primaire accessible aux plus humbles, et où seraient donnés les premiers éléments de l'instruction.

---

(1) *Registres municipaux.*

L'exemple étant donné, et la voie ouverte, le lendemain 12 germinal, Alexis Durand se présenta devant le Conseil Général, se proposant de continuer l'enseignement public et de se vouer particulièrement à répandre cette partie essentielle de l'instruction qui fait le bon citoyen. Il tenait à profiter du décret de la Convention du 29 frimaire précédent. Son programme était d'enseigner la Constitution de 1793, les Droits de l'Homme, à lire, à écrire et l'arithmétique. Il déposa sur le Bureau du Conseil un certificat de civisme que le Conseil Général de cette Commune lui avait précédemment délivré, et qui avait été visé le 12 germinal par le Comité de Surveillance. Il se déclara prêt à se soumettre à toutes les prescriptions légales et il apposa sa signature au bas de cette déclaration (1).

Le mouvement pour relever l'instruction ne s'arrêta point là. Il y avait, retirée chez ses parents une ex-religieuse appartenant à une honorable famille de Layrac, dont un de ses membres avait été religieux Bénédictin et un autre entré dans les rangs du clergé séculier était devenu curé de Mézin, sœur Marie Canal. Son frère était officier de santé et habitait Layrac depuis la suppression des Couvents, c'est-à-dire depuis le 2 octobre 1792. Désirant être utile à ses compatriotes, Marie Canal voulant elle aussi profiter des dispositions de la loi concernant l'Instruction publique, tout en conservant la pension qu'elle recevait, comme ancienne religieuse, vint le 15 germinal à l'Hôtel de Ville et déclara son intention d'ouvrir une école. Elle se proposait d'enseigner les Droits de l'Homme, la Constitution de 1793, à lire, à écrire et à travailler aux petits ouvrages de femme. Elle déposa sur le Bureau du Conseil son certificat de civisme délivré par la présente Municipalité, le 10 germinal et visé le même jour par le Comité de Surveillance et par l'administration du District d'Agen, le 13 germinal.

Et en preuve de sa soumission à toutes les prescriptions de la loi, elle signa au Registre la susdite déclaration (2).

Une autre demande d'ouverture d'école pour les filles fut

---

(1) *Registres municipaux.*
(2) La déclaration fut faite le 22 germinal an II. Elle promettait d'enseigner les Droits de l'Homme, la Constitution de 93, à lire, à écrire et à faire des bas.

faite par la citoyenne Catherine Fabe, comme nous l'avons dit (1).

Le 8 floréal ce fut Jean Busquet, qui suivant l'exemple déjà donné, vint à l'Hôtel-de-Ville exprimer son intention de continuer son école en qualité d'instituteur, d'enseigner les Droits de l'Homme, la Constitution de 1793, à lire et à écrire, le tout conformément à la loi du 29 frimaire. Il produisit ensuite le certificat de civisme que la Commune lui avait délivré le 27 germinal, et visé le 30 du même mois par le Comité de Surveillance, ainsi que par l'administration du District d'Agen le 3 floréal courant (2).

Nouvelles Réquisitions. — Continuation des dénonciations. — Mesures de rigueurs contre les personnes suspectes. — Tracasseries pour les certificats de civisme. — Dénonciations.

Aux premiers jours de floréal an II, en pleine réunion du Conseil, l'agent national B. Capponnel, portait une dénonciation contre le citoyen Caprais Depau, Maire. Il l'accusa d'avoir violé les règlements en distribuant le 9 germinal des miches de pain à des huissiers et records d'Estaffort et d'Agen, au détriment des nécessiteux de Layrac. Les subsistances étaient devenues très rares et il fallait attendre plusieurs mois pour recueillir les grains de la récolte prochaine. L'agent national fit prendre la résolution suivante :

Le Conseil, considérant que la rigide et stricte observation des lois doit être le seul guide des vrais Républicains, requiert que pour obvier aux inconvénients déjà arrivés, il soit nommé une Commission chargée de distribuer les cartes de pain, et que désormais il ne soit délivré du pain aux étrangers, qu'autant qu'ils habiteront à 4 lieues de cette Commune. Cette motion fut signée par le citoyen Capponnel qui la déposa sur le Bureau et en demanda la discussion. Sur ce, le Conseil, vu le réquisitoire de l'agent national délibère qu'il y aura tous les jours en

---

(1) *Registres municipaux*.
(2) Ibid.

Maison Commune un officier municipal chargé de la distribution des cartes et de recevoir les plaintes du public (1).

Comme le Conseil Général était en séance permanente, presque chaque jour on venait lui porter quelque doléance ou dénonciation. Le 26 germinal, le Comité de Surveillance qui justifiait bien son nom, délègue un de ses membres pour dénoncer une vente de grains, déposés chez le citoyen Tardin, résidant aux Goutès, sur les limites des Communes. Trois jours après, c'est la Société populaire, qui envoie une députation, demandant pour ce jour là une distribution de pain, car les habitants trouvent grande difficulté à faire moudre les grains qu'ils ont de vers eux. Après examen de la dite requête, le Conseil Général décida que la distribution du pain commencerait ce jour même, et qu'elle se continuerait les jours suivants (2).

La difficulté de procurer les subsistances nécessaires aux habitants de Layrac, ne les mit pas à l'abri de nouvelles réquisitions.

Le 2 floréal an II (avril 1794), arrivèrent à Layrac deux Commissaires du District de Valence, porteurs d'un arrêté du Conseil du District d'Agen, imposant à ce dernier l'obligation de fournir mille quintaux de grains au District de Valence, et la contribution imposée à Layrac était de 80 quintaux. Devant des désordres si formels, on ne put se soustraire à cette nouvelle charge et le Conseil Général s'inclina et décida que dès le lendemain serait faite la contribution de grains, imposée à la Commune (3).

On arrivait à la fin du mois d'avril et on était à la veille de pouvoir recueillir les fruits des champs cultivés avec soins. Après les dures privations de l'hiver, succédant à des années de grande pénurie, l'Agent National fit part au Conseil Général des craintes qu'il avait de voir des maraudeurs saccager les propriétés. Le Conseil prenant en considération ces justes observations, déclara que :

---

(1) *Registres municipaux.*
(2) Ibid.
(3) Ibid.

Considérant la gêne et les difficultés des citoyens; vu la disette des fruits, après avoir ouï l'Agent National, il était défendu à tout citoyen de se pourvoir et de s'approprier quoique ce soit sur les propriétés d'autrui ; et que les contrevenants seraient poursuivis et punis (1).

Les Commissaires envoyés par la Convention Nationale avaient l'œil ouvert sur les agissements prétendus des nobles et des émigrés. Ainsi le 7 floréal an II (avril 1794), sur le Bureau du Conseil Général fut déposé un arrêté du citoyen Monestier, Représentant du Peuple dans les Départements de Lot-et-Garonne et des Landes relatif à l'arrestation des ci-devant nobles. Il était prescrit aux Municipalités de veiller à ce qu'il ne fût fait chez les détenus aucun déplacement, ni soustraction, ni vente de meubles et autres effets. C'était faire entendre qu'il y avait des trames ourdies contre la sureté de l'Etat. Le Conseil de la Commune voulant s'appliquer à découvrir les preuves de la conspiration dénoncée, et à rechercher les complices et les citoyens suspects d'y prêter la main, déclara que malgré que les citoyens détenus de cette Commune qui avant l'époque de leur détention entretenaient des correspondances suivies, aient cessé ces correspondances, quoi qu'ils fussent dans l'usage d'en recevoir presque tous les courriers ;

Considérant que le salut de la République dépend des découvertes qu'une surveillance exacte peut fournir aux fonctionnaires publics, chargés de faire exécuter les lois Révolutionnaires ; ouï et ce requérant l'Agent National, délibère :

1° Qu'il sera fait des visites domiciliaires chez tous les détenus par des Commissaires nommés à cet effet, lesquels prendront en gros l'état des meubles et effets des détenus ;

2° Qu'il sera nommé une Commission de trois membres, qui se rendront tous les jours chez le citoyen Alexis Durand, facteur, ouvriront dans un endroit clos les boîtes et décachèteront indistinctement toutes les lettres, en observant le secret sur tout ce qui ne sera pas contraire aux lois, au bon ordre et à la prospérité de la République ;

3° Que pour mettre promptement à exécution et ne pas retarder les mesures indiquées par les lois, tous les membres du

---

(1) *Registres municipaux.*

Conseil Général de la Commune sont invités à donner de nouvelles preuves de leur zèle et de leur attachement pour la chose publique, en se rendant aux assemblées, qui seront annoncées par le son de la cloche, et la sonnerie interrompue d'un moment, indiquera l'urgente nécessité de se rendre à l'assemblée. Les absents seront dénoncés à l'administration, à moins d'être empêchés par des affaires particulières. Sont nommés Commissaires pour les visites domiciliaires : les citoyens Berni, Barrastin et Busquet, officiers municipaux; Dargein et Larrat, notables ; et pour l'ouverture des lettres : Busquet et Berni, ainsi que Capponnel fils, agent national.

Puis a été mise sur le Bureau la vie privée et politique d'Etienne Chollet Lascaban, de Gabrielle Elizabeth Jacquette Durivan Lascaban, de François Lascaban, d'André Etienne Dulion, d'Anne Descarnaut et de Jeanne Dulion, approuvée pour être envoyée au Comité de Surveillance. Dont acte (1).

Sous ce régime de terreur qui autorisait toutes les mesures de violence, dont le Conseil Général de Layrac se faisait l'exécuteur plus ou moins volontaire, les réquisitions se poursuivaient. Quelques jours auparavant il avait été signifié au Conseil d'avoir à fournir 80 quintaux de grains au District de Valence. Celui-ci avait bien promis de s'exécuter, mais il n'avait pas tenu sa promesse, aussi le 8 floréal le District d'Agen renouvelle ses ordres, et demande instamment l'envoi de 75 quintaux 15 livres de grains. Le Conseil promet de nouveau d'obéir et de faire ce versement ?

Le même jour il fut donné lecture d'une lettre du citoyen Cassaigneau, agent national près le District, et portant que la Commission des subsistances voulait connaître la quantité des eaux-de-vie, liqueurs, vins du pays ou étrangers, appartenant aux ci-devant nobles émigrés, des condamnés ou des détenus. Pour fournir ces renseignements le Conseil désignera des Commissaires chargés d'aller visiter les caves des citoyens, qui dans une pensée de luxe s'étaient procuré ces vins. Le Comité de surveillance en fera un usage très avantageux qui tournera au

---

(1) *Registres municipaux*. D^{lle} Gabrielle Chollet de Lascaban avait épousé en 1787 messire Joseph Dariveau de Métivier. D^{lle} Descamant était mariée à sieur André Etienne Dulion, habitant Monseigne.

profit de tous. Le Conseil, après en avoir délibéré, fait la nomination des dits Commissaires chargés de faire ces visites : Vilarnau et Alexis Durand élus auront soin, en dressant l'état des vins étrangers et du pays, d'indiquer leur provenance, leur âge et le nom des propriétaires. Il en sera de même pour les liqueurs, en spécifiant si elles sont en barriques ou en bouteilles, et le nombre des barriques et des bouteilles. Pour leurs opérations ils lèveront les scellés apposés sur les caves, et les remettront après leur visite.

Faisant suite aux ordres transmis précédemment, fut déposée sur le Bureau du Conseil la vie privée et publique des citoyens Alexis Bressolles, Suzanne Laporte Bressolles, de Jean Baptiste Demartres, de Marie Lagarde et de Marthe Demartres sa fille. La délation était tellement passée en habitude qu'on la regardait comme un devoir civique.

La tyrannie locale avec ses suspicions, délations et mesures policières de toutes sortes était exercée par le Comité de surveillance. Ce Comité de surveillance se recrutait parmi les mécontents, les plus jeunes, les ambitieux et les pervers de la rue. Ce Comité a un pouvoir discrétionnaire. « Grâce à la faculté d'accorder ou de refuser les cartes de civisme ; chaque Comité dit Taine (1) barre à son gré de sa seule autorité et à tous les habitants de sa circonscription, non seulement la vie publique, mais encore la vie privée. A qui n'obtient pas sa carte de civisme, impossible d'avoir un passeport pour voyager, s'il est commerçant, impossible de garder sa place, s'il est employé public, avoué, notaire, impossible de sortir de la ville ou de rentrer tard. »

Voilà pourquoi au Conseil Général de Layrac sont très souvent présentées des demandes de certificats de civisme afin que les citoyens puissent être libres d'aller et de venir, ou d'exercer leur métier, leur art et leur profession.

A la séance du 8 floréal, dont nous venons de relater les opétions, après avoir entendu les rapports et dénonciations faits sur des citoyens honorables et des familles entières, plusieurs habitants voulant se mettre à l'abri des poursuites réclamèrent leur certificat de civisme. C'est d'abord Antoine Canal, qui pré-

---

(1) Taine, VI, p. 217 etc.

sente sa demande, étant chirurgien de son métier, il a besoin d'être libre de ses mouvements afin de pouvoir répondre aux appels de sa clientèle. Le Conseil, après en avoir délibéré, décide qu'il lui sera accordé son certificat de civisme. Puis c'est le maçon Antoine Ponchet, qui voit sa demande favorablement accueillie. Les instituteurs et institutrices avaient dû passer par cette formalité, avant de faire la demande de rouvrir leurs écoles (1).

Ce même jour avant de clore la séance, le Conseil eut à se prononcer sur une répartition de savon faite aux Communes du District. La ville de Layrac avait été gratifiée de la concession d'un quintal 45 livres 14 onces de savon. Encore fallait-il aller le chercher à Agen. Jean Marrassé fut chargé de retirer le savon promis aux habitants de Layrac.

Deux jours après, de nouvelles demandes de certificat de civisme furent soumises au Conseil Général, elles furent présentées par Laurent Champmas, de plus en plus influent dans la Commune, par Joachin Bergognié et Jean Darqué. Le Conseil délibéra que le certificat de civisme leur serait accordé. La même faveur fut concédée à Claude Athanase Gassou, à Jean Busquet, à Pierre Denis et à Jean Mathieu (2).

Les Subsistances

D'après les ordres de l'administration départementale les grands magasins des Castex père et fils situés au port de Layrac, avaient été loués et affectés pour recevoir les grains qui devaient être expédiés de Lectoure à Layrac. Cela fait, le District d'Agen s'appliqua a en faire la répartition, obligeant les Communes les mieux approvisionnées à faire le versement de leur superflu dans celles qui étaient moins favorisées. Par suite, la Commune de Layrac dût fournir à la Commune d'Aubiac 45 quintaux de grains. Après avoir reçu communication de cette nouvelle réquisition, le Conseil municipal de Layrac, en sa séance du 14 floréal, prit la résolution suivante :

Le Conseil, vu la proposition et demande faites, considérant

---

(1) *Registres municipaux.*
(2) Ibid.

que le premier devoir du magistrat est l'obéissance aux lois et aux arrêtés des autorités constituées ;

Considérant que tous les citoyens ont un droit égal aux subsistances ; que malgré que les subsistances aient été délivrées aux citoyens pour tout le mois, et que plusieurs ont déjà fait cuire le pain, il serait injuste de requérir les grains chez ceux qui les ont conservés. Pour subvenir à la subsistance des pauvres et des indigents il fut distribué aux boulangers une certaine quantité de grains, sur laquelle il en a été distrait pour approvisionner Valence. Dès lors, espérant que dans la Distribution des grains à fournir, Layrac ne sera pas oublié, le Conseil décide que les 45 quintaux de grains pour Aubiac seront pris chez les boulangers, et une pétition sera adressée à l'administration du District pour qu'il la prenne en considération (1).

Comme on se plaignait de la pénurie des grains, un membre du Tribunal de la police municipale rapporta ce même jour que le citoyen André Roujol, au mépris de la loi du maximum avait vendu à Marie Rivière, épouse d'Etienne Lamartinie, un demi-picotin de haricots en échange de huit fagots de bois de chêne, à raison de trois sous le fagot, ce qui portait le sac de haricots à 76 livres. Le dit Roujol étant allé chercher les fagots, la susdite Rivière lui proposa l'achat d'un picotin de fèves, dont Roujol demanda le même prix que pour les haricots. Rivière refusa l'achat. La femme Rivière, citée à la barre, avoua les faits. Le Tribunal condamna Roujol à une amende de 15 sous, au profit du dénonciateur, et le Tribunal renouvela ses défenses au coupable (2).

Une nouvelle dénonce fut portée devant le Tribunal de police municipale trois jours après. Le citoyen Joseph Carbonneau, cordonnier, fut accusé de s'être fait payer pour une paire de souliers de femme, le prix de 6 livres 10 sous, au mépris de la loi du maximum, qui ne lui permettait pas de vendre ces souliers plus de 4 livres. Le coupable fut mandé, et ayant avoué le fait, le vendeur et l'acheteur, la femme Larigaudière, métayère, furent condamnés solidairement à une amende de six livres, au

---

(1) *Registres municipaux*.
(2) Ibid.

profit de la Commune. Et les défenses de récidives leur furent renouvelées (1).

Affaire de l'arbre de la Liberté. — La Municipalité et le Comité de Surveillance s'installent dans le Presbytère. — Nouvelles réquisitions. — Mesures contre les maraudeurs.

De par la loi, on avait détruit bien des monuments, incendié des châteaux, détruit des églises, abattu des croix, symbole de consolation et d'espérance, et les auteurs de ces attentats avaient tiré gloire de leurs forfaits, et le peuple avait applaudi. Et voilà qu'un arbre dit de la Liberté, planté dans la modeste commune de Montesquieu a été arraché par une main inconnue, et aussitôt Monestier, Représentant du peuple dans le département de Lot-et-Garonne et des Landes, avisé de cet attentat écrit une lettre pleine d'une sainte colère pour maudire l'attentat commis dans la commune de Montesquieu contre l'arbre de la Liberté. Et cet arbre de la Liberté n'avait pas encore été replanté, à la date du 18 floréal. Dans cette lettre qui est envoyée au Conseil Général de Layrac, le 19 floréal, le farouche Commissaire ordonne que l'arbre de la Liberté soit replanté avec la plus grande solennité et dans le plus bref délai. Il en avise cette Municipalité pour qu'elle jure de rechercher et de délivrer au glaive de la loi le scélérat, qui a arraché cet arbre, qu'à cette occasion toutes les Municipalités et tous les citoyens en se groupant tous le même jour, le 1er de la décade feront serment, de défendre l'arbre de la Liberté.

Le Conseil Général de Layrac s'associa au deuil général, mais il ne pût exécuter ces ordres au jour indiqué par la lettre officielle. Il mit en délibération les dispositions à prendre pour rendre cette cérémonie aussi brillante que possible, tant pour la prestation du serment prescrit, que pour célébrer l'heureuse nouvelle des succès remportés par les années de la République sur tous les points de la frontière.

---

(1) *Registres municipaux.*

Voici ce qui fut décidé :

Le Conseil Général, vu la susdite lettre et la proposition du représentant du peuple ; Considérant qu'on ne saurait trop donner de publicité au susdit arrêté pour mettre fin aux manœuvres perfides des ennemis du bien public, qui pourraient encore outrager cet arbre cher aux citoyens, auxquels il est bon de faire connaître les avantages remportés par nos armées sur les satellites des tyrans, délibère que demain au sortir du Temple de la Raison, le Conseil Général se transportera au Champ de Mars, et là au pied de l'arbre de la Liberté, il prêtera le serment de plutôt mourir avant de souffrir qu'il lui soit porté aucune atteinte. Et tous les citoyens prêteront le même serment. Et pour donner à l'heureuse nouvelle tout l'éclat dont elle est susceptible, tous les membres du Conseil Général porteront sur le bras une branche de saule, laquelle sera liée en suite autour de l'arbre de la Liberté, qui par ce moyen sera entouré de verdure. La Société populaire sera invitée à assister à cette cérémonie, et chacun de ses membres sera aussi invité à se munir d'une branche pareille à celle dont seront couverts les membres du Conseil Général.

Après la rédaction de ce cérémonial, les citoyens Arnaud Mallac, François Labrie et Jean Breil, déposèrent leur demande de certificat de civisme. Ce qui leur fut accordé.

Les questions agitées dans les séances du Conseil Général depuis que ces séances étaient devenues publiques, attiraient un grand nombre d'auditeurs, curieux de suivre les péripéties des délibérations prises sur les diverses affaires communales et générales. De là une obstruction, vu que le local de l'Hôtel de Ville était peu spacieux. Ce fut l'objet de quelques réclamations soumises aux délibérations dans la séance du 21 germinal ; et voici quelle fut la solution :

Le Conseil Général, Considérant que les nombreuses affaires de la Municipalité attirent des auditeurs dans un local insuffisant pour contenir ceux qui assistent aux séances ;

Considérant en outre le mauvais état de la Maison Commune, où l'on monte par un mauvais escalier tournant, en pierre, humide en temps d'hiver, et dangereux à descendre ;

Attendu qu'il est impossible de s'y tenir un certain temps, à raison de la fumée qui repoussée contre le clocher refoule dans le lieu des séances ; de plus sa situation donnant dans le cimetière, d'où partent certaines exhalaisons nuisibles, le Conseil continuellement en permanence se trouvait fort mal de ce logement ; et d'un autre côté la maison presbytérale étant maintenant inhabitée offre un local immense où l'on serait plus commodément et plus aisément ;

Considérant que le Comité de surveillance ayant établi le lieu de ses séances dans la Maison Nationale des ci-devant Bénédictins est obligée d'en sortir, et va se trouver sans logement, comme viennent de le faire observer deux de ses membres députés du dit Comité, qui sont venus demander un local pour lieu de ses séances ;

Considérant enfin que la Municipalité n'ayant qu'une seule chambre pour recevoir les plaintes et les réclamations, il arrive que les délibérations du Corps municipal sont souvent surchargées et qu'il est obligé de renvoyer au lendemain ce qu'il pourrait faire de suite avec un local plus spacieux ;

Vu la nécessité de procurer au Comité de surveillance un local commode pour ses séances, et attendu que l'administration du District n'a pas répondu à la pétition faite à ce sujet par le Conseil Général, qui reconnait l'urgente nécessité de transporter ses registres en un lieu spacieux, sain et commode ;

Le Conseil Général, l'agent national étant absent pour raison de maladie, délibère qu'incontinent la Municipalité s'établira provisoirement dans le ci-devant presbytère, où seront portées les archives municipales, et qu'il sera donné dans le même local un logement au Comité de surveillance. De quoi sera donné avis à l'administration du District qui sera priée d'autoriser ce déplacement.

Après la solution de cette difficulté, revint la perpétuelle question des subsistances qui préoccupait toutes les administrations. Un courrier extraordinaire vint apporter à Layrac un arrêté de l'administration départementale, daté du 19 floréal, et relatif aux subsistances. Ordre était transmis aux Municipalités de faire et de terminer dans les 24 heures le recensement des subsistances qui se trouvaient chez les particuliers désignés dans l'arrêté du citoyen Monestier, Représentant du peuple, sous la dénomination d'hommes riches de dix mille livres et au-dessus. Le Conseil Général de Layrac, sitôt cet arrêté connu, tint une séance à 7 heures du soir pour répondre aux ordres qui lui étaient transmis. Et après délibération sont désignés pour le susdit recensement qui comprendra tous les grains quelconques, la farine, le pain, le biscuit et autres produits de la manipulation des grains et farines, les fruits secs, prunes, noix, châtaignes, etc., etc., savoir les citoyens Berni et Bonaventure Durand pour la ville ; Jean Marrassé et J. Baptiste Marcadet, Joseph Vilarnau et Joseph Bergognié pour la campagne. Ce recensement doit être fait sans délai, comme le porte l'arrêté susdit (1).

On était arrivé au moment où la terre commençait à donner les primeurs des semences ; et comme l'hiver avait été très rude, et les privations excessives, on pouvait prévoir des rapines. C'est pourquoi dans la séance du 22 floréal, la Société populaire, et quelques zélés citoyens firent observer au Conseil Général qu'il y avait obvier aux abus qui se commettraient dans les champs semés de fèves, etc., soit dans les propriétés particulières, soit dans les biens nationaux. Dans ce but le Conseil Général, considérant que les propriétés tant nationales que particulières sont sous la surveillance des autorités constituées ; vu aussi que la rareté des subsistances amenée par les circonstances où se trouve la République, pourrait entraîner des abus, sous prétexte de besoin ; vu que la fève n'est pas loin de sa maturité, et que les malfaiteurs pourraient détruire en un instant l'espoir des champs ensemencés, arrête :

1° Que tous les objets de subsistances fèves et autres légumes sont spécialement recommandés à la surveillance ;

2° Tous les bons citoyens sont invités à dénoncer les vols et dégradations ;

3° Le Comité est autorisé, après la dénonce, à prendre toutes les mesures ;

4° Les délinquants et complices seront dénoncés au Juge de paix ;

5° Nul ne pourra entrer dans les champs de fèves que les propriétaires ;

6° Le Comité invitera les bons citoyens à aller ramasser eux-mêmes quantité de fèves pour les distribuer aux indigents ;

---

(1) *Registres municipaux.*

7° Il désignera les jours de la cueillette et le champ où elle se fera.

Le Comité nommé à ce sujet fut composé de 12 membres, savoir : Joachin Bergognié, J. Dupont, J. Bordes, J. Tissèdre, Prévot, J. Bouet, charron, J^h Boussac, M. Laffont, Cyrille Gassou, G. Lanes, Baptiste Marcadet et Antoine Lormand (1).

Affaire de la Commune de Gudech. — Distribution de grains et de viande

Le Conseil Général de Layrac mis en demeure de fournir dans le délai de huit jours, à l'administration départementale, les renseignements précis pour arrêter la délimitation du territoire de la commune de Gudech et St-Denys, s'occupa de cette question dans sa réunion du 22 floréal an II (mai 94). Ces renseignements étaient indispensables pour établir la part respective des contributions. Les citoyens J. Bergonié et V. Delpech furent délégués comme les plus capables de répondre à toutes les questions.

Puis vint la question des subsistances. Pour approvisionner les habitants, il fallait acheter des bestiaux. Le citoyen jugé le plus apte à résoudre cette difficulté, ce fut le boucher Saint-Martin. Il fut néanmoins établi qu'il y aurait deux bouchers pour tuer et pour distribuer les viandes aux habitants et qu'il leur serait accordé une indemnité, savoir : 30 sous par veau ; 12 sous pour un mouton et 6 sous pour un agneau. L'Administration sera priée de prêter la somme de 2.000 livres pour l'achat de ces bestiaux. Jean Ollier ira à Agen solliciter cette somme, et quand aura lieu la distribution des viandes, elle se fera sous la présidence d'un officier municipal et sous la surveillance d'un membre du Comité qui rendront compte de ce qui se sera passé (2).

Quelques jours après, le 28 floréal, le Conseil Général, considérant que la plus grande partie des citoyens est dépourvue de subsistances et qu'il y a lieu de profiter de la maturité des fèves, voulant éviter les vols et les fraudes et venir au secours

---

(1) *Registres municipaux*.
(2) Ibid.

de tous les citoyens, fit annoncer pour le 1er prairial, à huit heures du matin, une distribution de fèves qui aurait lieu sur la place d'armes. Les riches feront porter des fèves et elles seront distribuées de préférence aux indigents.

D'après un arrêté d'administration du District, il fut aussi annoncé qu'il serait en outre distribué 11 quintaux 95 livres de grains attribués aux habitants de la commune par le susdit District. Encore fallut-il désigner et déléguer Caprais Depau, maire, pour aller chercher ces grains à Agen et en payer le prix au taux fixé par le maximum. Le citoyen délégué est prié de solliciter d'autres grains, car ceux accordés seront à peine suffisants pour deux jours.

Et la séance fut terminée par l'ordre donné aux propriétaires d'apporter, pendant quatre jours, sur le marché, des fèves tendres en cosse pour être vendues à 4 sous le picotin. Ce fut aux propriétaires des quartiers de Lagravade et de Brumas à fournir le marché du matin, de quatre sacs de fèves pendant quatre jours de suite. Deux jours après, on trouva que le prix du picotin de fèves, taxé à 4 sous, était trop cher. Il fut fixé à 3 sous.

La distribution officielle de ces premiers fruits de la terre dénotait la grande misère, dans laquelle la population était plongée. Aussi des demandes réitérées étaient-elles adressées à l'Administration départementale.

Le 3 prairial, le Conseil Général fit donner lecture d'un arrêté du District, portant qu'il était accordé à la Commune 5 quintaux et 40 livres de grains. Le citoyen Jean Nézat fut désigné pour aller à Agen prendre livraison de ces grains et en payer le prix, mais il devra renouveler la demande d'autres secours. On fit l'observation très juste que si la Commune de Layrac manquait de tout, c'est qu'elle s'était soumise à toutes les réquisitions prescrites pour subvenir aux nécessités de ses frères de ce département et des départements voisins.

Précédemment on avait demandé de l'argent pour faire l'achat de bestiaux pour la boucherie. Cette requête fut bien accueillie. La municipalité annonça le 5 prairial qu'une distribution gratuite de viande serait faite aux indigents et qu'un registre serait ouvert pour tenir une bonne comptabilité des recettes et des dépenses. Bordes fut envoyé à Dunes pour acheter 6 veaux, 30 agneaux et 20 moutons. Dans la distribution de ces viandes on portera sur le registre, dans une colonne séparée, le nom des indigents qui recevront gratuitement des viandes et l'on signalera avec soin les recettes et les dépenses.

Bordes alla à la foire de Dunes et il rendit ensuite compte de son voyage : il n'avait pu acheter qu'un veau et vingt-un agneaux pour la somme de 363 livres. Procès-verbal fut dressé de cette opération (1).

Vente des croix. — Affaire Joseph Richard. — Comptes municipaux de 1793

Il restait encore çà et là quelques monuments attestant la foi et la piété des aïeux.

Sur certains points de la ville, des croix de pierre avaient été élevées à l'occasion de quelque évènement ou missions. Elles étaient un pieux souvenir, en même temps que leur aspect faisait naître dans l'esprit des passants des pensées de résignation aux souffrances de cette vie et d'espérance pour un avenir meilleur. Après toutes les spoliations déjà commises et alors que le culte du Dieu crucifié avait été banni du temple, l'existence de ces croix restait comme une protestation permanente contre ceux qui avaient été assez lâches pour renier leur foi et détruire ce qu'ils avaient adoré. Aussi dans la séance du 20 germinal, le Conseil Général s'occupa de la vente des matériaux provenant des ci-devant croix de pierre élevées sur le territoire de cette municipalité.

Des affiches et des valets de ville annoncèrent aux habitants que les enchères allaient être ouvertes. Les enchérisseurs ne manquèrent pas au rendez-vous. La première croix située au quartier de la Fourche fut adjugée avec les matériaux qui en provenaient, au citoyen François Labrie, pour la somme de 53 livres. L'enchère avait duré dix minutes et les citoyens Bruny-Sarramia Baptiste Denis, Joseph Boussac, Joachin Bergonié se désistèrent. La deuxième enchère dura cinq minutes ; les enchérisseurs Jean Laffore, Baptiste Denis, François Labrie cédèrent les matériaux de la cy-devant croix élevée à Lagra-

---

(1) *Registres municipaux.*

vade, à Bruny-Sarramia qui en offrit 12 livres. A la troisième enchère, terminée dans cinq minutes, Alexis Durand, Jean Lafore s'effacèrent devant Baptiste Denis qui offrit 12 livres 10 sous pour les matériaux de la croix du Cantayre.

Alexis Durand, pour la somme de 17 livres, obtint les matériaux de la ci-devant croix placée devant le cimetière, avec trois pierres existant encore de la ci-devant croix de Laroche. Les enchérisseurs s'engagèrent à faire combler les fondements d'où l'on aurait extrait les matériaux, et dans la même séance on procéda au bail à ferme du local servant de boucherie, qui appartenait à la ville, quand la dernière des trois bougies allumées s'éteignit, le ferme pour trois ans échut à Jean Gayraud, boucher, sous le cautionnement de Jean Bordes. Le prix annuel fut arrêté à 151 livres (1).

Procès avec Joseph Richard pour l'achat de blé

Dans les dernières séances du mois de germinal, le Conseil s'occupa de la liquidation de l'achat de 3 ou 400 sacs de blé que Joseph Richard fut chargé de procurer pour subvenir à la subsistance des habitants, au mois de mai 1793. Il y eut, après coup, des négociations très longues et un procès qui durèrent plusieurs mois. Richard refusait les propositions qu'on lui faisait, réclamant une somme trop forte au dire de ses anciens associés. Finalement, on lui offrit de la part de la commune 4,514 livres 14 sous. Richard maintint ses prétentions et il fit saisir des effets chez Jean Nézat, Jean Busquet, Jean Marrassé, Joseph Desburs et chez la citoyenne Julie Gassou, solidairement responsables de feu Augustin Biran-Molinis son mari. Le Conseil du District ainsi que le Comité de salut public intervinrent pour hâter la conclusion de cette malheureuse affaire, sans pouvoir encore aboutir (2).

Etablissement des dépenses communales de 1793

Ce jour, 1er floréal an II (20 avril 1794), nous, officiers municipaux, réunis au lieu ordinaire des séances, après lecture du

---

(1) *Registres municipaux.*
(2) Ibid.

rôle portant les dépenses pour 1793, avons établi les dépenses locales de la Municipalité de Layrac, de la manière suivante :

Gages du Secrétaire-Greffier	500 liv.
Honoraires du citoyen Larrivière, officier de santé.	400 —
Gages du monteur de l'horloge	70 —
Gages de deux sergents de la commune.	200 —
Frais de la plantation des ormes.	480 —
Dépenses imprévues.	300 —
Papier, encre, cire et autres frais de bureau	100 —
TOTAL.	2050 liv.

Signés : DEPAU, maire, CAPPONNEL fils (1)
GARRIC, BERNI, BARRASTIN.

Dans l'assemblée du 20 floréal suivant (9 mai) qui avait pour but de procéder à l'adjudication de la perception des contributions pour 1793, se présenta François Castex offrant de faire la perception de la contribution foncière à 1 denier 1/2 pour livre et la contribution mobilière gratis.

Le citoyen François Prézelin s'engagea à percevoir la contribution mobilière gratis et la contribution foncière pour 1 denier 1/4. L'offre de Castex fut acceptée.

Liquidation des Billets de confiance

Le 18 prairial suivant, le Conseil Général dut s'occuper des Billets de confiance émis dans la commune. Par un décret du 11 ventose précédent, la Convention Nationale avait ordonné que sitôt après sa promulgation, l'agent national du District devait se faire remettre par les préposés des Corps, Compagnies et Associations qui auraient émis des Billets au porteur, la note de ceux qui restaient encore en circulation, et dans la décade suivante ils devaient verser dans les Caisses du Receveur du District le montant des dits Billets.

---

(1) Blaise Capponnel était fils de noble Pierre-Louis Capponnel, Capitaine au Régiment de Guienne, Chevalier de St-Louis, et de demoiselle de Martres. Il épousa, en 1790, Clotilde Sarramia. De ce mariage sont nés une fille, mariée à Alphonse Séjoumet et, en 1794, un fils, Jean-Baptiste-Félix Capponnel qui épousa Mlle Doriant de Mézin, et de ce dernier mariage sont issus trois filles et deux fils dont le dernier, Camille Capponnel, est décédé en décembre 1909 sans laisser de postérité.

Le Conseil de Layrac, considérant qu'il a été émis par cette municipalité des Billets de confiance pour 5.615 livres, dont l'impression avait coûté 60 livres ; considérant en outre qu'il en a été brûlé en deux fois pour 551 livres et qu'il en existe entre les mains de Bergognié pour 837 livres, rentrés depuis le dernier brûlement, délibère, après avoir ouï l'agent national, qu'il sera dressé une note des Billets de confiance mis en circulation et de ceux rentrés depuis et qui ont été brûlés, y compris les frais d'impression. Le surplus du montant de ces billets sera versé en assignats dans la caisse du Receveur du District. Le citoyen Barrastin, officier municipal est désigné en qualité de Commissaire pour remettre le duplicata du récépissé avec la note des Billets détenus encore par Bergognié et dont le montant est de 837 livres. Les Billets seront brûlés le 20 du présent mois sur la place primaire en même temps que les tableaux servant à retracer le fanatisme.

Le surlendemain J.-J. Bordes, dépositaire des assignats, en représentation des Billets de confiance émis par la municipalité, rendit compte de sa gestion. Il exposa qu'il avait été émis 5.665 livres sous forme de Billets, et qu'il en était resté pour 5,448 livres, en y comprenant les frais d'impression payés à Noubel. Puis, il dit avoir avancé 360 livres sur sa caisse pour en opérer le change, et il résulte que les deux dernières sommes, payées ou remboursées par lui, s'élèvent à 1.808 livres, lesquelles déduites de 5.665 livres donnent un reliquat de 3.857 livres, qu'il a remis en assignats sur le Bureau du Conseil, et que Barrastin est chargé d'aller déposer demain dans la caisse du Receveur du District d'Agen, conformément au décret de la Convention Nationale, daté du 12 ventose dernier (1).

Redoublement de persécution contre les prêtres. — Mesures de rigueur pour l'observation des Fêtes décadaires. — Prairial an II (juin 1794).

Le 5 prairial an II (juin 94), Monestier, Représentant du peuple et Commissaire délégué par la Convention Nationale dans

---

(1) *Registres municipaux*. A la suite est le reçu donné par Barsalou, Receveur du District.

le département de Lot-et-Garonne (1), prit un arrêté très violent relatif à l'anéantissement du fanatisme, à la régénération de l'esprit public et à la célébration des fêtes décadaires. Il ordonna que dans toutes les communes on consacrât un temple à l'Être suprême, que le culte de la déesse Raison fût abandonné et que le 20 prairial (8 juin 94) fut célébré une fête en l'honneur du Père de la nature, que les fêtes décadaires fussent strictement observées et que tout individu chômant le jour du dimanche fût privé de sa ration de pain et condamné à une amende.

Le Conseil Général de Layrac ayant reçu communication de cet arrêté, le Président exposa à ses collègues qu'ils avaient à délibérer sur les moyens à prendre pour se conformer aux dispositions de ces ordres. L'agent national s'étant prononcé sur cette affaire urgente, d'une voix unanime il fut délibéré que le citoyen Jean Sarramia, cy-devant prêtre, n'ayant pas été compris dans le nombre des perturbateurs et des fanatiques serait requis, conformément à l'article 2 du dit arrêté, de se rendre au chef-lieu du District, de se présenter à la municipalité et de vivre sous la surveillance des autorités constituées ; 2° que l'inscription mise sur le frontispice du *Temple de la Raison* serait, d'après l'article 5e, changée et remplacée par celle de *Temple à l'Être suprême* ; 3° que le 20 prairial il serait célébré une fête en l'honneur de l'Être suprême, et que Barrastin, officier municipal, et Dargein, notable, seraient nommés Commissaires pour arrêter le dispositif de la dite fête ; 4° que, conformément à l'article 12e, les mêmes Commissaires ci-dessus nommés demeureraient chargés d'enlever du Temple tous les monuments, meubles et effets servant à retracer le fanatisme ; ceux de ces effets inutiles et ne pouvant servir à rien seraient brûlés le susdit jour, 20 prairial, et les effets utiles seront envoyés à l'administration du District. Quant aux dépenses qu'exigera la célébration de cette fête, elles seront remboursées conformément aux dispositions de l'article 13e (2).

---

(1) C'était Pierre-Laurent Monestier, dit de *La Lozère*, pour le distinguer d'un autre député du même nom, Benoît-Jean-Baptiste Monestier, député du Puy-de-Dôme à la Convention, qui, l'un et l'autre, vinrent exercer leurs fonctions de Commissaires dans le Lot-et-Garonne.

(2) *Registres municipaux.*

Le Représentant du peuple, Monestier, qui, au jugement de Taine était un des Conventionnels de la pire espèce (1), voulut poursuivre l'exécution de son plan, et comme il brisait lui-même les hommes et les Comités qui lui résistaient, il ne tarda pas à envoyer de nouvelles instructions là où il trouvait de dociles instruments.

Quinze jours après, dans l'assemblée du Conseil Général, le 22 prairial, il fut donné lecture d'un autre arrêté du dit Monestier, Représentant du peuple. Il ordonnait que tous les cy-devant prêtres, soit ceux ayant abdiqué leur état ou non, fussent destitués de toute fonction publique et déclarés *suspects* s'ils ne renonçaient pas à l'instant à la publication de cet arrêté, à leurs fonctions ; et puis il sera pourvu à leur remplacement d'après le mode d'élection indiqué dans l'arrêté du 25 floréal, relatif aux fonctionnaires publics. En outre, les dits prêtres seront tenus, comme tous ceux désignés par le Représentant du peuple dans son arrêté du 5 prairial dernier, de se rendre et de rester dans les chefs-lieux de leur district, sous la surveillance des autorités constituées. Et si quelques-uns d'entre eux refusaient d'obéir, ils seraient conduits par la force publique dans les maisons de réclusion.

Le dit arrêté fut immédiatement affiché pour que chaque citoyen pût en prendre connaissance et s'y conformer.

Et le Conseil était encore en séance lorsque survient le citoyen Berni, officier municipal et en même temps officier public de cette commune. Il expose qu'il tient à se conformer en tout ce qui est prescrit par l'arrêté du Représentant du peuple et que dès ce moment il cessait toutes ces fonctions, que dès demain il se rendrait au chef-lieu du District. Et immédiatement il dépose sur le Bureau les registres des naissances, des mariages et des décès de l'année 1793 et de l'année courante avec le registre des publications, commencé le 12 novembre 1792 et fini le 5 mai 1793. Il ajoute que la suite du dit registre des publications des mariages est entre les mains du citoyen Champmas. On sait, en effet, que précédemment, lorsque les registres de l'état-civil cessèrent d'être rédigés par les curés, les

---

(1) Taine, *le Gouvernement Révolutionnaire*, V. III, p. 354.

officiers municipaux, vu leur ignorance, en confièrent la garde au clergé Constitutionnel.

Pour l'arrêté Monestier, il n'est nullement question de L. Champmas; marié depuis deux mois avec la veuve de Biran de Molinis, ancien Maire, il ne figurait plus à aucun titre dans les cadres du clergé Constitutionnel.

L'arrêté du citoyen Monestier, ordonnant de poursuivre l'abolition du fanatisme, et on sait ce qu'il désignait par ce mot, suscita le zèle de quelques ambitieux, ivres de jalousie et d'impiété. En effet à l'assemblée du Conseil tenue le 27 prairial suivant, le Comité de Surveillance, qui voulait justifier son nom, vint dénoncer des citoyens et des citoyennes qui fêtaient encore le ci-devant dimanche, et ils le fêtaient, au mépris de l'arrêté du Représentant du peuple, et malgré la publication qui en avait été faite le matin même à son de trompe, dans toutes les rues et sur les places publiques. Et pour appuyer ces dénonciations, l'agent national prit la parole et il raconta qu'il avait lui aussi rencontré dans les rues des gens désœuvrés et dont le costume annonçait qu'ils n'étaient pas disposés à se livrer au travail. Or, ajouta-t-il, cette oisiveté pourrait devenir dangereuse, nuisible à la tranquillité publique et faire revivre le fanatisme, s'il n'était coupé dans sa racine, il pourrait produire des ravages affreux, qu'il faut tâcher de prévenir.

Ce discours entraîna tous les hésitants, et l'on constate ici le fléau contagieux de cette folie en commun signalée dans les assemblées délibérantes. Il y avait certainement des membres qui désapprouvaient ces excès; mais l'entraînement leur enleva tout courage et toute volonté propre. En effet, voyons la suite du procès-verbal. Le Conseil Général prenant en considération ces dénonciations voulut faire exécuter ponctuellement l'arrêté du Représentant du peuple, et empêcher la désœuvrance et l'oïsiveté, que la Convention Nationale a proscrites avec juste raison. Après avoir ouï, et ce requérant l'agent national, le Conseil, d'une voix unanime délibéra que deux officiers municipaux se transporteraient sur le champ dans toutes les rues et sur les places publiques, ainsi que dans les auberges et cabarets, **et** prendraient une note exacte de toute personne désœuvrée, et de celles dont le costume annonçait l'oïsiveté. Ces officiers rendront compte au Conseil, qui avisera de prendre les moyens de remettre en exécution l'arrêté du Représentant du peuple.

Ce qui fut dit fut fait avec exactitude et rapidité.

Les Commissaires désignés furent les citoyens C. Depau et J. Busquet. Ils sortent de l'Hôtel-de-Ville et parcourent toutes les rues et places, visitent auberges et cabarets, et ils reviennent en toute hâte rendre compte de leur mission, on pouvait dire de leur chasse, tant ils mirent d'empressement dans l'accomplissement de leur tâche.

Ils viennent dire au Conseil qu'après avoir parcouru soigneusement les rues, les places publiques, les auberges et cabarets ils n'ont rencontré personne de désœuvré, mais chacun se livrait au travail. Toutefois, ajoutons pour dire toute la vérité, que si tout était rentré dans l'ordre, plusieurs habitants, soit par crainte, soit par motif de conscience, refusèrent de participer au travail de la saison, qui était de couper les seigles et de préparer les sols pour le dépiquage (1).

Et cependant les administrations départementales et municipales ne négligeaient rien pour faire oublier les anciennes fêtes catholiques, voulant y substituer un esprit nouveau et des solennités nouvelles.

Ce qui se pratiqua à Astaffort trouva des imitateurs à Layrac. A Astaffort les fêtes décadaires avaient pour théâtre l'église Ste-Geneviève, placée au centre de la ville, et mieux appropriée à ces réunions que l'église paroissiale de St-Félix. La solennité était annoncée la veille par la sonnerie de la cloche. Dans la matinée, à l'heure de la messe paroissiale avait lieu une première réunion, dans laquelle on faisait la lecture des lois et des décrets promulgués dans la décade précédente et communiqués par le District. Au premier rang des auditeurs se trouvaient les enfants des écoles, que les maîtres avaient ordre d'y conduire. Dans l'après-midi à 3 heures, comme autrefois à l'heure des vêpres, les élèves des écoles, en présence des magistrats et notables de la ville et de leurs parents, récitaient des discours ou citaient des traits de courage patriotique pour entretenir l'amour de la République (2).

---

(1) *Registres municipaux.*
(2) Archives municipales d'Astaffort.

En dépit de toutes les excitations, des menaces mêmes, le peuple se montra réfractaire à la célébration du décadi qui n'était chômé que par les gens de l'administration et dans les ateliers placés sous la surveillance du gouvernement.

A Layrac la disette des grains occasionnait bien des souffrances et l'on attendait avec une vive impatience, la moisson des seigles. Le Conseil Général pressait les habitants de se hâter et de ne perdre aucun jour pour être prêts le plutôt possible, à recueillir les seigles et à les dépiquer. Pour cela faire il fallait ne tenir nul compte du dimanche. La pression fut inutile. Dans la séance du 27 prairial (16 juin), le Conseil considérant la détresse relativement aux subsistances, la récolte du seigle promettant une nourriture, de laquelle on pouvait disposer dans le moment, vu le refus des habitants de couper le seigle, après avoir ouï et ce requérant l'agent national, délibère que les possesseurs de champs ensemencés de seigle, seront invités, et en tant que de besoin, requis de les couper et dépiquer le plus tôt, pour faire disparaître la disette et assister nos frères, qui manquent de cette denrée, et ne peuvent faire usage de blé. La conclusion inévitable c'est que des Commissaires furent nommés pour examiner sur tout le territoire les champs ensemencés de seigle : ils rendront compte de leur visite afin qu'on puisse faire exploiter la récolte pendante.

Un officier municipal d'Astaffort avait bien raison de dire à ses collègues : La célébration des fêtes décadaires laisse beaucoup à désirer dans notre Commune. Vous faites ce que vous pouvez pour y remonter l'esprit public et introduire parmi vos concitoyens les usages et les mœurs de la liberté ; mais elles ne sont pas fréquentées et ce n'est pas votre faute. Les bœufs eux-mêmes ne veulent pas être attelés le dimanche, disait un paysan. Et à qui la faute cependant ? ? ?

Bref à la fin de la séance de ce jour, 27 prairial, on reçut une lettre d'Agen annonçant en faveur de la Commune de Layrac la répartition de 4 quintaux 40 livres de grains. Jean Ollier, notable, fut prié d'aller à Agen avec deux bourriques, pour retirer ces subsistances des magasins du District (1).

---

(1) *Registres municipaux.*

Autre arrêté de Monestier contre les prêtres

Le lendemain le Conseil Général s'occupa d'un arrêté nouveau de Monestier, Représentant du peuple, Commissaire dans les départements de Lot-et-Garonne et des Landes, en date du 25 prairial. Le terrible Commissaire insistait sur la rigueur de ses prescriptions relatives aux anciens ministres du Culte, qu'il avait obligés de se rendre au District.

Laurent Champmas, ancien curé Constitutionnel et Berni, son vicaire, lui avaient été signalés et dénoncés par la Société populaire de Layrac. Or le citoyen Champmas s'était marié, il y avait à peine un mois, et Joseph Berni était seul capable de tenir les registres de l'état civil. Des observations furent donc faites à Monestier, qui s'empressa de déclarer que Champmas et Berni demeuraient exceptés des dispositions portées par ses arrêtés précédents contre les ci-devant prêtres. Et attendu que J^h Berni est officier municipal et en même temps officier public de la Commune et que son départ pour Agen avait privé la Municipalité d'un officier nécessaire, il y avait lieu de révoquer cet arrêté.

Heureux de cette nouvelle, le Conseil, ouï et ce requérant l'agent national, délibère d'une voix unanime que le citoyen Berni sera invité, et en tant que de besoin, requis, de reprendre ses fonctions d'officier de l'état civil. Ce qu'il a accepté, et il a repris immédiatement ses fonctions précédentes (1).

Quant au citoyen Sarramia ci-devant prêtre et religieux il avait dû se rendre au chef-lieu du District, comme l'ex-abbé Berni. Il fit une requête pour expliquer sa situation. Les membres de l'administration appostillèrent cette requête et en écrivirent au Conseil Général de Layrac, déclarant qu'il lui était permis de se retirer dans sa famille, sous la surveillance de la Municipalité et de la Société populaire. Les officiers municipaux ayant pris connaissance de cette permission, annoncèrent audit Sarramia qu'il pouvait se retirer à Randé, où résidait sa famille, mais qu'il serait surveillé au cas qu'il voulût s'écarter de la confiance que lui témoignait la Société populaire. Et de fait l'abbé Sarramia vécut les dernières années dans la maison de campa-

---

(1) *Registres municipaux.*

gne jusqu'au moment où une loi de liberté lui permit de reprendre ses fonctions du culte (1).

Malgré les menaces et les prescriptions violentes des Représentants du peuple, la population de Layrac était réfractaire à l'esprit nouveau et le fanatisme était loin d'avoir disparu.

Prescriptions menaçantes pour faire célébrer les fêtes décadaires
(Messidor an II. — Juin 1794).

A la date du 4 messidor an II (23 juin 1794), l'agent national de Layrac se faisant le docile exécuteur des violences de ses chefs hiérarchiques, écrit aux officiers municipaux :

« Citoyens, les devoirs de ma charge m'imposent impérieusement l'obligation de dénoncer la non-exécution des lois. J'ai préféré vous rappeler les dispositions de l'arrêté du Représentant du peuple, Monestier, du 5 prairial, relatif à la célébration des fêtes décadaires et à l'oubli de l'ancien jour de dimanche. Pénétrez-vous donc bien de cet arrêté et empressez-vous d'inspirer à vos administrés sa ponctuelle exécution. Je vous dénonce la plupart de vos administrés qui la négligent, et vous préviens, pour mettre ma responsabilité à couvert, que je serai forcé de le dénoncer aux administrations supérieures, en les prévenant qu'il n'y a pas de ma faute, si tous nos concitoyens ne se sont pas livrés au travail le saint jour du ci-devant dimanche, comme les autres jours. Je demande que ma lettre soit insérée en vos registres.

« Signé : Capponnel. »

Après avoir entendu la lecture de ce réquisitoire, le Conseil délibéra :

Vu la lettre ci-dessus, considérant que c'est principalement au *fanatisme* qu'est due la non exécution de l'arrêté du Représentant du peuple du 5 prairial ; et que pour faire oublier aux citoyens les ci-devant jours de dimanche et de fêtes, il était urgent de prendre des mesures sévères afin que les fêtes déca-

---

(1) *Registres municipaux.*

daires fussent scrupuleusement observées, et que tout ce qui a rapport au fanatisme et à l'ancien régime disparût de dessus la terre de la liberté.

Le dit Conseil a délibéré qu'il sera fait une proclamation pour avertir que ceux trouvés les ci-devant jours de dimanches, dans un costume différent de celui où sont les autres jours, qui annonce l'oïsiveté et la désœuvrance, seront punis conformément aux dispositions portées dans le susdit arrêté ; de même ceux qui se livreront au travail le jour de décadi.

Et pour l'exécution de la présente délibération, il sera fait, tous les ci-devant dimanches, dans toute l'étendue de la Commune, une visite exacte dans toutes les rues et places publiques, ainsi que dans les auberges et cabarets, pour s'assurer si l'arrêté ci-dessus cité, est exécuté, et y prendre note exacte de ceux qui y contreviendront (1).

Accident à l'arbre de la Liberté

Ce fut deux jours après qu'une nouvelle attristant les cœurs patriotes se répandit en toute la ville. Le Conseil Général se réunit aussitôt et y convia le Comité de surveillance pour l'assister de ses conseils.

Quelle était donc la funèbre nouvelle ? Le 6 messidor, le citoyen Delpech vint faire le rapport que le *Bonnet* de la liberté placé au point le plus culminant de l'arbre de la Liberté, planté au Champ de Mars, avait disparu, la nuit précédente. L'assemblée, considérant que cet accident imprévu pourrait aussi bien être l'effet de la malveillance, qu'un effet de l'orage de la nuit dernière, et voulant couper le mal dans sa racine, au cas où il eût été porté atteinte à cet arbre, sacré pour tous les citoyens, et ce sans faire le moins d'éclat possible, afin de découvrir plus tôt les coupables, s'il en existe, nomme les citoyens Berni, officier municipal, et Guillaume Garric, notable, à l'effet de se transporter sans bruit auprès de l'arbre de la Liberté et prendre les renseignements nécessaires pour tâcher de retrouver le dit *Bonnet* et de faire des recherches sur son enlèvement. A quoi les Commissaires ont vaqué sur le champ. Ils

---

(1) *Registres municipaux.*

sortent de l'Hôtel-de-Ville et leur enquête faite, ils reviennent rendre compte au Conseil Général de leur mission, et ils rapportent la moitié du bâton, auquel était attaché le dit *Bonnet.* Ils racontent avoir trouvé le dit *Bonnet* non loin de l'arbre de la Liberté, avec cette moitié du bâton, au bout duquel il était posé; l'autre moitié était restée attachée à l'arbre de la Liberté. Et ils déposent sur le Bureau du Conseil le *Bonnet*, et cette moitié de bâton. Après avoir bien examiné qu'elle pouvait avoir été la cause de la chûte du dit *Bonnet,* le Conseil reconnût que le bâton était coupé juste à l'endroit où il avait été percé du clou qui l'attachait à l'arbre, et que ce n'était qu'au vent furieux soufflant la nuit dernière qu'il fallait attribuer cet évènement, d'autant que le dit bâton se trouve être de bois de sapin et par conséquent fragile. Le Conseil, vu le susdit rapport, et considérant que les Commissaires ont rapporté le *Bonnet* tout déchiré, et qu'il est instant de le remplacer ; Vu encore le bâton qu'il faut remplacer et de même que l'arbre de la Liberté, qui se trouve sec et fragile et que sans craindre de perdre la vie, on ne pourrait y rétablir le dit *Bonnet*, qui d'ailleurs n'y serait plus en sureté, si le vent venait à emporter la cime de l'arbre ; Ouï, et ce requérant l'agent national, il a été unanimement décidé qu'il sera planté, décadi prochain, en sortant du temple de l'Etre Suprême, un nouvel arbre de la Liberté, au Champ de Mars ; De plus le *Bonnet* surmontant l'arbre de la Liberté sera refait à neuf et en fer blanc, afin qu'il puisse durer plus longtemps. Le bâton, qui doit le supporter sera d'un bois dur pour qu'il puisse soutenir d'avantage le mauvais temps et les vents impétueux qui règnent ici dans certaines saisons de l'année. Les frais seront aux dépens de la Commune. Et pour l'exécution de la présente délibération sont nommés Commissaires les citoyens J. Nézat, Barthélemy Denis et Antoine Ponchet, membres du Comité de surveillance (1).

Stimulés par les Représentants du peuple, et voyant dans les évènements que nous venons de raconter un motif nouveau de montrer plus de zèle pour donner au culte nouvellement inauguré plus d'extension, les officiers municipaux de Layrac tinrent une nouvelle réunion le 11 messidor (1er juillet 1794). Les

---

(1) *Registres municipaux.*

fêtes décadaires, dirent-ils à l'assemblée, devant se célébrer avec toute l'exactitude possible, et le respect dû à l'Etre Suprême devant être principalement observé dans les temples qui lui sont consacrés, nous avons constaté que le *temple* existant dans cette Commune n'offrait aucune commodité pour les citoyens qui s'y rendaient en affluence ; car faute de sièges pour s'asseoir, les assistants sont obligés de tenir une posture gênante, de sorte qu'ils interrompent souvent l'orateur, soit en se déplaçant, soit en parlant ; or le peuple ne saurait être trop attentif à s'instruire, et les autorités constituées elles mêmes se trouvent mêlées parmi la foule et ne peuvent être reconnues. Les citoyens ont droit de trouver, surtout dans les lieux consacrés à la Divinité, une certaine aisance. En conséquence, nous proposons de délibérer s'il ne serait pas utile d'établir dans le temple de l'Etre Suprême, des sièges en certain nombre pour que les citoyens puissent écouter attentivement et sans blesser le silence qui doit toujours régner dans les lieux sacrés, les discours qui y seront prononcés, pour éclairer le peuple sur ses vrais intérêts. Donc, ouï, et ce requérant l'agent national, il a été unanimement délibéré qu'il sera dressé à la diligence des officiers municipaux en tel nombre que faire se pourra, des sièges autour de la tribune du temple, afin que les autorités constituées et autres citoyens puissent s'asseoir et éviter par ce moyen la distraction des orateurs. Les fonds nécessaires à cet objet seront prélevés sur les dons volontaires que les citoyens voudront bien faire dans ce but (1).

Le citoyen Jean Bordes ayant demandé son certificat de civisme à la fin de cette séance ; sa demande fut acceptée et quelques jours après ce furent les citoyens Jean Nézat, J. Castex, Bonaventure Durand, Bruny Sarramia et Guillaume Sarramia qui sollicitèrent leur certificat de civisme. L'assemblée municipale leur donna satisfaction. Mais dans la séance du XI messidor et dans celle du lendemain il fut pris deux décisions bien différentes, l'une de l'autre. Dans la première il fut arrêté que pour éviter les maladies on inviterait par proclamation les habitants à faire disparaître de l'intérieur de la ville et des fossés tout immondice malsain ; et dans une seconde

---

(1) *Registres municipaux.*

délibération, le citoyen Blaise Capponnel, agent national, fut chargé de faire la vente des effets que l'on avait trouvés dans la sacristie paroissiale et qui offusquaient la vue des assistants (1).

Misère des habitants. — Réquisitions de subsistances. — de Plaques de cheminées. — Certificats de civisme. — Réclamations des chefs de famille.

La misère ne cessait pas, et sous l'aiguillon de la nécessité, les maraudeurs pullulaient de toutes parts, le jour et la nuit. Au surplus ces miséreux ayant vu les propriétés des ecclésiastiques et des nobles livrées au pillage, le respect de la propriété privée s'affaiblissait de plus en plus. Le Conseil Général qui s'était prêté à toutes les confiscations, recevait continuellement des plaintes au sujet des rapines et des vols commis dans la Commune. Dans la séance du 3 fructidor, redoublant de zèle et de vigilance pour la sûreté et l'inviolabilité des propriétés, il prit des arrêtés très sévères. Instruits, disent les officiers municipaux, que plusieurs particuliers, surtout les femmes, sous prétexte d'aller ramasser du chiendent dans les champs semés de millet, emportent des épis de millet et des mongettes ; attendu qu'un pareil abus, s'il n'était promptement réprimé entraînerait la destruction totale de cette récolte précieuse, qui fait la plus douce espérance des citoyens de cette Commune ; Après avoir ouï, et ce requérant l'agent municipal, fait très expresses défenses à tous autres que les propriétaires d'entrer dans les champs semés de millet, sinon après la récolte. Les propriétaires sont autorisés à fouiller les fagots de chiendent ou autres de ceux ou celles qu'ils y trouveront et ils sont invités à les dénoncer sans pitié, lorsqu'ils les auront trouvés dans les propriétés d'autrui (2).

Les vivres étaient rares aussi, lorsque Castex père vint un jour dénoncer le citoyen Martin de Fails pour avoir envoyé à la citoyenne Chabrier à Agen dix quintaux de blé de sa métairie, sans se pourvoir d'un acquit à caution. Le Conseil Général prenant en considération cette dénonciation, délégua le citoyen

---

(1) *Registres municipaux*.
(2) Ibid.

Berni, officier municipal, pour aller au port de la ville dresser procès-verbal, et en référer à l'administration du District d'Agen, qui se prononcera sur ce qu'il y a à faire (1).

La pénurie de grains se faisait sentir très vivement. Voilà pourquoi un arrêté de l'administration relatif à l'approvisionnement des marchés obligea les Municipalités de Layrac, de Moyrax et de Ségougna à concourir à approvisionner les marchés établis dans Layrac, et pour prévenir la malveillance et la cupidité qui ne voyant que leur intérêt propre, pourraient se laisser aller à faire des provisions au-delà de ce qu'exigeaient les besoins particuliers, et perpétueraient ainsi la disette. Le Conseil Général de Layrac estima urgent de nommer des Commissaires pour surveiller les marchés et les achats qui s'y feraient

Malgré la gêne des habitants, des réquisitions de toutes sortes leur furent encore imposées. Ainsi le 8 vendemiaire an III (30 septembre 1794), un arrêté du District imposait aux Communes de fournir des fourrages à l'armée des Pyrénées Occidentales, et le contingent de Layrac fut de 280 quintaux de foin, 200 quintaux de paille et 135 quintaux d'avoine. Immédiatement furent nommés des Commissaires pour faire le recensement des fourrages, et transporter à Agen dans le délai fixé, ce qui était réclamé à la Commune de Layrac (2).

Quelques jours après, le 14 vendemiaire, l'administration du District prescrivit de faire sur le champ le recensement de toutes les plaques de cheminées. Les citoyens Barrastin et Goux furent chargés de se présenter chez tous les habitants pour les obliger de porter à la Commune les susdites plaques. Il n'y eut d'exception que pour les pauvres, qui purent en conserver une, pourvu qu'elle n'excédât point un pouce d'épaisseur (3).

C'était la deuxième fois que cette réclamation était faite. Quelques semaines auparavant, le 24 thermidor an II (12 août 1794), avait été envoyé à la Municipalité un arrêté du citoyen Roume, Représentant du peuple dans la Dordogne et dans les

---

(1) *Registres municipaux.*
(2) Ibid.
(3) Ibid.

départements circonvoisins, qui demandait de faire le recensement et le triage 1° des fontes, des poteries hors d'usage ; des plaques de cheminées, des foyers, chenêts, poëles, chaudières, poids à peser, canons de rebut, vieux boulets, etc. et rassembler le tout en chaque chef-lieu de canton ; 2° l'administration d'Agen prescrivait aussi le recensement général et très exact des laines ; 3° de plus, chaque citoyen au-dessus de 14 ans, imposé au rôle de la contribution mobilière, en vertu d'un arrêté du Comité de salut public, en date du 12 germinal, devait offrir et remettre une livre de chiffons. Déjà la Municipalité avait fait offrande de 59 quintaux 9 livres de chiffons (1).

La terreur était générale. Pour avoir un peu de sécurité contre des poursuites provoquées par des dénonciateurs jaloux, les habitants réclamaient du Conseil Général un certificat de civisme. Même les femmes n'étaient pas à l'abri de ces dénonciations et elles recouraient aux mêmes moyens. Le 30 vendemiaire an III, ce certificat fut accordé à Françoise Fulchi, à la citoyenne Baret, épouse d'Antoine Delbès et à la citoyenne Angélique Léglise qu'on avait obligée à demander le divorce d'avec Marc Paul Deguilhem Magnas, émigré. C'est par ce divorce civil qu'elle pût conserver ses biens personnels (2).

De leur côté les parents qui avaient leurs enfants au service de la République, dans les armées de terre ou dans la marine, avaient un droit reconnu à une pension ou à une indemnité, en raison des services rendus à la patrie et à raison des privations que leur causait leur absence. Les secours promis par la loi avaient été maintes fois réclamés. Enfin le 14 vendemiaire an II, tous les chefs de famille intéressés furent invités à se rendre dans le temple dédié à l'Etre Suprême pour faire valoir leurs titres, dont des Commissaires spécialement désignés vérifieraient la vérité. Cette Commission composée de Jacques Duffaut, J. Vergnes, Raymond Saint-Martin, F. Roulliès, Antoine Canal était chargée de dresser la liste exacte des ayant droit. Il était important que ces Commissaires fussent des citoyens loyaux et honnêtes, car le désordre était partout. Et pouvait-il en être autrement dans une société livrée à toutes les spolia-

---

(1) *Registres municipaux.*
(2) Ibid.

tions et dont les chefs donnaient eux-mêmes l'exemple de toutes les violences et de tous les vices. Le Conseil municipal de Layrac en plusieurs circonstances avait formulé de vives plaintes sur cet état de choses. Dans la séance du lendemain 15 vendemiaire, il s'exprima ainsi : Considérant la cupidité et la malveillance constatées dans les marchés, il délibère que la Commission nommée la veille sera autorisée à prendre toutes les mesures pour arrêter la dilapidation des subsistances et en faire une équitable distribution à chaque citoyen, et au besoin recourir à des visites domiciliaires (1).

Réquisitions militaires en messidor an II (1794)

Le 14 messidor an II (4 juillet 1794), le citoyen Roy, contremaître charpentier, envoyé dans le Lot-et-Garonne par le Représentant du peuple, afin d'exploiter les bois propres à la marine, arriva à Layrac et requit le Conseil Général de désigner un officier municipal pour l'accompagner dans la recherche de ces bois. Duplan, Barrastin et Marassé furent délégués pour accompagner le dit Roy.

Le lendemain, le Président du Conseil donna lecture à l'assemblée de deux arrêtés de l'administration du District. D'après le 1er arrêté, les habitants devaient évaporiser toutes les eaux provenant des terres lessivées à Estaffort et à Moyrax, ainsi que des caves de la campagne. D'après le 2e arrêté, les propriétaires ou fermiers des bois et des lieux incultes, où croissent des herbes telles que les tiges de haricots, de fèves, de melon, concombre, choux, artichaux, tournesol, fougère, bruyère, buis, chardon, etc., seront tenus de faire brûler ces plantes et d'en porter les cendres aux Municipalités respectives. Après cette lecture, le citoyen Barrastin, comme le plus apte à raison de ses services et de ses connaissances militaires, fut délégué pour rendre compte à l'agent national du District, de l'état de l'atelier de fabrication du salpêtre, établi à Layrac. Tout citoyen ayant des connaissances pour la fabrication du salin sera invité à le faire, et les propriétaires des bois, où croissent les plantes susdites, seront requis de les cueillir, les brûler et de porter

---

(1) *Registres municipaux.*

les cendres à la Maison Commune. De leur côté, les citoyens Jean Nézat, J. Castex, Bonaventure Durand, J^h Bruni-Sarramia, craignant d'être l'objet de quelque dénonciation, s'empressèrent de redemander un certificat de civisme (1).

Après ces préliminaires le citoyen Roy adressa au Conseil Général la lettre suivante :

« Liberté, Vive libre ou mourir ! Egalité !

« Aux citoyens Maire et officiers municipaux de la Commune de Layrac à Layrac, le 4 fructidor an II, de la République une et indivisible.

« Le citoyen Roy cadet, contre-maître charpentier, sous les ordres du citoyen Pénevert, ingénieur, chef au 3e arrondissement, vous requiert conformément aux décrets de la Convention Nationale, au nom de la loi, et sous votre responsabilité de mettre en réquisition les bouviers avec leurs charrettes, la moitié pour demain, l'autre moitié pour après demain, pour fixer, conformément à la loi *Maximum*, ce qui devra leur être payé par pied cube, vous demandant acte de la présente réquisition et copie de la présente délibération à prendre, et requiert la Commune de nommer un Commissaire capable de faire charger le dit bois sur les charrettes pour ne pas retarder les services de la République.

« Salut et Fraternité.

« Signé : Roy, cadet, contre-maître ».

Après cette lettre, le Maire, Caprais Depau, convoque le Conseil Général, et attend en séance le dit Roy pendant une heure et demie. Comme celui-ci ne paraissait point, on envoya le soldat du guet de Layrac en plusieurs endroits, et on finit par le trouver dans une auberge. Le citoyen Roy répondit que le mauvais temps l'avait empêché de se rendre à Layrac, parce qu'il n'avait pas de manteau. Et au moment où il allait se mettre en route survint un quidam porteur de la réquisition signé: Roy. L'heure était avancée, le Maire renvoya au lendemain la convocation de 26 bouviers qui seraient chargés de porter le bois exploité, au port de Layrac, et il fut arrêté qu'on leur

---

(1) *Registres municipaux.*

payerait 4 sous par mètre cube et par lieue de poste. Les coupes de bois se feront chez Barrastin, Saint-Marc et Bergognié.

Quelques jours après, rapport est fait au Conseil que dix bouviers seulement s'étaient rendus à Saint-Marc et que les bois n'avaient pu être ni chargés ni transportés. Et dans la réunion du 8 thermidor, on vint dire qu'il en avait été de même des bois exploités à Lapeyre, au Pesqué, à Barbut et à St-Marc. Le Conseil prit des mesures pour obvier à cette difficulté, car il y avait urgence, vu que l'administration du département avait résolu d'offrir un vaisseau de guerre, et il ouvrit en conséquence un Registre, pour inscrire les dons des citoyens. Mais une grêle dévasta les récoltes qui étaient sur pied durant le mois de juillet et ajouta au malaise des habitants.

Néanmoins, l'administration départementale ne discontinua point ses réquisitions. Elle écrivit à la Municipalité de Layrac pour lui demander l'état des chanvres existant dans la Commune, de les peser, les estimer et de les faire transporter au chef-lieu du District. Après les recherches faites, les Commissaires ne purent recueillir que 4 quintaux 13 livres et demie de chanvre (1).

Chute et mort de Robespierre, IX thermidor 27 juillet 1794.
— Fin de la Terreur.
— Lettre des députés de Lot-et-Garonne.

De graves évènements s'étaient accomplis durant ces derniers jours dans la capitale. Dans la séance du 18 thermidor an II, la Municipalité de Layrac fit donner lecture de la lettre écrite aux administrateurs du département par les Représentants du peuple à la Convention Nationale. Cette lettre signée par ces députés relatait les tragiques évènements dont Paris venait d'être le théâtre. Elle mentionnait les périls qu'avaient couru la liberté publique et la Convention.

Voici d'une manière sommaire le récit de ces évènements. Lassé de la tyrannie de Robespierre qui envoyait à l'échaffaud tous ceux qui lui résistaient, Tallien un de ses anciens complices, ne craint pas de s'attaquer à lui corps à corps. Il entraîne

---

(1) *Registres municipaux.*

la Convention qui décrète Robespierre d'arrestation. La Commune de Paris se déclara pour Robespierre contre la Convention. Paris est frappé de terreur. Aucun geôlier n'osa ni recevoir ni détenir Robespierre en prison. La Convention par un nouveau décret le mit hors la loi lui et ses complices. Il y eut à l'Hôtel-de-Ville un combat terrible. Robespierre se sentant perdu veut fuir ; un soldat lui tire un coup de pistolet dans la tête et le mutile sans le tuer. Son frère se précipite par la fenêtre. St-Just tombe vivant aux mains des vainqueurs. Couthon s'était caché dans un trou ; Henriot dans un égout. On les arrache de leur asile et on les réserve pour l'échaffaud. Le lendemain on conduit au supplice avec Robespierre, Dumas et Coffinhal, tous deux Présidents du Tribunal révolutionnaire. Les amis de Robespierre sont jetés dans une charrette, et un peuple immense se leva pour assister à cette grande expiation. Il accompagne Robespierre de cris d'anathème. Le bourreau arrache le bandeau sanglant qui enveloppait la mâchoire brisée du Dictateur ; le peuple applaudit. Après quoi la hache fait son office. Dix têtes tombent. Le lendemain, soixante-dix membres de la Commune périssent de même sur l'échafaud. Telle fut la tragédie sanglante qu'on a appelée la journée du 9 thermidor (27 juillet 1794). Après cet hécatombe la France sembla respirer.

La lettre des députés de Lot-et-Garonne fut accueillie par le Conseil Général de Layrac avec une vive satisfaction.

Après avoir ouï l'agent national, le Conseil Général délibéra d'une voix unanime qu'il serait écrit à la Convention Nationale une adresse pour la féliciter de l'énergie qu'elle avait montrée dans cette occasion et sur la prompte punition des traîtres, des tyrans et des lâches qui égaraient les citoyens et les excitaient à la révolte contre les magistrats fidèles (1).

Quand la nouvelle de la chûte de Robespierre parvint à Agen, raconte Proché, on ne voulut pas d'abord y ajouter foi, on n'osa se livrer à la joie qu'elle devait causer, tant les esprits étaient alors dans la stupeur ! On craignait que ce ne fut une ruse pour augmenter le nombre des coupables et des victi-

---

(1) *Registres municipaux.*

mes (1). La Municipalité de Layrac, comme nous venons de le voir ne cacha pas sa joie et sa grande satisfaction.

Elargissement des Détenus à Layrac
Brumaire an II (octobre 1794).

La Terreur et la loi des suspects avaient semé bien des divisions et bien des troubles dans les familles. La chûte de Robespierre et les évènements qui suivirent le 9 thermidor amenèrent une certaine détente.

Pendant la Terreur ces bourgeois nombreux de Layrac que des relations anciennes de parenté, de voisinage et d'intérêts rattachaient les uns aux autres, se divisèrent en plusieurs partis et des passions politiques suscitées par une basse jalousie ou une ambition effrenée donnèrent lieu à des actes de persécution qui n'épargna ni les femmes ni les enfants. Nous avons déjà cité quelques actes de dénonciations et des persécutions. Précédemment un appel adressé à la justice des Représentants du peuple, Paganel et Tallien, avaient amené une certaine amélioration dans la situation des citoyens et des femmes honorables que des dénonciateurs haineux avaient fait enfermer et emprisonner dans le Couvent des ci-devant Bénédictins, transformé pour la circonstance en maison de détention. Le citoyen Izabeau, Représentant du peuple et délégué en qualité de Commissaire dans le Lot-et-Garonne, reçut une foule de requêtes de la part de ces détenus après le 9 thermidor. Et cet ancien terroriste, ce complice de Robespierre, qui raconte Taine (2), après avoir beaucoup guillotiné, devint presque traitable, se laissa aduler et s'essaya au rôle de potentat populaire, avec tous les agréments de l'emploi. Saisi donc des plaintes et mémoires à lui adressés par les détenus de Layrac, il rendit plusieurs arrêtés qui amenèrent l'élargissement définitif des victimes des jalousies politiques.

Le 8 vendemiaire an II (30 septembre 1794), le Conseil municipal, après avoir traité la question des réquisitions des fourrages que la Commune devait fournir à l'armée des Pyrénées,

---

(1) *Annales de la ville d'Agen*, par Proché.
(2) *Registres municipaux*.

s'occupa d'un arrêté rendu par Izabeau, Commissaire de la Convention, qui faisait droit à un mémoire que lui avaient présenté le citoyen Etienne Lascaban et Jacquette Duriveau, sa femme, père et mère d'un émigré. Le Conseil municipal approuva le susdit mémoire qui, hélas ! ne fut agréé que parce que les Lascaban déclaraient avoir chassé leur fils de la maison paternelle, même avant l'année 1789 (1).

Jean Boussac écrivit à Izabeau une lettre plus digne et qui eut un bon résultat. En voici la teneur :

« Citoyen, depuis dix-huit mois, la Commune de la ville de
« Lairac me tient prisonnier, soit dans la maison d'arrêt, soit
« dans la mienne.

« Il résulte par les extraits ci-joints des registres de la Société
« populaire et de ceux de la Commune que mon compte-rendu
« n'a pas été improuvé, à l'égard des erreurs que cette dernière
« n'a pas spécifié ; comment y répondre ? Mais je pourrais lui
« en relever de plus réelles s'il s'agissait de discression. Mon
« compte a été aussi adopté par le Comité de surveillance, dont
« les Registres ne sont point ici depuis sa suppression.

« L'on me juge *assez puni*. Eh ! pour quelles fautes. Je n'en
« ai pu reconnaître par le témoignage d'autrui, ni par celui de
« ma conscience, comme je l'ai exposé dans mon compte, où
« j'ai discuté toutes les imputations qui soient venues à ma con-
« naissance.

« Partant, j'espère, Citoyen Représentant avoir part à ces
« consolations que ta justice éclairée répand ; ta renommée et
« mon innocence sont mes garans.

« Signé : BOUSSAC » (2).

Quelques jours après, le Conseil Général, ayant reçu communication des nombreux arrêtés envoyés par le citoyen Izabeau, dût s'occuper à nouveau des détenus de la Commune. Ces arrêtés étaient formels et mettaient en liberté les citoyens Cyprien Saint-Marc et sa sœur Pauline, Joseph Richard, Jac-

---

(1) *Le Gouvernement Révolutionnaire*, VII, p. 342.

(2) L'adresse était celle-ci : Jean Boussac aîné, de Lairac, consigné dans sa maison au citoyen Isabeau, Représentant du peuple, délégué par la Convention Nationale. Le 15 vendemiaire, l'an III de la République une et indivisible (15 octobre 1794).

quette Chollet, et Jean Boussac aîné, détenus pour cause de suspicion, mais il avait été fait une exception, au détriment de Cyprien St-Marc. Comme c'était un militaire de grande intelligence et d'un courage à toute épreuve ; il avait été enfermé dans la maison d'arrêt du District d'Agen ; les autres détenus avaient été consignés en dernier lieu dans leur propre maison.

Les ordres intimés par Izabeau contrariaient les vues et les rancunes des petits tyranneaux de village, mais ils ne pouvaient être éludés. Le Conseil y mit toutes les formes : il délibéra selon la coutume, et il conclut qu'il serait donné sur le champ communication des dits arrêtés aux détenus, et que la liberté leur serait rendue, à la diligence de l'agent national qui demeura chargé de l'exécution immédiate de ces arrêtés (1).

Le 7 brumaire an III (octobre 1794), l'agent national du District demanda qu'il lui fut envoyé un état des animaux ruraux existants dans la Commune afin que la Commission de l'agriculture fut à même de connaître les ressources de la République en ce genre. Pour donner satisfaction à cette requête, on nomma Commissaire J. Dupont et on lui adjoignit Etienne Chollet.

Pénurie de Vivres

La récolte de l'année n'avait pas été avantageuse et la grêle était venue encore aggraver cette situation ; aussi était-on pour ainsi dire à l'affût de toutes les découvertes qui pouvaient être un allègement.

Le 14 brumaire le Conseil reçut une lettre émanant des administrateurs du District d'Agen avertissant qu'on leur avait dénoncé un dépôt de grains fait à l'auberge du Port, à côté de la poste, en fraude de la loi, et dont il fallait rechercher et punir le coupable. Des Commissaires sont envoyés sur le champ escortés de la force armée pour vérifier le fait et dresser procès-verbal de cette violation de la loi. En dépit de tous les efforts il y avait grande pénurie de grains, à quoi il fallut remédier. Le Conseil Général, considérant le peu de subsistances qui leur restaient, après avoir ouï l'agent national, délibéra le 19 brumaire (10 novembre 1794), qu'à compter du 30 du courant, il

---

(1) *Registres municipaux.*

serait fait chaque décadi et quintidi une distribution de pain pour approvisionner les habitants. Une Commission de 8 membres présidera à cette distribution. Elle sera chargée de faire toutes les réquisitions nécessaires. Elle fera purger et moudre les grains et remettra la farine aux boulangers. Le pain cuit sera porté, soit à la Commune, soit à la chambre qu'occupait le Comité de surveillance. Et pour l'avenir les citoyens seront priés de constituer un fond de réserve pour acheter des grains. Quelques assistants, Caprais Depau, J^h Vilarneau, Antoine Ponsin et Etienne Dulion offrirent, chacun 500 livres, pour les premiers achats de grains qu'on pouvait faire (1).

Et avant de clore la séance, la Société populaire, qui avait autant et plus d'influence que le Conseil Municipal, désigna un candidat pour remplacer Jean Busquet, officier municipal, qui, voulant exercer les fonctions d'instituteur, incompatibles, d'après la loi, avec celles, d'officier municipal. Le candidat était Pierre Dargein, notable. Cela fait, Jean Busquet prêta serment de maintenir de tout son pouvoir la liberté, l'égalité, l'unité et l'indivisibilité de la République, de remplir avec zèle et courage les fonctions civiles et politiques qui lui seraient confiées, ou de mourir à son poste en les défendant (2).

Pendant ce temps, le vénérable Jean-Baptiste Saint-Marc était mort accablé par les injustes persécutions dont il avait été victime. Il avait eu la douleur de voir ses enfants, emprisonnés ; sa fille Pauline, pour ne pas le laisser sans consolation, avait consenti à subir la détention avec lui, et, à peine rentré chez lui, après un emprisonnement injuste, il était mort de chagrin. Son fils Cyprien St-Marc fit une pétition au Conseil Municipal, au lendemain de son propre élargissement, pour demander qu'on vînt lever les scellés qui avaient été apposés sur les papiers de famille nécessaires pour régulariser les affaires de la succession et sur des barriques de vin. Le citoyen Berni fut délégué pour aller au plus tôt à la Maison de Saint-Marc lever les scellés et dresser l'inventaire afin de donner toute facilité à Cyprien St-Marc et à ses parents (3).

---

(1) *Registres municipaux.*
(2) Ibid.
(3) Ibid.

Avec les derniers jours de cette année terrible, la population ne vit pas diminuer ses souffrances. Les privations furent excessives et les vexations des diverses administrations aggravèrent encore ces souffrances.

Le 28 brumaire an III (19 novembre), l'Administration du District exigea le recensement exact des chanvres et elle réquisitionna une quantité de graines de lin, de navets, raves ou colza. En retour, il y eut en faveur de la commune une répartition de 5 quintaux 25 livres de riz (1).

Ce même jour, le Juge de Paix du canton prononça la confiscation de grains et de deux ânes qui en étaient chargés et les transportaient au port de Layrac, en contravention avec la loi. Il fut décidé que les grains et les ânes seraient vendus avec toute leur charge sur la place publique (2).

Taxe et cherté du pain
Brumaire et Frimaire an II (octobre et novembre 1794)

D'après un décret de la Convention Nationale, le prix du pain devait être fixé par les Municipalités du District. Le Conseil Général de Layrac, en visant ce décret, fixa le prix du pain pour la commune, à partir de ce jour, à 4 sous 6 deniers la livre. Cet arrêté municipal, pris le 29 brumaire (19 novembre 1794), ne parut pas suffisant. A la séance du 10 frimaire (2 décembre), les officiers municipaux observèrent que les subsistances diminuaient de jour en jour, et comme ils ne voyaient pas comment pourvoir à la nourriture des habitants, et surtout des nécessiteux, ils arrêtèrent de ne distribuer du pain qu'à ceux qui seraient reconnus n'avoir point de biens fonds de dix mille livres de valeur. Et le prix du pain fut maintenu à 4 sous 6 deniers la livre, poids de marc et la livre de 16 onces (3).

Huit jours plus tard, le Comité de panification vint déclarer qu'il restait très peu de subsistances et qu'il ne pouvait suffire à la demande des indigents. Le Conseil Municipal dut se rési-

---

(1) *Registres municipaux.*
(2) Ibid.
(3) Ibid.

gner à diminuer la ration de pain distribuée journellement, et il arrêta que, à partir du décadi prochain, il ne serait distribué qu'une demi-livre de pain à chaque citoyen porté sur la liste (1).

Ce fut dans cette période que fut dénoncé, comme coupable de fraude, le citoyen Louis-Joseph Daunefort, gendre de Bernard Durand de La Gravade. Il fut interné dans le cy-devant séminaire d'Agen. Bonaventure Durand, son oncle, juge du Directoire du District d'Agen, adressa un mémoire justificatif aux membres composant le Comité de surveillance du District d'Agen. Il n'eut pas de peine pour démontrer que le citoyen Daunefort, depuis le premier jour de la Révolution n'avait commis aucun acte qui ne fut marqué au coin du plus pur patriotisme. Tout ce qu'on pouvait lui reprocher, c'est l'imprudence d'avoir transporté à Bordeaux, environ 90 sacs de blé cueillis dans ses terres, et dont la qualité très mauvaise lui avait fait craindre de ne pouvoir le vendre dans le pays. Mais il ne s'était déterminé à le transporter à Bordeaux qu'après l'avoir déclaré à la Municipalité. Il a été vendu sac par sac au peuple sur le port de Bordeaux. Des citoyens mal intentionnés ou mal instruits ont cru qu'il n'avait gardé ni ses semences, ni sa provision, accusation qui est prouvée fausse puisqu'il a fait sa déclaration à la Municipalité.

L'envoi de ce mémoire provoqua une enquête, à la suite de laquelle le citoyen Daunefort fut rendu à la liberté (2).

Location du Presbytère pour la Municipalité

Le presbytère, d'où l'abbé Capdeville fut expulsé au mois de septembre 1791, ne resta à l'usage du curé Constitutionnel que très peu de temps. L'abbé Champmas l'abandonna lors de la

---

(1) *Registres municipaux.*
(2) Louis Joseph Daunefort qui avait épousé Foy Durand, fille de Bernard Durand de La Gravade et de d^{lle} Barrastin, était fils de s^r Jean Joseph Daunefort, écuyer, ancien garde du corps du Roi et de d^{lle} Marie de Gironde de Castelsagrat. Il fut le père de Bernard Daunefort de La Gravade, ancien Maire de Layrac de 1852 à 1865. M. Charles Bouet, ancien magistrat est neveu et héritier de Bernard Daunefort, ancien Maire.

suppression du culte catholique, et puis il ne tarda pas à aller se fixer dans la maison de la citoyenne Julie Gassou, veuve de feu Biran de Molinis, qu'il épousa devant l'officier de l'état civil. Le citoyen Berni, son ancien vicaire, remplit en cette circonstance les fonctions d'officier de l'état civil le 18 germinal an II (8 avril 1794).

Et au mois de thermidor an II, les officiers municipaux firent apposer des affiches portant que le ci-devant presbytère et le jardin en dépendant, seraient affermés devant l'administration du District, le 26 thermidor et cédé au plus offrant. Sans doute quelques mois auparavant le Conseil Général avait délibéré de rétablir provisoirement dans ce local pour y tenir ses séances et y donner aussi logement au Comité de surveillance qui avait été obligé d'abandonner le Couvent pour faire place à un fermier qui l'avait pris en location. Le Conseil qui se trouvait bien de son installation au presbytère crut tout concilier en persistant dans sa résolution et voici les motifs de sa décision :

Considérant dit-il, le mauvais état de l'ancienne Maison Communale, où l'on monte par un très mauvais escalier tournant, qui en hiver est si humide qu'on ne peut le monter sans courir du danger ;

Considérant encore que lors des grands froids, et quand souffle le vent d'ouest, il est impossible d'y allumer du feu ;

Considérant en outre que le Comité de surveillance déjà installé dans le presbytère éprouve de grandes difficultés pour se procurer un lieu convenable pour y tenir ses séances, ce qui est inévitable en cas d'afferme ;

Le Conseil décide, après avoir ouï l'agent national, que Joseph Berni ira à Agen, après demain, se présenter aux enchères ouvertes, afin d'enchérir et de conserver le presbytère et son jardin dans l'intérêt du Conseil Général et du Comité de surveillance. On laisse à la prudence du dit Berni le soin de ménager les intérêts de la Commune, comme ferait un bon père de famille. La copie de la présente délibération lui sera remise, comme attestation du pouvoir à lui donné (1).

Dans la séance du 30 thermidor an II (17 août 1794), le citoyen Berni rendit compte de son voyage à Agen pour deve-

---

(1) *Registres municipaux.*

nir adjudicataire du presbytère et du jardin de Layrac. L'adjudication avait eu lieu le 26 thermidor, devant le District d'Agen et le prix fut fixé à 155 livres par an. Le Conseil approuva l'opération du citoyen Berni ; et le pria de revenir à Agen pour obtenir de l'administration du District la copie du procès-verbal des enchères et de l'adjudication du bail à ferme, dont il payerait la première moitié, avec les frais d'enregistrement et d'expédition. A cet effet on versa à Berni la somme de 94 livres qui provenait du bail à ferme du jardin, que la Municipalité avait cédé au citoyen Géraud Lagarrosse (1).

Par l'ensemble de ces faits, il appert que la Municipalité de Layrac ne regardait pas le presbytère comme propriété communale mais comme bien national confisqué comme bien ecclésiastique, au détriment du curé de Layrac qui y avait un droit de résidence par suite de la donation faite en juin 1734 par l'abbé Chollet de Belloc. A la suite du mariage de M. Champmas, il n'y avait plus de curé à Layrac, le presbytère fut déclaré bien national et la nation en fut reconnue propriétaire jusqu'en 1803, époque, où la paroisse de Layrac eut un curé et le Maire de Layrac par ordre du Préfet remit à la disposition du nouveau titulaire le presbytère ancien avec ses dépendances (2).

Fin de l'année 1794 et Visite du Couvent

Cette année en finissant semblait faire pressantir un peu d'espérance. Que de fléaux avaient affligé cette malheureuse population ? La terreur avec ses persécutions de tous genres, la disette et la famine, les réquisitions toujours renouvelées et incessantes avaient épuisé les ressources des habitants. Aux derniers jours du mois de décembre, le Conseil du Directoire d'Agen saisi de nombreuses plaintes envoya le citoyen Tonnellé aîné à Layrac pour visiter les bâtiments du Couvent des Bénédictins. Deux membres de la Municipalité accompagnèrent le délégué dans cette visite.

Cet établissement depuis l'expulsion des Religieux avait subi bien des transformations. Une grande partie des cellules des

---

(1) *Registres municipaux.*
(2) Ibid.

moines avaient été affectées à détenir comme prisonniers beaucoup de bourgeois devenus suspects ; les femmes les plus honorables et des jeunes filles. Le club ou Comité de surveillance s'était installé dans les salles du rez-de-chaussée. Les cloîtres avaient servi aux réunions publiques, banquets et festins. Une fabrique de salpêtre avec son matériel y fut établie. La citoyenne Canal après sa déclaration d'ouverture d'école obtint la concession de quelques dépendances pour y faire sa classe.

Ce va et vient d'un personnel si divers si bruyant ne pût que devenir une cause de détérioration. Les plaintes adressées au District motivèrent l'envoi du citoyen Tonnellé. La citoyenne Canal, institutrice, exposa que le dégat fait à l'appartement qu'elle occupait, l'obligeait à abandonner ce local. Le Conseil municipal, sur qui retombait la responsabilité de cet état de choses estima que le Couvent des Bénédictins n'était pas dans un état plus mauvais que lors de la dernière visite, et comme en définitive il ne s'agissait que d'une petite école de filles, il fut décidé qu'il n'y avait pas lieu de donner suite à ces doléances (1).

---

(1) *Registres municipaux.*

CHAPITRE VIII

Année 1795 — An III et an IV de l'ère Républicaine

Cette année succédait à plusieurs autres désastreuses. La France était aux prises avec la guerre civile et avec les nations étrangères. Dans l'intérieur du pays, la disette et la misère ajoutaient leur cortège de souffrances inexprimables. Le 10 nivose an III (1er janvier), la Municipalité assembla dans le Temple dédié à l'Etre suprême, d'où le culte catholique et les prêtres avaient été bannis, les familles des militaires et des marins, ayant droit à des secours à raison des services que leurs enfants et parents rendaient à la patrie.

Il fut donné lecture des décrets de la Convention Nationale affectant des secours à des familles. Après cette lecture, les réclamants furent invités à produire leurs titres devant un Comité de 5 commissaires-vérificateurs et distributeurs. Parmi les intéressés, il y eut des soldats qui vinrent déposer les certificats de service dans l'armée de terre et dans la marine, et une liste fut dressée de tous les ayants droit (1).

Huit jours après, le 19 nivose an III (8 janvier), fut convoquée, au son de la cloche et au son de trompe, une grande assemblée dans la Maison Commune. Le président déclara que la loi du *Maximum* sur le prix des denrées avait été abolie par une loi du 5 nivose, mais il trouvait de graves inconvénients à cette suppression et il dit les motifs qu'il résuma en quelques mots. Le Conseil Général de Layrac, considérant le peu de subsistances que possède la ville et la difficulté de subvenir à la nourriture des indigents ; considérant qu'un vrai magistrat du peuple ne doit négliger aucun moyen pour venir au secours

---

(1) *Registres municipaux.*

des pauvres et assurer aux citoyens aisés sinon l'abondance, du moins l'indispensable ; délibère : 1° que les citoyens propriétaires de grains et farines sont invités en tant que de besoin, à approvisionner les marchés ; 2° que la Commission de panification continuera à faire manipuler le pain pour les indigents, et qu'elle demeure autorisée à se procurer des grains partout où elle pourra, au prix courant ; 3° que le prix du pain reste fixé pour le moment à 10 sols la livre ; 4° qu'une Commission de cinq membres révisera la liste des familles portées dans l'état de distribution (1).

Ces mesures rigoureuses ne parvinrent pas à satisfaire les prévisions des officiers municipaux, et au 20 pluviose (8 février), le Comité des distributeurs fit un rapport pour signaler au Conseil Municipal que le secours accordé à certains citoyens ne pouvait être maintenu, car les fonds sont presque absorbés depuis que la distribution est faite à raison de 10 sous la livre aux uns et à 5 sous la livre à d'autres. Le prix des grains augmentant, il faut augmenter le prix du pain, progressivement, afin de pouvoir secourir les indigents (2).

Le Conseil Municipal adopta cette proposition et décida qu'à compter du quintidi (5ᵉ jour de la décade) prochain ou 25 pluviose, les individus portés sur la liste et qui payaient la livre de pain 10 sous, la payeraient 15 sous, et ceux qui la payaient 5 sous, la payeraient 10 sous, et par suite, le Comité de panification est autorisé à se procurer des grains à tous prix et à en acheter 150 sacs dont il fera le payement au mieux (3).

Règlement des séances du Conseil
21 pluviose an III (9 février 1795)

Les assemblées du Conseil étaient tenues irrégulièrement depuis quelque temps et plusieurs membres, pour des raisons plus ou moins plausibles, faisaient défaut, et par suite les affaires administratives étaient en souffrance. Les administrateurs du District d'Agen donnèrent un avertissement et firent

---

(1) *Registres municipaux.*
(2) Ibid.
(3) Ibid.

un arrêté à ce sujet. Le Conseil Général de Layrac, en ayant eu communication, établit un nouveau règlement dont voici le dispositif :

Le Conseil, considérant qu'il est temps que tous les fonctionnaires publics se pénètrent enfin de l'importance des fonctions qui leur ont été confiées, et voulant mettre de l'ordre dans sa correspondance avec les administrations, ce qui ne peut se faire qu'en fixant l'heure des assemblées ;

Considérant que l'arrivée des courriers n'a lieu que les cy-devant mardi, cy-devant jeudi et cy-devant dimanche et qu'il serait difficile d'adapter les séances du Conseil Général avec le quintidi et le décadi pour répondre aux demandes faites par l'Administration ;

Ouï, et ce requérant l'agent national, délibère qu'il s'assemblera exactement tous les mardi, jeudi et dimanche (vieux style) ; que l'assemblée sera annoncée par le son de la cloche avec intervalle d'une minute et avec deux intervalles d'environ une minute chacun. L'assemblée pour la commune en général sera annoncée par le son de la cloche à la volée ; et enfin que les membres du Conseil Général qui ne se rendront pas exactement aux séances sans raison légitime, seront désormais dénoncés à l'Administration ; et qu'en outre, il sera fait état de tous les membres composant le Conseil Général de la commune, lequel état sera envoyé à l'Administration du District, à la diligence de l'agent national (1).

Nouvelles réquisitions pour levée de soldats et de vivres pour l'armée

La séance suivante eut lieu le 11 ventose (2 mars), pour répondre à la demande de l'Administration du District qui réclamait l'envoi au chef-lieu, de toutes les plaques de fer. Le Conseil Général rappela que par suite de la délibération du 24 thermidor précédent, les citoyens avaient été requis de porter à la Maison commune toutes les vieilles poteries, fontes de fer, plaques hors d'usage ; que ces ordres avaient été exécutés, mais que, à raison de la rigueur de l'hiver, les habitants

---

(1) *Registres municipaux.*

avaient été obligés de faire de grands feux et que, pour éviter des incendies, les plaques avaient été retirées sans qu'on ait pu les refuser, de sorte qu'il en resta très peu au dépôt. Sur ce, ouï, et ce requérant l'agent national, les habitants seront invités à rapporter les dites plaques qu'on fera transmettre au chef-lieu du District. Barrastin est désigné pour faire la réception et tenir état de ces plaques.

D'autres réquisitions avaient été faites et pour répondre à une de ces demandes, le citoyen Duffaut, voiturier, déclara faire sa soumission, promettant d'entretenir pendant le temps de la guerre, une charrette attelée à deux bons chevaux pour les transports militaires et pour le service de la République.

La séance allait être close, lorsque Joachin Bergonié et Blaise Capponnel, agent national, vinrent rendre compte de la révision qu'ils avaient faite de la gestion du citoyen Larivière, trésorier des magasins des subsistances. D'après ce compte-rendu, la recette avait été de 16.369 livres 7 sous 3 deniers ; et la dépense, de 16.210 livres 7 sous. Le trésorier garde en caisse la somme de 158 livres 18 sous 4 deniers qu'il employera en faveur des indigents (1).

Invitation pour enrôlement dans l'armée

L'administration départementale fit, à la date du 6 ventose, un appel aux Municipalités pour qu'elles travaillassent à recruter des défenseurs de la patrie. Dans ce but, le Conseil, voulant répondre à ces pressantes instances, convoqua une grande assemblée au Champ de Mars pour le 13 ventose (4 mars), autour de l'arbre de la Liberté. Une fois les assistants groupés, les officiers municipaux donnèrent lecture de la proclamation des Représentants du peuple près l'armée des Pyrénées Occidentales, datée du 28 nivose précédent. Après quoi il fut donné lecture aux jeunes gens présents de la première réquisition pour venir au secours de la patrie. Et le Maire prenant la parole, exposa avec chaleur combien la patrie avait besoin de leurs bras pour défendre son honneur et son territoire. Il ajouta qu'à partir du 16 du mois courant, les militaires absents de leurs

---

(1) *Registres municipaux.*

corps pour une raison quelconque, seront tenus de se réunir à Agen, à 9 heures du matin, sous la conduite de l'agent national, qui les présentera à l'officier délégué. Et pour prévenir toute défection le Maire rappela les graves pénalités qu'encouraient ceux qui méconnaîtraient leur devoir (1).

S'il fallait des soldats, il fallait aussi les équiper, et pour y contribuer, le Conseil Général accédant à l'arrêté du District, prit une décision qui chargeait J. Bordes, officier municipal, soit de faire fabriquer des souliers pour les défenseurs de la patrie, soit de procurer des fonds pour payer les cordonniers dont il surveillerait le travail.

Après s'être occupé de l'équipement des soldats, il fallut songer à l'entretien de la cavalerie. Dupouy, administrateur du District, vint à Layrac, et il présenta au Conseil les lettres de l'inspecteur des fourrages qui réclamait des subsistances et des fourrages pour l'armée des Pyrénées. Le Conseil municipal ayant compris l'importance de la demande, lui observa qu'il était impossible de lui donner satisfaction. Le Commissaire repoussé une première fois, revint pour bien se renseigner. Il lui fut répondu de nouveau que la Commune ne pourrait jamais fournir le contingent demandé. Le citoyen Dupouy éleva la voix pour exiger qu'on lui fournit sur le champ tout ce qu'on pourrait lui donner, observant que toute négligence serait un crime impardonnable très préjudiciable à nos armées, et il ajouta que si l'on ne versait pas de suite au dépôt désigné tout ce que la Commune pourra fournir, les officiers municipaux demeureront responsables personnellement, et ils seront poursuivis et punis suivant la rigueur des lois. Devant ces menaces, les officiers municipaux délibérèrent que, en la réquisition faite hier et aujourd'hui ;

Considérant l'impossibilité morale où ils se trouvent de compléter le contingent de foins assigné à la Commune pour le dernier tiers ;

Attendu qu'ils ont employés tous les moyens que la loi les autorisait de prendre dans ce but, dans cette Commune qui n'a jamais récolté pour elle-même la quantité de foin nécessaire à nourrir les bêtes de labourage existants sur son territoire ;

---

(1) *Registres municipaux.*

Après avoir ouï, et ce requérant l'agent national, prient l'administration du District de retirer la réquisition de 40 quintaux de foin, formant le contingent du dernier tiers, que cette Commune devait verser dans ses magasins, et ils protestent de leur désir sincère de mériter la bienveillance des administrateurs supérieurs par leur dévoûment inviolable à la chose publique, et en retour ils offrent de compléter le contingent demandé par une pareille quantité de paille, en y ajoutant 49 quintaux de son, qui seront versés dans le plus bref délai. Une copie de cette délibération sera remise au Commissaire Dupouy, à la diligence de l'agent national (1).

De nouvelles réquisitions furent faites peu de jours après par l'administration militaire. Les officiers municipaux, dans la séance du 20 ventose se déterminèrent à fournir 150 quintaux de paille, et comme le Représentant du peuple Baudot, exigeait d'être servi dans le plus bref délai, les officiers municipaux, voulant mettre leur responsabilité à couvert, se décidèrent à aller sans retard dans toutes les sections rechercher tous les fourrages disponibles. En cas de négligence et de mauvaise volonté, les détenteurs de foin, seront punis, et il sera établi chez eux des soldats de garde jusqu'au versement intégral de la quantité requise. La perspective était peu rassurante ; aussi fut-il décidé que le soir même la question serait traitée au club de la Société populaire, pour que les partisans les aident à sortir de ce mauvais pas (2).

Installation de l'Instituteur et de l'Institutrice
30 ventose an III (20 mars 1795)

Des demandes pour ouverture d'écoles avaient été faites, il y avait de longs mois, mais les formalités à remplir avaient retardé l'exécution de ces demandes. Ce fut d'abord au jury de l'instruction à se prononcer sur la soumission faite par Jean-Baptiste Ducomet, instituteur, et par Marie Canal, institutrice. Puis le Directoire du District eût à confirmer cette nomination.

---

(1) *Registres municipaux.*
(2) Ibid.

Et le jour venu, les officiers municipaux revêtus de leur écharpe, dans l'assemblée décadaire de la Commune, le 30 ventose, présentèrent au peuple ces instituteurs, que la patrie offrait aux enfants de cette Commune. Il fut donné ensuite lecture du titre de nomination et du règlement provisoire, proposé par le jury de l'Instruction et adopté pour la tenue des écoles primaires, et enfin de l'arrêté de l'administrateur du District, daté du 26 du mois courant.

Et comme l'exigeait la circonstance, le Président de l'administration municipale recommande aux parents d'avoir le plus grand respect pour l'instituteur et pour l'institutrice, à raison de la fonction importante, dont la nation les chargeait, et un profond sentiment de bienveillance et de reconnaissance pour les soins dévoués qu'ils prodiguent à leurs enfants. C'est aux parents à seconder les instituteurs dans tout ce qui aura pour but le progrès des élèves ; ils doivent enseigner à leurs enfants un sincère attachement pour leurs maîtres, l'amour de l'étude et la noble résolution de se mettre à même par leur assiduité au travail, de servir un jour leur patrie. Il fit appel à tous les citoyens pour qu'ils partageassent avec leurs magistrats la surveillance et l'observation du règlement, et après une dernière recommandation aux parents de veiller à l'observation fidèle de ces règlements il rappela aux instituteurs que le dépôt de la morale leur était confié. Cela dit, le citoyen et la citoyenne, présents et appelés à remplir les fonctions d'instituteurs sont invités à venir apposer leur signature sur le Registre.

Enfin est venue la cérémonie de l'installation de J. B. Ducomet et de Marie Canal, instituteur et institutrice, nommés par la Commune de Layrac et par le jury d'instruction, et confirmés en leurs fonctions par le Directoire du District. Un exemplaire du règlement a été remis à chacun d'eux, avec injonction de s'y conformer en tous point. De tout ce dessus fut rédigé le procès-verbal, dont la copie sera envoyée à l'administration du District pour constater la dite installation (1).

Après cette investiture, J. B. Ducomet désireux d'ouvrir au plutôt son école demanda un local convenable pour y recevoir

---

(1) *Registres municipaux.*

les enfants et il indiqua au Conseil municipal l'ancien presbytère.

Le Conseil Général, saisi de cette requête et étant obligé par la loi de fournir un local pour l'école, se trouva fort embarrassé. D'après des ordres antérieurs, le citoyen Berni, officier municipal, avait loué le presbytère, à la suite de la délibération et de l'autorisation qui lui en avait été donnée, le 24 thermidor an II ; et d'après ce bail, le Conseil municipal tenait ses séances dans le presbytère parce que l'ancienne Maison Commune était inaccessible. En effet on y montait par un escalier en pierre très mauvais, il était inhabitable, donnant sur le cimetière ; et dans la saison pluvieuse, on ne pouvait y allumer du feu, le vent refoulant la fumée dans l'intérieur. Or c'est surtout l'hiver que les occupations de la Municipalité sont plus grandes et les journées plus courtes.

Il ne reste donc à la Municipalité pour se loger que de se maintenir dans le local qu'elle occupe présentement, c'est-à-dire dans le presbytère, au centre de la cité, où elle se trouve mieux que partout ailleurs. Mais à côté du presbytère était une maison que M. l'abbé Capdeville avait achetée de ses deniers, et comme le propriétaire est un prêtre émigré, on peut trouver dans l'occupation de cette maison la solution de la difficulté. La Municipalité conservera donc son installation au presbytère, et l'instituteur sera logé commodément dans la maison de l'abbé Capdeville, d'autant plus que cette dernière maison est affermée par un Agenais qui ne l'a jamais occupée.

Après cet exposé fait par le Président du Conseil, et après avoir ouï l'agent national sur la même proposition, le Conseil délibère qu'il serait accordé à l'instituteur pour son école et son logement, le local servant de cuisine de l'ancien presbytère, ou bien la chambre au-dessus de la cuisine, à son choix, et de plus l'entière maison attenante, appartenant ci-devant à l'abbé Capdeville, prêtre émigré, pour le ferme de laquelle la Municipalité s'entendra, soit avec le fermier, soit avec l'administration du District. Et suivant que l'instituteur aura choisi la chambre haute ou basse du presbytère, l'appariteur logera dans celle qui aura été délaissée pour lui. L'entrée de la maison Capdeville sera arrangée de manière que les enfants puissent entrer et sortir sans danger. Les réparations seront à la charge de la Municipalité qui conservera pour son usage le local qu'elle occupe actuellement (1).

Cet arrangement fut conclu le 13 germinal an III (3 avril 1795).

Recrutement et Réquisitions pour l'armée
Germinal an III (Mars 1795)

Le besoin de recruter des soldats pour la défense de la patrie et l'obligation de fournir les subsistances pour l'année, créèrent des difficultés sans cesse renaissantes. Précédemment, il avait été fait un appel chaleureux par la Municipalité pour engager les volontaires à s'enrôler, et en outre des décrets avaient été portés pour faire des levées des jeunes gens de 18 à 25 ans. Les appels avaient été signifiés, mais il y eut des réfractaires nombreux. Dans la séance du 7 germinal (28 mars 1795), le Conseil Général se préoccupa de faire exécuter l'arrêté du représentant du peuple, Chaudron-Rousseau (2), relatif aux mesures à prendre pour que les militaires absents de leurs corps ou les jeunes réquisitionnés de 18 à 25 ans rejoignissent à bref délai leurs régiments. Un officier municipal fut chargé d'aller avec Larivière, officier de santé, chez tous les militaires et jeunes gens de la réquisition du 23 août 1793, dont on leur remit la liste pour obliger tous ceux qui seraient en état de marcher, de se rendre à Agen, soit pour être eximé du service, soit pour recevoir la feuille de route, afin de rejoindre leurs corps respectifs. Il sera dressé un état des jeunes gens incapables de faire ce voyage.

Pendant que le sudit Commissaire faisait sa tournée pour le recrutement, le Comité de panification fit un nouveau rapport au Conseil Municipal le 10 germinal. Le prix des grains augmentait de jour en jour, il y avait urgence de prendre des

---

(1) *Registres municipaux*. Cette maison achetée de ses deniers particuliers par l'abbé Capdeville fut vendue comme bien national, ainsi qu'un lopin de terre adjacent au jardin du presbytère.

(2) Chaudron-Rousseau, élu député de la Haute-Marne à la Législative et plus tard à la Convention, fut envoyé en mission dans les Pyrénées-Orientales et plus tard dans la Haute-Garonne, à Bordeaux, etc. Il avait voté la mort du Roi, sans appel et sans sursis.

mesures efficaces pour prolonger les secours en pain distribués aux indigents, ce qui ne pouvait s'obtenir qu'en augmentant le prix du pain. Cette mesure procurerait de nouvelles ressources nécessaires pour faire des provisions permettant d'atteindre la récolte prochaine.

Le Conseil, considérant le peu de ressources qui restaient et voulant continuer la distribution du pain aux familles indigentes, délibère qu'à compter de ce jour les citoyens recevant le pain à 15 sous la livre, le payerait 20 sous, et ceux qui le payaient 10 sous, le payeront 15 sous. Et le Comité de panification sera invité à faire achat de grains autant qu'il le pourra.

A la fin de la séance, le Conseil ayant reçu les renseignements demandés et voulant exécuter l'arrêté du représentant du peuple Chaudron-Rousseau, décide que les jeunes gens de 18 à 25 ans devront se trouver à l'Hôtel-de-ville, demain, pour de là être conduits à Agen. Ceux refusant d'obéir seront dénoncés au juge de paix du canton, qui informera contre eux (1).

Aggravation de la disette et réquisitions
(Germinal an III)

Huit jours après avoir augmenté le prix du pain, le Conseil Général fut avisé par le Comité de panification des difficultés qu'il rencontrait pour s'approvisionner et pour maintenir les secours aux indigents jusqu'à la prochaine récolte. Dans cette extrémité, il fut arrêté qu'à partir du 19 germinal (31 mars), il ne serait accordé qu'une livre et demie de pain à chaque individu porté sur la liste remise au Bureau, pour chaque cinq jours, et tous les autres habitants payeraient le pain 20 sous la livre (2).

L'Administration municipale se débattait comme elle pouvait au milieu de ces difficultés de tous genres. Le 23 germinal, le Directoire du District lui mande de fournir à l'armée des Pyrénées 180 paires de bœufs avec voitures et conducteurs pour faire, pendant trois mois, le service des transports. La commune de Layrac fournira son contingent de bœufs et de voitu-

---

(1) *Registres municipaux*.
(2) Ibid.

res. Les deux frères Bordes furent envoyés pour faire le relevé des ressources dont on pouvait disposer à ce sujet.

Dans la même séance, fut présentée une requête des familles des militaires et des marins, ayant droit à des secours, à raison des services que leurs enfants ou parents rendaient à la patrie. La Société populaire se fit l'interprète de cette demande. Le Conseil Municipal répondit que les réclamants devaient déposer leurs titres qui seraient remis aux Commissaires-vérificateurs. Après examen il leur serait distribué les secours et les indemnités fixés par les décrets (1).

Trois jours après, les citoyens Bordes vinrent rendre compte de leur visite chez les propriétaires pour le recensement des charrettes et bestiaux existants dans la Commune. Muni de ce compte-rendu, le Conseil, en sa séance du 26 germinal, voulant prouver son impartialité, fit mettre les noms des propriétaires dans une urne et un enfant de six ans en retira les billets, et d'après le tirage il advint que la veuve Duffaut, métayère du sieur Dulion, à St-Martin, fournira un bœuf ; Daubas, métayer du citoyen Gimet, aux Deguilhems, un autre bœuf ; le citoyen Gimet du Pépil devra fournir une charrette garnie ; M. Lafont, un attelage de bœufs et le conducteur sera Pierre Gimet, fils de Vidal Gimet, de Randé.

Quatre jours après, ceux désignés par le sort conduisirent les bestiaux et les charrettes en ville, autour de l'arbre de la Liberté. Les Commissaires Bordes, en procédant à la visite, trouvèrent le bœuf de Daubas incapable, et pour le remplacer, le sort désigna Arnaud Gimet, métayer de M. Bastard, à Troutet (2).

Après le 9 Thermidor, réaction contre les Terroristes et plaintes déposées contre eux

Après le drame sanglant qui fit disparaître Robespierre et quelques-uns de ses principaux complices, les opprimés relevèrent la tête. « A la tribune de la Convention, raconte Taine, les révélations se multiplient. Ce sont des dénonciations des

---

(1) *Registres municipaux.*
(2) Ibid.

villes contre leurs tyrans déchus ; ce sont les rapports des Commissions chargées d'examiner la conduite des anciens Dictateurs. Toutes ces lumières se rejoignent en une clarté terrible. Il est trop manifeste à présent que pendant quelques mois la France a été saccagée par une bande de malfaiteurs » (1).

Une loi du 21 germinal an III (10 avril 1795) prescrivait de désarmer les gens qui avaient participé aux horreurs qui précédèrent le 9 thermidor. Le texte de cette loi fut lu dans la séance du 7 floréal (27 avril). Le Conseil Général, après en avoir pris connaissance, considérant qu'on ne pouvait lui donner trop d'authenticité afin qu'on dénonçat ces hommes qui avaient fait tant de tort à la République et à sa représentation en dépeignant nos législateurs comme abreuvés de sang, et ne cherchant qu'à déchirer le sein de la République, délibéra que cette loi du 21 germinal sera de suite publiée et affichée et qu'au décadi prochain il y aurait une assemblée du Conseil Général, où seront invités tous les citoyens qui auraient à se plaindre des injustices commises contre eux, sous le régime de la Terreur, et durant la période qui avait précédé le IX thermidor. La parole sera donnée aux persécutés, et on recueillera leurs plaintes dans un Registre particulier. Cette réunion eut lieu en effet le 10 floréal (30 avril 1795).

Dans le but d'exécuter la loi du 21 germinal et l'arrêté du Directoire du District, la séance est ouverte par la lecture du rapport fait à la Convention Nationale au nom du Comité de Salut public, de Sûreté générale et de Législation par Joseph Chénier. Et après la lecture de la loi en question se présente Jacquette Chollet. Elle vient déposer sur le Bureau la plainte suivante. Elle dénonça Jean Busquet, ci-devant officier municipal, comme ayant signé son mandat d'arrestation. Il ne pouvait en ce temps là être garde ; il a contrevenu aux décrets et à la loi qui le lui défendaient, étant alors en permanence.

La citoyenne Jacquette Chollet dénonce encore le citoyen Pierre Louis Capponnel pour avoir dit qu'il ne serait content que lorsque le sang des aristocrates lui entrerait dans les cartiers de ses souliers. Puis il se transporta dans la maison

---

(1) Taine, *le Gouvernement Révolutionnaire*, VIII, p. 356.

d'arrêt où elle était détenue et il lui dit qu'elle était perdue et que son bien allait être confisqué, qu'il fallait qu'elle signât aveuglément ce qu'on allait lui proposer, et cela pour lui procurer du pain. La dénonce remise sur le Bureau du Conseil était rédigée par écrit, datée du 10 floréal, 3ᵉ année, et signée Jacquette Chollet.

Mis en demeure de se prononcer sur la dénonce portée contre J. Busquet, le Conseil jugea dans sa sagesse qu'il n'y avait là rien qui eût rapport à la loi du 21 germinal, attendu que le dit Busquet ne pouvait être garde des détenus, à raison de sa fonction d'officier municipal et sa qualité de père d'un défenseur de la patrie.

Quant à la dénonce portée contre Louis Capponnel, le Conseil est persuadé qu'il n'a tenu ces propos que contre les vrais ennemis de la patrie, et on ne peut lui imputer aucune mauvaise intention, comme d'ailleurs il en a fait l'aveu. Pour ce qui concerne la signature proposée à la citoyenne J. Chollet, elle fut demandée parce que son frère Etienne Chollet avait chargé le dit Capponnel de lui proposer un arrangement de famille. Il n'est donc pas coupable puis qu'il n'avait agi ainsi que pour lui rendre service. Donc ni Busquet, ni Capponnel ne sont atteints par la loi du 21 germinal.

Suivait une note ainsi rédigée :

Jacquette CHOLLET,

Vie morale,	*Vie politique,*
Bonne vie et mœurs.	En réclusion pendant environ un an.

S'est ensuite présenté Moyse Ruel, officier de santé, qui déposa sur le Bureau du Conseil, la dénonce suivante, de lui signée :

Je dénonce le citoyen Nézat Petitet, pour avoir plongé la Société populaire dans la plus grande consternation, en la menaçant, si la Commission de Bordeaux pouvait arriver, ce qui ne tarderait pas, disait-il, alors on verrait bientôt la guillotine en permanence et l'on verrait tomber plus de trente têtes de Layrac, et que ce serait lui qui voulait les y conduire. Je pense que de tels propos ne peuvent être prononcés que par un vrai terroriste et un Jacobin.

Layrac, le 10 floréal an III.

Signé : Ruel, officier de santé (1).

Le Conseil après avoir pris connaissance de cette dénonce est d'avis que le dit Nézat doit être compris dans la loi du 21 germinal.

Vint en 3e lieu, le citoyen Antoine Canal, officier de santé, qui déposa sur le Bureau, la dénonce qu'il avait signée.

Le citoyen Canal dénonce à la Commune assemblée le dit Nézat Petitet, pour avoir tenu les propos les plus alarmants dans la Société populaire, et dans la rue ; il aurait dit qu'une guillotine devait au premier jour monter de Bordeaux à Agen pour guillotiner les aristocrates de Layrac qu'ils n'avaient quoi faire de cacher leur argent qu'il avait si bon nez qu'il le trouverait, quand même il serait caché à dix cannes sous terre, et que les biens des aristocrates allaient appartenir à la nation.

Il dénonce aussi Prézelin pour avoir tenu les propos les plus alarmants dans la Société populaire contre ceux qui ont été vexés pendant le règne de la tyrannie, en les traitant de gueux et de coquins, et il aurait causé dans presque toutes les séances un tumulte si affreux que le Président était obligé de lever la séance. Et une fois que ces deux individus eurent appris la mort de Robespierre et de Lacombe, ils ne se sont plus présentés à la Société. Voilà, je crois, la conduite de deux vrais Jacobins.

Layrac, ce 18 floréal.

Signé : Canal, officier de santé.
Antoine Canal.

Note :

Vie morale,　　　　　　　　*Vie politique*,
Bonne vie et mœurs.　　　　Bon républicain.

Vint enfin Jean-Baptiste Sarramia, cultivateur, habitant de Layrac. Il déposa sur le Bureau sa dénonce, signée de son nom.

---

(1) Au-dessous était la note suivante : Moïse Ruel, vie morale, bonne et vie et mœurs, vie politique : Bon républicain.

Il se plaint que lorsqu'il fut désarmé, Castex père, alors municipal, ayant voulu prendre les intérêts du désarmé, et dire que sa conduite était morale, le citoyen Bernard Durand, alors Maire, dit : c'est un parleur et il faut l'en punir.

Un peu après le citoyen Bonaventure Durand monta à la tribune de la Société populaire pour y pérorer longtemps, disant que ma maison était le repaire des aristocrates et des prêtres, qu'ils y tenaient des conciliabules.

Puis le citoyen Nézat, alors municipal, cria hautement dans la Société populaire que les guillotines devaient monter à Agen, au nombre de deux, et qu'il ne serait pas surpris qu'il y en eût une pour Layrac et qu'il y aurait plus de trente têtes d'abattues. Il ajouta qu'il se ferait un devoir de les y conduire. Dans une autre occasion il dit hautement dans la Société que ceux qui étaient en état de faire faire des arbitrages, ne devaient pas se servir des riches pour arbitres, d'autant qu'ils étaient tous aristocrates ils vous saluent, ils vous touchent la main, mais ils cherchent le moyen de vous mordre : Motion qu'il a souvent répétée.

Layrac, ce 10 floréal.

Signé : SARRAMIA aîné.

Le Conseil, après avoir pris connaissance de ces dénonces déclare que les citoyens Bernard et Bonaventure Durand y désignés ne peuvent être compris dans les dispositions de la loi du 21 germinal. Et quant à la dénonce contre Nézat Petitet, il est d'avis qu'il doit être compris dans les dispositions de la loi.

Jean-Baptiste SARRAMIA.

Vie morale,
Bonne vie et mœurs.

Vie politique,
Bon républicain.

Sur ce, le Conseil Général, vu les dénonces susdites et ouï, et ce requérant l'agent national, délibère qu'elles seront sans délai envoyées en original à l'administration du District avec les notes et observations ci-dessus écrites à côté de chacune d'elles, à la diligence de l'agent national.

Et attendu qu'il n'a été fait aucune dénonce contre d'autres individus que ceux mentionnés par le secrétaire-greffier, l'article 2 de l'arrêté de l'administration du District ci-dessus cité, après avoir mûrement réfléchi sur les dites dénonciations, et après avoir consulté les citoyens présents à la séance, déclare qu'il ne croit pas que dans la Commune de Layrac il y ait d'autres individus qui soient dans le cas du désarmement prononcé par la loi du 20 germinal (1).

Disette et Mortalité
à Paris, en France et à Layrac

Les privations de tous genres amenées par la disette des grains qui était générale dans toute la France, se prolongea encore pendant l'an III et une partie de l'an IV (1795-1796). Une mortalité extraordinaire fut la conséquence de cette profonde misère. Mallet du Pan écrit qu'il est journellement témoin de la mort de gens du peuple qui meurent d'inanition dans les rues ; d'autres, et principalement les femmes ne s'alimentent que d'immondices, de tronçons de légumes gatés, du sang qui découle des boucheries (2).

Le gouvernement chercha par tous les moyens à venir au secours de la capitale. A la date du 4 germinal an III (25 mars 1795), le Comité de Salut public de la Convention Nationale, s'adressa aux départements, districts et communes pour leur prescrire de réquisitionner le 5ᵉ de tous les grains, farines et légumes pour l'approvisionnement des armées et de la Commune de Paris. Les Municipalités auront devoir de nommer des officiers municipaux, notables, etc., chargés de reconnaître la quantité de grains battus et non battus, farines et légumes secs appartenant aux Communes et aux particuliers. Les quatre cinquièmes seront laissés à leurs propriétaires, mais le 5ᵉ sera réparti ainsi que le prescrit le susdit arrêté.

Le Conseil Général eût à répondre à cet appel, et dans la séance du 11 floréal an III (1ᵉʳ mars 1795), ouï, et ce requérant l'agent

---

(1) *Registres municipaux*.

(2) Cité par Taine, VIII, p. 313. Sous le Directoire le boisseau de pommes de terre se vendit 180 fr. et puis 224 fr. ; 4 livres de pain furent payées 45 fr. En juin 1796, les inspecteurs annoncent que le désespoir et le chagrin sont à leur comble et qu'il n'y a qu'un seul cri : la misère. Ibid. p. 317,

national, délibère qu'il sera nommé dix Commissaires pour faire la reconnaissance de ces grains, et l'un d'eux aura pour fonction de recevoir les grains et farines, et d'en payer le prix au fur et mesure des livraisons, avec les fonds qu'il puisera dans la caisse du trésorier du Comité de panification.

Furent nommés Commissaires Berni et Bergognié, Vilarnau J.-Baptiste Sarramia et Bordes. Le citoyen Ponsin recevra les grains et farines, qu'il déposera dans les magasins du citoyen Labarre. Voici les prix fixés pour le quintal : le blé, 585 livres; le seigle, 420 livres ; le millet, 300 livres ; les fèves, 400 livres ; les pois et haricots cuisants, 500 livres ; le froment de 2⁰ qualité, 450 livres. Sur ce arriva le citoyen Caprais Depau, Maire, exposant qu'il était allé à Agen s'entretenir avec les administrateurs du District. Après leur avoir exposé la situation de la Commune, il demanda et il obtint d'eux la somme de 7000 livres, payables par le Receveur, et cette somme devait lui servir à payer les grains, farines et légumes secs, provenant de la requisition qu'il avait faite en exécution du décret de la Convention Nationale. Et séance tenante il dépose sur le bureau les 7000 livres qui sont confiées à Bergognié qui fera les payements sur les bons fournis par Ponsin (1).

Les jours suivants furent employés à procurer les subsistances sollicitées, et quinze jours après, à la séance du Conseil, J^h Berni, Commissaire, nommé pour remettre au magasin militaire du District les grains, farines, etc., qui avaient été recueillies chez les habitants de la Commune pour l'approvisionnement des armées, vint rendre compte de ses opérations. Il déposa sur le Bureau la somme de 4663 livres 3 sous, reliquat de l'achat des grains et farine, et qu'il avait reçue du citoyen Champmas aîné, l'un des administrateurs du District. Bergognié, trésorier, prit cet argent pour payer les propriétaires qui avaient cédé les grains (2).

Le citoyen Berni avait en outre reçu du receveur du District la somme de 500 livres, destinée à être distribuée aux indigents, en forme de secours à domicile. Il déposa cette somme

---

(1) *Registres municipaux.*
(2) *Registres municipaux.* Il s'agit de l'ex-abbé Laurent Champmas, ex-curé Constitutionnel de Layrac, qui avait été élu membre du Directoire d'Agen.

sur le Bureau, et elle fut répartie entre 29 familles indigentes, d'après une liste dressée auparavant (1).

De son côté J. Bergognié, trésorier, qui devait payer les approvisionnements achetés pour les armées, rendit compte des fonds qu'il avait payés aux propriétaires. Il avait dépensé 11.663 livres 3 sous. Il remit les bons acquittés pour justifier sa comptabilité.

Dans cette séance du 28 floréal, J. J. Bordes, rendit compte de la somme de 512 livres 15 sous qu'il avait dépensée pour habiller de pied en cap l'appariteur de la Commune (2).

Annulation d'assignats

« Tout ce qu'un gouvernement absolu peut faire par la contrainte physique, dit Taine (3), la Convention Nationale le fit ou l'entreprit pour alimenter la capitale ; elle sent que son existence est menacée. Le nouveau régime a fait de Paris un chancre monstrueux appliqué sur le cœur de la France, un parasite dévorant qui, par ses six cent mille suçoirs déssèche ses alentours sur quarante lieues de rayon, mange en un mois le revenu annuel de l'Etat, et reste maigre malgré les sacrifices du Trésor qu'il épuise, malgré l'épuisement des provinces dont il se nourrit ».

Les mauvaises récoltes, un froid rigoureux et les suites fatales de la famine rendirent la situation du Gouvernement très précaire. Il lui fallait de l'argent, beaucoup d'argent. La spoliation des biens ecclésiastiques, la confiscation des biens des nobles ne l'enrichirent pas. N'ayant plus d'argent dans ses caisses, le Gouvernement souscrivit des billets pour payer ses fournisseurs. Sous la Constituante il promit d'assurer le remboursement en donnant des gages sur les biens nationaux ; de là les assignats. On promit de ne plus emprunter et de ne plus émettre d'assignats, mais, les nécessités augmentant, on emprunta davantage et sans cesse. L'hypothèque fut privée de son privilège et par suite, l'assignat étant sans sécurité de rem-

---

(1) *Registres municipaux.*
(2) Ibid.
(3) Taine. *Le Gouvernement Révolutionnaire*, II, p. 301.

boursement, baissa de plus en plus. L'émission illimitée commença le 27 avril 1792. Trois ans après, la machine à fabriquer en avait fabriqué pour 4.520 millions ; ce fut la ruine. Le Gouvernement ne pouvant plus payer ses créanciers fit banqueroute. Cela ne se fit pas d'un bond, mais on y arriva rapidement. Les créanciers de l'Etat étant ruinés, entraînèrent la ruine de tous les autres créanciers, car tout débiteur avait le droit de s'acquitter en assignats.

Que d'acquisition de domaines faites et payées avec des assignats dépourvus de valeur ! Les conséquences de cette situation se firent sentir à Layrac. Dans la séance du 5 prairial an III (25 mai 1795), Blaise Capponnel, Procureur, vint déposer sur le Bureau la loi du 27 floréal, qui ordonnait que les assignats de 5 livres et au-dessus, portant l'empreinte de la Royauté, n'auraient plus cours de monnaie, et il requit l'exécution de cette loi. Il n'y avait qu'à s'incliner, et le Conseil Général délégua deux Commissaires chez le Receveur et Percepteur des fonds publics de la Commune pour dresser état des assignats qu'il avait dans sa caisse. On détruisit alors le titre même de la créance. Mais brûler un titre de dettes, ce n'est pas s'enrichir.

Dans cette même séance, il fut question de procurer quelques ressources en profitant des revenus communaux. Et l'on procéda par ordre à la vente aux enchères de l'herbe existant dans les cy-devant cimetières de la Commune et des objets non affermés. Les enchères furent ouvertes : 1° pour l'herbe du cydevant cimetière de Goulens, de l'émondage des arbres qui l'entouraient avec quelques pieds de vigne : Daunefort en obtint l'adjudication pour 45 livres.

2° L'herbe du cimetière de Layrac fut adjugée à Bordes jeune pour 130 livres.

3° Le local autrefois boucherie de Layrac fut affermé à Ducomet, instituteur, pour 70 livres (1).

Quelques évènements locaux en prairial et messidor an III (mai et juin 1795)

Et tout d'abord il y avait à donner satisfaction aux légitimes

---

(1) *Registres municipaux.*

réclamations des parents dont les enfants servaient la patrie. Des secours leur avaient été promis ; le Conseil Municipal avait vérifié les titres à l'obtention de ces secours et le citoyen Barrastin avait fait le voyage d'Agen pour réclamer les sommes indispensables qu'on attendait depuis longtemps. Enfin le 11 prairial (29 mai 1795), Barrastin vient annoncer au Conseil Municipal qu'il a obtenu du Receveur du District une ordonnance pour la somme de 3.605 livres, qui doit servir à payer le trimestre de germinal dernier aux parents des défenseurs de la patrie. Cette somme fut remise par Barrastin aux Commissaires chargés d'en faire la distribution (1).

Le 30 prairial (18 juin), il tomba une grêle terrible et il y eut un orage qui fit des ravages épouvantables dans la plaine de la Garonne. Aussi, le 3 messidor, quatre jours après, F. Barennes, Guill. Gèze, laboureurs, G. Lanes, meunier, P. Bouet, laboureur, Bonaventure Larrieu et Jean Drapé, de Sauveterre, vinrent exposer au Conseil Municipal leurs doléances.

Le 30 prairial, racontèrent-ils, il est tombé une si grande quantité d'eau à la suite d'un orage furieux, qu'un grand nombre de propriétés par eux exploitées, ont été fauchées : le foin a été emporté par le ruisseau de Jabres, les guérets dévastés, les hayes et les vignes arrachées et toutes les récoltes perdues. Le ruisseau a crevé et tout ravagé, de sorte que, s'il n'y est porté un prompt remède, la récolte de la Commune de Layrac sera réduite à rien. Les eaux débordées sont encore au-dehors de leur lit. Il y a donc lieu d'envoyer le procès-verbal de ces désastres à l'Administration qui viendra constater les dégâts et obliger les riverains aux travaux indispensables pour réparer le grand désastre.

Trois semaines après, le Directoire du District envoya un Commissaire, le citoyen Brondeau, pour visiter les lieux et évaluer les dommages. Le Conseil Municipal adjoignit le citoyen Joachin Bergonié pour aller, avec Brondeau, vérifier les ravages causés (2).

---

(1) *Registres municipaux*.
(2) Ibid.

Conséquences désastreuses de l'annulation des assignats

Pour des raisons exceptionnelles, les enfants nés en dehors des conditions ordinaires du mariage et les pauvres orphelins privés de leurs parents, furent désignés sous le nom d'*enfants de la Patrie*. La Nation voulut les adopter et recommanda d'en prendre soin. Ces enfants de la patrie, alors, avaient été confiés à des femmes qui les prirent en nourrice et leur prodiguèrent leur lait et leurs soins. Un salaire fut promis à ces mères adoptives. Or, lorsque ces nourrices se présentèrent à la caisse du Receveur municipal pour recevoir la rétribution promise, le Receveur leur déclara n'avoir dans sa caisse que des assignats démonétisés, ainsi que nous l'avons remarqué, et qui avaient été annulés sous prétexte qu'ils portaient l'effigie du roi. En face de cette banqueroute, les mères nourrices se disent prêtes à abandonner les enfants adoptés, car elles n'ont que faire d'assignats sans valeur.

Le Conseil Municipal se préoccupa de cette situation, d'autant plus que la plupart de ces femmes n'avaient rien reçu depuis deux ans. Cyprien St-Marc, avec quelques autres Commissaires, serait délégué à Agen, portant 4.000 livres d'assignats, pour qu'ils sollicitent les administrateurs du District, au nom de l'humanité souffrante, de les échanger contre des assignats qui aient cours valable, afin que la municipalité de Layrac donnat satisfaction aux légitimes réclamations de ces femmes malheureuses et si méritantes.

Le 10 messidor (29 juin), le Conseil Général annonça bien que, sur un arrêté du Directoire du District, le Receveur serait invité à mettre à la disposition des officiers municipaux de Layrac, pour payer des mois de nourrice, la somme de 4.000 livres, mais l'administration du District refusa cet échange. Au surplus, ces 4.000 livres auraient pu acquitter des gages dus depuis deux ans, mais la dette était plus considérable. La Municipalité se trouva dans un grand embarras : elle crut que l'on accepterait en payement les assignats démonétisés. Les nourrices n'en voulurent à aucun prix. La Municipalité fit alors une nouvelle tentative. Elle possédait dans la caisse du Comité de panification, une somme de 5.995 livres en assignats démonétisés, et cette somme était due aux propriétaires qui avaient vendu leurs grains pour le soulagement de la classe indigente. Que faire ? Après avoir ouï l'agent national et délibéré longuement, il fut résolu d'envoyer à Agen le citoyen Larivière, prier les membres du District, au nom de la justice et de l'humanité, de faire échanger par leur Receveur les 4.000 livres d'assignats démonétisés, pour payer les mois de nourrices depuis longtemps dus. Le citoyen Larivière sollicitera encore l'échange des 5.995 livres en assignats démonétisés qui se trouvent dans la caisse du Comité de panification, ce qui permettrait de payer les grains achetés pour nourrir les indigents.

La réponse des administrateurs du District fut cette fois favorable. Et le citoyen Larivière, dans la séance du 3 thermidor (22 juillet 1795), déposa sur le Bureau la somme de 4.000 livres qui furent employées à payer le salaire dû aux nourrices des enfants de la Patrie.

Il faut croire que les assignats démonétisés, qui représentaient la somme que le Comité de panification devait payer pour les grains achetés pour l'entretien des indigents, furent aussi échangés, car dans la séance du 17 fructidor suivant (7 septembre), le Conseil municipal approuve la gestion de Valentin Delpech et de Baptiste Marcadet, membres du Comité de panification et leur adresse des louanges et des félicitations (1).

Estimation des biens. — Liste des habitants et des émigrés

Dans le mois de prairial an III (juin 1795), le Comité de salut public transmit aux Municipalités des ordres pour qu'elles fissent procéder sans délai à la visite et à l'estimation de toutes les terres de la Commune et de leurs productions. Cet état devait être fait promptement et envoyé à l'administration de chaque District respectif. Après avoir donné connaissance de cet arrêté, le Conseil Général de Layrac nomma pour faire ce travail qui requérait exactitude et célérité, Depau, Maire, Bordes, Berni et Barrastin. Le rapport devait être terminé le 26 prairial an III (2).

---

(1) *Registres municipaux.*
(2) Ibid.

Le 6 thermidor suivant (24 juillet), ce fut le Directoire du District d'Agen qui écrivit à toutes les Municipalités pour les obligés à convoquer le Conseil Général, afin de procéder à la formation d'un état des citoyens dont les biens se trouvaient dans l'arrondissement ; il fallait y joindre le tableau de toutes les familles, composant la Commune de Layrac avec la liste des émigrés du District. Le Conseil Général s'occupa de la réponse à faire, dans la séance du 15 thermidor (3 août), et il fit l'état des citoyens ayant domicile dans l'arrondissement et des citoyens pensionnés sans être domiciliés (1).

Les Registres ne mentionnent pas le texte de cette réponse.

Suppression des Clubs

Les Sociétés populaires ou Clubs formés en 1789 et 1790 s'étendirent dans toute la France. Chaque ville, chaque bourgade avait un ou plusieurs Clubs, où l'on se réunissait presque tous les soirs pour coopérer au salut de la chose publique. Là se rassemblaient les menteurs, les ambitieux, les hommes tarés, jaloux, haineux qui réussirent à acquérir une influence prépondérante et dominant les Municipalités et les Corps constitués. On sait qu'elle fut l'influence néfaste du Club des Jacobins de Paris. Il fut à un moment donné, l'ennemi de tous les gouvernements et le propagateur de la plus extravagante démagogie, d'autant plus dangereux que le mot d'ordre donné était suivi par les faubourgs, et de proche en proche jusqu'aux extrémités du royaume. Vint un moment où la Convention elle-même prononça leur dissolution.

Dans la séance du 17 fructidor (7 septembre 1795), le Président communiqua la loi dont il venait de recevoir le texte, et relative à la convocation des assemblées primaires, qui devaient se réunir le 30 du mois courant, pour l'acceptation de la Constitution et la nomination des électeurs chargés de choisir les membres de la future assemblée. Il appartenait aux officiers municipaux de fixer le local de chaque assemblée.

En conséquence le Conseil Général, vu le décret de la Convention Nationale du 6 fructidor (22 août), présent mois, por-

---

(1) *Registres municipaux.*

tant que toute assemblée connue sous le nom de *Club* ou de *Société populaire,* est dissoute et que les salles, où elles tenaient leurs séances, seront fermées sur le champ, et les clefs déposées et les Registres et les papiers remis au secrétariat des Communes.

L'assemblée, considérant que les citoyens de Layrac ne sauraient être trop tôt prévenus de ces dispositions, après avoir ouï, et ce requérant le Procureur, délibère que l'assemblée primaire fixée au 20 de ce mois, se tiendra à 9 heures du matin dans le local habituel ; et attendu que la Société populaire ne s'est pas assemblée depuis plus de six mois et que la Municipalité ignore en quelles mains sont les clefs et les Registres, décide qu'il sera fait des perquisitions pour en découvrir les détenteurs. Les Commissaires s'empareront de ces objets et les remettront au secrétariat (1).

Loi du XI prairial an III (30 mai 1795)
Liberté Religieuse. — Réouverture des Eglises

Après la chute de Robespierre il y eut un mouvement de réaction contre le terrorisme qui avait fait tant de victimes. La loi du XI prairial rompit avec un passé tyrannique et ouvrit la voie à des idées et à des pratiques de liberté religieuse. Le député Lanjuinais fit adopter par la Convention Nationale, si non la liberté, du moins une certaine liberté de culte.

I. Les citoyens des Communes auront provisoirement le libre usage des édifices du culte non aliénés. Ils pourront s'en servir, sous la surveillance des autorités constituées ;

II. Lorsque des citoyens de la même Commune exerceront des cultes différents, les Municipalités fixeront pour chaque culte les jours et les heures les plus convenables ;

III. Nul ne pourra remplir le ministère d'aucun culte, à moins qu'il ne se soit fait décerner acte, devant la Municipalité du lieu où il voudra exercer, de sa soumission aux lois de la République.

Quelques ecclésiastiques de Layrac s'empressèrent de profiter du bénéfice de cette loi. Il ne s'agira nullement de l'ancien curé

---

(1) *Registres municipaux.*

Constitutionnel. Celui-là avait rompu définitivement avec son passé, en contractant une union sacrilège. Mais l'abbé Berni, son ancien vicaire, qui avait prêté tous les serments et n'avait reculé devant aucune humiliation, comprit enfin son devoir et il rentra dans la voie des réparations.

Dès le 23 prairial (13 juin 1795), il se présenta à l'Hôtel-de-ville à l'heure où le Corps municipal était assemblé, et conformément au décret de la Convention Nationale, il déclara vouloir remplir le ministère du culte catholique dans l'église à ce destinée, en se soumettant aux lois de la République et il apposa sa signature au bas de cette déclaration.

BERNI, prêtre et ministre du culte catholique.

Et au-dessous figurent les signatures de CAPPONNEL fils, procureur, VILARNAU, DARGEIN et DEPAU, Maire (1).

Sur une communication faite à la Justice de paix, fut délivrée l'attestation suivante : Je soussigné greffier de la Justice de paix du canton de Layrac, déclare avoir tout présentement reçu du citoyen Bordes, secrétaire-greffier de la Municipalité de Layrac, expédition de la déclaration faite par le citoyen Berni, prêtre, qu'il choisit pour l'exercice du culte, l'église des ci-devant Bénédictins, en date du 23 vendemiaire an IVe de la République française.

Signé : VIDAL (2).

Un mois après, le 5 fructidor (26 juillet 1795), dans la Maison Commune de Layrac, le Corps municipal assemblé, se présenta le citoyen Bertrand Gassou, domicilié de la dite Commune, lequel conformément au décret de la Convention Nationale, déclara vouloir remplir le ministère du culte catholique dans

---

(1) *Registres municipaux.*

(2) Cet ecclésiastique, ancien vicaire de l'abbé Capdeville, a prêté tous les serments il s'est accommodé de tous les rôles. En se soumettant aux lois nouvelles de la République accordant la liberté des cultes, il reprit ses anciennes fonctions, mais ne fit pas cesser le schisme, car il ne le pouvait qu'en se soumettant au vicaire — capitulaire de Condom. — Ce qu'il négligea. Après le Concordat il se soumet à Mgr Jacoupy qui le nomma curé de St-Loup et peu après à Montagnac-sur-Auvignon où il est décédé en 1829.

l'église à ce destinée, en se soumettant aux lois de la République (1).

Tels furent les débuts du réveil des consciences et l'on peut répéter avec le poète :

> Dieu fit du repentir la vertu des humains.

La situation de la paroisse relativement au culte religieux fut bien avantageusement modifiée. Sans doute cette liberté du culte subit bien des restrictions, et rencontrera encore beaucoup d'entraves, mais la brèche est faite dans la forteresse de la tyrannie et de l'impiété. Aucun autre ecclésiastique ne se présenta pour reprendre l'exercice du culte catholique, ce ne sera que plusieurs années après que nous verrons quelques autres prêtres venir s'offrir pour aider les premiers ouvriers qui commencèrent à défricher la vigne du père de famille.

Création du canton de Layrac

Le 25 vendémiaire an IV (octobre 1795), l'administration du département voulut organiser le canton de Layrac selon les formes suivies pour les autres cantons ; mais il ne fut pas possible d'aboutir parce qu'il n'y avait pas dans ce canton un nombre de Communes suffisants pour trouver le chiffre d'agents et d'adjoints requis.

Le Conseil Général de Layrac s'assembla le 30 vendémiaire en conformité de cet arrêté, et considérant que le canton de Layrac ne réunit pas la population requise pour établir une administration municipale à lui seul, car il n'a point l'extension requise ;

Considérant ensuite que les ci-devant paroisses d'Amans et de Goulens faisant partie du canton de Layrac, offrent seules par leur situation et leur population les conditions suffisantes pour avoir un agent national ;

Considérant que la cité et ci-devant paroisse de Layrac, y compris les sections d'Amans et de Goulens, n'offre aucun autre

---

(1) L'abbé Gassou, né à Layrac en 1738, était fils de Jean Gassou et d'Elisabeth Lacour. Il fut d'abord chantre à la collégiale St-Caprais et après le Concordat il remplit les mêmes fonctions à la cathédrale. En l'an IV il avait été instituteur primaire à Layrac.

lieu propre pour y établir une agence spéciale, car les quartiers des Archers et des Speyres n'ont chacun que cinq ou six maisons, habitées par des cultivateurs illetrés et inhabiles à exercer aucune fonction administrative ;

Considérant enfin que les ci-devant paroisses de Gudech et de St-Denys, démembrées de Layrac pour accroître le canton de Caudecoste et sa municipalité, au préjudice de Layrac, ont toujours payé à Layrac les contributions, on pourrait établir une agence municipale, sans porter préjudice au canton de Caudecoste.

Après avoir ouï, et ce requérant le Procureur, le dit Conseil, vu l'impossibilité de former à Layrac une administration municipale pour son canton, il sera demandé la réunion au canton de Layrac des paroisses de Gudech et de St-Denys et de la Commune de Fails, et la réunion de la Commune de Moyrax au canton de Layrac, enclavée dans le canton de Laplume, car Moyrax est plus rapproché de Layrac que de Laplume (1).

Cette requête du Conseil Général obtiendra un certain résultat. C'est pourquoi lorsque les Districts seront supprimés il y aura une nouvelle délimitation. Les 72 cantons furent en 1797 réduits au nombre de 51 et dans cette nouvelle répartition le canton de Layrac comprit tout son territoire avec Gudech, Saint-Denis, qui furent distraits du canton de Caudecoste et Moyrax distrait du canton de Laplume (2).

Nous devons ajouter que dans la répartition qui aura lieu quelques années plus tard et qui sera définitive, le canton de Layrac sera supprimé et la Commune sera enclavée dans le canton d'Astaffort. Les habitants de Layrac protesteront contre cette décision qui amoindrit leur Commune, mais ce sera en vain.

Traitement de l'Organiste

L'abbé Berni et l'abbé Gassou ayant déclaré leur intention de reprendre les fonctions du culte, le citoyen Dargein, ancien

---

(1) *Registres municipaux.*
(2) *Aide-Mémoire pour servir à l'Histoire de l'Agenais*, édité par M. G. Tholin, p. 226 etc.

organiste, crut le moment favorable pour réclamer les gages que le Conseil Municipal lui avait promis dans la séance du 24 avril 1794. Il n'avait jamais rien reçu, et il présenta une requête dans le but d'obtenir le payement de ses honoraires. Il ne refuserait pas d'ailleurs de continuer son service dans les cérémonies qui se célèbreront. La demande parut on ne peut mieux justifiée, et il fut répondu que ses gages lui seraient payés (1).

Election et Installation du Juge de Paix. Modification à l'organisation municipale. — Election des officiers municipaux et du Président. — Protestation de Cyprien St-Marc Brumaire an III (novembre 1795).

Un arrêté de l'administration du Département rappela au Conseil Général qu'il y avait à élire le Juge de paix et ses assesseurs. Les électeurs furent donc convoqués dans la ci-devant église paroissiale en assemblée primaire pour nommer le Juge de paix, ses assesseurs, le Président de l'administration Municipale et les officiers municipaux.

L'élection eut lieu le lendemain X brumaire (3 novembre 1795). Joachim Bergognié ayant été élu, demanda à prêter le serment prescrit et il promit fidélité à la République et d'accomplir ses fonctions avec zèle et exactitude.

Avant de parler de l'élection des officiers municipaux, nous devons mentionner un changement profond survenu dans les Municipalités. La Convention Nationale, qui supprima les Districts, supprima aussi les Conseils municipaux. Ceux-ci furent remplacés par un *Conseil cantonal* ou *Administration Municipale* du canton, composée des agents nationaux et des adjoints de chaque Commune, ayant à sa tête un *Président*. Les membres étaient élus au canton. Il y aura aussi un Commissaire du *Directoire exécutif*, chargé de surveiller le Conseil et ses actes, et de requérir l'exécution des lois. Les Conseils municipaux propres à chaque Commune ne seront rétablis qu'en 1800 avec de notables modifications.

---

(1) *Registres municipaux*.

Ces notions nous ont paru indispensables à rappeler pour apprécier les actes des nouveaux fonctionnaires, dont nous allons parler.

L'élection des officiers municipaux vint à la suite de celle du Juge de paix, et furent élus : les citoyens Vilarnau, Dargein, Saint-Marc, Jean Mauret et Moyse Ruel. Le soir ces nouveaux officiers demandèrent à prêter le serment et à être installés dans leurs fonctions. Il fut procédé à cette cérémonie par leurs prédécesseurs. Mais cette opération électorale eut des suites d'une certaine importance, car parmi les nouveaux élus figurait le citoyen Cyprien Saint-Marc, qui précédemment avait été l'objet de dénonciations calomnieuses, ayant amené son incarcération. Dans la séance du surlendemain, 13 brumaire (6 novembre 1795), Saint-Marc demanda la parole : Citoyens dit-il, d'un ton ferme, l'expédition prompte des affaires exige qu'il soit nommé un Président, un secrétaire en chef, et un officier public, pour constater l'état civil des citoyens. Vous devez nommer encore un suppléant, Il est procédé à cette élection et sont nommés pour un an : Président, Saint-Marc, et officier public, le citoyen Dargein. Aussitôt cette opération terminée, St-Marc se lève : Citoyens dit-il, en vertu de la loi du 4 brumaire, je conclus qu'étant frère de Guillaume Saint-Marc, prêtre insermenté, mal à propos, mais simplement inscrit sur la liste des émigrés, dont la radiation est en date du 29 vendémiaire, ma nomination n'est que provisoire et ne sera définitive que lorsque le Corps législatif aura prononcé son avis. En conséquence je donne ma démission de membre de l'administration du canton de Layrac et je déclare que je n'ai jamais signé, ni pris part à aucun arrêté séditieux, ni contraire aux lois. Et il dépose sur le Bureau cette déclaration signée de son nom. Cette démission était un geste de protestation et un acte de courage. Ses collègues se contentèrent d'en prendre acte et décidèrent qu'il en serait référé au Directoire du District pour qu'il fût procédé au remplacement du citoyen St-Marc (1).

A la suite de cette déclaration si ferme, les citoyens Dargein,

---

(1) *Registres municipaux* Le Président de l'administration municipale remplaçait le Maire et le Commissaire du Directoire exécutif avait pris la place et les fonctions du Procureur de la Commune.

Vilarnaü et autres vinrent l'un après l'autre s'inscrire sur les Registres.

Je soussigné, membre de l'administration municipale, déclare que je n'ai provoqué ni signé aucun arrêté séditieux ou contraire aux lois et qu'il n'est point venu à ma connaissance que je sois parent ou allié d'émigré aux degrés déterminés par l'article 2 de la loi de brumaire courant, suivaient les signatures (1).

Réclamation de la famille Séjournet

Ce fut vers la même époque que se présenta devant le Conseil municipal le citoyen Alphonse Séjournet, fils de feu Barthélemy Séjournet, originaire de Nîmes, mais en ce moment il arrive accompagné d'une négresse, sa nourrice, appelée Marie Thérèze. Il raconte qu'il habitait précédemment à Jérémie, en l'île de St-Domingue. Pour sauver sa liberté et sa vie et ne pas tomber entre les mains des insurgés, qui dévastaient cette possession française, il a dû prendre la fuite et partir la nuit pour rentrer en France. Débarqué à Nantes, au mois de juillet 1792, il est venu se réfugier chez son oncle, le citoyen Dulion. Or réduit en ce moment à la plus profonde misère, et désirant profiter de la loi du 17 vendémiaire dernier, qui accorde des secours à ceux qui ont été victimes des troubles de St-Domingue, il prie le Conseil municipal de le faire jouir des bienfaits de cette loi.

Les officiers municipaux Depau, Dargein, Capponnel firent un accueil bienveillant à cette requête (2).

Quelques jours après le citoyen Jacques Goux, qui avait lui aussi habité l'île St-Domingue depuis 1789, et dont les propriétés avaient été incendiées par les insurgés, vint présenter une demande analogue, et il exposa au Conseil sa grande détresse.

---

(1) *Registres municipaux*.

(2) En 1764, sr Charles Joachin Séjournet, avocat et secrétaire de l'Intendant de Montauban était marié avec dame Marie Eléonore Dulion de Layrac. Plus tard, en 1813, Alphonse Séjournet épousera Suzanne Joséphine Capponnel, fille de sr Blaise Capponnel. Et en 1801, Michel Athanase Gassou épousa Jeanne Félicité Séjournet, fille de sr Séjournet, habitant St-Domingue et de feue Eléonore Dulion.

Il pria qu'on voulût bien lui donner une part aux secours accordés par la loi du 17 vendémiaire.

Recrudescence de la persécution contre les Prêtres

Le décret du 3 ventose an III (21 février 1795), avait proclamé la liberté des cultes. Des espérances germèrent dans les cœurs des catholiques, si longtemps écrasés sous un régime de terreur et de sang. La loi du XI prairial adoptée par la Convention sur la motion du député Lanjuinais, donna provisoirement le libre usage des églises non aliénées. Elle encouragea beaucoup de prêtres à quitter l'exil et à se hasarder à reprendre les fonctions du culte catholique. Mais ce réveil de la foi effraya les Jacobins. Des rapports alarmants sur la réapparition de ce prétendu fanatisme ne tardèrent pas à susciter des mesures de répression violentes.

Ces nouvelles propagées avec habileté affolèrent la Convention. Celle-ci croyant la République en danger décréta le 3 brumaire an IV (25 octobre 1795), que les lois de 1792 et de 1793 contre les prêtes sujets à la déportation ou à la réclusion, seraient exécutées dans les vingt-quatre heures. Et comme la peur ne raisonne pas, la Convention mit une hâte extrême à communiquer cette loi aux départements. L'administration départementale, sitôt qu'elle eût été saisie de ces ordres, s'empressa de les communiquer aux Municipalités. A la date du 13 brumaire (6 novembre 1795), l'administration municipale de Layrac, ayant reçu des instructions, s'assembla le dit jour, et voici sa délibération motivée :

L'assemblée, vu l'article X de la loi du 4 brumaire, portant que les lois de 1792 et de 1793 contre les prêtes sujets à la déportation ou à la réclusion, seront exécutées dans les 24 heures de la promulgation de la dite loi, et décrétant des peines contre les fonctionnaires publics, convaincus d'en avoir négligé l'exécution ; et attendu que le citoyen Demiches, (1) ex-frère capucin

---

(1) Voici ce que dit l'abbé Durengues de ce religieux Louis Demiches, frère lai capucin, en religion frère Côme, fut arrêté une première fois, le 19 avril 1793, et pris dans le château du citoyen Roquefort, fut interné à Agen, dans la maison de Paulin, puis transféré au fort du Hâ, à Bordeaux, et ensuite dans la citadelle

domicilié à Boisrenaud est dans le cas déterminé par la dite loi ayant déjà resté en réclusion pour le même objet.

En conséquence l'administration municipale, ouï, et ce requérant le Procureur, délibère que la dite loi sera affichée sur le champ, et que le dit Demiches sera prévenu sans délai de ces dispositions pour qu'il ait à s'y conformer et se rendre dans les 24 heures à la maison d'arrêt d'Agen (1).

Election du Président de l'Administration Municipale et du Commissaire du Directoire exécutif

Nous avons vu précédemment qu'à l'époque du renouvellement des officiers municipaux, le sieur de Saint-Marc avait été élu membre de l'administration ; mais qu'à la suite des observations qu'il fit, au sujet de la légalité de son élection, il se démit de cette charge,

Le 15 brumaire an IV (7 novembre 1795), l'assemblée municipale pour obéir à l'article 188 de la Constitution portant que dans le cas où un de ses membres viendrait à perdre ses fonctions par mort ou démission, les membres restant pouvaient s'adjoindre des administrateurs temporaires, qui rempliraient les mêmes fonctions jusqu'à l'époque de l'élection suivante, après avoir ouï, et ce requérant le Procureur, on nomma le citoyen Blaise Capponnel à la place de Saint-Marc.

Deux jours après, le nouvel élu se présenta pour prêter le serment prescrit par la loi et formulé en ces termes : Je jure et promets de maintenir de tout mon pouvoir, la liberté, l'égalité, la République une et indivisible, ou de mourir à mon poste, en la défendant, et de remplir avec zèle, courage et impartialité les fonctions civiles et politiques qui me sont confiées (2).

---

de Blaye, d'où il fut renvoyé comme malade, le 24 mai 1795. *Le Diocèse de Lot-et-Garonne*, page 307.

Le frère Demiches était à Boisrenaud, probablement chez quelque parent ou ami, lorsqu'il fut dénoncé par le terrible Commissaire de Layrac.

(1) *Registres municipaux*.

(2) *Registres municipaux*. Il ajouta : Je déclare n'avoir provoqué ni signé aucun arrêté séditieux et contraire aux lois de la République et que je ne suis ni

Une autre nomination eut lieu. Le citoyen Champmas aîné, administrateur du District d'Agen, fut nommé pour exercer provisoirement la fonction de Commissaire du Directoire exécutif auprès de l'administration municipale de Layrac.

Le nouvel élu ayant appris son élection qui le ramenait à Layrac, se hâta de remplir la formalité de la prestation du serment ; ce qu'il fit quatre jours après, dans la séance du 21 brumaire an IV (12 novembre 1795). Il se servit de la même formule adoptée pour les officiers municipaux, et il ajouta : Je soussigné, Commissaire provisoire du Directoire exécutif, déclare n'avoir provoqué ni signé aucun arrêté séditieux et contraire aux lois de la République, et je déclare en outre, n'être parent ni allié d'émigré au degré déterminé par la loi du 4 brumaire.

Layrac, ce 21 brumaire an IV.

Signé : CHAMPMAS l'aîné (1).

Quelques jours après, le citoyen Dargein, officier municipal, remet sur le Bureau du Conseil les doubles Registres destinés à constater l'état civil pour l'an IV, tels qu'il les avait reçus précédemment des mains du citoyen J^h Berni (2).

L'assemblée suivante fut présidée, le 1er frimaire (22 novembre 1795), par Blaise Capponnel, qui exposa les devoirs des habitants :

Citoyens, les besoins de la République, l'intérêt même des citoyens exigent que les caisses publiques soient pourvues des fonds nécessaires pour obvier aux dépenses énormes que le gouvernement est forcé de faire, soit pour soutenir la guerre, soit pour frais de transports, soit encore pour payement des employés, qui sont à la solde de la nation. Chaque citoyen doit à la nation les contributions de l'année dernière, ceux qui n'ont pas récolté assez de grains pour payer la moitié de la contribution en nature, doivent payer une côte proportionnée au tarif du prix des grains.

---

parent ni allié d'émigrés au degré déterminé par l'article 2 de la loi du 4 brumaire courant.

A Layrac, le 17 brumaire, 4e année Républicaine.

Signé : CAPPONNEL Fils.

(1) *Registres municipaux*.
(2) Ibid.

S'inspirant de ce discours, le Conseil délibéra que, séance tenante, il serait fait un rôle provisoire, qui sera remis au citoyen Dupont, percepteur de l'an III, afin qu'il fasse les recouvrements (1).

Emmagasinage des Grains

Il avait été ordonné que les Communes trop pauvres pour payer la contribution en argent, le payeraient en nature, en versant une quantité de grains équivalente.

Mais une question se posa : où loger ces grains ? L'administration départementale s'entendit avec la Municipalité de Layrac qui trouva un local qu'on pouvait affecter à cette destination : s'étaient les grands magasins, que les Castex avaient fait construire sur les bords de la Garonne, au lieu du Passage. Il fut donc convenu que les grains provenant de l'impôt des Communes de Layrac, d'Astaffort et de Moyrax seraient recueillis et transportés dans ces magasins. L'administration municipale de Layrac traitant de cette location avec Castex promit et s'engagea à lui payer la somme de 2000 livres par mois pour tout le temps qu'on aurait besoin d'y conserver les dits grains (2).

Dégradation commises au Couvent des Bénédictins

Le citoyen Champmas, depuis qu'il n'était plus retenu par les fonctions du culte et qu'il avait entièrement rompu avec tout ministère ecclésiastique, se mêla avec beaucoup d'activité des affaires municipales. Par son intelligence il était supérieur à tous les membres de l'administration et comme il était jaloux d'acquérir une position prépondérante, il travailla à se faire attribuer des fonctions qui lui permettraient de jouer un rôle important.

Nous avons vu qu'il avait renoncé à ses fonctions de membre du Directoire du District, pour accepter l'emploi de Commis-

---

(1) *Registres municipaux*.
(2) Ibid.

saire du Directoire exécutif dans le canton de Layrac. Ce rôle lui permettra de faire sentir son influence dans un milieu qui lui était peu sympathique, et de ménager ses intérêts personnels.

Peu de temps après avoir été nommé Commissaire provisoire, il signale son zèle, en s'occupant d'une manière toute particulière des monuments nationaux.

A la date du 13 frimaire an IV (5 décembre 1795), il écrit à la Municipalité la lettre suivante :

« Citoyens, je suis instruit qu'il se commet chaque jour des dégâts et qu'il a été fait des enlèvements considérables, tels que vitraux, serrures, planches etc., dans le ci-devant Couvent des Bénédictins, propriété nationale. Chargé de la surveillance immédiate des domaines nationaux, nous serions responsables de toutes les dégradations qui s'y commettent, si nous n'apportions tous nos soins à leur conservation. Je demande en conséquence qu'il soit écrit au District pour obtenir l'inventaire et le procès-verbal de l'état de cette maison, à l'époque où elle fut affermée ; qu'il soit ensuite nommé deux Commissaires pour se transporter sur les lieux, vérifier les dégâts et obvier aux moyens d'en arrêter le progrès, et d'en obtenir la réparation.

« A Layrac, le 13 frimaire an IV.

« Signé : CHAMPMAS l'aîné ».

Sitôt qu'il eût été saisi de ce réquisitoire par le Commissaire, le Conseil municipal ne put que prendre des décisions conformes. Il se décida donc à la résolution suivante :

« L'administration, soit nationale, soit particulière, vu le réquisitoire de son Commissaire, déclare d'une voix unanime qu'il sera écrit sur le champ à l'administration du District pour en obtenir l'inventaire et le procès-verbal de l'état de la maison des ci-devant Bénédictins à l'époque où elle fut affermée, pour vérifier les dégâts commis depuis le dernier inventaire. Cette vérification sera faite contradictoirement avec le fermier et les Commissaires nommés à cet effet, les citoyens Ruel et Marcadet, que l'assemblée nomme et délègue pour visiter et constater l'état des dégradations faites à la dite maison, pour que sur leur rapport il soit ensuite statué ce qu'il appartiendra » (1).

---

(1) *Registres municipaux.*

Dans l'intérieur du couvent il avait été établi une fabrique de salpêtre. L'introduction et le fonctionnement de cette industrie avait entraîné des dégâts dans la dite maison. Aussi, pour donner suite à la délibération du 13 frimaire, l'Administration, considérant qu'il existe plusieurs meubles et effets qui ont été employés à la confection du salpêtre dans la Sacristie du cydevant couvent des Bénédictins, ainsi qu'à Goulens où furent établis les ateliers de fabrique révolutionnaire ; considérant en outre que plusieurs de ces effets furent prêtés par des citoyens qui les réclament aujourd'hui qu'ils ne sont plus utiles à la République ; considérant qu'il est du devoir de l'Administration et conforme aux dispositions de la loi qui supprime les ateliers de fabrique révolutionnaire, de rendre aux propriétaires les effets prêtés pour les dits ateliers et de dresser un inventaire de ceux appartenant à la nation pour être vendus ensuite à son profit ;

Ouï, et ce requérant, le Commissaire provisoire du Directoire exécutif, arrête :

Art. I. — Il sera nommé un Commissaire chargé de dresser l'état et faire la désignation des dits effets ;

Art. II. — Ceux des effets reconnus appartenir à des citoyens seront rendus à leurs propriétaires ;

Art. III. — Il sera dressé un état de ceux appartenant à la nation, qui seront déposés en lieu sûr pour être vendus au profit de la République ;

Art. IV. — L'administration municipale nomme pour son Commissaire, Lascaban qui se concertera à cet effet avec l'agent salpêtrier et se fera représenter l'état dressé à l'époque du dit atelier ;

Art. V. — Le présent arrêté sera envoyé à l'administration du département, avec prière de l'approuver (1).

A la date du 21 frimaire (12 décembre 1795) fut enregistré l'arrêté du Directoire exécutif, daté du 24 brumaire précédent. Le Directoire exécutif arrêta ce qui suit :

Le citoyen Champmas aîné est nommé Commissaire du pouvoir exécutif près l'administration municipale de Layrac et il ordonne en conséquence, qu'il se rendra sur le champ, près

---

(1) *Registres municipaux*.

la dite administration, pour y remplir les fonctions à lui attribuées par la loi (1).

Le nouveau titulaire était arrivé à la réalisation de ses désirs. Désormais il reprendra sa résidence de Layrac et il participera d'une manière très effective et évidente à toutes les opérations de l'administration Municipale dont il sera l'inspirateur et dont il contribuera puissamment à exécuter les décisions.

Deux jours après, dans la séance de l'administration Municipale, il fut donné communication du rapport fait par les Commissaires élus, pour se rendre compte de l'état de délabrement du couvent des Bénédictins, dénoncé par le citoyen Champmas. Les susdits Commissaires exposèrent que, depuis le dernier inventaire, il avait été commis des dégradations énormes au susdit couvent, et que, s'il n'y était promptement obvié en prenant les moyens d'en arrêter les progrès, il en résultera des dépenses considérables que la République sera obligée de supporter pour remettre les choses en un état convenable.

Par suite, le Conseil, ouï, et ce requérant le Commissaire du Directoire exécutif, il est délibéré que le citoyen Antoine Delbès, sous-fermier du couvent et y habitant, sera tenu de faire remplacer, sous le plus bref délai, les arcs-boutants en fer, les serrures et autres objets nécessaires à la clôture de la dite maison, lesquels ont été enlevés de force. Il sera en outre tenu de veiller à ce que la porte-maîtresse soit fermée à la rentrée de la nuit, et de plus il devra faire évacuer et mettre dans leur ancien état les appartements occupés par des cochons, volailles et chevaux, ou qui servent de granges à bois, et le tout, sous sa responsabilité personnelle.

On voit ce qu'était devenu le monastère de Layrac au point de vue même matériel. Pendant plusieurs années il fut transformé en maison d'arrêt où furent enfermés les citoyens les plus honorables et des femmes dignes de tout respect, par suite de dénonciations jalouses et haineuses.

Après que les détenus eurent été mis en liberté, le couvent

---

(1) Pour expédition conforme : Reubell. Le secrétaire-général : Lagarde. Précédemment nommé à titre provisoire, Champmas voit sa nomination confirmée et définitive.

fut affermé pour en tirer un certain revenu. De son côté, le fermier sous-afferma cet immeuble au citoyen Delbès qui le transforma en une espèce d'auberge et de maison de plaisance. De fait, qu'est-ce qui aurait pu inspirer des sentiments de respect pour une maison consacrée par la prière et les vertus de saints religieux ? Les moines en avaient été expulsés odieusement ; la propriété n'était respectée par aucune administration lorsque ces biens appartenaient à des religieux, à des prêtres ou à des nobles. Dans l'église on avait vu ces bourgeois, ces administrateurs vendre et profaner les choses saintes et s'incliner avec humilité devant des pratiques et des exercices religieux grotesques... Quel frein pouvait retenir le peuple ?

Le plus intelligent de tous ces administrateurs, le nouveau Commissaire du Pouvoir exécutif était le moins recommandable : il avait tout abdiqué et tout trafiqué, et grâce à ses palinodies sacrilèges, il s'était enrichi et il était parvenu à une position politique prépondérante. Avec une habileté rare et une ténacité que rien ne déconcertait, il sut profiter des malheurs des temps et des passions des hommes pour satisfaire sa cupidité et son ambition, tout en paraissant le défenseur des intérêts de la ville et de l'Etat.

Et de fait, dans les dernières semaines de l'année 1795, dans les mois de décembre et de janvier 1796 (nivôse et pluviôse an IV), les désordres de toute espèce se multiplièrent de jour et de nuit, au point de compromettre la sécurité des habitants. Le zélé Commissaire prit à cœur de mettre fin à cet état de choses.

Dans la séance du 13 pluviôse an IV (2 février 1796), il fut fait un exposé de cette situation lamentable. Et le Conseil Municipal, vu les plaintes portées par plusieurs paisibles citoyens sur les troubles et désordres qui se commettaient durant la nuit ;

Considérant qu'il est du devoir de l'administration municipale de maintenir l'ordre public par tous les moyens mis à son pouvoir ; que ce devoir devient plus essentiel et plus impérieux dans un temps où les ennemis de l'ordre se multiplient de plus en plus et où la paix intérieure à tant de pièges à éviter et d'attaques à repousser ; que c'est surtout au sortir des auberges, à la suite de débauches nocturnes, que des malveillants se sont permis des actes attentatoires à la sûreté et à la propriété publiques et privées ;

Considérant que l'Administration ne peut tolérer, sans se rendre responsable des suites qui en peuvent résulter, ces rassemblements qui se forment dans la maison nationale du cydevant couvent des Bénédictins, lesquels occasionnent des dégradations dans cette propriété nationale et entraînent des désordres contraires à la décence et à la tranquilité publique ;

Sur ce, ouï, le Commissaire du Directoire exécutif arrête :

Art. I. — Il est défendu à tout aubergiste de donner à boire après dix heures du soir ;

Art. II. — Toutes les auberges seront fermées à dix heures du soir précises ;

Art. III. — Tout rassemblement, danses et bals publics dans la maison des Bénédictins sont expressément défendus, soit de jour, soit de nuit, sous la responsabilité du fermier de la dite maison.

Le citoyen Marcadet, chargé de la police, emploiera tous les moyens pour le maintien de l'ordre et l'exécution du présent arrêté.

Au bas figuraient les signatures des officiers municipaux et du Commissaire de Layrac (1).

Nous constatons les conséquences fatales des lois qui avaient expulsé le clergé et pillé les églises. Fermée pendant quelques jours, l'église paroissiale avait été réouverte au culte de la Déesse Raison et aux cérémonies grotesques des fêtes décadaires. Ces réunions n'avaient pour le peuple rien de bien intéressant, c'est pourquoi le fermier du couvent avait ouvert les portes à cette foule bruyante qui trouvait ses satisfactions dans les banquets joyeux et dans des danses bruyantes et effrénées.

Vider les églises et les couvents c'était ouvrir des prisons et des salles de danse. Ceci provient de cela. L'histoire ancienne et l'histoire moderne démontrent cette conséquence logique.

---

(1) *Registres municipaux.*

CHAPITRE IX
Le Directoire de 1795 à 1799

Avant de disparaître, la Convention Nationale vota la Constitution dite de l'an III. En vertu de cette Constitution, qui fut votée et approuvée par le peuple français, le Pouvoir exécutif était confié à cinq Directeurs, nommés pour cinq ans et renouvelables chaque année par cinquième. Le choix de ces Directeurs était fait par les membres du Pouvoir législatif partagés en deux Chambres : la Chambre des *Anciens* et la Chambre des *Cinq Cents*.

Après avoir proclamé la liberté des cultes, la Convention avait résumé les devoirs des ecclésiastiques dans la prestation d'un nouveau serment imposé à tous les fonctionnaires et dont voici la formule : Je reconnais que l'Universalité des Français est le Souverain, et je promets soumission et obéissance aux lois de la République.

Il sembla tout d'abord et l'on crut qu'après la proclamation des lois du 11 prairial sur la liberté des cultes, une ère d'apaisement allait s'ouvrir. Mais hélas ! les fanatiques Jacobins craignant que la Constitution de l'an III, sous le pouvoir exécutif du Directoire, ne favorisât le réveil des consciences et de l'exercice de la religion, provoquèrent la promulgation de lois plus violentes contre les prêtres insermentés. Ils firent revivre les lois anciennes sur la réclusion et la déportation, et sous cette influence néfaste, le Directoire donna à la persécution un caractère des plus violents. Par l'article 25 de la loi du 9 mars 1796, il déclara que, sous peine de déportation, les ecclésiastiques autorisés à demeurer sur le territoire de la République, seraient tenus de prêter le serment de *Haine* à la *Royauté* et à l'*anarchie*, d'attachement, de soumission à la République et à la Constitution de l'an III. Ce nouveau serment devait aussi être prêté par tous les fonctionnaires.

D'après des instructions transmises par l'administration départementale, les membres de la Municipalité de Layrac, en la séance du 18 pluviôse an IV (8 février 1796), prirent la décision suivante :

L'administration municipale, vu la loi du 23 nivôse an III, portant que l'anniversaire de la juste punition du dernier roi de France sera célébré par toutes les communes de la République et par les armées ;

Vu l'arrêté du Directoire exécutif du 22 du même mois, relatif au mode d'exécuter la dite loi ;

Vu l'arrêté de l'administration du Département du 6 pluviose, fixant au 25 du même mois le jour de la célébration du dit anniversaire et la prestation du serment de *haine à la Royauté*, prescrit par la dite loi ;

Considérant que l'arrêté du Directoire exécutif et le devoir de l'administration lui prescrivent l'usage de tous les moyens que comporte la localité pour donner à cette cérémonie toute la pompe dont elle est susceptible ;

Considérant que l'arbre de la Liberté ayant été abattu par l'orage, l'administration ne peut trouver une circonstance plus favorable pour la replantation que l'époque mémorable, qui a fondé la République ;

L'administration municipale, quatre membres délibérants ; ouï, et ce requérant le Commissaire du Directoire exécutif, arrête :

Art. 1er. — Il sera fait une invitation individuelle et par écrit à tous les fonctionnaires publics, salariés et autres citoyens compris dans l'amnistie du Directoire exécutif, dont le tableau a été dressé par le Président de l'administration, pour se rendre auprès d'elle le 25 du présent mois, à 10 heures du matin, et prêter le serment prescrit par la loi ;

Art. 2e. — Il sera fait également une invitation aux musiciens et amateurs du canton de se réunir à l'administration le même jour dans le local servant ci-devant aux séances de la Société populaire pour y chanter des chants patriotiques et y jouer des airs Républicains ;

Art. 3e. — Le Président y prononcera un discours civique et analogue à la cérémonie ;

Art. 4e. — L'arbre de la Liberté sera replanté ce jour-là au champ de Mars, et sera arraché avec précaution dans le terrain national dépendant du ci-devant couvent des Bénédittins ;

Art. 5e. — Tous les citoyens seront invités par une proclamation à se réunir à l'administration et à se rendre à l'heure indiquée dans le local destiné à la cérémonie.

Fait en séance les jour, mois et an que dessus dit (1).

Mesures de police contre les soldats réfractaires

La population trouvait bien dures les lois de recrutement et d'enrôlement pour courir au service de la République. De là des désertions multiples. C'est pour prévenir ou corriger ces désordres, que l'administration départementale envoya aux Municipalités des instructions sévères. En conséquence, le 20 pluviose (9 février 1796), les membres de la Municipalité dans l'assemblée de ce jour ont délibéré :

Vu l'arrêté de l'administration du Département du 6 de ce mois relatif à l'arrestation de jeunes gens et militaires qui sont restés sourds à la voix de la patrie ;

Considérant que malgré l'activité des Commissaires du Directoire exécutif, il n'y a pas eu une pleine et entière exécution de la loi du 4 frimaire, tous les militaires de ce canton absents de leurs corps n'ont pas encore satisfait à leur devoir ; que plusieurs des réfractaires dont l'état a été remis à la gendarmerie, se sont soustraits à ses poursuites, et ceux qui leur ont donné asile partagent leur délit ; que l'administration est responsable envers la patrie et les militaires fidèles à leur devoir, des mesures qu'elle aurait négligé de prendre, et que la loi lui prescrit contre ceux ayant abandonné leur poste ;

Ouï, et ce requérant le Commissaire du Directoire exécutif, arrête :

Art. 1er. — Il sera fait proclamation, invitant les citoyens

---

(1) Signés : Capponnel, Président, Vilarnau, Dargein et Ruel, Champmas, Commissaire.

ayant donné asile à un déserteur de l'engager à revoler à son poste, ou de le dénoncer de suite à l'administration municipale du canton ;

Art. 2e. — Il sera fait un nouveau tableau des militaires n'ayant pas pris leur feuille de route, ou n'ont pas produit au Commissaire du Directoire exécutif des certificats d'infirmité, délivré par les officiers de santé de l'hospice militaire, conformément à l'arrêté du Comité du salut public ;

Art. 3e. — Ce tableau et la liste de ceux qui, quoi qu'ayant pris leur feuille de route, seraient demeurés dans leurs foyers sans raison légitime, seront envoyés au commandant de la gendarmerie d'Astaffort avec réquisition d'arrêter et conduire au dépôt d'Agen ceux qui y sont portés ;

Art. 4e. — Tout militaire compris dans la loi du 4 frimaire, qui aura des infirmités le mettant hors de se rendre à son poste, sera tenu de les faire constater dans trois jours, sous peine d'être porté sur le tableau des déserteurs, et être arrêté comme tel ;

Art. 5e. — Le présent arrêté sera publié et affiché.

Fait à Layrac les jour, mois et an que dessus (1).

Règlement pour les écoles et lécolage

Après s'être occupée de la question du recrutement, l'assemblée municipale, dans la même séance du 20 pluviose, régla aussi l'affaire des écoles, pour se conformer à un arrêté de l'administration départementale du 23 nivôse précédant, concernant l'instruction publique.

Voici la décision qu'elle prit :

Considérant qu'il est du devoir de l'administration de concilier autant que faire se pourra, les avantages que doit procurer aux jeunes citoyens l'organisation de l'instruction publique avec les moyens d'une sage économie ; qu'un seul instituteur peut suffire au canton ; attendu son peu d'étendue, et vu le nombre d'élèves qui se rendent à l'école primaire, établie en exécution de la loi du 2 frimaire de l'an III ; que la maison ci-devant presbytérale, dans laquelle l'administration municipale tient ses

---

(1) *Registres municipaux*. Mêmes signatures que ci-dessus.

séances, lui est absolument indispensablement nécessaire, et qu'elle ne pourrait abandonner ce local sans compromettre le service public ;

Attendu l'impossibilité de trouver un emplacement sûr et propre au placement des Bureaux, et qui offrit les commodités nécessaires à un établissement de ce genre ; que le jardin dépendant de la dite maison étant affermé très avantageusement au bénéfice de la République, il serait plus utile et plus commode d'assigner à l'instituteur une somme annuelle pour lui tenir lieu de logement et de jardin ; l'administration municipale, après avoir pris des renseignements et instructions sur le salaire précédemment et actuellement accordé aux instituteurs, quatre membres délibérants, arrête la réponse suivante à l'arrêté du département :

1° Qu'il n'y ait qu'une seule école primaire à Layrac, et qu'elle soit établie dans le chef-lieu du canton ;

2° Qu'il soit accordé à l'instituteur une somme annuelle pour lui tenir lieu de logement et de jardin ;

3° Que la rétribution, qui sera payée à l'instituteur par les élèves soit *d'une livre dix sols* par mois, pour chaque élève qui écrira, et recevra les leçons d'arithmétique ; et *d'une livre* seulement pour celui qui ne recevra que les leçons de lecture.

Fait à Layrac ce 20 pluviose (1).

Anniversaire de la mort de Louis XVI. — Plantation de l'arbre de la Liberté.

Nous avons vu qu'à une séance précédente il avait été donné lecture d'un arrêté du 6 pluviose de l'administration départementale, prescrivant la célébration de l'anniversaire de la mort de Louis XVI, de ce qu'elle qualifiait la juste punition du dernier Roi des Français. En conséquence, le 25 pluviose an IV (14 février 1796), l'administration municipale du canton de Layrac, en exécution de la loi du 23 nivose afférente au même objet, se transporta dans la Maison Commune, ayant à sa tête les citoyens Joachin Bergognié, Juge de Paix, G. Garric, M. Armaignac, A. Ponsin, Joseph Boussac, assesseurs, Augustin

---

(1) *Registres municipaux.*

Cappot, greffier, P. Vidal, huissier, J. B. Marcadet, commandant provisoire de la garde nationale, Valentin Delpech, adjudant, F. Prézelin, huissier, Jacques Castex, préposé au service des transports militaires, Jʰ Berni, J. Sarramia, Marie Canal et Chollet Lascaban, Bonaventure Barrastin, Bertrand Gassou, Jean Capponnel-Monguignon (1), Boisrenaud, Pierre Louis Capponnel-Monguignon, Jean Dardes, Caprais Depau, Jʰ Mathieu Lanauze, pensionnaires de la République, P. Delpech, Jʰ Dupont, notaires.

A 10 heures, tout ce cortège est sorti de la Maison Commune, précédé de la musique, jouant des airs patriotiques, pour se rendre au champ de Mars, où avait été planté un nouvel arbre de la Liberté, en remplacement de celui qui avait été emporté par un orage quelques jours auparavant.

Le cortège ainsi composé entra dans le local qui avait servi précédemment à la Société populaire pour la tenue de ses séances. C'était là que devait avoir lieu la cérémonie de la prestation du serment, prescrit par la loi. La séance fut ouverte par le chant de plusieurs airs patriotiques, analogues à la fête, et avec accompagnement de clarinette. Ensuite le Président monta sur une estrade et fit la lecture tant de la loi que des arrêtés de circonstance. Il fit un discours très pathétique, rappelant l'époque mémorable de la punition du dernier tyran de la France. Et en présence de cette population nombreuse, qui s'était rendue à la fête, il fit sa profession de foi, déclarant être sincèrement attaché à la République, et qu'il vouait une haine éternelle à la Royauté. Cela fait il remit au secrétaire de la Municipalité la liste de tous les citoyens résidants dans l'étendue du canton, lesquels, aux termes de l'article 1ᵉʳ de l'arrêté du Directoire exécutif, étaient tenus de faire la déclaration indiquée par l'arrêté de l'administration départementale.

Le Commissaire du Directoire prit à son tour la parole et il requit de donner lecture de la liste des citoyens inscrits pour qu'ils eussent à venir faire la déclaration prescrite. Sur l'appel fait par le secrétaire se présentèrent les citoyens P. Dargein,

---

(1) Le citoyen Jean Capponnel Monguignon, en qualité de pensionnaire de la République recevait une pension de 1000 livres. Il avait alors 70 ans et une taille de 5 pieds 8 pouces.

M. Ruel, J. Marcadet, administrateurs municipaux, J^h Vilarneau, administrateur et pensionnaire de la République, Laurent Champmas, Commissaire du Directoire exécutif, J. Bordes, secrétaire en chef, F. Delpech, commis expéditionnaire, Et chacun d'eux vint individuellement déclarer à haute et intelligible voix, en présence des assistants qu'il était sincèrement attachés à la République et qu'il vouait une haine éternelle à la Royauté. Le défilé commença par le Juge de paix et ses assesseurs, son greffier et l'huissier, et tous les citoyens, dont nous avons énuméré les noms plus haut. Et tout cela se fit aux cris mille fois répété : Vive la République ! Vive la Liberté !

Le citoyen Guillaume Bonot, retenu chez lui écrivit la lettre suivante :

« Citoyens, mes infirmités ne me permettent pas de me rendre aujourd'hui dans votre Commune pour y prêter le serment de fidélité à la République et de haine éternelle à la Royauté, conformément à la loi. Je vous prie de vouloir bien le recevoir par cette lettre et l'annexer dans vos registres. Salut et Fraternité.

« Signé : Bonot,
« Résidant dans la section d'Amans. »

Le citoyen Jean Ducomet se trouvant malade, envoya également une lettre pour expliquer la cause de son absence, et il priait qu'on voulût bien annexer sa lettre aux Registres avec la formule de son serment.

Le citoyen Michel Roulliès, qui avait précédemment rempli les fonctions de curé d'Amans et qui recevait en cette qualité une pension, ne parut pas à cette cérémonie (1).

Après ce long cérémonial rempli, le cortège se mit en marche pour retourner à l'Hôtel-de-Ville, précédé de la musique qui était en tête d'une foule innombrable, et, séance tenante, le secrétaire en chef rédigea le procès-verbal de tout ce qui venait de s'accomplir et puis il le présenta à la signature de tous ceux qui avaient pris part à la fête (2).

---

(1) Cet ecclésiastique avait été élu curé constitutionnel d'Amans. Plus tard, ayant renoncé complètement à ses fonctions ecclésiastiques, il se fit maître d'école et résida à Astaffort.

(2) *Registres municipaux.*

Diverses affaires de subsistances. — Secours accordés aux enfants de la Patrie

Pendant le mois de ventôse an IV (mars 1796), la Municipalité dut s'occuper de l'affaire des subsistances et, dans ce but, elle nomma le citoyen Delpech pour le charger de faire les achats des grains nécessaires à la population, et de les faire transporter à Layrac (1).

A la séance du 14 ventôse, elle s'occupa des familles qui avaient leurs enfants au service de la patrie dans les armées de terre ou dans la marine. Dans la même semaine, elle fut mise en demeure de réquisitionner des chevaux pour l'armée et elle confia à J.-B. Sarramia le soin de faire le dénombrement des chevaux, juments, mules ou mulets pour le compte de l'armée (2).

Une question plus délicate, ce fut de payer le salaire dû aux nourrices qui s'occupaient des enfants abandonnés et désignés sous le nom d'*enfants de la patrie*. Ces enfants, au nombre de 64, étaient venus de l'hospice d'Agen, mais ils étaient nourris dans la commune de Layrac. Depuis assez longtemps les nourrices n'étaient pas payées et elles réclamaient vivement. Pour satisfaire aux réclamations des personnes intéressées, l'administration municipale, après avoir ouï le Commissaire du Directoire exécutif, émit le vœu d'envoyer le citoyen Delpech réclamer la somme de 15 mille livres destinées à payer le service du mois de germinal et à acquitter les billets échus le mois de germinal (3).

Fête de la jeunesse des écoles et distribution des prix Plaintes contre les maraudeurs

L'instruction avait été fort négligée durant quelques années, aussi l'administration départementale s'employa à stimuler le zèle des Municipalités pour les inviter à prendre tous les

---

(1) *Registres municipaux*.
(2) Ibid.
(3) Ibid.

moyens les plus propres à raviver dans le cœur des enfants l'amour de l'étude.

Dans la séance du 30 ventôse, il fut d'abord question de l'arrêté pris par l'administration du Département, prescrivant de poursuivre, ainsi que le voulait la loi, les soldats fuyards et déserteurs. Les voies de persuasion étant impuissantes, le Conseil du canton décida qu'il serait formé un bataillon de 50 hommes, ayant pour mission d'assurer l'exécution des lois et de procurer la tranquilité publique.

L'administration départementale avait pris un deuxième arrêté qui fut envoyé et communiqué à la Municipalité de Layrac pour faire exécuter la loi de brumaire, relative à l'Instruction publique. Il y était ordonné à tous les cantons du Département de célébrer la *fête de la jeunesse*, le 10 germinal (31 mars). Pour cela faire, il sera nommé un jury qui déterminera les discours écrits et signés des jeunes auteurs qui seront jugés dignes d'être lus dans l'assemblée. C'est pourquoi les membres de la Municipalité de Layrac prirent à cœur de répondre à cette invitation et ils décidèrent que : considérant que l'époque de la célébration de la *fête de la jeunesse* est prochaine et attendue avec impatience par les jeunes citoyens, il est du devoir des magistrats du peuple de donner à cette fête tout l'éclat dont elle est susceptible. Dès lors, ouï, et sur ce requérant, le Commissaire du Directoire exécutif, il est arrêté : 1° qu'il sera nommé un détachement de 50 hommes, conformément à l'article Ier de l'arrêté du 18 ventôse concernant le bon recrutement de l'armée. Les citoyens C. Depau, Castanet, Lorman, Izaac Gassou, J.-B. Sarramia, Delsine, Bonav. Barrastin, Alexis Durand, Bertrand Gassou, Fr. Ducomet et Michel Ducomet sont nommés Commissaires et leur nomination sera communiquée à l'Administration centrale.

Article 2e. — Bonav. Barrastin, Jean Ducomet et Augustin Cappot s'occupèrent d'une manière active de se procurer les prix qui seront distribués aux jeunes gens qui, par leurs vertus, leur agilité à la course ou leurs talents, les auront mérités, et l'argent qui aura été employé à acheter ces livres, sera remboursé.

Après ce dispositif, le Commissaire prit la parole et dit: « Je viens exciter votre attention sur un délit qui intéresse la propriété. Je parle des dégradations et enlèvements accomplis dans nos bois, surtout par des femmes qui, entraînées par l'impunité, rentrent en plein jour dans la ville, chargées des fruits de leurs rapines et bravant même les propriétaires. Un tel délit démoralise le peuple par la mauvaise conduite des parents. Les enfants ne regardent plus comme un crime une action commise sous leurs yeux par des coupables si nombreux et qui rencontre la tolérance des juges. On a poussé l'audace jusqu'à scier, pendant la nuit, des arbres dont l'enlèvement n'a pu être fait, à raison de leur poids et de leur volume, qu'avec une charrette, et ces voleurs avaient des bœufs à leur disposition. Et c'est surtout dans les bois acquis de la nation par des particuliers, qu'ont été commis les plus grands dégâts. Cette affectation ne peut être que l'effet de la malveillance jointe à l'esprit de rapine et rend ce délit plus grave. Nous devons à ce genre de propriétés une surveillance et une protection particulières pour dissiper les craintes, les doutes et découragements que des malveillants cherchent à inspirer aux acquéreurs des biens nationaux, au moment où le Corps législatif, en décrétant la vente de ces propriétés, va déployer les moyens que lui offrent ces ressources immenses contre les efforts de la coalition.

1° Je requiers donc, ajoute le Commissaire, qu'il soit fait une proclamation pour inviter tous les citoyens à dénoncer tout délit et à traduire devant le juge les individus surpris en flagrant délit ;

2° De nommer un garde-champêtre pour la conservation de la propriété ;

3° De faire défense à tous d'acheter les bois volés ;

4° De rappeler que les parents sont responsables des délits des enfants ;

5° Que l'administration Municipale manifeste sa ferme résolution de concourir à arrêter les vols et dégradations qui se commettent dans les bois et les champs, et de punir les coupables avec toute la rigueur des lois.

Signé : CHAMPMAS,
Commissaire du Directoire exécutif.

L'administration Municipale, vu le dit réquisitoire, et y faisant droit, dit qu'il sera transcrit sur ses registres, publié et affiché, et qu'elle s'occupera de la nomination d'un garde champêtre, en attendant qu'on dénonce tous les pillages et dégradations. Une copie en sera envoyée au Commissaire du Directoire et au Ministre de la police générale de la République (1).

Procès-verbal

D'après des instructions précédentes les propriétaires qui avaient des chevaux, étaient tenus de les amener. Or les citoyens Dalibert, Bonot, Lamothe et Laheugère n'ayant pas conduit leurs chevaux au lieu du rassemblement, pour qu'il en fût fait le recensement, furent blamés et un procès-verbal fut rédigé contre eux (2).

L'Emprunt forcé et les Perquisitions

Dans la séance du 10 janvier 1796, l'administration Municipale eut à s'occuper du payement de la contribution personnelle et somptuaire. Un rôle provisoire dressé avec effet fut remis au percepteur pour qu'il fit acquitter sans retard les sommes dues par les contribuables. Le citoyen Vilarnau trouva-t-il son rôle excessif dans cette circonstance ? C'est ce qu'il faut conclure, puisqu'il donna sa démission pour ne pas prêter son concours à ses collègues, mais ceux-ci, sur la motion du Commissaire Champmas, lui intimèrent d'avoir à reprendre ses fonctions. En effet quelques jours plus tard, Vilarnau accompagne les officiers municipaux lorsque le 20 janvier ils se transportent chez Dupont, percepteur de l'emprunt forcé, afin de vérifier l'état des recettes et contrôler la situation de sa caisse (3).

Le rapport qui fut envoyé au Directoire fut loin de contenter les administrateurs. Aussi le 22 mars suivant, il fut donné lecture d'une circulaire des administrateurs du Département, qui

---

(1) *Registres municipaux.* « Sous la domination de la plèbe et de la montagne la Convention appliquant la théorie saisit le capital partout où elle le trouve, et en son nom on déclare aux pauvres qu'ils trouveront dans les portefeuilles des riches de quoi subvenir à leurs besoins. « Taine VIII, p. 226.

(2) *Registres municipaux.*

(3) Ibid.

prescrivaient aux officiers municipaux de Layrac de réviser sans délai le rôle des citoyens de leur arrondissement, qui n'avaient pas été compris dans le premier état de l'emprunt forcé. Il fallait rechercher si ces citoyens possédaient une fortune inférieure à celle qu'ils ont réellement, et y joindre l'état de ces citoyens avec des notes sur leurs familles.

L'administration Municipale de Layrac considérant qu'il est de son devoir de relever les erreurs commises relatives à l'emprunt forcé, s'empressa de nommer un jury de six membres pour lui prêter le concours de ses lumières. Et la réponse à faire fut renvoyée au lendemain (1).

Instruction publique. — Distribution de prix.
— Fête de la jeunesse

Le 9 germinal an IV (30 mars 1796), l'administration Municipale étant réunie au lieu ordinaire de ses séances, le citoyen Capponnel, Président, fit l'exposé suivant :

Citoyens, dit-il, d'après les recherches exactes que j'ai faites depuis la réception du second arrêté de l'administration du département du 19 ventose dernier, sur l'exécution de la loi du 3 brumaire relative à l'Instruction publique, sur la conduite et le civisme des jeunes citoyens. Je peux être parvenu à me procurer les renseignements les plus propres à me faire connaître les jeunes citoyens qui se sont le plus distingués par leur amour pour leur patrie, leur piété filiale et leur bienfaisance. Je vous remets l'état des dits citoyens, afin que vous choisissiez dans votre agence celui qui a mérité le prix de vertu et celui qui en aura le plus approché par sa bonne conduite.

Sur ce rapport, trois membres présents ayant délibéré, il est arrêté que la citoyenne Marie Delpech a mérité le prix de vertu, et la citoyenne Anne Castex, fille de Blaise Castex en a le plus approché. En conséquence il leur sera distribué demain à chacune, un prix savoir à la dite Delpech : *l'Annuaire du cultivateur*, et à la dite Castex, un bouquet de fleurs.

Sur le rapport des membres du jury, parmi les discours écrits, signés et remis par les jeunes auteurs, la préférence est

---

(1) *Registres municipaux.*

donnée aux citoyens Gabriel Lille et Hippolite Raymond. En conséquence, les discours de ces deux citoyens seront lus à l'assemblée et il sera distribué au premier, *l'Annuaire du cultivateur*, et au second, un bouquet de fleurs ; et les noms de chacun d'eux seront proclamés (1).

Comme il avait été dit, la réunion du lendemain devait être consacrée à honorer le mérite et à récompenser le travail.

La séance s'ouvrit à 9 heures du matin, et tout d'abord le Président prend la parole :

Citoyens, dit-il, c'est en ce jour que doit être célébrée dans l'étendue de ce Département la *Fête de la jeunesse*. Les circonstances et les localités ne nous ont point permis de donner à cette fête tout l'éclat, dont elle est susceptible. Vous avez désigné le local servant autrefois à la tenue des séances de la Société populaire pour le rendez-vous des jeunes gens de l'un et de l'autre sexe. Ils n'attendent que le moment de vous voir paraître pour se livrer à la joie que leur inspire la célébration de ce jour solennel. Il est temps de nous rendre à leurs désirs. Aussitôt l'administration Municipale accompagnée d'une foule innombrable de citoyens et citoyennes s'est rendue au lieu indiqué, où l'attendaient les jeunes citoyens et citoyennes, chantant des hymnes patriotiques. Le Président, voyant les assistants rassemblés, réclama le silence. Puis étant monté sur une estrade, il annonça l'objet de la fête. Après un discours, où brillait l'amour sacré de la patrie et de la liberté, il proclama les noms des jeunes citoyens et citoyennes, qui avaient été jugés les plus dignes de recevoir le prix de vertu et de talents, et de ceux qui en avaient le plus approché, d'après le choix de l'administration Municipale, consigné dans son arrêté de la veille.

En conséquence les jeunes élèves, aux discours desquels la préférence avait été accordée, se présentèrent à leur tour, et ils donnèrent lecture de ces discours au milieu des plus vifs applaudissements et des cris répétés de : *Vive la République !* Après cette lecture, le Président donna l'accolade aux jeunes citoyens et citoyennes, qui avaient été jugés dignes de recevoir les prix de vertu et de talent, Puis la distribution des récompenses eut lieu en présence de l'assemblée. Marie Delpech, fille de Joseph

---

(1) *Registres municipaux*

reçut le prix de vertu, et Anne Castex, l'accessit ; Gabriel Lille reçut le prix de talents, et Hippolite Raymond, obtint l'accessit.

Ce premier cérémonial accompli, l'administration Municipale se transporta au champ de Mars, accompagnée d'une foule de jeunes citoyens, brûlant du désir de concourir à l'exercice de la course.

Une fois l'espace à parcourir déterminé, le prix et l'accessit furent déposés à l'extrémité, et le signal du départ fut donné. Aussitôt les jeunes gens s'élancent vers le but avec une rapidité incroyable. Le premier arrivé est Etienne Levéfaude, et le deuxième Hippolite Raymond. En conséquence, le Président donne à Levéfaude un panache uniforme aux trois couleurs, et à son camarade, une cocarde nationale. Telles furent les récompenses de cette course. C'était la fin de la cérémonie de ce jour, après quoi, l'administration Municipale rentra à la Maison Commune, où le procès-verbal de la fête fut rédigé et signé (1).

Zèle exagéré du Commissaire

Il y a lieu de se défier toujours du zèle des nouveaux convertis, qui par des exagérations veulent faire oublier leurs défaillances antérieures. Le Commissaire du Directoire exécutif, Champmas était rentré un peu tard dans les rangs de la classe dirigeante. Infidèle à sa vocation première qui le mettait au service de l'église, il finit par fouler aux pieds ses engagements les plus sacrés, il entra par une union sacrilège dans les rangs de la bourgeoisie. Ne pouvant se faire estimer de ses collègues, il s'imposa par la crainte Sa vive intelligence et ses intrigues le firent revêtir des fonctions redoutables de Commissaire du Directoire exécutif. Nous l'avons vu déjà à l'œuvre.

Voici la lettre ou réquisitoire qu'il écrit d'un style menaçant, à la date du 14 germinal an IV (5 avril 1796) :

Citoyens administrateurs, un délit grave a été commis sur votre territoire ; il doit exciter l'indignation de tous les amis de la Constitution et de l'ordre, et je réclame de vous toutes les mesures et l'emploi de tous moyens, qui pourront contribuer à vous en faire connaître les infames auteurs. Des scélérats se

---

(1) *Registres municipaux.*

sont permis de graver sur plusieurs portes, et dans plusieurs cours de la ville ces mots : *Vive le Roi !* devenu le signal de ralliement des Royalistes et des anarchistes, qui tendent au même but par une marche et des moyens opposés. S'il est du devoir de tout citoyen de dénoncer les délits qui sont à sa connaissance, cette obligation est plus impérieuse, plus sacrée pour des fonctionnaires publics, surtout lorsque les délits intéressent d'une manière essentielle l'ordre public et le maintien de la Constitution. Déjà le Juge de paix du canton a dressé procès-verbal du délit et se dispose à former une procédure. Vous serez jaloux, sans doute, citoyens, de concourir avec lui à la découverte et à la poursuite des scélérats qui ont voulu flétrir et souiller du soupçon de Royalisme une Commune qui jusqu'à présent a donné les plus grandes preuves d'attachement à la Constitution, et de fidélité à la République. Vous montrerez enfin citoyens, que ce n'est pas envain que vous avez prêté le serment de haine à la Royauté.

Je requiers en conséquence : I° Qu'il soit fait une proclamation pour inviter tous les bons citoyens à dénoncer tous les indices et à faire connaître, soit au Commissaire du Directoire exécutif, soit au Juge de paix, tout ce qui pourrait être venu à votre connaissance, relativement au délit commis ;

II° Que l'organisation de la garde nationale, dont les officiers ont été nommés, soit définitivement complétée par la réception des officiers, à la prestation de leur serment ;

III° Que le vase qui a été trouvé et reconnu pour avoir été employé à fondre la couleur, qui a servi à l'inscription, soit déposé au greffe pour servir d'indice et être offert à la reconnaissance des citoyens appelés en témoignage ;

IV. Qu'il soit fait des patrouilles durant la nuit jusqu'à nouvel ordre, et dressé procès-verbal contre ceux refusant de faire le service ;

V° Qu'il soit donné du tout connaissance au Département et au Ministre de la police générale de la République.

Signé : CHAMPMAS,
Commissaire du Directoire exécutif.

Les membres de la Municipalité, mis en demeure d'agir, délibérèrent :

Vu le réquisitoire ci-dessus, l'administration Municipale :

Considérant qu'il est de son devoir d'arrêter par tous les moyens en son pouvoir les germes de malveillance qui se manifestent ; qu'il ne reste pour l'entière réorganisation de la garde nationale que la réception des officiers nommés par les compagnies le 9 du mois courant. Faisant droit au susdit réquisitoire, arrête :

1° Que la garde nationale sera convoquée demain, 15 germinal, à 2 heures, pour la réception des chefs ;

2° Que le vase trouvé et reconnu pour avoir été employé à fondre les couleurs qui ont servi à l'inscription, sera envoyé au greffe ;

3° Que le commandant de la garde nationale sera requis de fournir tous les jours des patrouilles suffisantes pour arrêter les perturbateurs du repos public ;

4° Qu'il sera envoyé copie du procès-verbal à l'administration centrale et au ministre de la police générale de la République ;

5° Que le dit réquisitoire et le présent arrêté seront lus et affichés, et tous les citoyens invités à dénoncer les connaissances qu'ils peuvent avoir des auteurs de la susdite inscription.

Fait à Layrac, le 14 germinal an IV.

CAPPONNEL, Président,
DARGEIN, RUEL, MARCADET (1).

Deux jours après, les officiers de la garde nationale se rendirent à l'appel de la Municipalité pour l'exécution d'un arrêté ordonnant qu'il fût formé un détachement de 250 hommes, pris parmi les gardes nationales des cantons et des Communes particulières. Le contingent de Layrac fut fixé à cinq hommes et devant être rendus à Agen le 20 du mois courant.

L'administration Municipale, ouï, et ce requérant le Commissaire, les citoyens Michel Ducomet, J. Bonnet, André Bernès, cordonnier, Bordelles et Nézat sont nommés pour composer le détachement ordonné, vu que tout propriétaire de fusil de chasse et de calibre sera requis d'en faire la déclaration ; qu'on se transportera chez tous les marchands de poudre à feu, balles, pierre à fusil, armes blanches ou à feu, pour en faire l'inventaire et il sera défendu de n'en vendre que sur visa.

---

(1) *Registres municipaux.*

Tous les citoyens seront prévenus des dispositions du sus dit arrêté lequel sera publié et affiché.

Fait en séance les jour, mois et an que dessus.

Le Chommissaire Campmas et les lois de Persécutio

Le 21 germinal an IV (11 avril 1796), la Municipalité fut convoquée à la suite de la réception d'une lettre de l'Administration départementale.

Cette lettre donnait communication d'un arrêté en date du XI prairial courant, qui prescrivait des mesures plus rigoureuses concernant les prêtres réfractaires. Il était dit qu'à la prochaine séance qui devait être convoquée extraordinairement, la Municipalité devait répondre immédiatement aux questions qui lui étaient proposées.

L'Administration municipale considérant qu'il est de son devoir de faire connaître à l'Administration départementale ce qu'elle désire savoir, déclare qu'il n'existe dans la Commune aucun individu que puisse concerner la loi du 3 brumaire ; ouï, et ce requérant le Commissaire du Directoire exécutif, arrête qu'il sera fait sur le champ une réponse négative aux questions proposées, laquelle sera envoyée pour convaincre que les Communes et cantons de Layrac ne sont pas souillés par la présence d'aucun prêtre réfractaire.

Le terrible Commissaire ne voulut pas se contenter de cette réponse sommaire, qui contrariait le besoin intime qu'il avait de jouer un rôle prépondérant qui le mit en évidence et inspirât de la terreur à ceux dont il ne pouvait acquérir la confiance et l'estime. Il prit la parole pour faire ressortir la gravité de la situation, qu'on n'avait pas l'air de comprendre, pensait-il.

« Citoyens administrateurs, dit-il, un nouvel arrêté du Directoire exécutif du 2 germinal, en excitant le zèle et la surveillance des fonctionnaires publics, appelle aujourd'hui votre attention sur l'exécution de plusieurs lois et de diverses mesures, qui ont pour objet le maintien de l'ordre public, la sûreté des personnes et des propriétés, et le salut de la patrie.

« La loi du 10 vendémiaire, titre 2, article 1er ordonne la confection dans chaque Commune, d'un tableau, contenant le nom, l'âge, l'état ou profession de tous ses habitants au dessus de 12 ans, le lieu de leur habitation, l'époque de leur entrée dans la Commune, et l'envoi d'un double de ce tableau à l'Administration du département. Cette disposition de la loi ainsi que l'article qui prescrit la tenue d'un Registre de passeports, sont exactement remplis, et vous avez assujetti les aubergistes et logeurs à l'obligation que la loi du 19 août leur impose. Vous avez la certitude qu'aucun émigré, aucun prêtre réfractaire, sujet à la réclusion ou à la déportation, n'a souillé de sa présence le territoire de notre canton, aucun vagabond n'y promène sa dangereuse et honteuse inutilité et notre canton est sous ce rapport dans la situation la plus satisfaisante.

« La loi du 4 frimaire relative aux déserteurs a éprouvé plus d'obstacles. L'empressement des volontaires à se rendre à leur poste n'a pas secondé le zèle des fonctionnaires publics à remplir leur devoir. Tous n'ont pas pris leur feuille de route et parmi ceux à qui elle a été délivrée, il en est qui sont restés chez eux, ou qui sont rentrés dans leurs foyers après une courte absence. Les réquisitions faites par la gendarmerie n'ont produit aucun effet ; elle n'a pu faire sur notre territoire qu'un séjour momentané, et les fuyards cachés dans la campagne ont pu aisément se soustraire à ses recherches. Aujourd'hui, citoyens administrateurs, la garde nationale est définitivement organisée, et nous trouvons en elle une force toujours présente, toujours à portée d'agir et d'exécuter nos réquisitions. Vous êtes appelés, citoyens administrateurs, par l'arrêté du Directoire exécutif à concourir avec son Commissaire à la poursuite des déserteurs et vous partagerez sa responsabilité.

« Je requiers en conséquence :

« 1° Que le Commissaire de police soit invité à redoubler de zèle et de surveillance dans la visite des auberges et l'examen des registres tenus en exécution de la loi du 19 juillet 1791 ;

« 2° Qu'il soit fait un nouvel état des volontaires, qui, après avoir pris leur feuille de route, sont rentrés dans leurs foyers, ou ne les ont pas quittés ; que le dit tableau soit remis au commandant de la gendarmerie, à la résidence d'Astaffort, et à celui de la garde nationale de ce canton, avec réquisition de faire arrêter tous ceux qui y seront portés, et qu'à cet effet il soit pris par chaque administrateur tous les renseignements qui peuvent mener à la découverte des fuyards, et que ceux convaincus de leur avoir donné asile, soient poursuivis conformément à la loi du 4 nivose. Enfin que tout citoyen soit invité de nouveau à dénoncer toute infraction aux lois du 4 frimaire et du 4 ventose.

« Signé : CHAMPMAS,
« Commissaire du Directoire exécutif ».

Lecture ayant été faite de ce réquisitoire, l'Administration municipale du canton de Layrac, après y avoir mûrement réfléchi :

Considérant que toutes les dispositions de la loi du 4 vendémiaire ont été mises à exécution, et qu'il ne reste que très peu de traîneurs, de réquisitionnaires pour l'exécution de celles du 4 frimaire, quatre délibérant, arrête :

1° Le Commissaire de police sera de nouveau invité de tenir la main à la rigide exécution de la loi du 12 vendémiaire, et il exigera des logeurs la tenue du Registre prescrit par la dite loi ;

2° Il sera dressé à la 1re séance de l'Administration la liste des jeunes gens de la réquisition, qui ayant pris leur feuille de route, n'ont pas rejoint leur drapeau ;

3° La dite liste sera envoyée au commandant de la gendarmerie, résidant à Astaffort, et au commandant de la garde nationale du canton, afin qu'ils poursuivent les réfractaires et les ramènent par force à leurs devoirs.

Fait en séance à Layrac, le 28 germinal en la IVe année de la République (1).

Affaire de la garde nationale

Rien n'échappait à l'œil vigilant du Commissaire du Directoire exécutif. Dans la séance du 16 germinal, des ordres avaient été donnés pour que quelques membres de la garde nationale se rendissent à l'appel du Directoire d'Agen. Or il n'avait pas été tenu compte de cet ordre.

Dans une séance extraordinaire tenue trois jours après, le

---

(1) *Registres municipaux.*

Commissaire du Directoire exécutif prit la parole, et s'exprima ainsi :

« Je demeure instruit que les cinq citoyens que vous aviez désignés dans la garde nationale, en exécution de l'arrêté du département, pour se rendre à Agen, en armes, n'ont point pris les fusils que vous leur aviez remis ; que quelques-uns d'entre eux ne se sont pas rendus à leur poste. S'ils avaient des réclamations à faire contre votre choix, ils devaient les représenter, et si la justice avait été blessée, ou si les dispositions de l'arrêté n'étaient pas remplies, il était du devoir de l'Administration municipale de réparer l'erreur.

« Quoi qu'il en soit, le rétablissement de l'ordre et l'exécution des lois sont trop essentiellement liés aux mesures prises par le département pour que son arrêté puisse demeurer sans effet.

« En conséquence, j'invite l'Administration, et je la requiers d'employer tous les moyens que la loi met en son pouvoir pour assurer l'exécution de l'arrêté du département en ce qui la concerne, et de punir conformément aux lois quiconque se rendrait coupable de désobéissance.

« Signé : CHAMPMAS,
« Commissaire du Directoire exécutif (1) ».

L'Administration municipale, vu le réquisitoire ci-dessus ;

Considérant que les gardes nationales avaient pris leur ordre de route pour aller à Agen, sous la conduite d'André Berni, leur chef nommé, et que le dit Berni n'a pas obéi, arrête que Berni sera mandé pour rendre compte de sa conduite, et mis en état d'arrestation jusqu'à ce que le Département ait prononcé sur son sort (2).

Ce refus d'obéissance de la part de la garde nationale piqua au vif le zèle et l'amour propre du Commissaire. Il ne trouva rien de plus efficace pour stimuler ces citoyens, qui semblaient lassés de ces réquisitions incessantes, que de la convoquer à une fête patriotique. En effet sur convocation, la garde nationale se rendit au champ de Mars, le 28 germinal (17 avril). L'administration s'y transporta en corps avec le Commissaire du Directoire exécutif. L. Champmas, et Bordes, secrétaire en

---

(1) *Registres municipaux.*
(2) Ibid.

chef de la Municipalité. Une fois l'Administration rendue, le Président et les autres membres, revêtus de leur costume officiel, se présentèrent au centre de la 2ᵉ compagnie. Puis le Président faisant quelques pas en avant, ayant à sa gauche le capitaine de la 1ʳᵉ compagnie, l'épée nue à la main, l'interpella et lui dit : Jurez-vous fidélité à la nation, haine à la Royauté et obéissance aux lois de la République ? Le citoyen Caprais Depau, qui remplaçait provisoirement le commandant, répondit : Oui, je jure fidélité à la nation, haine à la Royauté et obéissance aux lois de la République.

Sur cette réponse, le Président fit battre un ban, et reprit, en s'adressant à l'assemblée : Citoyens, au nom du peuple Français, vous reconnaîtrez le citoyen Caprais Depau pour votre commandant provisoire et lui obéirez en tout ce qu'il vous ordonnera pour la sûreté des personnes, la garantie des propriétés et le service de la République, et il donne l'accolade fraternelle à C. Depau. Après quoi le commandant se portant à la tête des trois compagnies, dont se composait la garde nationale, fit battre un double ban.

Tous les officiers furent reçus de la même manière. Ensuite chaque capitaine, ayant fait battre un double ban, fit la réception des cinq sergents et des huit caporaux.

Cela fait, la cérémonie était finie et la Municipalité rentra dans la Maison Commune, où le procès-verbal de la fête de ce jour fut rédigé et signé (1).

Volontaires refusés

D'après des ordres pressants de l'Administration départementale, la Municipalité s'était hâtée d'envoyer de nouvelles recrues à Agen, mais ces recrues ne furent pas agréées. A la séance du 2 floréal (21 avril), le Président notifia que le choix fait avait été blamé, car les dites recrues étaient atteintes d'infirmités qui les rendaient incapables du service militaire. Il fallut donc procéder à un nouveau choix et il fut arrêté que les citoyens Joseph Donefort, Guillaume Lanes et Antoine Delbès prendraient la place de ceux qui avaient été refusés ; ce serait le complément du contingent de la force armée. Les volontaires

---

(1) *Registres municipaux.*

ainsi désignés furent invités à venir dès le lendemain à la Maison Commune pour recevoir leurs armes (1).

Célébration de la Fête des époux

Le peuple, sevré de la célébration des fêtes religieuses, ne pouvait oublier ces joyeuses et antiques solennités qui jetaient sur sa vie monotone quelque heureuse diversion. Le Directoire essaya bien de toute façon de remplacer ces belles cérémonies de l'ancienne religion, qui reposaient l'esprit et embaumaient le cœur. Les fêtes décadaires ne furent jamais goûtées par le peuple. On institua un grand nombre d'autres solennités pour distraire et égayer les populations. Le 27 germinal an IV, l'Administration départementale écrivit aux Municipalités de chaque canton pour qu'on célébrât le 10 floréal suivant la fête des époux.

Convoquée à cet effet, la Municipalité, dans sa séance du 6 floréal, prit la décision suivante :

Considérant, dit-elle, qu'il est de son devoir de donner à cette fête des époux toute la solennité que peut permettre la localité, ouï, et ce requérant le Commissaire du Directoire exécutif, il sera fait proclamation pour inviter les citoyens à se réunir et à se joindre à l'Administration municipale le 10 floréal, à 10 heures du matin, dans le local servant ci-devant à la Société populaire, c'est-à-dire au couvent des Bénédictins.

Le Président annoncera l'objet de la fête, les musiciens domiciliés dans l'étendue de la Commune seront convoqués pour se rendre à cette solennité avec leurs instruments. Il proclamera les pères et les mères qui ont fourni le plus grand nombre de défenseurs à la patrie, dans la guerre de la Liberté ; ceux qui sont morts à la défense de la République, et ceux que leurs blessures ou leurs infirmités ont obligés à renoncer au service militaire, seront comptés au nombre de ses défenseurs ;

Et attendu que l'Administration municipale n'a pas assez d'exemplaires de l'acte Constitutionnel pour en remettre un à chacun des parents proclamés, il sera écrit à l'Administration centrale du Département pour la prier de faire l'envoi d'un

---

(1) *Registres municipaux.*

nombre suffisant d'exemplaires du dit acte, afin que la remise puisse en être faite, conformément à l'article 6 du dit arrêté.

Il sera pour cet effet dressé l'état des militaires que la Commune de Layrac a fournis, pour être mis sur le bureau, à la séance du 9 du mois courant, afin que le public soit a portée de connaître la famille qui aura fourni le plus grand nombre de défenseurs à la patrie. Il sera prononcé un discours civique sur la morale des époux et sur les obligations sacrées que la patrie et la nature leur imposent (1).

Désertion d'un Volontaire

A la date du 2 floréal précédent, l'Administration municipale avait inscrit le citoyen Donefort au nombre des gardes nationaux obligés de prendre du service et de se rendre à Tournon. Mais Donefort ne parut pas au rendez-vous d'Agen. Immédiatement le zélé Commissaire du Directoire exécutif avertit la Municipalité qu'elle eut à s'enquérir de la disparition de Donefort. Or après information prise, il résulte que le citoyen Donefort était absent de chez lui lorsque la réquisition faite par la Municipalité lui fut signifiée, et sa femme ignorait complètement où il se trouvait, et elle exprima son vif regret de ne pouvoir donner aucun renseignement précis à ce sujet. La plainte portée contre Donefort fut par suite regardée comme non avenue (2).

Arpentement du jardin du Presbytère

Dans la séance du 3 prairial (22 mai 1796). Le citoyen Léon Bru qui avait acheté comme Bien National, un pré, confrontant le jardin du ci-devant Presbytère, vint demander à la Municipalité qu'il fut mis des bornes pour bien fixer les limites de son acquisition, faite le 4 juin 1792. Le jardin du Presbytère avait une contenance d'un demi arpent. Le dit Bru fut autorisé à procéder sous la surveillance du citoyen Ruel, Commissaire

---

(1) Signé : Capponnel fils, Président, Champmas, Commissaire, Ruel, Marcadet, Dargein.

(2) *Registres municipaux.*

désigné, à un nouvel arpentement de manière a donner satisfaction aux parties (1).

Fête de la Victoire

Les fêtes succédaient aux fêtes. Le Directoire s'obstinait à imposer des cérémonies, qui fussent de nature à faire oublier les antiques solennités religieuses, dont le souvenir restait vivant dans tous les cœurs. Il manda à toutes les Communes d'avoir à célébrer le 10 prairial (30 mai 1796), une fête de *la Victoire*. En réalité l'armée française poursuivait en Italie une campagne qui fut signalée par de nombreux triomphes. Après avoir reçu communication de cet arrêté, l'Administration municipale s'empressa de donner des ordres en conséquence. Et elle déclara en la séance du 7 prairial, que les victoires réitérées de nos armées méritaient bien que le peuple français témoignât aux généraux qui les commandaient, sa reconnaissance et son admiration.

Donc, considérant que cette Commune, sa localité et ses ressources ne lui permettant pas de donner à cette fête l'éclat dont elle était susceptible ; qu'il est cependant de son devoir d'y apporter le tribut de reconnaissance que méritent à si juste titre, nos braves défenseurs ; ouï et ce requérant le dit Commissaire, arrête :

Art. 1er. — Il sera célébré, décadi prochain, *une Fête à la Victoire*.

Art. 2e. — Le commandant de la garde nationale sera invité à requérir un détachement de 30 hommes, qui seront armés, et qui se réuniront à l'Administration municipale, le 10 prairial, à 2 heures après-midi, à la Maison Commune, pour se rendre ensemble au pied de l'arbre de la Liberté, où il sera prononcé des discours analogues à la fête.

Art. 3e. — Il sera dressé un tableau des défenseurs de la patrie, où seront désignés ceux qui se seront distingués par leur courage et leur bonne conduite ; ceux particulièrement qui ont péri dans les combats, seront mentionnés honorablement, et leurs parents recevront une marque de la reconnaissance

---

(1) *Registres municipaux.*

nationale. Les musiciens habitant de cette Csmmune seront invités à se réunir à l'Administration municipale, afin de donner à cette fête le plus d'éclat qu'il sera possible. Il sera de même dressé un feu de joye (1).

Les Orphelins de la Guerre

Par suite des levées nombreuses et des réquisitions imposées aux Communes obligées d'envoyer de nouvelles recrues pour remplacer les victimes des guerres, que soutenait la République, vu que l'on obligeait les pères de famille eux-mêmes à s'enrôler. Les orphelins se multiplièrent, et les charges assumées pour subvenir à leur entretien prirent des proportions écrasantes pour les finances communales. Tet fut l'objet des délibérations de la séance du 10 prairial (30 mai 1796). L'Administration municipale déclara que vu l'état des orphelins dressé le 12 ventose par l'Administration du département ;

Vu le nombre des orphelins nourris dans la Commune de Layrac au nombre de 60, voulant mettre a exécution l'arrêté de l'Administration municipale fixant le salaire des nourrices à 45 livres de bled par mois ;

Vu qu'il a été accordé à cette Commune une somme de 20.000 livres prise dans la caisse du Receveur du ci-devant District ;

Déclare que cette somme a été employée à acheter des grains, mais elle a été insuffisante pour l'entier payement du dit salaire du mois de floréal ; et les nourrices attendent qu'on leur paye ce qui leur est dû, sans quoi elles menacent d'abandonner leurs orphelins.

Il existe à Layrac une quantité suffisante de blé pour payer le salaire dû pour les 60 orphelins, puisqu'il y a 27 quintaux de blé, il est instant de pourvoir à payer ce salaire.

L'Administration départementale sera priée de fournir à la Commune de Layrac les moyens de payer le salaire des nourrices des orphelins, en procurant des grains, ou d'une autre manière (2).

---

(1) *Registres municipaux.*
(2) Ibid.

Les biens nationaux administrés par la Municipalité avaient été affermés au citoyen Signac.

Or en l'année 1796, ce fermier des domaines nationaux, se présenta pour acquitter le prix du fermage en assignats. Nous savons qu'à ce moment là, les assignats étaient fortement dépréciés. Or la Municipalité refusa d'accepter se mode de payement pour la partie du fermage qui était payable en grains. Signac fit appel à une juridiction supérieure, et le 7 pluviose an VI (décembre 1797), l'Administration centrale du département confirme la décision de la Municipalité de Layrac. Cet arrêté fut communiqué au citoyen Leyniac, receveur d'Astaffort pour qu'il eut à exiger de Signac le payement de son fermage dans les conditions voulues (1).

Il en était des domaines nationaux de Layrac comme de ceux des autres Communes. Ces fermiers exploitaient au mieux de leurs intérêts ces sortes de locations. Signac avait sous affermé le Couvent des Bénédictins de Layrac au citoyen Delbès. C'est celui-ci qui, à l'époque des dernières enchères provoquées par L. Champmas, se trouvera en jouissance du fermage du monastère, qu'il exploitait de la façon que nous avons signalée.

Vente du Couvent des Bénédictins 1798

Les vénérables Religieux Bénédictins durent quitter leur Couvent à la fin de l'année 1790, et l'établissement fut déclaré Bien National.

La Municipalité fut chargée d'administrer les biens nationaux de la Commune en attendant qu'ils fussent vendus.

Nous avons raconté la vente des dépendances du Prieuré et même du mobilier de la maison (2). Il nous reste à ajouter quelques détails sur les diverses affectations du monastère avant qu'il ne fût vendu. Une partie de ce vaste établissement fut destiné à servir de salle d'école pour la citoyenne Canal. D'un autre côté le Comité de surveillance s'installa pendant quelques années dans une partie du Monastère. Et dans les années 1793 et 1794, la plupart des cellules des moines et les

---

(1) *Registres municipaux.*
(2) *Monographie du Prieuré de Layrac*, p. 652 etc.

appartements les plus vastes servirent à enfermer les citoyens et citoyennes suspects, décrétés d'arrestation.

Après l'élargissement des prisonniers, la Municipalité voulut affermer le Couvent. Nous allons citer une lettre du citoyen Jean Bensse qui nous redira ce qui se passa en cette circonstance.

Aux officiers municipaux de Layrac,
4 nivose an III (24 décembre 1794).

Citoyens,

J'ai reçu votre lettre en date du 3 de ce mois, par laquelle vous me prévenez de nommer un expert pour procéder conjointement avec celui que le District a nommé, à la visite de la ci-devant Maison des Bénédictins de Layrac. Je m'en rendis adjudicatère le 26 germinal an II (18 avril 1794), dans l'espoir d'en jouir paisiblement et librement. Le seul motif qui m'engagea à le faire, fut pour me mettre à l'abri des persécutions que l'on me faisait journellement, mais je n'ai pas eu l'avantage d'en jouir un seul instant, puisque ni vous, ni personne ne m'en avez mis en possession, ni même remis aucune clef. Deux jours après que le bail m'en a été consenti je me suis retiré devers vous pour m'en ouvrir les portes, sortir le Comité de surveillance, que vous y aviez établi.

Eh bien ! loin d'obtempérer à ma demande, vous y avez établi trois jours après l'atelier de salpêtre. Vous ne pouvez pas le mettre en doute, puisque vous avez vous même enjoint le 3 floréal an II (23 avril 1794), qui est le 7e de mon bail, aux membres du Comité de surveillance, de céder leur appartement au Commissaire du salpêtre, en lui disant que l'intérêt que présente cet établissement, mérite ce sacrifice de leur part. Vous ne devez pas ignorer que la Société populaire du présent canton m'a dénoncé à cette époque auprès de vous, pour que conformément au décret rendu par la Convention Nationale le 13 pluviose an II (2 février 1794), vous me fissiez arrêter comme suspect jusqu'à la paix.

Si je troublés le Commissaire du salpêtre dans la jouissance de la maison, où vous veniez de le placer, tous ces actes de votre part, citoyens, officiers municipaux, doivent vous faire voir que vous m'avez dépouillé de ma jouissance de cette maison. Et vous devez savoir pour ne pas m'exposer à en payer l'entière ferme. Quoique je n'en jouissais pas, je me vis obligé à céder à vos sollicitations le bail au Commissaire du salpêtre, que vous y avez établi. Ce que je fis, le 8 prairial an II (28 mai 1794). Je le lui cédai pour le même prix que j'en donnais. Tout cela doit vous faire voir mon désintéressement. Je ne pouvais pas le charger des dégradations parce que ce n'était pas moi qui l'y avait placé, et qu'elles étaient occasionnées par les transports et personnes que nécessitait cet atelier. D'après toutes ces considérations, je vous déclare formellement que je ne veux pas nommer de Commissaire pour faire procéder à la dite visite. Les actes d'autorité que vous avez faits dans cette maison doivent vous faire connaître que je ne suis pas chargé des dégradations, puisque vous en avez jour et nuit ouvert la porte à tout venant. Par conséquent, si vous voulez en rendre quelqu'un responsable, prenez vous en à ceux que vous y avez établis.

Salut et fraternité :

BENSSE (1).

Entre temps l'établissement fut affermé, et la Municipalité et la population s'y réunissaient pour des banquets et autres assemblées politiques.

En 1794, Laurent Champmas, ex-curé Constitutionnel fut nommé administrateur du District d'Agen. Mais en novembre 1795, il fut élu Commissaire du Directoire exécutif de Layrac, et lorsqu'il revint s'installer à Layrac, il trouva le Monastère dans un état de dégradations et de désordres qui provoquèrent de sa part des mesures sévères.

On pouvait pressentir que cette sollicitude pour débarrasser ce Monastère de ces profanateurs sacrilèges et pour veiller à sa conservation, n'était pas tout à fait désintéressée. Il avait le secret dessein de s'en rendre acquéreur.

En l'an VI, c'était le citoyen Signac qui en était le fermier, et le citoyen Delbès le sous-fermier. Ces industriels exploitaient la situation en transformant cet établissement en salle de danse, auberge et cabaret ; ils ne rêvaient qu'à réaliser des bénéfices matériels.

---

(1) *Registres municipaux.*

Telle était la situation, lorsque s'ouvrirent les enchères qui furent décidées à la suite d'une visite d'experts, chargés de faire un rapport sur l'état des lieux.

Le 24 pluviose an III (13 février 1795), François Ducomet, Commissaire délégué par le District d'Agen, et Chollet Lascaban, Commissaire, désigné par Jean Bensse, fermier, de concert avec les officiers municipaux de Layrac, après avoir visité l'intérieur du Couvent et ses dépendances, rédigèrent un procès-verbal dont la conclusion était celle-ci :

« Nous ne pouvons nous refuser de dire que la nation doit de ne pas différer de vendre cette maison et ses dépendances, si la vente est différée plus longtemps, tout se réduira à rien » (1).

Après avoir pris lecture de ce rapport, le Directoire décida la vente du Couvent. L'estimation ou évaluation fut faite par deux experts et à la suite, l'adjudication. Il y eut plusieurs concurrents.

La 1re adjudication du 1er messidor an IV fut faite en faveur du citoyen Pélissier, garde magasin du timbre d'Agen, moyennant le prix de 37.979 livres 18 sols 6 deniers (2).

Nous ajouterons que le citoyen Pélissier agissait pour le compte du citoyen Thomazon, directeur de l'Administration départementale des domaines nationaux de l'enregistrement, à qui Pélissier céda l'objet dans les vingt-quatre heures, en qualité de Command (3). Ce citoyen Thomazon figure aussi dans la vente du château d'Aiguillon (4).

Immédiatement l'ex-curé Constitutionnel, qui depuis longtemps convoitait le Couvent, et avait manœuvré dans ce sens, entra en campagne et rédigea un long et habile Mémoire pour faire résilier la 1re adjudication et obtenir l'avantage de faire agréer ses offres et soumissions.

En effet la 1re adjudication du citoyen Pélissier fut annulée, Champmas ayant démontré qu'elle était fictive, frauduleuse et

---

(1) *Registres municipaux*. Voir pour autres détails *Monographie du Prieuré de Layrac*, p. 651 etc.

(2) Archives de la Préfecture.

(3) Ibid.

(4) Le même Thomazon acheta le Couvent des Jacobins d'Agen. *Les Couvents de la ville d'Agen*, par M. Lauzun, p. 91.

illégale. Et cela fait, Champmas fit sa soumission d'achat sur le prix de 37.979 francs. Un procès s'ensuivit.

Le citoyen Thomason ne voulut pas se laisser dépouiller de son butin qui lui faisait espérer de grands bénéfices. Il réclama et contre la décision du ministre des finance, qui avait annulé les premières enchères ; et contre l'acte de vente, passé le 26 ventose an VI (mars 1798), en faveur de Champmas.

Le Conseil de Préfecture de Lot-et-Garonne ayant à décider l'affaire, décréta dans sa séance du 13 messidor an VIII (juillet 1800). La soumission du citoyen Pélissier est déclarée fictive, fausse et illégale, et l'arrêté qui ordonne la vente au citoyen Champmas du domaine national, du Couvent de Layrac, dont il s'agit, est fondé sur les lois, et doit être maintenu (1). Par suite toutes les protestations et réclamations du citoyen Thomazon furent rejetées.

Voilà à la suite de quelles habiles manœuvres le citoyen Champmas devint propriétaire du Couvent de Layrac (2).

Ce n'était pas exclusivement pour sa personne que Champmas avait convoité cette superbe résidence. Il pouvait se contenter d'une maison moins somptueuse pour loger la femme qu'il avait associée à sa destinée ; mais il rêvait de jouer un rôle social et d'établir un Pensionnat dans le Monastère des anciens Bénédictins.

C'est ce que nous allons raconter.

Mais auparavant rappelons un petit incident survenu quelques semaines après l'ouverture du nouveau collège.

Nous avons lu la réponse que Champmas, Commissaire du Directoire exécutif de Layrac fit à l'Administration centrale du département au mois d'avril 1796. Dans sa lettre, le terrible Commissaire assurait avec emphase qu'aucun émigré, aucun prêtre réfractaire sujet à la réclusion ou à la déportation ne souillait le territoire du canton de Layrac.

---

(1) Archives de la Préfecture.
(2) Le citoyen Delbès, fermier de la maison nationale des Bénédictins ne voulut pas renoncer à son bail, et il fallut faire intervenir l'Administration départementale, qui en l'an VII, décida qu'il y avait lieu de payer à Delbès une indemnité de 350 francs pour qu'il renonçat à sa jouissance du Couvent, en faveur de L. Champmas. *Registres municipaux.*

Le ton de cette lettre dut paraître bien arrogant et par trop imprudent à quelque membre de la Municipalité ou à quelque citoyen, qui sans oser répliquer, dut se promettre de profiter de la première occasion pour donner une petite leçon au fameux Commissaire. Cette occasion se présenta lorsque Champmas ayant dépouillé la défroque d'inquisiteur, fut devenu l'opulent propriétaire du Couvent, et le directeur, sinon officiel, du moins officieux du nouveau Pensionnat.

Parmi les professeurs recrutés par M. Ducomet il y avait un certain Devaux, né à la Martinique. On fit courir le bruit que ce professeur était un prêtre déguisé. Et comme les lois maintenues encore par le Directoire étaient appliquées avec une sévérité jalouse contre les ecclésiastiques rentrés en France, la police d'Agen avisée que Champmas recélait dans sa maison un de ces prêtres, reçut ordre de se transporter à Layrac et de mettre le dit Devaux en état d'arrestation. C'est ce qui eut lieu. Cette arrestation causa un grand émoi dans le nouveau collège et procura beaucoup d'ennui au propriétaire du Couvent. Le professeur inculpé n'eut pas de peine à prouver qu'il n'avait jamais été prêtre et qu'il était victime d'une dénonciation malicieuse (1).

Le Collège de Layrac 1799

La Révolution, qui avait accumulé tant de ruines dans l'ordre social et religieux, porta un coup fatal à l'enseignement à tous les degrés. Voilà pourquoi au sortir de la crise révolutionnaire les élus du pays réclament la restauration des anciennes institutions, la réorganisation des anciens collèges et même le retour des congrégations proscrites. Ils constatent une immense vide qu'ils voudraient combler pour le relèvement des générations nouvelles (2).

Aussi toutes les tentatives pour rétablir des collèges, des pensionnats, des maisons d'instruction sont encouragées ; et les

---

(1) Archives de la Préfecture, année VII messidor 14.
(2) Analyse des procès-verbaux des Conseils Généraux du département. Session de l'an IX, p. 523 etc.

familles désireuses de faire donner à leurs enfants une instruction sérieuse, s'empressent d'envoyer leurs fils dans ces écoles.

Voici ce qui se passa à Layrac.

Le 12 germinal an II (avril 1794), le citoyen Alexis Durand déclare vouloir continuer l'enseignement et rouvrir une école pour y enseigner la Constitution et les droits de l'homme (1).

Trois jours après la citoyenne Marie Canal, ancienne religieuse, vient faire à la mairie, sa déclaration, pour continuer ses fonctions d'institutrice, s'engageant à enseigner à ses élèves la Constitution et les droits de l'homme.

Dans ce même mois la citoyenne Fabe vient faire sa déclaration pour une école de filles.

Ensuite c'est Jean Busquet qui présente son acte de civisme et déclare son intention d'ouvrir une école.

Nous avons déjà signalé la déclaration faite le XI germinal an II (avril 1794), par le citoyen Jean Baptiste Ducomet. Ce jeune maître était fils de François Ducomet, maître maçon et architecte, originaire de Condom, et établi dans la ville de Layrac depuis quelques années.

Le jeune Jean Baptiste avait reçu une instruction très soignée et au moment ou éclata la Révolution, il était professeur à l'école de La Flèche, (2) école renommée à cette époque, et qui fait supposer dans le jeune professeur des aptitudes et des talents exceptionnels.

Obligé de quitter La Flèche, le jeune Ducomet se retira dans sa famille à Layrac, et profitant d'un moment de liberté, proclamée après le 9 thermidor, il voulut utiliser ses talents pour exercer une profession qui lui donnât une honnête aisance.

Il se présenta devant le Conseil Général de Layrac et déclara vouloir user de la liberté d'enseigner, et se voua à l'instruction publique, en conformité des décrets de la Convention du 29 frimaire précédent. Et il exposa le programme de son enseignement. Il se proposait d'enseigner la Constitution de 1793, les Droits de l'homme, les mathématiques, la langue française et latine, la géographie et l'histoire des Républiques. Il produisit en même temps un certificat de civisme, délivré par la Munici-

---

(1) *Registres municipaux.*
(2) Ibid.

palité de La Flèche et par le Comité de surveillance du département de la Sarthe, le 1ᵉʳ juillet 1793. Il promit de se soumettre à toutes les prescriptions légales (1).

Le 22 fructidor an II (septembre 1794), il épousa Jeanne Castex qui appartenait à une famille très honorable du pays.

Quels furent les débuts de cette école d'enseignement secondaire ? très médiocres et bien difficiles avons nous vu, mais les circonstances ne tardèrent pas à lui donner un grand développement. Il y avait à Layrac une bourgeoisie nombreuse, désireuse de faire donner à ses enfants un enseignement relevé. Or les écoles secondaires, collèges, pensionnats de tous genres avaient disparu dans la tourmente révolutionnaire.

Ce fut donc une circonstance, qui favorisa l'établissement et l'extension de l'école, ouverte par Ducomet à Layrac. Une difficulté grave se présentait. Les autres instituteurs, dont nous avons parlé, trouvèrent difficilement un local pour recevoir les élèves. Ducomet exposa sa requête à la Municipalité et nous avons dit avec quelles difficultés elle lui offrit une petite maison, voisine du presbytère et dont l'appropriation se fit avec beaucoup de peine. Mais le citoyen Champmas sur ces entrefaites vint à être élu Commissaire du Directoire exécutif de Layrac.

Champmas comprit le grand avantage pour lui et pour la population de seconder le projet de Ducomet. En effet, comme nous l'avons raconté ailleurs, Champmas jeta son dévolu sur le vaste établissement des Bénédictins, où il pourrait installer une école secondaire. Il avait le chef d'institution désiré. Il ne s'agissait plus que de se rendre possesseur du Couvent. Avec une habileté et une ténacité rares, il arriva à ses fins. Par son mariage avec la veuve Biran de Molinis, ancien Maire, il avait acquis les ressources nécessaires pour l'exécution de ses projets. Et voilà comment nous le trouvons établi dans le Couvent des Bénédictins, dés l'année 1798, avant même que toutes les formalités relatives à la prise de possession de l'immeuble eussent été remplies.

Les circonstances furent très favorables à la fondation et au succès de cette maison d'instruction, sous la direction d'un maître intelligent et expérimenté.

---

(1) *Registres municipaux.*

Tels furent le commencement et les débuts de cette école secondaire avec un pensionnat, établie à Layrac dans la maison appartenant au citoyen Laurent Champmas. Celui-ci en était le directeur officieux, mais sous la responsabilité et sous la direction officielle de Jean Baptiste Ducomet.

La nouvelle de cette fondation ne tarda pas à grouper un certain nombre de professeurs, dont la renommée attira en peu de temps un grand nombre d'élèves, soit externes, soit internes.

Pour gagner la sympathie des parents et provoquer l'attention publique sur cette école, le Directeur, fier de ses débuts voulut donner des séances publiques, dans lesquelles les maîtres et les élèves feraient montre et preuve de leur savoir et des connaissances qui étaient données dans cette école.

Il nous reste deux plaquettes imprimées. l'une de 24 pages in-4°, l'autre de 32 pages, dans lesquelles nous trouvons exposés les exercices littéraires et scientifiques de l'école, avec les noms des divers élèves appelés à développer devant le public, les matières qui y étaient enseignées. Nous allons citer quelques extraits.

EXERCICES LITTÉRAIRES
des élèves pensionnaires de l'école du citoyen Ducomet,
à Layrac, département de Lot-et-Garonne,
Divisés en deux séances, qui auront lieu, les 27 et 28 fructidor an XI (1801).

La 2ᵉ plaquette porte en tête l'aigle, et a pour titre :

EXERCICES LITTÉRAIRES PUBLICS
des élèves de la pension de Layrac (Lot-et-Garonne),
Divisés en deux séances, qui auront lieu, les 16 et 17 fructidor an X (1800) (1).

De la 1ʳᵉ séance de l'an IX, voici le questionnaire :

Principes de la langue française. — Qu'est-ce que la grammaire ? — des Syllabes. — Prononciation. — Eléments de géographie. — Mappemonde. — Division du globe.

RÉPONDRONT : Jean Bujac, de Castelmoron ; Baptiste Marcadet, de Layrac ; Fr. Castex, de Layrac ; Maurice Lagrèze, de

---

(1) Ces plaquettes ont été imprimées à Agen chez Noubel.

Layrac ; Jean Dabadie, de Puycasquier ; Charles Delpey, de Valence ; G. Gignoux, de Valence ; Paul Vital, d'Agen ; D. Aillet, de Beauville ; Marcellin Lafargue, de Bazas ; Gustave Boussac, de Layrac ; Martial Déguillon, d'Astaffort.

Pour la langue latine

Répondront : 1re classe, Bujac ; Dabadie ; F. Castex ; J. Deffrey ; Marcadet ; Lagrèze,

2e classe, Roch-Seguy, d'Agen ; Jean Armand, de Bazas ; J^h Cassius ; Pierre Beyne, d'Agen ; Pierre Lavigne, de St-Hilaire ; Auguste Moullié ; Jean Amouroux, de Castelnau.

Mathématiques. — Arithmétique. — Règles d'intérêts. — Fractions, etc.

Répondront : J. Lavigne, d'Agen ; J. Duchesne, de Castelnau ; J^h Bergognié ; J^h Charles Sansac, de Port Ste-Marie ; F. Saint-Ange, de Miramont ; J. Gignoux ; J. Odoult, de Moissac ; P. Sauvaud, de Casseneuil ; J. Lafargue, de Bazas ; Moullié, de Lapouleille ; B^d Dieuzarde, du Castéra ; J^h Déguillon.

Géométrie. — Polygones. — Surfaces. — Plans.

Répondront : P. Casse, d'Agen ; Laforgue, de Castelnau.

Application à l'Uranographie ou Description du ciel

Répondront : P. Casse ; Laforgue ; St-Ange ; Dabadie ; P. Ducomet.

Trigonométrie

Répondront : St-Ange ; L. Dabadie ; P. Ducomet.

Le programme des séances de 1800 comprenait des exercices sur la Grammaire, la Géographie, la Langue Latine, l'Histoire Romaine, sur les auteurs latins et parmi les répondants nous citons les noms de P. Cassius ; A. Mongie, de Bazas ; Samande, de Casseneuil ; Lasserre ; Amouroux ; Beyne ; Delpech ; Seguy ; Odoul ; A. Mongie ; Et. Canal ; Jean Dufourc ; B. Ferragut, de Vic-Fezensac ; G. Lafite, d'Astaffort ; V. Delpech, de Nérac ; Bergognié, etc.

Cette séance devait se terminer par le *Dragon de Thionville*, ou les *Deux Pages*, drame, un nouveau Ballet, et différents exercices d'armes et de musique. On jugera des progrès des élèves dans l'écriture et le dessin par l'exposition de leurs ouvrages.

Le tout sera terminé par la distribution des prix.

En l'an X 1800, Exercices en deux séances

Dans la séance donnée à la fin de cette année scolaire, les exercices furent très variés et les examens eurent pour matière : La Langue Française, la Langue Latine, la Géographie, l'Histoire Ancienne, l'Histoire de France, les Mathématiques, la Géographie, la Trigonométrie, l'Algèbre, les auteurs Latins, Quinte-Curce, les Géorgiques, Ovide, Pro Ligario, etc.

Parmi les répondants nous citerons entre autres : J. Grabias, de Lile-Bouzon ; Pierre Collas, de Langon ; J^h Sarramia ; G. Vital ; J. Grenier, de Langon ; Sabathé, de Castelnau ; B. Laffitte, d'Astaffort ; Lamarque, de Monréal ; Félix Capponnel ; B, Sabathé ; P. Lacoste, de Mézin ; Dubarry, de Mézin ; Rapin ; Cassaigne ; B. Gallés, d'Aubiac ; J. Coquet, d'Agen ; R. Descamps, de Valence ; Désiré Aillet, de Beauville ; Gustave et Hippolyte Boussac ; Descamps, de Donzac.

Pour la cloture de cette 1re séance, on joua le drame du *Petit joueur de violon*, accompagné d'exercices de danse et de musique.

Après la 2e séance, les élèves de M. Chenier, professeur de musique, exécutèrent :

Symphonies de Steiner avec 6 élèves ;
Ouverture de Paesiello avec 8 élèves ;
Concerto et quatuor.

Il y aura duos de flûtes et de violons, exécutés par des élèves.

La séance sera terminée par le drame en 3 actes, l'*Enfant Prodigue* ; *Fanfan et Colas*, comédie en 1 acte. Le tout sera suivi de différents exercices d'escrime et de danse, et la distribution des prix suivra.

En parcourant ces programmes nous constatons le grand renom et le succès considérable qu'obtint le Pensionnat de Layrac au lendemain de la tourmente révolutionnaire. Les écoles étaient rares et plus rares les pensionnats, où l'on donnait un enseignement secondaire préparatoire à remplir les grands devoirs de la vie sociale. On vit donc accourir un grand nombre d'élèves dans l'école secondaire ouverte et dirigée par M. J. B. Ducomet. L'habileté du professeur et sa compétence bien reconnues ne tardèrent pas à être justement appréciées. Et le Directeur sut merveilleusement profiter du désir et de l'ambition des parents. Les progrès des élèves contribuèrent à donner à l'école de Layrac une renommée qui la plaça au premier rang des écoles secondaires de cette époque de rénovation.

M. Lafont du Cujula, secrétaire général de la Préfecture dans l'*Annuaire* ou *Description statistique du Département*, publié en 1806, parle de l'école secondaire de M. Ducomet à Layrac, en ces termes : Position charmante, édifice superbe, professeurs nombreux et instruits, pension d'un prix très modéré, succès éprouvés, estime et bienveillance de l'administration : tels sont les droits qu'a cette école à la confiance publique. Elle a plus de 72 pensionnaires et 12 à 15 externes (1).

Dans l'*Annuaire* ou *Calendrier* publié par R. Noubel, en 1806, il est dit de l'école secondaire de Layrac. « Il y a des maîtres de lecture, d'écriture, des langues française, latine, grecque, italienne et espagnole, de mathématiques, d'histoire, de géographie, de dessin, de musique, de danse et d'escrime. Le prix de la pension est de 450 fr. payables par quartier et d'avance » (2).

Après avoir relaté la fondation et les progrès de ce Pensionnat et justifié sa bonne renommée par l'instruction variée et solide donnée en cette école, nous dirons quelles graves lacunes il y avait sous le rapport de l'éducation et nous résumerons d'une manière rapide les divers incidents qui amenèrent sa fermeture en 1823 (3).

Nous croyons inutile de mentionner ici les discussions et les procès qui survinrent entre le Directeur du collège et la fabrique de l'église paroissiale, à l'occasion de la mauvaise tenue

---

(1) *Annuaire*, p. 291.
(2) Ibid., p. 164.
(3) L'exposé plus explicite de ces incidents a été donné dans la *Monographie du prieuré de Layrac*, p. 675 etc.

des élèves pendant les offices, et à propos de certains dégâts produits par le voisinage et les communications entre l'église et le collège.

M. J. B. Ducomet, homme sage et intelligent dirigea l'école secondaire de Layrac pendant une vingtaine d'années avec une rare prudence. Vers l'année 1818, l'Université l'envoya à Marmande en qualité de Principal du collège. M. L. Champmas crut habile de le remplacer en faisant venir à Layrac, son frère plus jeune, qui dirigeait un pensionnat dans la ville de Tonneins.

Cette combinaison ne fut pas heureuse, ni bien vue de la population.

Le nouveau Directeur ne manquait pas d'instruction, mais comme le propriétaire du collège, il avait failli à ses devoirs. Ancien vicaire du fameux Conventionnel Paganel, ex-curé de Noaillac, Champmas jeune avait imité ses errements, et il arrivait à Layrac avec une nombreuse famille, démontrant une fois de plus que l'apostasie à certaines époques conduit plus facilement à la fortune que la fidélité au devoir. Cependant la patience du peuple a des limites et elle finit par se lasser de ces scandales effrontés.

En vain pour atténuer le mauvais effet que ne pouvait manquer de produire la direction de la jeunesse confiée à un apostat, Champmas jeune céda cette direction à son fils qui venait de recevoir son diplôme de bachelier ès-lettres, devant l'Académie de Cahors. Derrière ce Directeur nouveau et sans expérience ressortaient beaucoup trop les figures sombres et peu sympathiques des deux frères qui étaient l'âme et le soutien de cette école.

L'opinion publique finit par être exaspérée de voir dans la même paroisse à côté d'un vieillard octogénaire, confesseur de la foi qui avait tout sacrifié, et supporté un long exil pour sauver son honneur sacerdotal, et consacrant les derniers efforts de son zèle à prêcher le devoir et le sacrifice, deux hommes qui, eux avaient traversé cette période de sang et de destruction en foulant aux pieds les serments les plus sacrés et avaient recueilli honneurs et fortune au milieu de tous les désastres.

Les ruines accumulées des institutions religieuses, sociales et politiques devaient fournir à des maîtres sages la matière et l'occasion de donner à leurs élèves des leçons de vertu, d'abnégation et de sacrifice pour les encourager à relever la dignité du foyer domestique et l'honneur de la patrie. Hélas au Pensionnat de Layrac les leçons étaient données par des maîtres, dont la vie avait été une longue forfaiture et une exploitation sans vergogne.

Cette situation anormale n'avait que trop duré, et il fallait mettre fin à ce scandale. Il y eut une explosion de colères et de mépris, dont se firent les interprètes et les échos le vénérable abbé Capdeville et le Maire de Layrac, M. Paul de Guilhem de Maignas, chevalier de St-Louis, ancien émigré.

L'Université ne put résister à ces doléances et le recteur de l'Académie de Cahors, après une sérieuse enquête, dut prononcer la fermeture de ce Pensionnat. L'inculpé et le Principal responsable, l'ancien Président du Club des amis de la Constitution, le panégyriste de Mirabeau et ancien Commissaire du Directoire exécutif, l'ex-abbé Champmas trouvait fort agréable de se prélasser avec sa femme et la nombreuse famille de son frère dans le splendide Monastère des Bénédictins. Il ne se laissa pas exécuter sans essayer de défendre sa riche prébende. Il plaida sa cause avec esprit, il prodigua les fleurs de rhétorique pour justifier un passé injustifiable et faire de sa vie nouvelle une apologie qui ne convainquit personne (1).

Juste retour des choses ! Le 10 avril 1796, L. Champmas rendant compte de ses fonctions de Commissaire du Directoire exécutif, disait avec un ton de fierté :

« Citoyens administrateurs, vous avez la certitude qu'aucun émigré, aucun prêtre réfractaire sujet à la réclusion ou à la déportation ne souille de sa présence le territoire de notre canton... » (2).

Après la fermeture du Pensionnat qui obligea les frères Champmas et leur famille à quitter la paroisse de Layrac, le vieil émigré M. de Guilhem de Maignas, Maire, et le vénérable M. Capdeville, curé de Layrac, lui aussi ancien émigré, voyaient

---

(1) Plusieurs brochures sur ces questions furent publiées ; nous en avons donné le résumé dans la *Monographie du Prieuré de Layrac*, p. 675 etc...

(2) *Registres municipaux*.

de leurs yeux s'exécuter les arrêts infaillibles de la justice divine et ils constataient que la paroisse de Layrac n'était plus souillée par la présence de ces deux apostats.

C'était la peine du talion, mentionnée dans l'évangile (1).

Nous n'ajoutons qu'un dernier mot sur cette famille Champmas. Le dernier Directeur du Pensionnat de Layrac, neveu de Laurent Champmas, alla à Agen continuer à exercer sa profession d'éducateur.

Quant à l'oncle, propriétaire du Couvent, il arrangea ses affaires de manière à ne conserver dans la Commune de Layrac aucune espèce d'intérêt matériel. Il se retira et vécut sur le domaine de Montestruc, commune de Daubèze, aujourd'hui Lamontjoye, qui lui était advenu du domaine de sa 1re femme demoiselle Julie Gassou. Et il mourut dans cette maison de campagne, le 20 février 1832, à l'âge de 70 ans (2).

---

(1) Vous serez mesuré avec la même aune dont vous vous serez servi pour vos frères. S. Math. VII — 2.

(2) Il se fit enterrer dans un coin de sa propriété de Montestruc. Comme nous l'avons remarqué, lors de la vente de l'église paroissiale de Layrac, l'abbé Champmas, qui y figurait en qualité de Commissaire, laissa profaner la sépulture des anciens curés enterrés dans cette église. Lorsque la propriété de Montestruc passa en des mains étrangères, le nouveau possesseur, fit exhumer les dépouilles funèbres de L. Champmas pour les transférer au cimetière communal. *Pœna pede claudo reum sequitur.*

CHAPITRE X

Le Concordat de 1801 et la fin du schisme.
— Retour de l'abbé Capdeville à Layrac. — Réorganisation de la paroisse.

Pendant que s'accomplissaient en France et à Layrac les tristes et sanglants évènements que nous avons racontés, l'abbé Capdeville supportait avec un noble courage les dures humiliations de l'exil. Il quitta la paroisse dans les derniers mois de l'année 1792. Il était resté au poste périlleux du devoir, tant qu'il le put sans avoir à craindre pour sa liberté et pour sa vie. Une vénérable chrétienne, dont le nom mérite de ne pas tomber dans l'oubli, lui donna l'hospitalité dans sa maison, en s'exposant elle-même à la persécution. Et en effet, Mademoiselle Jacquette Chollet de Lascaban, coupable d'avoir donné un asile au curé de la paroisse, sera dénoncée et incarcérée dans le Couvent des Bénédictins, devenu une prison.

L'abbé Capdeville traversa les Pyrénées ; et même ne se trouvant pas en sécurité en Espagne il se réfugia dans le Portugal, où l'Evêque de Faro lui donna l'hospitalité dans son évêché. Ce prélat sut apprécier les vertus et la science du vénérable exilé. Il eut voulu l'attacher définitivement à sa personne et à son diocèse, et il lui offrit de prendre la direction d'un séminaire pour l'instruction des jeunes clercs. L'abbé Capdeville, dont le cœur était resté attaché à sa malheureuse patrie et à sa paroisse bien aimée, déclina ces propositions si flatteuses, affirmant que le jour où il pourrait rentrer dans sa patrie, il irait reprendre ses travaux évangéliques au milieu de ses frères égarés.

Dix ans se passèrent ainsi dans la prière, les larmes et les longues espérances. Pour tout exilé le pain de l'étranger remplit la bouche de gravier, mais pour le prêtre qu'il a d'amertume et de fiel !

Enfin le Concordat de 1801 conclu entre Sa Sainteté Pie VII et Bonaparte 1ᵉʳ Consul, rendit la paix à l'église de France. Beaucoup d'ecclésiastiques étaient déjà rentrés en France, mais à cette heure là il n'y eut plus d'entraves légales et de pénalités à encourir. Toutefois le Concordat ne fut adopté et reconnu comme loi d'état que le 5 avril 1802, et le jour de Pâques, 18 avril 1802, raconte Mgr Baunard, une messe solennelle d'action de grâces fut célébrée à Notre-Dame de Paris, en présence du 1ᵉʳ Consul, entouré de tous les corps politiques, militaires, administratifs, judiciaires, tous les uniformes, toutes les armes. et dans les nefs un peuple immense accouru de la France entière. Après le dernier évangile on entonna un *Te Deum*. Le *Te Deum* vola d'église en église jusque dans les plus petits villages. Il signifiait au monde l'action de grâces de la Nation pour la Résurrection de l'Eglise de France (1).

L'abbé Jean Jacoupy, prêtre originaire de St-Martin de Ribérac, qui venait de rentrer en France après dix ans d'exil supporté pour avoir refusé le serment à la Constitution schismatique de 1791, fut nommé Evêque d'Agen par un décret du 16 juillet 1802. Cette nomination ayant été confirmée par le Cardinal Caprarac, légat du Pape. Le sacre de Mgr Jacoupy eut lieu le 18 juillet (29 messidor) et le nouvel Evêque se rendit dans son diocèse et il fut installé le 17 octobre 1802.

C'était la fin du schisme dans le diocèse d'Agen. Les premiers mois de son épiscopat, Mgr Jacoupy les employa à s'entourer de conseils et de lumières pour préparer la réorganisation de tout son diocèse.

En effet, par une ordonnance datée du 8 octobre 1803, fut établie l'organisation du Diocèse d'Agen. A cette ordonnance était jointe un état de tous les prêtres qu'il désigna pour administrer les paroisses en vertu d'un règlement dressé à Agen, le 7 floréal an X, approuvé le 30 floréal suivant par le 1ᵉʳ Consul Bonaparte.

Dans le cadre de ce règlement M. l'abbé Capdeville, ancien titulaire était nommé curé de Layrac.

---

(1) *Un siècle de l'Eglise de France*, par Mgr Baunard, p. 11.

Le vénérable exilé vint prendre possession de sa paroisse le 29 octobre 1803 ; et à la 1re page des Registres tenus par lui sont écrites de sa main ces paroles : « Le schisme fut introduit dans l'église de Layrac, le 15 septembre de l'année 1791. Il a fini de droit le jour que le prêtre schismatique desservant cette paroisse se réunit à l'Evêque, et de fait le 29 octobre, jour de ma prise de possession et par ma réinstallation » (1).

Il nous faut expliquer cette affirmation. Le culte avait bien été rétabli dans l'église de Layrac après la promulgation des lois du XI prairial an III, à la suite des déclarations de l'abbé Berni, ancien vicaire et de l'abbé Bertrand Gassou, comme nous l'avons mentionné. Mais cette démarche qui fit rouvrir les portes de l'église paroissiale, et permit la célébration du culte divin, ne fit pas cesser le schisme. La paroisse de Layrac détachée du diocèse de Condom et rattachée au diocèse qu'administrait un Evêque Constitutionnel Mgr Constant, n'avait point d'autre supérieur, au point de vue de la juridiction ecclésiastique et de la conscience que les administrateurs du diocèse de Condom. De sorte que l'abbé Berni administrant la paroisse de Layrac depuis le XI prairial jusqu'en 1803, n'ayant point reçu l'investiture des vicaires capitulaires de Condom, maintenait le schisme.

Et voici la marche des évènements accomplis dans la paroisse de Layrac, depuis 1800, jusqu'à l'installation de l'abbé Capdeville.

Le Préfet de Lot-et-Garonne par une circulaire du 26 messidor an VIII (juin 1800), prescrit aux Municipalités d'ouvrir un Registre pour inscrire les déclarations faites en conformité de la loi du 21 nivose précédent (janvier 1800), par les ministres des cultes, qui voudront commencer ou continuer l'exercice de leurs fonctions (2).

---

(1) Registres paroissiaux.
(2) Dans les archives municipales il y a ce Registre pour inscrire les déclarations des ministres des cultes. L'abbé Jean Duflourc, originaire d'Astaffort, où il était né en 1742, appartenait au Tiers ordre de St-François. Il subit la persécution et fut enfermé dans la prison de Paulin et du collège à Agen. En dernier lieu il était retiré chez des parents à Layrac lorsqu'il vint faire sa déclaration. Après avoir été nommé par Mgr Jacoupy, curé d'Amans, il y exerça le saint ministère jusqu'au 10 juillet 1815 époque de son décès.

En conséquence le XI thermidor an VIII, par devant nous Maire de la Commune de Layrac est comparu le citoyen Jean Duffourc, ministre du culte catholique, domicilié de la Commune d'Astaffort, lequel a dit être dans l'intention de commencer l'exercice de ses fonctions dans la section d'Amans et il a prêté le serment prescrit.

De quoi acte.

BOUSSAC, Maire.

Le 5 fructidor an VIII, comparaît le citoyen Barthélemy Paillaube, ministre du culte catholique, déporté et rentré dans cette Commune en vertu d'un passeport du Commissaire général de police, à Marseille. Il dit être dans l'intention de commencer l'exercice de ses fonctions dans la présente Commune et il a prononcé le serment prescrit.

Dont acte.

BOUSSAC, Maire (1).

Le XI thermidor c'est le citoyen Joseph Mathieu Lanauze, ministre du culte catholique, résidant à Layrac, lequel dit être dans l'intention de continuer l'exercice de ses fonctions dans cette Commune et il prononce le serment (2).

Le XIV thermidor (août 1800), dans la Maison Commune comparut le citoyen Joseph Berni, ministre du culte catholique, résidant à Layrac, lequel dit être dans l'intention de *continuer* l'exercice de ses fonctions dans la présente Commune et il a prêté le serment prescrit.

Dont acte.

BOUSSAC, Maire (3).

---

(1) L'abbé Barthélemy Paillaube était curé d'Amans et résidait à Goulens, juridiction de Layrac, depuis plusieurs années lorsque éclata la Révolution. Il prêta un serment *conditionnel* à la Constitution civile du clergé. Il fut déporté. Rentré à Layrac vers 1800 il se fixa à Randé dans le voisinage de Dom Sarramia, son ami, nommé en 1803 curé de Goulens, il administra cette paroisse quelques années, et il vint mourir à Layrac en 1823, au lieu de Randé.

(2) L'abbé Joseph M. Lanauze avait été curé de Parays, en juridiction d'Astaffort. Retiré à Layrac pendant la Révolution, il fut laissé en paix à raison de ses infirmités. Il était parent de Caprais Depau, Maire. Il mourut vers 1803.

(3) Joseph Berni, originaire de Condom, vicaire de Layrac en 1786, prêta tous les serments, apostasia publiquement, revint de ses errements, se soumit à Mgr

Le XVI thermidor, le citoyen Jean Sarramia, résidant à Randé, ministre du culte catholique, a dit être dans l'intention de continuer l'exercice de ses fonctions dans la section de Goulens et il a prêté le serment.

Dont acte.

BOUSSAC, Maire (1).

L'abbé Berni depuis sa déclaration de prairial 1795, continua son ministère sans tenir nul compte de son devoir de subordination à l'autorité hiérarchique. Il passait par dessus toutes les règles canoniques et disciplinaires avec une inconscience, qu'excuse son peu d'intelligence. Comme Dom Jean Sarramia entré dans la vie religieuse dans une période de paix, ils auraient l'un et l'autre mené une vie régulière dans un milieu calme ; mais surpris par la tourmente révolutionnaire, ils se laissèrent entrainer à toutes les défaillances, à toutes les abdications.

Toutefois nous devons faire observer, que l'abbé Berny n'ayant pas fait sa soumission à l'autorité Diocésaine ne fut plus admis à remplir aucun acte du ministère paroissial depuis 1801 jusqu'en 1803 ; tandis que l'abbé Sarramia s'empressa de se soumettre aux vicaires capitulaires de Condom qui l'autorisèrent à exercer les fonctions du ministère paroissial, Cette délégation le fit agréer des fidèles de Layrac.

L'ordonnance épiscopale de Mgr Jacoupy du 7 floréal an X, qui désigna pour administrer la paroisse de Layrac, l'abbé Bertrand Capdeville, ancien titulaire, désigna aussi pour la paroisse d'Amans, l'abbé Dufourc y desservant, et pour la paroisse de Goulens, l'abbé Barthélemy Paillaube, ancien titulaire.

Tel était le personnel ecclésiastique qui rencontra dans son ancienne paroisse l'abbé Capdeville, en rentrant de l'exil.

D'un autre côté, il vit l'ancienne église paroissiale, dans la-

---

Jacoupy qui le nomma en 1803 curé de St-Loup et puis de Montaignac-sur-Auvignon, où il est décédé en 1827.

(1) Dom J. Sarramia suivit les mêmes errements, il prêta tous les serments, apostasia et se retira à Randé dans sa famille. En 1800 il se soumit à l'autorité hiérarchique ; en 1803 à Mgr Jacoupy et jusqu'en 1809, année de sa mort il remplit les fonctions vicariales.

quelle ses prédécesseurs avaient officié pendant des siècles, et lui-même durant plusieurs années, entièrement démolie et les pierres dispersées aux quatre coins de la ville. Le Monastère de St-Martin, ce Prieuré sanctifié par les prières et les vertus des enfants de St-Benoit pendant de longs siècles, était non pas vide, mais habité par un homme qui, après avoir foulé aux pieds ses engagements les plus sacrés, donnait des leçons de morale ; et à la tête de la société une bourgeoisie nombreuse, dont presque tous les membres avaient participé aux scandales sacrilèges de la Révolution et dont la plupart avaient profité des malheurs du temps pour acquérir les dépouilles des Religieux et les biens spoliés à l'Eglise (1).

Toutefois il y avait encore bien des âmes dont la foi n'avait pas fait naufrage ; et bien des malheureux, assagis par l'adversité et puis que d'ignorants et d'abusés à éclairer ? Et même parmi les égarés et les coupables, n'y avait-il que des endurcis ?

Aussi le retour de ce confesseur de la foi, de ce prêtre fidèle portant à son front l'auréole d'un sacerdoce sans tâche, causa une profonde émotion mélangée de tristesse et de joie profonde.

Un de ses amis rappelant plus tard ce souvenir disait dans un discours prononcé sur sa tombe : « Il faut avoir été témoin
« de cette époque mémorable pour se faire une idée de la joie
« qu'éprouva le légitime pasteur de cette paroisse, lorsqu'il se
« vit au milieu du troupeau confié pour la seconde fois à sa
« garde. Comme aussi il serait difficile de se convaincre de celle
« que manifesta la saine partie des habitants si rapproché de
« ces temps malheureux, sortant tout à coup des ténèbres révo-
« lutionnaires, qui nous privèrent de tous secours spirituels,
« ou du moins qui nous étaient administrés par des ministres,
« qui malheureusement n'avaient que trop plié sous le joug des
« circonstances (2) ».

---

(1) Dans ce chapitre, certains personnages sont qualifiés plus sévèrement que dans la *Monographie de Layrac*, p. 659, cela vient des documents municipaux, ignorés d'abord, et qui ont fait connaitre les actes, qui ont justifié cette appréciation, que l'histoire ne permet pas de passer sous silence.

(2) Discours prononcé le jour des obsèques de l'abbé Capdeville par un de ses amis.

Nous allons voir à l'œuvre l'abbé Capdeville.

Avant de passer outre, nous croyons utile de rappeler les conditions imposées aux ecclésiastiques rentrant de l'émigration.

Voici la lettre de Fouché, Ministre de l'Intérieur, adressée au Préfet de Lot-et-Garonne :

« Depuis le 18 brumaire, citoyen Préfet, vous savez qu'elle a
« été l'indulgence du gouvernement envers les prêtres inser-
« mentés. J'en ai autorisé un grand nombre fidèle à la Consti-
« tution de la République. Cette condition est aussi modérée
« que raisonnable. Aucun prétexte n'est donc admissible pour
« justifier ce refus de fidélité à la Constitution. C'est une ga-
« rantie.

« Salut et Fraternité.

« FOUCHÉ ».

Vu cette lettre, le Préfet de Lot-et-Garonne, arrête :

1° Cette lettre sera affichée. 2° Les prêtres qui n'ont pas encore fait la promesse de fidélité à la Constitution sont tenus de se présenter dans les cinq jours devant le Maire de la Commune pour faire entre ses mains cette promesse et la signer sur le registre.

Fait à l'hôtel de la Préfecture, le 16 brumaire an IX (novembre 1800).

J. PIEYRE fils,
Préfet (1).

L'abbé Capdeville est rétabli dans son Presbytère par le Conseil municipal. — Secours accordés. — Réorganisation de la paroisse.

Le Concordat de 1801 mit fin à cette séparation entre l'Eglise et l'Etat, qui fut si funeste à la société civile et à la société religieuse. En vertu de ce Concordat, Mgr Jacoupy nommé par le 1er Consul et confirmé par le Pape, vint administrer le diocèse

(1) Ces documents furent imprimés sur grand placard et affichés dans toute les mairies.

d'Agen. Ensuite l'Evêque d'Agen nomma des prêtres pour remplir les fonctions ecclésiastiques dans chaque paroisse. Les curés des paroisses avaient donc une situation légale. Ils n'étaient pas fonctionnaires de l'Etat, mais reconnus et autoririsés à exercer un ministère spirituel, aussi avantageux à la paix sociale qu'au bien des âmes. Aussi l'abbé Capdeville, muni de son titre de curé de Layrac, une fois installé par le délégué épiscopal, revendiqua la situation légale à laquelle il avait droit.

A peine arrivé à Layrac il écrit à M. le Maire pour lui demander le logement du Presbytère, de cette maison donnée par un de ses prédécesseurs pour servir de résidence aux curés de la paroisse.

Des changements considérables avaient été opérés dans les institutions municipales. Les Conseils cantonaux établis par la Convention furent supprimés et les Conseils municipaux rétablis avec cette restriction que les Maires et les Conseillers seraient à la nomination des Préfets. M. Jean Boussac, qualifié homme de loi et que nous avons vu incarcéré et consigné chez lui en 1793 et 1794, fut appelé à remplir les fonctions de Maire de Layrac en 1801 (1).

Soit pour raison de santé, soit pour tout autre motif, il ne tarda pas à être remplacé.

En 1803, M. Joseph Larivière était Maire de Layrac, et il avait pour membres de son Conseil des personnalités qui

---

(1) Voici ce qu'est devenue la famille de Jean Boussac qui avait épousé d^{lle} Deguilhem de St-Marc. Dans son testament de 1819 il dit laisser quatre filles.

1º Pauline, mariée au s^r d'Alibert ;

2º Théodora, mariée à s^r Bourrousse de Laffore ;

3º Suzette, mariée à s^r Dabadie de Bruch ;

4º Eulalie, célibataire, mais qui épousa plus tard s^r Jean Depau, fils de Caprais Depau. Il y avait trois fils.

1º Napoléon, dont le fils Arthur Boussac St-Marc fut un magistrat ;

2º Gustave, qui fut capitaine d'artillerie ;

Et enfin Adolphe Boussac, capitaine de marine, décédé à Layrac en 1857, lequel épousa d^{lle} Emilie Adélaïde Scornec. De ce dernier mariage est issu Joseph Auguste Boussac, Directeur général des postes et télégraphes, marié en 1858 à d^{lle} Jeanne Paule Nelly Dalibert. De ce mariage deux garçons, le commandant Albert Boussac, décédé en juin 1909, et l'ainé Jean Joseph Adolphe Boussac, décédé aussi, qui a laissé de son mariage avec d^{lle} Inès Cassius trois enfants, Georges, Albert et Madeleine.

avaient joué un rôle important durant la période Révolutionnaire, c'étaient Messieurs Deforcade, Gimet, Lormand, Dupont, Bordes, Capponnel fils, Barrastin, Depeau, Bergognié et enfin Champmas, Brd Durand était secrétaire.

Dans la séance du IX brumaire an XII (2 novembre 1802), M. le Maire soumit à la délibération de ses Conseillers la lettre, par laquelle M. l'abbé Capdeville, nommé prêtre, desservant l'église succursale de Layrac, demandait qu'il fût pourvu provisoirement à son logement. M. Larivière fait observer que le Presbytère, qui avait été affecté à tant de destinations diverses, pendant douze années, était inhabitable en ce moment, vu qu'il n'y avait aucun meuble, et qu'il était indispensable d'y faire des réparations urgentes. Le Conseil, après avoir entendu la lecture de la lettre de l'abbé Capdeville, estima cette demande très légitime, et il statua qu'il serait accordé au prêtre desservant la somme de cent francs pour contribuer d'une manière provisoire à son installation dans le Presbytère.

Cette décision autorisait donc l'abbé Capdeville à pourvoir à l'aménagement de la maison qu'il avait occupée avant son expulsion au mois de septembre 1791.

Après avoir entendu la réponse de la Municipalité, prêtons l'oreille au récit que nous fait l'ami fidèle et le confident de M. Capdeville.

« Le nouveau pasteur, dit-il, se rend à son presbytère, où il
« ne trouve que les quatre murs. Tout lui avait été enlevé : pas
« un meuble, pas une provision, pas un livre, pas un lit pour
« reposer sa tête. Toutes ses ressources étaient épuisées par un
« long et pénible voyage. Il aurait été dans cette affreuse posi-
« tion un certain temps si des personnes aisées ne se fussent
« empressées de meubler les appartements qui lui étaient les
« plus nécessaires. On ne saurait assez admirer la discrétion,
« l'humilité et la reconnaissance du pasteur envers les person-
« nes qui l'obligèrent dans ces circonstances ; la discrétion qu'il
« mit à n'accepter que les effets strictement indispensables. Il
« aimait mieux donner, prêter, obliger que de recevoir ; et on
« peut dire à sa louange que jamais il n'a fait comprendre à
« personne qu'il avait un besoin, ni qu'il désirait qu'on lui
« donnât quelque chose (1) ».

---

(1) Extrait du discours déjà cité.

Nous ne pouvons pas ne pas mentionner la charité obligeante de M. Jacques Fieuzal, originaire d'Auvillars, qui poursuivi lui-même par des ennemis politiques implacables, se montra à l'égard de l'abbé Capdeville, d'un dévoûment sans bornes. Les malheureux se comprennent.

Les premiers mois de l'année furent employés à l'aménagement du Presbytère. Pendant ce temps, le Maire de Layrac, pénétré de la justice de la requête de l'abbé Capdeville, en écrivit au Préfet pour qu'il éclairât sa conduite et l'autorisât dans les décisions qu'il voulait soumettre au Conseil municipal. Il lui posa la question : pouvons-nous et devons-nous donner le Presbytère au nouveau desservant ?

Dans la séance du 20 pluviose an XII (11 février 1804), M. le Maire donne lecture d'une circulaire du Préfet en date du 30 brumaire, laquelle enjoignait au Maire de céder au desservant de la succursale de Layrac, le Presbytère, et le jardin attenant, dès qu'il serait installé dans ses fonctions. Il exposa ensuite que de son côté il avait été obligé, pour rendre le presbytère logeable, d'y faire quelques réparations très urgentes et de pourvoir aux frais d'un petit ameublement.

M. Larivière ajouta qu'il avait dû pour faciliter l'exercice du culte opérer dans l'église des appropriations indispensables. Les membres du Conseil donnèrent une pleine approbation à tout ce qui avait été accompli par M. le Maire (1).

Evidemment ces Conseillers municipaux, se trouvant en face de ce vieillard, à qui on avait enlevé tous ses biens, ne pouvaient que se prêter à toute mesure qui semblait une réparation. L'abbé Capdeville avait acheté de ses deniers la maison contigüe au presbytère, ainsi qu'un lopin de terre qui avait agrandi le jardin ; ces immeubles avaient été vendus aux enchères, même son mobilier. Ne soyons donc pas étonnés que ceux qui avaient prêté la main à ces spoliations, n'aient après

---

(1) *Registres municipaux.* Nous ferons remarquer que la paroisse de Layrac est qualifiée succursale, et le curé appelé desservant. Ce sont des qualifications introduites par les articles organiques, publiés à la suite du Concordat pour en changer l'esprit. Il n'y avait dans chaque Justice de Paix qu'une seule paroisse qualifiée *cure*; c'est le chef-lieu du canton et le titulaire seul recevra un traitement, et sera inamovible.

coup consenti à des actes qui au fond étaient de justes réparations.

Quelques jours après, la question de la continuation du culte se présenta de nouveau. Depuis plusieurs années l'église et le presbytère avaient été délaissés, et la toiture de l'église et celle du presbytère menaçaient ruine, et des gouttières nombreuses étaient signalées. Il fallait pourvoir sans plus tarder à ces dégâts. Le Conseil vota une somme de 600 fr. pour ces réparations urgentes (1).

L'hiver approchait et les réparations n'étaient point exécutées. Dans la séance du 27 brumaire (28 novembre 1804), M. le Maire exposa l'état de délabrement des verrières de l'église. Plusieurs dit-il, sont entièrement détruites ; l'église est ouverte à tous les vents et le lieu de la prière est devenu un manoir dangereux. Les marguilliers se plaignent que les cierges sont éteints pendant les offices et le prêtre a eu plusieurs fois crainte que l'hostie sainte ne lui fût enlevée. Le jubilé ordonné dans le diocèse va s'ouvrir, il est hors de doute que l'église ne soit très fréquentée, mais si elle est ouverte à tous les vents, les plus zélés craindront d'y venir. Cependant, ajoute M. le Maire, après le temps de crise révolutionnaire, la morale aurait besoin d'être revivifiée. Donc je vous invite à vous occuper de suite de prendre les moyens d'accélérer la réparation des vitraux et je vous soumets un devis estimatif dressé par Marcadet, qui estime la dépense à 676 francs 87 centimes. Aussi vu l'urgence, je vous propose de faire cette dépense avant toute autre. Ce plaidoyer gagna tous les esprits et il fut décidé que la présente délibération serait envoyée à M. le Préfet pour accélérer les travaux (2).

Une question non moins importante fut traitée dans la séance du 8 floréal an XIII (29 avril 1805). Lorsque l'Assemblée Nationale s'empara de tous les biens ecclésiastiques, dont les revenus étaient employés au traitement du clergé et à l'entretien des églises et du culte, il fut stipulé que les biens du clergé seraient mis à la disposition de la nation, à la *charge par celle-ci de pourvoir d'une manière convenable* aux frais du culte, à l'entretien de ses *ministres* et au soulagement des pauvres.

---

(1) *Registres municipaux.*
(2) Ibid.

Cette obligation que contracta l'Assemblée Nationale, fut méconnue par les gouvernements qui se succédèrent, et en 1801 lors de la conclusion du Concordat, le gouvernement français ne s'engagea à payer un traitement qu'aux Evêques et aux curés de cantons ou de Justice de paix. Tous les autres ecclésiastiques, qui étaient les plus nombreux, ne reçurent aucun traitement. Aussi le curé de Layrac desservant une succursale, comme les curés de Goulens et d'Amans, dont les paroisses étaient comprises dans la Commune de Layrac, restèrent sans aucune rétribution. Et cependant il fallait vivre et ces vétérans du sacerdoce très âgés pour la plupart auxquels on avait même enlevé le petit patrimoine qu'ils pouvaient posséder, étaient sans ressources. Le Préfet de Lot-et-Garonne invita les Conseils municipaux à délibérer sur le traitement qu'ils pourraient affecter à l'entretien des prêtres desservant leurs églises.

Le Maire de Layrac, dans la séance du 8 floréal an XIII (29 avril 1805), représenta à l'assemblée qu'elle avait à délibérer sur les moyens de se pourvoir à l'entretien des desservants de la Commune. Cette question grave était toute nouvelle. Et tout d'abord on se trouva embarrassé pour fixer le mode à employer qui pourrait procurer les fonds suffisants et assurer pour l'année présente le traitement de tous prêtres desservant les paroisses de Layrac, de Goulens et d'Amans. Il fallait procurer la somme de mille francs, dont 500 francs seraient affectés au traitement du curé de Layrac, et 500 francs pour les deux succursaux de Goulens et d'Amans. L'année touchait à sa fin, et ces ecclésiastiques, n'ont pas la moindre garantie de recevoir autre chose que l'assurance de leur pension ecclésiastique. Leur situation était critique et douloureuse, aussi, observe un des Conseillers, le plus grand nombre de leurs paroissiens se sont-ils obligés de leur fournir quelques prestations volontaires, soit en argent, soit en nature de grains, de vin, de bois etc. Et de fait ces prestations ont été versées. Tant il est vrai que le peuple n'est jamais insensible au malheur noblement supporté et qu'il sait se priver pour contribuer aux frais du culte dont il recueille pour lui-même des avantages et des consolations incalculables.

Toutefois dans le cas présent, il semblait y avoir double emploi. D'un côté la Municipalité donnerait un traitement en argent, et de l'autre, les parroissiens faisaient des dons en nature. Il fut décidé pour éviter toute confusion que chacun des trois desservants ferait l'estimation et l'évaluation de ce que leur rapportaient les dons en nature ; et la Municipalité ferait le complément du traitement, affecté à chacun d'eux.

L'assemblée fut frappée de la vérité de ces réflexions et de leur à propos. Il sera donc écrit à chacun des trois succursaux pour qu'ils fassent connaître à M. le Maire l'évaluation des dons en nature par eux reçus ; et c'est après cette réponse explicative, que le Conseil votera le complément de leur traitement pour l'année courante.

Cette décision arrêtée, le Conseil trouva étrange que le Préfet de Lot-et-Garonne eut érigé en deux succursales séparées, les sections de Goulens et d'Amans. Car dans les temps antérieurs, ces deux sections ne formaient qu'une seule paroisse dite d'Amans et Goulens, et un même prêtre desservait l'une et l'autre section, faisait le service des deux églises et dans l'une et dans l'autre chaque quinzaine, y faisait les offices divins ; d'autant plus que leur territoire peu étendu ne comptait qu'une population d'environ 450 âmes, savoir : 150 âmes à Goulens et 300 dans Amans.

De plus, à Goulens, il n'y a jamais eu de presbytère, tandis qu'il y en a un à Amans, et dès lors la fourniture d'un logement pour Goulens occasionnerait à la Commune un surcroît de dépenses. Comme l'érection de l'église de Goulens en succursale avait été faite sans consulter la Commune, la Municipalité protestait contre cette innovation. En conséquence le Conseil délibéra :

I. Que la succursale de Goulens soit supprimée, à cause du peu d'étendue de son territoire et du petit nombre d'habitants ;

II. Que l'église de Goulens ne soit conservée que comme annexe, et comme avant la Révolution elle jouira à quinzaine de la célébration des offices ;

III. Que le succursal d'Amans soit chargé seul à partir de l'année prochaine, de desservir les deux églises d'Amans et de Goulens, qui l'une et l'autre ne comptent qu'une population de 450 âmes, occupant un territoire peu étendu ;

IV. Si cette suppression est ajournée, que la Commune de Layrac soit dispensée, à partir de l'an XIV, année prochaine, de payer une augmentation de traitement au curé de Goulens, ou bien, le curé de Goulens et celui d'Amans en jouiront par moitié.

V. Le Préfet sera prié de réaliser cette suppression de la paroisse de Goulens et d'en faire une simple annexe d'Amans, comme cela existait autrefois, et puis, qu'il fasse convertir à la charge du gouvernement, la succursale de Layrac (1).

Suite de l'affaire du traitement du curé de Layrac
Séance du 10 floréal (1er mai 1805).

M. le Maire, selon la décision du Conseil, écrit aux trois succursaux de la Commune et il rendit compte de ces négociations dans la séance du 1er mai. M. Capdeville ayant appris la décision du Conseil alla le soir même s'entretenir avec M. le Maire. Il lui dit l'embarras où il était d'évaluer les prestations à lui fournies. Il ne pouvait prévoir que cette déclaration lui fût demandée. Il n'en a pas tenu note et il se reprocherait toute erreur et il serait bien aise d'avoir l'appréciation de Messieurs Gassou et Delpech dont il acceptait d'avance l'évaluation. Après un entretien et une conférence avec les deux adjoints, il fut statué que le succursal de Layrac évaluant les prestations reçues à 200 fr., il devait se tenir pour content de recevoir pour cette année la somme de 300 fr. au lieu de 500 fr. Tel fut l'avis de Messieurs Gassou et Delpech. M. Capdeville déclara y donner son entière adhésion, il ne voulait pas qu'il y eut double emploi.

Les succursaux de Goulens et d'Amans firent une réponse moins satisfaisante.

Le Conseil rendant témoignage au désintéressement du curé de Layrac, lui accordera volontiers le traitement de 300 fr. que le percepteur lui payera en argent. Quant aux succursaux de

---

(1) *Registres municipaux*. Ont signé : Larivière, Maire, Depau, Desburs, Barrastin, Durand, Bonad. Champmas, Delpech, Bergognié, Capponnel fils, secrétaire. Observons toutefois que l'abbé Paillaube, dernier curé d'Amans-Goulens, avait établi son logement à Goulens dans une maison qu'il avait achetée de ses deniers personnels. Cette maison fut confisquée et vendue aux enchères comme bien national.

Goulens et d'Amans, vu les prestations qu'ils ont reçues et qui les dédommagent amplement, le percepteur ne payera à chacun d'eux que la somme de 100 fr. La présente délibération sera envoyée à la Préfecture pour qu'elle soit revêtue de l'approbation requise (1).

Dans les délibérations suivantes le Conseil accepta de payer au succursal de Layrac la somme de 300 fr. ; mais il persista dans sa demande de suppression de la paroisse de Goulens.

Il vota des fonds pour la réparation des églises de Layrac et d'Amans, en déclarant que si le traitement du curé de Layrac restait à la charge de la Commune, c'était au gouvernement qu'incombait le traitement des succursaux d'Amans et de Goulens (2).

Chapelle des Pénitents

En l'année 1792, cette chapelle fut interdite au culte catholique et tous les objets et meubles précieux furent inventoriés et envoyés au District. Le Comité de surveillance obtint de tenir là ses réunions ; puis elle fut fermée un peu plus tard.

En 1806, le Préfet demanda à la Municipalité ce qu'elle voulait faire de cet immeuble. Le Conseil, en sa séance du 18 septembre 1806, émit le vœu qu'il fût vendu et le prix de vente servirait pour exécuter les réparations urgentes au dôme de l'église paroissiale. Cette décision prévalut et cette chapelle fut achetée par M. de Guilhem de Maignas, dont la maison était contiguë à la chapelle des Pénitents. Il ne reste de cette chapelle que les murailles.

Réorganisation de la Paroisse

L'œuvre principale, à laquelle l'abbé Capdeville consacra ses efforts et dépensa son zèle, ce fut la reconstitution de la vie paroissiale. A son arrivée il trouva un profond désordre, résultat des lois anti-religieuses et anti-sociales de la Révolution.

Il inaugura son ministère dans l'église des anciens Bénédic-

---

(1) *Registres municipaux.*
(2) Ibid.

tins. Cet édifice avait été profané par toutes les orgies sacrilèges du culte de la Raison et des fêtes décadaires. Tous les ornements et vases sacrés et objets du culte avaient été enlevés et il ne restait qu'un vaste vaisseau, nu, sans ornements, et grandement délabré. La célébration du culte avait été reprise par l'ancien vicaire, à partir de l'année 1795, mais dans des conditions défectueuses, vu que ce prêtre dévoyé ne s'était pas mis en règle avec l'administration diocésaine du diocèse de Condom. Cet état de choses irrégulier dura jusqu'en 1800.

Le schisme se perpétuait. L'abbé Berni administrait les sacrements et il baptisa grand nombre d'enfants, mais sans relater sur des registres les actes qu'il accomplissait. Son ministère cessa complètement en l'année 1800. Dans beaucoup de paroisses les prêtres émigrés étaient rentrés en grand nombre, et à Layrac l'abbé Labolle, ancien curé de Barbonvielle, que rattachaient à Layrac des relations de parenté, vint s'y retirer, en attendant des jours meilleurs. Ce digne ecclésiastique, pour faire autoriser son ministère, s'adressa aux vicaires capitulaires de Condom, de qui dépendait la paroisse de Layrac. La délimitation promulguée par la Constitution civile du 12 juillet 1790, qui rattachait Layrac au diocèse d'Agen, ne sera valable qu'après la promulgation du Concordat de 1801.

C'est pourquoi l'abbé Labolle, agissant comme ministre du culte, déclare, et il a soin de le mentionner dans les registres paroissiaux, qu'il est délégué par les vicaires capitulaires de Condom. Cette délégation rendait valides les actes de l'administration du sacrement de Pénitence et de Mariage.

Dans ces conditions la vie paroissiale reprend son cours, en partie du moins. Et pendant les trois années qui s'écoulèrent jusqu'à la réinstallation de l'abbé Capdeville, du 1er janvier 1801, au mois de septembre 1803, les fidèles se trouvèrent en face de prêtres canoniquement autorisés (1).

Durant le cours de l'année, un prêtre qui durant la tempête avait fléchi et oublié quelque temps ses devoirs, l'abbé Jean Sarramia, ancien Bénédictin, se releva. Durant les dernières années du Directoire, il vécut sur sa propriété familiale de Randé ; mais les jours calmes étant revenus, il fit sa déclara-

---

(1) *Registres municipaux*.

tion pour reprendre les fonctions de prêtre catholique et il sollicita des vicaires capitulaires de Condom la délégation, que seul ils pouvaient lui accorder. Et dans les registres paroissiaux qu'il rédige de concert avec l'abbé Labolle, il a soin de mentionner qu'il a été délégué par l'ordinaire diocésain de Condom pour exercer le culte à Layrac, et il signe : Jean Sarramia, religieux Bénédictin (1).

Tet était l'état de la paroisse, lorsque l'abbé Capdeville fut réinstallé le 29 octobre 1803, et mit fin au schisme. Dès lors le siège de Condom ayant été supprimé, la paroisse de Layrac, en vertu de la loi Concordataire fut annexée au diocèse d'Agen.

A partir de cette date, l'abbé Capdeville remplira seul les actes de la vie paroissiale. L'abbé Labolle rentra dans sa paroisse de Barbonvielle, et l'abbé J. Sarramia, qui avait fait sa soumission, fut autorisé par Mgr Jacoupy et employé par l'abbé Capdeville, dans quelques actes du saint ministère, en qualité de prêtre auxiliaire, jusqu'en 1809, époque où il mourut (2).

Nous ajouterons quelques détails sur l'état matériel de l'église dans laquelle le nouveau pasteur va accomplir son ministère laborieux et difficile. Cette église Bénédictine en 1804 se ressentait de l'incurie et de l'abandon où elle avait été délaissée. Les eaux pluviales tombaient sur la voûte et filtrant à travers les fentes, avaient endommagé les peintures et pourri les murs de la nef. Les tuiles étaient en partie cassées sur la voûte, qui était sans charpente, ni chevrons, ni lattes-feuilles ; et il en manquait le tiers, et des mauvaises herbes et des plantes parasites couvraient la toiture.

Dans l'abside, les chapelles et dans la nef pas de charpente, et la toiture de la chapelle dite de St-Blaise, avait été brisée par la force populaire pendant la crise révolutionnaire. Il y avait sur la nef deux brèches larges et longues d'une toise, à travers lesquelles filtraient les eaux pluviales et pourrissaient la naissance de la voûte. C'était la partie la plus défectueuse à laquelle on remédiera un peu plus tard lorsqu'on refit la co-

---

(1) *Registres municipaux.*

(2) *Registres municipaux.* L'ordonnance de Mgr Jacoupy nomma l'abbé Labolle, curé de Barbonvielle, et le qualifia : ancien titulaire. Il était beau-frère de sieur Gimet du Pépil, qui fut emprisonné comme suspect pendant la Révolution.

lonne qu'on voit encore fruste sans avoir été sculptée, et sur laquelle est appuyé l'arc doubleau du dôme.

Tel fut l'exposé de l'expertise faite par ordre du Conseil municipal (1).

A la suite on fit un devis de réparations urgentes. Ce travail fut commencé et il se continuera les années suivantes.

Si l'édifice matériel était en mauvais état, plus déplorable était la situation morale.

D'abord l'abbé Capdeville n'ayant point trouvé de registres paroissiaux mentionnant le baptême et la catholicité des habitants, se livra à une enquête très minutieuse et très longue pour établir l'état religieux de ses paroissiens. Il a laissé un registre de seize pages, dans lequel il a consigné le résultat de ses recherches. Il fit appeler les parents avec les parrains et les marraines et à l'aide de ces témoignages, il s'assura que les jeunes gens de douze à dix-sept ans avaient été baptisés. La plupart avaient reçu le baptême à Layrac, mais quelques-uns à Moyrax, à Gudech, à Caudecoste etc. Ce travail fut long et dura plusieurs années (2). Rien n'échappa à la sollicitude vigilante du bon pasteur. C'était un point de départ essentiel. Tout en s'occupant de la jeunesse, l'abbé Capdeville songeait à la reconstitution de la famille que d'unions irrégulières et que de mariages que la bénédiction sacerdotale n'avait point sanctifiés !

L'année 1805 fut une année Jubilaire ; la proclamation de ces saints exercices et les prédications qui les accompagnèrent favorisèrent un retour de beaucoup de fidèles dans la pratique de la vie chrétienne.

M. Capdeville eut la joie de réhabiliter plusieurs mariages en cette année sainte, et le bon exemple fut donné par quelques personnages de la société. Nous citerons entre autres : M. Jean Baptiste Ducomet, maître de pension, marié civilement avec demoiselle Jeanne Castex, vint faire bénir son mariage en l'église catholique. Un de ses professeurs suivit le même exem-

---

(1) Rapport fait en l'an XIII par Jean Marcadet, géomètre par mandat de sr Larivière, Maire. *Registres municipaux*.

(2) La publication du Jubilé fut faite par Mgr Jacoupy, 1er novembre 1804. Voir *Notice sur Mgr Jacoupy*, par le Chanoine Delrieu, p. 100.

ple, ce fut le sieur Jean Capelle, maître d'escrime, marié civilement à Paris en 1792 avec demoiselle Voisenard.

Le même jour 8 janvier 1805, Joachin Bergognié, marié civilement avec Marguerite Manas, vint recevoir la bénédiction nuptiale (1).

Le 28 janvier eut lieu la réhabilitation du mariage de Jean St-Mézard, depuis dix ans marié civilement avec Marie Delpech (2).

Ces retours consolèrent le cœur du zélé pasteur. Mais l'œuvre de la régénération morale de la paroisse restait très ardue et très difficile en face d'une bourgeoisie qui avait cédé aux passions Révolutionnaires et dont une partie avait bénéficié en achetant les propriétés ecclésiastiques. Sans nul doute les clauses du Concordat avaient régularisé la situation des détenteurs de ces propriétés, mais il y avait des souvenirs amers des violences et des injustices, auxquelles on avait prêté la main.

En outre la population pendant de longues années n'avait reçu d'autre instruction que les enseignements débités dans le temple décadaire et par des personnages dont l'égarement de la raison était la seule excuse (3).

Le bon pasteur, comme un père tendre fermait charitablement les yeux sur les injustices dont quelques uns avaient usé à son égard, observe, un de ses amis, et il jetait un voile épais sur le passé pour tout ensevelir dans un oubli éternel. Il ne s'occupa que de l'édification et de la conversion de son troupeau chéri, pour lequel il ne cessait d'intercéder auprès d'un Dieu miséricordieux. Et le panégyriste ajoute : Quels soins ne prit-il pas pour déssiller les yeux de ceux qui encore imbus des principes révolutionnaires avaient la témérité de nier l'existence de Dieu et d'attribuer toutes ces merveilles au hasard, quelles instructions solides, claires et précises n'a-t-il pas fait pour pénétrer son auditoire et lui inculquer des sentiments dignes du nom chrétien ? Quelles peines d'esprit ne lui ont pas causé ces

---

(1) Registres paroissiaux. Joachin Bergognié, Juge de paix du canton de Layrac, fut le père de Gratien Jules, de l'abbé Bernard Bergognié, curé d'Amans et de Adelaïde Bergognié, qui en 1826, épousa le docteur Gaube, de Nérac, père de d^{lle} Léopoldine Gaube et du docteur Gaube, décédé.

(2) Extrait du discours déjà cité.

(3) Ibid.

instructions si bien suivies pour les rendre profitables au pauvre, comme au riche, à l'homme instruit comme au laboureur, et généralement à tous ceux qui allaient l'écouter (1).

Outre cet apostolat professionnel, l'abbé Capdeville, doué d'une intelligence rare sut en bien des circonstances, par des entretiens particuliers, donner des conseils et des avertissements utiles et salutaires. L'oubli des injures fut une de ses grandes vertus, ainsi que sa charité, qui le portait toujours à sceller d'un silence inviolable les torts du prochain, et si à la fin de sa carrière il a pris la plume pour réfuter des calomnies, c'était moins pour défendre son honneur personnel que pour prévenir son troupeau contre les attaques des méchants et des hypocrites.

Nous avons dit ailleurs en quelles circonstances il rompit le silence dans l'intérêt de la morale et de la religion (2).

Les premières années de son ministère furent des années dures et qui lui imposèrent de grandes privations. Cependant malgré la situation gênée faite au clergé de cette époque, l'abbé Capdeville pratiqua la charité pour les pauvres et les indigents avec une bienveillance qui soulagea bien des misères. Ses aumônes faites avec discernement et bonne grâce, facilitèrent et firent bénir son ministère pastoral.

Cela dit, nous allons voir comment le vénéré pasteur organisa le matériel du culte et comment il pourvut à la célébration des offices divins dans cette vaste église, construite par les Bénédictins.

D'après un inventaire que nous avons déjà cité, l'église et la sacristie paroissiale en 1791 étaient pourvues de tous les ornements, vases sacrés, linges et objets nécessaires au culte. En 1803 il ne restait rien, et ce n'est pas sans une profonde tristesse que nous feuilletons les procès-verbaux rédigés par les marguilliers de cette époque. Ils relatent que leurs recettes sont maigres et leurs efforts pour procurer le matériel du culte, bien insuffisant.

En 1803, Mme Larivière offre deux plats d'étain pour servir

---

(1) Extrait du discours déjà cité.

(2) Il publia une brochure intitulée le *Curé de Layrac à ses paroissiens*, in-oct. 7 pages, 4 septembre 1823, pour refuter le libelle de Champmas, ex-curé Constitutionnel.

aux quêtes. Un peu plus tard il y a une dépense de sept livres inscrite pour achat d'une cuvette des fonts baptismaux. Il n'y avait plus de missel, ni de chape noire pour les obsèques. L'abbé Capdeville en fit l'acquisition.

Le bureau des marguilliers se composait de Busquet aîné, de Gimet du Pepil et Bonaventure Durand. Ce dernier en qualité de comptable exposa dans la réunion du 2 septembre 1804 que les recettes s'étaient élevées à la somme de 142 livres 17 sous 6 deniers.

L'année suivante, M. Capdeville achète à crédit de M. l'abbé Destérac, curé de St-Pierre de Condom et ancien curé de Layrac, un antiphonaire in-folio, deux processionnels et un cahier pour l'office des morts, moyennant la somme de 39 livres (1).

Dans une réunion tenue dans l'église, le 20 avril 1806, le bureau des marguilliers délibéra et arrêta un tarif pour la location des chaises, bancs et stalles du chœur. La raison alléguée c'est l'absence de toute autre ressource pour suffire aux frais du culte divin.

Ce n'est qu'en 1808 que furent achetés des vases sacrés en argent pour la célébration de la messe, conserver le saint sacrement et contenir les saintes huiles.

Après les plus urgentes réparations dans l'intérieur, il restait encore beaucoup à faire. Le Conseil municipal étant rassemblé le 4 mai 1809, M. le Maire se faisant l'interprète de la population, expose la nécessité de donner à l'église une sacristie dont la construction était sollicitée depuis longtemps par les vœux des paroissiens. Tous voient avec douleur, ajouta-t-il le superbe chœur de cette église encombré par diverses armoires et dégradé par la clôture de deux portes collatérales, placées à l'entrée.

Considérant que l'ancienne sacristie faisant partie du cydevant Couvent des Bénédictins avait été vendue avec cet édifice, cette privation engagea M. le desservant à placer dans le chœur les armoires propres à renfermer les ornements et autres objets nécessaires à l'exercice du culte, et par suite, il se crut autorisé sous ce prétexte, à fermer les portes latérales du

---

(1) Registre de la fabrique.

chœur, ce qui en dérobait l'entrée aux étrangers, curieux de voir un des plus précieux chefs-d'œuvre des arts, qui existe dans ce département ;

Considérant que la décence et le goût réclament à la fois la construction de cette sacristie et le déblayement des objets étrangers qui encombrent le chœur ;

Qu'il se présente en même temps une occasion favorable d'exécuter une des précédentes délibérations prise sur le vœu de la plus grande partie des habitants de la ville et de la campagne, en date du 25 pluviose an XII, et soumise dans le temps à l'approbation du Préfet, est d'avis qu'il soit procédé sans délai, à la diligence du Maire à la formation d'un devis estimatif des dépenses à faire pour la construction de la sacristie sur le terrain vaquant entre le cimetière et l'église, et d'un mur au nord du dit cimetière pour le fermer et former une rue de communication du jardin public à la place du collège. Ce devis sera mis sous les yeux du Conseil pendant cette session, envoyé au Préfet, qui sera prié de lui donner son adhésion dans le plus bref délai, vu l'urgence (1).

Ce projet fut exécuté en conformité de cette délibération, dans les conditions déterminées.

Dans la réunion du 1er mai 1810, le Conseil approuve les comptes présentés par le sieur Durand de Lagravade, percepteur, qui a payé à Boé, maçon, trois mandats de 590 fr. pour la construction de la sacristie (2). Cette sacristie a été démolie en 1874 après la construction de la sacristie actuelle. La porte latérale est restée ouverte et le chemin de ronde a été élargi après la translation du cimetière, et lorsque a été établie la grille qui longe la nef extérieure. Ce dernier travail a été exécuté, sous l'administration de MM. Charles Bouet et Arnaud, Maire, de 1884 à 1888.

Les cloches avaient été enlevées pendant la Révolution, il n'en restait qu'une seule qui fut refondue et bénite pendant cette période. Elle porte cette inscription : J'ay été donnée par M. de Laussignan en l'année 1780. Refondue en l'année 1804 par Ampoulange, fondeur à Bordeaux. Le parrain fut M.

---

(1) *Registres municipaux.*
(2) *Monographie du Prieuré de la ville de Layrac*, p. 680 etc.

Joseph Larivière, Maire, et la marraine Mme Anne Redon, veuve de feu messire de Bastard.

Une autre cloche fut donnée par la Commune à la fabrique, et elle fut bénite le 4 janvier 1830. En voici l'inscription : « La Municipalité de Layrac à l'Eternel, novembre 1792, de la République le 1er. B. Durand, Maire, Castex, Depau, Sarramia, Delpech, Goux, Desburs, Bordes et Prézelin, officiers municipaux. Faite Moursan. Le parrain fut M. de G. de Maignas, chevalier de l'ordre royal et militaire de St-Louis, Maire ; et la marraine Mme André Françoise Zoé de Frétard, née Lafont de Cavaignac. Signés : Durrios, curé et Cauboue, vicaire de Layrac ».

L'abbé Capdeville profita de l'enthousiasme des premières années pour faire donner à ses paroissiens le bénéfice des exercices religieux d'une mission. La Confrérie des Pénitents se reconstituait peu à peu et offrait aux hommes les moyens de se rapprocher de la religion et de persévérer en rétablissant leurs réunions particulières. Les Pénitents, n'ayant plus leur antique chapelle, obtinrent de se rassembler dans la chapelle latérale, du côté de l'Evangile, qui est aujourd'hui dédiée au Sacré-Cœur.

La mission eut un grand succès, et elle fut couronnée par la plantation solennelle d'une grande croix en fer, érigée sur un magnique piédestal en pierre. Elle porte la date de la mission donnée en 1806, et elle remplaçait une antique croix, dont nous avons mentionné la démolition pendant la Révolution.

M. Capdeville encore plein d'ardeur s'appliqua à instruire ses paroissiens et surtout à catéchiser la jeunesse qui avait été témoin des scandales de la Révolution. Il travailla à leur donner les notions élémentaires, et ces connaissances religieuses qui sont le fondement de la vraie piété. La tache était bien difficile pour donner à ces jeunes gens à qui les nécessités de la vie laissaient peu de loisir, la bonne formation chrétienne, et qui voyaient autour d'eux des exemples si attristant. Rien ne découragea le bon pasteur, mais il fallait toute l'autorité de ce vétéran du sacerdoce, de ce confesseur de la foi pour relever dans les esprits le respect de cette sainte religion, dont il était le docteur et l'apôtre.

Par tempérament et par devoir, le curé de Layrac eut aimé la paix, car la paix est le bienfait apporté par le Dieu de Bethléem au monde, mais le malheur des temps et des circonstances l'obligèrent à la lutte.

Il lutta donc avec une ardeur que rien ne put décourager pour rétablir et maintenir la piété et le bon ordre dans l'église et la paroisse.

Nous ne raconterons pas ici en détail les dernières œuvres de ce long pastorat qui se prolongea pendant 41 ans. Ce vénérable confesseur de la foi pratiqua le premier les vertus dont il fut l'éloquent prédicateur. Ce serait répéter un récit déjà fait dans la Monographie de Layrac (1).

Il mourut plein de jours et de mérites le 23 juillet 1827, à l'âge de 84 ans. Le souvenir de ses hautes vertus n'est point effacé dans la paroisse de Layrac.

Etat des principaux propriétaires de la Commune de Layrac en l'an XII (1803-1804) etc...

Il ne sera pas inutile de connaître la situation des propriétaires au commencement du XIXe siècle. Cet état pourra servir de comparaison et suggérer d'utiles réflexions.

M. Larivière, Maire, aux derniers mois de l'année 1803 (vendémiaire an XII), fit ouvrir un registre pour recevoir les déclarations de ces propriétaires.

Guillaume de Saint-Marc (2) déclara posséder la métairie de Laussignan.

Jean Boussac, cultivateur, les métairies de Cantegril et de Baron (3), qu'il exploitait avec quatre paires de bœufs.

Moïse Lafont, les métairies de Cavaignac, de Mallier et de Tucole.

Claude Michel Athanase Gassou, les métairies de Baron, Peyrounet, Goulens, la Garonnelle.

François Arnaud, la métairie de la Française (le Marquisat).

Caprais Depau, les métairies de Depau, le Boscla et Badie.

---

(1) *Monographie du Prieuré et de la ville de Layrac*, p. 680 etc.

(2) Il s'agit de l'abbé de St-Marc, ancien émigré, qui plus tard...

(3) Il y avait la métairie du petit Baron, appartenant à Jean Boussac et celle du Grand Baron, appartenant à A. Gassou.

Jean Maignas, les métairies de Feuillide, Fontabeille, de Maignas.

Joseph Boussac et Joseph Desburs, possèdent le 1er les métairies de Gaychon, Desmazes et Danselombre ; le 2e la métairie de Lascaussades.

Blaise Capponnel et Pierre Desburs, le 1er les métairies de Broque-Fort, Perrussouard et le Verdier ; le 2e les métairies du Gué de Laporte et de Larrouy.

Joseph Vilarnau, les métairies de Beauséjour et de Piney.

Jean Marcadet, dit posséder sept hectares.

Michel Plèneselve, habitant Agen, le domaine de Boisrenaud.

Antoine Ponsin, les métairies de Ponsin et de Laubaret.

Calixte Canal, les métairies de Goulens et de Bétiron.

Valentin Delpech, la métairie d'Estube.

Suzanne Sarramia vᵉ Duffourc (1), les métairies de Monplaisir, Pépil et Délube.

Anne Redon vᵉ Bastard, les métairies de Troutet, de Bord et de Saint-Denis.

Pierre Paul Dupré, la métairie de Gudole, vignoble de Bellevue et bois de Pedebic.

Joseph Bruni-Sarramia, possède à Caudecoste et Gimbrède, les métairies de Clusel et de Carresteroun.

Bonaventure Barrastin, les métairies de Barrastin, Bourrut, Laroche, Ramounet.

François Gimet, la métairie du Pépil.

Jean Bourdelles, le bien de Pébousquet.

Joseph Dalibert, domaine de Monrepos, Bordeneuve et Fayries.

Jean Sarramiac de Goulens, régisseur de M. Barbier Lasserre a dit que le sr Barbier possède métairies du Grand Caussines, de la Hount, la Roubiagne.

André-Etienne Dulion, les métairies du Barbut, Monseigne, l'Olivier, St-Martin et du Verdier (2).

Combien reste-t-il aujourd'hui de ces familles terriennes ? Presque toutes ont disparu du pays ; elles ont été quasi déra-

---

(1) Elle était sœur de Dom Sarramia, ex-Bénédictin et cousine des Sarramia de Randé.

(2) *Registres municipaux.*

cinées et leur nom même est à peu près oublié ou presque éteint. Deux ou trois subsistent encore, et pour combien de temps ? Leçon grave pour leurs successeurs et ceux qui les ont remplacés. D'après la loi économique, les familles prospèrent et durent à proportion de leur vertu et de leur moralité. Elles déclinent et périssent à mesure qu'elles s'éloignent de la Religion. Quand les hirondelles quittent notre région, la saison morte arrive. Dieu banni d'une maison, la ruine morale et matérielle ne tarde pas à venir.

Les Sarramia

Les Sarramia, qualifiés bourgeois, avaient fixé, à la suite d'un mariage leur principale propriété, ainsi que leur résidence au hameau de Randé, près le château des Mazes (1). A la mort du chef de la famille, Pierre Sarramia, survenue en 1781, ses nombreux enfants, Joseph Sarramia, Bruny-Sarramia, Guillaume et Boniface s'entendirent pour réparer la maison d'habitation, qui était en mauvais état, et la réparation eut lieu dans des conditions modestes. Le castel de Randé tel qu'il est aujourd'hui avec sa tour en forme de poivrière, fut bâti en 1874 par Mme Henry Sarramia et sa fille Lucie d'Auberjon.

On cite le légendaire Sarramia-*Kiquille*, qui pour se venger de ce sobriquet, et pour ne pas être confondu avec les innombrables Sarramiac, brassiers, métayers ou fermiers, disait avec une certaine emphase : Les Sarramia bourgeois sont sans *c* et s'écrivent sans *c*. En effet ce Kiquille fut très sensé pour s'enrichir. D'abord il épousa la fille de François Gimet, douée d'une rare laideur, mais qui lui apporta l'héritage de la métairie du Pépil, aujourd'hui les Gimets, sur la route d'Astaffort.

Il épousa en 2e lieu une d^{lle} Paillaube, parente de l'abbé Paillaube, ancien curé de Goulens (2).

De ce dernier mariage naquit Alexis Sarramia, qui épousa en 1809 d^{lle} Beaujardin, fille de Jacques Beaujardin, originaire de St-Pierre de Buzet, ancien Consul en Espagne, qui venait d'acheter le domaine de Pellefiguier près de Caudecoste.

---

(1) Dom Jean Sarramia ex-Bénédictin, mourut à Randé en 1809.
(2) L'abbé Paillaube décéda à Randé en 1824.

Henry Sarramia, né de ce dernier mariage, fut Conseiller à la Cour d'Appel d'Agen. Il épousa d^lle Vacquié, et il a laissé deux enfants : Arthur, décédé fortuitement, sans laisser de postérité; et Lucie, veuve aujourd'hui du marquis d'Auberjon.

La famille Sarramia ne s'est continuée jusqu'à nos jours que par la branche collatérale de Joseph Sarramia. Il épousa d^lle Baillet de Dunes. De ce mariage naquirent : une fille qui fut mariée à s^r Laurent, maître de musique d'Agen. Elle est décédée à Agen vers 1890. Le fils fut Emile Sarramia qui de son mariage avec Blanche Depère, de Mézin eut un fils Joseph dont les descendants perpétuent le nom de cette antique famille Layracaise.

Le passage à Layrac de Sa Majesté l'Empereur Napoléon et de l'Impératrice Joséphine est annoncé à M. le Maire de Layrac (Mai 1808).

L'Empereur Napoléon se trouvait à Bayonne au mois d'avril 1808, et Sa Majesté l'Impératrice vint l'y rejoindre.

Ce fut dans cette ville et à cette époque que se joua le drame ou la comédie de l'abdication forcée du Roi d'Espagne. Nous n'avons pas à retracer ces douloureux évènements qui eurent des suites si funestes pour nos armés. Lorsque vint le moment de quitter Bayonne pour rentrer à Paris, des ordres furent donnés à tous les Préfets, dont les départements devaient être traversés par leurs Majestés Impériales, pour que l'accueil fait à l'Empereur fut grandiose.

Une lettre de son Excellence le Ministre Secrétaire d'Etat, écrite de Bayonne à M. le Préfet de Lot-et-Garonne, lui annonce que Sa Majesté Impériale et Royale est dans l'intention de visiter bientôt ce département, où elle se rendra en passant par Pau, Tarbes et Auch. Et ajoute le *Journal de Lot-et-Garonne* (1) : Cette heureuse nouvelle qui a changé en certitude les espérances, qu'on avait conçues, a redoublé le zèle qu'on apportait déjà aux préparatifs commencés pour la réception de notre illustre Souverain. Dans toutes les parties du départe-

---

(1) *Journal de Lot-et-Garonne,* n° du samedi 30 avril 1808.

ment on s'empresse de se faire inscrire pour la formation d'une garde d'honneur.

D'après le tracé de cet itinéraire, leurs Majestés en venant de Tarbes à Auch pour se rendre à Agen, devaient suivre et traverser les villes situées entre Auch et Agen : telles que Mirande, Fleurance, Lectoure et Layrac. En s'inspirant de ce projet, le Préfet de Lot-et-Garonne écrivit aux premiers jours de mai, au Maire de Layrac pour l'aviser de cette heureuse nouvelle. En conséquence, dans la séance du 8 mai, M. Larivière donna lecture de la lettre du Préfet, annonçant le passage en cette Commune de sa Majesté l'Empereur et Roi, et l'invitant à faire les préparatifs convenables pour prouver à cet Auguste Monarque les sentiments qu'inspirera au peuple la présence de l'Empereur dans ce département (1).

Voici quelle fut la délibération du Conseil municipal :

Le Conseil considérant combien il voudrait reconnaître d'une manière éclatante les bienfaits immenses que la France reçoit tous les jours de son monarque chéri ;

Considérant que cette Commune a trop peu de facultés pour pouvoir faire une dépense conforme à ses désirs ;

Considérant qu'il existe entre les mains du percepteur une somme de 397 fr. 03 cent. en fonds demeurés libres sur l'exercice de 1807, et que d'ailleurs il se trouvera d'autres fonds disponibles sur l'exercice courant ;

Délibère qu'il sera demandé à M. le Préfet, d'accorder à la Commune de Layrac une somme de 400 fr. pour être mise à la disposition du Maire afin que celui-ci puisse en faire l'emploi en un arc de triomphe, ou autre embellissement sur la route, autres signes d'allégresse publique, lors du passage sur le territoire de cette Commune de Sa Majesté Impériale et Royale (2).

Le procès-verbal est signé par les membres du Conseil municipal, dont les plus marquants avaient maintefois prêté le serment de haine à la Royauté. Combien de ces farouches patriotes ressemblent au meunier de sans-souci :

> De quelque côté que vint souffler le vent,
> Il y tournait son aile et s'en donnait content !

---

(1) *Registres municipaux.*
(2) Ont signé : Larivière, Maire, Delpech, Desburs, Cassius, Bordes, Delsine, Lorman, Dunes, Duffourc, Durand, Capponnel fils, Depau et Dupont.

L'attente et les espérances des habitants de Layrac furent déçues. L'itinéraire de l'Empereur subit des modifications. L'Empereur, au lieu d'aller d'Auch à Agen directement, se détourna pour visiter Toulouse.

Nous lisons en effet dans le *Journal de Lot-et-Garonne,* à la date du 23 juillet 1808, un courrier extraordinaire arrivé à l'instant porte à M. le Préfet l'avis officiel que Sa Majesté Impériale arrivera à Agen, vendredi prochain 29 juillet, dans la matinée. Elle arrivera par la route de Toulouse (1).

Nous lisons dans le *Journal* du 26 juillet : La présence ou l'attente de Sa Majesté Impériale remplit de joie, d'impatience et de mouvement tout le pays sur lequel est répandue la vive et aimante population gasconne. Pau, Tarbes et Auch ont déjà vu et admiré le héros. Toulouse le possède en ce moment et bientôt Agen va pouvoir se livrer à tous les transports d'allégresse et d'amour qu'excite son Auguste personne (2).

Enfin Sa Majesté, venant de Montauban arrive à Agen, le samedi 30 juillet, Sa Majesté est entrée à Agen sous le grand arc de triomphe consacré par les Agenais au *Grand Napoléon.* Elle a été saluée et haranguée par les chefs de toutes les administrations civiles, religieuses, militaires et judiciaires. On lui a présenté un bon vieillard, nommé Printemps qui accomplissait sa 114e année. Sa Majesté s'est entretenue quelques instants avec lui et l'a gratifié d'une somme de 50 Napoléons.

Leurs Majestés ont quitté Agen le soir de ce jour pour aller à Bordeaux. Chemin faisant elles ont fait une halte à Aiguillon chez M. Merle de Massonneau (3).

---

(1) *Journal de Lot-et-Garonne.*

(2) Ibid.

(3) Ibid. La Municipalité de Layrac dès le mois de mai avait commandé les préparatifs et décidé un arc de triomphe sur la route de Layrac à Agen, puis qu'elle fit payer à Baptiste Nézat, charpentier, un mandat de 67 fr. 50 et à Darquier, menuisier, 69 fr. 85 pour préparatifs à l'occasion du passage de l'Empereur. *Registres municipaux.*

Le Couvent des Bénédictins proposé comme succursale de la légion d'honneur 1811

Le pensionnat de Layrac donnait bien quelques revenus à son propriétaire L. Champmas ; mais les difficultés de l'administration lui apportaient bien des soucis. Une occasion favorable se présente pour sortir de ces préoccupations.

Le 13 janvier, M. Larrivière expose au Conseil municipal que le Gouvernement impérial ayant résolu d'établir dans l'Empire six succursales de la maison d'Ecouen, où étaient élevées les filles des officiers sans fortune, et d'accorder la faveur de pareils établissements aux Communes qui offriraient des locaux convenables ; il avait jugé que ces sortes d'établissements procureraient aux Communes des avantages immenses. Or la Commune de Layrac lui paraissait posséder un local de cette sorte dans la maison de M. Champmas, ancien Couvent des Bénédictins, tenu en ferme par le sieur Ducomet, directeur de l'école secondaire de cette ville.

Le Maire ajoute qu'il voit de grands avantages pour Layrac dans la fondation d'un établissement de ce genre ; c'est ce qui l'a engagé à proposer au Conseil municipal d'offrir au Gouvernement impérial la sus dite maison avec son enclos. Il appartient au Conseil municipal d'apprécier les avantages et les inconvénients de ce projet.

Le Conseil après avoir écouté l'exposé de cette proposition, discuta longuement les avantages et les inconvénients que pourrait entraîner un établissement de ce genre. Il fallait que la Commune s'obligeât à racheter le Couvent avec son bel enclos pour l'offrir au Gouvernement. Ce projet fut agréé et il fut décidé que M. le Maire communiquerait cette résolution à M. le Préfet avec prière de l'approuver et de l'appuyer de tout son crédit auprès du Gouvernement, en ayant soin de faire valoir le beau site du local, la salubrité de l'air, de ses eaux et la facilité des communications.

Quelques jours après, le 10 mai, les négociations ayant été entreprises, M. le Maire raconta au Conseil que l'exécution du projet paraissait plus difficile et plus dispendieux qu'ils ne l'avaient auparavant jugé. D'après la réponse du Préfet, la Commune en sus du prix d'achat qui reviendrait à 50 mille francs, aurait a exécuter des travaux d'appropriation évalués à 30 mille francs, tandis qu'on avait présumé que le Gouvernement prendrait les réparations à sa charge. Pour se procurer la somme de 80 mille francs, il faudrait obtenir un crédit sur la caisse d'amortissement ; et pour le remboursement la seule ressource serait une addition de taxe sur la contribution directe et sur l'octroi. Ce qui serait même insuffisant. Par suite le Conseil, après avoir discuté les avantages et les charges de ce projet, décide qu'il faut y renoncer et écrire au **Préfet** de ne donner aucune suite aux propositions précédemment faites (1).

Le plus intéressé à cette affaire était M. Champmas, propriétaire du Couvent qui aurait réalisé un beau bénéfice et aurait été soustrait aux embarras que lui occasionnait l'administration d'un pensionnat établi dans des conditions qui finiront par rendre impossible la continuation de cette œuvre délicate de l'enseignement, comme nous le verrons plus loin.

Administration Municipale

En parcourant les délibérations du Conseil municipal de cette période on constate que les chefs de la Municipalité se préoccupent d'exécuter toutes les améliorations que leur permettent des ressources du budget.

Bernard Durand Lagravade est percepteur à vie, et chaque année il soumet les pièces de sa comptabilité qui sont examinées avec soin et toujours approuvées comme étant hors de tout reproche. Les chemins vicinaux ont une part considérable des fonds affectés à leur entretien ; et dans la mesure du possible on pourvoit aux réparations indispensables des édifices du culte.

Parmi les dépenses votées chaque année, il y a une somme de 300 francs affectée au traitement du desservant ; somme qui lui sera payée jusqu'à la fin de son pastorat.

Le traitement de médecin de la Commune est de 400 francs et les gages du secrétaire de la mairie sont de 300 francs (2).

---

(1) *Registres municipaux*. Ont signé : Larivière, Capponnel fils, Durand, Gimet, Duffourc, Cassius, Delpech, Mallet, Dupont, Champmas et Bergognié.

(2) *Registres municipaux*. Bernard Durand fut nommé percepteur a vie, en raison des services rendus. Il mourut en 1814 à l'âge de 78 ans. Sa fille Marthe

Le médecin salarié par la Commune fut jusqu'à son décès M. Joseph Larivière. Il fut remplacé en 1819 par le docteur Dabadi. Celui-ci ayant quitté la Commune, le Conseil qui tenait à ce qu'il y eut toujours un médecin pour soigner les malades pauvres, pria en 1825, le Maire M. de Maignas, d'offrir la place au docteur Freychinet, médecin à Monclar. M. Freychinet accepta les offres et le traitement qui lui étaient proposés et il vint s'établir à Layrac (1).

Etablissement de la route nationale

Dans l'année 1826 fut dressé le projet d'établir une route nationale sur la rive gauche de la Garonne, partant du pont de pierre d'Agen et se dirigeant sur Astaffort et Lectoure. D'après le plan primitif des ingénieurs, cette route passait à une certaine distance de la ville de Layrac. Le Conseil municipal se préoccupa de faire modifier ce projet pour être agréable et utile aux habitants. Il dut faire des sacrifices pour obtenir cette rectification ; il n'hésita point et il s'imposa une dépense de 5.132 francs 13 cent. On ne pouvait faire un meilleur emploi des deniers publics ; et l'occasion était on ne peut plus favorable. Les Conseillers municipaux convoquèrent les plus forts imposés pour leur soumettre l'imposition des ressources nécessaires. Le vote fut unanime pour contribuer aux intérêts et à l'embellissement de la ville. Nous citerons les noms des Conseillers : Paul de Maignas, Maire, Dupré, Durand de Soulard (2), Gassou Izaac, Gassou aîné, Delpech 3e, Delpech Valentin, Canal aîné, Canal Sophrone, Dupont, Darqué, Bordes, Gimet, Fieuzal, de Pleineselve, Bartherote, Deforcade, Olivier, Séjournet.

Parmi les fort imposés : Messieurs de Bastard, le comte de Raymond, Boussac Hippolite, Sarramia, Bruny-Sarramia, de

---

épousa Antoine Daniel Bouet, de qui descendent les magistrats de ce nom, dont le dernier en date est M. Charles Bouet, démissionnaire en 1882. Bonaventure Durand, ancien Juge de paix, mourut en 1812. Les descendants de cette branche sont les Aunac, les Labat-Martinelli, les de Garin.

(1) *Registres municipaux*.
(2) Il était fils de Bonaventure Durand.

Maignas, Jean Capponnel, Blaise Capponnel, Gassou Cyrille, Champmas (1).

Restauration du Collège de Layrac 1830

Le collège de Layrac fermé en 1823 resta vacant jusqu'en 1830. Ce vaste établissement demeura inhabité pendant cette période, car il ne pouvait être occupé que par une Communauté. Toutefois une partie de ce local fut affermé pour servir de magasin de blé, et il fut utilisé par les sieurs Armaignac, Castex etc., qui faisaient le commerce des grains. Mais la plus grande partie des bâtiments restant inoccupée, les propriétaires, qui avaient succédé à L. Champmas, retiré dans ses propriétés de Daubèze, trouvèrent que les frais d'entretien de cet immeuble étaient trop lourds et ils se décidèrent à en démolir une partie pour en vendre les matériaux et par suite diminuer leurs charges. On commença par la suppression des pavillons des deux ailes, dont la reconstruction a été opérée plus tard par les Religieuses du S. Cœur.

La population voyait avec un sentiment d'humiliation profonde ces mutilations à un monument, dont leurs ancêtres étaient fiers. Toutefois on ne se borna pas à des gémissements stériles. La Municipalité, dont le chef était M. Paul de Guilhem de Maignas, homme d'initiative et de résolution, s'occupa activement de procurer une solution qui concilierait les intérêts des propriétaires et les avantages des habitants de Layrac.

Il y avait alors à Agen un petit maître de pension établi dans la maison dite de Refuge. M. Dardy, originaire de Soumensac, canton de Duras y avait ouvert depuis plusieurs années une école fréquentée par des élèves qui recevaient des leçons d'enseignement primaire et secondaire. Ce modeste chef de pension était intelligent, mais besogneux et chargé d'une nombreuse famille. Des propositions lui furent faites pour venir à Layrac rouvrir un pensionnat dans l'ancien Monastère Bénédictin. Ce projet qui semblait répondre aux vues de M. Dardy fut accepté, et la Municipalité heureuse des espérances que lui promettait

---

(1) *Registres municipaux*. Paul de Guilhem de Maignas, ancien émigré, chevalier de St-Louis, remplit les fonctions de Maire de 1815 à 1830.

l'ouverture d'un nouveau pensionnat, s'engagea à lui aider à faire cet achat (1).

C'était aussi réaliser de nombreux avantages. Le Couvent, qui après l'expulsion des moines, avait été changé en auberge, lieu de réunion profane, salles de banquet et de danses, ne serait plus exposé à ces profanations. La présence et l'entretien des professeurs et des élèves procureraient des avantages matériels à la ville ; et les familles bourgeoises nombreuses auraient la faculté rare alors de faire donner à leurs enfants une instruction selon leurs désirs.

Toutes ces considérations bien motivées expliquent et justifient la délibération du Conseil municipal en la séance du 26 décembre 1829. M. de Maignas expose aux Conseillers l'état de la gestion. M. Dardy, maître de pension à Agen, dit le Maire, m'a écrit le 11 décembre dernier, pour me faire part de l'acquisition qu'il vient de faire du Couvent de Layrac. Cet achat a lieu au moment où des mains dévastatrices allaient le renverser de fond en comble et il nous offre le moyen de conserver à notre ville son plus bel ornement. M. Dardy en acquérant ce beau monument n'a eu que l'intention d'y former un très important établissement d'instruction publique, c'est pourquoi dans peu de jours il se propose d'y transporter le pensionnat qu'il a à Agen et qui a un très grand succès. Il n'attend pour cela que le moment où l'on aura effectué les réparations jugées indispensables pour recevoir les élèves du pensionnat. Ce sera là un établissement universitaire qui nous offre bien des garanties de succès.

Quel avantage, ajoute M. le Maire, la Commune ne va-t-elle pas retirer d'un tel établissement, surtout si elle a le bonheur de le voir prospérer ? Dès lors, la Commune pourrait-elle rester indifférente à ce projet, et ne pas contribuer à sa prospérité ? Non, messieurs, je ne le pense pas, dit M. de Maignas, en terminant. Aussi la Commune de Layrac ne se refusera pas, je l'espère, de contribuer par une dotation convenable à cette grande entreprise, qui facilitera aux habitants peu aisés les

---

(1) Le contrat d'achat par M. Dardy fut signé le 17 décembre 1829 et ratifié par Laurent Champmas, propriétaire à Montastruc, commune de Daubèze, le 30 août 1830. Minutes de Mᵉ Delpech.

moyens de donner à leurs enfants une éducation brillante, qui est la première base d'une bonne conduite. Le Conseil municipal reconnaissant les avantages immenses de l'établissement de M. Dardy dans l'intérêt de l'instruction publique, et appréciant la facilité de procurer à tous les habitants de donner à peu de frais à leurs enfants une bonne éducation ;

Considérant que la Commune ne saurait être trop reconnaissante envers M. Dardy de lui avoir conservé un si beau monument qui fait tout l'ornement de cette ville ;

Considérant qu'il est de toute justice que la Commune vienne au secours de M. Dardy pour l'aider à contribuer a la prospérité de son établissement ;

Par ces motifs délibère à l'unanimité qu'il sera accordé à M. Dardy une dotation de 2.400 fr. payable dans les quatre premières années de son installation, à raison de 600 fr. par an (1).

Rétablissement du Collége de Layrac en 1830 par M. Dardy et en 1835 par M. l'abbé Lalanne

Les habitants de Layrac surent apprécier le grand avantage du rétablissement du Collège, fermé depuis sept ans. Le Conseil municipal vota une dotation de 2400 francs pour aider M. Dardy à installer son pensionnat dans le vaste immeuble du Monastère des anciens Bénédictins. Ce Collège procurait aux habitants un double avantage : un avantage matériel d'abord, puisque les besoins et l'entretien d'un nombreux personnel seraient pour les ouvriers, pour les commerçants, les industriels une occasion de bénéfices très appréciables. En outre l'avantage et la facilité de faire donner aux enfants une instruction solide, une formation morale, qui très rare alors, les préparerait à entrer dans des carrières ou à occuper des fonctions très honorables et élevées.

M. Dardy encouragé par les subventions du Conseil municipal, vint donc transférer son pensionnat à Layrac. Les élèves ne tardèrent pas à affluer et il fallut le concours de nombreux professeurs pour donner satisfaction aux désirs légitimes des familles.

---

(1) *Registres municipaux*. Ont signé : Bartherote, Delpech fils, Deforcade, Bordes, Gassou aîné et Gassou jeune, Dupont, Cassius, P. de Maignas, Maire.

Dès l'année 1834, il associe à son œuvre M. Chalès, un de ses professeurs qui avait épousé une de ses filles (1). Néanmoins voyant le mouvement croissant de son œuvre il constate son impuissance à lui donner le développement qu'exigerait le nombre toujours plus grand des élèves qui venaient réclamer une instruction soignée. Dans le département, et même à Agen, les pensions et collèges étaient rares, et les parents étaient fort embarrassés pour faire donner à leurs enfants une instruction appropriée à leur avenir. M. Dardy se préoccupa des moyens de fortifier et d'agrandir son établissement. Il y avait alors à Bordeaux un ecclésiastique de grand savoir et doué d'aptitudes pédagogiques exceptionnelles, c'était l'abbé Jean Philippe Auguste Lalanne. De concert avec le célèbre et pieux abbé Chaminade, l'abbé Lalanne contribua à la fondation de la *Société de Ste-Marie* ou des *Marianistes*, dont les membres se vouent à l'enseignement.

Pendant que l'abbé Chaminade s'occupait de fonder une école à Agen, l'abbé Lalanne établit à Bordeaux la pension Ste-Marie. L'Université fondée par Napoléon était jalouse de son monopole, et elle tenait toutes les entreprises faites pour propager l'enseignement sous la plus étroite dépendance, s'arrogeant sur elles droit de vie et de mort, et les réduisant à un état de tributaires. Les catholiques luttèrent de toutes façons pour arriver à briser cette tyrannie. L'abbé Lalanne était donc à Bordeaux lorsqu'il entra en négociation avec M. Dardy.

Il dirigeait une institution connue sous le nom de pensionnat Sainte-Marie. En 1835 il acheta à M. Dardy l'ancien Couvent des Bénédictins avec ses dépendances (2).

Dès son arrivée à Layrac, le pensionnat prit de grands déve-

---

(1) Jean Chalès était instituteur à Hautefage lorsque M. Dardy l'associa à son œuvre. Ce fut lui qui fut chargé de prononcer le discours de la distribution des Prix le 28 août 1834. Plus tard M. l'abbé Lalanne se chargea de porter la parole en ces circonstances, et il prononça des discours remarquables, dont quelques-uns ont été conservés comme des modèles pour le fond et pour le style.

(2) M. l'abbé Lalanne acheta le collège et ses dépendances, de concert avec M. Mémain, à M. Dardy et à sa dame Jeanne Després, le 29 juillet 1835.

Ce fut durant cette période que les frères Dauzon, Prosper Dauzon docteur en médecine et Eugène Dauzon, avocat, fils de Jean Baptiste Dauzon, originaire de Montaignac et établi à Layrac vers 1807, firent leur première éducation au collège de Layrac dirigé par l'abbé Lalanne.

loppements, car la renommée du nouveau Directeur lui concilia à juste titre la confiance des parents. Pour répondre aux besoins de la situation, il fallut faire de nombreuses réparations. Comme les ressources de M. Lalanne étaient modiques, il fit appel au crédit de ses amis, qui s'empressèrent de venir à son aide. Et le nombre des élèves allant toujours croissant, tout faisait espérer qu'il parviendrait facilement à faire face aux obligations qu'il contractait. Les premières années furent très florissantes, les pensionnaires dépassaient la centaine. M. l'abbé Lalanne sut attirer autour de lui de nombreux professeurs qui donnaient aux élèves l'enseignement littéraire et classique et les initiaient aux arts d'agrément et à la connaissance des langues étrangères de l'anglais, de l'espagnol etc. Il y avait des maîtres d'arme et d'escrime, de danse, de natation et de musique.

Tout marchait sur un grand pied et l'abbé Lalanne avait le goût, le talent de faire grandement les choses. Il y eut quelques lacunes dans son administration ; il lui manquait une économe sage et prudent. Et de plus comme l'Université était jalouse des maisons qui s'élevaient à côté d'elle, elle maintint l'établissement de Layrac dans un état d'infériorité humiliante en lui refusant le plein exercice. L'abbé Lalanne fit des démarches pour obtenir ce droit. Le Ministre de l'Instruction publique le berça de belles promesses qui ne se réalisèrent pas. Par suite de ce refus, le collège de Layrac perdit de sa bonne renommée et la confiance des parents qui durent envoyer ailleurs leurs enfants. Dès lors le nombre des élèves diminua considérablement, et sa ruine devint inévitable.

Dans cette situation inextricable, les créanciers jetèrent les hauts cris, et ils poursuivirent l'abbé Lalanne comme auteur de ce désastre. Ce que voyant le Directeur, et voulant sauvegarder la liberté de sa personne, il ferma son établissement, et le 24 juillet 1845, il déposa au greffe du Tribunal de 1re instance d'Agen son bilan et les livres de caisse contenant l'état de ses recettes et dépenses.

La Cour d'appel d'Agen reconnaissant la bonne foi et la loyauté de l'abbé Lalanne, l'admit par un jugement rendu le 28 août 1847, au bénéfice de la cession des biens (1).

(1) Le Collège avec ses dépendances fut acquis par M. Chaudebordes d'Agen

L'Université tendait alors à ce qu'il eut le moins possible d'institutions particulières. Le collège de Bazas venait de se fonder et un certain nombre des pensionnaires de Layrac furent dirigés vers ce nouvel établissement. L'abbé de Salomon, qui était venu au secours de l'abbé Lalanne à Layrac, conduisit cette petite colonie à Bazas. Ce collège réconforté par ces nouvelles recrues, prit un accroissement inespéré, que favorisa d'une manière providentielle la loi Falloux. Cette loi n'apportait pas une liberté complète, mais elle brisait bien des lanières et inaugura un régime qui fut très favorable à l'enseignement secondaire.

Layrac perdit beaucoup lors du départ de M. l'abbé Lalanne, qui était un éducateur de 1er ordre. Cela est si vrai que ce même Directeur, appelé à Paris pour diriger un autre établissement, celui du collège Stanislas, alors en décadence sous la direction de l'abbé Goschler. L'abbé Lalanne par son talent et son dévoûment, par sa haute intelligence parvint à donner au collège Stanislas de Paris un éclat, une renommée que des succès de plus en plus éclatants ont signalé au respect de ses ennemis et à la confiance des familles.

Après cette catastrophe, la plupart des professeurs se dispersèrent. M. Auguste Centrain, professeur d'histoire, alla à Fleurance prendre la direction d'un pensionnat. Il resta quelques années à la tête de ce petit collège ; mais en 1854, il revint à Layrac fonder une école secondaire qu'il maintiendra jusqu'en 1884.

M. Dardy, obligé de reprendre sa première œuvre, chercha à relever son Pensionnat. Se sentant insuffisant pour le maintenir il appela auprès de lui un ecclésiastique qui jouissait d'un bon renom d'intelligence et de capacité. L'abbé Mercier arriva à Layrac en 1846. Le nouveau Directeur ne manquait ni de talent, ni de zèle ; mais en dépit de tous ses efforts il ne put relever cet établissement et lui redonner la prospérité des années antérieures. Ajoutons que les entraves que l'Université mettait dans l'existence de ces Pensionnats, paralysaient le zèle du Directeur et des professeurs. Les frais étaient considérables,

---

à la suite d'une adjudication après les poursuites exercées contre l'abbé Lalanne conformément au jugement rendu le 7 mars 1846.

les charges énormes et le nombre des pensionnaires ne procurait pas des ressources suffisantes pour assurer la vie et la durée de ce Pensionnat. Toutefois l'abbé Mercier lutta pendant quatre ans, et il seconda la bonne volonté de M. Dardy.

En 1850, M. Thouzery remplaça l'abbé Mercier. L'année scolaire s'acheva au moment où se discutait cette célèbre loi sur la liberté d'enseignement, dont M. Falloux fut le promoteur.

Une ère nouvelle s'ouvrait pour l'enseignement. Les catholiques, après avoir lutté pendant 18 ans, voyaient enfin luire un jour nouveau pour le développement de l'enseignement secondaire, par la promulgation de la loi Falloux.

L'espérance revint au cœur de M. Dardy, non point qu'il pût se bercer de l'illusion de pouvoir par lui-même donner à son établissement une prospérité nouvelle et bien désirée ; mais pour parer à l'entretien de la maison et fournir au traitement des professeurs, il avait contracté des dettes considérables et le pensionnat qui lui appartenait acquérait une grande valeur, parce qu'il pourrait le céder et le vendre dans des conditions avantageuses, de manière à faire honneur à ses affaires et à procurer quelques ressources à sa famille très nombreuse et besogneuse.

Le monopole étant aboli, tout Français pouvait ouvrir un établissement d'instruction, sans aucune condition excessive de grade. La concurrence étant ouverte, on ne tarda pas à en voir les heureux effets. En peu de mois les catholiques créèrent 257 établissements libres.

Le diocèse d'Agen ne fut pas en retard. Il y avait alors à la tête de l'administration diocésaine un homme d'intelligence, de caractère, prompt à l'action et ferme en ressources. Nous voulons parler de l'abbé Emmanuel de Vivie, ancien archiprêtre d'Astaffort, que Mgr de Vesins avait appelé auprès de lui pour lui aider dans ses œuvres d'évangélisation.

Immédiatement M. l'abbé de Vivie achète les bâtiments qui entouraient la cathédrale et il mit la main à l'œuvre afin d'ouvrir le collège Saint-Caprais pour une école secondaire de garçons. Grâce à ce zèle dévorant, les classes s'ouvrirent au mois d'octobre 1851.

Fondation du Couvent et du Pensionnat à Layrac
par les Religieuses du Sacré-Cœur 1851

M. Dardy resté propriétaire du Couvent de Layrac, après le départ et le désastre de M. l'abbé Lalanne, se trouvait dans une situation très gênée. Le souci de sa nombreuse famille et les ressources qu'il lui fallait procurer pour l'entretien des professeurs et de la maison le réduisaient aux abois. Il se sentait entrainé à une ruine complète. Après la promulgation de la loi Falloux, il se prit à espérer et il ne négligea rien pour intéresser à son malheureux sort les personnes qui pouvaient lui venir en aide et entre autres, l'ancien archiprêtre d'Astaffort, devenu vicaire général M. l'abbé de Vivie. A la suite de ces démarches, il fut un moment question de greffer le collège libre diocésain sur le Pensionnat de Layrac, qui semblait tout préparé par cette destination. Mais Layrac était trop éloigné d'Agen, et à cette époque les communications étaient difficiles. Pour d'autres raisons majeures, la ville épiscopale fut préférée.

Le Père Lacordaire avait été sollicité de venir à Layrac fonder un collège, que sa grande renommée aurait rendu très florissant. Le célèbre conférencier de Notre-Dame de Paris venait de fixer son choix sur l'antique collège de Sorèze, et c'est là qu'il voulut exclusivement concentrer tous ses efforts.

Les propositions de M. Dardy trouvèrent ailleurs un bon accueil. M. l'abbé de Vivie très sympathique à un homme si méritant au point de vue de l'enseignement libre, profita de cette occasion pour agrandir ses projets d'enseignement libre et pour compléter son œuvre d'apostolat.

La ville épiscopale n'avait aucun établissement qui répondît aux vœux des familles de la classe supérieure et moyenne pour l'instruction et l'éducation des jeunes filles. Layrac avec son beau Couvent et ses dépendances offrait des conditions merveilleuses pour une fondation de ce genre.

L'abbé de Vivie, interprète des désirs de Mgr de Vesins, entra en relation avec la Révérende Mère Barat, fondatrice et supérieure générale des Religieuses du Sacré-Cœur. Ces pourparlers dirigés par l'autorité diocésaine obtinrent un résultat prompt et très avantageux pour M. Dardy d'abord et pour le diocèse. L'historien de la Révérende Mère Barat, parle avec éloge de la fondation du Couvent de Layrac. Il commet bien quelques erreurs, mais elles sont sans importance (1).

Il poursuit : « Le site était grandiose, dit Mgr Baunard. As-
« sise sur le penchant d'un côteau et dominant la riche plaine
« de la Garonne, l'*Abbaye* était entourée de beaux cloîtres. On
« y avait précédemment établi un collège, qui avait donné d'ex-
« cellents chrétiens à toute la contrée, puis de graves embar-
« ras étant survenus, Mgr de Vesins l'offrit au Sacré-Cœur.
« Mme Barat l'acquit ; la digne Mère de Brive en fut nommée
« Supérieure, et au mois d'août 1851, le Sacré-Cœur compta
« une famille de plus (2) ».

La mère de Brive arriva à Layrac avec une jeune sœur converse, la sœur Catherine Noble, qui a passé toute sa vie religieuse dans ce même Couvent et que Dieu a retirée de ce monde selon son désir, quelques jours avant d'être expulsée, à la suite des décrets impitoyables du ministère Combes. M. Dardy n'eut qu'à bénir la Providence de voir arriver ces vénérables Religieuses, qui lui achetèrent son établissement de leurs propres deniers, et lui donnèrent les moyens de sortir honorablement d'une position dure et ruineuse (3).

Telle est l'origine de la fondation de cette Maison d'éducation. Les Religieuses agrandirent et embellirent cet établissement. Elles rachetèrent un grand nombre de parcelles de terrain, que les premiers acquéreurs avaient aliénées dans un but de lucre, et elles y ajoutèrent quelques maisons voisines, afin de pouvoir installer toutes leurs œuvres d'enseignement et

---

(1) « Un autre lieu de prière, dit-il, dut au Sacré-Cœur de retrouver son an-
« cienne vie. Près d'Agen, à Layrac s'élevait une *Abbaye* bénédictine, dont l'ori-
« gine remontait au XIe siècle et qui devait sa fondation à Pierre de Cluny. »
Histoire de la V. Mère M-S. Barat, par Mgr Baunard, II. p. 240. Le Couvent de Layrac n'a jamais été *Abbaye*, mais un *Prieuré*, important sans doute, mais les Bénédictins donnaient à leurs fondations le titre exclusif de *Prieuré*. Puis ce Prieuré était fondé depuis plus de trente ans lorsque Pierre de Cluny vint au monde vers 1092. Le monastère de Layrac remonte à l'année 1062.

(2) Voir un opuscule publié en 1902 et intitulé : *Le Cinquantenaire du Couvent de Layrac*.

(3) Les vendeurs furent Pierre Charles Louis Chaudeborde, banquier à Agen et Pierre Dardy, maître de pension à Layrac. Minutes de Me Darodes d'Agen. Et Mme Jeanne Claudia Elianne Cuénot, Religieuse à Layrac, signa la lettre d'achat.

d'apostolat (1). Nous signalerons en particulier la construction de l'école paroissiale, qu'elles ont fait bâtir à grands frais, car leur mission ne se bornait pas à donner une instruction et une éducation supérieures aux jeunes filles d'une classe privilégiée; elles donnaient l'enseignement chrétien libre et gratuit à toutes les enfants de la paroisse indistinctement. Et c'est dans ce beau local que furent installées les écoles maternelles, primaires avec les œuvres post scolaires d'un ouvroir, qui recevait les enfants à leur sortie de l'école. Et toutes ces œuvres absolument gratuites, longtemps avant les lois Ferry, étaient très avantageuses pour la Commune, qui n'avait ni à fournir le local ni à payer les maîtresses.

Nous ne referons pas l'histoire de ce Pensionnat ; ce travail a été déjà publié à l'occasion de la célébration du cinquantenaire de sa fondation en 1901. Mais on ne saurait trop répéter des faits qui sont à l'honneur de ces maîtresses incomparables.

Les Religieuses du Sacré-Cœur, qui se recrutaient dans les classes moyennes et supérieures, ont passé cinquante-deux ans à Layrac, elles avaient acheté ce Couvent à chers deniers, et elles y ont dépensé pour son entretien des sommes qui ont donné aux ouvriers du pays pendant tout ce temps un grand bénéfice. Elles faisaient aux passants et aux pauvres de la localité d'abondantes aumônes. Et que de familles et que d'enfants indigents ont été secourus par elles durant de longues années ?

La maison comptait d'ordinaire une cinquantaine de Religieuses, et le nombre des pensionnaires allait de 60 à 80, de telle sorte qu'il y avait, en y comprenant les domestiques, un personnel de 120 à 130 personnes, qui vécurent là. La subsistance et l'entretien de ce vaste établissement exigeaient des dépenses énormes qui avaient lieu sur place et qui peuvent s'évaluer à la somme de plus de cent mille francs par an.

Si nous ajoutons le mouvement de parents, d'amis, de visiteurs et d'étrangers appelés pour un motif quelconque, par une fête ou pour une affaire, nous arriverions à un chiffre phénoménal d'argent qui restait dans la localité et contribuait au bien être de toutes les classes de la population.

---

(1) En 1859 fut racheté de M. A. Laurans et de Geneviève Baylet l'établissement St-Joseph, qui formait le petit collège, sous M. l'abbé Lalanne.

Cet état de choses a duré cinquante-deux ans, et après avoir exposé d'une manière large les bénéfices apportés aux habitants dans l'ordre matériel, que pourrions nous dire de l'influence morale exercée sur des enfants et sur des personnes de tout âge par des femmes d'une intelligence supérieurement cultivée, d'une éducation parfaite, pratiquant la pauvreté alors qu'elles auraient pu mener une vie somptueuse, personnellement désintéressées et toujours prêtes à secourir les pauvres, donnant l'exemple d'une vie d'obéissance, d'une régularité austère, pratiquant les premières ce qu'elles enseignaient aux autres.

Les enfants de la paroisse ont été témoins pendant un demi siècle de ces exemples de dévouement de piété et de charité.

Ces Religieuses ne se sont pas ménagées à la peine : cinquante-deux d'entre elles, durant cette période, ont succombé à ce genre de vie d'abnégation et de travail, obscur aux yeux des hommes, mais bien méritoire devant Dieu. Jamais elles n'ont quémandé éloge, ni récompense quelconque de ce monde officiel, si orgueilleux et si égoïste. Elles ont fait beaucoup de bien et elles ne demandaient qu'à continuer leur apostolat.

Et néanmoins nous ferons ressortir ce contraste qui jaillit des faits énoncés précédemment. Quand M. Dardy en 1830 vint rétablir dans un Couvent abandonné, un petit pensionnat, le Conseil municipal de cette époque, joyeux de voir que cet antique Monastère échapperait à la ruine et que la venue de ce nouveau personnel apporterait des avantages à la localité, salua avec bonheur et reconnaissance l'installation de cette petite pension, et il vota une dotation de 2400 fr. payables en quatre annuités pour aider M. Dardy a subvenir aux frais de son œuvre.

Et quand les Religieuses du Sacré-Cœur sont arrivées à Layrac, bien loin de rien demander ou de rien accepter, elles ont apporté du bien être autour d'elles ; elles ont créé un établissement modèle, et après des bienfaits sans nom et sans nombre, qui ont duré cinquante-deux ans, pas une voix ne s'est élevée dans le monde officiel pour leur exprimer un regret, leur donner une marque de sympathie, et un témoignage de reconnaissance publique. Nous relatons des faits, et nous mentionnons ce que nous avons vu et entendu.

Mais la vraie population Layracaise, des amis dévoués, les anciennes élèves, les parents, les familles des ouvriers, les personnes du peuple qui forment le grand nombre, ont rendu justice au mérite, et à l'heure de l'épreuve ils ont protesté hautement contre les dénis de justice. Tous ceux là conservent dans le cœur des souvenirs impérissables et ils portent le deuil inconsolable de la perte de telles bienfaitrices. Mais au fond de ce brillant tableau il y a des ombres, des points noirs, qu'il est bon de signaler et de faire ressortir pour la confusion des uns et pour l'honneur des autres. Nous aurons l'occasion de revenir plus loin sur cette question, en racontant l'expulsion des Religieuses de leur Couvent de Layrac.

L'abbé Antoine Cyrice Durrios, curé de Layrac
1827-1843

Cet ecclésiastique, né à Auvillars le 16 juin 1769, était d'une nature douce, timide et sans grande intelligence. Il commença à exercer le ministère pastoral dans une période fort tourmentée, et rien ne l'avait préparé et ne le mettait en garde contre les terribles épreuves, qui allaient assaillir le clergé. Lorsque fut promulguée la loi du 27 novembre 1790, obligeant les ecclésiastiques, pourvus d'une paroisse à prêter le serment à la Constitution Civile du Clergé, il ne comprit pas le danger de cette loi schismatique, ou plutôt il suivit les exemples, hélas ! trop nombreux de prêtres plus âgés qui s'inclinèrent devant cette injonction. Ayant prêté ce serment, il fut nommé vicaire Constitutionnel de la paroisse de Saint-Loup, au canton d'Auvillars. Après le Concordat, l'abbé Durios, exerçait le ministère paroissial dans la paroisse de Grézas, voisine de St-Loup et dans le canton d'Auvillars, voilà comment, en vertu de l'ordonnance épiscopale établissant la réorganisation du diocèse d'Agen, et portant nomination des prêtres chargés d'administrer les paroisses, l'abbé Durrios fut nommé curé de Grézas, qu'il desservait précédemment.

Quelques années plus tard, il fut envoyé curé de St-Sixte, dans le canton d'Astaffort, vers 1811 ; et en 1827, Mgr Jacoupy, le désigna pour aller à Layrac, prendre la succession de l'abbé Capdeville, décédé.

Le poste était difficile, et l'abbé Durrios, après 16 ans d'un ministère, dont il sentait les graves difficultés, donna sa démission en 1843. Il se retira à Agen, où il est décédé le 18 juin 1869, à l'âge de 98 ans.

L'abbé Landau, curé de Layrac
1843-1861

Pour le successeur de l'abbé Durrios, l'abbé Landau, nommé curé de Layrac, par Mgr de Vesins en 1843, nous n'avons rien à ajouter à la notice que nous lui avons consacrée dans la *Monographie de la paroisse de Layrac*, page 692 etc.

L'abbé Guillaume Dufourc de Chaumel, curé de Layrac
1861-1871

Ce vénérable ecclésiastique a fourni une très longue et très honorable carrière. Il était depuis sept ans vicaire à la cathédrale d'Agen, lorsque Mgr de Vesins le nomma curé de Layrac. Une de ses œuvres importantes fut la restauration de l'église paroissiale. Il n'eut pas le temps de la mener à bonne fin ; mais il fit relever le mur latéral de la nef médiane, qui dans sa partie supérieure avait subi un écartement considérable.

La voûte fut refaite en entier ; et il se proposait de continuer ces travaux lorsque Mgr d'Outremont, évêque d'Agen l'appela dans sa cathédrale au mois de novembre 1871, en qualité de chanoine titulaire.

C'est durant la dernière année du pastorat de l'abbé Dufourc, que survint la Révolution du 4 septembre 1870. Nous n'avons pas à nous occuper de la répercussion que le changement de régime politique produisit dans la Commune de Layrac. Les élections du mois de mai 1870 avaient donné une grande majorité à la liste, à la tête de laquelle était M. Paul de Guilhem de Maignas, Maire (1). Ce magistrat municipal n'avait pas l'ardeur

---

(1) M. Paul de Guilhem de Maignas était maire de Layrac depuis 1865. Il avait

combative de son aïeul, qui avait fait la guerre des chouans pendant la période révolutionnaire. Selon l'usage, il faisait sa villégiature dans son vignoble de Bouhebent, et il préparait ses vendanges, lorsque l'Hôtel de Ville de Layrac fut envahi le 4 septembre 1870 par les partisans du nouveau régime qui s'y installèrent. Et le vote populaire, qui toujours ratifie les faits accomplis, sanctionna au mois de mai 1871 les changements survenus quelques mois auparavant dans la Municipalité. Il n'y eut pas de sang versé, ni d'égratignures graves : quelques paroles de colère et beaucoup d'acclamations. Et sous le nouvel ordre de choses comme sous l'ancien, le peuple n'en continuera pas moins à payer le double tribut du sang et de l'argent, peut être même avec quelques aggravations.

A Agen, Monsieur le chanoine Dufourc occupa successivement plusieurs postes de confiance. Il fut chargé de l'administration provisoire de l'église du Sacré-Cœur, qui est devenue l'église paroissiale de Ste-Foy du Sacré-Cœur. Un peu plus tard Mgr Cœuret le nomma curé de la cathédrale et lui donna des lettres de vicaire-général honoraire. Quand le siège d'Agen fut vacant, par suite du décès de Mgr Cœuret, survenu en 1905, le Chapitre l'appela à remplir les fonctions de vicaire-capitulaire avec trois de ses collègues.

Enfin il est pieusement décédé, plein de jours et de mérite, le 2 octobre 1910, à l'âge de 81 ans.

---

succédé à M. Bernard Daunefort, ancien officier de marine qui remplit les fonctons de Maire depuis 1852 jusqu'en 1865, époque de sa mort. La propriété de la Gravade est passée à son neveu M. Charles Bouet, magistrat démissionnaire, qui plus tard fut aussi Maire de Layrac de 1884 à 1887. M. Charles Arnaud fut nommé Maire à la place de M. Bouet, révoqué.

CHAPITRE XI

M. l'abbé P. Dubourg, curé de Layrac
de 1871 à 1912

Mgr Chaulet d'Outremont, vicaire-général de Tours, fut nommé Evêque d'Agen au mois de janvier 1871. Ce siège épiscopal était vacant depuis quatre années, c'est-à-dire depuis la mort de Mgr de Vesins, au mois d'avril 1867.

Le diocèse fut administré pendant cette vacance par des vicaires généraux capitulaires, au nombre de quatre : mais de fait par Messieurs Bordes et Manec, anciens vicaires généraux de Mgr de Vesins.

Un grand nombre de postes principaux, de chanoines et de cures importantes n'avaient pas de titulaires. Le nouveau prélat attendit de longs mois avant de faire les nominations, et ce ne fut qu'au mois de novembre qu'une ordonnance épiscopale pourvut aux postes vacants. Parmi les ecclésiastiques promus et élevés à la dignité de chanoines titulaires figurait l'abbé Dufourc de Chaumel, curé de Layrac, que Mgr l'Evêque investit de sa confiance et qu'il associa à son administration.

Par suite de cette promotion, la cure de Layrac étant devenue vacante, Mgr d'Outremont y nomma l'abbé Dubourg, curé de Vianne, depuis environ sept années.

Le nouveau titulaire prit possession de la paroisse le 2 décembre. L'hiver était très rude, et les neiges abondantes, qui tombèrent, rendirent les chemins impraticables, aussi le nouveau curé ne put arriver dans sa paroisse que le 21 décembre, fête de St-Thomas.

Son installation à laquelle devait présider M. l'abbé Bordes, vicaire général, fut confiée à M. le chanoine Dufourc de Chaumel, qui se fit un honneur et une joie de présenter à son ancienne paroisse un de ses jeunes confrères, qui lui succédait pour la seconde fois, dans le ministère pastoral : la première fois à la cathédrale d'Agen en 1861, et en dernier lieu, à Layrac dix ans après.

Il ne sera pas inutile de décrire quel était l'état de la paroisse de Layrac à ce moment. D'abord l'église paroissiale était en grande réparation. L'abbé Dufourc avait commencé cette grande œuvre, qui exigeait d'énormes dépenses et beaucoup de temps. La reconstruction de la nef était terminée, mais il restait le travail plus considérable : la restauration du transsept, de la coupole et du dôme. Dans l'attente de cette dernière œuvre, il avait été élevé en deçà de la Table Sainte et fermant le dernier arc doubleau de la nef, un mur de moellons qui allait jusqu'à la voûte et isolait complètement la nef du reste de l'édifice, de sorte que l'église était réduite de moitié et que les offices se célébraient exclusivement dans la nef, à un autel provisoire érigé contre le mur de séparation. Ce mur ne disparaîtra qu'après la restauration complète de l'église au mois de mai 1875, et la population dut s'accommoder de cette installation restreinte et gênante, dans l'espérance de voir des jours meilleurs et de jouir de l'ampleur de tout l'édifice. La célébration du culte fut bien un peu réduite, mais ne fut jamais suspendue.

Au point de vue administratif, les relations entre le clergé paroissial et la municipalité étaient établies dans les meilleurs termes. Ce qui le prouve c'est que pour l'exécution des grands et dispendieux travaux de la restauration de l'église, le Conseil municipal, soit avant 1870, soit après le 4 septembre, prêta son large concours pour contribuer aux dépenses.

Dès le jour de son arrivée à Layrac, le nouveau curé alla rendre visite à M. Jean Coulom, Maire, qui lui fit un accueil très convenable. Et quatre jours après, le jour de Noël, M. le Maire, ceint de son écharpe et accompagné de quelques conseillers municipaux se trouva au presbytère pour escorter le Pasteur de la paroisse dans la procession qui eut lieu du presbytère à l'église. Sous le porche le délégué de Mgr l'évêque donna lecture de l'ordonnance épiscopale qui nommait le curé de Layrac et du décret signé : Thiers, Président de la République confirmant cette nomination. Etaient présents avec M. de Montard, président du Conseil de fabrique et les autres marguilliers, M. Coulom, Maire et quelques Conseillers municipaux.

Les bons rapports entre la Municipalité et le curé de la paroisse se maintinrent de très longues années sans que rien ne vint les troubler. Une des premières affaires traitées fut la reprise des travaux pour la restauration de l'église, dont une seule partie était livrée au culte. Il y eut des pourparlers fréquents à ce sujet, et la conclusion fut l'adjudication des derniers travaux qui devaient rendre au culte l'édifice tout entier et surtout la partie la plus belle, le transsept et le chœur. M. Teulère, architecte d'Agen, appelé par le Maire pour diriger ce travail, accomplit son œuvre dans d'excellentes conditions.

Pendant que le gros de l'œuvre se continuait. M. le curé, de concert avec le Conseil de fabrique, s'occupa des réparations intérieures et de tout ce qui pouvait contribuer à l'embellissement de l'église. Ce fut alors que furent placées les verrières qui décorent l'abside et les transsept. Des familles particulières ont voulu témoigner leur piété en souscrivant pour le don d'une verrière et le nom des donateurs a été inscrit par le peintre au bas du tableau. La chaire actuelle fut placée à cette époque. Quant au chemin de croix monumental, que l'on voit aujourd'hui, une plaque de marbre relate qu'il fut le don gracieux de M. Régis Lebéfaude, ancien négociant de Bordeaux, qui voulut témoigner à l'église où il avait été baptisé, sa vive reconnaissance.

Ce fut en 1875 qu'eut lieu la bénédiction et l'inauguration du cimetière actuel. L'ancien cimetière fut fermé et resta clos jusqu'en 1880, lors de la construction des écoles communales. Dans l'ancien cimetière il y avait une concession de terrain faite par le Conseil municipal en 1861, lors du décès de M. le vénérable abbé Landau. A l'aide des souscriptions des fidèles un caveau fut construit pour recevoir les corps de M. l'abbé Landau et des curés ses successeurs. L'abbé Dubédat, chapelain du Couvent du Sacré-Cœur, décédé en 1870, y fut enseveli. Lorsque le cimetière fut désaffecté, par les soins de la Municipalité, furent exhumés et transférés dans le cimetière actuel, les ossements et les restes des morts inhumés depuis des siècles dans ce lieu sacré.

Les corps de M. l'abbé Landau et de M. l'abbé Dubédat furent recueillis avec soin. Il y eut une halte dans l'église paroissiale et un service religieux fut célébré en présence des paroissiens, à l'intention de ces vénérés défunts. Ces dépouilles funèbres furent ensuite conduites au nouveau cimetière et inhumées dans une vaste fosse creusée au bout de l'allée du milieu. Le caveau devait être reconstruit, d'après le projet adopté par le Conseil municipal. Par quelle anomalie n'a-t-il pas été exécuté? C'est ce qu'il faut déplorer........

Dans les solennités chrétiennes, et lors des processions de la Fête Dieu M. le curé invitait le Maire à assister à cette fête. Et à la suite de cette invitation M. le Maire transmettait cette invitation aux membres du Conseil, ainsi qu'au directeur de la musique municipale. Et invariablement le Maire, ceint de son écharpe entouré de ses adjoints et des Conseillers municipaux, ne manquait pas de venir à l'église le jour de la Fête Dieu. Tous ces Messieurs, rendus sur la place, se rangeaient derrière le dais faisaient escorte au St-Sacrement. La musique municipale ne manquait jamais au rendez-vous.

Après la procession et quand tout le cortège était rentré dans l'église, M. le curé s'était fait une douce habitude d'exprimer ses remerciements et ses félicitations à toute la population et aux membres de la Municipalité, fidèles aux traditions chrétiennes.

Ces habitudes chrétiennes ont cessé vers 1880. L'exemple et les conseils survenus d'en haut ; et dès lors la Municipalité, dont les représentants avaient personnellement perdu les pratiques religieuses, s'abstinrent de paraître aux solennités chrétiennes.

Avant la Révolution, les quatre Consuls de la ville et le Maire figuraient aux fêtes du *Corpus Christi*. La Jurade votait tous les ans la somme de 6 livres pour acheter les cierges que portaient les Consuls, aux processions. La Municipalité Layracaise maintint ces traditions, même après la Révolution et elle se fit un honneur d'occuper une place distinguée dans les solennités religieuses.

Toutefois nous devons ajouter que même après 1880, lorsque le cortège officiel fut supprimé d'après les inspirations venues de haut lieu, les membres de la Municipalité ont assisté à ces processions, mais à titre personnel et privé. Surtout de 1884 à

1888, lorsque M. Bouet fut Maire et son successeur M. Ch. Arnaud ; ces messieurs assistèrent à la procession de la Fête Dieu, mais non en costume officiel. Il en a été de même sous M. L. Cassius jusqu'en 1906, époque où il donne sa démission.

Dès lors, la loi de la séparation de l'Eglise et de la Municipalité a été exécutée à la lettre. Mais les administrateurs municipaux ont toujours respecté et maintenu les traditions de liberté pour les exercices du culte et pour les cérémonies extérieures de la Religion.

OBSERVATIONS

Il ne nous appartient pas de raconter tous les divers évènements accomplis depuis 1871 jusqu'à nos jonrs. Il y a une foule de raisons et de circonstances qui nous imposent une extrême réserve, même dans le simple récit que nous ferions de certains actes. Nous devons laisser au temps et à l'avenir le soin d'exposer et d'apprécier les faits et gestes de nos contemporains.

Toutefois en laissant de côté le récit de bien des évènements, il en est qu'il importe de relater pour éclairer la voie à nos successeurs.

Je veux parler de ce qui intéresse la conduite générale de la paroisse pour le bien des âmes. Il est survenu en effet dans l'existence de l'Eglise de France et dans la situation du clergé de tels bouleversements, il s'est commis de si flagrantes injustices que les Pasteurs des âmes et les curés des paroisses sont tenus de les bien connaître pour agir avec prudence et avec fermeté.

L'histoire, on le sait bien, est un perpétuel recommencement. De la Constitution civile du clergé qui ruina l'Eglise de France en 1791, jusqu'au Concordat de 1801, qui inaugura son rétablissement, il s'est écoulé dix ans. De la loi de séparation de l'Eglise et de l'Etat ou de la rupture du Concordat, votée en 1906 jusqu'au nouveau Concordàt, qui reconnaîtra à l'Eglise de France ses droits sociaux, combien s'écoulera-t-il d'années? C'est le secret de la Providence. Mais avec l'écrivain sacré, nous répétons qu'il n'y a rien de nouveau sous le soleil, et que ce qui a été fait dans le passé, se fera encore demain, plus tard (1).

Dans cette prévision, il est croyons-nous nécessaire et avan-

---

(1) *Nihil sub sole novum, nec valet quis quam dicere : Ecce hoc recenset Jamenin præcessit in sæculis quæ fuerunt ante nos.* Eccle. I, 10.

tageux que nos successeurs dans la paroisse de Layrac sachent ce qui a été fait, afin d'éviter certaines erreurs, s'il en a été commises, et de marcher fermes dans la vérité et la justice, lorsqu'il sera question du salut des âmes, de l'honneur de l'église et de ses droits imprescriptibles.

C'est pourquoi dans cette dernière partie des Mémoires nous ne mentionnerons que quelques faits des plus saillants, dont le récit peut-être utile à connaître pour l'instruction des lecteurs à raison des conséquences qu'ils ont eues ou peuvent avoir pour l'avenir (1)

---

(1) Pour mémoire nous citons la série des Maires de Layrac de 1888 à 1908. M. Léon Cassius, docteur en médecine, fut Maire de 1888 à 1906. Après sa démission, sʳ Lucien Bernis fût élu Maire, et remplacé au mois d'août 1907 par sʳ Jean Castelnau. Après les élections municipales de 1908, M. Joseph Danglade fut élu Maire.

Le Mouvement Religieux
de 1872 à 1911

Nous n'avons pas à retracer ici ce qu'a été l'action religieuse dans la paroisse dans ses diverses œuvres, nous nous bornerons à mentionner les exercices publics et périodiques qui se sont succédés pour aider le ministère paroissial, tels que les prédications extraordinaires, missions et les visites pastorales de l'Evêque diocésain.

La première visite épiscopale fut celle du vénérable et regretté Mgr Chaulet d'Outremont, qui le 4 avril 1872, vint donner le sacrement de Confirmation aux enfants de Layrac.

La retraite préparatoire fut prêchée par l'abbé Mortera, des missionnaires d'Auch.

Mgr Fonteneau vint visiter la paroisse de Layrac et donna le sacrement de Confirmation à la suite d'une mission prêchée pendant trois semaines par le Père Baudier, S. J. La cérémonie de clôture eut lieu le 29 janvier 1876.

Le Père Louis, de la Congrégation des Passionnistes de la maison de Bordeaux, donna les exercices de la mission préparatoire à la visite pastorale de Mgr Fonteneau. La Confirmation fut administrée aux enfants de la paroisse, le 20 mars 1880.

La dernière visite pastorale de Mgr Fonteneau à Layrac eut lieu le 30 mars 1884. Le Père Devaux, Religieux Mariste de la maison de Bon-Encontre, avait pendant trois semaines préparé la paroisse et les confirmants.

Mgr Cœuret-Varin, successeur de Mgr Fonteneau, fit sa première visite pastorale à Layrac, le mercredi 18 avril 1888. Les prédications et les exercices préparatoires à cette cérémonie furent donnés et dirigés par le Père Favre S. J. de la résidence de Bordeaux.

L'année 1892 nous ménagea l'avantage d'entendre pendant trois semaines la parole douce et éloquente d'un missionnaire de Rocamadour, qui était appelé à de hautes destinées.

Nous voulons parler du Père Arlet, qui jeune alors et plein d'ardeur et de zèle apostolique, a été en 1907 nommé Evêque d'Angoulême par le Pape Pie X. Ce fut l'amitié du chanoine de Proaldès qui nous ménagea la faveur de profiter de la prédication du Père Arlet.

En 1896 la paroisse de Layrac célébra avec une pompe extraordinaire le VIIIe centenaire de la consécration de son église par le Pape Urbain II. Nous avons parlé ailleurs de ces belles solennités. Nous nous bornons à rappeler ici que pour préparer les fidèles a bien profiter de ces fêtes religieuses, il y eut les prédications du Père Polycarpe, religieux Capucin de la maison de Toulouse, qui donna les exercices aux enfants qui reçurent le sacrement de Confirmation ce jour là. Et le couronnement de cette solennité fut le magnifique et éloquent discours du Père Raynal, Dominicain.

Un évènement religieux qui produisit un grand bien dans la paroisse, ce fut la mission donnée dans les trois dernières semaines du Carême de l'année 1899. Deux missionnaires jésuites, le Père Gaillard et le Père Arnauld furent les apôtres, dont la parole, la piété et le zèle remuèrent profondément la population et amenèrent des retours très consolants.

Le récit des diverses cérémonies de la mission a été fait par le correspondant de la *Croix de Lot-et-Garonne* et nous n'y ajoutons rien. Nous mentionnerons seulement l'érection de la croix monumentale de Lagravade qui eut lieu le lundi de Pâques. Et la veille, sur la façade de l'église, furent inaugurées les statues du Sacré-Cœur et de N.-Dame de Lourdes, à la suite d'une procession triomphale à travers les rues de la ville, au milieu des chants de joies, des accents de la fanfare et des acclamations d'une population charmée et heureuse de ces belles solennités.

L'anné suivante, le Père Marie Clément, franciscain de la résidence de Bordeaux, vint préparer les enfants et la paroisse à la visite pastorale. Mgr Cœuret célébrait le 26 mai le XVe anniversaire de sa consécration épiscopale à Notre Dame de Bon-Encontre. Ce même jour il délégua pour venir à Layrac confirmer les enfants, Mgr Vidal, Evêque d'Abydos, Evêque Mariste, qui se trouvait à Bon-Encontre. Cette coïncidence valut à la paroisse de Layrac la présence de deux prélats, et ajouta à la solennité de cette fête.

C'était la dernière fois que Mgr Cœuret figurait dans une cérémonie solennelle de la paroisse de Layrac. Ce vénérable prélat ne tarda pas à être atteint d'une maladie grave qui paralysa son activité et finit par l'emporter.

Aussi en 1904, l'état de faiblesse de Mgr l'Evêque ne lui permettant plus de continuer ses tournées pastorales, ce fut son ancien vicaire général, l'abbé Rumeau, devenu Evêque d'Angers, qui vint donner la Confirmation aux enfants de Layrac, le samedi 5 mars 1904. Le jeune prélat qui s'était concilié de nombreuses sympathies pendant les longues années de son ministère sacerdotal dans le diocèse d'Agen, fut accueilli avec beaucoup de joie. M. Cassius, Maire, lui souhaita la bienvenue sur la porte de l'église, et M. J. de Monfort, Président du Conseil de Fabrique lui adressa une petite harangue respectueuse et très sympathique, Etaient présents : l'archiprêtre d'Astaffort, les curés de Caudecoste et de St-Pierre de Gaubert, le chanoine Cluzan, ancien aumônier du Couvent du Sacré-Cœur, le Père Camille, carme et l'abbé Buisson, carme sécularisé, etc.

Mgr Cœuret-Varin décéda au mois de février 1905. Son successeur, Mgr Sagot du Vauroux, nommé à l'évêché d'Agen, vint célébrer la fête de saint Phébade au Séminaire de Layrac, le 26 avril 1907, et, le lendemain 27, il donna la confirmation aux enfants de la paroisse. M. J^h de Montfort, ancien Président du Conseil de Fabrique, continuant les vieilles traditions, ne manqua de venir saluer le prélat sur le porche de l'église, avant la cérémonie religieuse.

Mgr Du Vauroux a fait sa seconde visite pastorale dans la paroisse de Layrac le 26 avril 1911, fête de la saint Phébade. La matinée, Mgr l'Evêque s'est donné à la paroisse et même sa Grandeur a pu assister à la grand'messe chantée dans la chapelle du Grand Séminaire. Dans l'après-midi, les offices pour les confirmés et pour les paroissiens se sont accomplis dans l'église afin de remercier Dieu des bénédictions accordées par la visite de Mgr l'Evêque. L'abbé Découls, missionnaire diocésain, avait prêché la Retraite préparatoire à la première Communion et à la Confirmation.

La Paroisse et les Ecoles de Layrac en 1872

Dans les premières années du Pastorat de M. l'Abbé Dubourg, c'est-à-dire en 1872, on comptait six écoles à Layrac : trois écoles de garçons, trois écoles de filles. Il y avait d'abord l'école communale dirigée avec succès par M. Ducos aidé d'un adjoint ; une école privée, sous la direction de M. Balleton, établie au quartier du Barry, ancienne maison Abart ; et une école-pensionnat que dirigeait M. Centrain, ancien professeur au collège de Layrac, sous M. l'abbé Lalanne. Dans cette dernière école on donnait aux élèves un enseignement plus relevé, avec des éléments de la langue latine. Il y avait là tous les enfants des bourgeois et des propriétaires riches de la commune et des communes voisines. Un professeur adjoint aidait M. Centrain dans la tenue de son école. Quelques années avant 1870, le professeur adjoint de M. Centrain était un jeune homme de Lévignac, qui depuis a acquis une grande célébrité, Léo Melliet (1).

L'école communale des filles était dirigée par des Religieuses du Sacré-Cœur, qui tenaient deux externats : un externat gratuit et un externat surveillé et payant. A la différence des instituteurs communaux, les Religieuses du Sacré-Cœur fournissaient le local et les maîtresses et les adjointes ne recevaient aucun traitement, ni indemnité d'aucune sorte.

A côté se trouvait l'école privée dirigée par Mlle L. Duprat, tenue dans une maison qui lui appartenait.

Et une 3e école sous la direction de Mlle Lespès avec Mlle Colin pour adjointe, était établie dans la maison occupée aujourd'hui par Me Bergues, notaire.

Toutes ces écoles étaient prospères et comptaient beaucoup d'élèves. Il y avait une véritable émulation et les maîtres et maîtresses, tous animés d'un bon esprit, donnaient à leurs élèves une instruction solide et chrétienne. Les parents avaient le choix et plaçaient leurs enfants là où il leur convenait. Aucune plainte sérieuse ne s'éleva jamais contre aucune de ces écoles.

La loi sur l'enseignement primaire, gratuit, obligatoire et laïque eut pour conséquence première de faire disparaître à Layrac l'enseignement primaire libre, dirigé par des maîtres laïques, qui ne purent lutter contre la concurrence de l'Etat. Il

---

(1) Le modeste Léo Melliet quitta Layrac après avoir exercé ses fonctions de répétiteur sans laisser autre chose après lui que des dettes criardes. Lorsqu'en 1898 il se présenta à la députation, son ancien tailleur lui écrivit pour lui rappeler qu'il était parti sans venir le voir, et il lui fit entendre que faute de faire honneur à son antique dette, il lui enverrait du papier timbré. Melliet comprit, et se hâta de réparer son oubli et sa négligence d'autrefois en payant ses dettes.

n'y eut que les écoles libres et chrétiennes, tenues par des congréganistes qui soutinrent la lutte et continuèrent leur œuvre, grâce au concours des parents, qui, par leurs souscriptions, crurent qu'ils n'achèteraient pas trop cher l'avantage de faire donner à leurs enfants une éducation chrétienne.

Mais en retour, les Communes apprirent à leurs dépens ce que leur coutait l'enseignement dit gratuit. Antérieurement à la date de 1882, tous les enfants de la paroisse recevaient dans les six écoles existantes un enseignement solide et conforme aux vœux des familles, la Commune n'avait à porter à son budget qu'une somme minime de quelques centaines de francs. Aujourd'hui tout a progressé dans des proportions merveilleuses. D'abord la Commune a dû, pour faire face à ses obligations nouvelles, construire des écoles d'un brillant aspect qui lui ont coûté, soit à Layrac, soit à Goulens, environ une centaine de mille francs. Et de plus l'entretien et le salaire des maîtres et maîtresses exigent une somme annuelle d'environ 8 à dix mille francs. Voilà la conséquence première de l'enseignement gratuit.

La loi Française reconnaît l'enseignement libre, c'est-à-dire que tout Français digne et muni de ses diplômes, peut ouvrir une école en se conformant aux prescriptions légales. Ce serait un grand bienfait que de respecter cette liberté. Mais nous verrons plus tard que cette liberté fut persécutée dans la personne des maîtres congréganistes ; ce ne fut pas au bénéfice de l'enseignement, car l'émulation et la concurrence sont des moyens puissants pour développer et stimuler les maîtres et les élèves.

Qu'ont produit depuis 1882 et que continuent de produire l'*Obligation*, la *Gratuité* et la *Laïcité* au point de vue de l'avancement de l'instruction ? Cette Trinité adorée a exigé des dépenses colossales, mais le nombre des illettrés, loin de diminuer ne fait qu'augmenter. On a fermé plus de 20.000 écoles congréganistes, mais la criminalité parmi la jeunesse a pris des proportions effrayantes. Ces résultats sont peu consolants, et il était facile de les prévoir.

L'Enseignement laïque à Layrac en 1882

Dans les Registres des délibérations du Conseil municipal de Layrac, on trouve à la date du 30 septembre 1883, une délibération, dont il faut expliquer l'origine, les motifs et les circonstances. En voici la teneur :

Le Maire Jean Coulom a convoqué en une séance *extraordinaire* son Conseil. Il lui explique qu'il est de toute utilité que l'instituteur et l'institutrice aient un jardin à proximité des écoles, non seulement pour leurs besoins personnels, mais encore pour l'enseignement de l'agriculture. Et il conclut qu'il n'y a qu'un moyen de donner satisfaction à ce projet, c'est de prendre les deux tiers du jardin du presbytère dont jouit M. le curé. Le Conseil approuve à l'unanimité la proposition susdite et émet le vœu que l'instituteur et l'institutrice prennent immédiatement possession de cette partie du jardin (1).

D'où venait l'idée de ce démembrement, ou plutôt de cette spoliation du jardin du presbytère ? Elle ne surgit pas spontanément ; ce fut un incident de la guerre contre les écoles chrétiennes. En voici le résumé historique.

Jules Ferry promoteur de l'enseignement gratuit, obligatoire et exclusivement laïque, proclama du haut de la tribune la liberté pour les écoles communales et pour les écoles congréganistes ou chrétiennes ; mais aujourd'hui ses disciples avouent que son dessein intime et son rêve étaient de proscrire l'enseignement chrétien dans les écoles. Les évènements qui se sont accomplis dans ces dernières années, la fermeture de 20.000 écoles libres et l'expulsion des Congrégations enseignantes, démontrent que le programme était bien formel. Mais il fallait procéder avec cette hypocrisie habile qui trompe les simples, et permet toutes les perfidies.

La guerre fut commencée par l'introduction dans les écoles de *Manuels d'instruction civique,* qui avaient pour but de dénigrer la religion et de jeter dans l'esprit des élèves des notions erronées sur la Religion et sur l'Eglise. Un décret des Congrégations Romaines signala à l'attention des catholiques quatre manuels d'instruction civiques, entre autres les *Manuels de M. Compayré* et de M. Paul Bert, comme dangereux et nuisibles à la jeunesse des écoles. Une condamnation, partant d'une telle autorité, devenait pour les pasteurs des âmes un avertissement

---

(1) On peut voir dans les Registres de la Mairie et de la Fabrique les détails de ces délibérations en l'année 1883, 1884 etc. avec la signature des votants.

grave et traçait une ligne de conduite à suivre. C'est ce que comprit le curé de Layrac.

Après information prise, M. le curé sut que le Manuel *Compayré* était mis par l'instituteur Laclotte et par Mlle Lespès, institutrice communale, entre les mains de leurs élèves, et servaient de thèmes à leur enseignement.

Pour un bien de paix, M. le curé pria M. Cassius, médecin qui était en bonnes relations avec les instituteurs, d'intervenir pour faire disparaître ces Manuels condamnés. M. le curé offrait gratuitement à chaque maître, sur les innombrables Manuels adoptés dans les écoles communales, celui qui leur conviendrait, et de le substituer au Manuel condamné. Il laissait aux instituteurs le choix des voies et moyens de faire cette substitution.

Ces négociations furent faites avec beaucoup de discrétion. M. le curé en espérait le succès ; vu que la légalité était sauve, d'autant plus que les maîtres d'école étaient des chrétiens pratiquants et que obéir à l'Eglise en cette circonstance, était un devoir chrétien qui n'était pas en violation d'une prescription légale, puisque aucun manuel n'était obligatoire.

L'instituteur était un arriviste que le hasard des circonstances avait pourvu du poste important de Layrac ; il prit de là occasion de faire du zèle, et il repoussa toute proposition de conciliation, et il entraîna l'institutrice. La question fut portée à l'Académie pour y chercher conseil et appui. En même temps l'instituteur, prompt à la lutte et prenant les allures du Don Quichotte, fit part de sa détermination de résistance à la Municipalité, qui prêta une oreille bienveillante aux doléances de l'instituteur, Laclotte déclarait que jamais il ne capitulerait devant le cléricalisme. L'opinion publique peu à peu fut saisie de la controverse et des péripéties de cette guerre. L'Inspecteur primaire se transporta à Layrac plusieurs fois pour arriver aux moyens de soutenir la cause des écoles laïques, et de tenir en échec toutes les tentatives cléricales. Il y eut maints pourparlers entre le Conseil municipal et l'Académie. La lutte, commencée aux premiers mois de 1882, se continua durant toute cette année. En attendant les catéchismes préparatoires à la 1re Communion se poursuivaient et selon l'usage cette cérémonie, toujours chère aux familles de la paroisse, était fixée habituellement aux derniers dimanches du mois de mai.

Sans éclat et sans faiblesse, M. le curé déclara en particulier aux instituteurs d'abord, qu'il ne pourrait admettre aux sacrement les maîtres et les élèves ayant entre leurs mains les Manuels condamnés par l'autorité ecclésiastique. Les enfants des écoles communales avertis informèrent leurs parents de cette décision. Parents et enfants étonnés ne dirent mot. Les instituteurs s'agitèrent à la mairie et auprès de l'Inspecteur.

L'époque de la 1re Communion arriva et les catéchismes continuaient, sans qu'on pût prévoir une conclusion. Dès les premiers jours de juin, les filles et garçons des écoles communales laissèrent de côté les Manuels condamnés, et sur le conseil du Maire, les parents envoyèrent à l'école congréganiste les filles ; et les garçons se retirèrent de l'école communale. Il n'y eut pas d'exception ni de fléchissement. Satisfaction était donnée au devoir de la conscience et la première communion fut fixée au 20 juin, fête de l'Adoration perpétuelle dans la paroisse de Layrac.

L'année scolaire se continua dans ces conditions : filles et garçons avaient promis de délaisser les Manuels condamnés ; il n'y eut pas de défection et les parents acceptèrent cette conclusion : instinctivement et sans pouvoir raisonner sur l'importance de la prohibition de ces Manuels, ils acceptaient et approuvaient implicitement la solution ecclésiastique.

Mais de fait il y avait eu des vaincus et des humiliés.

Les instituteurs subirent les conditions imposées, mais ils ne restèrent pas inactifs, et se réservèrent de reprendre la lutte, escomptant une éclatante victoire que leur faisait espérer l'opinion publique, qui devenait de jour en jour plus anticléricale. On consulta tous les augures, et après avoir mis en avant plusieurs moyens de relever les instituteurs de leurs prétendues humiliations, le Conseil municipal entra en scène pour soutenir la lutte.

Sous l'ancien régime, quand un prélat déplaisait, il était exilé et l'on confisquait son temporel. Sous la 1re République, lorsque le curé de Layrac refusa d'obéir à une loi schismatique, il fut chassé de son presbytère et spolié de son jardin. Nos municipaux de 1883 sont moins méchants. Il s'agit du Manuel

Compayré, condamné par l'autorité ecclésiastique. Eh bien ! dans la séance du 30 septembre 1883, M. le Maire explique au « Conseil qu'il est de toute utilité que l'instituteur et l'institu- « trice aient un jardin à proximité des écoles, non seulement « pour leurs *besoins personnels,* mais encore pour l'enseigne- « ment de l'agriculture ». Qui se serait attendu à cette conclusion.

Voilà qui vengera Compayré, chassé des écoles communales de Layrac ! S'ils entrent en jouissance du jardin du presbytère, complanté de nombreux arbres fruitiers.

Les instituteurs croqueront quelques pruneaux et quelques poires. Quant aux leçons d'agriculture, cela vaudrait évidemment mieux que des leçons de Paul Bert et de Compayré, mais ils n'en ont souci. Depuis, on a pris tout le jardin, et les leçons d'agriculture figureront dans le programme de l'an deux mille!!!

Bref la délibération du Conseil municipal fut envoyée à la Préfecture. Le Conseil de Fabrique fit une réponse topique à ce projet de spoliation. Dans ce conflit le Ministre de l'Instruction publique eut à donner son avis. Et en dernière analyse, après bien des délais, les documents furent renvoyés par voie hiérarchique au Conseil municipal de Layrac pour qu'il donnât son dernier avis. Or sur ces entrefaites une saute de vent et de tempête emporta cette Municipalité envahissante. Les élections municipales du mois de mai 1884 amenèrent une Municipalité, qui pensait différemment et mieux.

M. Charles Bouet, Maire, exposa aux nouveaux Conseillers l'état de la question et à la demande : Etes-vous d'avis d'enlever au curé de la paroisse les deux tiers de son jardin ? Le Conseil répondit, sans hésiter, négativement, estimant qu'il était de son devoir de respecter, même le jardin du curé de la paroisse.

L'affaire était terminée au point de vue civil et légal.

Les instituteurs, tant qu'ils se sentirent protégés par la Municipalité s'obstinèrent dans leur lutte. Ainsi à la rentrée des classes du mois d'octobre 1883, ils obligèrent leurs élèves à reprendre le Manuel Compayré, et leurs explications des devoirs de la vie civile s'inspiraient des leçons des Manuels recommandés par l'Inspecteur. Mais dans les premières semaines de l'année 1884, les catéchismes préparatoires à la réception du

Sacrement de Confirmation furent inaugurés. Pouvait-on présenter à Mgr l'Evêque des enfants et jeunes gens imbus et nourris des enseignements condamnés par l'Eglise ? Cela n'était pas possible c'est ce que comprirent eux mêmes les parents et les confirmants qui firent le sacrifice exigé par la conscience.

La paix fut rétablie dans les écoles pendant plusieurs années et rien ne vint troubler l'enseignement religieux des enfants. Il y eut des changements dans la direction des écoles et les maîtres et maîtresses, qui vinrent après cet orage, eurent un esprit meilleur et une plus juste appréciation de leurs devoirs professionnels. Mais cette accalmie n'a pas duré longtemps. La persécution contre les Congrégations enseignantes et contre l'enseignement chrétien est partie d'en haut, et c'est sous l'inspiration des directions supérieures qu'ont été introduits dans les écoles et mis entre les mains des élèves des livres que l'autorité épiscopale a justement condamnés.

On devrait se rappeler cette grave parole de Jules Simon, un des grands maîtres de l'Université : « Il y a trois auxiliaires, « dont la morale ne peut se passer : le *Prêtre*, le *Maître*, la « *Mère*. Il faut confier l'enfant à ces trois forces autoritaires. »

Avant lui un des poètes qui a été une idole de la démocratie et que l'on écoutait comme un oracle, a écrit ces paroles : « Il « faudrait, disait Victor Hugo, traîner devant les tribunaux les « parents qui enverraient leurs enfants à l'école sur les portes « de laquelle est écrit : Ici on n'enseigne pas la Religion » (1).

Célébration du VIIIe centenaire de la Consécration de l'église de Layrac par le Pape Urbain II (mai 1896).

De tous temps la population de Layrac a été fière de posséder une belle église qui est un vrai chef-d'œuvre d'architecture romane par son antiquité, ses proportions harmonieuses et

---

(1) M. Jean Coulom, vétérinaire, fut Maire de Layrac de 1871 à 1876. En 1877 il remplaça M. de Guilhem de Maignas et continua ses fonctions jusqu'en 1884. Il mourut bientôt après.

grandioses et son état de conservation que les siècles ont même respecté.

Mais il est entre autres un souvenir qui la met hors de pair parmi toutes les églises du Diocèse, c'est qu'elle a été consacrée par le Pape Urbain II, le grand prédicateur de la 1re croisade, au mois de mai 1096.

Dans les dernières années, ce souvenir était un peu effacé et se trouvait presque oblitéré dans la mémoire du peuple. Une ancienne inscription, qui relatait ce fait et cette date, avait disparu de l'enceinte de l'église. Cependant la tradition était certaine et mentionnée dans les anciens annalistes et, en particulier, par l'abbé Barrère, dans son bel ouvrage : *Histoire religieuse et monumentale du Diocèse d'Agen* (1).

M. le curé après avoir bien étudié cette question, fit part à Mgr Cœuret, évêque d'Agen, de son vif désir de célébrer, par une solennité exceptionnelle, le 8e centenaire de cette consécration. Mgr l'Evêque d'Agen, très fier de posséder dans son diocèse un monument qui rappelait un fait si glorieux de l'époque des Croisades et le passage d'un Pape si éminent par la sainteté et le génie, agréa et sanctionna le programme de cette fête qui fut fixée au dimanche 17 mai. Le Cardinal Lecot, archevêque de Bordeaux, devait la présider.

Il était juste que le successeur d'Annat, archevêque de Bordeaux, qui avait été au XIe siècle le fidèle compagnon du Pape Urbain II, lors de son voyage de Bordeaux à Agen, fût présent à la cérémonie qui ravivait des souvenirs si glorieux pour les églises d'Agen et de Bordeaux. Un malentendu involontaire nous priva de la présence de notre illustre métropolitain.

Donc, le 17 mai, Mgr d'Agen célébra la messe pontificale dans la vieille basilique. Il était entouré de ses vicaires généraux : M. l'abbé Hébrard et M. l'abbé Rumeau, ainsi que d'un grand nombre de chanoines du chapitre de la cathédrale. Le Grand Séminaire, avec tous les Directeurs, ainsi qu'un grand nombre d'ecclésiastiques du Diocèse, rehaussèrent de leur présence cette auguste cérémonie. L'ornementation de l'édifice avait été préparée de longue main et exécutée avec un goût

---

(1) Histoire, I, page 302.

parfait. De ci de là des écussons rappelant les noms des cardinaux, archevêques, évêques, anciens seigneurs-prieurs de Layrac, ainsi que de quelques évêques de Condom, de l'illustre Bossuet étaient apposés aux colonnes intérieures de l'église.

Les vénérables religieuses du Sacré-Cœur, qui avaient recueilli l'héritage et habitaient le monastère des anciens Bénédictins, s'associèrent et prirent une part très grande à la célébration de ce centenaire. Elles se firent un honneur de donner l'hospitalité à tout le clergé avec cette bonne grâce et cette munificence qui ajoutaient du prix à leur concours et témoignaient de leur joie et de leur bonheur. Tout fut grand et rayonnant, comme le beau soleil qui illumina cette belle journée. Des chants soigneusement préparés relevèrent l'éclat de la fête et l'éloquence dans la personne du Père Raynal, Dominicain, Prieur de Sorrèze, exposa le sens et la portée de ce grand anniversaire.

En un mot, toute la population comprit et apprécia tout ce que cette solennité religieuse contenait de glorieux pour la paroisse de Layrac et pour le Diocèse d'Agen.

En remémorant un acte de l'histoire ancienne où la Papauté brilla d'un si grand éclat dans la personne du Vénérable Urbain II, il était juste d'y associer le successeur de ce grand Pape. Sollicité par une supplique du curé de Layrac, l'illustre Pontife Léon XIII envoya à la date du 18 avril 1896, par l'entremise du Cardinal Rampolla, la réponse suivante :

« Sa Sainteté Léon XIII, en acueillant favorablement la de-
« mande que nous lui avons présentée, a de grand cœur accor-
« dé la bénédiction apostolique à tous ceux qui prendront part
« à la solennité de ce VIIIe anniversaire. Il accorde en outre
« une indulgence plénière à tous ceux qui, dans ce jour solen-
« nel, visiteront cette église et, après s'être confessés et avoir
« fait la sainte communion, prieront aux intentions du Saint-
« Père et feront en même temps une petite aumône aux
« pauvres.

« En faisant cette communication à Votre Seigneurie, je suis
« heureux de vous exprimer les sentiments de parfaite estime

« avec lesquels je suis, de Votre Révérence, votre affectueux
« serviteur.

« M. Cardinal RAMPOLLA.

« Au Révérend Paul Dubourg, curé de Layrac.
« Rome, le 18 avril 1896. » (1).

L'école chrétienne de Layrac
(1891-1906).

Les Petits Frères de Marie, appartenant à la Congrégation enseignante dont le siège était à St-Genys-Laval (Rhône), autorisée par un décret du 20 juin 1851, furent appelés à Layrac par M. le curé de la paroisse et par un grand nombre de pères de famille désireux de faire donner aux enfants un enseignement primaire solide mais aussi très chrétien.

Ces nouveaux instituteurs inaugurèrent leurs travaux dans les premiers jours du mois de novembre 1891. L'école qu'ils vinrent diriger succédait à une autre école ayant le même but et placée pendant quelques années sur la tête du vicaire de la paroisse, en attendant l'arrivée des Petits Frères de Marie.

Cette école fut installée dans une maison où M. Auguste Centrain, ancien professeur d'Histoire au Collège de Layrac, sous M. l'abbé Lalanne, en 1845, avait établi un petit pensionnat, et il l'avait dirigé de 1854 à 1884. Dans ce pensionnat, les élèves recevaient une instruction très soignée dont le programme comprenait, avec les éléments de la langue latine des parties spéciales à l'enseignement secondaire. M. Centrain, aidé dans son œuvre par le concours d'un adjoint, conservait les vieilles traditions et joignait à l'instruction, l'éducation chrétienne.

Or, lorsque les lois que fit adopter Jules Ferry, introduisirent dans les écoles publiques l'enseignement exclusivement laïque, les pères de familles furent alarmés des tendances et des conséquences fatales de cet enseignement nouveau. De là leurs vœux ardents pour l'établissement d'une école dirigée par des

---

(1) Le récit de cette fête a été imprimé dans une petite brochure in-8 de 30 pages.

Congréganistes, qui donneraient à leurs enfants, cette éducation forte et solide, qui les préparerait aux devoirs de la vie civile, sociale et religieuse.

Donc les Petits Frères de Marie installés à Layrac poursuivaient leur œuvre avec calme et dévouement, à la grande satisfaction des familles chrétiennes, lorsque survinrent les lois néfastes qui supprimaient toutes les congrégations enseignantes.

Que faire dans une pareille situation ? Maintenir des congréganistes à la tête de l'école de Layrac, c'était tomber sous le coup de la loi et entraîner la fermeture de cette école, ce qui aurait été un grand malheur !

Voilà dans quelle situation poignante nous nous trouvions dans les premiers mois de l'année 1903, après avoir subi tant de difficultés et fait tant de sacrifices.

Il n'y avait qu'un moyen pour sauver l'œuvre, moyen adopté ailleurs, approuvé par les catholiques, qui sauvegardait les devoirs de la conscience, sans se mettre en révolte contre les lois nouvelles. C'était la sécularisation des Maîtres : en vertu de cette disposition les anciens membres des Congrégations supprimées, étaient relevés et dégagés de tous les liens de subordination à l'égard de leurs anciens supérieurs et ils reprenaient leur liberté civile qui leur permettait de se placer au service des parents, qui voulaient leur confier leurs enfants. En suite de leur acte de sécularisation régulière, nos maîtres de Layrac revêtirent le costume laïque, qui les assimilait à tous les autres citoyens. Cette opération faite, les instituteurs libres continuèrent leurs classes, comme à l'ordinaire après les vacances de Pâques 1903.

Mais vers le milieu du mois de mai, M. Trilles, juge d'instruction se transporta à Layrac et il vint à l'école pour commencer une enquête. Et le 29 mai, fut envoyée une citation à comparaître le 3 juin devant le susdit juge.

M. Jarrige, directeur de l'école, M. Astoul, son adjoint, et M. le curé furent entendus individuellement sur la question de la sécuralisation et sur la complicité, en fournissant une maison pour tenir illégalement une école congréganiste.

Après d'autres enquêtes, par ministère d'huissier, et sur la requête du Procureur de la République, le curé de Layrac et

MM. Jarrige et Astoul furent cités à comparaître le 1er juillet suivant devant le tribunal de police correctionnelle, pour s'y voir déclarés convaincus du délit à eux imputé, au sujet de l'école et s'entendre condamner aux peines portées par les lois du 1er juillet 1901 et 1902.

Avant de raconter la scène du jugement, il faut dire que déjà, on nous croyait perdus puis qu'on se partageait nos pauvres dépouilles. La Congrégation des Petits Frères de Marie était dissoute et M. Anglès de Lyon, nommé liquidateur. Celui-ci s'empressa d'envoyer une délégation à Me Proust, avoué à Agen, qui, le mardi 9 juin, escorté de M. Roudouli, juge de paix du canton d'Astaffort, vinrent signifier à M. le curé, propriétaire de la maison d'école qu'ils avaient mission de faire l'inventaire de tout le mobilier des Frères. M. le curé protesta contre cet acte, et ne pouvant l'empêcher, le subit mais refusa d'y assister.

Cette opération dura environ quatre heures. Tout fut inspecté, inventorié, même une bouteille d'eau bénite et jusqu'au chapeau neuf du Directeur. A la fin le procès-verbal fut présenté à M. le curé qui refusa d'en entendre la lecture et de le signer.

Audience du 1er juillet 1903

La cause des inculpés fut confiée à Me Fr. Séré. Elle était remise en bonnes mains, comme les évènements le démontreront. C'est lui qui a tout dirigé, et ses conseils ont été suivis avec une ponctualité militante. Nous ne pouvons reproduire ici le récit complet de cette audience tel qu'il a été relaté par le correspondant du *Nouvelliste* de Bordeaux [1] nous en citons quelques lignes. M. le chanoine Dubourg interrogé à son tour demande la permission de lire sa déclaration, ce qui lui est refusé. Sa fière attitude impressionne favorablement l'assistance et la franchise de ses réponses, a vite fait de lui conquérir toutes les sympathies. Lorsque à une demande du Président, il affirme qu'il a toujours apporté dans cette œuvre de l'école chrétienne le désintéressement et le désir du bien de tous ceux qui se dévouent à une noble cause, les spectateurs ne peuvent retenir un mouvement d'approbation aussitôt réprimé par le Président, mais qui se renouvelle bientôt après, lorsque celui-ci lui demande : d'où tiriez-vous les ressources nécessaires au

---

[1] *Le Nouvelliste de Bordeaux* 5 juillet 1903.

maintien de l'école ? Des générosités des catholiques de ma paroisse, répond M. le curé.

Nous ne dirons rien du réquisitoire du Procureur. La cause était mauvaise pour lui et il ne fit rien pour la relever.

Nous voudrions pouvoir reproduire la belle plaidoirie de Me Séré. Pendant plus de deux heures, raconte le correspondant déjà cité, ce fut un émerveillement que de l'entendre. Les superbes et fréquentes envolées de l'orateur, la puissance de sa dialectique, l'ordonnance de son argumentation que projetait une fulgurante lumière sur le vide de l'accusation, les traits d'un esprit devenu légendaire sous le nom d'*Esprit à Séré*, la forme impeccable de sa phrase, tout enfin nous autorise à déclarer sans exagération aucune que ce jour-là Me François Séré a égalé son glorieux père dans ses plus remarquables plaidoiries.

Le Président clôtura l'audience en déclarant que le jugement serait rendu le samedi suivant 5 juillet.

Nous ne disons rien de l'accueil sympathique et éclatant qu'une grande partie de la population fit le soir à 8 heures, aux trois inculpés, à leur retour à Layrac. Par le jugement prononcé le 5 juillet, le curé de Layrac était acquitté, mais le Directeur et le professeur de l'école étaient condamnés à 50 fr. d'amende.

Appel fut interjetté de ce jugement.

La cause revint devant la Cour d'appel, le 5 août suivant 1903. L'audience était présidée par M. Cieutat.

La lecture du rapport ayant occupé une grande partie de la soirée, les plaidoiries furent renvoyées au lendemain.

Me Séré fut comme précédemment, éloquent, précis et serré dans sa dialectique, et il ne laissa subsister aucune allégation émise par le précédent jugement.

L'avocat général n'avait pas une cause meilleure à défendre que le Procureur. Et il ne l'embellit ni ne l'améliora, c'était bien difficile.

La Cour renvoya le prononcé de l'arrêt au jeudi 13 août.

Au jour indiqué, à midi, M. Cieutat ouvre la séance en lisant le jugement ; les considérants et les conclusions des premiers juges sont réformés et annulés, et les trois inculpés sont relaxés de toute poursuite.

Le 17 août, par ministère d'huissier, fut notifié aux parties intéressées l'appel, par lequel M. l'avocat général Bernardberg déclarait se pourvoir en cassation contre l'arrêt rendu le 13 août précédent, au sujet de l'affaire de l'école chrétienne de Layrac, réformant le jugement du Tribunal correctionnel d'Agen, en date du 4 juillet dernier.

C'était la continuation de la guerre à outrance déclarée à l'école chrétienne.

Heureusement la Cour de Cassation rejeta le susdit pourvoi, et confirma le jugement de la Cour d'Appel d'Agen du 13 août 1903. La cause était gagnée.

Etait-ce la fin de la guerre ? Non. Tandis que l'école était attaquée dans la personne de ses directeurs, le propriétaire fut poursuivi et on lui contesta la propriété de l'immeuble.

M. Anglès, liquidateur nommé de la Congrégation des Petits Frères de Marie, souleva la prétention de revendiquer la propriété de l'Ecole. L'affaire fut appelée devant le Tribunal de Lyon. De ce chef il fallut constituer un avoué pour soutenir la cause et un avocat pour la défendre.

Grâce au zèle et à l'intelligent dévouement de Me Joseph Lucien Brun, de Lyon, fils du célèbre et distingué Lucien Brun, qui a laissé une mémoire si honorable de talent et de fidélité à toutes les grandes causes, l'affaire de Layrac, après avoir été discutée, poursuivie pendant plus de trois ans, finit par obtenir victoire.

Voici la conclusion :

Le Tribunal civil de 1re instance séant à Lyon, rendit en audience publique de la 2e chambre, le 23 février 1906, le jugement suivant :

L'immeuble sis à Layrac avec toutes ses dépendances, est et demeure la propriété de M. le chanoine Dubourg, curé de Layrac, demandeur, et en conséquence il ne sera pas compris dans la liquidation des biens de l'institut des Petits Frères de Marie. Me Anglès, liquidateur, est condamné à tous les dépens de l'instance et dit que M. P. Dubourg est propriétaire des immeubles et meubles revendiqués.

Enregistré à Lyon le 8 mars 1906.

La lutte a été pénible et longue, mais le Bon Dieu a soutenu et protégé les défenseurs de la liberté de l'école chrétienne de Layrac. *Deo gratias ! ! !*

Expulsion des Religieuses du Sacré-Cœur du Couvent de Layrac 1903

Les religieuses du Sacré-Cœur de Jésus, établies à Layrac en 1851, faisaient partie de la Congrégation religieuse enseignante fondée par la vénérable Mme Barat, et approuvée en France par décret du 22 avril 1827. Il y avait 52 ans que ces vénérables religieuses exerçaient à Layrac la sainte et noble mission et donnaient un enseignement apprécié et recherché par les familles de l'Agenais, du Gers, du Quercy, etc.

Nous savons comment la Franc-Maçonnerie parvint à susciter une guerre acharnée, en particulier contre les Congrégations enseignantes de femmes. En l'année 1901, sont promulguées ces lois justement appelées *scélérates*, qui firent tomber sous les coups d'une proscription sans merci ces Congrégations enseignantes, auxquelles on ne pouvait reprocher que leurs succès et les immenses bienfaits qu'elles répandaient autour d'elles.

La Congrégation des Religieuses du Sacré-Cœur, dont la maison mère était à Paris, fut atteinte par ces décrets. Au début de cette guerre déloyale, le Gouvernement sembla donner espoir à la Congrégation, qu'en présentant leurs statuts et en renouvelant une demande d'approbation, elles échapperaient à la proscription et recevraient une nouvelle autorisation qui leur permettrait de continuer leur belle œuvre.

C'est ainsi que la Supérieure générale de la Congrégation de Paris se résigna à faire une démarche en ce sens, dans les premiers jours de l'année 1902. Voici la réponse à cette requête :

MINISTÈRE DE L'INTÉRIEUR
ET DES CULTES

Paris, 23 mai 1903.

Direction g^{le} des Cultes

« Madame, (*)

« A la date du 11 janvier 1902, vous m'avez adressé une
« demande tendant à obtenir l'autorisation prévue par l'article

---

(*) A Madame la Supérieure Générale des Sœurs du Sacré-Cœur de Jésus à Paris, Layrac.

« 13 § 2 de la loi du 1ᵉʳ juillet 1901, notamment en faveur d'un
« établissement de votre Congrégation, situé dans le départe-
« ment de Lot-et-Garonne, à Layrac.

« Après examen des pièces produites à l'appui de cette de-
« mande et des résultats de l'instruction à laquelle il a été pro-
« cédé, j'ai décidé qu'il n'y avait pas lieu de transmettre le
« dossier au Conseil d'Etat, en vue de l'autorisation sollicitée.

« En conséquence, j'ai l'honneur de vous notifier que votre
« demande est rejetée en ce qui concerne l'établissement de
« votre Congrégation ci-dessus désigné. Je vous rappelle
« qu'aux termes de la loi du 4 décembre 1902, sont passibles
« des peines portées à l'article 8 § 2 de la loi du 1ᵉʳ janvier 1901
« (amende de 16 à 5.000 francs et emprisonnement de 6 jours
« à un an) : tous individus qui, sans être munis de l'autorisa-
« tion exigée par l'article 13 § 2, auront ouvert ou dirigé un
« établissement congréganiste de quelque nature qu'il soit, que
« cet établissement appartienne à la Congrégation ou à des
« tiers, qu'il comprenne un ou plusieurs Congréganistes.

« Agréez, Madame, l'assurance de ma considération la plus
« distinguée.

« *Le Président du Conseil, Ministre de l'Intérieur*
« *et des Cultes :*

« Signé : E. Combes. »

Pour ampliation :

Le Conseiller d'Etat
Directeur Général des Cultes,
Ch. Dumay.

Pour copie conforme,

Le Préfet de Lot-et-Garonne,
Signé : A. Berseville.

Remarquons en passant qu'à la fin de cette lettre, le Ministre exécuteur des hautes œuvres, exprime à Mᵐᵉ la Supérieure, l'assurance de sa considération la plus distinguée.

Mais quelle distinction ! et quelle considération !

L'arrêt était porté et nous savons les sanctions terribles que le Ministre a soin de rappeler.

Le jeudi 28 mai 1903, les Religieuses du Sacré-Cœur de Layrac reçurent une dépêche de Paris, que leur expédia la Supérieure

Générale Mère Digby, les avisant, que d'après la notification qui lui avait été faite par le Ministère des Cultes, la maison de Layrac n'était pas agréée, et qu'elle devait par suite être évacuée dans les huit jours.

Le soir de ce même jour, 28 mai, Mme Lecomte, Supérieure du Couvent de Layrac et Mère Bernadou, vinrent à la sacristie de l'église paroissiale faire part de cette triste nouvelle à M. le curé, au moment où l'on commençait à l'église l'exercice du mois de Marie. « Nous venons vous annoncer que nous ne sommes vos paroissiennes que pour huit jours. Le sacrifice est consommé. La notification de la fermeture du Couvent nous est parvenue par une dépêche de la Supérieure Générale de Paris. » Telle fut la triste communication.

Ces bonnes Religieuses, profondément émues, mais résignées à cette suprême épreuve qu'elles pressentaient, prièrent M. le curé de communiquer cette nouvelle à leurs amis de la Gravade. C'est ce qui fut fait à la suite de l'exercice du mois de Marie. Grande et profonde fut l'affliction de la famille Bouet. Huit jours de délai étaient accordés pour évacuer cette maison si grande, si pleine de vie et de mouvement, qui contenait une cinquantaine de Religieuses, dont quelques-unes infirmes et octogénaires, et une soixantaine de pensionnaires ; et dans les écoles paroissiales près d'une centaine d'élèves ou d'ouvrières ; et au mois de mai, deux mois avant la fin de l'année scolaire.

Les amis de La Gravade, devant cette détresse cruelle, exprimèrent le désir d'abriter et de garder quelques religieuses octogénaires. « C'est inutile, reprit Mme Bernadou, nous devons emmener tout le monde, et ne laisser aucune infirme ni octogénaire. »

Le lendemain, sitôt que la triste nouvelle fut connue, il y eut une explosion de larmes et de sanglots dans toute la ville, à la pensée de perdre des Mères si dévouées, si charitables, bienfaitrices du pays.

Une lettre de la Mère Digby arrivée ce jour-là, confirmait la dépêche de la veille, et portait aux Religieuses une défense absolue de faire aucune démarche pour obtenir un sursis. Si les pères de famille et les amis de la maison, plus directement atteints, protestaient et agissaient en leur particulier, il fallait laisser dire et laisser agir, mais les Religieuses devaient dès ce moment commencer leurs préparatifs de départ.

Nous ne dirons rien des mesures prises pour débarrasser la maison d'une quantité considérable d'objets mobiliers qu'on ne pouvait emporter ailleurs, ni à l'étranger. A partir de ce jour les mères de famille qui avaient été élevées au Couvent, ou qui avaient leurs enfants dans les écoles chrétiennes, vinrent en pleurant exprimer leur immense désolation et leur tristesse en vue de l'avenir, Elles comprenaient la grande perte quelles faisaient, et la pensée du lendemain les effrayait.

Quand les anciennes élèves et les amis du Couvent de Layrac, apprirent la fatale nouvelle, ils s'empressèrent d'accourir pour témoigner à leurs anciennes maîtresses leurs condoléances et s'associer à leur deuil.

Plusieurs catholiques éminents d'Agen, dont les enfants avaient fait leur éducation au Couvent de Layrac, furent atterrés, sans toutefois être surpris des termes comminatoires de la décision ministérielle et du bref délai accordé à son exécution. Messieurs Broc de Lacvivier, Labat-Martinelli, Vaissières, Azema, Fauvel, se demandèrent s'il n'y aurait pas quelque chose à faire pour atténuer la rigueur de ce décret, dont rien ne justifiait la violence.

Le samedi 30 mai, la Mère Vicaire de Bordeaux, Mère Deidier survint à l'improviste pour se rendre compte de l'exécution des ordres de la Mère Digby. Elle rencontra à la gare Mme Martin, professeur de musique. Elle lui demanda des nouvelles du Couvent, et s'informa si les pensionnaires étaient déjà renvoyées. Elle faisait pressentir qu'à son avis la maison devait être évacuée dans le plus bref délai. En entrant au Couvent, Mère Deidier trouva une grande agitation. Tout le monde était en mouvement pour préparer le départ. Elle confirma à ses religieuses les ordres formels, venus de Paris, et elle déclara que dans les huit jours, tout le monde devait être parti, renouvelant en même temps la défense de faire une démarche quelconque pour obtenir un sursis.

Ce qui était défendu aux Religieuses, les pères de familles d'Agen se crurent en droit et en devoir de le tenter. La Municipalité de Layrac s'abstint. Mais les amis d'Agen se présentèrent à la Préfecture pour soumettre leurs justes observations, et solliciter un sursis jusqu'à la fin de l'année scolaire, c'est-à-dire jusqu'à la fin du mois de juillet. Le Préfet était absent, néanmoins à force d'instances, on obtint des bourreaux qu'ils ajourneraient leur exécution jusqu'au terme désiré.

Cette nouvelle amena une certaine détente et procura un peu de répit à ces Religieuses, qui avaient quitté le monde pour avoir la paix et qu'on jetait sans pitié hors de leur retraite, et en exil. Quel crime irrémissible d'être Religieux ou Religieuse ! C'était l'accomplissement de la prédiction du Divin Maître : *Vous serez détestés à cause de mon nom !*

Puis qu'un délai était accordé, les Religieuses se mirent en mesure de terminer l'année scolaire et de préparer leurs élèves à cette séparation.

Le samedi 6 juin, Mgr Rumeau, évêque d'Angers, qui avait été pendant de longues années le Directeur apprécié des enfants de Marie et l'ami dévoué du Couvent de Layrac, vint visiter les pauvres proscrites et leur apporter ses consolations et ses réconfortants encouragements. Il avait fait le matin, l'ordination au Grand Séminaire d'Agen, au lieu et place de Mgr Cœuret, malade. Il dit sa vive émotion de se trouver à cette heure d'angoisse dans cette maison, théâtre depuis un demi siècle des vertus et des sacrifices de tant d'âmes d'élite. Il releva les courages, en leur rappelant les desseins mystérieux de la Providence qui, pour racheter les peuples prévaricateurs, demande des victimes pures et sans tâche. La France est si coupable ! Mais les chrétiens doivent espérer que l'épreuve ne sera pas trop longue et que cette maison ne sera pas une maison déserte et abandonnée. Appuyés sur le roc des promesses divines, espérons en la miséricorde du S. lieu, car demain appartient à Dieu et Dieu aura toujours le dernier mot.

Au moment, où Mgr nous quittait, M. le curé dit à Mgr Rumeau : *Cesta bonum cestamen !* Oui, répondit-il, l'épiscopat Français a fait une bonne campagne !

Journal des Expulsions

Dimanche 7 juin. Nous continuons de raconter, sous forme de *Journal*, les divers évènements accomplis durant cette longue agonie de deux mois. Mgr Cœuret toujours souffrant ne put réaliser son désir de venir à Layrac porter ses condoléances à ses filles chéries. Il devait partir le lundi 8 juin pour aller à la campagne faire une villégiature de santé.

Il ajourna son départ jusqu'au mardi, les médecins lui permirent de venir à Layrac. Il le désirait si vivement ! Quelque temps auparavant, il avait fait une promenade en voiture, il était seul. Il prit le chemin si gai et si ombragé de la rive gauche de la Garonne. Arrivé au pont du Gers, il ne se sentit pas le courage d'arriver jusqu'au monastère, et il rentra dans son évêché, triste et bien abattu.

Le lundi 8 juin, il envoya un télégramme pour annoncer sa visite aux pauvres proscrites, pour 4 heures. Avisé par la Mère Supérieure, le clergé paroissial et l'aumônier vinrent accueillir Sa Grandeur à sa descente de voiture, le Prélat était fort ému et comme affaissé. Arrivé au salon il exprima, les yeux pleins de larmes, et la voix sanglotante, son immense tristesse et ses vives condoléances. Est-ce possible ? répéta-t-il plusieurs fois que cette maison, où nous sommes venus si souvent, cette maison de prière, de piété, de charité soit condamnée à perdre ses habitants ? Monseigneur, lui dit M. le curé, il faut croire à la Résurrection, et comme St-Grégoire de Nazianze espérer voir l'*Anastasie*, la Résurrection de ce monastère. Mère Barat à une heure critique ne disait-elle pas : mes filles, je craignais pour vous la prospérité ! mais la persécution vient, je suis sans crainte !

Chaque Religieuse vint s'agenouiller devant le fauteuil de Monseigneur, écouter ses suprêmes consolations, baiser son anneau pastoral et recevoir sa bénédiction paternelle. Madame la Directrice amena ensuite toutes les pensionnaires, qui défilèrent devant sa Grandeur et reçurent, en pleurant, sa bénédiction, après avoir baisé l'anneau pastoral. Puis Mgr faisant un effort, se leva pour bénir une dernière fois toute cette famille privilégiée. Adieu mes enfants ! Adieu ! Tout le monde pleurait. Mère Lecomte ne put s'empêcher d'ajouter : Au revoir, Mgr, c'est si triste de se dire adieu ! Mme de Balatier, directrice des écoles paroissiales, voulut aussi présenter à Sa Grandeur les jeunes filles de l'ouvroir. Mgr les bénit et leur recommande la fidélité aux bons principes donnés par de si bonnes maîtresses.

La scène avait été très émouvante ; pouvait-il en être autrement ? Un vénérable prélat, à la veille d'une mort prochaine faisant une suprême visite à des Religieuses prêtes a être dispersées par la persécution aux quatre vents du ciel ! Mgr baissait souvent la tête comme pour respirer plus facilement et essuyer ses larmes abondantes. Cinq heures sonnèrent, l'heure du départ ! Sa Grandeur se dirigea vers la chapelle où Mère Perdrau avait reproduit l'image de *Mater admirabilis* du Couvent de Rome, Mgr récita d'une voix émue les trois *Ave Maria*, que toute l'assistance répéta avec lui. Quand il fut en voiture, M. le curé lui souhaita bon voyage : *Angelus Raphael comitetur vobiscum*. Le Père Belon, mariste qui accompagnait Mgr répondit : Merci.

Fête-Dieu et Fête du Sacré-Cœur
14 et 19 Juin

Les Religieuses, tout en poursuivant leur œuvre d'éducation, soit au pensionnat, soit à l'école paroissiale, ne perdaient pas de vue le terme fatal. Ce ne fut pas sans grande fatigue ni sans de grands frais qu'elles préparaient le mobilier qu'elles se proposaient d'emporter. Elles se défirent de tout ce qui ne pouvait leur être d'aucune utilité dans la dispersion quelles allaient subir.

Elles trouvèrent les moyens de secourir bien des indigents, et de fournir à de pauvres ménages des objets et des meubles à eux très utiles.

Le xiv juin, l'église célébrait la belle Fête-Dieu. Ce jour là d'ordinaire toute la paroisse était en fête et les Religieuses du Sacré-Cœur déployaient avec bonheur toute leurs pompes pour dresser dans leur parc un splendide reposoir au Dieu de l'Eucharistie. Tout le cortège de la procession pénétrait dans l'intérieur du jardin et s'associait à la joie triomphante que les Religieuses, par leurs chants et par la magnificence des décorations, se faisaient un devoir et une joie de procurer au Très-Saint Sacrement. Mais les temps étaient assombris par l'orage qui était venu fondre sur la maison. Un reposoir fut bien dressé en l'honneur de l'Hôte Divin, mais à l'entrée de la maison de l'école paroissiale. Les pensionnaires, groupées autour de leurs maîtresses étaient vêtues de deuil, et la tête couverte d'un long voile. C'était pieux, mais bien triste, comme à la veille d'une dispersion d'un décès.

Fête du Sacré-Cœur

xix Juin Vendredi. — C'était la dernière fête du Sacré-Cœur qui se célébrera dans cette maison bénie. D'ordinaire, un triduum de prières, de recueillement et de pieuses méditations servaient de préparation à cette belle Fête, où les Religieuses renouvelaient leurs vœux. Le Père d'Adhémar, de Toulouse, vint porter la parole et raviver, s'il en était besoin dans ces âmes vouées au sacrifice, leur foi, et retremper leur courage, à la veille de leur expulsion. Habituellement cette fête, qui entre toutes était chère à nos Religieuses se célébrait avec une pompe exceptionnelle. Les anciennes élèves, les amies de la maison étaient invitées à venir passer la journée pour augmenter la joie et la beauté de cette fête. L'invitation fut adressée comme autrefois à tous les membres de la Congrégation des Enfants de Marie. Elles vinrent, avec quel empressement ! attirées par l'attrait d'une journée pieuse et réconfortante, mais cette année un sentiment tout particulier de tristesse et de sainte amitié attira très nombreuses les amies de la maison et les anciennes élèves. Le concours fut extraordinairement nombreux. La cérémonie revêtit un caractère de gravité particulière. Il y avait dans l'atmosphère je ne sais quel nuage qui assombrissait tout ce qu'on voyait. La grand'messe fut chantée le matin en présence du clergé paroissial et la bénédiction eut lieu à 4 heures. Les chants étaient vifs, ardents comme une prière intense, sous ces cloîtres qui avaient retenti si souvent des cantiques joyeux et triomphants.

Le chanoine Almon, Directeur de la Congrégation des Enfants eut à faire entendre en cette circonstance délicate ses derniers conseils. Sa parole brève, forte, autoritaire résonna comme une lamentation et comme un cri d'espérance. Il fut heureusement inspiré dans le choix de son texte. Jésus dit à Marthe : *Je suis la Résurrection et la vie. Celui qui croit en moi quand même il serait mort, vivra, et celui qui croit en moi, ne mourra pas d'une mort éternelle* (1). Le commentaire fut approprié à la circonstance.

---

(1) *Dixitei Jesus : Ego sum resurrectio et vita, qui credit in me, etiansi mor-*

« Cette parole évangélique, fut dite la première fois, et lancée comme un défi et comme une protestation en face d'un sépulcre, sur le théatre de la mort, au milieu des larmes des parents, des amis, alors que la mort avait commencé son œuvre de destruction, au milieu des plaintes et comme des reproches faits à Jésus. Seigneur si vous aviez été parmi nous notre frère ne serait pas mort ! (1). Notre Seigneur affirme et proclame ce qu'il est: *Ego sum resurrectio et vita !* Il a permis à la maladie d'achever son œuvre, à la mort de venir frapper ceux qu'il aime ; mais tout cela est pour la gloire de Dieu. Et le prédicateur ajoute : Cette maison demain sera close comme un sépulcre, puisque l'arrêt de mort est prononcé. Les ennemis se réjouissent, des amis se plaignent. De par Dieu il faut répéter la parole de Jésus : *Ego sum resurrectio et vita ?* Mystère de justice et de miséricorde ! La 1re partie de ce drame douloureux est accomplie. A nous de préparer et de mériter le réveil et la résurrection ? »

L'orateur fut poignant de vérité et de courage. Son discours mériterait d'être cité tout entier, nous n'en reproduisons de mémoire que quelques lambeaux. Enfants de Marie, ajouta-t-il, il dépend de vous qui êtes sœurs de celles qui pleurent et sont proscrites, de mériter ce réveil. Soyez les vrais disciples du Sacré-Cœur, vous rappelant le grand amour de Jésus pour nous et le grand amour que nous devons à Jésus. Mesdames, souvenez-vous de la promesse : Je régnerai malgré mes ennemis. A ces conditions, espérons.

Les paroles et les enseignements que l'orateur tirait du Saint Evangile étaient dites avec un accent convaincu, pénétrant : c'était un viatique réconfortant pour des exilées de demain. De la chapelle la procession se dirigea vers l'oratoire de *Mater admirabilis*, le modèle et la protectrice de la maison. Tout le monde, maîtresses, élèves, amies, parents se trouvèrent une dernière fois agenouillés et priant ensemble devant l'image de la Bonne Mère. C'était la fin de cette journée inoubliable. Puis de droite et de gauche des mains se joignent, des têtes se pen-

---

tuus fuerit vivet ; et omnis qui vivet et credit in me, etiamsi mortuus fuerit, vivet. Jean, XI, 25.

(1) Ibid.

chent, on s'embrasse, les yeux pleins de larmes. Adieu ! Adieu! Adieu Mères bien aimées ! Adieu cloîtres bénis ! ! !

Octave de la Fête Dieu

Dimanche xxi.—La journée qui s'annonçait pluvieuse fut bien ensoleillée dans l'après-midi, aussi la procession du S. Sacrement put-elle déployer toutes ses pompes. Dans la matinée quelques rumeurs faisaient pressentir une manifestation hostile. Ce fut un motif plus pressant pour les catholiques de venir très nombreux. La fanfare de l'école chrétienne, qui n'assistait jamais qu'à une seule procession, vint prêter son concours pour ajouter à la solennité de la cérémonie. Il y eut neuf reposoirs, les uns plus beaux que les autres. Une dernière halte eut lieu au reposoir dressé par les Religieuses du Sacré-Cœur à l'entrée de la cour de St-Joseph. Elles voulurent jusqu'à la fin payer au Divin prisonnier de l'Eucharistie l'hommage de leur amour inviolablement reconnaissant.

La fête se termina à l'église paroissiale par une suprême Bénédiction, après laquelle, M. le curé remercia chaleureusement tous les fidèles de leur zèle, de leur piété et de leur concours empressé pour rendre un hommage triomphant au Dieu de l'Eucharistie.

Les Départs

Lundi xxii Juin.— A partir de cette date s'ouvre la période funèbre. Nous allons assister pendant de longs jours à des séparations déchirantes.

Dans la matinée la Mère Bernadou fait prévenir les parents et les amis que le lendemain devaient partir six Religieuses. Après midi M. le curé alla faire ses adieux aux pauvres proscrites. La première qui se présenta fut la sœur Simon, directrice des jeunes ouvrières. Elle était âgée de 75 ans et habitait Layrac depuis 45 ans. Elle fut édifiante de calme résignation et d'abandon à la volonté de Dieu. Elle espérait mourir à Layrac, entourée des enfants qu'elle avait formés à l'amour de Dieu et du travail, et pour qui elle était une amie incomparable. De là M. le curé alla à l'infirmerie. Mère St-Martin âgée de 81 ans avait été de longues années, directrice des écoles paroissiales. Elle n'était pas encore bien remise d'une grave maladie. Quoique invalide de corps, elle se sentait assez vaillante pour se laisser emporter en exil. Toutes les Religieuses désignées pour ce premier convoi funèbre n'avaient ni moins de courage, ni moins de résignation.

Et de ci de là la Révérende Mère Lecomte, Supérieure, allait et venait, dépensant ses forces pour l'accomplissement de ces devoirs si pénibles et dire à tous une parole encourageante.

Mardi xxiii Juin. — Pendant la journée beaucoup de parents des élèves sont venus pour dire un adieu amical aux Religieuses qui doivent partir dans la soirée.

Ce sont : Mère St-Martin, âgée de 81 ans ; Mère Adèle Dugoujon, infirme, pouvant à peine marcher seule, âgée de 78 ans ; Mère Lecointe, qui a été professeur, âgée d'environ 60 ans ; Sœur Simon, âgée de 75 ans ; Sœur Bonnard, âgée de 80 ans, venue d'Avignon à Layrac il y a 50 ans. La bonne Sœur paraît joyeuse de souffrir persécution pour la Religion.

Ce sont ces pauvres victimes, que par ordre de M. E. Combes, il fallait expulser du Couvent de Layrac, sous peine d'une forte amende et d'un emprisonnement. Le poète avait cependant dit: Oh ! n'exilez personne ! Oh ! l'exil est impie.

Autrefois les poètes apaisaient la férocité des tigres et des lions au son de la lyre. De nos jours les apostats sont sourds aux prières de l'innocence, aussi bien qu'aux chants plaintifs des poètes.

Les familles notables de Layrac, les familles Bouet de Lagravade, Garric et Breton, se firent un honneur de recueillir ces saintes Religieuses et de les transporter dans leurs voitures à la gare d'Agen, d'où elles furent dirigées sur Barcelone.

Les derniers adieux furent émouvants. Pendant que le clergé paroissial, M. Bouet, M. Sarramia et grand nombre de dames souhaitaient le bon voyage aux pauvres exilées, les enfants leur offraient des gerbes de fleurs. La bonne Mère Lecomte, Supérieure et les autres Religieuses embrassaient en pleurant leurs compagnes en leur dsant : à bientôt ! Quand les voitures s'ébranlèrent, une grande clameur éclata : Vivent les Religieuses du Sacré-Cœur ! A bas les persécuteurs !

xxv Juin. — Deux jours après eut lieu un autre départ, non

pour la terre étrangère mais pour la céleste Patrie. La sœur Catherine Noble, mourut le 25 juin. Elle avait passé 52 ans dans ce monastère, et Dieu lui accorda la grâce de n'en sortir que pour aller rejoindre ses nombreuses compagnes qui l'avaient précédée au ciel. Quelle bonne créature ! simple comme la colombe, humble comme la mousse qui germe et vit au pied du chêne, fidèle comme le lierre qui s'accroche aux vieux murs, sœur Catherine n'était jamais sortie de son cher monastère : elle n'avait jamais vu de près les chemins de fer et toutes ces améliorations qui embellissent, même les petites villes. Son nid était là. Sa fonction était d'ouvrir la porte aux étrangers, et personne n'a oublié sa parole gracieuse et son accueil souriant. La nouvelle de sa mort fut accueillie par ses compagnes et regardée par tous comme une faveur, une délivrance. Sœur Catherine comme le vieillard Siméon, ne désirait plus rien voir sur la terre. Elle fut la dernière des 52 Religieuses, dont la dépouille repose dans le coin du cimetière qui leur est réservé, et où des amis viennent encore déposer des fleurs et prier, moins pour elles que pour les œuvres, auxquelles elles ont attaché leur nom et consacré leur vie.

Ier Juillet Mercredi. — Ce jour-là eut lieu le départ de deux sœurs Religieuses : de la sœur Dufaur et de la sœur Maurin. Ces deux dernières sont envoyées au Couvent de Toulouse, en attendant que vienne l'heure de l'expulsion des Religieuses de ce Couvent.

XVI Juillet Jeudi. — La sortie des élèves pensionnaires se fit comme à la suite d'un convoi funèbre. Ces pauvres enfants perdaient leurs secondes mères. Il n'y a plus comme les années précédentes la joyeuse distribution des prix. Toute la maison est en deuil. Aucune invitation n'a été faite pas même au clergé paroissial. Ce fut une scène de déchirement et de larmes. Mère Lecomte, Supérieure, elle même retenue dans son lit par une violente crise de rhumatisme, ne put recevoir l'adieu de ses chères enfants.

XVII Juillet Vendredi. — Les jours s'écoulent rapidement, et s'approche le terme fatal : il faut donc précipiter les derniers préparatifs. Après le départ des élèves pensionnaires, il y avait encore dans la maison les diverses œuvres paroissiales, comprenant une centaine d'enfants. Le vendredi, jour de deuil chrétien, fut fixé pour la distribution des prix à ces jeunes filles de la paroissse. La cérémonie devait avoir lieu à 9 heures 1/2 du matin. Le clergé paroissial se rendit, et en entrant dans le parc, M. le curé se croyant en retard regarda du côté de l'horloge. Mme Duroy nous dit : elle ne marche plus ! C'était tout dire, beaucoup de ses habitants sont partis. Inutile de marquer les heures du travail. Nous voilà dans l'inconnu et les ténèbres. Toutes les Religieuses viennent néanmoins à cette réunion. Mme Bernadou paraît, tenant à la main un indicateur des transantlantiques, faisant remarquer que ce serait là dans quelques jours sa cellule pour aller en Amérique continuer son œuvre d'apostolat. Elle est toute résignée. Les autres Religieuses paraissent calmes, indice d'une grande paix intérieure, après le sacrifice accepté.

Dans la salle de la distribution des prix, la Mère Lecomte toujours fort souffrante, est seule absente. La séance est ouverte par un dialogue en vers récité par quatre élèves : M. Labouly, R. Péberel, H. Gayraud et H. Dougnac. Chacune de ces enfants avec un accent ému et bien attendrissant récita et exprima la partition qui lui revenait. Elles dirent les tristesses de l'heure présente, la douleur de perdre de telles Mères, la reconnaissance pour leurs insignes bienfaits et leur amour plus fort que la haine des persécuteurs et que les déchirements de la séparation. Il n'y eut pas d'applaudissements ; tous les yeux étaient baignés de larmes. Mère Pellier lut le palmarès relatant les témoignages de travail et les récompenses méritées par les élèves. Après cette lecture, Mère de Balatier, Directrice de l'école paroissiale, ne voulut pas laisser partir ses enfants sans leur accorder quelque gage de satisfaction. Elle distribua des couronnes et une attestation avec des livres, des gravures, et des vêtements pour les élèves indigentes, ainsi que quelques jouets pour les plus jeunes. C'est le propre des cœurs maternels de savoir donner des marques de tendresse et de pouvoir refouler leurs larmes pour ne point bannir le sourire des lèvres des petits enfants. Cela fait, M. le curé prit la parole : Mes chers enfants, lorsque par un malheur la Mère est enlevée aux enfants, il reste pour le Père un surcroît de devoirs et de sacrifices pour l'éducation de sa famille Vos Mères vous sont enlevées, demain, il ne vous restera qu'un Père, pour remplir la mission qui m'incombe de par Dieu. Je m'emploierai à redoubler mes efforts, à multiplier les sacrifices pour continuer l'œuvre de votre éducation chrétienne.

Nous sommes sur un champ de bataille en face d'un ennemi implacable, qui espérait en nous frappant au cœur, nous blesser mortellement. Mais Dieu n'abandonne jamais ceux qui souffrent pour sa cause. Courage donc et espérance ! Voici le mot d'ordre de demain et des jours suivants : 1° La rentrée des classes aura lieu comme d'habitude, dans les premiers jours d'octobre ; 2° L'ouvroir ne chome jamais. Seulement je donne rendez-vous aux jeunes ouvrières pour demain samedi à 4 heures, dans la salle de leur travail ; 3° Tous les dimanches, les élèves seront conduites et surveillées aux offices ; et dans l'après-midi à l'issue des vêpres, elles auront des anges gardiens pour présider à leurs jeux.

Ces recommandations faites, je voudrais ajouter, non pour vous attrister mais pour vous éclairer et vous instruire, la lecture d'une page de l'histoire locale et d'une page de nos Sts-Evangiles. Et d'abord, apprenez mes enfants, que ce n'est pas la première fois que la persécution frappe les hôtes de ce Monastère, et que ses habitants sont condamnés à l'exil.

Il y a un peu plus d'un siècle, des Religieux Bénédictins qui avaient bâti ce Couvent et cette Eglise, furent spoliés de leurs biens et expulsés de leurs cellules. Le vénérable curé de cette paroisse, mon prédécesseur, M. l'abbé Capdeville, fut spolié lui aussi de ses biens, expulsé de son presbytère et il dut subir un long exil, plutôt que de se soumettre à une loi impie et schismatique.

Des orgies, des saturnales sacrilèges profanèrent la maison de Dieu ; la guerre civile et religieuse fit couler des flots de sang, mais l'orage finit par se dissiper et après douze années de crimes et de calamités de toutes sortes, la paix fut rétablie, la France et l'Eglise revirent de beaux jours.

Voilà la marche des évènements. Aujourd'hui nos Religieuses sont proscrites. Le Couvent va être abandonné et désert, mais Demain ! Demain appartient à Dieu !

Faudra-t-il attendre douze ans et plus le retour des exilées ? Je ne sais....

Mais une page du S. Evangile corroborera mieux vos espérances....

Quoi de plus radieux que la nuit de Bethléem avec ses concerts angéliques et ses promesses de paix ? Quoi de plus joyeux que l'arrivée des bergers et de la pompeuse ambassade des Rois de l'Orient ? Ici pendant 52 ans, nous avons vu de ces fêtes radieuses, et comme à Bethléem, sous les voûtes de ces cloîtres séculaires, nous avons entendu retentir des cantiques d'allégresse et de triomphe. Et que de Princes de l'église, des Evêques, des Cardinaux sont venus participer et s'associer aux solennités célébrées dans cette chapelle et dans cette maison ?

52 ans écoulés ! c'est bien peu ! c'est bien court ! Ainsi à Bethléem pendant que les Rois Mages déposaient aux pieds de l'Enfant Dieu le tribut de leur foi, de leur piété et de leur reconnaissance. Un Roi ennemi complotait la mort de tous les enfants de Bethléem et de ses environs.

Mort aux enfants ! tel fut l'ordre donné à des soldats. Mort aux écoles chrétiennes ! Aujourd'hui c'est un cri qui ne doit plus étonner les chrétiens. Il est vieux comme Hérode.

Mais, de par Dieu, un ange vint avertir la Ste-Famille qui dut prendre le chemin de l'exil. Vous voyez, mes enfants, qu'à certaines heures pour garder Jésus avec soi, il faut quitter sa patrie et aller sur la terre étrangère. Vos Mères vont suivre les exemples de Jésus. Loi mystérieuse et dure, mais il y a l'espérance du retour ; puisque l'Ange dit à Joseph : Soyez là jusqu'au jour où je viendrai vous avertir.

Cet exil dura plusieurs années, et enfin arriva le jour joyeux où l'Ange vint redire au chef de la Ste-Famille : rentre dans ta patrie : ils sont morts ceux qui voulaient tuer l'enfant. Les persécuteurs meurent, les ennemis de Jésus meurent. Jésus ne meurt pas ! Quand viendra cette heure bénie où vos Mères rentreront dans la douce terre de France ? Je l'ignore : l'Ange de Dieu ne nous l'a point révélée ; mais l'évangile nous en donne la certitude. Oui, Mères, vous reviendrez, vous reverrez votre monastère, votre Nazareth, vos modestes cellules, vos enfants !....

Voilà mes enfants, notre consolante espérance. Sur nos ennemis et sur nos persécuteurs du jour, a dit un grand orateur Montalembert, nous tirerons une double vengeance. Nous prierons pour eux ; car s'ils nous font du mal ils se font à eux mêmes un plus grand mal ; et nous leur survivrons !

Mères et enfants : voilà ma foi ! voilà mon espérance invincible !

Acceptons la lutte présente avec ses difficultés et espérons en Dieu !

Ces dernières paroles cloturèrent la cérémonie, qui laissa dans toutes les âmes une impression profonde de douce confiance. Après avoir embrassé leurs bonnes maîtresses, les enfants arrosèrent de larmes abondantes les couronnes et les divers gages reçus de leur tendresse maternelle, et elles quittèrent le cher Couvent.

XVIII JUILLET SAMEDI. — Dans la réunion fixée pour 4 heures, M. le curé réunit les jeunes filles de l'ouvroir. Il exposa et rappella de nouveau les notions et le but de l'ouvroir chrétien. Il n'y a qu'à maintenir les traditions de piété, de travail, d'édification. L'âme de l'ouvroir est la piété chrétienne : le moyen, le travail et le but, la sanctification et l'apostolat.

Il n'y avait pas à faire de longs discours, tout ce petit monde était désireux de se montrer et d'agir comme les dignes élèves des Religieuses du Sacré-Cœur.

XIX JUILLET DIMANCHE. — Cette journée fut une des plus navrantes. La perspective inévitable du départ pour le lendemain de la Mère Bernadou, destinée aux établissements du Chili, fut comme un coup de poignard au cœur de ses anciennes élèves. Mme Bernadou était une personnalité importante. Pendant une vingtaine d'années, elle avait dirigé l'œuvre de l'externat paroissial, l'ouvroir, la Congrégation des Enfants de Marie et l'apostolat de la Prière, avec une intelligence, une bonhomie aimable et une fermeté merveilleuses. Son cabinet était ouvert à toutes les enfants et même aux parents, auxquels elle ne manquait pas de faire la leçon et de distribuer les conseils les plus utiles. Sur ses jeunes enfants elle jouissait d'un prestige inouï. Son nom seul évoqué par les parents suffisait pour maintenir ou faire rentrer dans l'ordre ces bambins capricieux et insoumis. Les jeunes ouvrières trouvaient en elle une direction et une affection fortes et justement appréciées.

Et cette maternité exercée pendant plus de vingt ans allait s'évanouir ! et cette Mère allait être arrachée à la vénération des petites familles pour aller aux confins du monde ! Ah qu'ils sont criminels, ces hommes, ces méchants, qui font tant pleurer des femmes et des enfants ! et la vénérable Religieuse accepte son obédience avec ce calme qui révélait la force de son âme et sa vertu supérieure.

Son frère et sa belle-sœur étaient accourus pour la voir ; ils espéraient quelle n'irait qu'au delà des Pyrénées, et qu'ainsi il leur resterait encore la facilité et l'espoir de la revoir quelquefois. Mais en dernier lieu Mère Bernadou fut destinée aux œuvres de l'Amérique, où sa grande expérience serait heureusement employée pour le bien des âmes. Cette décision consterna ses parents qui perdirent l'espérance de la revoir sur la terre de France. Ils ne voulurent plus se séparer d'elle qu'après l'avoir accompagnée à Paris, et enfin au port d'embarquement La Rochelle. Le départ de Layrac fut fixé au dimanche xix juillet, à 2 heures, M. le curé alla lui rendre visite la veille et dans cet entretien particulier il lui exprima avec ses vifs regrets toute sa reconnaissance pour le bien qu'elle avait fait dans la jeunesse chrétienne. Elle l'édifia par la joyeuse acceptation de son sacrifice. Elle se mit à genoux pour solliciter une bénédiction qui raffermît son âme. La sympathie qu'elle avait inspirée venait surtout de la commune amitié avec la Mère Perdrau. En souvenir de ce gracieux passé, M. le curé lui remit la petite Biographie de la bonne et spirituelle Mère Perdrau. Elle parut heureuse de recevoir et d'emporter ces quelques pages que lui rappelleraient ses joyeuses années passées à Layrac.

Le jour fatal arriva. Dès une heure de l'après-midi, les cloîtres sont envahis par les parents et par les enfants, portant à la main et sur les bras des bouquets et des gerbes de fleurs, quelles voulaient offrir comme suprême hommage de leur affection. Et de toutes parts on entendait des sanglots. Comme le dévouement est compris des âmes jeunes et simples ! C'était hélas ! un bien triste spectacle cependant, Tout ce que l'on entendait n'avrait le cœur et l'on n'apercevait de tous côtés que des caisses et des caisses, des meubles, des malles etc. On parlait peu !

Les arrivants se rangeaient les uns auprès des autres, se regardaient, pleuraient et attendaient. On regardait l'horloge : elle ne marchait plus ! Le clergé paroissial et M. l'aumônier marchaient anxieux sous les cloîtres, tandis que la foule grossissait de plus en plus. Vers deux heures, on entend au fond du cloître le frôlement de robes. Les Religieuses se faisant entre elles leurs derniers adieux, et saluaient Mère Lecomte, brisée de douleur et de fatigue, qui ne peut suivre le triste cortège. En passant devant l'image de *Mater Admirabilis*, Mère Bernadou et ses sœurs s'agenouillent pour adresser à la Bonne Mère, si souvent fêtée, une prière, une demande de courage final. Après avoir jeté un regard ému, intense sur cette image qui lui rappelle tant de souvenirs, et qu'elle aurait ce semble voulu emporter, Mère Bernadou se relève marchant d'un pas ferme, mais cherchant à ne rien voir, ni à droite ni à gauche, les yeux fixés sur un crucifix. La mère Duroy la tient par le bras, comme si elle sentait qu'elle allait défaillir, ou que l'amour de ses nombreux enfants éplorés allait la lui arracher et la retenir.

Les rangs des parents et des enfants s'ouvrent pour la laisser passer et se referment derrière elle ; les enfants offrent leurs bouquets et leurs gerbes de fleurs, elles veulent prendre ses mains, et lui dire un mot d'adieu. C'est une explosion de larmes, de sanglots, on semblait vouloir la retenir. Laissez la passer, disaient quelques voix, et sous le coup d'une poussée on refoule la pauvre Religieuse sur la porte donnant sur la place de l'église. Quand Mère Bernadou apparaît comme transfigurée par la résignation et par l'émotion, ce ne fut qu'un cri : Vive Mère Bernadou ! Vive le Sacré-Cœur ! et tous les assistants, hommes de toutes les classes, mères de familles, amis, enfants de sangloter, C'était un deuil public et général. La vénérable Religieuse tenait toujours ses yeux fixés sur le crucifix qu'elle pressait sur son cœur avec force comme pour dire au Divin Consolateur : Soutenez moi ! A force de coudoyer, les Religieuses ses compagnes la firent entrer dans la voiture, où Mme Bouet et sa fille, Mme Druilhet l'attendaient.

Et à côté d'elles prit place une autre exilée : Mme de la Goupillière. Ici encore toutes les mains se tendent pour une dernière étreinte, les bouquets pleuvent, couvrent la voiture et les chevaux : on ne pouvait, on ne savait mettre un terme à ces élans affectueux. Enfin la porte de la voiture est fermée. Les Religieuses, restées sur le porche, saluent de la main ; les chevaux piaffent et partent et éclate un grand cri : Vive Mère Bernadou ! Vive le Sacré-Cœur ! A bas les proscripteurs !

Le frère et la belle-sœur de Mme Bernadou suivent dans la voiture de Mme Garric ; une 3e voiture de la Gravade emporte quelques élèves : et les jeunes filles de l'ouvroir ont fait venir une voiture pour qu'elles puissent accompagner leur mère et ne se séparer d'elle qu'au moment où elle serait arrachée à leur piété filiale.

Après le départ des voitures, les amis restés sur la place, étaient comme immobilisés par la douleur ; ils se regardaient en pleurant, n'osant proférer une parole; un cri jaillit auquel on fit écho : ah les maudits ! Les méchants qui font souffrir et exilent des innocents !

MARDI XXI JUILLET. — La veille on avait annoncé le départ de quelques autres religieuses. La maison ne se désemplit pas de l'affluence des parents, des amis des élèves pour venir saluer les Bonnes Religieuses. Elles, toujours accueillantes, sans parler de leurs peines, des tristesses de leur exil, se montraient des plus affectueuses pour ces amis et pour ces jeunes enfants. La voiture de Mme Bouet prit, sur la porte du Couvent à 7 h. 1/2 Mme Inès Martin, sœur Elizabeth si chérie des petits enfants et sœur Miquel. D'Agen ces Religieuses devaient partir pour Barcelone.

Dans la voiture de Mme Garric il y avait Mme de Rivière, la sœur de La Roue et Mme Vellu, aspirante. Ces dernières, accompagnées de Mme Escande et de sa jeune Alice, avaient la même destination que les Religieuses précédentes.

Au moment où ces Religieuses allaient monter à Agen dans le train rapide qui devait les emporter, on vit apparaître le Ministre Chaumié descendant de son wagon. Il fut étonné des manifestations éclatantes en faveur des Religieuses et de tous ces témoignages de sympathies. Les amis des Religieuses voulant prévenir toute illusion s'écrièrent : A bas Combes ! Vivent les sœurs ! Et de quelques voitures des voix répondirent : Vive Agen ! Le ministre, devenu célèbre dans les annales du Palais de Justice, quoiqu'il vint pour assister à une noce, comprit que s'il y avait une aubade et des acclamations, ce n'était nullement pour fêter sa venue. Il détourna la tête et se hâta de gagner la porte de sortie.

Jeudi xxiii Juillet. — Dans la matinée, à 9 heures, on détacha de la muraille du cloître l'image de *Mater Admirabilis*, peinte par Mère Perdrau, dans les dernières années de sa vie. La vénérable artiste, formée à l'école de Mme Barat, savait fort bien que la vie Religieuse, tout en donnant à l'âme une joie et une paix profondes, ne met pas à l'abri des persécutions. Tout au contraire. Dans une pensée de prévision, au lieu de reproduire l'image de *Mater Admirabilis* sur fresque, comme elle avait fait dans le cloître de la Trinité des Monts, elle avait exécuté son œuvre sur toile, et, en la faisant clouer contre la muraille, elle avait eu soin de donner à Mère Bernadou toutes les indications pour qu'à l'heure voulue, on pût la détacher sans aucune dégradation.

Cette sainte Icone avait été inaugurée en 1891. Que de joyeuses fêtes elle avait vues! Quels chants triomphants elle avait entendus! Elle avait été témoin du Jubilé sacerdotal du chanoine Perdrau, frère de l'heureuse artiste, et ancien curé de St-Etienne du Mont à Paris. Le Jubilé de l'inauguration de *Mater Admirabilis* de la Trinité des Monts de Rome fut aussi célébré à Layrac, en présence de la Religieuse qui par le pinceau, et du chanoine, qui par la plume, ont fait revivre et chanté la Vierge au Temple, et la Vierge-Mère située sous le toit de St-Jean, le disciple bien aimé (1).

Ces solennités eurent un éclat exceptionnel : Mgr Cœuret, évêque d'Agen, vint les honorer de sa présence, entouré d'un nombreux clergé. Et la famille de Paris, la famille Gouraud, dont le nom déjà célèbre dans les annales de la médecine, a reçu dans ces derniers temps un éclat nouveau dans les conquêtes de l'Afrique, envoya ses représentants pour participer à cette ovation si justement décernée à leurs parents.

Et pour mémorial de cette amitié fraternelle, le chanoine

---

(1) L'abbé Perdrau a publié deux volumes sur la Ste-Vierge : *Marie au Temple* et *Marie chez St-Jean*. Sa sœur a peint les mêmes sujets dans deux tableaux que les Religieuses de Layrac ont emportés dans leur exil.

Perdrau fit déposer à côté de l'image peinte par sa vénérable sœur, les statues de St-Benoit fondateur de l'ordre Religieux qui porte son nom, et de Ste Scholastique, modèle de la vie cénobitique. La Ste Icone fut portée à la gare de Layrac, le 24 juillet et dirigée sur l'Espagne. Puisse-t-elle, comme la Sancta Casa de Nazareth, si des jours mauvais surviennent en Espagne, nous revenir, sinon sur les ailes des Anges, comme la Vierge de Lorette, mais sur les mains de nos Religieuses du Sacré-Cœur ! Quelle fête ce sera pour nous ! Ce serait un miracle ! mais la Ste-Vierge ne fait pas autre chose pour ses enfants. Et elle voudra justifier son nom et raviver son culte de *Mater Admirabilis !*

MARDI XXVIII JUILLET. — L'horloge du Couvent ne marque plus les heures ni les jours, néanmoins le temps s'écoule rapide. L'ennemi veille, les jours s'abrègent Hier on a annoncé d'autres départs. Les heures funèbres se succèdent toujours avec une rapidité implacable. A la gare de Layrac, à midi, partent : Mme Marie de Rivière pour St-Sébastien ; Mme de Montenon et sœur Maria pour Madrid. De nombreux amis et des élèves se trouvèrent là pour saluer les exilées.

MERCREDI XXIX JUILLET. — L'exode va se précipiter. Ce soir à sept heures, la voiture de Mme Garric, porte à Agen, la Mère Emonin, qui pendant 12 ans, s'est occupée des écoles paroissiales : la sœur Julien et la sœur Eliza Belloc. Madame Escande est leur ange conducteur.

A leur départ, de nombreux catholiques, les ont saluées en criant : Vive le Sacré-Cœur ! Les parents et les enfants les ont couvertes de fleurs.

JEUDI XXX JUILLET. — Dans un premier convoi de 9 heures : Mme Bouet a pris dans sa voiture la Mère Pellier, qui va à Avignon ; sœur Célinat et Mère Coignet.

A 2 heures, Mme Bouet, toujours inlassable dans son dévoûment, prend Mère Carrier, originaire de Monclar, qui après avoir été élève de la maison, est devenue Religieuse professe ; Mère de Balatier déjà expulsée du Couvent de Moulins, est dirigée sur Bordeaux et après son expulsion du Couvent de

Bordeaux, elle sera envoyée en Amérique. Sœur Sol, et sœur Noble, partirent dans la voiture de Mme Garric.

La population ne se lassait pas d'admirer la noble résignation de ces vénérables victimes. Parents et amis, après avoir salué et acclamé ces Religieuses au moment, où elles quittaient leurs cloîtres, se transportaient au jardin royal pour de là suivre de l'œil et saluer de leurs cris, de leurs mains et en agitant leurs mouchoirs, ces Mères bien aimées qu'arrachait à leur estime et à leur reconnaissance la haine de la persécution.

LE DERNIER JOUR ! VENDREDI XXXI JUILLET. — Après avoir assister à ce long défilé, à cette série de départs, à ces scènes multiples de larmes de séparations, après cette profusion de bouquets, de gerbes de fleurs, après avoir entendu tant de cris de protestation d'amour et de dévoument entremêlés de malédictions contre des persécuteurs inhumains, il semble que tout est fini, que la lassitude va gagner les amis dévoués de cœur et d'âme aux Religieuses exilées. D'ailleurs le Couvent est à peu près vide. Le silence règne dans les étages supérieurs de cette maison, où bourdonnaient sans cesse dans tous les coins, comme dans une ruche, un personnel très nombreux d'enfants, de jeunes filles gaies, studieuses et pleines d'enjouement.

Au XXXI juillet, jour funèbre de vendredi, une dernière messe matinale avait été célébrée par l'abbé Cluzan, qui déjà n'avait plus son titre d'aumonier et était attaché au Petit Séminaire d'Agen ; l'autel était dépouillé de ses ornements sacrés. Les religieuses avaient reçu les hosties qui restaient encore dans le saint ciboire. Elles emportaient l'hôte divin de cette chapelle dans leur poitrine, et le dernier cierge et la lampe du sanctuaire éteints, il ne restait plus un signe de vie divine ni humaine dans ces longs corridors, dans cette chapelle et dans ces cellules. En bas tout le personnel était descendu prendre un dernier repas. Bientôt ce vaste établissement sera tout à fait vide,

A 8 heures du matin, Mme Bouet prend dans sa voiture : d'abord deux Religieuses Layracaises, la sœur Lagardère, attachée à la maison depuis plus de 30 ans et une toute jeune sœur Marie Pouches, douce et bien émue ; elle va passer devant la maison de sa vieille mère en baissant les yeux et refoulant ses larmes ; en la voyant partir, sa mère poussa un cri et tomba évanouie ; elle ne devait plus voir sa chère fille. La troisième Religieuse était sœur Anne. Toutes trois devront aller en Espagne.

A la même heure, Mme de Lacvivier, dont les filles avaient été élèves du Sacré-Cœur de Layrac, prit dans sa voiture M{mo} Duroy, Mme Tarrade et sœur Cazaux.

Comme les précédentes, ces Religieuses devaient quitter la France et aller chercher un asile en Espagne. Après ces divers actes d'une matinée si lugubre, que restait-il dans cette sainte maison ? Dans un salon d'en bas, salle St-Louis, se trouvait la vénérable Supérieure Mère Lecomte. Accablée par la douleur et par des infirmités cruelles, qui l'avaient retenue dans son lit pendant que ses Religieuses les unes après les autres venaient, avant de quitter la maison, lui offrir leurs hommages affectueux et leurs souhaits. Elle avait tout dirigé, présidé à tout avec une précision et une sollicitude maternelle afin que ses filles accomplissent leur sacrifice avec courage et confiance au Sacré-Cœur. Dans l'après-midi du 31 juillet, elle avait quitté sa cellule, et appuyée sur les bras de deux Religieuses, elle était descendue et se tenait assise dans un fauteuil de la salle St-Louis, entourée de sœur Philomène, son infirmière, et de quatre Religieuses ; c'était comme l'état major de l'armée de la Charité, attendant l'heure fatale du départ et de l'expulsion finale. Elles ne laissaient rien derrière elles. Tout le personnel avait été préservé et sauvé, comme se sauva la sainte famille, qui évita le glaive sanglant d'Hérode, en fuyant en Egypte en prenant le chemin de l'exil.

Mais au dehors grand était l'émoi ; immense la commotion produite par cette cruelle certitude ; c'est la fin, c'est le départ définitif ! Pendant les jours précédents bien amers sans doute ! On se disait : il y a encore la Bonne Mère ! La chaîne n'était pas rompue ! il y avait un lien, on reportait sur celles qui restaient une affection plus intense. Mais la soirée du fatal 31 juillet était arrivée. De tous les quartiers de la ville, d'Agen, des points extrêmes du département affluèrent des amis appartenant à tous les rangs de la société. Des magistrats, des avocats, des gens de toutes les conditions remplirent les cours, les allées du jardin et toutes les parties de la maison. La présence de cette multitude d'élite était autant une protestation contre l'arrêt inique qui avait frappé cet établissement, qu'un hommage sincère public aux vertus des nobles victimes. Nombreuses aussi étaient les dames amies de la maison, accourues de bien loin pour accompagner à leur départ ces maîtresses incomparables. Et durant les longues heures qui s'écoulèrent dans l'attente du moment décisif, chacun de ces visiteurs aimait à rappeler des jours de fête, des souvenirs joyeux qu'évoquait la vue de ces cloîtres, de cette chapelle et de ces lieux privilégiés, et des larmes leur venaient aux yeux en constatant qu'on leur enlevait leur joie et leur consolation.

Et sur la place de l'église les voitures succédaient aux voitures et s'entassaient les unes à côté des autres. Les cours et jardins regorgeaient de monde et dans la salle St-Louis la vénérable Mère Lecomte, assise sur son fauteuil, faisait appel à toute son énergie pour surmonter ses souffrances et se montrer gracieuse et bienveillante à tous ses innombrables visiteurs. Aucune ne voulait partir sans lui avoir exprimé ses regrets et ses sympathies. Et de son côté la Bonne Mère avait à cœur de distribuer à chacune une gravure, un objet qui témoignât sa bienveillance et sa reconnaissance pour tant de marques d'amitié pour elle et pour sa Congrégation.

M. le curé se présenta et exprima à Mère Lecomte toute sa reconnaissance personnelle pour le bien que les Religieuses avaient fait pendant 52 ans à sa paroisse. D'un ton bien ému, Mère Lecomte voulut dire à M. le curé sa grande reconnaissance pour ce qu'il avait fait, afin de préserver le Couvent d'un abandon désastreux ou d'une profanation sacrilège. Cette espérance enlevait à son cœur une épine bien douloureuse. Et après avoir remémoré les bons rapports qui avaient toujours existé entre la paroisse et le Couvent, elle fit un effort pour quitter son fauteuil, se mit à genoux pour solliciter une bénédiction suprême qui fortifiait son âme à ce moment de séparation si cruelle.

Le flot des arrivants de cessait de grossir, la place de l'église et les rues avoisinantes ne pouvaient plus contenir les voitures. L'heure du départ approchait. Ce fut un moment de déchirement. Les vénérables Religieuses durent s'arracher à ce Couvent, à ces cloîtres, à ces cellules, où autrefois dans le calme elles déposaient le miel de leurs bonnes œuvres.

Le cortège se forma, et en tête la Mère Lecomte, marchant ou plutôt se traînant, péniblement courbée, appuyée d'un côté sur le bras d'une amie, de l'autre sur une canne. Avec quelle fatigue elle traversa le cloître et le pas-perdu pour atteindre la porte. Toutes les amies et anciennes élèves la suivaient, touchaient ses vêtements, lui présentaient des fleurs ou brandissaient leurs gerbes de roses, et les petites élèves pleurant, sanglotant disaient : O ma Mère ! O ma Mère !

Sur la place de l'église, il était impossible de faire un pas. Les cinq Religieuses suivaient comme elles pouvaient leur Bonne Mère : mais à chaque instant, elles étaient arrêtées ; une tête se penchait sur leurs épaules, une main se tendait pour une étreinte d'amitié et de reconnaissance ; et les cris redoublaient de plus fort en plus fort : Vive le Sacré-Cœur ! Vivent les Religieuses ! Enfin à force de patience on entraîna ou plutôt on porta la Bonne Mère Lecomte dans la voiture de Mme Labat, mère d'une Religieuse du Sacré-Cœur. Et sur les genoux de la vénérable exilée on jeta à pleines mains gerbes de fleurs et bouquets au milieu des sanglots et des larmes intarissables.

Dans la voiture de Mme Bouet on installa Mme Van-Roy, l'économe de la maison, si aimable, si sympathique, que les ouvriers pleuraient comme leur Providence et les domestiques comme leur mère. A côté d'elle prit place Mère Bourdeaux, destinée à aller au Canada, et la dernière ce fut la modeste sœur Philomène, dont l'humilité n'avait d'égale que son dévouement à la Bonne Mère. Mme de Lacvivier reçut dans sa voiture Mme de Ferré et Mme Hospel.

Ces dispositions difficiles furent longues à exécuter. Et enfin les voitures s'ébranlent et commence le défilé, quand elles furent en mouvement on entendit comme une immense clameur en un jour d'orage, mêlée de paroles d'indignation, de colère, de sanglots. Vive le Sacré-Cœur ! Vivent les Religieuses ! Vive la liberté ! A bas les persécuteurs !

Les voitures s'organisèrent lentement, les unes à la suite des autres et marchant au pas en parcourant les boulevards jusqu'au pont du Gers. Cochers, chevaux, voitures, tout était couvert de fleurs, on eût dit une procession triomphale. C'était bien une sincère ovation, mais que de larmes dans les yeux ! Que de tristesses dans les cœurs ! Il y avait bien de ci de là quelques visages maussades, des mines taciturnes, mais il n'y eut pas un cri discordant.

Le soleil descendait à l'horizon ; les voitures au nombre incroyable de plus d'une centaine, formaient le long de la route de Layrac à Agen, un cortège dont on n'apercevait pas la fin. Les passants regardaient avec vive émotion cet immense convoi singulièrement solennel et impressionnant. Les moissons s'achevaient et devant les yeux des voyageurs défilaient les riants côteaux et les fraîches oasis de la Gravade, de Boisrenaud, de Pégourie, de Lestelle, et la vieille basilique Bénédictine de Moyrax. Ces fraîches collines, avec leur parure verdoyante, contrastaient avec la tristesse poignante des voyageurs, que rien ne pouvait distraire de la perspective d'une déchirante séparation prochaine et inévitable.

On arriva à Agen vers sept heures, assez longtemps avant le départ du train de Paris. Le défilé des voitures, marchant au pas, suivit la large avenue du Gravier. Les promeneurs nombreux suivant des yeux ce long cortège qui ne finissait pas s'arrêtaient étonnés. Pas un cri ne fut poussé de part ni d'autre, c'était fleuri et brillant comme un cortège triomphal, mais le cœur des voyageurs était de plus en plus oppressé en approchant du terme, et en voyant s'abréger le temps qui restait avant la séparation. Les voitures, obliquant à droite, passent devant l'église St-Hilaire, ancienne église bâtie par des Cordeliers expulsés eux aussi, il y a plus d'un siècle. Aujourd'hui passent par ce même chemin des Religieuses qu'obligent à s'expatrier des persécuteurs inhumains. Les proscrites de ce jour ne sont pas conduites, il est vrai, à l'échafaud, mais les exilés ont souvent des tortures plus longues et des privations plus amères que celles du couperet de la guillotine.

L'avant cour de la gare était déjà envahie. Beaucoup de catholiques, amis des Congrégations Religieuses, s'étaient donné rendez-vous pour venir saluer et acclamer les nobles victimes de la persécution. La police avait mis sur pied tous ses hommes, et la gendarmerie, sous les ordres du lieutenant-colonel, avait été réquisitionnée dans le but d'étouffer la manifestation religieuse et d'entraver l'explosion des catholiques qu'on savait profondément irrités. A l'arrivée des premières voitures des cris formidables éclatent : Vivent les sœurs ! Vive la liberté ! La police surveilla les premiers arrivants : c'étaient précisément les voitures des Religieuses. Etant donné l'encombrement de la place, elles eurent beaucoup de difficultés pour sortir de leurs voitures. Il fallut les prendre par la main et leur frayer un passage. La vénérable Mère Lecomte ne pouvait marcher, on dut la porter pour la faire pénétrer dans les salles d'attente, dont on se hâta de fermer les portes pour éviter le remous des suivants. Les voitures ne cessaient de déverser dans les alentours de la gare les parents et amis accourus en grand nombre.

Nous cédons la plume au rédacteur du *Nouveliste* qui retraça les diverses péripéties de cette soirée célèbre.

« Les parents, les amis venus de Layrac veulent escorter les Religieuses jusqu'au bout. Aussi, descendant précipitamment de voiture, ils se disposent à pénétrer dans la gare. Mais un cordon de policiers leur en barre l'entrée. N'importe, une irrésistible poussée se produit, le cordon est rompu et la gare envahie, aux cris de : Vive la liberté ! Vivent les sœurs ! On court au guichet pour demander un ticket de passage. Le ticket est refusé, mais sans se décourager les Layracais demandent, qui une carte pour Lafox, qui une carte pour Colayrac, alléguant nécessité urgente de partir. Et ainsi munis, ils se dirigent vers les salles d'attente. A ce moment, l'invasion de la gare est refoulée, et ceux qui n'ont pu y pénétrer sont rejetés du côté d'apaches provocateurs. A l'intérieur, la clameur est furibonde, on se heurte, on se bouscule : c'est une cohue indescriptible. Les agents sont débordés. Soudain une tête émerge, une voix éraillée essaye de s'imposer, Méduse en personne avec une figure de Boniface, le commissaire ordonne de fermer les portes communiquant avec les salles d'attente. Et l'ordre est exécuté sur le champ. Alors redoublent les protestations et les cris. On chanta sur l'air des lampions : Liberté ! Liberté ! L'effervescence grandit, les bousculades commencent. Un père de famille apercevant un agent de police malmenant une jeune fille, il l'empoigne par les épaules et l'envoie promener à quelques pas. Aussitôt une bande d'apaches pour défendre le policier, entourent un jeune Layracais, qui, d'un bras vigoureux en étend trois à ses pieds. Un de ces apaches se relève et se précipite sur lui. Et au moment où il le saisit au cou, un autre Layracais, d'un revers de bras, le repousse et d'un coup de poing, l'étend par terre comme le boucher avec son maillet abat la tête du taureau.

« Au milieu de cette bagarre, deux Religieuses n'avaient pu passer sur le quai de la gare, en même temps que leurs compagnes. Elles insistent pour que les portes leur soient ouvertes. Un Layracais, ému de cette situation pénible, interpelle le Commissaire pour faire ouvrir les portes. Celui-ci, se sentant impuissant, lève ses bras en signe de désespoir. Notre Layracais d'un violent coup d'épaule fait voler en éclats les deux battants de la porte, et les amis pénètrent sur le pallier de la gare à la suite des Religieuses, qu'ils escortent comme de fidèles chevaliers.

D'un autre côté, et dans le même temps, les policiers s'escriment à faire évacuer la gare de ces imposteurs visiteurs. Mais comment se faire entendre et obéir au milieu de cette effervescence ? Les agents recourent aux grands moyens et se précipitent sur les plus réfractaires. Celui-ci est empoigné par quatre agents et jeté dehors ; celui-là est poussé par les épaules et secoué violemment ; un avocat est saisi par sa redingote et presque déshabillé. Un certain nombre de manifestants sont arrêtés, mais ils se dégagent bientôt des étreintes des policiers et reparaissent plus furieux. Un jeune Layracais bouscule un agent qui le met en état d'arrestation. Il échappe, sort de la gare et prend la fuite. Deux gendarmes à cheval se mettent à sa poursuite et ont vite fait de le rattrapper. Il fut conduit au violon mais après un interrogatoire sommaire, il est relaché. Ces mêmes scènes de bousculades, d'arrestations se reproduisent sur tous les points devant la gare, sur les boulevards et aux alentours de la chapelle Ste-Foy.

Pendant que la police et les gendarmes cherchaient à contenir la foule dans la salle intérieure de la gare, un nombre incalculable de catholiques avaient pénétré dans la gare pour aller saluer les vénérables Religieuses, installées dans les voitures du train de Paris. Les voyageuses eurent plus d'une demi-heure à attendre leur départ. Les catholiques profitèrent de ce délai pour échanger avec les Religieuses des paroles d'amitié et de sympathie. Aux cris répétés de Vive le Sacré-Cœur, Vivent les sœurs ! succédait le chant des cantiques de circonstances : Je suis chrétien ! c'est là ma gloire. Nous *voulons Dieu !* Et à la fin de chaque couplet, une ardente catholique, élève des Religieuses de Layrac Mlle de Lacvivier criait d'une voix infatigable : Vive le Sacré-Cœur !

La Bonne Mère Lecomte, oubliant ses propres souffrances, se tenait à la portière, accueillant avec une gracieuse bienveillance tous ceux qui venaient lui répéter leurs adieux et lui exprimer leurs vœux et leurs espérances. Cet échange de souhaits dura assez longtemps, et jamais la Bonne Mère ne parut fatiguée. L'expression de son visage, transfiguré par la foi chrétienne et par la paix de conscience qui accepte joyeusement son sacrifice, faisait du bien à voir. Elle souriait en entendant les chants et les acclamations de ces nombreux amis. Et on se disait : voilà comment ces innocentes victimes répondent à la brutalité de leurs persécuteurs. C'était bien le cas de leur appliquer les paroles qu'écrivait St-Luc au sujet des premiers chrétiens emprisonnés et relachés. Il s'en allaient *joyeux d'avoir été jugés dignes de souffrir et d'être outragés pour le nom de Jésus.*

Les compagnes de la Bonne Mère contemplaient debout ces magnifiques démonstrations de sympathie et de foi chrétienne. Leurs visages sereins, mais baignés de larmes, complétaient un cadre admirable que formait sur ce fond assombri de la gare, au milieu de ce tohu-bohu de voitures, d'employés affolés, ce groupe de vierges de Jésus-Christ partant pour l'exil. Enfin à l'heure réglementaire, le signal est donné, les portières des wagons sont fermées, le train s'ébranle : ce fut un moment de désolation profonde, et tous ces catholiques poussent un cri suprême en tendant les mains comme pour retenir celles qu'on leur enlevait : Vivent les Religieuses ! Les yeux suivirent quelques instants ce long convoi, puis tout disparaît, le bruit s'éloigne, le vide se fait et les catholiques se replient sur la gare pour rentrer chez eux, profondément attristés.

Mais au dehors l'agitation se continuait ; il y avait là une multitude évaluée à plusieurs milliers de personnes, dont un grand nombre de catholiques qui avaient été froissés dans l'expression de leurs sympathies. La police débordée avait réclamé le secours des gendarmes à cheval. Sur l'ordre du commissaire spécial, le capitaine cria : Balayez moi tout ce monde. Les cris de vive la liberté ! vivent les sœurs répondent à ces mesures brutales et couvrent la voix du capitaine et du commissaire. En même temps les chevaux, en caracolant jusque sur les trottoirs extérieurs de la gare, refoulaient les manifestants vers le boulevard. Les chevaux des gendarmes surexcités se ruent sur la foule et renversent des femmes. Ce sont des altercations et des protestations violentes. L'exaspération est à son comble. L'écume de la Porte du Pin, dans la personne d'une centaine de jeunes apaches à face glabre et patibulaire, fonce sur les flots pressés des manifestants catholiques qui opposaient une résistance opiniâtre.

Aux cris : à bas la calotte ! à bas l'armée ! vive Combes ! répondaient ceux plus intenses de vive la liberté ! vivent les sœurs ! vive l'armée ! Les sifflets se mêlaient aux clameurs indignées des catholiques. Malgré tout, les apaches étaient moins molestés que les autres.

A neuf heures les manifestations prirent fin par suite du départ des Religieuses et des Layracais ; et peu à peu tout rentra dans le calme.

Ainsi finit la triste journée du 31 juillet 1903 ! ! !

L'Inventaire dans l'Eglise de Layrac
(Mars 1906)

Dans la vie pastorale, il y a des heures cruelles et bien douloureuses pour le ministère de Jésus-Christ ; c'est de voir la profanation violente et légale de la maison de Dieu. En face d'un tel sacrilège, le Dieu Maître ne put contenir sa colère et s'armant d'un fouet, il chassa ceux qui transformaient la maison de prière en une caverne de voleurs. De nos jours nous avons vu pis encore, les voleurs pénétrer dans le temple de la maison de prière et en chasser Jésus-Christ et ses ministres pour s'en emparer. Tout cela se fit en vertu d'une loi. La France catholique vit exécuter ces prétendus inventaires qui, disait-on, étaient des actes conservatoires, mais en réalité n'ont été que des préludes de sacrilèges spoliations. Cela s'était passé de la sorte en 1790 et 1791. Nous avons eu en 1906 les mêmes scènes.

Nous allons dire et raconter comment les choses se sont passées à Layrac. Les journaux de l'époque en ont mentionné quelques épisodes, nous venons compléter ce récit pour l'instruction de nos successeurs.

DIRECTION GÉNÉRALE
   DES DOMAINES

En exécution de l'article 3 de la loi du 9 décembre 1905 et des articles 1 et 9 du décret portant règlement d'administration publique du 29 du même mois, il sera procédé le 15 mars 1906, à deux heures du soir, par le percepteur de Layrac, ou par tout autre agent, à l'ouverture des opérations de l'inventaire descriptif et estimatif des biens mobiliers et immobiliers, dont la fabrique paroissiale de Layrac à la propriété ou la jouissance.

Le Directeur des Domaines au département de Lot-et-Garonne a l'honneur de prier M. le curé de Layrac de vouloir bien assister, ou se faire représenter.

Agen, le 24 février 1906.

Le Directeur des Domaines,
MALEPRADE.

La notification du susdit avis fut faite à M. le curé de Layrac le 7 mars, par le maréchal des logis d'Astaffort, qui laissa copie, et demanda, sans l'obtenir, une signature, attestant le reçu du dit acte. L'inventaire devait se faire de tous les biens mobiliers et immobiliers de la fabrique, ainsi que de la mense de la succursale de Layrac.

D'après les incidents survenus dans la capitale, et dans les autres diocèses de France, on pouvait prévoir ce que serait l'inventaire annoncé par la paroisse de Layrac.

Dès le mercredi 14 mars, l'église paroissiale de Layrac fut disposée pour la défense. Toutes les portes furent fermées à clefs et cadenassées. La porte latérale fut fermée de telle sorte qu'on ne pouvait pénétrer dans l'église sans effraction. Dans l'intérieur de la sacristie toutes les armoires et tous les tiroirs du vestiaire et des placards furent clos dans les mêmes conditions. Les portes de la sacristie, soit celle communiquant avec l'intérieur de l'église, soit celle communiquant avec le jardin et la porte elle-même de l'enclos, donnant sur le jardin royal, furent solidement fermées à clef. Des cartons, sur lesquels étaient inscrites les paroles de l'écriture : *si quelqu'un viole le temple de Dieu, Dieu le perdra !* furent apposés sur les autels, devant les statues, lutrin, etc.

Le mercredi soir, le sacristain remit la clef, dont il était dépositaire pour être déchargé de toute responsabilité. Seulement il lui fut recommandé de sonner la cloche, à l'arrivée des exécuteurs de l'inventaire, afin que le peuple fût averti du sort fait à son église paroissiale. L'inventaire étant un acte public, devait être commun et accompli avec toute la publicité requise.

Mais cette recommandation devint inutile, car au moment voulu, lorsque le sacristain se présenta pour aller sonner, la porte du clocher se trouva fermée par les ordres de la Municipalité.

Le jeudi 15 mars, jour solennel et funèbre, les messes furent dites de bon matin dans la chapelle privée du Couvent ; le St-Sacrement avait été retiré de l'église paroissiale dès la veille au soir. La matinée se passa dans une anxiété profonde, et l'on se demandait que fera l'administration ? Dans cette incertitude, les amis se rendirent dans l'après-midi en grand nombre, et à une heure et demie ils pénétrèrent dans l'intérieur de l'église, pendant qu'une grande foule, mélangée de curieux, et d'une multitude sympathique, se rassemblaient, et stationnaient sur la place de l'église.

A une heure 3/4, trois gendarmes firent leur apparition. En ce moment dans l'église autour de M. le curé et du vicaire se trouvaient la famille Baret, et Mme la comtesse de Pompignan, venue exprès de Toulouse. M. de Montfort, Président de la fabrique et sa famille, grand nombre de dames pieuses, les jeunes filles de l'ouvroir, les anciennes élèves des Religieuses, plusieurs pères de famille et des jeunes gens catholiques ; tous récitèrent quelques dizaines de chapelet, entre coupées des cantiques de circonstance. Nous voulons Dieu... Je suis chrétien...

A deux heures, le percepteur escorté du brigadier de gendarmerie fut aperçu à travers une lucarne se promenant devant l'église et nos officiers municipaux circulaient et regardaient comme de simples curieux. Bientôt des coups sont frappés à la porte ? « Qui est là demande M. le curé ? — Le percepteur, répond une voix étranglée; de Layrac ajoute le brigadier. — Que voulez-vous ? réplique M. le curé ? — Faire l'inventaire. Avez-vous un mandat régulier ? — Oui ! — Que prétendez-vous ? — Faire exécuter la loi ! — Nous ne reconnaissons pas votre loi ! — Vous refusez d'ouvrir ? — Nous refusons ! — Vous ne voulez pas ouvrir, répète le percepteur ? — Non, non, non, répond M. le curé. — Dans ce cas je me retire. — A votre aise. » Ce fut la fin de ce dialogue. Le percepteur se retire en effet avec son escorte. Il alla prendre sa voiture et il se dirigea du côté de la plaine vers Caudecoste et ne rentra que vers six heures du soir.

Après la dernière réponse du percepteur, les cantiques reprirent de plus belle dans l'intérieur de l'église. Vers trois heures, aucun bruit du dehors ne parvenant aux oreilles des amis dévoués de la liberté chrétienne, M. le curé monta dans la chaire et il donna lecture de la protestation qu'il s'était proposé de lire au délégué du fisc et à son escorte, et dans laquelle il expliquait les motifs de sa ligne de conduite.

« M. le délégué, votre présence en ce lieu, à cette heure, m'étonne et m'attriste, car l'article de la loi dont vous êtes l'exécuteur déclare que la *République ne reconnaît aucun culte.* Dès lors vous auriez dû rester chez vous et nous laisser en paix dans notre église, nous qui faisons partie d'un culte vingt fois séculaire, fondé par Notre Seigneur Jésus-Christ, que vous faites profession de ne pas même connaître.

Bien plus, c'est entouré de l'appareil de la force que vous venez vers nous, comme vers des ennemis, que vous voulez assiéger et réduire. Ah ! si cette église était une loge, ou une mosquée, et si nous étions Francs-Maçons ou Musulmans, vous nous respecteriez.

Mais si nous ne pouvons opposer la force à la force, s'il ne nous est pas possible de vous inspirer de la terreur; sachez le bien, nous n'avons nous, ni crainte, ni peur. Le Pape notre Père et notre Chef, qui est un Roi sans armées, nous a, dans sa lettre encyclique du 11 février 1906, recommandé de revendiquer vaillamment les droits de la liberté de l'église. Voilà pourquoi, à cette heure, nous élevons le cri vengeur de nos protestations.

Au surplus, vous l'avouerai-je ? votre visite et votre intrusion ne me surprennent pas. N'est-ce pas dans l'ordre logique des choses. C'est la 4ᵉ fois depuis environ un siècle que sur la paroisse de Layrac, les droits et la liberté des catholiques sont violés, leurs biens confisqués et spoliés. En 1790, les Jacobins, vos ancêtres, expulsèrent les Religieux Bénédictins de leur monastère, et ils s'emparèrent de leurs domaines. L'année suivante en 1791, l'église paroissiale reçut la visite de commissaires délégués comme vous. Ils firent comme vous vous proposez de le faire, l'inventaire des biens de la fabrique, de nos ornements, vases sacrés, linges, statues, et à la suite de cet inventaire légal, tout fut vendu à l'encan. L'église paroissiale fut vendue et démolie, il ne reste que le vieux clocher qui, par son isolement, perpétue le souvenir de ces sacrilèges profanations. Le vénérable curé fut chassé de son presbytère et il dut pour échapper à la mort, prendre le chemin de l'exil. Et dans l'église monastique on installa le schisme. Irez-vous jusque là ? Qui le sait ? La pente est glissante.

Enfin il y a trois ans on a chassé comme des criminelles, de saintes femmes, de vénérables Religieuses, bienfaitrices du pays, qui pendant 52 ans, ont élevé gratuitement vos enfants, vos femmes et vos mères.

Voilà les faits et gestes de vos prédécesseurs peu illustres ! Sur leurs traces, où il y a à recueillir plus de deniers que d'honneur. vous venez inventorier des biens qui ne sont pas les vôtres. L'illusion n'est pas possible. Cette église a été bâtie par des moines il y a 8 siècles, alors qu'il n'y avait pas de commune à Layrac, et ce sont les moines qui, au XIII siècle, donnèrent à nos pères leurs premières franchises et leurs premières libertés.

Quant à nos ornements, vases sacrés, linges, statues, autels, tableaux... ce sont les dons de la charité et de la piété de mes paroissiens : ce sont eux qui les ont apportés dans cette église, que vos prédécesseur avaient pillée et laissée nue comme une caverne.

Pour défendre ces biens sacrés qu'avons-nous ? La peine de l'excommunication fulminée par l'église contre les violateurs et les usurpateurs de ses droits et de ses biens. Cette pénalité peut bien faire sourire le mécréant, mais elle n'a jamais porté bonheur a personne et je pourrais même ajouter que les attentats sacrilèges accomplis à Layrac ont eu dans le passé des représailles retentissantes et terribles.

Quoiqu'il en soit demain, nous formulons solennellement nos revendications et nous demandons que nos légitimes protestations soient insérées dans votre procès-verbal. Forts de ces **principes, nous tous membres du conseil de fabrique, nous refusons de prendre aucune part à votre inventaire et avec le**

Pape, chef de notre Culte, nous condamnons, nous réprouvons votre loi comme injurieuse à Dieu, contraire à la Divine Constitution de l'Eglise, comme favorisant le schisme et très funeste aux Evêques, au Clergé et aux Catholiques de France.

Si malgré cela, vous persistez dans votre intrusion, sachez-le, dans le sanctuaire violé, vous rencontrerez à côté de l'autel majeur la statue du patron de notre église, St-Paul, l'apôtre des nations Il est là debout tenant d'une main le glaive symbolique de cette justice infaillible qui cassera les lois injustes et les procès-verbaux iniques ; et de l'autre main, il tient le livre de ses immortelles épitres, dans l'une desquelles il a buriné cette sentence prophétique : *Si quelqu'un viole le temple de Dieu, le Seigneur le perdra.* (I. Corint III 27).

Et maintenant si vous êtes les tenants de la devise chère à Bismark, le mortel ennemi de la France : *la force prime le droit ;* laissez-moi vous le dire en terminant : vous avez tort de chausser les bottes de ce féroce Prussien. Bismark, après avoir emprisonné, exilé les Evêques et les curés, ne tarda pas à venir s'incliner avec respect devant la Majesté d'un Pape désarmé. Que ce souvenir vous serve de leçon, pour nous, obéissant au vicaire de J.-C. et à Dieu, nous suivrons la vieille devise des chevaliers chrétiens : Mourir plutôt que de forfaire à l'honneur et au devoir chrétien !

M. de Montfort, Président du Conseil de Fabrique, prit à son tour la parole : « Je n'ajouterai rien, dit-il, à la protestation éloquente que vous venez d'entendre; je me contenterai simplement de m'y associer de tout mon cœur de catholique et de Français. Tout le monde me comprendra, quand je dirai qu'ils font de mauvaise politique ceux qui divisent systématiquement un pays, lorsque ce pays ne demande qu'à vivre en paix au dedans et au dehors. La loi, au nom de laquelle vous venez est la loi ! Les organes officieux nous le disent tous les jours ; c'est en tous cas, une mauvaise loi, puisque les effets en sont néfastes. Les juristes, les politiciens, ceux dont le rôle, ou plutôt le goût est de discuter sans fin n'y pourront rien. Ce n'est pas ainsi que les Français avaient compris la séparation de l'Eglise et de l'Etat ! Les simples, les paysans, les ouvriers, ceux qui peinent et pour lesquels les cérémonies de l'Eglise, seront toujours, d'après la magnifique expression de Victor Hugo, les *Opéras des Pauvres*, ne voient qu'une chose dans les inventaires. On leur parle de mesures conservatoires ; tout cela est bien vague !... Jamais ils n'ont désiré voir disperser aux quatre vents du ciel les objets du culte. Au nom de ces simples, de ces petits, de ces humbles qu'on flatte pour avoir leurs suffrages, et que pour le moment on se prépare à dépouiller de leurs biens communs ; au nom de ceux-ci d'abord ; au nom du Conseil de Fabrique de Layrac : au nom de la population catholique tout entière de cette commune, je proteste énergiquement et je vous prie de vouloir bien joindre cette protestation à votre procès-verbal.

« J^h de MONTFORT,
« Président du Conseil de Fabrique de Layrac ».

Tous ceux qui étaient présents applaudirent à cette double protestation.

Jusqu'à cinq heures du soir, les catholiques fidèles, craignant un retour offensif du délégué, restèrent dans les alentours de l'église.

Vers sept heures, une rumeur fut propagée disant que l'inventaire se ferait le lendemain à dix heures. Cette rumeur était fausse, peut-être même était-elle intentionnellement trompeuse pour éviter toute difficulté ultérieure. Mais les évènements vont se précipiter, comme nous allons le voir.

Le lendemain vendredi 16 mai, à 6 heures 20 minutes du matin, on sonne à la porte du Presbytère. C'était le Percepteur, délégué pour l'inventaire, accompagné du capitaine de gendarmerie, qui vint donner à M. le curé de Layrac, lecture d'un arrêté de M. le Préfet, le sommant d'avoir à livrer à 6 heures les clefs de l'église, sinon il sera procédé par voie de force armée à l'inventaire. A quoi M. le curé répondit : Je refuse absolument. « Vous êtes responsable des dégâts et des suites, » réplique le délégué. — J'ai une loi qui me dicte mon devoir, ajoute M. le curé, je lui obéis sans me préoccuper des suites quelconques. Les deux envoyés se retirèrent.

De son côté, M. le curé, sort immédiatement, et déjà même avant 6 heures, toutes les portes et avenues de l'église sont occupées par des gendarmes à cheval et par des gendarmes à pied, au nombre d'environ 25, et commandés par un capitaine. Deux gendarmes à la porte du jardin de la solitude ; deux, à la porte latérale ; quelques autres au devant de la porte principale ; deux autres, devant l'école libre ; deux, devant le logis des maîtresses ; deux, à la porte de Verdun ; deux, devant le grand portail de l'enclos du Papet, et d'autres, le long du jardin du Couvent. Il y en avait partout. M. le curé et son vicaire pénètrent par le jardin du Couvent qui restait la seule voie de communication avec l'église. Quand ils ouvrirent la porte latérale du transsept, les deux gendarmes, appostés sur le seuil, les laissent passer. M. le curé envoie le vicaire sonner la petite cloche fixée contre le dôme, afin d'avertir les fidèles, qui déjà accouraient nombreux pour assister à cette scène et à ce déploiement de force militaire. Mais aussitôt un gendarme pénètre dans la petite tour du clocher et arrête la sonnerie. M. le curé entrant dans l'église, trouva les crocheteurs en train d'opérer.

Ils avaient pénétrés dans le jardin, enfoncé cette porte et fait sauter la porte intérieure de la sacristie en brisant les panneaux du cadre. L'opérateur crochetait les placards au-dessus du vestiaire. Il n'était pas habile, ou plutôt sa main tremblante d'émotion ne savait comment ouvrir ces petites portes : finalement il fit sauter les serrures. Vous êtes bien maladroit, lui dit M. le curé ? Et le crocheteur resta taciturne. Disons à la louange des ouvriers Layracais qu'aucun d'eux ne figura dans cette opération. Cet ouvrier avait été amené d'Astaffort.

A mesure que les portes des placards étaient enfoncées ou démontées, le délégué debout, les yeux fixés sur son carnet et un crayon à la main, mettait en note les divers objets et ornements que deux cantonniers réquisitionnés lui signalaient en fouillant dans les tiroirs. Tout se faisait en silence et sans perdre du temps. De la sacristie, les opérateurs, après avoir fait sauter la serrure de la porte, passèrent dans l'intérieur de l'église. M. le curé suivait avec tristesse tous ces mouvements. Se trouvant dans le sanctuaire, il vit passer à côté de lui un de ces aides : Tu fais un sale métier, lui dit-il. — Je remplis mon devoir de bon citoyen. — Et ton devoir de chrétien tu l'as oublié ? et M. le curé lui montrant la table sainte : « C'est là pourtant que je t'ai fait faire la 1ʳᵉ communion. » Il alla sans mot dire rejoindre et assister le délégué. Le capitaine allait de droite et de gauche pendant que se poursuivait l'inventaire des objets et meubles et mobilier de l'intérieur. Ce travail lui paraissait bien long. M. le curé était agenouillé au devant du grand autel. Une première fois, le capitaine vint lui dire de livrer les clefs. « Je ne livre rien ; je ne puis qu'obéir à ma conscience ».

Quelques moments après, le capitaine revient, disant qu'à la cathédrale et à Astaffort tout s'était passé à l'amiable. « Pour Agen, j'ignore ce qui s'est passé et ce qu'ont fait mes supérieurs. Mais quand le général en chef qui est le Pape a parlé, on ne tient compte que des ordres du général en chef.

« Pour Astaffort je n'ai rien à vous dire, sinon que lorsque je vois le bien à côté de moi, je m'efforce de l'imiter, et quand je vois le contraire, je me détourne et je poursuis mon droit chemin ».

Les opérateurs n'allaient pas aussi vite que l'aurait souhaité le capitaine. Il revint une 3ᵉ fois à la rescousse. « Remettez-nous les clefs, dit-il à M. le curé, vous aurez sauvé le principe et vous éviterez bien des dégâts. — Capitaine, répondit M. le curé, il en est des principes comme des limites de la frontière. D'un côté est la patrie, de l'autre le pays ennemi ; si les Prussiens franchissaient la limite de la frontière, vous tireriez sur les Prussiens pour défendre la terre sacrée de la patrie contre les envahisseurs. Un pouce, une lieue, c'est la même chose. Pour nos principes il en est de même. Je ne puis vous céder un livre, une chaise. Vous pouvez tout prendre, puisque vous êtes les plus forts, mais je proteste et je flétris votre acte ».

Pendant ce même temps, le délégué armé de son crayon et de son carnet et escorté de ses deux aides allait d'autel à autel, parcourait toute la vaste église, et lorsqu'il passait devant un meuble ou statue, où se trouvait appendu un écriteau flétrissant la spoliation, il s'écartait comme s'il s'était brûlé.

Inutile d'entrer dans d'autres détails de cette douloureuse opération, longue, trop longue, et pour les opérateurs et pour la foule qui autour de l'église s'agitait bruyante et parfois poussant des cris peu agréables aux personnages officiels.

Enfin l'ouvrier crocheteur avait fini par ouvrir à peu près

toutes les portes des placards où pouvaient se trouver des objets du culte. Le délégué, ayant inspecté le pourtour de l'intérieur de l'église, vint faire une dernière visite à la sacristie, prit les notes supplémentaires pour son travail, et après deux heures environ de vacation, le capitaine donna le signal. Chacun prit ses cliques et ses claques et tout ce monde se rendit à l'hôtel-de-ville pour remplir les formalités requises pour l'enregistrement de cette opération civile, religieuse et militaire.

Il était près de huit heures du matin. Beaucoup d'amis, prévenus trop tard étaient accourus, mais les sentinelles les avaient arrêtés. Les cloches avaient été consignées comme la veille. Néanmoins de ci de là on entendait crier : Vive la liberté ! A bas les voleurs !

A peine les gendarmes eurent-ils quitté leur poste, que les portes s'ouvrirent pour laisser pénétrer les fidèles qui vinrent, les yeux pleins de larmes et la rage au cœur, visiter le champ de bataille et contempler les débris épars, les serrures enfoncées, les portes démontées et les chassis brisés.

En effet, c'était un vrai champ de bataille avec ses désordres, quoique cependant les crocheteurs eussent apporté une certaine réserve pour éviter le plus de dégâts possible, en brisant les portes et les serrures.

Pendant que les chefs de l'expédition faisaient apposer les signatures au procès-verbal, un ancien élève des frères se mit à crier : au voleur ! Un gendarme vexé qui ne connaissait pas ce jeune imberbe, demanda son nom à un vieux barbu, qui s'empressa de le lui décliner. Finalement en clôturant le procès-verbal, il ne fut pas tenu compte de ce petit incident, pour bien démontrer que les mandataires délégués avaient rempli leur mission avec une habileté digne des éloges de leurs chefs et sans soulever d'incident notable.

Une fois que tout le monde fut rentré à son logis, M. le curé envoya à M. le délégué, chargé de faire l'inventaire, la copie de sa protestation et de celle de M. le Président de Fabrique.

Le soir, avant la Bénédiction du S. Sacrement, après le chant du verset de circonstance : *Parce Domine, Parce populo tuo, ne in æternum irascaris nobis.* M. le curé se faisant l'interprète du deuil et des tristesses des chrétiens fidèles, commenta en quelques courtes réflexions les paroles du prophète Jérémie, pleurant sur les ruines de sa patrie : sachez et voyez quel mal c'est et quel malheur d'avoir abandonné Dieu, votre Seigneur !

Sous quelle domination sommes-nous tombés ! et quels maîtres nous avons ! Ils nous méprisent, ils nous pillent, ils nous emprisonnent, ils nous exilent.

La leçon de ce jour sera-t-elle comprise ? Hélas...

Comme appendice à ce chapitre de l'Inventaire de l'église de Layrac, nous ajouterons le récit de l'Inventaire qui eut lieu le lendemain 17 mars à Goulens. L'église de Goulens est située dans la commune de Layrac, et elle venait d'être richement restaurée par une noble châtelaine. Ce fut le même délégué qui reçut mandat d'aller faire l'inventaire, et cette fois le Préfet lui adjoignit le 1er magistrat du canton, le Juge de paix, surnommé dit le journal *La Croix* (1), *Salomon*, à cause de son humeur peu guerrière.

Ils allaient donc tous quatre, comme les quatre officiers de Malboroug : le délégué, le Juge de paix, le brigadier d'Astaffort et un de ses gendarmes. Chemin faisant nos alguazils rencontrent des bicyclistes. « Où courent-ils dit le Juge au brigadier ? —Ils vont sans doute chercher du renfort à Layrac. — Oh dans ce cas, ajournons l'inventaire. J'ai horreur du sang versé, dit Salomon. — Il nous faut obéir aux ordres reçus, réplique le brigadier ».

On arrive au village de Goulens. Partout calme profond. Le Juge s'accolant aux basques du brigadier : qu'est-ce que cela signifie ? Le malin brigadier se mit à dire : il est probable que les habitants sont renfermés dans l'église. En marchant à pas lents, on arrive sous l'emban. Délégué et Juge étaient pâles et blancs comme des poireaux. La porte était fermée à clef. Il fallait faire les sommations légales. Le brigadier dit au Juge : Regardez par le trou de la serrure. Le Juge craignant qu'une balle ne vint l'atteindre, se récuse. Le brigadier ayant appliqué son œil, dit à haute voix : L'église est pleine, les habitants muets sont immobiles sur leurs chaises et attendent. Dans ce cas dit le Juge, ému et la voix tremblante, nous n'avons qu'à

---

(1) Le journal *la Croix* de Tonneins.

nous retirer, et prenant le délégué par le bras, il fait un demi tour pour quitter ces lieux.

Le brigadier regarde une seconde fois par le trou de la serrure et dit : Je n'aperçois que des chaises, il n'y a pas âme qui vive. Bien réconforté, le Juge fait les sommations en frappant trois fois la porte avec sa canne, et il s'écrie : au nom de la loi, ouvrez la porte ou nous l'enfonçons.

Or voici ce qui s'était passé. Pendant que les trois commissaires instrumentaient sous l'emban, l'autre gendarme, ayant avisé la porte extérieure de la sacristie, traversa le cimetière et ayant secoué cette porte vieille et presque vermoulue, il pénétra dans la sacristie et de là dans l'église. Et ce fut lui qui répondit aux trois sommations du Juge, en criant à haute voix Amis, entrez sans danger et sans peur ! Quelle joie pour Salomon !

L'inventaire fut facile et bref. La châtelaine bienfaitrice, qui avait pourvu l'église de Goulens de magnifiques ornements et de beaux vases sacrés, avait tout repris et était partie le matin de ce jour pour rentrer dans sa résidence de Carit. Ici on pouvait appliquer le mot spirituel d'Erasme parlant de certaines coryphées du Protestantisme : *Sæpe tragœdia exil in comediam* (1).

Le 2 juin 1906, nous fut remis par l'entremise de la mairie la copie dont la teneur suit :

Préfecture de Lot-et-Garonne

COMMUNE DE LAYRAC

DIRECTION GÉNÉRALE DES DOMAINES

INVENTAIRE des BIENS des ÉTABLISSEMENTS du CULTE

Procès-verbal de Carence dressé à défaut de biens dépendants de la Fabrique paroissiale de Layrac.

Mense succursale de Layrac.

L'an mil neuf cent six, le seize mars, à huit heures du matin, en présence de MM. Costes, chef cantonnier et Rumeau Adelbert, cantonnier, domiciliés à Layrac, témoins requis, en l'absence de MM. Dubourg Paul, curé à Layrac et Escadafals

---

(1) Souvent la tragédie finit en comédie.

Adrien, Président du Bureau des marguilliers, qui ne comparaissent pas, bien qu'ils aient été dûment convoqués, ainsi qu'il résulte du procès-verbal de notification annexé. Nous soussigné Benech, dûment commissionné et assermenté, spécialement délégué par le Directeur des Domaines à Agen,

Nous étant rendu à Layrac pour procéder à l'inventaire descriptif et estimatif des biens de toute nature retenus par la fabrique paroissiale de Layrac, avons trouvé

Néant

En foi de quoi nous avons dressé le présent procès-verbal contenant un rôle, le seize mars mil neuf cent six, à huit heures du matin et après lecture faite, nous l'avons signé avec les témoins.

Suivent les signatures.
Place du sceau de la Préfecture.

Pour copie conforme,
Le Conseiller de Préfecture,
Gouneau.

En outre fut envoyée de la Préfecture une copie de l'inventaire détaillé, tel qu'il avait été fait, le 16 mars 1906, comprenant :

Chapitre 1er. Biens de la Fabrique paroissiale de Layrac : La sacristie avec la description des biens ;

Le Chapitre II. Biens de l'Etat, des Départements et des Communes dont la Fabrique n'a que la jouissance.

Le tout énuméré dans une copie de douze pages.

La copie conforme signée par Gounau, Conseiller de Préfecture.

Enfin un arrêté de mise sous sequestre de la Préfecture de Lot-et-Garonne, déclarant placé sous sequestre un titre de rente 3 0/0 de 36 francs, sans autre indication.

Sceau de la Préfecture.

Pour copie conforme,   Le Préfet,
Le Conseiller de Préfecture,   *Signé* : Marcel Grégoire.
Initiales illisibles.   Agen, le 13 décembre 1906.

Voir le récit de ces divers faits dans le *Bien du Peuple*, 20 mars 1906, et dans *L'Avenir de Lot-et-Garonne* du 19 mars 1906 et 23 mars 1906.

Le Grand Séminaire installé au Couvent de Layrac
Février 1907

La Révérende Mère Marie Alida Leconte, dernière supérieure du Monastère des Religieuses du Sacré-Cœur à Layrac, expulsée de son Couvent le 31 juillet 1903, fut envoyée par ses supérieures à l'abbaye de la Ramée, en Belgique. Les dernières épreuves et ses souffrances physiques et morales qu'elle endura, en voyant dispersée et supprimée par la violence une maison si florissante et qui faisait tant de bien, brisèrent son cœur. Ses compagnes ont fait son éloge en disant d'elle : « L'énergie calme régnait en son âme, la sagesse siégeait sur ses lèvres. » La Mère Leconte fut en effet admirable d'énergie calme, mais les amertumes et les déchirements de la dernière persécution épuisèrent ses forces et deux ans ne s'étaient pas écoulés qu'elle rendait sa belle âme à Dieu, sur la terre d'exil, le 15 mai 1905. Une seule chose l'avait grandement consolée, en quittant Layrac, c'est l'assurance qu'elle emportait que son cher Monastère ne serait pas profané et qu'il ne serait pas livré, comme tant de maisons de sa Congrégation, à de sacrilèges spéculations.

Après l'expulsion des Religieuses de Layrac, les écoles paroissiales et l'ouvroir des jeunes filles continuèrent dans le même local leur vie quotidienne d'étude et de travail, sous la direction de maîtresses intelligentes, chrétiennes et capables, qui étaient en parfaite régularité avec les lois nouvelles.

Ce calme relatif se prolongea pendant trois ans. Toutefois les lois scélérates poursuivirent jusqu'au bout la destruction de toutes les Congrégations enseignantes, et comme le plan formel, plus ou moins avoué était la remise de toutes les institutions ecclésiastiques, on ne tarda pas à s'attaquer au clergé séculier.

Le 17 décembre 1906, les représentants de la force publique vinrent enfoncer les portes du Grand Séminaire d'Agen et tout le personnel, professeurs et élèves furent expulsés *manu militari*.

Ce fut un coup terrible pour le Clergé diocésain frappé dans son recrutement. Comment recueillir ces débris ? Où se réfugier et où trouver un asile ?

Monseigneur l'Evêque se retourna vers Layrac, et son Couvent qu'il savait vide de ses Religieuses. Il sollicita un asile pour sauver du naufrage les espérances du Clergé diocésain. On lui ouvrit toutes grandes les portes de cette sainte maison, qui, dans le cours des siècles, avait reçu tant de destinations diverses. Et de fait le Monastère Bénédictin de Layrac est devenu l'arche de salut qui, au milieu de ce déluge d'impiété et d'injustice et de dévastation, a permis à la petite tribu cléricale d'attendre des jours meilleurs de justice et de paix.

Dès les derniers jours du mois de décembre 1906, les travaux d'appropriations furent commencés. Ces travaux ne pouvaient être considérables dans un établissement qui contenait 50 Religieuses et une soixantaine de pensionnaires. Aussi le lundi onze février 1907, les professeurs de l'école de théologie et les élèves rentraient dans le Couvent et dès le lendemain furent repris les exercices habituels de la vie de séminaire.

Le Presbytère de Layrac

Ce nom de Presbytère a une origine sacrée; il a été mis en usage pour désigner, non une maison quelconque, mais la résidence de l'Homme Dieu du Représentant de Jésus-Christ. Le Prêtre doit avoir une maison à part, différente des autres, bien connue de tous et distinguée de toute autre maison, non par son éclat, mais par sa destination.

Après les guerres de Religion si fatales à la vie paroissiale, le S. Concile de Trente porta des décrets pour obliger les pasteurs à résider au milieu de leurs troupeaux. Les Conciles provinciaux de la province de Bordeaux tenus en 1583 et en 1622 firent des décrets très sévères, obligeant les curés à bâtir ou à restaurer leurs presbytères.

L'abbé Dusol, curé de Layrac, de 1653 à 1675, lutta de longues années pour avoir son Presbytère : ses efforts furent couronnés de succès. Grâce à des dons particuliers et à des subventions de la Jurade, il lui fut donné pour presbytère une maison qui coûta 750 livres et se trouvait située sur les fossés de la ville, dans le voisinage du cimetière protestant.

L'abbé Chollet de Bellocq, curé de Layrac, de 1733 à 1746,

trouva cette maison insuffisante et trop éloignée de l'église paroissiale. Comme il appartenait à une famille bourgeoise et riche, il voulut se ménager un Presbytère plus avantageux et plus rapproché de son église.

Dans ce but il acheta le 3 juin 1734, la maison de Mlle de Merle, avec un enclos de jardin et de vigne (1). Et une fois nanti par contrat passé devant Me Dupont, de la propriété de cette maison et de cet enclos, il se présente trois jours après le 6 juin à l'hôtel-de-ville, où la Jurade était réunie, et là fut rédigé le procès-verbal dont la teneur suit.

Séance de la Jurade du 6 juin 1734.

« Par le 1er Consul a été dit que M. Chollet de Bellocq, curé
« de Layrac, souhaita faire échange de la maison presbytérale
« et jardin avec la maison de Mlle de Merle, grange, cour et
« entier jardin, qui règne depuis celui de M. Chollet, jusqu'à la
« vigne, qui était de ladite demoiselle, à cause de la proximité
« de l'église paroissiale et qu'ayant acquis ladite vigne et terre
« de ladite demoiselle, qui sont contigües au jardin, son loge-
« ment sera plus agréable et plus commode, offrant de faire
« ledit échange sans que la Communauté soit tenue à aucun
« frais, droits, loyaux coûts, ni retour, que ledit sieur curé
« payera en son propre ; et comme la maison de la demoiselle
« de Merle a besoin de réparation ledit s^r curé s'oblige de faire
« à ses dépens celles qui conviendront pour la rendre logeable,
« ne demandant à la Communauté que son consentement pour
« la validité de l'échange. Sur quoi vos avis sont demandés.
« Par commune voix a esté délibéré que M. Chollet de Bellocq,
« curé de cette ville, faira l'échange énoncé dans la proposition
« cy-dessus, tant de son chef qu'en vertu du pouvoir que lui en
« donne la Communauté, qui promet de le ratifier, à condition
« toutefois qu'elle ne sera tenue à aucun frais, droits ny loyaux
« coûts pour raison de ce, ny aucun retour, mais bien ledit
« sieur curé suivant l'offre qu'il fait de payer le tout et qu'il

---

(1) Me Desbarats année 1735 mentionne l'acte d'achat du 3 juin 1734 en plusieurs actes. Etude de Me Bergues.

« fasse à la maison qu'il prendra à M¹¹ᵉ de Merle les réparations
« convenables pour qu'elle soit logeable, affin que la Commu-
« nauté ne soit exposée à aucune dépense et que *ladite* maison,
« grange et jardin, pris en échange, *serve à l'avenir de presby-*
« *tère* audit sieur Bellocq et aux curés ses successeurs.

« Signé : BELLOCQ, acquérant.

« Signés aussi : Boussac, Consul, Lascaban, Consul, Gassou,
« Consul, Dupont, Larrue, Chollet, Lafont de
« Cavaignac, Durand, de Maignas, Modeux,
« Montguignon, Desburs, Deforcade, de Mar-
« tres, Pérès, Durand ayné, Gassou.

« GASSOU, secrétaire (1) ».

Sur ces deux actes : l'acte d'achat passé le 3 juin devant Mᵉ Dupont, de la maison de M¹¹ᵉ de Merle par l'abbé de Bellocq, et sur le contrat passé le 6 juin en Jurade on a fait des objections qui étonnent dans la bouche de ceux qui les ont formulées.

Et tout d'abord on a nié l'acte d'achat fait le 3 juin par l'abbé de Bellocq, parce que la minute n'existe plus. Mais il y a mieux qu'une minute notariée, c'est la possession plus que cinquantenaire de l'immeuble. En outre les dix-neuf Jurats présents, et l'un deux était le notaire Dupont, l'admettaient et le reconnaissaient comme base de l'engagement du 6 juin. Bien plus la Jurade en a reçu la copie authentique et l'a conservée jusqu'en 1791.

Lorsque M. l'abbé Capdeville, fut expulsé dudit Presbytère, le 19 septembre 1791, il remit au procureur de la Commune à M. Deforcade les papiers afférents à la fabrique cotés sous le n° 31 le contrat d'achat de *l'enclos de Merle par M. Bellocq, curé, le 3 juin 1734* (2).

En outre, ce contrat d'achat du 3 juin est mentionné dans plusieurs actes notariés postérieurs et les héritiers de M¹¹ᵉ de Merle en ont constaté l'existence et la validité, puisqu'ils n'ont

---

(1) Registres des Jurades, p. 42 etc.
(2) *Registres municipaux.*

pas réclamé la possession de l'enclos et l'ont maintenue dans les conditions que nous venons de rappeler.

En second lieu, l'acte de la Jurade du 6 juin est un véritable concordat. L'abbé de Bellocq *offre* cet enclos et cette maison, il *s'oblige* à payer tous les frais de réparation, dans quel but et quelles conditions ? La Jurade répond textuellement : *afin que ladite maison, grange et jardin pris en échange, serve à l'avenir de Presbytère audit s^r Bellocq et à ses successeurs*. Les conditions sont nettes, réciproques. La Communauté qui était obligée de fournir un logement au curé de la paroisse, sera déchargée, et à la place d'une maison qui avait coûté 750 livres, entre en possession d'un immeuble qui vaut beaucoup plus.

Donc la Communauté devenait par suite de cet acte propriétaire du nouveau Presbytère, mais à la condition d'en laisser la jouissance aux successeurs de l'abbé Bellocq. Ces conditions ont été invariablement maintenues de 1734 à 1791, le Conseil municipal en cède la jouissance au curé Constitutionnel. Après le concordat en 1803, le Presbytère fut remis par le Maire de Layrac à la disposition du curé de la paroisse. 105 ans après, le pacte de 1734 durait encore.

En 1905 et dans les années suivantes sont survenues les lois scélérates qui ont enlevé à l'Eglise et aux fabriques tout leur patrimoine : églises, évêchés, presbytères et toutes les fondations religieuses.

Le gouvernement, de son propre chef, rompit le concordat et viola tous les engagements solennellement contractés avec le Pape.

En 1907, le Conseil municipal crut bon de rompre de son initiative le concordat de 1734, en réclamant la propriété *absolue* du Presbytère de Layrac, sans se croire obligé d'en maintenir la jouissance au curé de la paroisse.

Le 22 mai 1907, M. le Maire écrit à M. le curé de Layrac : « J'ai l'honneur de vous informer que le Conseil municipal « dans sa séance du 19 mai courant, délibérant sur l'application « de la loi du 2 janvier 1907, concernant la location des Presby-« tères communaux, a fixé à 125 fr. le prix du loyer annuel du « Presbytère communal, l'impôt en sus. Si ces conditions vous « agréent, veuillez m'en donner avis ».

Trois jours après, M. le curé répondit, en accusant réception de la précédente lettre : « M. le Maire, vous attestez avoir « ainsi tranché une grave question, qui, j'ose le croire, aurait « reçu une autre solution, si vous aviez exposé l'état historique « et juridique du Presbytère de Layrac. L'origine et la destina- « tion du Presbytère ont une histoire déjà faite que vous con- « naissez. D'après des documents irrécusables, il conste qu'en « 1734 l'abbé de Bellocq, curé, acheta de ses deniers le Presby- « tère actuel et le jardin attenant. Les membres de la Jurade « homologuèrent cet établissement, en y mettant pour condi- « tion que ce Presbytère serait affecté aux curés successeurs de « l'abbé Bellocq.

« Ces signatures de nos anciens magistrats et vos collègues, « et des Gassou en particulier, vous ne prétendez pas, j'ose le « croire, les renier, ni les laisser protester. Je ne conteste pas « la propriété du Presbytère, mais la destination et affectation « primitive. Si vous entrez dans cette voie, je suis prêt à vous « y suivre ».

Dans la séance du 2 juin 1907, le Conseil municipal s'appuyant sur une réponse du Préfet, maintient l'obligation pour M. le curé de Layrac de payer une location de 125 fr. par an. Sur ces entrefaites, l'administration municipale change de titulaire et la solution est ajournée.

La situation étant connue, nous nous bornerons maintenant à donner la suite des évènements d'après les délibérations du Conseil municipal, dont les journaux relatèrent les principaux incidents.

Dans la séance du 25 août, le nouveau Maire, après avoir donné lecture d'une lettre du Préfet, qui l'invite à sommer M. le curé d'évacuer le Presbytère, le Conseil, à l'unanimité invite le Maire à procéder par des voies légales à la location du Presbytère, et en cas de refus à contraindre M. le curé à vider l'immeuble sans délai.

La séance du dimanche 17 novembre, ne put avoir lieu, les Conseillers présents n'étaient pas en majorité.

Le 21 novembre, M. le Maire, lit une lettre de M. le Préfet, qui insiste pour une prompte solution. Le Maire met aux voix la mise en demeure d'expulser M. le curé dans la huitaine, s'il n'accepte pas le bail de location. Sur huit votants, il y a partage. Le Maire déclare donner la prépondérance en faveur de ceux qui ont voté l'expulsion dans un délai déterminé.

Le XI janvier, le Conseil est convoqué en séance extraordinaire. Le Préfet insistait beaucoup pour que fût donnée une solution à la question du Presbytère, M. le curé persistait dans son opinion qu'il avait droit à la jouissance. Le Conseil lui-même commençait à perdre de son sang-froid, comme en témoigne le compte-rendu de la séance de ce jour.

M. le Maire rend compte que conformément à la délibération dernière il a, sous la date du 2 janvier, mis en demeure M. Dubourg, curé, d'avoir à débarasser le Presbytère communal dans un délai de huitaine. Ce délai étant expiré sans réponse, il invite le Conseil municipal à voter telle somme qu'il jugera nécessaire pour parer aux frais que va nécessiter la procédure qu'il se propose d'entamer pour une assignation en référé devant le Président du Tribunal civil. Un Conseiller prend la parole et dit regretter cette question du Presbytère n'ait pas encore reçu la solution que comporte la loi de séparation et ce, malgré les diverses délibérations prises par l'assemblée communale. En définitive, dit-il, s'adressant au Président, comme Maire et représentant de la Commune, vous êtes investi d'un droit de propriétaire, qu'il vous appartient de revendiquer, et de faire appliquer au plus tôt. En portant la question devant le Juge des référés, vous retardez encore la solution de cette question qui n'a que trop duré. M'est avis qu'il y a lieu, après la mise en demeure dont il n'a pas été tenu compte par le curé Dubourg dans le délai qui lui était imparti, de le sommer immédiatement, par ministère d'huissier, d'avoir à quitter le Presbytère communal dans les 48 heures, et ce dernier délai expiré, de l'y contraindre au besoin par l'emploi de la force armée.

La susdite proposition est soumise au vote de l'assemblée ; le Conseil décide que sommation sera immédiatement donnée par huissier à M. le curé Dubourg d'avoir à quitter dans les 48 heures le Presbytère communal, qu'il occupe illégalement et sans titre, et que faute par lui d'y obtempérer dans le délai imparti, il sera procédé, sans le moindre retard, à son expulsion par la force publique.

Ce dernier opinant en tranchant dans le vif aurait fait volontiers comme Bonaparte son 18 brumaire, s'il avait eu à sa disposition les grenadiers du général Augereau. Devant une telle déclaration, M. le curé protesta hautement qu'il attendrait de pied ferme et revêtu de ses ornements sacrés, l'arrivée des gendarmes annoncés. S'ils viennent, je promets qu'il y aura ce jour-là une manifestation et une procession telles que M. le Maire n'aura pas vues depuis qu'il a cessé ses fonctions de marguillier.

Le Maire, moins foudre de guerre que prudent, se contenta d'envoyer du papier timbré. M. le curé l'avait proclamé hautement : Il n'appartient pas au Conseil municipal d'être juge en sa propre cause, ni de trancher une question de droit. C'est à la justice de se prononcer sur la valeur d'un titre et d'un acte. Qu'on entre dans cette voie et si les Tribunaux me condamnent et déclarent que l'acte que j'invoque est de nulle valeur, je m'inclinerai.

Donc le 17 janvier 1908, M. le curé reçut une sommation par le ministère d'un huissier d'Agen. L'officier ministériel de Layrac se récusa. En effet, il est tels actes, même légaux, auxquels on est bien aise de n'avoir point participé.

Voici ce que contenait cette sommation : « M. le curé de « Layrac ne saurait disconvenir qu'il occupe *illégalement et* « *sans titre* l'immeuble du Presbytère de la commune de « Layrac (1) que déjà mis en demeure par M. le Maire de quit« ter et de délaisser le dit immeuble, il s'y est toujours refusé « (2). C'est pourquoi par les présentes et conformément à la « délibération du Conseil municipal, sommation lui est faite « d'avoir dans le délai de cinq jours à quitter et délaisser ledit « immeuble, de le vider, tant de corps que de biens, sinon que « faute par lui de le faire dans le dit délai, il en sera expulsé « selon les formes et voies de droit avec l'assistance de la force « publique, si besoin est.

---

(1) Toujours le Conseil municipal niait le titre que nous avons cité, document capital.

(2) Parce qu'il n'appartenait pas au Conseil de décider en sa propre cause et d'être juge d'une question de droit.

« Sur mon interpellation, il m'a été répondu que M. Dubourg, curé, ne pouvait obéir à la dite sommation, car l'immeuble qu'il occupe a été donné à la Commune de Layrac avec la charge de loger le curé de Layrac et ses successeurs et qu'il va immédiatement assigner M. le Maire de Layrac devant le Président du Tribunal civil, jugeant en matière de référé pour décider de son droit d'être maintenu en jouissance de l'immeuble par lui présentement occupé. »

Nos municipaux de Layrac, dont pas un sans doute n'avait pris le mousquet pour repousser les Prussiens de Bismark, avaient une envie démesurée de faire un nouveau siège de Frigolet, où un général envoya un régiment de cavalerie pour expulser de vieux moines qui n'avaient pour toute arme offensive qu'un chapelet. Ils tenaient à mettre sur pied quelques brigades de gendarmes pour s'emparer d'un vieux prêtre septuagénaire, revêtu d'un surplis et d'une étole.

La tragédie eut été une vraie comédie légendaire.

Il fallait éviter le ridicule. Voilà pourquoi M. le curé obligea ces batailleurs à venir dans le prétoire et à comparaître devant les tribunaux. Là du moins, chaque partie fera valoir ses droits et une autorité compétente décidera ce que chacun peut ou doit faire.

Le Maire qui croyait n'avoir à rédiger qu'un bulletin de victoire, dut courir à Agen chercher un avocat pour soutenir sa cause.

Les deux parties comparurent devant M. le Juge du Tribunal civil ; chacun des avocats fit valoir les raisons qui militaient en faveur de son client. Et quelques jours après, le 27 janvier 1908, le Président du Tribunal, jugeant en matière de référé, rendit un arrêt déclarant qu'il n'y avait lieu de maintenir M. Dubourg en possession du droit de jouissance, et ne faisait pas de défense à M. le Maire de Layrac de donner suite à la sommation du 7 janvier 1908 et de procéder à l'expulsion dudit curé.

Cet arrêté était une voie légale ouverte à une solution que l'une et l'autre partie devaient accepter et subir.

Toutefois, comme les parties étaient renvoyées à se pourvoir en principal, M. le curé de Layrac fit appel devant la Cour pour obtenir une solution définitive et éviter un petit xviii brumaire.

La Cour, par un arrêt du 6 avril 1908, déboutera M. l'abbé Dubourg de toutes ses demandes et conclusions.

Après avoir cité les documents relatifs à l'établissement du Presbytère de Layrac, nous croyons intéressant pour le lecteur de citer l'arrêt de la Cour pour montrer comment elle a interprété ces documents. L'avenir n'appartient à personne, et qui nous dit que plus tard il n'y aura pas une autre interprétation et une révision de ce jugement ? Ce que certains Juges ont fait, d'autres Juges peuvent le défaire.

Voici les motifs de cet arrêt :

Attendu que M. l'abbé Dubourg qui demande au Juge des référés de le maintenir provisoirement en possession du presbytère qu'il reconnaît être la propriété de la Commune de Layrac, ne produit *aucun acte de donation de vente ou d'échange*, duquel il pourrait résulter que ce Presbytère n'a été donné, vendu ou échangé qu'à la condition qu'il serait toujours affecté au logement des curés successifs de cette paroisse ; qu'il ne résulte pas de la délibération de la Jurade de Layrac, en date du 6 juin 1734, que le curé Chollet de Bellocq ait imposé une condition quelconque à la Communauté ; que c'est au contraire la Communauté qui paraît imposer à M. Chollet de Bellocq l'obligation de supporter tous les frais de l'échange projeté, et de faire comme il le propose « à la maison qu'il prendra de « Mademoiselle de Merle, les réparations convenables pour « qu'elle soit logeable, afin que la Communauté ne soit exposée « à aucune dépense et que la maison, grange et jardin, pris en « échange, servent à l'avenir de presbytère audit sieur de « Bellocq et aux curés ses successeurs. » Que cette délibération de la Jurade, qui ne constitue qu'un engagement de ratifier postérieurement l'échange qui pourra intervenir, démontre simplement l'intention de la Communauté de donner au nouvel immeuble, qui deviendra le Presbytère, l'affectation de l'ancien immeuble, qui doit être échangé, mais n'implique pas la volonté de prendre au profit des futurs curés de la paroisse un engagement qui ne semble pas avoir été demandé.

A cet arrêté nous opposerons la maxime bien connue du droit.

La coutume est la meilleure interprétation des lois et des contrats (1).

Or comment a été interprété l'acte de la Jurade du 6 Juin 1734 ?

De 1734 à 1791, la Jurade s'est toujours crue obligée d'affecter le Presbytère au logement du curé de la paroisse de Layrac. Il n'y a pas eu une seule exception, ni divergence.

En 1791, l'abbé Capdeville, ayant été déclaré déchu de ses fonctions, en fut expulsé, mais le curé Constitutionnel fut logé dans le même Presbytère.

En 1803, après le Concordat, le Maire Larivière demande au Préfet de Lot-et-Garonne ce qu'il doit faire pour le logement du curé. Le Préfet lui répond qu'il doit mettre l'ancien Presbytère à la disposition du nouveau curé de Layrac (2).

Pendant la Révolution, le Conseil municipal qui avait fait vendre l'antique Couvent des Bénédictins et l'ancienne église paroissiale, ne mit jamais en question la vente du Presbytère, quoique ce fut une propriété communale, parce que cet immeuble était grevé d'une servitude, et qu'il devait, selon la tradition, la réserve au logement du curé de la paroisse.

Enfin de 1803 à 1908, la tradition se perpétue, et la Commune de Layrac a ratifié les propositions de l'abbé de Bellocq et démontré comment elle les entendait.

En 1820, le curé de la paroisse est troublé dans la jouissance du jardin, dépendant du Presbytère, par les empiètements d'une voisine Jeanne Billières, le Conseil de Fabrique se fait écho de cette plainte, et M. de Maignas, Maire de Layrac, petit-fils de celui qui avait signé l'acte du 6 juin 1734, obtient de M. le Préfet, de faire cesser ces empiètements sur le jardin Presbytéral (3). Preuve évidente que le Conseil municipal se croyait obligé de faire respecter et de maintenir au curé de la paroisse la jouissance du Presbytère et de ses dépendances.

Des Juges modernes ont donné une interprétation différente

---

(1) *Optima legum interpres commetudo.*
(2) *Registres municipaux.*
(3) *Registres de la fabrique.*

de l'acte de la Jurade du 6 juin 1734, contraire à une coutume qui avait eu une durée et une prescription de 174 ans. Que conclure ? en droit ? ? ?...

En fait l'arrêt du 6 avril 1908 s'imposait.

M. le curé avait déclaré qu'il s'en rapporterait à la décision des Tribunaux.

En conséquence, il subit la loi du plus fort, et selon la pittoresque expression de la lettre du 1er magistrat, il débarrassa le Presbytère, et transporta son logement dans la maison voisine qui avait servi d'asile en 1791, au vénérable curé Capdeville, expulsé, lui aussi par la force, de son Presbytère.

Voici la dernière phase de cette campagne :

Layrac, mercredi 22 avril 1908.

« Monsieur le Maire de Layrac,

« J'ai hâte de vous aviser que ce matin, j'ai fini *de débarras-*
« *ser,* selon votre expression académique, les locaux commu-
« naux du Presbytère. Par suite, je dois vous avertir, car vous
« aurez pu l'oublier depuis si longtemps, que vous n'exercez
« plus les fonctions de marguillier de l'église, que la clef que
« vous m'avez sommé de vous remettre sans délai, par votre
« lettre du 14 avril dernier, et qui a été déposée à la mairie est
« unique. Cette clef ouvre à la fois le devant du Presbytère et
« le jardin. Celle à l'usage de la servante a été appendue à la
« porte d'entrée de la maison.

« Vous avez vaincu devant les Tribunaux. Je n'en suis pas
« découragé : que de causes vaincues un jour, ont eu un lende-
« main victorieux ? Témoin la cause de Celui qui fut condamné
« par Ponce Pilate. Quoi qu'il en soit, je fais appel à la seule
« Cour de Cassation, qui nous jugera vous et moi, au Tribunal
« de Dieu. Puisse votre énergie, dont votre ami le correspon-
« dant de la *Petite Gironde* vous a félicité, vous être là d'un
« puissant secours.

« C'est le vœu sincère de votre humble serviteur.

« P. Dubourg, curé de Layrac. »

CHAPITRE XII

Sacrificium Verpestinum

Noces d'or sacerdotales du curé de Layrac
1909

Il est dans les traditions ecclésiastiques de célébrer tous les ans, le jour anniversaire de la consécration des temples consacrés au Seigneur et des Eglises. Le Prêtre, qui au témoignage de l'apôtre St-Paul, est le vrai temple de Jésus-Christ, est aussi tenu, d'après les usages anciens, à célébrer l'anniversaire de son ordination et surtout le xxv anniversaire, désigné sous le nom de *noces d'argent*, et principalement la cinquantième année de sa consécration au culte divin : cette 50e année porte le nom de *noces d'or* ou de *Jubilé*. Elle est en effet une joie, un triomphe, car elle rappelle une grâce insigne de la Providence, qui, à travers les difficultés de la vie et les périls du temps, a protégé l'heureux Jubilaire jusqu'à ce terme, 50 ans de sacerdoce ! c'est une grâce, un privilège, bien exceptionnel ! Combien peu en jouissent. Pendant cinquante ans, avoir mis son intelligence, son activité, dépensé sa vie au service des autels, c'est un insigne prérogative. Arrivé à cette heure, n'est-ce pas une grande joie, un vrai Jubilé et l'occasion de remercier Dieu pour avoir accordé ces noces d'or sacerdotales à un prêtre ?

Or, M. le curé de Layrac, avait reçu l'onction sacerdotale des mains du Vénérable Pontife, Mgr de Vesins, dans la chapelle du Grand Séminaire d'Agen, le samedi 18 juin 1859.

De ces cinquante années écoulées depuis ce jour, 38 s'étaient dépensées dans la paroisse de Layrac, au milieu des labeurs de la vie pastorale, en traversant les évènements graves et douloureux, que nous avons racontés.

Parvenu à cette 50ᵉ année, le Pasteur, en jetant un regard sur ce long chemin parcouru, ne peut se défendre d'un profond sentiment de reconnaissance pour les grâces que Dieu a accordées à son ministère sacerdotal. Sans doute, une vie longue n'est pas toujours une vie parfaite, comme cela devrait être, mais c'est une raison de plus d'implorer les infinies miséricordes, tout en payant un juste loyal tribut de reconnaissance à l'auteur de tant de bienfaits.

Et tout d'abord n'y avait-il pas lieu de remercier Dieu du don de la vieillesse, car c'est un privilège que cette prolongation de vie. Je suis le dernier de ma nombreuse famille et le seul survivant des confrères ordonnés en 1859. Le remercier de m'avoir fait naître de parents chrétiens et pieux ; d'avoir été instruit dès ma première enfance par des maîtres profondément religieux ; d'avoir reçu les éléments de la piété chrétienne de prêtres pieux et éminents ; des amitiés que j'ai rencontrées dans ma vie, des pièges et des dangers évités ; des grâces innombrables dans l'ordre temporel et spirituel, et de m'avoir procuré l'honneur d'exercer mon sacerdoce durant une si longue période au milieu de populations, où mon ministère a rencontré des âmes désireuses de correspondre à la volonté de Dieu. Enfin j'avais à bénir le bon Dieu de tout ce que j'ai pu faire et de tout ce qu'il a fait pour moi et par moi !

Et pour cette action de grâces, fixée à la 50ᵉ année, la paroisse de Layrac voulut s'associer à ce Jubilé que je me proposai de célébrer aux jours anniversaires de mon ordination sacerdotale et de ma première messe, les 18 et 19 juin 1909.

Des fêtes liturgiques coïncidèrent merveilleusement avec les joyeux anniversaires de l'ordination sacerdotale et de la première messe.

Le 18 juin 1909, l'église célébrait la belle fête du Sacré Cœur de Jésus. Le grand Séminaire, qui depuis deux ans était installé dans la paroisse de Layrac, et avait reçu l'hospitalité dans l'ancien Couvent des Religieuses du Sacré-Cœur, après son expulsion de la ville épiscopale, donna à cette fête une solennité en rapport avec une importance liturgique. M. le Supérieur, par une attention bien délicate, offrit à M. le curé de présider cette fête et de passer cette journée dans cette maison, qui lui rappelait l'établissement où il avait vécu sa jeunesse cléricale. Tous, Supérieur, professeurs et élèves rivalisèrent de zèle sympathique pour raviver les jours anciens et redonner à l'âme du jubilaire quelque chose de la joie des années écoulées aux pieds des saints autels.

Le lendemain samedi, fut un jour de recueillement et de retraite, passé à la campagne au milieu de quelques amis, toujours fidèles et associés aux bonnes œuvres paroissiales.

Le dimanche 20 juin, jour de la Fête-Dieu, la paroisse tout entière s'était réservé de donner à ce joyeux anniversaire de la première messe un éclat et une pompe toute particulière et bien solennelle. Sous la direction de l'abbé Fontanié, vicaire de la paroisse, et surtout grâce à l'activité ardente des amis de l'école chrétienne, l'église fut décorée d'oriflammes, de guirlandes de fleurs, de verdure comme aux plus belles fêtes de l'année. La singularité de ce Jubilé sacerdotal, fête inouïe dans la paroisse, et le désir bien accentué d'associer leurs prières aux prières du Pasteur, attirèrent dans l'église un concours de fidèles extraordinaire. Le Grand Séminaire, continuant de prêter son concours à la fête d'un frère aîné de la famille sacerdotale, contribua par ses chants et ses cérémonies à donner à la grand'messe paroissiale la pompe la plus édifiante. En un mot toute la tribu lévitique s'associa à cette action de grâces durant toute la journée. Après le chant de l'évangile, M. le curé monta en chaire pour faire l'homélie de ce jour.

Dans un entretien simple et paternel, il expliqua à son cher troupeau la raison et la signification de cette fête Jubilaire. Et évoquant le souvenir des 50 années écoulées depuis son ordination sacerdotale et depuis sa première messe, il rappela aussi que depuis 38 ans il évangélisait cette paroisse. Il exposa les graves et nombreux motifs que le Pasteur et les fidèles avaient de remercier Dieu et de profiter de ses bienfaits. Il termina en remerciant tous ses paroissiens, qui avaient voulu offrir à leur Pasteur un témoignage éclatant de leur respect et de leur reconnaissante affection.

Ce qui mit le comble à l'honneur et à la joie de ce Jubilé, ce fut la Bénédiction paternelle que le Souverain Pontife, Pie X, daigna envoyer ce jour-là au curé de Layrac.

Cette insigne faveur fut obtenue, grâce à la bienveillante amitié de Mgr Pifferri, sacriste de Sa Sainteté et Evêque de Porphyre. Ce vénérable prélat avait reçu, en plusieurs circonstances, une loyale hospitalité dans une famille des plus honorables de la paroisse. En retour, il voulut nous ménager la joie de faire parvenir pour le jour de notre Jubilé la grâce de la Bénédiction Pontificale. Rien assurément ne pouvait être plus précieux pour un prêtre, au soir de sa vie sacerdotale, que de recevoir la Bénédiction du vicaire de Jésus-Christ, de l'immortel Pie X.

Les grandes solennités liturgiques dans l'église se prolongent durant huit jours, et ont une octave. Il en fut de même de la fête du Jubilé sacerdotal du curé de Layrac. Et en voici les motifs :

Par la disposition de la providence, le vénéré jubilaire avait passé la plus grande partie de sa vie sacerdotale dans la paroisse de Layrac, mais c'était dans la paroisse de Damazan qu'il avait pris naissance. C'est dans l'église de Damazan qu'il avait été baptisé, qu'il avait fait sa première communion et célébré sa première messe. Là il y avait encore des parents, des amis, des compatriotes. Le vénérable Pasteur de Damazan évoqua tous ses titres pour associer sa paroisse aux fêtes jubilaires.

Il en fut ainsi, et le dimanche 27 juin, des parents, quelques vieux amis, des compatriotes, se groupèrent nombreux pour fêter avec un élan d'enthousiasme sympathique leur vieil ami, bien ému de toutes ces démonstrations. Un des dogmes les plus consolants de notre symbole catholique est celui de la communion des Saints. C'est sous l'impression de cette croyance si douce au cœur, que le jubilaire monta à l'autel de son église natale, sentant comme autour de cet autel les âmes de ses parents nombreux, depuis longtemps décédés, des prêtres qui l'avaient initié à la vie chrétienne et sacerdotale, d'amis, de bienfaiteurs, de compatriotes disparus, mais non oubliés et tressaillant de joie de bénéficier des prières adressées en ce jour pour remercier et bénir le Dieu qui choisit, dans les rangs les plus humbles, les chefs de son peuple et de son église.

Un merci bien sincère et bien ému fut adressé au sympathique curé de Damazan, aux parents, aux amis et aux compatriotes qui avaient voulu apporter à ce Jubilé sacerdotal le concours empressé de leurs vœux et de leurs prières.

Une première messe est un spectacle plus émouvant ; c'est le sacrifice embaumé du matin. Le jeune lévite, ayant quitté le foyer domestique, après avoir passé quelques années dans le cénacle mystérieux, en sort embrasé du feu sacré, comme les apôtres au matin de la Pentecôte. Il gravit les degrés de l'autel, où il pourra désormais boire tous les jours les joies et les forces enivrantes du sacrifice, afin de se dépenser sans mesure dans le vaste champ de l'apostolat pour la conquête des âmes.

Voir monter à l'autel un jeune prêtre, au printemps de sa vie et consacrer sa jeunesse et son existence tout entière au service de Dieu, c'est chose belle et émouvante. Mais une dernière messe, où une messe dite au terme de 50 ans de sacerdoce, c'est le *sacrifice du soir*, dont parle l'écrivain sacré, avec son calme profond et ses ombres envahissantes. On dirait la fin : oui c'est la fin du labeur, des longues luttes ; mais par delà le crépuscule, il y apparaît comme une lueur d'une aube blanchissante de l'au-delà. Car le sacerdoce qui a eu son aurore sur la terre, ne subira pas de déclin dans la région de la paix et de l'amour infini. On est prêtre pour l'éternité !

C'est pourquoi le prêtre à cheveux blancs, en gravissant les degrés de l'autel de sa jeunesse, éprouve à cette heure suprême des joies qui le rajeunissent ; et plus heureux que le vieillard Siméon, il n'a pas seulement le bonheur de presser son Dieu sur son cœur, il boit et savoure le viatique divin qui fait tressaillir son âme, et rassurait l'apôtre des nations et lui arrachait ce cri d'espérance ; après mes combats, j'entrevois *la couronne qui m'est réservée, et que le juste juge me rendra, à moi et à tous ceux qui souhaitent son avènement* (1).

Telles furent les considérations que durent se faire les bienveillants et sympathiques spectateurs des fêtes du Jubilé célébré, soit à Layrac, soit à Damazan au mois de juin 1909.

---

(1) *Ego anim jam delibor et tempus resolutionis meœ instat, Bonum certamen certon. In reliquo reposita est mihi corona justicia, quam reddet mihi Dominus in illa die non solum autem mihi, sed et iis qui diligunt adventum ejus.* II. Timot. IV, 6 etc.

C'est ici la dernière page de ces *Mémoires* qui relatent les faits les plus saillants de ces dernières années du pastorat. La Providence a daigné prolonger les jours du vénéré jubilaire, et avec la dernière semaine du mois de décembre 1911, il a atteint la quarantième année de son pastorat dans la paroisse de Layrac. Que Dieu en soit béni ! Et nous mettrons fin à ce récit en répétant la prière du poète :

> Prends ma vie, ô Jésus, fais qu'elle t'appartienne,
> Qu'elle s'use devant toi, comme un cierge allumé
> Mets mon front sur ton cœur,
> Mets ma main dans la tienne,
> Toi, qui m'as tant aimé !

Layrac le 26 mars, le 78ᵉ anniversaire de mon baptême 1912.

P. D.

†

Dieu a rappelé à Lui l'auteur de ce volume, avant que l'impression en fût terminée.

Monsieur le Chanoine Dubourg, n'a pu, à son grand regret, l'offrir lui-même à ses amis. Il pensait à eux et les désignait nommément la veille de sa mort. Que tous les lecteurs de ces mémoires accordent au vénéré disparu un souvenir, une prière.

L. D.

TABLE DES MATIÈRES

PRÉFACE. — 5.
CHAPITRE PREMIER. — Origine du Prieuré de Layrac, 8. — Deux chartes de fondation, 10. — Lettre d'Urbain II confirmant la donation, 15.
CHAPITRE II. — Les principaux habitants de la Juridiction de Layrac en 1789, 21.
CHAPITRE III. — Les préludes de la Révolution, 23. — Organisation de la municipalité, 35. — Célébration de la Fête Dieu et la cocarde nationale, 42. — Les Religieux Bénédictins de Layrac, 45. — Liste officielle des Biens ecclésiastiques situés dans la commune, 52. — Suite de l'inventaire de mai 1790, 55. — Fête du XIV Juillet 1790, 58. — Contribution patriotique, 64. — Nouvelles élections municipales, Décembre 1790, 65. — Election du Juge de paix du canton de Layrac. Son installation, 67.
CHAPITRE IV. — La Constitution civile du clergé. Election du clergé constitutionnel. Expulsion de l'abbé Capdeville de son presbytère. Installation de l'abbé Champmas, 73. — Protestation des femmes de Layrac contre la spoliation du Monastère, 83. — L'affaire de Layrac devant le Tribunal du District et devant le Directoire du département, 91. — La Municipalité en 1791. La question de l'organiste. La fuite du Roi. La fête de la Fédération. Misère générale, 97. — Misère de la population. Ateliers de charité, septembre 1791, 106. — Elections pour l'Assemblée Législative. Ce que deviennent les Biens des Religieux et le Couvent, 1791, 108. — Le Clergé Constitutionnel. Elections des curés et de l'abbé Champmas à Layrac, 111. — Expulsion de l'abbé Capdeville de son Presbytère, 114.

— La journée du vendredi 23 septembre 1791, 116. — Prise de possession du Curé Constitutionnel, 121. — La Persécution des prêtres fidèles 1791-1792, 127.

CHAPITRE V. — Misère des habitants. Les Billets de confiance. Visites domiciliaires. Nouvelles élections Municipales, 135. — Publicité des séances du Conseil municipal. Nouvelles visites domiciliaires, 150. — Le Couvent des Bénédictins pendant la période Révolutionnaire, 153. — Des clubs ou sociétés populaires. Leur influence. Dénonciations, 154. — Eglise paroissiale de St-Martin et en dernier lieu de N.-Dame de Layrac, 161. — Vente de l'ancienne Eglise Paroissiale, 166. — La Convention nationale 25 septembre 1792-1795 novembre, 168. — Nouvelle émission des Billets de Confiance, 174. — Modifications dans les noms des rues et places, 175. — Elections nouvelles du Juge de Paix, du Maire, Conseillers, Procureur, 176.

CHAPITRE VI. — Misère de la population. Dénonciations contre J. Boussac, Vilarnau, Mme de Maignas, Gimet et Saint Marc, 181. — Recrutement des volontaires. Dénonciation du citoyen Secondat Roquefort. Question des vivres. Requisition des cloches. Emprisonnements avril 1793, 199. — Affaires Boussac et Gimet. Réquisitions nouvelles. Poursuites contre les Prêtres insermentés, 203. — Mesures rigoureuses pour atténuer la pénurie du grain, 208. — Séance extraordinaire du Conseil Général de Layrac. Décisions violentes 14 juin 1793. Commission de salut public, 211. — Délimitation des paroisses de Gudech et de St-Denys, 221. — Fête de la Fédération le x août et Banquet. Nouvelles réquisitions, 223. — Décès de Biran de Molinis, Maire, et son remplacement le 25 août 1793 par Caprais Depau d'Imbertis. Pénurie des grains, 225. — Prières publiques, août 1793, 227. — Mesures prises pour prévenir la famine, 229. — La Municipalité rétracte sa délibération du mois de juin précédent, 231. — Ban des vendanges, 234. — Billet de confiance. La loi des suspects, septembre 1793, 235. — Visites domiciliaires, 240. — Nouvelles arrestations décrétées par

Paganel, octobre 1793, 242. — Nouvelles arrestations, 244. — Loi du maximum 1793, 247. — Réquisitions nouvelles, 249. — Nouvelles réquisitions et misère de la population, 254. — Nouvelles réquisitions, 259. — Culte de la Raison. Son programme. Pénurie de subsistances. Démolitions, 260.—Démolition des monuments féodaux, 263. — Elargissement de Gimet, 266. — Fête de la Raison célébrée à Layrac, 266. — Question des subsistances, 268. — La Fermeture des Eglises (décembre 1793 24 frimaire an II), 269. — Confiscations. Dons volontaires, 271. — Dépouilles des églises, 272. — Les dénonciations, 275.

CHAPITRE VII. — Les familles des militaires réclament des secours. Mesure de rigueur contre les émigrés. Mesquines dénonciations. Réquisitions nouvelles, 281. — Misère et pénurie des vivres, 285. — Nouvelles persécutions religieuses, 288. — Changement dans la Municipalité, 292. — Elargissement des derniers détenus, 294. — Les Ecoles et l'Enseignement pendant la Révolution. Déclaration d'ouvertures d'écoles (avril 1794), 298. — Nouvelles réquisitions. Continuation des dénonciations. Mesures de rigueur contre les personnes suspectes. Tracasseries pour les certificats de civisme. Dénonciations, 302. — Les subsistances, 307. — Affaire de l'arbre de la Liberté. La Municipalité et le Comité de Surveillance s'installent dans le Presbytère. — Nouvelles réquisitions. Mesures contre les maraudeurs, 309. — Affaire de la commune de Gudech. Distribution de grains et de viande, 313. — Vente des croix. Affaire Joseph Richard. Comptes municipaux de 1793, 315. — Procès avec Joseph Richard pour l'achat de blé, 316. — Etablissement des dépenses communales de 1793, 316. — Liquidation des Billets de confiance, 317. — Redoublement de persécution contre les prêtres. Mesures de rigueur pour l'observation des Fêtes décadaires. Prairial an II, 318. — Prescriptions menaçantes pour faire célébrer les fêtes décadaires, 325. — Accident à l'arbre de la Liberté, 326. — Misère des habitants. Réquisitions de subsistances, de plaques de cheminées. Certificat de civisme. Réclamations des chefs de famille, 329. — Réquisitions militaires en messidor an II (1794), 332. — Chute et mort de Robespierre, IX thermidor (27 juillet 1794). Fin de la Terreur. Lettre des députés de Lot-et-Garonne, 334. — Elargissement des détenus à Layrac, brumaire an II (octobre 1794), 336. — Pénurie de vivres, 338. Taxe et cherté du pain. Brumaire et Frimaire an II, 340. — Location du Presbytère pour la Municipalité, 341. — Fin de l'année 1794 et Visite du Couvent, 343.

CHAPITRE VIII. — Année 1795. An III et an IV de l'ère républicaine, 345. — Règlement des séances du Conseil, 21 pluviose an III, 346. — Nouvelles réquisitions pour levée de soldats et de vivres pour l'armée, 347. — Invitation pour enrôlement dans l'armée, 348. — Installation de l'Instituteur et de l'Institutrice, 30 ventôse an III (20 mars 1795), 350. — Recrutement et Réquisitions pour l'armée, 353. — Aggravation de la disette et réquisitions (germinal an III), 354. — Après le 9 thermidor, réaction contre les Terroristes et plaintes déposées contre eux, 355. — Disette et Mortalité à Paris, en France et à Layrac, 360. — Annulation d'assignats, 362. — Quelques évènements locaux en prairial et messidor an III (mai et juin 1795), 363. — Conséquences désastreuses de l'annulation des assignats, 365. — Estimation des biens. Liste des habitants et des émigrés, 366. — Suppression des clubs, 367. — Loi du XI prairial an III (30 mai 1795). Liberté religieuse. Réouverture des Eglises, 368. — Création du canton de Layrac, 370. — Traitement de l'Organiste, 371. — Election et Installation du Juge de Paix. Modification à l'organisation municipale. Election des officiers municipaux et du Président. Protestation de Cyprien St-Marc. Brumaire an III (novembre 1795), 372. — Réclamation de la famille Séjournet, 374. — Recrudescence de la persécution contre les Prêtres, 375. — Election du Président de l'Administration municipale et du Commissaire du Directoire exécutif, 376. — Emmagasinage des grains, 378. — Dégradations commises au Couvent des Bénédictins, 378.

CHAPITRE IX. — Le Directoire de 1795 à 1799, 385. — Mesures de police contre les soldats réfractaires, 387. — Règlement pour les écoles et l'écolage, 388. — Anniversaire de la mort de Louis XVI. Plantation de l'arbre de la Liberté, 389. — Diverses affaires de subsistance. Secours accordés aux enfants de la Patrie, 392. — Fête de la jeunesse des écoles et distribution des prix. Plaintes contre les maraudeurs, 392. — L'emprunt forcé et les Perquisitions, 395. — Instruction publique. Distribution de prix. Fête de la jeunesse, 396. — Zèle exagéré du Commissaire, 398. — Le Commissaire Champmas et les lois de Persécution, 401. — Affaire de la garde nationale, 403. — Volontaires refusés, 405. — Célébration de la Fête des époux, 406. — Désertion d'un volontaire, 407. — Arpentement du jardin du Presbytère, 407. — Fête de la Victoire, 408. — Les orphelins de la guerre, 409. — Vente du Couvent des Bénédictins 1798, 410. — Le Collège de Layrac 1799, 415.

CHAPITRE X. — En l'an x 1800. Exercices en deux séances, 420. — Le concordat de 1801 et la fin du schisme. Retour de l'abbé Capdeville à Layrac. Réorganisation de la paroisse, 425. — Suite de l'affaire du traitement du curé de Layrac. Séance du 10 floréal (1er mai 1805), 438. — Chapelle des pénitents, 439. — Réorganisation de la paroisse, 439. — Etat des principaux propriétaires de la Commune de Layrac en l'an XII (1803-1804), 448. — Les Sarramia, 450. — Le passage à Layrac de Sa Majesté l'Empereur Napoléon et de l'Impératrice Joséphine est annoncé à M. le Maire de Layrac (mai 1808), 451. — Le Couvent des Bénédictins proposé comme succursale de la légion d'honneur 1811, 454. — Administration Municipale, 455. — Etablissement de la route nationale, 456. — Restauration du Collège de Layrac 1830, 457. — Rétablissement du Collège de Layrac en 1830, par M. Dardy et en 1835, par M. l'abbé Lalanne, 459. — Fondation du Couvent et du Pensionnat à Layrac par les Religieuses du Sacré-Cœur 1851, 464. — L'abbé Antoine Cyrice Durrios, curé de Layrac, 1827-1843, 468. — L'abbé Landau, curé de Layrac,

1843-1861, 469. — L'abbé Guillaume Dufourc de Chaumel, curé de Layrac, 1861-1871, 469.

CHAPITRE XI. — M. l'abbé Paul Dubourg, curé de Layrac, 1871 à 1912, 471. — Observations, 476. — Le mouvement Religieux, de 1872 à 1911, 478. — La Paroisse et les Ecoles de Layrac en 1872, 480. — L'enseignement laïque à Layrac en 1882, 482. — Célébration du viiie centenaire de la Consécration de l'Eglise de Layrac, par le pape Urbain II (mai 1896), 487. — L'école chrétienne de Layrac (1891-1906), 490. — Audience du 1er juillet 1903, 492. — Expulsion des Religieuses du Sacré-Cœur du Couvent de Layrac, 1903, 495. — Journal des expulsions, 499. — Fête Dieu et Fête du Sacré-Cœur, 14 et 19 juin, 501. — Octave de la Fête-Dieu, 504. — Les Départs, 504. — L'Inventaire dans l'Eglise de Layrac (mars 1906), 524. — Le Grand Séminaire installé au Couvent de Layrac, (février 1907), 537. — Le Presbytère de Layrac, 538. — Séance de la Jurade du 6 juin 1734, 539.

CHAPITRE XII. — Noces d'or sacerdotales du curé de Layrac 1909, 549. — Mort de M. le Chanoine Dubourg, 555.

TABLE DES MATIÈRES. — 557.

ERRATA. — 563.

ERRATA

Nous ne relèverons que les fautes altérant les noms et le sens du texte :

Page 121, 33ᵉ ligne, lisez *Barrastin*.
Page 245, 15ᵉ ligne, lisez *Barsalou*.
Page 401, 4ᵉ ligne, lisez *Le Commissaire Champmas et les lois de Persécution*.
Page 426, 23ᵉ ligne, lisez *Caprara*.
Page 449, 31ᵉ ligne, lisez *Roubiague*.
Page 452, 36ᵉ ligne, lisez *et s'endormait content*.
Page 477, 13ᵉ ligne, lisez *Lucien Bernès*.

www.ingramcontent.com/pod-product-compliance
Lightning Source LLC
Chambersburg PA
CBHW072020240426
43667CB00044B/1598